KB203395

사도 바울과 그의 서신들이 없었다면 우리는 이방 지역의 교회들이 직면했던 목회적·신학적 문제들, 초기 교회가 선포했던 복음의 풍성한 의미 그리고 무엇보다 이신칭의의 가르침과 그리스도와의 연합 사상 등을 충분히 알지 못했을 것이다. 그러나 이렇게 중요한 바울이라는 인물과 신학적으로 비중 있는 그의 서신을 한눈에 개괄하는 책이 부족한 것이 우리의 현실이었다. 그동안 신약학 분야의 다방면에 걸쳐 백과사전적 지식을 담은 책을 저술해온 스탠리 포터는 이 책에서 사도 바울의 생애와 사상 그리고 그의 편지들에 대한 주요 논점들을 일목요연하게 정리해준다. 게다가 이 책은 추가 연구를 위한 중요 참고문헌들을 각 장의 마지막에 제시하여 바울과 그의 신학 그리고 그의 서신을 이해하는 데 요긴하게 이용할 수 있도록 해준다. 바울 서신 강의를 수강하는 학생들에게 가장 먼저 추천하고 싶은, 마치 낯선 지역을 여행하는 길에 필요한 내비게이션과 같은 책이다. **김경식** 웨스트민스터신학대학원대학교 신약학 교수

바울 신학 연구서와 개별 바울 서신에 대한 주석서는 넘쳐난다. 사실 바울 서신 입문서도 이미 많이 출판되었다. 그런데 바울 서신과 바울 신학에 대한 입문서로서 바울 신학의 제 문제와 바울의 연대기와 개별 서신을 모두 다루면서 독자들에게 이 모든 것을 한눈에 볼 수 있게 정리해주는, 하나로 통합된 바울 입문서는 어디 없을까? 이 책은 이런 질문을 하는 사람들이 그동안 찾던 바로 그 책이다. 설교를 위해 혹은 영혼의 양식을 위해 바울 서신을 깊이 공부하려는 목회자들과 평신도들이 성경을 읽을 때 사전처럼 옆에 놓고 늘 보아야 할 책이다. **김동수** 평택대학교 신학과 교수, 한국신약학회 직전 회장

이 책은 초기 교회의 사도이자 최고의 신학자인 바울이라는 인물과 그의 사상 및 서신에 관해 업데이트된 정보를 제공한다. 페이지마다 나오는 많은 각주에서 확인할 수 있듯이, 스탠리 포터 교수는 최근의 방대한 자료를 통해 주요 이슈를 균형 있게 분석하려고 애쓴다. 이런 작업은 저자의 폭넓은 신학적 관심과 축적된 연구결과물이 있었기에 가능했다. 저자는 바울에게 미친 유대교 및 그리스-로마 배경의 영향을 복합적으로 고려하면서, 바울의 연대기를 재구축하기 위해 사도행전을 적극적으로 활용한다. 고전수사학적 분석, 반로마제국적 해석 그리고 바울에 관한 새 관점과 관련하여 저자는 소극적이거나 부정적인 입장을 취하는데, 이에 대한 평가와 그것의 수용 여부는 오로지 독자의 몫이다. 다양하고 난해한 역사적·문학적·신학적 이슈를 용감히 끌어안고서 그것들과 명료하게 또한 깊이 대화한 후, 합리적인 결론으로 안내하는 저자에게 독자들은 깊이 감사하게 될 것이다. **송영목** 고신대학교 신학과 교수

'산(山)과 같이 거대한 사도'였던 바울의 생애와 사상 그리고 서신을 철저히 탐색하는 저자는 바울에 관한 전통적인 논쟁들의 급소를 정확하게 찌르는 학문적 탁월함을 유감없이 발휘한다. 본서는 그의 생애와 연대기 구성을 위한 자료 문제부터 유대교 사회에 끼친 헬레니즘의 영향을 포함하여 바울 전승과 그의 서신에서 생성되는 사상의 복합적 양상을 다각적으로 추적함으로써 연구자들의 견고한 버팀목이 된다. 특히 현대 바울 연구의 뜨거운 이슈들에 대한 저자의 균형 잡힌 입장은 모든 설교자와 성서연구자들을 단번에 매료시킬 것이며, 이런 귀중한 통찰을 던져주는 저자와의 소통은 바울 연구를 위한 상상력의 원천이 될 것이다. **윤철원** 서울신학대학교 신학대학원 신약학 교수

신약학의 전 분야에 걸쳐 중요한 출판물을 많이 남긴 스탠리 포터 교수는 바울의 생애, 사상 그리고 서신에 대한 오래되고 광범위한 토론들을 이 한 권의 책에 담았다. 『바울 서신 연구: 사도 바울의 생애와 사상』은 최근까지 바울 연구에서 논의되고 있는 복잡한 학문적인 이슈들을 꼼꼼하면서도 이해하기 쉽게 정리하면서 대부분 보수적인 견해로 결론을 맺고 있다. 그런 점에서 바울 연구에 대한 개론서로서 목회자들, 신학에 관심 있는 성도들, 신학대학의 교재로 이 책을 강력하게 추천한다.

이상일 총신대학교 신학대학원 신약학 교수

스탠리 포터 교수의 책이 우리말로 처음 나왔다. 그동안 그의 명성과 학문적 깊이에도 불구하고 우리말로 접할 수 없었던 아쉬움을 드디어 해결하게 되었다. 이 책은 두 가지 면에서 가치 있다. 첫째, 이 책은 그가 오랫동안 심혈을 기울여 연구한 바울 서신 연구의 결과물이다. 저자는 다양한 영역을 넘나드는 학자이지만, 바울 서신은 그가 특별히 관심을 기울인 영역이다. 둘째, 이 책은 사도 바울에 대한 폭넓은 주제와 내용을 적절한 깊이로 다룬다. 구성 면에서 바울에 대한 소개 이후 서신 내용을 다룬 것과 기록 순서로 서신 내용을 다룬 것은 바울의 상황과 신학 그리고 초기 교회의 상황을 이해하는 데 많은 도움이 된다. 책의 내용 역시 주목할 만하다. 익숙한 주제와 학계에서 논쟁 중인 최신 주제를 모두 담아내고 있다. 그뿐 아니라 이 책은 한 세기 이전의 학자들과 최근 학자들의 저술을 아우르는 방대한 참고문헌을 포함하고 있어 지속적인 공부를 원하는 사람들에게 가장 좋은 안내서가 될 것이다. 무엇보다 바울과 바울 서신을 알고 싶어 하는 평신도나 목회자들에게 유익한 책이다. 성경을 사모하는 그리스도인들에게 적극 추천한다.

이재현 한동대학교 교목

그동안 바울 서신과 그의 신학 사상에 대한 개론서들이 꽤 많이 나왔지만, 이 책은 몇 가지 점에서 그 독특한 장점이 드러난다. 먼저 바울의 생애와 연대기, 성장 및 교육 과정, 사상의 맥락과 배경, 바울 신학의 핵심 개념, 각 서신에 대한 다양한 학문적 해석과 쟁점 등 그 어느 것 하나도 소홀히 다루지 않고 알차고 풍성하게 담아내고 있다는 점이다. 나아가 이런 세부 영역들이 전체의 몸을 견고하게 지탱해주는 균형 잡힌 비례감이 뛰어나다. 한 영역에 치우쳐 장황하게 주장을 나열하지 않고 핵심을 짚어 경제적으로 요약하는 교과서로서의 균제미도 돋보인다. 연대기 비정에서 논란의 여지가 있는 부분은 다양한 학문적 해석을 제시하여 개방성의 여백을 살린 점도 긍정적으로 비친다. 바울에 대해 숱하게 많은 책과 논문들이 나온 뒤 또 한 권을 건성으로 보태는 것이 아니라 그 산만한 영토를 헤집고 속살을 살뜰하게 재구성하여 아주 건실한 개론적 교과서를 생산했다는 점에서 바울 관련 수업에서 이 책을 간과하기란 쉽지 않을 것이다. 일반 독자들의 자기 계몽을 위해서도 퍽 유익하리라 본다. 따뜻한 관심과 일독을 권하며 적극적으로 추천한다.

차정식 한일장신대학교 신학과 교수, 한국신약학회 회장

그리스어 문법 사상 연구로 신약학계에 등장한 이후 스탠리 포터만큼 전방위적으로 신약학 연구와 출판에 지속적인 노력을 기울인 학자도 흔치 않다. 가히 신약학 멀티태스킹의 선두주자라 할 만하다. 이런 그가 관심의 끈을 한시도 놓치지 않은 영역이 바울과 1세기 초기 교회의 상관성이다. S. E. 포터의 『바울 서신 연구: 사도 바울의 생애와 사상』은 오랫동안 목회자와 신학자에게 사랑과 신뢰를 받아온 F. F. 브루스의 『바울』에 대한 21세기 업데이트 버전과도 같다. 1세기 유대교와 그리스-로마 환경을 균형 있게 조망하면서, 사도행전의 바울을 밑그림으로 깔고 한 사람 선교사 바울의 생애와 사상 및 그의 편지들을 통합적으로 다룬 포터의 솜씨는 복음주의 신약학자로서 그의 경건과 학문의 균형 있는 경륜의 산물이리라. 틈틈이 제기되는 포터의 신선한 주장은 복음주의 신약학이 전통적 이해의 담장을 넘어 또 하나의 도발적인 대안을 이끌어낼 수 있다는 자극을 준다. 향후 몇 년 동안 국내 신학교들은 바울 서신 수업의 교재 걱정은 하지 않아도 될 듯싶다.

허주 아세아연합신학대학교 신약학 교수

이 책은 바울 서신의 배경, 상황, 내용에 대한 스탠리 포터의 광범위한 연구를 종합한 놀라운 작품이다. 포터는 역사적 탐구가 여전히 중요하다는 점을 분명히 하면서 바울과 그의 서신에 관한 논쟁을 전반적으로 다룬 다음 신중한 판단을 내린다. 바울에 관한 철저하고도 면밀한 개론인 이 책을 통해 신학생에서부터 전문 신학자에 이르기까지 큰 유익을 얻게 될 것이다. **마크 A. 세이프리드(Mark A. Seifrid)** 세인트루이스 콘코디아 신학교

접근하기 쉽도록 적절하게 잘 정리된 이 책에서 유명 바울 학자인 스탠리 포터는 바울 서신을 개괄할 뿐만 아니라 바울의 편지들을 둘러싼 전통적이고 대표적인 질문들을 폭넓게 다룬다. 포터는 평소처럼 탁월하고 독립적이며, 많은 결론을 내리는 데 있어 전통적인 관점을 따른다. 그러나 그는 비평적인 독자들이 그들 나름의 결론을 내릴 수 있도록 다양한 관점을 가진 주장들을 공정하게 제시해준다.

크레이그 S. 키너(Craig S. Keener) 애즈버리 신학교

바울과 그의 서신을 다룬 스탠리 포터의 이 책은 최선의 학문적 결과를 대표한다. 포터는 다양한 증거를 독립적으로 평가하며 새로운 관점을 제시해준다. 이 책은 학자, 교사, 목회자, 신학생 등 모든 이들을 위한 엄청난 자원이 될 것이다.

토머스 R. 슈라이너(Thomas R. Schreiner) 남침례신학교

이 책은 역사와 해석을 통합하는 데 뛰어난 포터의 능력을 잘 보여주는 작품이다. 바울의 사역과 그의 서신에 대한 매우 만족스러운 학술적 연구인 이 책은 바울 연구에서 표준서가 될 것이다. **크레이그 A. 에반스(Craig A. Evans)** 휴스턴 침례대학교

The Apostle Paul

His Life, Thought, and Letters

Stanley E. Porter

THE APOSTLE PAUL

바울 서신 연구

사도 바울의 생애와 사상

스탠리 E. 포터 지음 | 임재승, 조명훈 옮김

HIS LIFE, THOUGHT, AND LETTERS

새물결플러스

목차

약어

AB	Anchor Bible
ABD	*Anchor Bible Dictionary* (ed. D. N. Freedman; 6 vols.; New York: Doubleday, 1992)
ASBT	Acadia Studies in Bible and Theology
BAFCS	Book of Acts in Its First Century Setting
BBR	*Bulletin for Biblical Research*
BECNT	Baker Exegetical Commentary on the New Testament
BNTC	Black's New Testament Commentaries
BS	Biblical Seminar
DPL	*Dictionary of Paul and His Letters* (ed. G. F. Hawthorne and R. P. Martin; Downers Grove, IL: InterVarsity, 1993)
ECHC	Early Christianity in Its Hellenistic Context
FFNT	Foundations and Facets: New Testament
HUT	Hermeneutische Untersuchungen zur Theologie
ICC	International Critical Commentary
JBL	*Journal of Biblical Literature*
JSNT	*Journal for the Study of the New Testament*
JSNTSup	Journal for the Study of the New Testament Supplement Series
LBS	Linguistic Biblical Studies
LCL	Loeb Classical Library
LEC	Library of Early Christianity
LNTS	Library of New Testament Studies
NCB	New Century Bible
NewDocs	*New Documents Illustrating Early Christianity* (ed. G. H. R. Horsley et al.; 10 vols. to date; North Ryde, NSW, Australia: Ancient History Documentary Research Centre, Macquarie University, 1981–)

NICNT	New International Commentary on the New Testament
NIGTC	New International Greek Testament Commentary
NIV	New International Version (1978 unless otherwise indicated)
NovT	*Novum Testamentum*
NovTSup	Novum Testamentum Supplement
NRSV	New Revised Standard Version
NTG	New Testament Guides
NTL	New Testament Library
NTM	New Testament Monographs
NTS	*New Testament Studies*
NTT	New Testament Theology
NTTS	New Testament Tools and Studies
PAST	Pauline Studies
PNTC	Pillar New Testament Commentary
RILP	Roehampton Institute London Papers
SBLDS	Society of Biblical Literature Dissertation Series
SBLSBS	Society of Biblical Literature Sources for Biblical Studies
SNTSMS	Society for New Testament Studies Monograph Series
TENT	Texts and Editions for New Testament Study
TNTC	Tyndale New Testament Commentary
WBC	Word Biblical Commentary
WUNT	Wissenschaftliche Untersuchungen zum Neuen Testament

서문

사도 바울의 생애와 사상 및 서신을 다루는 많은 입문서가 있다. 어떤 입문서는 바울의 생애에 좀 더 집중하는 반면,[1] 다른 입문서는 그의 사상에 집중하고,[2] 또 다른 입문서는 그의 서신에 집중한다.[3] 그중에 소수의 입문서는 이 책과 같이 사도행전에 등장하는 사건 자료를 토대로[4] 이 세 가지 주제를 통합하기 위해 노력함으로써 바울이라는 한 인간에 관한 의미 있는 서술과 그가 말한 내용 및 그의 서신을 통해 드러난 사상을 묘사하려고 한다. 이 책은 최초의 기독교 신학자이자 의심의 여지 없이 가장 위대한 기독교 신학자 중 하나인 바울의 생애와 사상 및 서신에 관한 광범위

---

1   F. F. Bruce, *Paul: Apostle of the Heart Set Free* (Grand Rapids: Eerdmans, 1977, 『바울: 그의 생애와 사역』, CH북스 역간); E. Lohse, *Paulus: Ein Biographie* (Munich: Beck, 1996)를 보라.

2   이런 종류의 입문서는 보통 바울 신학자들이 쓴 책에서 나타난다. 그 가운데 가장 중요한 서적들을 꼽자면 다음과 같다. H. Ridderbos, *Paul: An Outline of His Theology* (trans. J. R. De Witt; Grand Rapids: Eerdmans, 1975); J. D. G. Dunn, *The Theology of Paul the Apostle* (Grand Rapids: Eerdmans, 1998, 『바울 신학』, CH북스 역간); T. R. Schreiner, *Paul, Apostle of God's Glory in Christ: A Pauline Theology* (Downers Grove, IL: InterVarsity, 2001). 다음도 보라. Michael Wolter, *Paul: An Outline of His Theology* (trans. Robert L. Brawley; Waco, TX: Baylor University Press, 2015).

3   C. J. Roetzel, *The Letters of Paul: Conversations in Context* (5th ed.; Louisville: Westminster John Knox, 2009); J. A. Harrill, *Paul the Apostle: His Life and Legacy in Their Roman Context* (Cambridge: Cambridge University Press, 2012)를 보라.

4   학자들 사이에서 사도행전과 바울 연구의 관계에 대한 많은 논의가 진행되어왔다. 이 각주에서 이 논의를 진전시킬 수는 없겠지만, 일단 나는 사도행전이 바울 연구에서 바울 서신과 동일한 방식으로 일차 자료로서의 역할을 하는 것은 아니라고 할지라도 적어도 초기 기독교를 연구하는 데 있어서 중요한 자료임을 믿는다고 말하고 싶다. 이 주제에 관해서는 S. E. Porter, *The Paul of Acts: Essays in Literary Criticism, Rhetoric, and Theology* (WUNT 115; Tübingen: Mohr-Siebeck, 1999)를 보라.

한 연구를 제시하고자 하는 내 최선의 노력이 담겨 있다.

바울은 독특한 배경에서 등장했다. 처음에 바울은 결국 그가 받아들이게 된 바로 그 기독교 운동의 공공연한 적대자였다. 아니 어쩌면 바울은 그 자신이 직접 가르침을 들었을 수도 있는 창시자가 이끄는 기독교 운동을 공공연히 파괴하려고 여행하다가 말 그대로 가장 예상치 못한 방식으로 그 창시자를 받아들였다고 말하는 것이 더 적절하겠다. 바울은 교회와 가까운 지인들에게 상황에 따른 편지를 쓰는 드문 관습을 선용했는데, 하나님과 예수 그리스도에 대해 그리고 그의 수신자들에게 중요하다고 믿었던 다른 제반 문제들에 대해 자신의 즉각적이고 깊이 있는 사상을 전달하는 특정한 수단이자 매개로서 편지를 사용했다. 바울은 광범위한 지중해 전역을 여행하면서 활발하게 가르치는 사역을 하는 도중에도 편지를 계속 기록했다. 현대 학계는 바울의 세 번에 걸친 주요 여행을 의미하는 "선교 여행"(missionary journey)이라는 용어의 사용을 선호하지 않는 경향이 있다. 그러나 나는 유대교 내에서 태동한 이 초기 종교 운동이 상당히 빨리 유대교로부터 분리될 수 있도록 만든(나는 바울의 생애 동안 이 분리가 일어났다고 주장하고 싶다) 이 중요한 활동을 묘사하는 데 있어 "선교 여행"이라는 용어보다 더 적절한 용어가 없다고 생각한다. 이 기독교 운동은 상당한 시일이 지난 후 유대교로부터 분리되었다기보다 곧바로—적어도 많은 사람이 경이로움과 놀라움으로 그리고 틀림없이 의심의 눈으로 이 운동을 바라보고 있을 때—분리되었다고 볼 수 있다. 바울은 특히 로마인들에게 영향을 미쳤는데, 예수 그리스도의 죽음과 부활을 통한 하나님의 사랑, 구속, 소망이 내포된 그의 복음의 메시지가 그들의 영토로 점점 더 스며들어가 결국 제국의 중심에까지 다다르게 되었다.

바울은 한 인간으로서 그리고 그가 기록한 편지를 통해 이 기독교 운동의 중심에 서 있었다. 우리가 바울이 실제로 얼마나 많은 편지를 썼는지 확실하게 알 수는 없지만, 그는 현재 우리가 갖고 있는 신약성경에서 접하는 것보다 더 많은 편지를 기록했다. 비평학계의 대다수 학자는 그가 아마도 네 개 이상의 편지를 고린도 교회를 위해 기록했고, 둘을 로마에, 하나를 에베소 교회에 썼을 것이며(우리가 에베소서라고 부르는 편지 이외에), 둘 이상의 서신을 빌립보 교회에, 아마도 하나를 라오디게아 교회에 보냈다고 보고 있다. 그리고 그들이 바울 서신으로 알려진 신약성경의 편지들이 모두 바울에게서 유래한 서신은 아니라고 생각한다는 것에는 의문의 여지가 없다. 한편 다른 학자들은 바울이 적어도 그의 저작으로 알려진 열세 개의 편지를 기록했으며, 그 외의 편지들은 최종 형태의 권위 있는 바울 서신 정경에 포함되지 못한 것이라고 주장한다. 바울은 깊이 있는 편지를 통해 고대의 토지 관리자인 제논(Zenon), 정치가인 키케로(Cicero), 철학자인 세네카(Seneca), 위-플라톤(pseudo-Plato), 위-데모스테네스(pseudo-Demosthenes)와 더불어 고대의 가장 위대한 서신 작가 중 하나로 인정받게 되었다.

이 책에서 앞으로 전개할 몇몇 개념 요약과 다른 방식의 이야기를 통해 드러나겠지만, 나는 이 책을 통해 현대 바울 학계에서 논의되는 대부분의 쟁점은 아니더라도 상당수의 중요한 쟁점에 대한 다양한 견해를 정당하게 조사하려고 노력했다. 그렇지만 이 책은 단순히 다른 이들의 견해를 연대순으로 정리한 것은 아니다. 이 책에는 내가 지지하는 견해들도 있고, 바울 학계의 전통적인 견해를 좀 더 강화할 수 있는 많은 주제도 등장한다. 그중 몇 가지만 말하자면, 바울이 기록한 진짜 바울 서신의 수, 바울 사상의 전체적인 윤곽, 이른바 바울에 관한 새 관점이라고 불리는 견해를 본질적으로 거부하는 주장들, 개별적인 바울 서신들의 통일성, 바울의 주요 서신이 기록된 장소이자 투옥 장소로서의 로마, 갈라디아서가 가장 먼저 기록된 서신인가라는 질문 등이 이에 포함된다.

하지만 이 책에는 바울의 사상에 관해 내가 새롭게 제시한 부분들도 많이 등장한다. 나는 이 책이 바울에 관한 일반 개론서로, 또는 입문자나 상급 학생을 위한 교재로 사용될 여지가 있다는 사실을 의식하고 있음에도 내 견해를 주저 없이 표명했다. 바울 학계에 내가 독자적으로 기여한 영역을 이 책에서 찾고자 하는 이들은 바울의 생애에 대한 내 견해 및 내가 제안하는 다음과 같은 가능성에 주목하기 바란다. 즉 바울은 예수의 지상 사역 동안 적어도 예수를 직접 보고 그의 말을 들었을 것이며, 이는 바울의 회심을 좀 더 납득할 만한 것으로 만들 뿐만 아니라 더욱 심오한 사건으로 이해하게 만든다는 것이다. 물론 나는 다른 책에서 이 부분을 좀 더 충분히 전개했다. 또한 나는 바울의 가장 가까운 추종자나 이후의 관련자들이 아니라 바울 자신이 바울 서신을 처음에 모으는 데 있어서 핵심 역할을 했다고 믿는다. 그는 아마도 그가 개인적으로 소장하고 있던 복사본 편지들을 바탕으로 이 작업을 진행했을 것이며, 우리가 지닌 신약성경은 교회와 개인에게 보낸 서신들 내에서 분량에 따라 그가 배열한 순서를 대체적으로 반영하고 있을 것이다. 또한 나는 저작권의 도용이 고대 세계에서 광범위하게 받아들여지지 않았음을 보여주는 중요한 증거들이 있으며, 오늘날과 마찬가지로 그 당시의 저자들도 그들의 저작에 대해 다른 이들이 저작권을 주장하는 것을 좋아하지 않았다고 믿는다. 나는 바울의 저작으로 간주되는 모든 편지가 언제 그리고 어떻게 기록되었는지를 좀 더 이해하기 쉽게 만들어놓은 바울의 연대기에 대해 다른 의견을 취하기도 한다. 나아가 나는 바울의 유대교적 유산을 충분히 인식하는 동시에 그의 그리스-로마 배경을 강조하며, 이 요소를 독특한 방식으로 엮어내려고 시도했다. 또한 나는 바울 서신을 개별적으로 혹은 전체로 관찰했을 때 발견할 수 있는 바울의 모습과 사도행전에서 묘사하

바울 서신 연구

고 있는 바울의 모습 사이에 상당한 연속성이 있음을 믿는다.[5] 사도행전의 저자는 바울의 제자가 아니었다. 하지만 그는 바울의 선교 여행 동안 바울의 사역을 상당히 치밀하게 묘사한 그림을 분명히 제공해준다. 마지막으로 나는 바울 서신의 상황적이면서도 임시적인 특성을 인식하지만, 동시에 바울의 신학 사상의 두 가지 주요한 측면을 구분하고 싶다. 이는 바울의 주요 개념들이 한편으로 그가 가지고 있었던 기존의 생각과 다른 한편으로 시간이 지남에 따라 발전된 생각으로부터 형성되었다는 가정이다.

한때 내가 쓴 이 책이 F. F. 브루스(F. F. Bruce)가 저술한 *Paul: Apostle of the Heart Set Free*를 대체할 수 있을 만한 유용하면서도 최신의 내용을 다룬 서적이 될 거라고 잘못 생각했던 적이 있었다. 그러나 내 생각을 발전시키면 시킬수록 브루스의 사십 년 된 책으로 다시 돌아오게 된다는 사실을 더 깨닫게 되었고, 그의 책이 얼마나 보석 같은 책이었는지를 새삼 느끼게 되었다. 나는 이 책을 내가 재직하는 신학교에서 가르칠 때 사용한 적이 있었다. 그때 나는 다소 실망했는데, 왜냐하면 브루스가 기본적으로 바울의 생애에 대한 연대기를 따랐고 이 연대기의 순서에 맞춰 다른 문제들과 서신들을 언급했기 때문이다. 나는 당시에 연대기적으로 생각하는 것에 민감하지 못했고, 바울 서신을 포함한 신약성경 연구에 좀 더 신학적이면서 역사적인 방식으로 접근하는 방식을 취했다. 하지만

---

5   이 둘의 관계에 대해서는 T. E. Phillips, *Paul, His Letters, and Acts* (Peabody, MA: Hendrickson, 2009); S. E. Porter, "The Portrait of Paul in Acts," in *The Blackwell Companion to Paul* (ed. S. Westerholm; West Sussex, UK: Wiley-Blackwell, 2011), 124 – 38이 도움이 될 것이다. 이 둘의 관계가 미미하다고 보는 일반적인 견해에 대해서는 J. Knox, *Chapters in a Life of Paul* (New York: Abingdon, 1950; 2nd ed., Macon, GA: Mercer University Press, 1987); D. A. Campbell, *Framing Paul: An Epistolary Biography* (Grand Rapids: Eerdmans, 2014)를 보라.

몇 년에 걸쳐서 나는 바울의 생애에서 주요 소명은 이방인의 사도직이었다는 사실을 깨닫게 되었다. 즉 그가 예수 그리스도에 관한 복음을 전파하는 목적을 위해 지중해 연안으로 여행할 필요가 있었다는 사실을 인식하게 되었고, 그의 삶이나 선교 여정의 이 은유가 그의 서신과 사상에 대한 논의를 구조화하는 매우 중요한 방식을 제공한다는 것을 깨닫게 되었다. 그러나 내가 브루스의 노력에 도전하기 위해 책을 쓰기 시작했을 때 결국 브루스의 책과는 다른 종류의 책을 쓰게 되었고, 이는 결코 그의 책을 대체할 만한 것이 아니라는 사실을 깨닫게 되었다. 결과적으로 이 책의 기본적인 자료는 내가 리 마틴 맥도널드(Lee Martin McDonald)와 함께 저술한 *Early Christianity and Its Sacred Literature*라는 책의 두 장에서 나온 것이다.[6] 나는 이 책이 비교적 오래가지 못했고 많이 팔리지 않았다는 점을 인정하지만, 그럼에도 이 책이 1910년대 후반에 제임스 모팻(James Moffatt)이 쓴 신약 입문서 이래 최고의 신약 입문서라고 여전히 확신하고 있다. *Early Christianity*는 오랫동안 품절 상태였고 주문형 도서 출판 포맷에서도 이용할 수 없게 되었다. 나는 이 자료를 취해 다시 작업에 돌입했으며, 내가 생각하기에 바울의 사상에 대한 현대의 비평적 논의가 도움이 될 수 있는 부분들을 실질적으로 보완했다. 이 작업은 두 종류의 일반적인 편집 과정을 거쳤는데, 전체적으로 참고문헌을 수정하고 보완하는 작업과, 특별히 최신의 관심사를 다루는 다수의 폭넓은 논의를 새롭고 다소 도발적인 방식으로 추가하는 것이었다. 이 작업은 이 책의 짜임새에 맞게 적절히 통합되었다. 또한 나는 바울의 개별 서신들에 대한 비교적 풍부한 요약을 이 책에 포함시켰다. 그 책이 이전부터 비판받은

---

6   L. M. McDonald and S. E. Porter, *Early Christianity and Its Sacred Literature* (Peabody, MA: Hendrickson, 2000).

내용 가운데 하나가 개별 서신의 내용에 대한 논의가 다소 부족하다는 점이었는데, 이제 이 부분은 보완되었다. 내가 믿기로 이런 작업을 통해 이 책은 바울과 그의 삶, 사상, 서신에 대한 광범위한 일반적 개론을 제공할 수 있고, 더 중요하게는 단지 학자들만을 위해서가 아니라(물론 이들도 독자층에 포함되겠지만) 좀 더 폭넓은 독자들을 위해 바울 연구에서 새롭게 떠오르는 영역을 소개하고 분석하는 책이 되어야 한다. 나는 각 장의 끝에 추가 학습을 위한 참고문헌을 수준별로 나누어 포함시켰는데, 이 문헌들의 전부는 아니지만 다수의 자료를 각 장의 해당 부분에서 언급했다. 이 책은 전반적으로 영어로 된 자료에 집중했지만, 극소수의 다른 언어(특별히 독일어)로 된 저작을 넣기도 했는데, 이는 해당 자료를 좀 더 자세히 살펴보길 원하는 사람들을 위한 것이다.

나는 이 책이 출간되기까지 수고해준 여섯 사람 혹은 그룹에게 특별히 감사를 전하고 싶다. 우선 이 책의 모태가 된 책의 공동 저자인 리 마틴 맥도널드에게 감사를 전한다. 그가 책을 공동으로 집필하는 데 동의해주었기에 이제 그것이 사도 바울에 대한 독립된 단행본으로 발전할 수 있었다. 두 번째는 당시 헨드릭슨 출판사에 있었지만 지금은 어드만스에 있는 제임스 어니스트(James Ernest)에게 감사를 전한다. 그는 첫 번째 책의 첫 편집자였고, 이 개정판에도 도움을 주었다. 세 번째는 내 동료 교수인 크리스토퍼 랜드(Christopher Land)에게 감사를 전한다. 그는 이 책의 원고를 읽고 도움이 될 만한 조언을 많이 해주었을 뿐 아니라 그의 박사과정 세미나인 바울 연구 수업에서 이 원고를 사용하는 데 동의해주었다. 이를 통해 그는 그의 학생들이 원고를 읽고 도움이 될 만한 제안들을 할 수 있게 도와주었다. 나아가 그는 전적으로 이 책에 관해 논의하는 별도의 수업을 마련해주기까지 했다. 네 번째는 맥매스터 신학교(McMaster Divinity College)의 바울 연구 수업에 참여한 모든 학생에게, 특별히 신시아 차우(Cynthia Chau), 파리멀 크리스천(Parimal Christian), 캐롤라인 슐라이어 커틀러(Caroline Schleier Cutler), 제이슨 정(Jason Jung), 정석훈(Seokhoon Jung), 탯 유 람(Tat Yu Lam), 벤 몬토야(Ben Montoya), 크리스 스티븐스(Chris Stevens) 및 그 외의 사람들에게 감사한다. 또 이 책의 최종 교정본이 처음의 원고보다 훨씬 개선될 수 있도록 비판과 조언을 아끼지 않고 읽어준 모든 이들에게도 감사를 전하고 싶다. 마지막으로 나는 두 조교에게 고마움을 전한다. 칼 암스트롱(Karl Armstrong)은 거의 마지막 원고 전체를 읽고 상당히 유익한 조언과 제안을 아끼지 않았다. 또 다른 조교인 데이비드 윤(David Yoon)에게는 가장 큰 감사를 전하고 싶은데, 그는 이 책을 저술하는 과정에서 단순한 조력자 이상인 동료로서 함께해주었다. 데이브가 없었다면 이 작업은 결코 마무리되지 못했을 것이다. 그는 이 원고가 최종 출판물의 형태를 갖추기까지 아낌없는 노력과 수고를 해주었다. 게다가 일반적인 교정, 폭넓은 수준의 편집 지원, 참고 문헌 자료를 만들고 업데이트하는 작업 외에도 개별적인 주제에 대한 내 최신 견해를 보여주기 위해 내 저작물들에 포함된 자료들을 다양한 방식으로 통합시켜주었다. 또한 데이브는 논의를 더욱 발전시키기 위해 다양한 곳에 많은 성경 구절을 추가해주었고, 전체적으로 일관성 있는 원고를 만들기 위해 편집자로서의 수고를 해주었다. 그뿐 아니라 내가 제시한 개요와 주요 해석학적 쟁점에 대한 관점을 토대로 개별 서신들에 대한 초기 요약본을 작성해주었다. 이 모든 수고를 아끼지 않은 데이브에게 어떤 말로도 충분히 표현할 수 없을 만큼의 고마운 마음을 진심을 담아 전한다.

나는 마지막으로 아내 웬디(Wendy)가 베풀어준 도움과 격려에 의례적인 감사가 아닌 진실한 감사의 마음을 전한다. 그녀는 내가 로마서 주석의 집필을 잘 마칠 수 있도록 격려해주었을 뿐만 아니라(그녀의 끊임없는 독려와 여러 사람의 응원 그리고 하나님의 은혜와 도우심 덕분에 결국 나는 해냈다) 그 후 곧바로 바울에 대한 이 책을 서둘러서 끝낼 수 있도록 다정하게 재촉해주었다. 이 모든 모험과 여정의 전반에 걸쳐 그녀는 내 최고의 동반자요 친구요 격려자였다. 다시 한번 고마운 마음을 전한다!

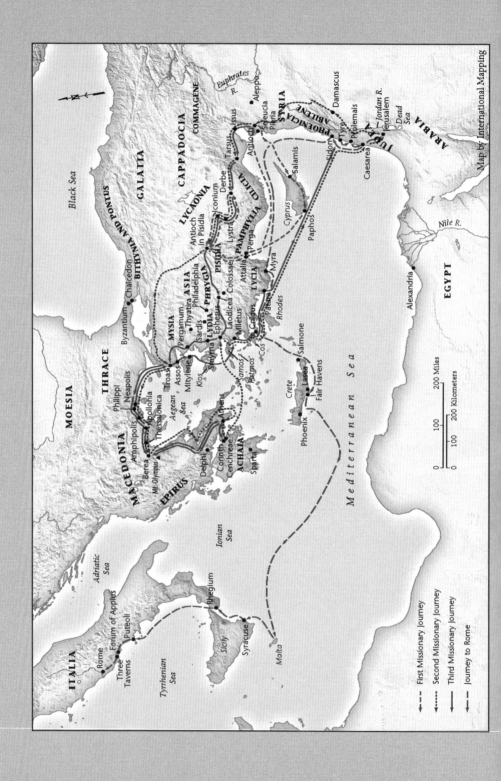

Map by International Mapping

제1부

바울
전승

제1장

———

인간 바울

1. 서론

무엇이 그리스도인들을 박해하던 유대인을(빌 3:6; 행 8:1; 9:1-2; 22:4-5;
26:9-12) 신학자로, 저자로, 선교사로, 설교자로, 교회를 세우는 자로, 그
리고 아마도 모든 시대를 통틀어 예수 그리스도를 따르는 가장 중요한
인물로 만들었을까? 초기 교회에 대한 어떤 연구도 바울과 그의 저작들
을 간과할 수 없다. 사실 모든 연구는 바울을 그 설명의 중심부에 위치시
켜야 한다. 바울은 처음에 유대교의 지역적 분파로 알려지기 시작하여
로마인들에게도 독특한 종교 운동으로 인식된 기독교의 발전과 전파에
있어 가장 중요한 인물로서 예수 바로 다음에 놓일 만하다. 바울의 삶과
사역에 대한 이야기는 흥미로우면서도 수수께끼와 같으며, 그와 관련된
많은 중요한 쟁점들이 계속해서 활발하게 논의되어왔다. 그 예로 그리스
도인이 되기 이전의 바울의 삶, 그가 예수를 그리스도로 믿는 회심에 이
르게 된 가장 중요한 영향, 특히 그가 집필한 서신들의 의미와 가치 등을
들 수 있다.[1] 이 첫 번째 장은 그의 실제 삶에서 비롯된 사상과 저작을 논
의할 수 있는 기반을 놓는 첫 시작으로서 인간 바울을 논할 것이다. 따
라서 이 장에서는 초기 교회에서의 바울의 위상, 그의 외모, 그의 양육과
교육, 그와 로마 제국의 관계, 그의 직업, 그의 종교적·민족적 배경, 그의
회심, 그와 예수의 관계 그리고 마지막으로 사도행전과 그의 관계를 살
펴보고자 한다. 이런 다양한 주제를 통해 우리는 바울을 1세기 당시 그

---

1   바울의 세계, 혹은 더 정확하게는 "세계들"의 개관에 대해서는 R. Wallace and W.
    Williams, *The Three Worlds of Paul of Tarsus* (London: Routledge, 1998); J. P. Sampley,
    ed., *Paul in the Greco-Roman World: A Handbook* (Harrisburg, PA: Trinity, 2003); S. E.
    Porter, ed., *Paul's World* (PAST 3; Leiden: Brill, 2008)를 보라. 이 책들은 각각 바울이 살
    면서 사역했던 복잡한 사회-종교적 환경들을 다룬다.

의 시대 속에서 살펴볼 수 있다. 때로는 꽤 광범위한 각주가 제공되는데, 이는 현재 논의되는 바울 연구의 중요한 주제들에 대한 가이드를 제공하기 위함이다.

2. 초기 교회에서 바울의 위상

신약 연구에서 바울의 위상은 세 가지 주요 의견으로 요약될 수 있다. 첫째, 바울은 아마도 신약 저자들 중 가장 초기의 인물일 것이다. 어떤 이들은 야고보서를 바울 서신 앞에 두기도 한다.[2] 그러나 비록 바울이 가장 초기가 아니라고 할지라도 그가 이른 연대에 가장 많은 분량의 문서를 제공했다는 점은 확실하다. 따라서 바울은 예수 그리스도의 죽음 및 부활과 같은 초기 기독교의 가장 중요한 초창기 사건에 가장 근접했던 저자이며, 이런 경험이 그의 신학 형성에 핵심적인 역할을 했다. 때로 바울은 그가 선포하는 메시지 즉 그의 복음 또는 십자가에 못 박히시고 부활하신 그리스도로서의 예수에 관한 좋은 소식을 그의 독자들이 알고 있는지를 확인하는 데 관심을 가졌는데, 그 메시지는 그 자신의 것이었으며, 단순히 다른 이들로부터 유래한 것이 아니었다.[3] 바울은 갈라디아서 1:16-17에서 "내가 곧 혈육과 의논하지 아니하고 또 나보다 먼저 사도 된 자들을 만나려고 예루살렘으로 가지 아니하고"라고 말했다. 그러나 그는 자신의 복음이 다른 사도들의 그것과 연속성을 지닌다는 점도 분명

---

2   예. S. McKnight, *The Letter of James* (NICNT; Grand Rapids: Eerdmans, 2011), 37-38.

3   바울의 복음 혹은 좋은 소식에 대해서는 J. D. G. Dunn, "The Gospel according to St. Paul," in *The Blackwell Companion to Paul* (ed. S. Westerholm; West Sussex, UK: Wiley-Blackwell, 2011), 139-53을 보라.

히 했다(예. 갈 2:1-10, 여기서 그는 사도들과 상의하기 위해 예루살렘으로 간다. 고전 15:3-11, 여기서 그는 자신이 받은 전승을 전한다. 아래에서 사도로서의 바울의 위치를 보라). 가장 초기의 기독교―예수 그리스도 자신과도 시공간적으로 가깝고 기독교를 형성한 주요 사건들과도 긴밀하게 연결된 형태의 기독교 신앙과 관습―는 그리스도인의 역사와 믿음에서 언제나 특권적인 위치를 차지했고, 바울은 이 계급에서 가장 눈에 띄는 자리를 점했다.[4]

둘째, 바울은 이방인의 사도로 알려졌으며, 이는 타당한 평가다(롬 11:13; 참조. 1:5, 13; 15:16, 18; 갈 1:15-16; 행 26:17-18).[5] 그는 특별히 할례로 대표되는 구약 율법에 대한 순종, 유대교 형식의 예배, 음식법 관습, 특정한 절기의 기념 등과 같은(4장 단락 3A를 보라) 유대교의 속박으로부터 이방인의 기독교를 자유롭게 해준 장본인이었다. 오늘날의 그리스도인들은 유대교에 뿌리를 둔 기독교 신앙에 관한 핵심 쟁점들과 관련하여 여전히 바울 사상의 빛 안에서 살고 있다. 바울은 팔레스타인을 훨씬 넘어서 소아시아와 유럽(오늘날 우리가 그리스라고 부르는 마게도냐와 아가야, 그다음 이탈리아 그리고 아마도 스페인까지)에 이르기까지 대단히 상호적인 선교 여행의 과정을 통해 이 이방인 선교를 감당할 수 있었다.[6] 이런 열

---

4   초기 교회 당시에 바울의 유일한 라이벌은 베드로였는데, 사도행전과 당시의 여러 저작을 통해 우리는 베드로보다 바울에 대해 더 많은 정보를 얻는다(바울의 저작으로 알려진 책은 열세 권인 반면 베드로의 것은 단지 두 권에 불과하다).

5   S. F. Winter, "Paul's Attitudes to the Gentiles," in *Attitudes to Gentiles in Ancient Judaism and Early Christianity* (ed. D. C. Sim and J. S. McLaren; LNTS 499; London: Bloomsbury, 2013), 138-53을 보라.

6   우리는 바울이 스페인까지 성공적으로 여행했는지의 여부를 알지 못한다. 그가 그곳으로 가기를 원한 것은 분명하다. 롬 15:24과 15:28 그리고 초기 교회의 몇몇 저자가 믿었던 것을 통해 이 사실을 알 수 있다(*1 Clement* 5.7; Muratorian fragment line 39). 바울이 이 여행을 했을 가능성에 대한 변증은 다음을 보라. R. Brown and J. P. Meier, *Antioch and Rome: New Testament Cradles of Catholic Christianity* (London: Chapman, 1983),

정이 넘치는 여행들은 유럽 기독교 기반의 설립과 유지의 도구가 되었고, 바울에게 많은 서신을 작성할 수 있는 기회를 제공해주었다. 이 편지들은 주로 시간을 초월한 신학 저술로서 기록된 것은 아니지만, 현대 기독교의 문제를 다루는 데도 여전히 유효하다.[7]

셋째, 바울은 최초의 그리고 아마도 최고의 기독교 신학자였다. 그는 기독교의 두 번째 설립자라고 종종 일컬어지는데,[8] 이는 그의 사상과 저작이 운동으로서의 초기 기독교를 형성하는 데 핵심적인 역할을 했음을 보여준다. 하지만 바울이 기독교를 창시한 것이 아니라 그 메시지의 범주를 넓힌 것이기 때문에 어떤 의미에서 이 진술은 잘못된 것이다. 그러나 또 다른 의미에서는 지극히 타당한 진술이기도 하다. 바울이 초기 기독교의 선교를 위해 노력했던 유일한 인물은 아니지만(행 13:1-3에 따르면 첫 번째 선교 여행의 시작에서 그는 분명히 바나바의 권위 아래 있었다. 참조. 행 10장과 베드로의 고넬료 전도), 그는 분명히 가장 성공적이었으며 지금까지도 가장 많이 알려진 인물이다. 바울은 기독교를 팔레스타인의 특정한 지역에 국한되었던 유대교의 지역적인 종교 분파에서 진정한 세계 종교로 변화시키는 데 상당한 역할을 담당한 인물이다. 그리고 이는 모두 그의 생애 동안 일어난 일이었다. 오늘날 기독교는 근본적으로 바울의 기독교라고 말해도 과언이 아닌데, 적어도 서구에서는 그렇다.

이렇게 중요한 인물의 존재로 인해 우리는 그를 평가할 만한 일차

98n202.

7   J. M. Scott, *Paul and the Nations: The Old Testament and Jewish Background of Paul's Mission to the Nations with Special Reference to the Destination of Galatians* (WUNT 84; Tübingen: Mohr-Siebeck, 1995), 특히 1-180을 보라. 여기서 Scott은 "열방"이라는 바울의 개념을 아브라함 언약(창 12:3)의 성취라는 관점에서 정의한다.

8   W. Wrede, *Paul* (London: Longman Green, 1907), 179을 보라. Wrede는 바울에게 기독교의 두 번째 창시자라는 이름을 붙였다.

자료가 풍족할 것이라고 생각하기 쉽다. 그러나 사실은 그렇지 않다. 교회의 역사에서 나온 몇몇 다른 후대 자료들도 중요하지만, 바울의 삶과 사역을 위한 일차 증거 자료로는 두 가지가 있다. 바로 그의 편지들과 사도행전이다(비록 많은 사람이 사도행전의 중요성을 평가절하하지만 말이다. 단락 10을 보라). 바울의 편지들 가운데서 주요 편지들은 분명히 그와 그의 사상에 관한 중요한 정보를 담은 자료이지만, 우리는 이 편지들이 특정한 교회의 상황과 사람들을 위해 기록되었음을 기억해야 한다. 그래서 이 편지들은 역사적 재구성을 위해 사용되기 전에 해석이 선행되어야 한다. 어떤 특정한 문맥 내에서는 왜 바울이 자신에 관한 모든 것을 밝혀야 했는지, 또는 주어진 주제나 쟁점에 관한 생각 전체를 드러내야 했는지에 관한 확실한 이유가 없다. 우리는 단지 그가 상황에 적합하다고 생각하는 것을 말했을 것이라고 예상할 수 있을 따름이다.[9] 아래에서 논의하겠지만 서신의 저작권을 어떻게 평가해야 하는지에 대한 문제가 있다. 신약에서 열세 개의 서신을 바울의 저작으로 보지만, 많은 학자가 그중 여러 서신의 바울 저작권에 대해 의구심을 품는다. 그리고 다수의 학자들이 일곱 개의 서신만 바울의 저작이라고 믿기에 이르렀다(로마서, 고린도전후서, 갈라디아서, 빌립보서, 데살로니가전서, 빌레몬서). 바울에 관한 정보를 담은 두 번째 자료인 사도행전은 다양한 방식으로 평가되어왔는데, 매 순간 저자의 진실성을 의심하는 극단적(때로는 다소 단순한) 회의주의가 있는가 하면 반대편 극단에는 기록된 모든 내용을 거의 다 순진하게 받아들이는 입장도 있다. 전자의 관점은 19세기 초반 신약의 고등비평의 발흥으로 거슬러 올라가며, 후자의 관점은 성경의 비평적 연구를 꺼리는

---

9   바울 서신을 읽는 방법론에 관해서는 N. T. Wright, *The Climax of the Covenant: Christ and the Law in Pauline Theology* (Edinburgh: T&T Clark, 1991), 특히 4-13을 보라. 참조. V. P. Furnish, "On Putting Paul in His Place," *JBL* 113 (1994): 3-17.

몇몇 집단에서 두드러지게 나타난다. 이번 장의 논의는 일차적으로 바울 서신을 강조하겠지만, 나는 바울 선교에 대한 중요한 이차 자료로서 적합한 경우에는 사도행전도 언급할 것이다.[10]

3. 바울의 외모

바울이 신약성경에서 보여주는 이미지와 교회에서 그가 점하는 지속적인 중요성에 근거할 때, 우리는 그가 멋지고 인상적인 외형을 가졌을 것이라고 기대한다. 바울이 어떻게 생겼는지에 관해서는 사실상 거의 알려진 바가 없지만 어느 정도 추측은 가능하다.[11] 한편으로 바울은 스데반이 죽임을 당할 때(행 7:58) "청년"으로 묘사되는데, 아마도 열여덟 살에서 서른 살 사이였을 것으로 보인다. 다른 한편으로 그가 빌레몬서 9절에서 자기 자신을 가리켜 "나이가 많은"이라고 말하는데, 아마도 마흔 살에서 예순 살 사이였을 것이다(바울은 행 7장에서 처음 "등장"하고 수십 년 후에 빌레몬서를 기록했기 때문에 이 두 언급은 부합한다).[12] 어느 경우든지 이런

---

10   나는 사도행전이 핵심 자료로 고려될 수 있을 정도로 충분히 이른 시기에 기록되었다고 믿는다. S. E. Porter, "Was Paulinism a Thing When Luke-Acts Was Written?" in *Reception of Paulinism in Acts* (ed. D. Marguerat; Bibliotheca Ephemeridum Theologicarum Lovaniensium 229; Leuven: Peeters, 2009), 1-13, 특히 9-12을 보라.

11   A. J. Malherbe, *Paul and the Popular Philosophers* (Minneapolis: Fortress, 1989), 165-70. 참조. A. Deissmann, *St. Paul: A Study in Social and Religious History* (2nd ed.; trans. W. E. Wilson; 1927; repr. New York: Harper, 1957), 55-57.

12   P. van der Horst, *Ancient Jewish Epitaphs: An Introductory Survey of a Millennium of Jewish Funerary Epigraphy (300 BCE-700 CE)* (Kampen, Netherlands: Kok Pharos, 1991), 73-84에서 팔레스타인의 무덤 비문에 근거하여 주장하듯이, 기원후 1세기 팔레스타인에서 유대인 남성의 평균 사망 나이는 스물아홉 살 정도였다. 따라서 서른 살이 넘은 사람은 늙은 것으로 간주되는 것이 일반적이었다. 참조. J. D. G. Dunn, *Beginning from*

모습들은 1세기 초 언젠가(기원후 5-15년), 아마도 1세기의 첫 십년 어간에 태어난 바울과 부합한다. 이는 바울이 예수보다 조금 젊은 동시대인이었다는 것을 의미한다(단락 9를 보라).

초기 정경 이외의 기독교 문서인 「바울행전」(*Acts of Paul*, 2세기)은 바울에 대해 키가 작고, 머리가 벗겨지고, 다리가 휘고, 피부색이 불그스름하며, 미간에 주름이 있고, 약간 긴 코를 가졌다고 언급한다(단락 3을 보라. 이 문서는 바울을 때로 사람으로 표현하기도 하고, 어떤 경우에는 그가 천사의 얼굴을 가졌다고 말한다).[13] 이 문서는 바울의 "스냅 사진"을 제공하기에는 꽤 후대의 것이지만(그러나 이 본문은 디도의 묘사에 기초한 것이라고 주장한다), 바울이 그렇게 인상적인 신체적 특징을 갖고 있지 않았다는, 확인 가능한 성경적 증거들이 있다. 사도행전 14:8-18에서 바울과 바나바는 루스드라에서 병 고치는 일을 행한 후 회중에게 칭송을 받는다. 여기서 바나바는 제우스로, 바울은 헤르메스로 불린다. 그리스 만신전의 최고신인 제우스는 자유자재로 부릴 수 있는 천둥과 번개를 가진, 경외심을 불러일으키는 권위적인 인물이다. 한편 헤르메스는 메시지를 전하는 신이었다. 헤르메스는 소아시아 지역에서 깊은 존경을 받았는데, 연설가로서 바울은 아마도 그 그룹의 메신저로 보였을 것이다. 그럼에도 불구하고 헤르메스는 제우스만큼 고상하고 화려한 신은 아니었다. 헤르메스는 바위 더미의 신으로도 알려져 있었고, 일류신이 아닌 "하급" 신으로

Jerusalem (Christianity in the Making 2; Grand Rapids: Eerdmans, 2009, 『초기 교회의 기원』, 새물결플러스 역간), 510. 몬 9절을 "노인"으로, 아니면 "장로"로 이해해야 하는지에 대해서는 논쟁의 여지가 있다.

13   원문에 대하여는 R. A. Lipsius and M. Bonnet, *Acta Apostolorum Apocrypha* (Leipzig: Mendelssohn, 1891), 237을 보라. 영어 번역본에 대하여는 J. Bollók, "The Description of Paul in the Acta Pauli," in *The Apocryphal Acts of Paul and Thecla* (ed. J. Bremmer; Kampen, Netherlands: Kok Pharos, 1996), 1-15 at 1을 보라.

서 그리스의 신들 중 이류에 속했다.[14] 루스드라에서의 이 장면은 **아마도** 역할뿐만 아니라 개인의 외모가 반영된 것으로, 두 명의 초기 기독교 선교사 중 바울이 눈에 덜 띄는 신체적 조건을 갖고 있었음을 알려준다.

바울 서신도 그의 외양이 눈에 확 띌 정도로 인상적이지는 않았음을 암시한다. 고린도후서 10:10에서 바울은 자신에 대해 글은 잘 쓰지만 외모가 인상적이지 않고 말도 잘하지 못한다고 말했던 대적자들의 표현을 다음과 같이 인용한다. "그들의 말이 그 편지들은 무게가 있고 힘이 있으나 그가 몸으로 대할 때는 약하고 그 말도 시원하지 않다 하니." 바울이 자신을 그렇게 이분법적인 방식으로 특징지은 데에는 수사학적으로 전략적인 이유가 있었을 것이다. 하지만 바울이 대적자들로 인해 겪은 고린도에서의 고난과 고린도 사람들을 자신의 생각대로 설득하지 못했던 초창기의 실패는 그가 자신이 기대했던 만큼 혹은 많은 이들이 그의 서신의 유창함을 통해 갖게 된 이미지를 바탕으로 기대했던 만큼 대중 연설가다운 인상적인 외모를 갖추지 못했다는 개인적인 이유 때문이었을 가능성이 크다. 더구나 갈라디아서 4:13-14에서 바울은 육체적 질병을 두 번 언급한다. 학자들은 이것이 어떤 질병인지를, 특히 바울의 육체의 가시를 언급하는 고린도후서 12:7-9을 바탕으로 오랫동안 논쟁해왔다.[15] 대부분의 학자는 고린도후서 12장에 나오는 바울의 가시는 육체적 질병이었다는 라이트푸트(J. B. Lightfoot)의 이론을 받아들이는 것 같다. 하지만 이 가시는 영적인 무능력의 일종일 수 있다. 왜냐하면 바울은 자신을

---

14 W. Burkert, *Greek Religion* (trans. J. Raffan; Cambridge, MA: Harvard University Press, 1985), 156-59을 보라. 참조. W. K. C. Guthrie, *The Greeks and Their Gods* (Boston: Beacon, 1950), 87-94.

15 J. B. Lightfoot, *St. Paul's Epistle to the Galatians: A Revised Text with Introduction, Notes, and Dissertations* (2nd rev. ed.; London: Macmillan, 1866), 183-89.

괴롭히는 것이 사탄의 메신저라고 말하기 때문이다.[16] 그러나 갈라디아서 4:15에서 바울은 갈라디아 교인들이 그들의 눈을 빼어 자기에게 기꺼이 줄 것이라고 언급하는데, 이것은 아마도 바울의 신체적 질병이 나쁜 시력이라고 말하는 근거일 것이다.[17] 바울이 갈라디아서의 마지막에 큰 글자로 쓴 것(6:11과 가능성 있는 다른 구절들)도 그의 좋지 못한 시력을 가리키는 것일 수 있다.[18] 어쨌든 바울은 사역 초창기부터 육체적인 문제로 고통을 받았음이 확실하다. 왜냐하면 갈라디아서는 그의 가장 초기의 서신 중 하나이기 때문이다. 이런 육체적 질병은 바울이 겪은 다른 수많은 고난과도 연결되어 있다. 고린도후서 11:23-28에서 바울은 자신이 사역하는 동안 받았던 고통을 자세히 설명한다. 부상은 그의 사역의 지속적인 특징이었던 것 같다. 여기에는 투옥, 매 맞기, 죽음의 위험, 채찍질, 태장, 돌에 맞기, 난파, 육체적 위험, 강도의 위험, 동족의 위험, 일반적인 위험, 배신, 잠과 먹을 것의 부족, 헐벗음 등이 포함된다. 바울이 교회들을 향한 자신의 관심을 언급하면서 위의 문단을 마무리했기 때문에, 그리고 이것은 고린도의 대적자들에게 역으로 자신을 자랑하는 문맥이기 때문에 어느 정도의 수사학적 윤색이 있을 수 있다. 그러나 바울의 설명은 그의 다른 서신들과, 특별히 사도행전의 내용과 일맥상통한다. 서른아홉 번의 태형을 받고, 돌에 맞고, 난파당하고, 투옥된 것과 같은 경험은 몇

---

16   참조. D. I. Yoon, "Paul's Thorn and His Gnosis: Epistemic Considerations," in *Paul and Gnosis* (ed. S. E. Porter and D. I. Yoon; PAST 9; Leiden: Brill, 2016), 23-43. 어떤 이들은 이것을 정신적 문제로 간주하기도 하지만, 이는 설득력이 부족하다.

17   G. Harrop, *The Strange Saints of Corinth* (Hantsport, NS: Lancelot, 1992), 62-63. 그러나 이 표현은 누군가에게 자신의 눈을 주는 것과 관련된 고대의 관용구를 반영하는 것일 수 있다. D. J. Moo, *Galatians* (BECNT; Grand Rapids: Baker, 2013), 286을 보라.

18   Moo, *Galatians*, 282-83, 392. 나는 바울이 화가 났기 때문에 큰 글자로 기록했을 가능성은 없다는 Moo의 주장에 동의한다. 그가 서기로서 훈련받지 못했을 뿐만 아니라 자신의 시력 때문에 이런 식으로 글을 썼을 가능성이 더 크다.

년에 걸쳐 그에게 심각한 신체적 피해를 줄 수밖에 없었다. 바울이 갈라디아인들에게 자신이 예수의 흔적을 지니고 있다고 말했을 때(갈 6:17), 그는 아마도 그의 사역 동안 겪은 수많은 매 맞음을 염두에 두었을 것이고, 이는 필연적으로 그의 몸에 손상을 주었을 것이다.

4. 바울의 양육과 교육

바울은 사도행전에서 스데반을 돌로 치는 장면에서 처음 등장하는데, 사도행전은 "성 밖으로 내치고 돌로 칠새 증인들이 옷을 벗어 사울이라 하는 청년의 발 앞에 두니라"(행 7:58)라고 말하고, "사울은 그가 죽임 당함을 마땅히 여기더라"(행 8:1)라고 말한다. 우리는 바울이 이미 성인이었다고 간주하며(비록 청년이라고 할지라도), 그의 편지를 회심 이후 사역의 결과물로 본다. 바울의 양육과 교육에 관한 자료가 거의 없기는 하지만 그에게도 성인이 되기까지의 삶이 있다. 바울이 그의 서신에서 자신의 과거를 많이 혹은 구체적으로 언급하지는 않지만, 우리는 사도행전과 그의 서신에 여러 차례 기록된 과거 고백을 통해 그의 배경을 알 수 있다.

바울이 길리기아 지역의 주요 도시인 다소(Tarsus)에서 태어났다는 데 의심을 품는 학자는 거의 없다(행 21:39; 22:3; 참조. Strabo, *Geography* 14.5.13). 비록 4세기 교부인 히에로니무스는 바울이 사실은 갈릴리의 기살라에서 태어났고 그가 아주 어렸을 때 그의 부모가 다소로 옮겨갔다는 입장을 취하지만 말이다.[19] (만약 사실이라면, 이것은 로마 시민권에 대한 바

---

19 그러나 히에로니무스(*De Viris Illustribus* [Patrologia Latina 23.646])는 그가 사도행전의 설명과 반대되는 말을 하는 확실한 이유를 밝히지 않는다. 히에로니무스의 이 입장은 다음에서 지지된다. J. Murphy-O'Connor, *Paul: His Story* (Oxford: Oxford University

울의 주장에 몇 가지 중요한 의미를 가질 수 있다. 단락 5를 보라. 또한 이것은 바울의 히브리적 또는 유대교적 뿌리를 강화하는 데 사용될 수 있다.) 히에로니무스의 지지자들은 그가 그런 주장을 할 만한 충분한 이유가 있었을 것이라고 가정하지만, 그는 왜 바울의 출신이 다소가 아니라 갈릴리라고 주장하는지에 대한 표면상의 이유나 증거(미상의 자료 이외에는)를 제시하지 못한다. 몇몇 학자는 사도행전 외의 증거가 없고, 바울 자신의 서신에서조차 그런 언급이 없다는 점을 들어 바울이 다소에서 출생했다는 것에 의문을 제기한다. 또한 그들은 사도행전이 바울의 출생지를 다소로 표현하고 그가 로마 시민권자라고 한 것은 로마의 독자들이 바울을 주의를 기울일 만한 가치가 있는 훌륭한 인물로 여기도록 만들기 위함이었다고 주장한다.[20]

어쨌든 긴 역사를 가진 도시인 다소는 대략 기원전 제3천년기 후반 또는 제2천년기 초반에 세워졌다.[21] 알렉산드로스 대왕이 기원전 333년에 후퇴하는 페르시아에 의한 파괴로부터 이 도시를 구해주었다. 로마는 정치적 자치를 포함하여 점점 더 많은 특권을 다소에 부여했고, 이 도시는 문화의 주요 중심지로 자리 잡았다. 바울이 태어날 당시 이 도시의 인구는 오십 만 전후였을 것이다. 다소는 교육의 중심지인 알렉산드리아나

Press, 2003), 2; J. D. Tabor, *Paul and Jesus: How the Apostle Transformed Christianity* (New York: Simon & Schuster, 2012), 233. 그러나 그들은 사도행전에 나오는 누가의 설명을 액면 그대로 보는 히에로니무스의 설명을 단순히 받아들일 따름이다.

20 S. E. Porter, "The Portrait of Paul in Acts," in *The Blackwell Companion to Paul* (ed. S. Westerholm; West Sussex, UK: Wiley-Blackwell, 2011), 124-38, 특히 128. 참조. S. E. Porter, *The Paul of Acts: Essays in Literary Criticism, Rhetoric, and Theology* (WUNT 115; Tübingen: Mohr-Siebeck, 1999), 98-101, 189-206.

21 J. McRay, *Paul: His Life and Teaching* (Grand Rapids: Baker, 2003), 21-25. M. Hengel with R. Deines, *The Pre-Christian Paul* (trans. J. Bowden; London: SCM, 1991, 『바울: 그리스도인 이전의 바울』, 한들 역간), 4-6; U. Schnelle, *Apostle Paul: His Life and Theology* (trans. M. E. Boring; Grand Rapids: Eerdmans, 2005 [2003]), 58-60도 보라.

아테네와 같은 도시들에 버금가는 대학 도시였다. 비록 바울과 같은 세기의 후반에 쇠퇴하기는 했지만, 이 도시는 바울의 유년기에 특히 번창했다. 유명한 수사학자들과 철학자들이 다소에 모일 정도였다. 그러나 우리는 바울이 그들 중 누군가의 말을 들은 적이 있었는지를 알지 못한다.

그리스-로마 도시로서 다소는 그리스-로마의 교육 시스템을 갖고 있었을 것이다. 이 시스템은 두 과정으로 구성되었는데, 사회적 계통에 따라 조직되어 있었다. 첫 번째 과정은 초등학교로 구성되며 노예를 포함한 낮은 사회 계층의 사람들을 위한 것이었다. 두 번째 과정은 문법 수업과 수사학 훈련으로 구성되어 있었으며 상위 계층의 사람들을 위한 것이었다. 후자의 사람들은 초등 교육을 가정이나 문법 교육의 처음 단계에서 받았다. 초등 교육은 학생들에게 읽는 법, 쓰는 법(기본적인 편지 쓰기를 포함하여) 그리고 기본적인 수학을 가르쳤다. 교육의 두 번째 과정은 문법 교사(*grammaticus*)와 함께 시작하여 기본적인 읽기와 쓰기를 터득하게 하고, 이후에는 주요 고전 작가들, 특히 호메로스(Homer)와 에우리피데스(Euripides)를 암기하게 했다. 이 단계에서 학생은 기하학과 음악 등 다른 과목들을 공부하는 데 더하여 문법을 배우고 에세이와 편지를 쓰는 방법을 배웠을 것이다. 이 두 번째 단계의 엘리트 교육은 김나지움에서 실시되는데, 그곳에서 학생은 철학자-교사들의 인도를 따라 수사학을 배웠으며, 그 목적은 좋은 시민이 되는 것이었다.[22]

바울이 이런 교육 시스템에 어느 정도 노출되었는지는 알기 어렵다.

22 최근 신약학계에서는 그리스-로마 교육이 큰 논쟁거리다. 가장 최근의 주장을 다룬 중요한 저작으로는 다음을 보라. A. D. Booth, "The Schooling of Slaves in First-Century Rome," *Transactions of the American Philological Association* 109 (1979): 11-19; R. A. Kaster, "Notes on 'Primary' and 'Secondary' Schools in Late Antiquity," *Transactions of the American Philological Association* 113 (1983): 323-46; R. Cribiore, *Gymnastics of the Mind: Greek Education in Hellenistic and Roman Egypt* (Princeton: Princeton University

학자들의 주장은 바울이 그리스의 교육 시스템에 참여하기 전에 다소를 떠났다는 주장부터 그가 김나지움과 정식 수사학 훈련의 전체 교육 코스를 일관되게 완료했다는 주장까지 다양하다. 바울이 그리스 사상을 일부 배웠다는 증거가 있지만, 그가 예루살렘에서 교육을 받았을 가능성도 있는데, 왜냐하면 팔레스타인은 더 큰 그리스-로마 세계의 일부분이었으며, 동일한 정식 교육 시스템은 아니라고 할지라도 그리스의 사상에 근접했기 때문이다(유대교가 그리스 문화 및 언어와의 연결을 단념한 것은 기원후 2세기 혹은 그 이후의 일이었다).[23] 교육에 관한 랍비 규칙은 그리스 시스

Press, 2001); A. W. Pitts, "Hellenistic Schools in Jerusalem and Paul's Rhetorical Education," in *Paul's World* (ed. S. E. Porter; PAST 4; Leiden: Brill, 2008), 19-50; S. E. Porter, "Paul and His Bible: His Education and Access to the Scriptures of Israel," in *As It Is Written: Studying Paul's Use of Scripture* (ed. S. E. Porter and C. D. Stanley; Society of Biblical Literature Symposium 50; Atlanta: SBL, 2008), 97-124; S. E. Porter and A. W. Pitts, "Paul's Bible, His Education, and His Access to the Scriptures of Israel," *Journal of Greco-Roman Christianity and Judaism* 5 (2008): 9-41. 이 견해는 다음의 학자들이 주장하는 바와 같이 3단계 교육 시스템으로 보는 전통적 관점과 반대된다. H. I. Marrou, *A History of Education in Antiquity* (trans. G. Lamb; London: Sheed & Ward, 1956), 186-205, 242-54; D. L. Clark, *Rhetoric in Greco-Roman Education* (New York: Columbia University Press, 1957), 59-66; S. F. Bonner, *Education in Ancient Rome: From the Elder Cato to the Younger Pliny* (London: Methuen, 1977); W. V. Harris, *Ancient Literacy* (Cambridge, MA: Harvard University Press, 1989), 233-48; R. F. Hock, "Paul and Greco-Roman Education," in *Paul in the Greco-Roman World: A Handbook* (ed. J. P. Sampley; Harrisburg, PA: Trinity, 2003), 198-227.

23   이 주제에 대한 고전적인 작품으로 다음을 보라. M. Hengel, *Judaism and Hellenism: Studies in Their Encounter in Palestine during the Early Hellenistic Period* (trans. J. Bowden; Philadelphia: Fortress, 1974, 『유대교와 헬레니즘 1, 2, 3』, 나남출판사 역간). 그리고 이 책은 Hengel의 *Jews, Greeks, and Barbarians: Aspects of the Hellenization of Judaism in the Pre-Christian Period* (trans. J. Bowden; London: SCM, 1980)와 The *"Hellenization" of Judaea in the First Century after Christ* (trans. J. Bowden; London: SCM, 1989)에 의해 보완되었다. 바울을 디아스포라 유대인으로 보는 관점으로는(비록 바울의 헬레니즘으로의 문화적 변화와 적응에 대한 부분은 정확하지 않을 수 있지만 말이다) 다음을 보라. J. M. G. Barclay, "Paul among Diaspora Jews: Anomaly or Apostate?" *JSNT* 60 (1995): 89-120.

템과 놀랍도록 잘 어울린다. 그리스 자료들의 이른 연대와 팔레스타인에 대한 헬레니즘의 영향이 랍비 유대교의 발전보다 앞선다는 점에 비춰보면, 유대교 교육의 정식 시스템은 그리스 시스템의 영향을 받아 형성되었다고 볼 수 있다.[24]

유대교 교육 시스템도 두 개의 주요 단계로 구성되어 있었다. 다섯 살부터 열두 살까지의 학생은 성경을 공부하기 시작했고, 그다음에 법률 전통을 배웠다(Mishnah, *Abot* 5.21). 요세푸스는 "우리가 처음 의식을 가질 때부터"(*Against Apion* 2.18 LCL) 모든 도시의 유대인 소년들에게 율법과 전통을 가르쳤다고 기록한다. 필론도 마찬가지다(*On the Embassy to Gaius* 210). 열세 살이 된 소년은 바르 미츠바(*bar mitzvah*) 혹은 "계명의 아들"(son of the commandment)이 되는데, 이는 스스로 율법에 대해 전적인 책임을 지는 것이다. 교육적으로 유망한 청소년들은 예루살렘으로 보내져 좀 더 뛰어난 교사들 밑에서 공부해야 했을 것이다. 왜냐하면 기원후 70년 이전에 예루살렘을 제외하고는 랍비 학교와 상응하는 고등 교육의 시행이 가능한 도시에 대한 문헌 혹은 고고학적인 증거가 아무것도 없기 때문이다. 바울이 이런 교육을 받았을 수도 있었다는 것은 로마서 7장에 나오는 그의 주장에 기초한 것으로, 여기서 바울은 무지했던 시기(7:9)부터 지식의 시기(7:9-11), 그다음 책임의 시기(7:15-21)를 언급하는데, 이는 위에서 나열한 시기와 부합한다.[25] 그러나 이 구절들로부터 바

---

24   이와 관련된 분야인 수사학에 대하여 D. Daube, "Rabbinic Methods of Interpretation and Hellenistic Rhetoric," *Hebrew Union College Annual* 22 (1940): 239-64은 랍비식 해석 방법이 헬레니즘의 수사학에서 유래했다고 주장한다.

25   W. D. Davies, *Paul and Rabbinic Judaism: A Comparison of Patterns of Belief* (4th ed.; Philadelphia: Fortress, 1980), 23-31을 보라. 이것은 S. E. Porter, "The Pauline Concept of Original Sin, in Light of Rabbinic Background," *Tyndale Bulletin* 41.1 (1990): 9-13 에서 평가되었다.

울이 이런 방식으로 교육을 받았다는 것을 입증하기는 어렵다. 하지만 바울의 유대교 교육을 강조하는 많은 이들은 바울이 예루살렘에 가서, 아마도 출가한 그의 누이 집에 머물면서(행 23:16) 가말리엘 문하에서 자신의 교육을 지속했을 때 그의 나이는 열세 살이었을 것이라고 믿는다.[26]

바울이 어디서 교육을 받았는지에 대한 질문은 사도행전 22:3에서 직접 제기된다. 그러나 이 구절의 해석은 이 질문에 대한 대답에 엄청난 영향을 미친다. 이 구절을 해석하여 번역하는 데에는 세 가지 방법이 있는데, 이는 우리가 "이"(this)라는 단어를 어떻게 이해하는지, 그리고 두 번째 절의 시작 부분에 있는 "그리고"(and) 또는 "그러나"(but)라는 단어를 어떻게 이해하느냐에 달려 있다. 첫 번째 해석은 바울이 자신은 유대인으로 "길리기아 다소에서 났고, 이 성에서 자랐고, 가말리엘 문하에서 교훈을 받았다"라고 말한다는 것인데, 이는 세 개의 구분된 절을 가지며, 여기서 두 번째 절은 불명확한 것으로 남는다("이 성"은 다소를 의미하는가 아니면 예루살렘을 의미하는가?). 이 해결책은 이 질문에 대한 답이 되지 못한다. 사도행전의 저자는 바울이 어디서 혹은 언제 교육을 받았는지를 몰랐기 때문에 이 구절을 의도적으로 애매하게 남겨두었을지도 모른다. 그러나 그가 이런 식으로 전달했을 가능성은 그리 높아 보이지 않는다. 두 번째 해석은 바울이 자신은 유대인으로 "길리기아 다소에서 났지만, 이 성[예루살렘]에서 자라, 가말리엘의 문하에서 교훈을 받았다"는 것이다. 이는 바울이 자신의 배경인 예루살렘을 물리적으로 지칭하는 것이라는 주장이다. 이것이 가장 일반적인 이해인데, 이는 NIV, NRSV와 여러 다른 번역본에 반영되어 있다. 세 번째는 이 문장을 바울이 자신은 "길리

---

26   바울이 그리스도인이 되기 이전의 과거에 대해서는 Hengel과 Deines가 함께 집필한 *Pre-Christian Paul*, 특히 59-66을 보라. 행 22:3에 대한 논의도 함께 보라.

기아 다소에서 났고 이 성[다소]에서 자라, 가말리엘의 문하에서 교육을 받은" 유대인이라고 말한다고 해석한다.

마지막 두 개의 해석 가운데 하나가 좀 더 가능성이 있는가? 바울이 예루살렘에 온 정확한 나이는 알지 못하지만, 대부분의 학자들은 그가 그곳에서 자랐을 것이라고 생각한다.[27] 이 입장을 뒷받침하는 근거가 몇 가지 있다. 첫째는 사도행전 22:3의 문법이 이 사실을 나타내는 것으로 보인다는 점인데, 대부분의 학자들은 두 번째 해석을 가장 설득력 있는 것으로 본다. 두 번째 해석은 사도행전의 이 본문에 기록된 바울의 연설이 자신의 정체성을 예루살렘과 연결시켜 확립하기 위해 의도적으로 노력하는 맥락에서 전달되었다는 것이다. 그는 곧바로 로마의 관리 아래 있게 되었지만 대중에게 연설하는 것은 허락되었다. 그의 연설을 들은 대중은 그가 이방인 드로비모를 성전 안으로 들인 것을 고발했다. 바울의 최고 관심사는 예루살렘의 소요자들로 하여금 자신을 예루살렘 사람으로 여기도록 하는 것이었고, 그렇기 때문에 그가 자신의 연설에서 다소뿐만 아니라 타락한 이방 문화와의 연관성을 최소화하려고 했다고 보는 것이 합리적이다. 이런 이유에도 불구하고 나는 세 번째 해석이 좀 더 설득력이 있다고 생각한다. 첫 번째와 두 번째 절 사이의 접속사가 두 번째 해석에서는 "그러나"로, 세 번째 해석에서는 "그리고"로 번역된다. 하지만 이것은 조건의 변화를 가리키는 것이지 반드시 강한 대조의 관계일 필요는 없다. 결과적으로 바울은 두 번째 해석과 같이 도시를 바꿀 필요가 없었고, 이는 단순히 자신의 유년기로부터 다소에서 받은 교육으로의 전환을 표현한 것이라고 보는 것이다(행 16:12에서 동일한 접속사의 병행

---

27   예. E. J. Schnabel, *Paul the Missionary: Realities, Strategies, and Methods* (Downers Grove, IL: InterVarsity, 2008), 43.

사용이 발견된다).[28] 만약 이 주장이 옳다면, 바울은 다소에서 태어났고, 열세 살에서 열다섯 살 사이에, 곧 예루살렘으로 이주하기 전 다소에서 문법 교육을 받았으며, 가말리엘 문하에서 랍비 교육을 받은 것이다.

그러나 어떤 이들은 바울이 예루살렘의 가말리엘 문하에서 교훈을 받았다고 하는 사도행전의 기술의 일관성에 의문을 제기할 수 있다. 어떻게 바울은 종교성에 대한 접근이 예루살렘에 있는 자신의 스승인 가말리엘과 그렇게 현저히 다를 수 있었을까? 바울이 가말리엘의 제자였음을 언급하는 신약의 본문은 사도행전 22:3이 유일하다. 그러나 바울과 가말리엘의 관계에 대한 주장에 설득력을 더해주는 부분은 그와 바리새인의 명백한 관계다(빌 3:5-6).[29] 아쉽게도 성경이나 성경 이외의 자료들을 통해 알려진 가말리엘에 대한 정보는 그리 많지 않다. 알려진 바에 의하면 가말리엘은 초기 기독교 운동에 대해 매우 관대했다. 사도행전 5:38-39은 산헤드린의 회원인 가말리엘이 회유적인 입장을 취하면서 분명히 하나님은 인간의 행위를 넘어 승리하신다는 바리새적인 교리(Mishnah, ʾAbot 4.14; 3.19; 참조. Josephus, *Jewish Antiquities* 13.172; 18.13)와 맥을 같이하고 있음을 드러낸다. 그는 관용적인 태도를 권장하는데, 왜냐하면—그의 논리는 이렇다—만약 이 새로운 운동이 하나님의 것이라면 누구든지 그와 반대되는 입장을 취함으로써 하나님을 대적하고 싶지는 않을 것이며, 만약 그 운동이 하나님으로부터 온 것이 아니라면 어떻든 실패할 것이기 때문이다. 이는 초기 그리스도인들에 대한 적극적인

---

28   참조. Pitts, "Hellenistic Schools in Jerusalem," 특히 27-33.
29   K. Lake and H. J. Cadbury, "English Translation and Commentary," in *The Acts of the Apostles*, part 1 of *The Beginnings of Christianity* (ed. F. J. Foakes-Jackson and K. Lake; 5 vols.; London: Macmillan, 1920-33), 4.278-79을 보라.

박해자가 되었던 그의 제자 바울과는 매우 다른 태도다.[30]

바울과 가말리엘의 관계에 관해 고려해야 할 몇 가지 요소가 있다. 첫째는 이 두 사람이 지닌 기질 혹은 식견의 단순한 차이다. 바울은 젊은 혈기 혹은 타고난 열정 덕분에 상황 파악 능력이 그의 스승보다 나았다고 볼 수 있으며, 최소한 바울의 눈에 그의 스승은 지나치게 신중했다는 추정이 가능하다.[31] 두 번째 요소는 바울의 핍박이 사도행전 5장에서 가말리엘이 연설하고 있는 동일한 그룹을 겨냥한 것인가의 여부다. 가말리엘의 태도는 베드로 및 다른 사도들과 같은 팔레스타인-유대인 그리스도인들에 관한 것이다. 그러나 바울의 박해는 헬레니즘적 유대인 그리스도인들을 향한 것이라는 좋은 증거가 있다. 이는 사도행전 8:1에서 스데반을 돌로 쳤던 사건 속 바울의 역할과, 사도행전 9장에서 그가 "그 도"(the Way)를 따르는 자들을 박해하려고 예루살렘 밖 다메섹으로 가는 여행으로 나타난다. 아마도 바울은 자신이 가말리엘 문하에서 공부하기 위해 예루살렘으로 올 때 남겨두고 떠났던 디아스포라 유대인들을 회상하며 그들을 이 디아스포라 유대인들과 같이 여겼을 것이다. 그리고 그들이 타락하고 변질된 형태의 유대교도들이라고 믿었던 것 같다(자신도 그들의 교육 시스템 아래서 교육받은 자였으면서 말이다). 결국 바울은 회심 전의 자신을 율법주의자로 제시하는데(빌 3:6), 곧 그는 율법을 온전히 지키고자 했으며 조금이라도 벗어난 행위를 하는 모든 자들은 순응하지

---

30 후기 랍비 전승에 의하면 이름이 알려지지 않은 제자가 가말리엘과 논쟁한 일이 있었다. 어떤 이들은 이 사람이 바울이라고 추정한다. 그러나 그가 누구였는지를 알 수 있는 길은 전혀 없다(Babylonian Talmud, *Shabbat* 30b). 바울과 관련하여 가말리엘의 가르침을 재구성하기 위한 시도는 B. Chilton and J. Neusner, "Paul and Gamaliel," in *Historical Knowledge in Biblical Antiquity* (ed. J. Neusner, B. D. Chilton, and W. S. Green; Blandford Forum: Deo, 2007), 329-73을 보라.

31 T. R. Glover, *Paul of Tarsus* (London: SCM, 1925), 57을 보라.

않는 것으로 간주했다. 세 번째 고려 사항은 가말리엘과 다른 유대교 지도자들이 초기 기독교 운동에 관해 심적인 변화를 겪었는가의 여부다.[32] 가말리엘이 사도행전 5장에서 공포했을 때 기독교는 여전히 기본적으로 예루살렘에 국한된 새로운 운동이었다. 그러나 바울이 신자들을 박해하던 당시에 이 운동은 이미 확산의 조짐이 있었고, 이는 아마도 유대교 고위직에 있는 자들의 태도를 바꾸게끔 했을 것이다.

바울이 유대교 교육을 받았다는 증거는 매우 적다. 그럼에도 불구하고 바울이 그리스-로마 교육을 어느 정도 받았다는 증거는 일부 존재한다.[33] 몇 가지 분명하고 중요한 예는 바울의 그리스 편지 형식의 사용(5장 단락 1을 보라)과 70인역에 대한 분명한 지식이다.[34] 그러나 이것이 그리스 학교 시스템에서 정규 교육을 받았다는 분명한 증거는 아니다. 왜냐하면 그리스-로마의 편지 형식은 널리 알려져 있었고, 학교를 전혀 다니지 않은 사람들도 그 형식을 많이 사용했으며, 대필자나 서기들도 편지를 작성할 때 종종 차용했기 때문이다.[35] 바울은 이를 최대한 활

---

32 R. N. Longenecker, "Acts," in *The Expositor's Bible Commentary* (ed. F. E. Gaebelein; 12 vols.; Grand Rapids: Zondervan, 1981), 9.100을 보라.

33 Schnelle, *Apostle Paul*, 63-69. K. Haacker, "Zum Werdegang des Apostels Paulus," *Aufstieg und Niedergang der römischen Welt* 26.2:824-26을 인용하면서 Schnelle는 바울이 라틴어 교육도 최소한으로나마 받은 것이 확실해 보인다고 주장한다. 왜냐하면 바울이 로마의 정치 체계를 바탕으로 롬 13:1-7과 빌 3:20을 언급하고 있기 때문이다(참조. Hengel & Deines, *Pre-Christian Paul*, 10, 여기서도 바울이 라틴어를 어느 정도 알고 있었다고 여긴다). 10장의 단락 2D1과 11장의 단락 2A를 보라.

34 Schnelle, *Apostle Paul*, 108-11. 더 자세한 내용을 위해서는 C. D. Stanley, *Paul and the Language of Scripture: Citation Technique in the Pauline Epistles and Contemporary Literature* (SNTSMS 74; Cambridge: Cambridge University Press, 1992)를 보라.

35 E. R. Richards, *The Secretary in the Letters of Paul* (WUNT 2/42; Tübingen: Mohr-Siebeck, 1991); J. Murphy-O'Connor, *Paul the Letter-Writer: His World, His Options, His Skills* (Collegeville, MN: Liturgical, 1995), 1-6; H.-J. Klauck, *Ancient Letters and the New Testament* (Waco, TX: Baylor University Press, 2006), 55-60을 보라.

용했고(예. 더디오가 자신의 이름을 언급하는 롬 16:22을 보라), 그래서 그는 문법학교의 수준을 넘은 정규 교육을 필요로 하지 않았을 것이다. 두 번째 형태의 증거는 성경 이외의 저자들이 그를 인용한 것들이다.[36] 여기서 바울 서신에 만연한 일차 증거가 부족하다는 것은 놀랍다. 바울은 사도행전 17:28에서 기원전 4세기의 시인 아라투스(Aratus)를 인용하고 (*Phaenomena* 5; 참조. Cleanthes, *Hymn to Zeus*, line 4), 디도서 1:12에서는 기원전 6세기의 시인 에피메니데스(Epimenides)를 언급한 것으로 인정된다. 그러나 주요 바울 서신에는 고린도전서 15:32에서 기원전 3세기의 극작가인 메난더(Menander)의 희극 *Thais*를 인용한 것이 유일하다. "내일 죽을 터이니 먹고 마시자." 그러나 이 인용은 그 당시에 흔히 알려져 있었던 상식의 일부였다는 것이 일반적인 의견이다. 이는 셰익스피어의 『햄릿』에서 비롯된 "사느냐 죽느냐"와 상당히 비슷한데, 이것은 셰익스피어의 극을 공부하지(또는 읽지도) 않았더라도 많은 사람이 인용할 수 있다. 아니면 그것은 문법학교 교육에서 사용되었던 인용구 모음집 안에 포함된 많은 개별 인용 가운데 하나였을 수 있다.[37]

바울이 그리스 교육을 받았다는 세 번째 증거는 그가 고전 수사학 형식을 사용한다는 것이다.[38] 이것은 지난 수십 년 동안 신약학계에서 폭

---

36 예. E. B. Howells, "St. Paul and the Greek World," *Greece and Rome* 11 (1964): 7-29을 보라. Howells는 바울이 그리스 교육을 받았다는 다른 여러 증거 가운데서 명백하거나 암시적인 인용을 다룬다.

37 이런 모음집의 존재는 파피루스에 필사된 사본들, 혹은 퀸틸리아누스 같은 작가들의 언급을 통해 알려지게 되었다.

38 주요 용어의 정의는 L. M. McDonald and S. E. Porter, *Early Christianity and Its Sacred Literature* (Peabody, MA: Hendrickson, 2000), 30-32을 보라. 참조. D. L. Stamps, "Rhetorical Criticism of the New Testament: Ancient and Modern Evaluations of Argumentation," in *Approaches to New Testament Study* (ed. S. E. Porter and D. Tombs; JSNTSup 120; Sheffield: Sheffield Academic, 1995), 129-69.

넓게 논의되어온 주제다. 많은 학자들은 바울이 당대의 수사학자가 이용할 수 있었던 폭넓은 도구들을 직접 사용했다고 주장한다. 예를 들면 그의 갈라디아서는 데모스테네스(Demosthenes, 기원전 4세기)와 같은 고대 수사학자가 행한 연설처럼 심의적이거나 법률적인 수사의 한 형식이라고 간주된다. 그러나 이 수사학 가설에 관해서는 두 가지 질문이 제기될 수 있고 또 제기되어야 한다. 첫 번째는 편지에 대한 이런 종류의 수사학적 분석이 고대인들에게도 알려진 어떤 것인가의 여부다. 수사학의 범주는 연설이나 편지를 포함한 어떤 저작의 분석이나 조사를 위해 사용된 것이 아니라, 연설의 창조, 표현, 발표, 실행을 위해서만 사용되었다는 좋은 증거가 있다. 두 번째 질문은 상위 수준의 교육 시스템에 속하는 김나지움의 수사학을 배우지 못했던 이들이 어떻게 이런 지식에 접근할 수 있었는지에 관한 것이다. 바울은 특별히 디아트리베(diatribe) 스타일(예. 롬 1-14장; 고후 10-13장)을 포함한 몇몇 수사학적 관습을 사용했지만, 이는 아마도 정식 수사학 훈련 때문이 아니라, 이것이 고대 세계에서 선생들이나 철학자들이 주장을 만들어내고 논의를 진행했던 방식이었기 때문일 것이다.[39]

모든 것을 고려해볼 때 바울이 그리스-로마의 교육 시스템에서 대

---

39 바울 및 고대 수사학에 대해서와 바울의 서신들이 왜 연설로서 검토되지 말아야 하는지에 대해서는 S. E. Porter, "Paul of Tarsus and His Letters," in *Handbook of Classical Rhetoric in the Hellenistic Period, 330 B.C.-A.D. 400* (ed. S. E. Porter; Leiden: Brill, 1997), 533-85; Porter, "The Theoretical Justification for Application of Rhetorical Categories to Pauline Epistolary Literature," in *Rhetoric and the New Testament: Essays from the 1992 Heidelberg Conference* (ed. S. E. Porter and T. H. Olbricht; JSNTSup 90; Sheffield: Sheffield Academic, 1993), 100-122; J. T. Reed, "Using Ancient Rhetorical Categories to Interpret Paul's Letters: A Question of Genre," in *Rhetoric and the New Testament*, 292-324; P. H. Kern, *Rhetoric and Galatians: Assessing an Approach to Paul's Epistle* (SNTSMS 101; Cambridge: Cambridge University Press, 1998)을 보라.

단히 진보한 교육을 받았다는 증거는 부족하다. 그는 초등 교육을 거의 확실히 받았고 문법학교에 입학했을 것이다. 그러나 바울은 수사학자로 훈련받지 않았고, 그의 편지들이 마치 고대 수사학의 사례인 것처럼 분석하는 것은 아마도 잘못 판단한 것이다. 그럼에도 불구하고 그는 정규 종교 훈련으로 진입하기 전에 그리스 언어의 높은 기능적 사용을 포함한 문법학교 교육의 기초적인 훈련을 (다소에서) 받았을 것이다.

5. 바울과 로마 제국

여러 바울 서신 내에서뿐만 아니라 사도행전에서도 바울은 그의 선교 여행 전반에 걸쳐서 로마 제국에 대한 지식을 가지고 있거나 그것을 드러내고 있는 것으로 묘사된다. 바울과 로마 제국의 관계에 대해 다음의 두 가지 문제가 두드러지게 나타난다. 하나는 바울의 시민권의 성격이고, 다른 하나는 당대에 만연했던 황제 숭배에 대한 바울의 반응이다. 바울이 과연 로마 시민이었는지 아닌지에 관한 질문은 다음 두 가지 고려 사항으로 인해 더욱 복잡해진다.[40] 첫 번째 고려 사항은 시민권을 과연 어떻게 정의할 것인가의 문제다. 또 다른 고려 사항은 바울이 로마 시민권을 가지고 있다는 분명한 주장이 사도행전에만 등장하고 바울 서신에는 어디에도 등장하지 않는다는 사실이다.

---

40 일반적인 로마법에 대해서는 B. Nicholas, *An Introduction to Roman Law* (Oxford: Clarendon, 1962); A. Watson, *The Law of the Ancient Romans* (Dallas: Southern Methodist University Press, 1970)를 보라. 로마의 사회적 상황에 대해서는 J. E. Stambaugh and D. L. Balch, *The New Testament in Its Social Environment* (Philadelphia: Westminster, 1986)을 보라. 로마 시민권에 대하여는 A. N. Sherwin-White, *The Roman Citizenship* (2nd ed.; Oxford: Clarendon, 1973)을 보라.

로마 제국에는 몇 가지 다른 수준의 시민권이 존재했다. 예를 들면 특정한 도시의 시민이라는 의미에서 로마의 시민일 수도 있고, 어떤 사회 계층이나 계급 중 하나에 속한 구성원이라는 의미에서 시민일 수도 있었다. 바울이 사도행전 21:39에서 자신을 다소의 시민으로 기술하는 데 사용한 단어는 이와 같은 종류 가운데 어느 하나를 언급하는 것일 수 있다. 사도행전 16:38과 22:25에서 바울은 자신이 로마의 시민임을 명시적으로 주장한다. 어떤 학자들은 사도행전이 역사적인 배경에 기초하여 기술된 것이라기보다는 문학적인 창작(아마도 고대의 소설과 같이)으로서 바울의 이미지를 초기 교회의 영웅으로 만들어내려고 계획된 것으로 여기기도 한다.[41] 결과적으로 많은 학자들은 바울이 다소의 시민권과 로마 시민권을 가지고 있었다는 것을 의심하기에 이르렀다. 예를 들어 존 렌츠(John Lentz)는 사도행전이 의도적으로 바울을 이상적인 그리스-로마 사람으로 묘사한다고 결론 내린다.[42] 브라이언 랍스케(Brian Rapske)는 더욱 치밀하게 고대의 증거들을 연구하여 한 사람이 다소와 같은 로마 도시의 시민권을 갖는 동시에 독실한 유대인이 될 수 있는 가능성을 보여준다. 비록 그런 가능성이 분명히 있다고 할지라도, 랍스케가 확실히 입증하지 못한 부분은 과연 바울이 실제로 그런 사람이었냐는 것이다.[43]

---

41 R. Bauckham, "The Acts of Paul as a Sequel to Acts," in *The Book of Acts in Its Ancient Literary Setting* (ed. B. W. Winter and A. D. Clarke; BAFCS 1; Grand Rapids: Eerdmans, 1993), 105-52을 보라. 이 책은 R. Pervo, *Profit with Delight: The Literary Genre of the Acts of the Apostles* (Philadelphia: Fortress, 1987)와 같은 저술에 대한 응답이다. 여전히 설득력은 없지만 이런 주장을 펼치는 좀 더 최근의 저술로는 M. P. Bonz, *The Past as Legacy: Luke-Acts and Ancient Epic* (Minneapolis: Fortress, 2000)이 있다.

42 J. C. Lentz Jr., *Luke's Portrait of Paul* (SNTSMS 77; Cambridge: Cambridge University Press, 1993).

43 B. Rapske, *Paul in Roman Custody* (BAFCS 3; Grand Rapids: Eerdmans, 1994), 72-90. 많은 로마 역사학자들은 바울이 로마 시민이라는 사실을 별 무리 없이 받아들인다. 예. E. T. Salmon, *A History of the Roman World from 30 B.C. to A.D. 138* (6th ed.; London:

바울이 그의 서신에서 심지어 이방 세계에 대한 사역에서조차 자신이 다소 태생이며 다소 또는 로마의 시민권이 있다는 언급을 하지 않는다는 점은 놀랍다. 그 이유는 아마도 바울에게 가장 중요한 시민권은 "하늘에"(빌 3:20) 있었기 때문일 것이다. 그러나 바울이 그의 서신에서 자신의 시민권에 관해 언급하지 않는다는 이유만으로 그가 로마 시민권자도 아니고 다소 출신도 아니라는 주장은 결국 침묵(으로부터의) 논증일 뿐이며 충분한 설득력이 없다. 사도행전에서 이 증거가 어떻게 사용되었는지 그 방식을 유념하여 봤을 때 바울의 가족 출신에 기초하여 그가 다소와 로마의 온전한 시민이었다는 주장이 설득력이 있어 보인다.[44]

그렇다면 바울의 가족은 어떻게 로마 시민권을 획득할 수 있었을까? 사도행전을 보면 바울의 로마 시민권에 대한 가장 실증적인 두 단락이 등장하는데, 바로 16:37-39과 22:25-29이다. 첫 번째 단락에서 바울은 빌립보에서 밤새 투옥된 후 풀려났을 때 자신의 투옥이 로마 시민권자로서 받을 적법한 대우인지에 대해 질문을 제기한다. 바울은 사도행전 16:37에서 "로마 사람인 우리를 죄도 정하지 아니하고 공중 앞에서 때리고…"라고 언급하면서 빌립보의 형벌 제도에 지대한 관심을 드러낸다. 두 번째 단락에서 바울은 자신이 예루살렘에서 로마의 관리하에 들어가고 천부장이 그를 채찍질하라고 명령한 이후에 로마의 시민을 이렇게 대하는 것이 적법한지에 대해 다음과 같이 문제를 제기한다. "가죽 줄로 바

Routledge, 1968), 196n1; R. Wallace and W. Williams, *The Acts of the Apostles* (London: Duckworth, 1993), 10을 보라. 그리고 고전이면서도 여전히 유효한 연구로 다음을 보라. A. N. Sherwin-White, *Roman Society and Roman Law in the New Testament* (Oxford: Clarendon, 1963), 144-93과 *Roman Citizenship*, 273. Sherwin-White는 이 주제에 관해 많은 자료를 제시한다.

44 S. A. Adams, "Paul the Roman Citizen: Roman Citizenship in the Ancient World and Its Importance for Understanding Acts 22:22-29," in *Paul: Jew, Greek, and Roman* (ed. S. E. Porter; PAST 5; Leiden: Brill, 2008), 309-26을 보라.

울을 매니 바울이 곁에 서 있는 백부장더러 이르되 '너희가 로마 시민 된 자를 죄도 정치 아니하고 채찍질할 수 있느냐?' 하니"(22:25). 백부장은 곧바로 자신의 상급자에게 보고한다. 천부장이 이 잠재적 어려움을 해결하기 위해 와서 자신은 많은 돈을 들여 시민권을 얻었다고 말하고, 바울은 자신이 시민권을 나면서부터 취득했다고 대답한다(22:28).

이 사건이 있었던 당시에는 로마 시민권 확장 정책이 전반적으로 진행되었다. 기원전 1세기 중반까지 이탈리아 반도의 전체 인구가 로마 시민이 되었다. 기원후 1세기 중반까지는 제국 전반에 걸쳐 상당수의 시민권자가 있었으며, 기원후 212년에는 제국의 모든 자유 거주민들을 제국의 시민으로 만드는 칙령이 내려졌다.[45] 이런 확장이 진행 중이던 시기에 로마 시민권을 취득할 수 있는 몇 가지 방법이 있었다. 시민권은 해방된 노예들에게도 다양한 이유로 부여될 수 있었는데, 여기에는 군복무나 기타 다른 형태로 제국에 유용한 공헌을 하는 것도 포함된다. 또 많은 돈을 들여 구입하거나, 시민권을 소지한 아버지로부터 상속받을 수도 있었다.[46] 그중 가장 가능성이 낮은 경우는 바울의 조상이 군복무를 통해 시민권을 획득했다는 것이다.[47] 어떤 이들은 앞서 설명한 가능성보다는 바

---

45 Wallace and Williams, *Acts of the Apostles*, 25; Watson, *Law of the Ancient Romans*, 29을 보라.

46 돈은 실제로 시민권을 직접 구입하는 데 쓰인 것이 아니라 행정 절차에서 여러 관리에게 지불하는 데 쓰였다. 몇몇 후대 자료에 의하면 오백 드라크마는 노동자의 평균 일당의 2년치에 해당하는 금액이었다(Dio Chrysostom 34.21-23). 참조. Hengel with Deines, *Pre-Christian Paul*, 5; Schnelle, *Apostle Paul*, 60; H. Omerzu, *Der Prozess des Paulus: Eine exegetische und rechtshistorische Untersuchung der Apostelgeschichte* (Beihefte zur Zeitschrift für die neutestamentliche Wissenschaft 115; Berlin: de Gruyter, 2002), 28-39.

47 요세푸스에 의하면 기원전 1세기에는 수많은 유대인이 로마 시민권을 받았으며 집정관 루키우스 렌툴루스(Lucius Lentulus)에 의해 군복무 면제를 받았다(*Jewish Antiquities* 14.228-40; 참조. Hengel with Deines, *Pre-Christian Paul*, 11).

울의 아버지나 할아버지가 천막을 만드는 사업을 통해 로마 제국에 공헌했으며, 이를 통해 시민권을 수여받았고, 결과적으로 바울이 이를 물려받았을 수 있다고 생각한다. 또 다른 이들은 바울의 친척 가운데 한 명이 시민권을 구입했을 수 있다고 추측한다. 바울이 태어나면서부터 시민권을 소유했고 스스로 취득한 것은 아니지만, 그가 구체적으로 어떻게 시민권을 얻게 되었는지를 확실히 알 수는 없다.[48]

하지만 바울의 시민권에 근거한 호소가 틀림없이 그가 즉시 특별한 대우를 받았음을 의미하는 것은 아니었다. 고대 세계에서는 자신의 시민권을 실제로 증명할 수 있는 증거물을 지니고 다닌다는 것이 지금보다 훨씬 어려웠는데, 그 사람이 알려진 곳으로부터 혹은 가족에 대한 기록이 보관된 장소로부터 떠나왔을 경우에는 특히 어려웠다. 바울은 시민들이 소유했던 특정한 형태의 여권을 가지고 다녔을 수 있는데, 아마도 그가 가진 두루마리들과 유사한 종류의 문서였을 것이다. 시민들은 종종 그들의 신분이 명시된 작은 판을 가지고 다녔다. 우리가 짐작할 수 있는 것처럼 로마 세계에서 시민권을 가리키는 문서는 귀중했기 때문에 많은 위조 사건이 발생했으며, 발각될 경우 엄중한 처벌을 받았다. 분별력 있는 지휘관이라면 그런 문서를 결코 액면 그대로 받아들이지 않았을 것이며, 바울을 집중적으로 심문한 경우와 같이 아마도 그 문서가 진짜인지 아닌지를 확인하기 위해 특정한 증거를 입수하려고 노력했을 것이다. 바울이 체포되었던 경우나 그의 체포를 야기했던 사건들에서 목격할 수 있는 것처럼 대중이 소요를 일으키는 동안에 호민관이 이렇게 집중적이고 구체적으로 심문하는 것은 아마도 불가능했을 것이다. 어떤 사람들은 바울이 자신의 시민권에 호소함으로써 많은 매질(예. 고후 11:24-25)을 멈

---

48   Rapske, *Paul in Roman Custody*, 72-90을 보라.

추게 하지 못한 것은 그가 적법한 로마 시민이 아니었기 때문이라고 주장하기도 한다. 그러나 이런 매질은 그의 동료 유대인들의 손으로 집행되었던 경우인데, 이들은 아마도 바울이 지닌 로마 시민권에 전혀 개의치 않았던 자들이었을 것이다. 그리고 비록 로마 시민권이 그런 종류의 폭력으로부터 보호해준다고 하더라도 감시가 철저하게 이루어지는 것도 아니었고 이런 종류의 법이 단순히 무시되는 경우도 있었을 것이다.[49] 로마 시민이 되면 많은 특권을 갖게 되는데, 여기에는 공적인 기소와 재판의 권리, 특정 종류의 형벌—십자가형을 포함한 대부분의 형벌—에 대한 면제, 약식 재판으로부터의 보호 등이 포함된다. 로마 시민은 항소할 수 있는 권리가 있었는데, 물론 사회적 동요가 있는 경우에는 이런 권리가 무효였을 것이다. 일개 로마 시민이 자신의 사건을 로마 황제에게 직접 항소할 수 있는 권리가 있었다고 볼 수는 없을 것 같다. 아무튼 황제가 직접 항소를 심리하지는 않았을 것이고 황제가 선임한 몇몇 재판관이 수행했을 것이다.[50]

바울의 가족이 소유한 로마 시민권은 과연 그의 가족이 황제를 신으로 숭배하는 것과 같은 로마의 종교 의식을 따랐는지 아닌지에 대한 질문을 제기한다. 바울이 다소를 떠난 이유는 바로 이 때문이었을까? 이 부

---

49 왜냐하면 법이 있다고 해서 모두가 그것을 지키는 것은 아니기 때문이다. 참조. Schnelle, *Apostle Paul*, 61; Hengel with Deines, *Pre-Christian Paul*, 7. 여기에 다음과 같은 예시가 등장한다. 요세푸스(*Jewish War* 2.308)는 행정 장관 게시우스 플로루스(Gessius Florus)가 로마 기사(*equites*)와 동등한 지위에 있었던 예루살렘의 유대인들을 고문하고 십자가에 못 박았다고 기록한다. 수에토니우스(*Galba* 9)는 Hispania Tarraconensis 지역의 통치자인 갈바(Galba)가 로마 시민을 십자가에 못 박았다고 말하며, 키케로(*In Verrem* 2.5.161-67)는 로마 시민들을 채찍질하고 십자가에 못 박은 사건으로 인해 베레스(Verres)가 추방되었다고 말한다.

50 위에 설명한 문헌에 대하여는 F. F. Bruce, *Paul: Apostle of the Heart Set Free* (Grand Rapids: Eerdmans, 1977), 363-67을 보라. 사실 네로는 자신이 직접 사건을 다루지 않았다는 점을 분명히 밝혔다(Tacitus, *Annals* 13.4.2).

분에 대해 몇 가지 요소가 고려되어야 한다. 첫째, 우리는 디아스포라 유대교가 복잡하고 다양한 현상을 내포하고 있으며, 비록 완전히 토착화하지는 않았다고 할지라도 많은 방식으로 주변의 종교-문화적 환경에 통합되었다는 사실을 인식해야 한다. 이것은 유대인들이 많은 경우에 그들의 높은 도덕적 기준과 하나님을 향한 믿음을 존중받지 못했음을 의미하는 것이 아니다. 그들의 높은 도덕적 기준과 믿음은 사도행전에 기록된 하나님을 경외하는 사람들의 존재가 잘 증명해준다(10:2, 22, 35; 13:16, 26, 43, 50; 16:14; 17:4, 17; 18:7).[51] 결국 광범위한 그리스-로마 세계에서 유대교는 단지 다양한 방식으로 변용되고 동화되었던 많은 종교적·문화적 소수 가운데 하나였을 뿐이다.[52] 둘째, 로마 황제 숭배를 시민권자들에게 강제했던 것과 같은 제도화가 기원후 2세기까지는 나타나지 않았다. 아우구스투스는 황제 숭배에 대한 관용을 베푸는 데 신중했고, 황제의 신성을 선전하는 데 덜 적극적이었던 동방 속주에서는 서방 속주보다 황제 숭배에 좀 더 자유롭게 참여하는 것이 허용되었다. 예수 그리스도

---

51 어떤 학자들은 하나님을 경외하는 자들의 존재에 관해 사도행전의 진정성을 의심한다. 그러나 그에 대한 신빙성이 다음의 연구에서 밝혀진다. I. Levinskaya, *The Book of Acts in Its Diaspora Setting* (BAFCS 5; Grand Rapids: Eerdmans, 1996), 특히 51-126; 참조. J. Reynolds and R. Tannenbaum, *Jews and Godfearers at Aphrodisias* (Cambridge: Cambridge Philological Society, 1987).

52 면밀하고 자세한 연구로는 J. M. G. Barclay, *Jews in the Mediterranean Diaspora: From Alexander to Trajan (323 BCE-117 CE)* (Edinburgh: T&T Clark, 1996)을 보라. 그는 디아스포라 유대교에 대한 상세한 연구를 위한 충분한 증거는 단지 다섯 장소에서만 찾을 수 있다고 주장한다. 즉 이집트, 키레나이카, 수리아 권역, 아시아 권역 그리고 로마다(10). 비록 그가 유대인들이 이집트의 엘카나이스(El-Kanais)에서 판(Pan) 신을 숭배했던 것과 같은 몇몇 종교 현상을 언급하기는 하지만(99-100), 이집트에서 발견된 유대교 파피루스 문헌에 기록된 "신들"에 대한 찬양을 포함하여 고려할 가치가 있는 추가 증거가 존재한다(C.Pap.Jud. I 4 = P.Cair.Zen. I 59076 [257 BC]. 이것은 J. L. White, *Light from Ancient Letters* [FFNT; Philadelphia: Fortress, 1986], no. 16, 39-40으로 다시 출판됨). 다키아에서 발견된 이중 언어의 저주 석판도 보라(*NewDocs* 2.12).

가 탄생한 시기에는 이런 방식의 숭배가 기껏해야 선택 사항이었을 것이며, 유대인들이 이런 종류의 의식을 행했다는 설득력 있는 근거도 없다. 어쨌든 유대인들은 이전에 몇 번 외국의 군대 지도자들에게 복종했던 경우가 있었다. 셀레우코스 왕조가 통치하던 기간에 그들은 가끔 용병으로 고용되었고, 유대인 관리들도 다양한 통치자에게 복종했다. 셋째, 그리스-로마 도시에 사는 유대인들은 그들의 계층이나 계급에 따라 분류되었을 것이다(그리스-로마 도시의 시민들은 해당 시의 운영을 위해 각 계층으로 분류되었다). 이 사실은 유대인들이 어느 정도의 자율과 자치권을 부여받아 자신들의 일부 종교적 관습을 이행하는 것이 허용되었음을 의미한다. 이 마지막 두 가지 고려 사항에도 불구하고 바울은 다소에 있는 유대인들 가운데 존재하는 도덕적·종교적 방종을 인지했을 것이고, 이것이 바울로 하여금 예루살렘으로 가서 가말리엘 문하에서 바리새인이 되는 훈련을 받도록 이끈 요인이었을 것이다. 예루살렘이 유대교의 종교적 중심지였기 때문에, 바울은 이 이주를 디아스포라의 부정으로부터 벗어나는 방책으로 여겼을 것이다.

바울 및 로마 제국과 관련하여 학자들이 해답을 제시하고자 하는 질문은 바울에게 로마 제국이 얼마나 중요했으며, 또 그것이 바울 서신을 작성하는 데 얼마나 많은 영향을 끼쳤는지다. 이 질문에 대해 리처드 호슬리(Richard Horsley), 존 바클레이(John Barclay), 존 해리슨(John Harrison), N. T. 라이트(N. T. Wright)와 같은 학자들의 논의가 이루어졌다.[53] 이 질

---

53 R. A. Horsley, ed., *Paul and Empire: Religion and Power in Roman Society* (Harrisburg, PA: Trinity, 1997, 『바울과 로마제국』, CLC 역간); J. M. G. Barclay, *Pauline Churches and Diaspora Jews* (WUNT 275; Tübingen: Mohr-Siebeck, 2011), 363-88; J. R. Harrison, *Paul and the Imperial Authorities at Thessalonica and Rome: A Study in the Conflict of Ideology* (WUNT 273; Tübingen: Mohr-Siebeck, 2011); N. T. Wright, *Paul: In Fresh Perspective* (Minneapolis: Fortress, 2005, 『톰 라이트의 바울』, 죠이선교회 역간), 50-79; "Paul and

문을 다르게 표현하자면 바울은 로마 제국주의, 특별히 로마 황제 숭배와 어떤 연관성을 갖고 있는가다.[54] 여기서 가장 주목할 만한 것은 라이트와 바클레이가 동일한 이 질문에 상반된 의견을 견지하고 있다는 점이다.[55] 라이트는 바울이 서신에서 자주 사용하는 "주"(κύριος), "구세주"(σωτήρ), "강림"(παρουσία), "복음"(εὐαγγέλιον), "의"(δικαιοσύνη)[56] — 이는 암시와 반향에 대한 리처드 헤이스(Richard Hays)의 범주를 따른다[57] — 와 같은 로마 제국의 전문 용어들(라이트는 이것들을 "핵심 단어들"이라고 말한다)을 토대로 로마 제국이 바울에게 정말로 중요한 요소였다고 주장한다. 그다음에 라이트는 개별 본문을 살펴보는데, 우선 자신의 논의를 시작할 수 있는 "분명한 구절들" 가운데 하나인 빌립보서 3:20-21을 살펴보고 소위 제국의 용어가 어떻게 분명히 나타나고 있는지를 보여준다. 바울은 빌립보 교인들에게 그들의 시민권은 하늘에 있다고 말하면서 "구세주"나 "주"와 같은 단어를 사용하는데, 이 용어들은 "전통적으로 로마 황제를 지칭하는 용어"들이었으며, 독자들은 즉각 이를 로마 제국과 관

Empire," in *The Blackwell Companion to Paul* (ed. S. Westerholm; West Sussex, UK: Wiley-Blackwell, 2011), 285-97; *Paul and the Faithfulness of God* (2 vols.; Christian Origins and the Question of God 4; Minneapolis: Fortress, 2013, 『바울과 하나님의 신실하심 상, 하』, CH북스 역간), 2.1271-1319. 바울과 제국에 대한 학계의 최근 연구 동향에 대해서는 Barclay, *Pauline Churches*, 364-67을 보라.

54 이 질문과 관련된 좀 더 자세한 연구로는 S. E. Porter, "Paul Confronts Caesar with the Good News," in *Empire in the New Testament* (ed. S. E. Porter and C. L. Westfall; McMaster New Testament Studies; Eugene, OR: Wipf & Stock, 2011), 164-96을 보라.

55 이 외에도 이 논의에 기여한 다른 의견들이 있다. 그러나 여기서는 이 두 가지를 주로 다룰 것이다. 도움이 될 만한 소논문 모음집으로 Horsley, ed., *Paul and Empire*가 있다.

56 Wright, *Paul: In Fresh Perspective*, 70-71. 참조. Wright, *Paul and the Faithfulness of God*, 2.1294.

57 R. B. Hays, *Echoes of Scripture in the Letters of Paul* (New Haven: Yale University Press, 1989, 『바울서신에 나타난 구약의 반향』, 여수룬 역간). Hays, *The Conversion of the Imagination: Paul as Interpreter of Israel's Scripture* (Grand Rapids: Eerdmans, 2005)에서 반복되었다.

련시켰을 것이다.[58] 라이트는 그다음에 데살로니가전서 4장에 등장하는 "강림 영접"(παρουσία ἀπαντήσις)을 바울이 제국의 용어를 다시 사용한 예로 본다. 고린도전서 15장에서 바울은 예수의 부활에 대해 말하는데, 이는 "그리스도의 왕적 통치로 규정되는 역사의 시기가 시작되는 것으로서, 이 통치는 만물을 그의 발아래 두어 모든 원수를 파멸시키는 것으로 마무리된다. 이는 빌립보서 3:21에서 바울이 인용하는 동일한 시편 구절을 반향하고 있는 것이다."[59] 라이트는 갈라디아서, 에베소서, 로마서를 살펴보고 이 서신들에서도 동일한 제국 언어를 발견한다. 하지만 라이트의 주장이 지닌 문제점은 제국 용어 사용이 갖는 효과를 지나치게 과장하는 것처럼 보인다는 사실이다.[60] 게다가 예를 들어 이런 단어들―"주", "구세주", "강림", "복음", "의"―을 제국 용어로 부른다는 것은 좀 지나친 감이 있는데, 그 이유는 이런 단어들이 파피루스 문서에서 사람들이 일상적으로 사용하는 용어로 자주 등장하기 때문이다.[61] 이에 반해 바클레이는 바울에게 로마 제국은 그다지 중요하지 않았다고 주장한다(빌 3:20에 대한 앞의 해설을 참조하라). 바울이 제국의 언어를 사용했다는 라이트의 주장에 대한 바클레이의 비판은 다음과 같이 간단명료하다. "바울이 제국 용어를 암시적으로 사용해야 할 필요성이 있었다고 보는 그와 같은 인식은 역사적 기반이 없다. 그리고 본문 자체가 그 부분에 관한 아

---

58   Wright, *Paul: In Fresh Perspective*, 71.

59   Wright, *Paul: In Fresh Perspective*, 75.

60   Barclay, *Pauline Churches*, 370.

61   James Barr가 밝혔듯이 "신학적 설명의 언어학적 전수는 어휘나 형태론적·구문론적 메커니즘이 아니라 일반적으로 문장과 그보다 더 큰 문학 단위에서 이루어진다." *The Semantics of Biblical Language* (Oxford: Oxford University Press, 1961), 269. Barr가 부적절한 전체 번역이라고 명명한 실수를 Wright도 똑같이 범하고 있을 가능성도 있다. 여기서 Wright는 바울이 사용한 이 단어들에 자신이 이해한 전체(반제국적인) 의미를 부적절하게 옮기고 있다.

무런 암시도 주지 않기 때문에 우리는 이 제안을 그저 환상에 불과한 것으로 일축할 수 있다."[62] 오히려 바클레이는 바울에게 로마 제국은 그다지 중요하지 않았다고 말한다. "역사의 드라마"(drama of history)라는 시야에서 볼 때 로마 제국은 중요한 배우(actor) 역할을 하지 않았을 것이다. 바울에게 로마는 새로운 것도, 다른 것도, 획기적인 것도 아니었다. 로마가 세상을 다스리지 않았으며, 예수 그리스도의 하나님이 다스리셨다.[63] 바울이 이 세상의 권세자들과 지배자들에 관해 말할 때 그는 단순히 로마 황제나 로마를 언급하는 것이 아니라 존재하는 모든 개인적·사회적·정치적·우주적 권세를 언급하고 있는 것이다.[64] 신실한 유대인으로서 바울은 로마 황제의 발밑에서 예배하는 것을 고려하지 않았으며, 이것을 그의 서신에서 암시나 반향을 통해 은연중에 말한 것이 아니라 노골적으로 분명하게 했다.

이 두 견해 사이의 중재적 입장이 바울의 저술에서 드러나는 대로 로마 제국에 대한 바울의 태도를 잘 포착하고 있는 것으로 보인다. 바울은 그의 시대를 통치하는 권세로서 로마 제국에 집착하지는 않았지만 그 제국을 인정하고 그 안에서 살아갔다. 로마 제국은 당시 발현되고 있던 기독교 운동의 문화와 사회적 배경에 스며들어 있었다. 이 점을 좀 더 자세히 분석할 수 있는 다양한 단락이 바울 서신에 존재하지만, 바울의 태도를 직접적으로 드러내는 핵심 단락은 바로 로마서 13:1-7, 고린도전서 7장, 고린도후서 8장이다. 첫 번째 단락인 로마서 13:1-7은 국가를 향한 복종과 관련되는데, 여기서 바울은 정의로운 지배자들에게만 복종해야

62 Barclay, *Pauline Churches*, 382.

63 Barclay, *Pauline Churches*, 386.

64 Barclay, *Pauline Churches*, 383.

한다고 명령하는 것이지, 모든 권세를 무조건적으로 지지하라고 말하는 것이 아니다.[65] 이는 그때까지 비교적 평온하고 공정했던 당시의 로마에 순종하는 것을 포함하는데, 이는 네로의 광기가 시작되기 전이었다. 고린도전서 7장은 로마의 법률 체계 내에서 그리스도인의 결혼과 이혼에 관한 규칙을 다루고 있다. 고린도후서 8장은 로마의 제도화된 위계질서 대신 신적인 위계질서를 제시한다.[66] 바울은 이 단락에서 계급에 대한 거부를 옹호하지 않으며, 적절한 방식의 계급을 인정한다. 바울은 제국의 대체에 관해 이야기하는데, 여기서 로마 황제의 후원과 자선에서 비롯되어 일반 백성에게 권위의 구조를 통해 전이된 황제 숭배는 없어진 것이 아니라 신적 위계질서로 대체된다. 이 신적 위계질서는 오직 한 분이신 진정한 하나님에게서 비롯되는데, 그분의 아들 주 예수 그리스도가 바울을 통해 고린도에 있는 교회에 명령하고 일하셨으며, 그들을 통해 또 다른 성도들에게도 동일하게 명령하시고 일하신다. 결국 우리는 바울을 반드시 "반제국주의적"(counterimperial) 신학자라고 볼 필요는 없으며,[67] 그가 로마 제국을 완전히 부정했다고 볼 수도 없다. 바울은 로마 제국을 일정한 권세를 지닌 지상의 통치자로 인식했지만, 그와 동료 신자들을 지배하는 진정한 통치자는 예수 그리스도의 하나님이었으며, 그들의 충성은 하나님을 향한 것이었지, 결코 로마 황제를 향한 것이 아니었다.

---

65   S. E. Porter, "Romans 13:1-7 as Pauline Political Rhetoric," *Filología Neotestamentaria* 3.6 (1990): 115-39을 보라. 참조. Porter, *The Letter to the Romans: A Linguistic and Literary Commentary* (NTM 37; Sheffield: Sheffield Phoenix, 2015), 243-50.

66   Porter, "Paul Confronts Caesar." 본 단락의 나머지 부분은 이 소논문 192에서 가져왔다.

67   Wright, *Paul and the Faithfulness of God*, 2.1306. R. Saunders, "Paul and the Imperial Cult," in *Paul and His Opponents* (ed. S. E. Porter; PAST 2; Leiden: Brill, 2005), 227-38 을 보라. Saunders도 중재적인 관점을 취한다.

6. 바울의 직업과 초기 그리스도인들의 사회 계층

바울이 기능공이나 가죽 노동자의 형태로 일했다는 많은 증거가 있다(행 18:3; 고전 4:12; 참조. 살전 2:9; 고후 12:14).[68] 이는 전통적으로 바울이 천막을 만드는 사람이었음을 의미한다고 받아들여졌지만, 이것은 너무 제한적일 것이다. 바울과 같은 직업을 가진 사람은 아마도 모든 종류의 재료를 가지고 일했을 것인데, 천막뿐만 아니라 배의 돛이나 극장의 캐노피와 다양한 형태의 전투 장비도 만들었을 것이다. 이런 일을 하는 사람은 아마도 기술을 가진 자로 여겨져서 밭일이나 육체노동에 관여하는 일반 백성보다는 상위에 있었을 것이다. 비록 천막 만드는 일이 하위 계층의 직업으로 간주되는지 아니면 하위-중간 계층의 노동자 혹은 기능공의 일로 간주되어야 하는지에 대해서는 많은 논쟁이 있지만 말이다.[69] 몇몇 학자는 바울이 기능공으로 일했다고 제안하는데, 그 이유는 그가 바리새인이었고 모든 바리새인은 쓸모 있는 직업을 갖고 있어야 했기 때문이다. 그러나 그런 바리새적 관습에 대한 증거는 강하지 않다(참조. Mishnah, tractate *'Abot* 2.2; Tosefta, tractate *Qid-dushin* 1.22). 좀 더 개연성 있는 설명은 기술을 배우는 것이 그리스-로마 세계 전반에 걸쳐서 유대인들과 다른

---

68 R. F. Hock, *The Social Context of Paul's Ministry: Tentmaking and Apostleship* (Philadelphia: Fortress, 1980), 특히 11-25을 보라.

69 R. F. Hock, "The Problem of Paul's Social Class: Further Reflections," in *Paul's World* (ed. S. E. Porter; PAST 4; Leiden: Brill, 2008), 7-18을 보라. Hock, "Paul's Tentmaking and the Problem of His Social Class," *JBL* 97 (1978): 555-64도 보라. Hock은 바울이 자신의 재능을 상류층 교육을 통해 얻은 것으로 본다고 주장한다. 이와 반대되는 의견은 다음을 보라. T. D. Still, "Did Paul Loathe Manual Labor? Revisiting the Work of Ronald F. Hock on the Apostle's Tentmaking and Social Class," *JBL* 125 (2006): 781-95. 참조. Hengel with Deines, *Pre-Christian Paul*, 15-17. 여기서는 그와 같은 장인으로서의 경력이 주는 많은 이득 때문에 그것을 낮은 계급의 직업으로 간주해서는 안 된다고 주장한다.

이들 모두에게 일반적인 일이었다는 것이다. 사람들은 숙련된 직업 기술을 배우기 위해 실습생으로서의 시간을 2년이나 3년 동안 보냈을 것이고, 그런 다음에 성인 시절 내내 그 직업을 계속해나갔을 것이다. 바울에게 있어 기술은 그의 물질적 필요를 제공해주었을 뿐만 아니라 그의 선교 전략에 있어서도 유용한 기능을 제공했다. 바울은 그의 여행에서 그 자신을 유지하는 방법으로(다른 기능공들이나 심지어 다른 유랑 교사들처럼), 그리고 그의 사도적 신뢰성을 세우고 유지하는 방식으로 그의 직업을 사용하여 도시에서 도시로 여행했을 것이다. 그는 개종자의 집에서 종종 머물렀을 것이고(행 16:15, 40; 17:5-7; 몬 22절), 거기서 일하거나 지역 가게에서 일했을 것이다(행 18:3, 11). 지역 교회에 경제적인 짐을 지우고 고대 세계에서 자신의 청자들로부터 경제적 이득을 취하고 떠나버리는 평판이 좋지 않은 유랑 교사 중 하나로 오인되기보다(참조. Lucian, *Passing of Peregrinus* 11-14; *Salaried Posts in Great Houses* 20, 37), 바울은 지역 회중에게 짐이 되는 대신에 자기 손으로 하는 자신의 일을 가지고 있다고 말할 수 있었다(살전 2:9). 그는 일종의 라이프 스타일 복음 전도의 초기 주창자였는데, 스스로의 경제적 자립을 통해 그의 자발성을 자신의 청자들에게 고무시킬 수 있었다(살전 4:10-12). 시간과 장소의 유연성을 고려할 때, 바울이 자신의 사역과 선교 여행을 진행하는 동안 천막 만드는 일을 자립하는 수단으로서 선택했다는 것은 놀랍지 않다.

바울의 직업에 대한 질문은 초기 기독교 운동 전체의 사회경제적 상태와 지위에 관한 더 폭넓은 질문을 야기한다. 이 질문은 지속적으로 논쟁이 되고 있으며, 초기 기독교의 사회 조직의 본질에 대한 질문과 직접 연결된다. 웨인 믹스(Wayne Meeks)는 초기 기독교에 대해 철저한 사회적 기술을 제공한 초기 학자 가운데 한 사람이다.[70] 믹스의 연구 과정에서 그는 초기 바울 기독교의 도시 환경에 주목했다. 바울이 "도시 사람"이었을 뿐만 아니라 바울의 기독교도 도시 운동이었다. 결과적으로 믹스는 기독교가 1세기 로마 제국의 도시 환경 내에서 발견되는 일종의 사회적 계층을 반영한다는 증거를 발견한다. 아돌프 다이스만(Adolf Deissmann)에 대항하고,[71] E. A. 저지(E. A. Judge)와 에이브러햄 말허비(Abraham Malherbe)의 저작들을 따라서[72] 믹스는 초기 기독교가 로마 제국의 사회적 계층을 반영하는 경향이 있다고 결론 내린다. 이는 그리스도인들이 사회경제적 계층제의 피라미드로서 특징지어지는 것을 따른다는 의미일 것이다. 매우 작은 비율의 부자들이 가장 높은 곳에 앉아 있고, 가장 큰 그룹이 가난한 자들인데, 곧 매일의 삶을 위해 제공되는 것조차 충분치 않은 많은 사람들이 가장 밑바닥에 있다. 그리고 가운데에는 기능공이나 우리가 중간 계층이라고 부를 수 있는 다른 다양한 계층이 있다(물론 그들이 현대의 중간 계층과 동등하지 않다는 것을 인식해야 하지만 말이다). 믹스는 신약의 증거가 본질상 특수하고 임시적이라는 것을 인정한다. 그럼에도 불구하고 신약에서 많은 사람들에 관해 언급되는 것을 분석함으로써 (예. 바울이 롬 16:1-23에서 언급한 뵈뵈, 브리스가와 아굴라, 에라스도, 가이오;

---

70 W. A. Meeks, *The First Urban Christians: The Social World of the Apostle Paul* (New Haven: Yale University Press, 1983), 특히 9-73. 더 최근의 요약으로 G. Theissen, "The Social Setting of Pauline Communities," in *The Blackwell Companion to Paul* (ed. S. Westerholm; West Sussex, UK: Wiley-Blackwell, 2011), 248-67을 보라. 그리스도인들의 사회경제적 지위에 대한 질문은 교회로 불린 초기 기독교 공동체의 본질과 연관된다. Meeks는 이에 대해 논한다(*First Urban Christians*, 74-110). 4장 단락 3H도 보라.

71 Deissmann, *Paul*, 29-52을 보라.

72 E. A. Judge, *The Social Pattern of Christian Groups in the First Century* (London: Tyndale, 1960); A. J. Malherbe, *Social Aspects of Early Christianity* (Baton Rouge: Louisiana State University Press, 1977)를 보라.

고전 1:11의 글로에의 사람들; 그리고 고전 1:12과 3:1-4:6의 아볼로 등), 믹스는 바울의 교회들에 속한 사람들의 사회적 분포에 대한 대략적인 개념을 상정한다. 믹스의 발견은 후발 연구자들의 저술에서 정교해졌는데, 여기에는 25년의 세월이 흐른 뒤 그의 주요 작품에 대해 행해진 최근의 논의도 포함된다. 이런 추가 논의에서 믹스의 많은 결론은 유지되었다. 비록 몇몇 특정한 발견은 논쟁이 되었지만 말이다. 주요한 결과 중 하나는 이 사회경제적 계층의 피라미드 안에 있는 사람들의 분포에 대한 재평가였다.[73] 모두가 이 발견을 받아들이지는 않는다.

예를 들면 저스틴 메기트(Justin Meggitt)는 그 대신에 기독교가 기본적으로 가난한 자들의 운동이었다고 주장한다.[74] 믹스와 메기트의 주요한 차이점은 고대 경제에 대한 그들의 관점을 중심으로 전개된다. 메기트는 이를 고대 경제에 대한 "원시적" 접근과 "현대적" 접근의 차이로 기술한다.[75] 몇몇 방식에서 이것은 결국 미니멀리스트와 맥시멀리스트의 대립으로 귀결된다. 원시주의자들은 고대 경제에서의 농업과, 산업화가

---

73   특히 B. W. Longenecker, "Socio-Economic Profiling of the First Urban Christians," in
      *After the First Urban Christians: The Social-Scientific Study of Pauline Christianity Twenty-
      Five Years Later* (ed. T. D. Still and D. G. Horrell; London: T&T Clark, 2009), 36-59과
      이 책의 다른 소논문들도 보라. Longenecker는 초기 기독교의 사회경제적 구조와 관련
      하여 자신의 논지를 확장시켜서 바울이 가난한 자들 일반에 대해 관심을 가졌다고 주장
      한다. Longenecker, *Remember the Poor: Paul, Poverty, and the Greco-Roman World* (Grand
      Rapids: Eerdmans, 2010). 나는 Longenecker가 모호한 주해를 바탕으로 여기서 지나
      친 억측을 하고 있으며, 사회적 정의에 대한 바울의 비전은 교회에 국한되었다고 믿는
      다. S. E. Porter, "Reframing Social Justice in the Pauline Letters," in *The Bible and Social
      Justice: Old Testament and New Testament Foundations for the Church's Urgent Call* (ed. C. L.
      Westfall and B. R. Dyer; McMaster New Testament Studies; Eugene, OR: Wipf & Stock,
      2015), 125-51을 보라.

74   J. J. Meggitt, *Paul, Poverty and Survival* (Studies of the New Testament and Its World;
      Edinburgh: T&T Clark, 1998), 특히 41-178.

75   Meggitt, *Paul, Poverty and Survival*, 41-42.

이루어지기 이전의 성격을 강조한다. 고대 경제에서는 매우 적은 지주들이 부유한 사람들을 구성하고, 다른 사람들은 대부분 가난과 투쟁한다.[76] 현대주의자들은 고대와 현대의 경제 사이의 상관관계를 찾는데, 현대의 범주와 고대의 기능 사이에서 유사한 패턴을 찾는 경향이 있다.[77] 결과적으로 메기트는 예를 들어 종을 소유했던 사람들도 반드시 부유한 것은 아니었고, 사실상 모두가 생존 전략을 개발하기 위해 몸부림쳤다고 주장한다. 학자들은 대부분 믹스가 반영한 관점이 고대 로마 경제와, 초기 기독교의 사회적 계층화에 대한 좀 더 정확한 설명이라고 보는 경향이 있다.[78] 이는 확실히 부자들의 운동은 아니었다. 그러나 이 운동의 한 부분이었던 소위 중간 계층 내에는 적어도 몇몇 사람이 있었다. 천막을 만드는 자로서 바울은 이 그룹에 속했을 것이고, 그와 함께 여행했던 다수의 사람도 그랬을 것이며, 바울은 그들에게 그리고 그들의 일원으로서 편지를 썼다.

7. 바울의 종교적·민족적 배경

바울은 그의 서신의 몇몇 부분에서 유대교에 뿌리를 둔 그의 민족적·종교적 배경을 연대기적으로 서술한다. 빌립보서 3:5-6은 바울이 "팔 일만에 할례를 받고 이스라엘 족속이요 베냐민 지파요 히브리인 중의 히

---

76 원시주의자의 입장은 M. I. Finley, *The Ancient Economy* (London: Chattto & Windus, 1973)에서 잘 설명된다.

77 현대주의자의 관점은 M. Rostovtzeff, *Social and Economic History of the Roman Empire* (2 vols.; Oxford: Oxford University Press, 1957)에 나타난다.

78 합리적으로 균형 잡힌 설명으로는 P. Garnsey and R. Saller, *The Roman Empire: Economy, Society, and Culture* (Berkeley: University of California Press, 1987)를 보라.

브리인이요 율법으로는 바리새인이요 열심으로는 교회를 박해하고 율법의 의로는 흠이 없는 자라"고 언급한다. 비슷하게 고린도후서 11:22은 수사학적으로 "그들이 히브리인이냐? 나도 그러하며 그들이 이스라엘인이냐? 나도 그러하며 그들이 아브라함의 후손이냐? 나도 그러하며"라고 말한다. 갈라디아서 1:13-14에서 바울은 그의 독자들에게 "내가 이전에 유대교에 있을 때에 행한 일을 너희가 들었거니와 하나님의 교회를 심히 박해하여 멸하고 내가 내 동족 중 여러 연갑자보다 유대교를 지나치게 믿어 내 조상의 전통에 대하여 더욱 열심이 있었으나"라고 언급한다. 마지막으로 로마서 11:1에서 바울은 "나도 이스라엘인이요 아브라함의 씨에서 난 자요 베냐민 지파라"라고 선언한다. 바울이 자신을 어떻게 인식했는지를 이해하는 것은 우리가 그의 회심과 뒤이은 그의 기독교 경험을 더 잘 이해하도록 도와준다.

하나의 포괄적인 틀로서의 빌립보서 3:5-6과 함께,[79] 다음과 같은 그의 과거의 요소들은 반복해서 말할 가치가 있다. 첫째, 바울은 그가 팔 일째에 할례를 받았다고 말하는데, 그날은 유대교의 법에 규정된 것이다 (창 17:12; 레 12:3). 따라서 바울은 출생과 외적인 표지로 인해 유대인이라고 분명하게 주장한다.

둘째, 그는 자신이 이스라엘의 혈통이라고, 즉 족장들로부터 직접 유래한 육체적인 후손이라고 말한다.

셋째, 좀 더 구체적으로 그는 베냐민 지파라고 주장한다. 이 지파는 분명 문제가 많은 지파지만, 두 개의 왕국으로 나눠진 이래로 유다

---

79   P. T. O'Brien, *The Epistle to the Philippians* (NIGTC; Grand Rapids: Eerdmans, 1991), 368-81; S. Kim, *The Origin of Paul's Gospel* (WUNT 2/4; Tübingen: Mohr-Siebeck, 1981; repr. Grand Rapids: Eerdmans, 1982, 『바울 복음의 기원』, 두란노 역간), 32-50을 보라.

의 일부로 간주되었는데, 이 지파의 조상의 영토 내에 예루살렘이 위치했다. 바빌로니아에서의 포로생활로 인해 바울 시대의 유대인들, 특별히 디아스포라 유대인들은 지파의 혈통을 세우는 그들의 족보를 모두 추적할 수가 없었다(느 11:7-9, 31-36). 모든 학자가 바울의 족보를 신뢰하는 것은 아니다. 많은 학자들은 바울이 베냐민 지파에서 가장 유명한 인물인 사울 왕을 따라서 이름이 지어졌다고 지적한다. 사울은 바울의 유대교 이름이거나 대안 이름(alternative name, *supernomen*)이었을 것이다. 바울(Paulus)은 코그노멘(*cognomen*) 또는 개인적인 이름이었는데, 이는 "작다"라는 의미를 가진 흔한 이름으로 크기에 대한 경멸조로 아니면 애정의 표현으로서 사용되었다. (대부분의 로마인들은 세 가지 이름을 가지고 있었는데, 여기에는 코그노멘[*cognomen*]뿐만 아니라 프라이노멘[*praenomen*] 또는 가족 이름, 노멘 겐틸리키움[*nomen gentilicium*] 또는 성이 포함된다. 바울의 다른 두 가지 이름은 알려지지 않았는데, 이는 바울에게만 이례적인 현상은 아니다. 왜냐하면 이것은 고대 세계의 잘 알려진 사람들에게도 일반적인 경우이기 때문이다.)[80]

넷째, 바울은 히브리인 중의 히브리인이라고 말한다. 이스라엘과 베냐민 지파에 대한 언급은 인종적·민족적 구분을 제공하지만, 바울이 자신을 히브리인 중의 히브리인으로 구체적으로 명시한 것은 아마도 언어적 구분일 것이다. 이는 단순히 유대인이라는 것 이상을 의미한다.[81] 사

---

80   C. J. Hemer, "The Name of Paul," *Tyndale Bulletin* 36 (1985): 179-83을 보라. 신약성경에 자신의 세 가지 이름으로 불린 로마 사람은 아무도 등장하지 않는다. 행 13:9에 나오는 바울의 유대교 대안 이름(*supernomen*)으로부터 그의 로마식 코그노멘(*cognomen*)으로의 전환은 바울의 이름과 노멘 겐틸리키움(*nomen gentilicium*)과 코그노멘(*cognomen*)으로 언급된 로마 총독 서기오 바울(Sergius Paulus)의 이름(행 13:7)의 관계에 대한 의문을 제기한다. 그러나 바울은 자신의 로마식 이름을 출생 시에 부여받았을 것이다.

81   Hengel with Deines, *Pre-Christian Paul*, 68.

도행전 6:1에서 헬라파 유대인과 히브리인 사이의 구분이 이뤄지는데, 이는 아마도 그리스어를 말하는 팔레스타인 유대인들과 셈족 언어—아마도 아람어—를 자신의 모국어로서 말하고 이 언어나 히브리어로 예배를 드릴 수 있는 사람들을 구별하는 것이다. (필론도 *On Dreams* 2.250과 *On the Life of Abraham* 28에서 비슷한 구별을 한다.)[82] 여기서 바울은 비록 자신이 디아스포라 유대인일지라도 그의 부모처럼 아람어를 말하는 원어민이라고 주장하면서 아람어를 말하는 부류의 유대교 사람들과 자신을 동일시한다. 이것은 아람어나 히브리어를 모르기 때문에 그리스어를 말하는 회당에 참석해야 하고 70인역을 그들의 성경으로 사용했던 대다수 디아스포라 유대인들과 바울을 구분했을 것이다. 바울은 몇몇 경우에 아람어를 사용하는 것으로 묘사된다(행 21:40; 22:2; 26:14). 물론 이것은 바울이 그리스어를 말하는 데 원어민 수준의 능력이 없었음을 의미하지 않는다. 바울은 그리스어를 능숙하게 말했다. 이는 그가 자신의 편지에서 보여주는 능력 및 70인역에 대한 친숙함과 더불어 그리스-로마 세계에서 쉽게 옮겨 다닌 것을 통해 분명히 증명된다.

다섯째, 바울은 자신을 바리새인으로 규정한다(참조. 행 26:5; 여기서 바울은 "바리새인의 생활을 하였다"고 말한다). 바리새인은 매일의 삶에서 율법의 적용을 강조하는 가운데 혼합된 결정론과 자유 의지의 신학으로 특징지어진다.[83] 사도행전 23:6에서 바울은 자신을 "바리새인이요 또 바

---

82   H. A. Brehm, "The Meaning of "Ελληνιστής" in Acts in Light of a Diachronic Analysis of "ἑλληνίζειν," in *Discourse Analysis and Other Topics in Biblical Greek* (ed. S. E. Porter and D. A. Carson; JSNTSup 113; Sheffield: Sheffield Academic, 1995), 180-99을 보라.

83   바리새인에 대하여는 G. Porton, "Diversity in Postbiblical Judaism," in *Early Judaism and Its Modern Interpreters* (ed. R. A. Kraft and G. W. E. Nickelsburg; Philadelphia: Fortress, 1986), 69-72과 참고문헌, J. Neusner and B. D. Chilton, eds., *In Quest of the Historical Pharisees* (Waco, TX: Baylor University Press, 2007)를 보라.

리새인의 아들이라"고 부르는데, 이는 그의 아버지도 바리새인이었음을 의미할 수 있다. 비록 이것이 그의 혈통에 바리새인이 있음을 의미하거나 자신이 바리새인(즉 가말리엘)의 학생이었음을 의미할 가능성이 더 크지만 말이다.

여섯째, 바울은 교회를 박해하는 것에서 증명되는 그의 열심을 언급한다(참조. 갈 1:13-14). 정확히 어디서 그런 박해가 일어났는지를 입증하기는 어렵다. 왜냐하면 바울이 박해에 참여한 것에 대한 유일하고 직접적인 설명은 스데반을 돌로 칠 때 비교적 미미한 역할을 했다는 것과 다메섹에 있는 그리스도인들을 박해하기 위해 그곳으로 여행했다는 기록밖에는 없는 것으로 보이기 때문이다. 사도행전 26:10에서 그는 예루살렘에서의 박해와 사람들을 죽이는 데 찬성투표를 던졌던 일을 언급한 것으로 인용된다. 사도들이 예루살렘 안이나 주변에 있었지만(또는 그럼에도 불구하고 그곳에 아마 남아 있기를 선택했지만) 그와 같은 박해의 영향을 비교적 받지 않은 것처럼 보이기 때문에, 바울의 박해는 아마도 팔레스타인 유대인이 아니라 스데반이나 그의 그룹과 같은 헬라파 유대인 그리스도인들을 향했을 것이다.[84] 회심 후 곧바로 바울이 다메섹에 도착하여 그곳의 회당에서 예수를 선포했을 때, 회중은 박해자로서의 바울의 명성을 들었고 실제로 그가 그들의 도시에 오려는 원래 목적을 알고 있었기 때문에 놀랐다(행 9:21). 바울이 "회심"의 경험을 한 것은 그가 다메섹으로 가는 도중, 아마도 처음으로 헬라파 유대인 그리스도인들을 뒤쫓기 위해 가는 도중이었다. 그렇지 않았다면 바울은 다메섹에 있는 사람들에게 알려지지 않았을 것이다.[85] 바울은 예루살렘 사람들에게도 박해자로

---

84   Dunn, *Beginning from Jerusalem*, 274-78.

85   Hengel with Deines, *Pre-Christian Paul*, 65-79을 보라.

알려졌는데, 그들은 심지어 그의 회심 이후에도 그를 향해 두려움으로 반응했다(행 9:26). 비록 그 두려움이 그들이 도시를 떠날 만큼 충분히 크지는 않았지만 말이다.

일곱째, 바울은 율법적 의에 관해서 자신은 흠이 없다고 말한다. 이 구절은 다양하게 해석된다. 지난 세기 초에 학자들이 바울은 유대인이어서 심리적으로 불편함을 느꼈을 것이며, 이것이 그리스도인으로서 바울의 신학 형성에 기여했을 것이라고 여기는 것은 드문 일이 아니었다.[86] 그러나 여기서 바울이 율법을 지키는 데 실패한 데 대한 죄책감, 스트레스, 의심, 또는 낙담으로 인해 어려움을 겪었다는 증거는 없다.[87] 이 구절은 바울이 율법을 지키고 있거나 심지어 그가 모든 율법을 지켰다는 것을 기초로 스스로를 "의롭다"고 여긴다고 말하는 것이 아니다(그리고 그는 나중에 롬 7:17-25에서 그리스도인의 관점에서 볼 때 율법을 준수하는 데 있어 자신의 실패에 대해 기록한다). 그는 대신에 율법이 다루고 있는 요구에 있어서(율법주의에 기반한 의), 자신이 율법이 요구하는 것을 행했고, 이 요구 조건이 충족될 수 있는 한에 있어서 무결하다고 말하고 있다. 즉 그는 능동적으로 율법에 순종하기 위해 노력했다.

---

86 예. Deissmann, *Paul*, 92-96. 행 26:14에서 주님의 말씀인 "가시채를 뒷발질하기가 네게 고생이니라"를 인용할 때, 이것은 반항의 상태에 있는 바울의 삶을 의미하는 것이 아니라, 하나님을 대적하는 일을 그만두라는 경구적인 표현이다. L. T. Johnson, *The Acts of the Apostles* (Sacra Pagina 5; Collegeville, MN: Liturgical, 1992), 435을 보라.

87 참조. K. Stendahl, "The Apostle Paul and the Introspective Conscience of the West," *Harvard Theological Review* 56 (1963): 199-215; Stendahl, *Paul among Jews and Gentiles and Other Essays* (Philadelphia: Fortress, 1976), 78-96으로 재판됨.

8. 바울의 회심

헬라파 유대인 그리스도인들에 대한 박해가 시작되자(행 8:1) 그들은 유대 밖의 지역으로 도망가야 했다.[88] 일종의 본국 송환 정책이 어느 정도 실효를 거두었을 수 있다. 이로써 비록 그들이 팔레스타인 밖에서 율법을 어겼지만, 유대교 법 아래서 처벌받도록 율법 위반자들을 예루살렘으로 송환할 수 있었다. 그와 같은 정책은 명백하게 기원전 142년에 원래 제정되었지만, 율리우스 카이사르(Julius Caesar)에 의해 기원전 47년에 재개정되었다. 그리스도인들을 박해하고자 하는 열심으로 바울은 그들을 예루살렘으로 데려오기 위해 다메섹으로의 여행에 착수했다. 설사 바울이 소지했던 문서가 그에게 법률적 권위를 주는 데까지 이르지는 못했다 하더라도 이는 분명히 적어도 그곳에 있는 회당 지도자들의 협력을 요청하도록 했을 것이다.[89] 이는 예수가 죽은 지 겨우 몇 년 후에 다메섹에 이미 그리스도인들이 있었다는 것을 의미한다. 또한 이것은 바울이 주로 예루살렘과 어느 정도 직접적이거나 간접적인 연결이 있는 헬라파 유대인 그리스도인들을 박해하고 있었다는 추가 증거를 제공해준다.

바울의 회심은 사도행전에서 세 번 언급되며(9:3-6; 22:6-11; 26:12-18; 처음 언급은 내러티브를 통해 사건에 대해 설명하고 다른 두 번의 기술은 바울의 변론 단락에 나온다), 갈라디아서 1:15-16에서 한 번 분명하게, 그리고 고린도전서 15:8에서는 덜 직접적으로 나온다(바울이 예수를 봤다고 언

---

88 44년경까지 이 박해는 비헬레니즘의 유대인들을 향해서도 행해졌다. 행 12:1-5을 보라.
89 이에 대한 증거로는 Bruce, *Paul*, 72-73을 보라. 참조. J. L. White, "Ancient Greek Letters," in *Greco-Roman Literature and the New Testament* (ed. D. E. Aune; SBLSBS 21; Atlanta: Scholars, 1988), 85-106.

급하는 고전 9:1에 대해서는 단락 9를 보라).[90] 몇몇 학자, 특별히 모든 구체적인 세부사항에 대한 설명을 조화시키길 원하는 사람들은 바울의 회심 경험과 관련한 정확한 사건들에 대해 논쟁한다. 왜냐하면 이 세 단락이 어느 정도 세부 내용에서 다른 것처럼 보이기 때문이다.[91] 예를 들면 사도행전 26장의 증언에서만 바울은 예수가 "가시채를 뒷발질하기가 네게 고생이니라"(행 26:14)라고 말하는 것으로 인용하는데, 사도행전 9장과 22장에는 이 진술이 빠져 있다. 그러나 이런 다양성에 대한 일반적인 설명은 누가가 이런 각각의 에피소드를 보완하기 위해 문학적 테크닉을 사용한다고 보거나,[92] 더 나아가 누가가 세 가지 다른 자료에 접근했으며(바울 자신, 예루살렘 교회, 안디옥 교회), 세 가지 설명의 각각에서 이 자료들의 설명을 반복한다고 보는 것이다.[93] 그러나 가장 개연성 있는 설명은 이 각각의 서술에서 바울(또는 누가)이 구체적인 대상과 청중에게 자신을 설명하고 있으며, 여기서의 차이는 이런 서로 다른 목적들로 설명될 수 있다고 보는 것이다. 이 세 가지 서술의 서로 다른 강조점을 설명하는 한 가지 제안은 다음과 같은 것일 수 있다. 즉 첫 번째 서술은(행 9장) 다메섹으로 가는 도상에서 어떤 일이 있었는지를 요약하고, 두 번째 서술

---

90   A. D. Nock, *Conversion: The Old and the New in Religion from Alexander the Great to Augustine of Hippo* (Oxford: Oxford University Press, 1933); A. F. Segal, *Paul the Convert: The Apostolate and Apostasy of Saul the Pharisee* (New Haven: Yale University Press, 1990), 72-114을 보라.

91   McRay, *Paul*, 53-55을 보라. 참조. C. W. Hedrick, "Paul's Conversion/Call: A Comparative Analysis of the Three Reports in Acts," *JBL* 100 (1981): 415-32; C. K. Barrett, *A Critical and Exegetical Commentary on the Acts of the Apostles* (2 vols.; ICC; Edinburgh: T&T Clark, 1994-98), 1.439-40; J. D. G. Dunn, *Jesus Remembered* (Christianity in the Making 1; Grand Rapids: Eerdmans, 2003, 『예수와 기독교의 기원』, 새물결플러스 역간), 210-12. Porter, "Portrait of Paul in Acts," 128도 보라.

92   Hedrick, "Paul's Conversion/Call," 427-32.

93   McRay, *Paul*, 54.

은(행 22장) 바울이 유대 군중에게 말할 때 그의 유대교적 정체성을 강조하며, 세 번째 서술은(행 26장) 유대교와 바울의 선교 사이의 연속성을 지시한다는 것이다.[94] 게다가 많은 경우에 이 다메섹 도상의 사건에 대한 세 가지 서술 사이의 차이점이 필요 이상으로 부각되는 것 같다.

최근의 논의는 바울의 삶에서 이 특이하고 중요한 사건을 "회심"(conversion)이라고 불러야 하는지 아닌지에 대해 질문하는데, 왜냐하면 "회심"이라는 용어는 종교가 없는 것에서 종교를 갖는 것으로, 또는 한 종교에서 또 다른 종교로의 변화를 함의하는 것처럼 보이기 때문이다. 어느 쪽이든 간에 바울은 그의 회심 이전에 종교적인 사람이었고, 이후에도 계속 그런 사람이었으며, 그의 회심을 자신의 기존의 믿음으로부터 자연스럽게 발전된—그리고 많은 필수적인 방식에서 조화를 이루는—무엇으로 간주한다. 결과적으로 몇몇 학자는 바울의 경험을 구약의 몇몇 예언자가 겪은 것과 유사한 부르심으로 언급하길 원하고(예. 이사야 또는 예레미야; 사 6장; 렘 1:4-19을 보라),[95] 다른 이들은 다른 종교적 전통의 경험과 유사한 환상적이거나 황홀한 경험으로, 또 다른 이들은 계시적인 사건으로 간주한다.[96]

그러나 앨런 시걸(Alan Segal)이 보여주는 것처럼 바울의 다메섹 도상의 경험이 제시해주었을 수 있는 다른 요소들(구약 예언자들의 것과 유사한 비전을 포함하여)과 상관없이, "회심"은 바울에게 일어난 일을 묘사하는 데 전적으로 적합한데, 왜냐하면 그의 경험이 당시 유대교에서의 회심 경험과 유사하기 때문이다. 시걸이 인용하는 회심의 특성은 다음

---

94   Dunn, *Jesus Remembered*, 212을 보라.
95   J. Munck, *Paul and the Salvation of Mankind* (Atlanta: John Knox, 1959), 24-35.
96   Kim, *Origin*, 55-56을 보라.

과 같은 세 가지다. 즉 회심자의 이전 존재에서의 부족함이 새로운 그룹에 의해 해결되었다는 확인(빌 3:7-8), 새로운 그룹의 전제에 따르는 회심자의 실재의 재구조화, 회심자의 옛 관점이 결과적으로 새로운 것으로 통합됨이다.[97] 비록 바울이 이 핵심적인 사건 후에 자신이 본질적인 유대교와 연속선상에 있다고 간주했고 그의 사상의 기초로서 그것을 사용했다고 할지라도(3장 단락 3을 보라), 그는 그리스도의 사역이 유대교의 관습과 믿음을 대체했다고 이해하게 되었다. 적어도 현대 유대교의 일부에 있는 독특한 요소가 한 사람이 언약적 상태로 진입하고 그 상태를 유지하는 수단으로서 행위를 승인하지만, 바울은 그리스도를 통해 의롭게 하시는 하나님의 사역에 강조점을 둔다. 유대인들은 자신들이 하나님 앞에서 의를 획득하고 유지하려는 희망을 가지고 율법을 준수할 의무를 가진다고 생각했던 반면,[98] 바울은 율법이 이런 용도로는 아무런 효력이 없다고 보았으며, 따라서 그것의 역할을 이미 다했다고 보았다. 유대교는 예수를 그리스도 또는 메시아로서 거절했지만, 바울에게 예수는 그리스도였고 구약 예언의 성취였다. 이런 관점에서 바울의 경험은 회심으로 합당하게 특징지을 수 있다.

다메섹 도상에서의 바울의 경험은 그럼에도 불구하고 예언자들인 이사야나 예레미야의 부르심과 유사한 일련의 사건을 포함하는데, 여기서 하나님은 구체적으로 이 개인들을 지명하시고 그분이 의도한 목적을 이루기 위해 그들을 부르신다. 이 예언자들이 부름을 받았을 때 그들은 선포해야 할 특정한 메시지를 받았다. 바울이 회심할 당시에 그의 전

---

97   Segal, *Paul*, 75, 117-49.
98   물론 이것은 신약성경의 유대교라는 종교에 대한 전통적인 이해다. 바울에 관한 새 관점과는 반대된다. 4장 단락 3B를 보라.

체 메시지를 깨달았는지는 확실치 않지만,[99] 분명한 것은 그가 갈라디아
서 1:15-16(회심과 양립할 수 있는 회고적인 견해)을 기록할 당시에는 자신
의 부르심의 필수적인 부분이 이방인을 위한 사도가 되는 것임을 이해
했다는 점이다.[100] 실제적인 육체적 징후에 관해서는 시각과 소리가 그의
부르심에 관여했다. 바울은 그의 편지에서 예수를 보았다고 언급한다(고
전 15:8; 갈 1:16). 바울이 이때 자신이 이방인을 위한 사도로서의 임무를
부여받았다고 믿었다는 것은 그가 부활하신 주님을 보았다는 것뿐만 아
니라, 사도행전의 세 본문에(행 9:4-6; 22:7-8; 26:14-18) 기록된 것과 같
이 그가 음성을 들었다는 개념에도 신빙성을 더한다. 그러나 이 목소리
의 내용에 대한 언급은 바울 서신의 언급에 기초한 누가의 삽입일 가능
성이 있다(갈 1:15-16의 경우와 같이). 바울에 관해 말하자면, 그는 이 나
타남을 예수 그리스도의 실제적이고 유효한 계시로 다루는데, 이는 그의
선교 사역에 권위를 부여한다.

9. 바울과 예수

우리는 바울의 편지와 함께 그의 회심에 대한 사도행전의 서술로부터 부

---

99   Kim, *Origin*, 67-74 및 책 전반을 참고하라. 그러나 김세윤의 주장 중 상당 부분은 그리
     스어 부정과거 시제 형식의 기능에 대한 미심쩍은 이해에 기반한다(김세윤은 이것을 순
     간[punctiliar]으로 해석하면서, 단일한 과거 사건을 가리킨다고 본다. 예. 11, 13, 25을
     보라). 따라서 그의 이해에도 의문의 여지가 있다.

100 R. Y. K. Fung, "Revelation and Tradition: The Origins of Paul's Gospel," *Evangelical
     Quarterly* 57 (1985): 25-34. 참조. M. Winger, "Tradition, Revelation, and Gospel: A
     Study in Galatians," *JSNT* 53 (1994): 65-86. 참조. Dunn, *Beginning from Jerusalem*,
     519-20.

활하신 그리스도가 그에게 나타났다는 사실을 안다.[101] 그러나 학계는 예수가 지상에서 사역하는 동안 바울이 예수와 개인적인 접촉을 했을 수 있다는 생각에 관해 비교적 침묵한다.[102] 바울과 예수, 이 두 사람이 동일한 문장에 언급될 때마다 대화의 주요 주제는 그들의 가르침의 연속성과 비연속성 사이의 논쟁이었다. 페르디난트 크리스티안 바우어(Ferdinand Christian Baur)가 바울의 헬레니즘적 교리는 초기 유대 기독교와 대립하며 발전했다는 개념을 발표하고 바울 신학 대 베드로 신학의 이분법을 제안한 이래로 바울과 예수 사이의 구분은 핵심적인 주제가 되었다.[103] 나는 이 이분법이 필요하다거나 초기 교회의 상황에 대한 정확한 서술이라고도 생각하지 않지만, 이 논의에서 중요한 요소는 바울이 예수를 실제로 만났는지와 예수와 대화까지 나누었는지다. 이 문제를 설명한 학자들의 학문적 합의는 바울이 예수를 만나지 않았다는 것이며, 그중 일부는 여기서 더 나아가 바울은 회심하기 전 예수에 관해 신중히 생각조차 하지 않았다고 주장한다.[104] 이 지면이 내 이론에 관해서 전면적인 주장

---

101 이 단락은 S. E. Porter, *When Paul Met Jesus: How an Idea Got Lost in History* (Cambridge: Cambridge University Press, 2016)을 바탕으로 기록했다. 일부분은 원문 그대로 옮겨왔다.

102 바울과 예수에 대한 문제를 연구하는 대부분의 학자들은 그들의 개인적 만남의 가능성보다는 그들의 가르침의 관점으로부터 여러 주장을 전개한다. 예를 들면 A. J. M. Wedderburn, ed., *Paul and Jesus: Collected Essays* (JSNTSup 37; Sheffield: JSOT Press, 1989)에 실린 소논문들은 기독교의 영향력 있는 이 두 인물의 다양한 가르침에 초점을 맞춘다. 하지만 저자들은 양자 간에 실제로 관계가 있었는지 여부에 대해서는 실제로 다루지 않는다. 가끔 지나가는 말로 언급하기는 하지만 말이다. 이는 이런 연구의 주요 초점이 예수와 바울의 가르침 사이에 연속성이 존재하는지 아니면 불연속성이 존재하는지라는 점을 고려할 때 이해할 만하다. 이 논의와 흥미롭게 연관되는 또 다른 질문은 그들이 실제로 만났는지와 서로에게 얼마나 영향을 주었는지다.

103 이 주제의 연구에 관한 개관으로는 V. P. Furnish, "The Jesus-Paul Debate: From Baur to Bultmann," in *Paul and Jesus: Collected Essays* (ed. A. J. M. Wedderburn; JSNTSup 37; Sheffield: JSOT Press, 1989), 17-50을 보라.

104 예. J. Murphy-O'Connor, *Paul: A Critical Life* (Oxford: Oxford University Press, 1997),

을 전개할 자리는 아마도 아니겠지만, 바울이 그의 지상 사역 동안 예수를 만났다는 것이 왜 가능한지에 대한 분명한 두 가지 이유가 있다.

첫째, 대부분의 학자들은 예수와 바울이 예수의 죽음과 승천 전에 전혀 만난 적이 없다고 단순히 가정한다. 그러나 그들이 실제로 조우했을 것이라고 생각하는 한 가지 이유는 그들의 유사한, 심지어 서로 교차하는 생애 때문이다.[105] 예수는 팔레스타인에서 태어났고 일평생 거기서 살았다. 그는 많은 시간을 갈릴리에서 보냈지만 예루살렘과 다른 주변 지역을 여행했을 것이다. 여기에는 유대교의 중심 도시인 예루살렘에서 이목을 끌었던 마지막 주간이 포함된다. 바울은 비록 팔레스타인에서 태어나지는 않았지만 아마도 십 대 중반에 당시의 선도적인 랍비인 가말리엘에게 교육받기 위해 그곳으로 이주했으며, 따라서 예루살렘에 있는 바리새인 지도자들의 집단 안에서 지냈을 것이다. 이것은 바울을 그 시대의 바리새인 집단 내에서 이루어지는 많은 활동의 중심에 위치시켰을 것이며, 그로 인해 바울은 예루살렘 밖으로의 여행에도 참여할 기회가 주어졌을 것이다. 이것은 비록 바울이 의도적으로 예수를 찾지는 않았다고 할지라도 우연히 예수를 만날 수 있는 기회를 추가로 제공했을 것이다. 그와 같은 시나리오는 나보다 앞서(비록 한참 전이기는 하지만) 몇몇 학자가 주장했듯이 가능할 뿐만 아니라 개연성도 있는 것 같다.[106]

15-16.

105   J. Murphy-O'Connor, *Jesus and Paul: Parallel Lives* (Collegeville, MN: Liturgical, 2007)를 보라.

106   예. W. M. Ramsay, "Historical Commentary on the Epistles to the Corinthians," *Expositor* 6th series 3 (1901): 343-60, 특히 356-60; J. Weiss, *Paulus und Jesus* (Berlin: Reuther & Reichard, 1909); translated as *Paul and Jesus* (trans. H. J. Chaytor; London: Harper & Brothers, 1909); Weiss, *Jesus im Glauben des Urchristentums* (Tübingen: Mohr-Siebeck, 1910), 42; and J. H. Moulton, "The Gospel according to Paul," *Expositor* 8th series 2 (1911): 16-28.

두 번째 주요 이유는 바울이 예수를 안다는 것을 가리키는 것처럼 보이거나 적어도 함축하는 바울 서신의 진술 때문이다. 사실 나는 더 나아가 이런 구절들이 예수가 지상에서 부활하기 전의 몸이었을 동안 바울이 예수를 알았다고 명백히 주장하고 있음을 가리킨다고 제안한다. 첫째는 이미 우리가 앞에서 논의했듯이 사도행전에서 세 개의 다른 형식으로 발견되는 회심 진술이다. 이 에피소드를 이해하는 핵심은 바울과 부활한 예수의 대화다. 바울은 그에게 말하는 목소리를 듣는다. "사울아, 사울아, 네가 어찌하여 나를 박해하느냐?" 바울은 대답한다. "주님, 누구시니이까?"(행 26:14-15). 여기서 주고받은 대화에는 세 가지 당면한 쟁점이 있다. 첫 번째는 "주"라는 단어의 의미다. 신약에서 존경의 단어인 "주"(κύριος)가 지닌 의미의 범위는 넓어 보이는데, 그 의미 가운데 (그리고 고대 그리스 문학에서 가장 보편적인) 하나는 공손한 표현인 "선생님"(sir)이고, 다른 하나는 상급자임을 인정하는 "주인님"(master)이며, 세 번째는 초자연적 존재를 지시하는 것이다.[107] 그러나 공손한 표현인 "선생님"(sir)은 보편적이긴 하지만 땅에 엎드러져 자신을 둘러싼 섬광을 방금 보고 자신이 인식한 바로 그 부활하신 예수에게 이름이 직접 불린 사람의 대답이라고 보기에는 너무 평범하다. 그에게 주어진 질문이 보여주는 것처럼 여기서의 문맥은 바울이 주 예수께 말하고 있다는 것을 이미 알았음을 보여준다.

두 번째 쟁점은 "어찌하여 나를 박해하느냐?"라는 질문의 본질이다. 이 질문은 바울이 왜 그리스도인들이나 그리스도의 추종자와 같은 자들을 박해하는지를 묻는 것이 아니라, "어찌하여 나를 박해하느냐?"라고

---

107 J. P. Louw and E. A. Nida, *Greek-English Lexicon of the New Testament Based on Semantic Domains* (New York: United Bible Societies, 1988), list κύριος within four semantic domains (12.9; 57.12; 37.51; 87.53).

묻는데, 여기서 "나"는 그리스어에서 동사 앞에 위치함으로써 질문의 구조 내에서 중요해진다.[108] 이 목소리는 예수의 실제적인 출현을 수반하는 것처럼 보이는데, 이는 "나"를 사용한 것을 전적으로 이해할 만하게 만든다. 우리는 이 부분에서 예수가 바울에게 나타났는지를 알지 못하지만, 나중에 누가는 함께 여행하는 바울의 동료들이 무엇인가를 들었지만 아무것도 보지 못했다고 진술한다(행 9:7). 이것은 바울이 무엇인가를 보았다는 것을 함의한다. 이는 22:14의 아나니아의 말("그 의인을 보게 하시고 그 입에서 나오는 음성을 듣게 하셨으니")과 9:27의 예루살렘에서의 보고("그가…주를 보았는지와")에서 되풀이된다. 바울이 듣고 있는 것은 육체에서 분리된 목소리가 아니라 지금 그 앞에 서 있는 부활한 예수가 말하는 목소리다. 이 질문 자체는 누가 말하고 있는지 그리고 누가 관심의 초점인지를 묻고 대답한다. 즉 "나"는 부활한 예수다.

세 번째 쟁점은 바울이 묻는 "누구시니이까?"라는 질문의 의미다. 이것은 화자의 정체에 관한 질문인 것처럼 보일 수 있다. 즉 내 앞에서 말하고 있는 이 사람은 누구인가? 많은 주석가들이 그렇게 인식하는 것 같다.[109] 그러나 우리가 이미 살펴본 것처럼 자신이 누구에게 말하고 있는지를 바울이 알지 못했을 가능성은 거의 없어 보인다. 바울은 그 목소

---

108 단순히 "뒤쫓다"가 아닌 "박해하다"라는 의미의 동사(만일 이런 구분이 가능하다면)는 행 9장에 기록된 바울의 전반적인 추적과 부활하신 주님이 바울에게 직접 질문을 던지는 장면에 등장한다. 이것은 바울이 예수를 단순히 추적하고 있다는 것이 아니라(마치 그가 예수를 무심코 따르고자 했던 것같이), 예수의 제자들을 박해함으로써 예수를 박해하고 있다는 것이다.

109 예를 들면 다음과 같은 학자들이다. F. F. Bruce, *The Acts of the Apostles: Greek Text with Introduction and Commentary* (3rd ed.; Grand Rapids: Eerdmans, 1990), 235; Barrett, *Acts of the Apostles*, 1,450. 비록 그들은 바울이 초자연적이거나 신적인 만남을 경험했다는 것을 인정하지만 말이다. C. T. Wood, *The Life, Letters, and Religion of St. Paul* (Edinburgh: T&T Clark, 1925), 12도 보라.

리와 자신이 박해하는 자들이 따르는 그 사람의 외형을 알아보았다. 바울은 그 화자의 정체를 질문하지 않는다―그는 이미 분명히 알고 있다― 그러나 그는 언젠가 자신이 만났던 사람과 방금 그에게 말한 사람이 어떤 관계인지를 알기 원한다.

두 번째 구절은 고린도전서 9:1이다. "내가 예수 우리 주를 보지 못하였느냐?" 바울은 수사학적으로 긍정적인 대답을 기대하면서 그가 주 예수를 보았는지 여부를 묻는다. 많은 주석가들은 이것을 다메섹 도상의 경험을 언급하는 것으로 받아들이는데, 이는 때로 순전히 가정에 의한 것이다.[110] 그러나 이 구절의 구체적인 세 가지 특징은 그 구절이 바울이 다메섹 도상에서 예수를 보았다는 것을 의미하는지 여부, 또는 그가 지상의 존재인 예수를 보았다는 것을 의미할 가능성이 있는지 여부를 분명히 하도록 도울 것이다. 첫 번째 특징은 석의적 주장의 논리다. 이 주장의 평범한 논리는 바울이 그의 지상에서의 삶 동안 예수를 보지 못했다는 전제로 시작한다. 그러나 이 전제가 옳지 않다면 어떨까? 만약 우리가 그 전제를 없애고 이 구절을 그런 전제 없는 주장의 논리에 기초하여 평가한다면 어떨까? 바울이 예수를 보았다는 진술은 그의 사도권에 관한 논의에서 나타난다. 적어도 초기 교회의 몇몇 집단에서 사도는 예수가 사역하는 동안 그와 함께했고 그의 부활을 목격한 사람이어야 한다는 믿음을 갖고 있었던 것처럼 보인다(그리고 바울이 사도라고 주장하는 것 때문에 때때로 비판을 받은 것은 그가 이런 기준에 부합하지 않았기 때문이다). 바

---

110   예를 들면 Wright, *Paul and the Faithfulness of God*, 2.1421을 보라. Wright는 별 논의 없이 고전 9:1이 부활한 예수를 봤다고 언급하는 것이라고 단순히 가정한다. 그럴듯한 예외로 C. N. Johnston, *St. Paul and His Mission to the Roman Empire* (London: A&C Black, 1911), 16 그리고 n2가 있다. Johnston은 고전 9:1을 모든 제안된 구절이 부활한 그리스도를 가리킨다는 견해에 대한 "가능성 있는 예외"로 받아들인다.

울이 예수의 사역 전반에 걸쳐 그와 함께하지 않은 것은 사실이고, 바울도 그것을 결코 부정하지 않는다. 그러나 이것은 적어도 바울이 예수를 어렴풋이 보지도 못했다는 것을 의미하는 것은 아니다. 그러므로 이런 근거에서 바울은 사도로서 최소한의 자격을 갖췄을 것이다. 나는 이것이 정확하게 바울이 여기서 말하고 있는 것이라고 생각한다. 이 논리는 이 경우에 들어맞는다. 바울은 자유하며 그의 다양한 권리를 행사할 필요가 없다. 그는 사도다. 그리고 만약 사도가 되는 것이 부분적으로 의미하는 것이 적어도 예수를 본 적이 있다는 것이라면, 바울은 예수를 봤다고 주장한다.

이 구절에서 두 번째로 고려할 사항은 동사인 "보다"(ὁράω)인데, 이는 완료 시제로 사용되었다. 이 그리스어 동사는 보는 것을 뜻하는 많은 다른 동사와 관련이 있고, 그런 동사들 모두는 다양한 방식으로 육체적으로 보는 것과 관련된다.[111] 이 동사 역시 시각을 통한 인식으로 사용될 뿐만 아니라 주의를 기울이고, 이해하고, 방문하고, 경험하는 것과 같은 다양한 상징적 변조를 갖는다.[112] 이 문맥에서 이 동사를 사용한 것은 이것이 문자적으로 보았다는 의미인지 아니면 상징적으로 보았다는 의미인지를 분명히 할 수 없다. 그러나 견고한 사전적 분석은 우리가 폭넓은 의미로 시작하고, 그다음에 문맥의 의미를 통해 좀 더 구체적인 의미로 전환할 것을 요구한다.

세 번째 쟁점은 "보다"라는 동사의 목적어, 즉 "예수, 우리 주"를 고

---

111 Louw and Nida, *Greek-English Lexicon of the New Testament*는 이 동사를 "보다"의 세부 항목에서 βλέπω 및 θεωρέω와 같은 다른 동사들과 함께 domain 24에 위치시킨다. Ramsay, "Historical Commentary," 356n도 보라.

112 이것은 Louw and Nida, *Greek-English Lexicon of the New Testament*에서 사용된 구분이다. J. Kremer, "Ὁράω," in *Exegetical Dictionary of the New Testament* (ed. H. Balz and G. Schneider; 3 vols.; Grand Rapids: Eerdmans, 1990-93), 2.526-29, 특히 527을 보라.

려하는 것이다. 바울이 보고 있는 대상은 그리스도, 예수 그리스도, 그리스도 예수, 주, 또는 어떤 다른 비슷한 조합이 아니라, 단순히 예수다("우리 주"로서 한정되기는 하지만). 바울이 그를 여기서 예수라고 지칭하는 것은 의미심장하다. 바울은 자신의 편지에서 "예수"를 지상의 인물을 언급하는 문맥에 대부분 사용하는데, 특별히 예수의 삶과 죽음 및 죽음에서의 부활을 언급할 때 사용한다. 예를 들면 로마서 8:11은 예수를 죽은 자 가운데서 살리신 영에 대해 말한다. 고린도전서 12:3은 예수를 저주하는 것에 대해 말한다. 고린도후서 4:10-11은 예수의 삶과 죽음에 대해 말한다. 고린도후서 4:14은 우리가 예수와 함께 일으킴을 받은 것에 대해 말한다. 고린도후서 11:4은 인간으로서의 예수에 관한 거짓 가르침을 언급하는 것처럼 보인다. 갈라디아서 6:17은 예수의 흔적을 언급한다. 에베소서 4:21은 그리스도의 진리를 예수 안에, 짐작건대 인간이신 예수 안에 기초하게 한다. 그리고 데살로니가전서 4:14은 죽은 예수에 대해 말한다(고후 4:5은 예외일 것이다. "예수"가 이 구절의 앞에 있는 "예수 그리스도 주"를 문체상의 이유로 반복하지 않으려고 사용된 것이 아니라면 말이다). 이 추정은 만약 바울이 "예수"를 썼다면 그는 이 땅에서의 인물인 예수를 가리키고 있다는 것이다. 여기서 이 언급이 가리키는 것은 바울이 다메섹 도상에서 본 부활하신 예수일 가능성이 있지만, 여기에서조차 바울이 이전에 예수를 봤다고 보는 것이 좀 더 이치에 맞다(게다가 바울은 거기서 그를 주라고 부르지 예수라고 말하지 않는다). 아마도 고린도전서 9:1은 부활하신 예수를 가리키겠지만, 그런 경우조차 만약 내 분석이 맞는다면, 그 환상은 이전에 지상의 예수를 본 것에 기초하여 부활하신 예수를 인식하는 것을 포함한다. 나는 특별히 고린도전서 9:1은 바울이 그의 동격의 수식어 "주 예수"를 고려하여 지상의 예수를 봤다는 것을 언급하고 있는 것으로 보는 것이 좀 더 이치에 맞는다고 생각한다.

마지막으로 논란이 많은 구절로 악명 높은 고린도후서 5:16이 있다.[113] 논쟁과 계속되는 혼란에도 불구하고 나는 개연성 있는 해석은 바울이 육체적인 예수를 보았지만 신자와 그리스도의 새로운 관계는 이렇게 육체적인 방식으로 그를 아는 것에 근거하지 않는다는 것이라고 생각한다. 나는 이 구절이 매우 문제가 될 만한 구절이라는 것을 인식하지만 다음과 같은 문자적 번역을 제시하는데, 앞으로의 논의를 더욱 심화시키기 위한 수단으로서 그리스어 단어들과 구절들을 삽입한다. "그러므로 우리가 이제부터는 어떤 사람도 육신을 따라 알지 아니하노라. 비록 우리가 그리스도도 육신을 따라 알았으나 이제부터는 그같이 알지 아니하노라(개역개정)." "(a) 그러므로(therefore; ὥστε) 이제부터는(from now on; ἀπὸ τοῦ νῦν) 우리가(we; ἡμεῖς) 알지(know; οἴδαμεν) 어떤 사람도…아니하노라(no one; οὐδένα) 육신을 따라(according to flesh; κατὰ σάρκα). (b) 비록(If indeed; εἰ καὶ) 우리가 알았으나(we know; ἐγνώκαμεν) 육신을 따라(according to flesh; κατὰ σάρκα) 그리스도도(Christ; Χριστόν), (c) 그러나(but; ἀλλὰ) 이제부터는(now; νῦν) 그같이 알지 아니하노라(we no longer know; οὐκέτι γινώσκομεν)." 이것의 해석은 절(clause)에 따라 이렇게 번역할 수 있다. (a) 이르기를 "(지금부터) 우리는 인간적인 방법으로는 아무도 알지 못한다. 혹은 알지 못하는 상태다(경험에 의해)." (b) 우리는 (경험에 기초해서든

---

113 이 본문은 과거에 반복해서 다루어졌다. Rudolf Bultmann까지 포함하는 참고문헌으로 다음을 보라. Furnish, "Jesus-Paul Debate," 29n44; J. W. Fraser, "Paul's Knowledge of Jesus: II Corinthians v.16 Once More," NTS 17 (1970-71): 293-313; Fraser, Jesus and Paul: Paul as Interpreter of Jesus from Harnack to Kümmel (Appleford: Marcham, 1974), 46-62. 좀 더 최근의 참고문헌으로는 C. Wolff, "True Apostolic Knowledge of Christ: Exegetical Reflections on 2 Corinthians 5.14ff.," in Paul and Jesus: Collected Essays (ed. A. J. M. Wedderburn; JSNTSup 37; Sheffield: JSOT Press, 1989), 81-98을 보라(내 생각에 Wolff는 많은 면에서 주해적으로 건전하지 않으며, 이전의 견해를 단순히 반복하는 경우가 많다).

아니든) 그리스도를 알고 있다. 혹은 아는 상태다.”(c) “우리는 (더 이상)
아는 과정에 있지 않다(경험에 의해서든 아니든)”. 바울은 b절에서 제1조건
문을 사용하는데, 이는 논의를 위한 주장을 만든다.[114] 바울은 자신이 그
리스도를 알았는지 아닌지를 고려하라고 제안하고 있는 것처럼 보인다.
우리는 이 조건문을 “만일 우리가 진실로/또한 그리스도를 인간적인 방
식으로 알았다면, 그러나 우리는 이제 더 이상 [그를] 알지 못한다” 또는
“비록 우리가 인간적인 방식으로 그리스도를 알았을지라도 이제 우리는
더 이상 [그를] 알지 못한다”라고 번역할 수 있다.[115] 이것은 바울이 그리
스도를 봤다고 진술하는 데 있어 비교적 빈약한 방식으로 보일 수 있지
만, 우리는 바울이 당대의 관련성을 최소화하길 원하는 논쟁의 맥락에서
진술하고 있다는 것을 고려해야 한다. 바울이 과거에 그리스도를 알았
던 시기에는 그를 인간으로 알고 있었다면, 비록 우리가 더 이상 그를 예
전처럼 알지는 못하지만 지금 중요한 것은 이제 새롭고 영적인 방식으로
그를 안다는 것이다.[116]

　　비록 내가 이 문제에 관해 결정적 발언을 한다고 생각하지는 않지
만, 내가 생각하기로 예수와 바울이 비슷한 평행적 삶을 살았고 바울이
그의 서신에서 말한 다양한 진술의 개연성을 결합해볼 때 예수가 지상

114　S. E. Porter, *Idioms of the Greek New Testament* (2nd ed.; Biblical Languages: Greek 2;
　　Sheffield: Sheffield Academic, 1994), 254-67.

115　Weiss, *Paul and Jesus*, 51은 이것을 양보절로 해석한다. 몇몇 주석가는 고전적인 용법
　　을 이용하여 확인된 것보다 더 많은 “그러나”(ἀλλά)를 여기서 사용한다. M. J. Harris,
　　Second Epistle of Paul to the Corinthians: A Commentary on the Greek Text (NIGTC;
　　Grand Rapids: Eerdmans, 2005), 428을 보라. 그는 F. Blass and A. Debrunner, *A Greek
　　Grammar of the New Testament and Other Early Christian Literature* (trans. R. W. Funk;
　　Chicago: University of Chicago Press, 1961), 단락 448(5) (232-33)을 따른다. 어쨌든
　　강한 대조 접속사는 조건절과 결과절을 대조한다.

116　이 견해에 관한 좀 더 자세하고 철저한 논의에 대해서는 Porter, *When Paul Met Jesus*를
　　보라.

사역을 하는 동안 바울이 그를 만났을 가능성이 있는 것 같다. 비록 이런 각각의 구절들의 모음이 가느다란 실과 같다고 할지라도, 그들의 힘을 합하면 더 강한 힘을 가진 끈을 만드는 결과를 낳는다.

10. 사도행전과 사도 바울

바울에 대한 신뢰할 만한 지식이라고 암묵적으로 가정되는 것의 얼마나 많은 부분이 사도행전에 의존하고 있는지는 자주 인식되지 않는다.[117] 예를 들면 다메섹 도상에서의 바울의 회심 경험에 대한 분명한 진술(앞에서 자세히 설명한 곳에서 언급한 것처럼), 그의 몇 번의 선교 여행 일정, 그의 배경과 경험의 헬레니즘적 측면, 그가 다소 출신인 점과 그의 로마 시민권 등 이 모든 것은 바울 서신이 아니라 주로 사도행전에서 발견된다. 비록 독점적이지는 않지만 말이다. 결과적으로 비평학계는 이 내용이 바울에 대한 정확한 묘사인지에 관해 종종 질문을 제기한다. 바울의 삶 및 경험과 관련된 다른 많은 요소들은 오직 사도행전으로부터 알려지는데, 비평학계는 예를 들어 아덴에서의 연설(행 17:22-31)과 같은 바울의 많은 대중 연설에 훨씬 더 심각하게 의문을 던진다. 이는 사도행전의 바울과 그의 서신에서의 바울 사이의 관계에 대해 몇 가지 중요한 질문을 제기한다.[118]

사도행전의 저자에 관한 전통적인 관점은 이 책이 바울의 여행 동료

---

117 바울과 사도행전에 대한 다양한 주제를 좀 더 심도 있게 다룬 책은 다음을 보라. Porter, *Paul of Acts*; Porter, "Portrait of Paul in Acts". 참조. T. E. Phillips, *Paul, His Letters, and Acts* (Library of Pauline Studies; Peabody, MA: Hendrickson, 2009).

118 바울의 연대기와 사도행전에 대한 학계의 포괄적인 연구 동향에 대해서는 R. Riesner,

인 의사 누가가 작성한 두 권의 책 가운데 두 번째 책이라는 것이다. 이 책의 저자는 2세기 이래로 교회 전통에서 입증되었다.[119] 이 전통이 상당히 이른 시기지만, 복음서와 사도행전은 공식적으로 저자 미상으로 인식되어야 하며 저작권의 확실성은 그렇게 분명히 정립될 수 없다. 학자들은 바울의 신뢰할 만한 동료 가운데(골 4:14; 딤후 4:11; 몬 24절) 누가에 대한 바울의 언급에 부여하는 신뢰성의 정도에 차이를 보이면서 이 전통적 관점을 지지하거나 반대하는 증거들에 대해 논쟁한다.[120] 그렇지만 많은 학자는 누가의 저작이라는 전통적인 입장을 아마도 좀 더 신뢰할 것이다. 누가의 저작임을 추가로 뒷받침하는 증거들은 사도행전의 "우리" 구절들에서 종종 발견된다(행 16:10-17; 20:5-15; 21:1-18; 27:1-29; 28:1-16).[121]

그러나 지난 백여 년간 비평학계는 이런 전통적인 누가 저작설에 의문을 제기했다. 누가-행전의 저자가 의사라는 생각은 더 이상 본문 자체로부터 확실하게 지지를 받지 못하는데, 왜냐하면 누가-행전에 등장하는 소위 의학 용어는 명백히 누가의 저술 수준과 문체를 대표하는 것이고, 바울의 여행 동료로서 누가에 대한 대부분의 언급은 제2 바울 서신이라고 불리는 것에서 종종 발견되기 때문이다. 제2 바울 서신은 반드시 바울이 기록한 것은 아니지만 그럴 가능성이 꽤 높은, 훨씬 후대에 기록된 책들을 가리킨다(이런 책에는 디모데전후서와 디도서[소위 목회 서신], 에

Paul's Early Period: Chronology, Mission Strategy, Theology (trans. D. Scott; Grand Rapids: Eerdmans, 1998), 1-28을 보라.

119 McDonald and Porter, Early Christianity and Its Sacred Literature, 294-97.

120 누가와 바울의 관계에 대한 좀 더 완전한 개괄은 S. E. Porter, "Luke: Companion or Disciple of Paul?" in Paul and the Gospels: Christologies, Conflicts, and Convergencies (ed. M. F. Bird and J. Willitts; LNTS 411; New York: T&T Clark, 2011), 146-68을 보라.

121 Porter, Paul of Acts, 99; 참조. 10-46, 47-66.

베소서, 골로새서, 데살로니가후서가 포함된다. 6장 단락 2와, 개별 서신에 관한 장들을 보라). 더구나 "우리" 구절들의 사용을 설명하는 많은 방식이 존재하고, 저자가 직접 서술했다는 것은 여러 설명 방식 가운데 단 하나일 뿐이다. 이런 구절들은 많은 방식으로 해석되었다. 즉 저자 자신 또는 좀 더 개연성 있는 것으로서 또 다른 저자의 일기나 문학 자료로서(즉 자료 해법), 자신의 목적을 위한 저자의 편집적 조작을 반영하는 개정된 문서 형태로서(즉 편집 해법), 또는 항해에 대해 말하는 허구적 장치, 또는 자료의 합병이나 저자 자신의 직접적인 설명을 가리키는 저자의 편집 활동에 대한 지시로서(즉 문학 해법) 해석되었다.[122] 비록 "우리" 구절이 직접적 설명을 나타내는 생각이라고 할지라도(이 표현이 반드시 목격자를 의미하는 것은 아니다), 논의할 수 있는 대부분은 서로 다른 자료가 사용되었다는 것이다. 이는 저작권 문제를 풀지 못한다.[123]

바울과 사도행전의 관계에서 중요한 것은 편지를 통해 바울에 대해 알려진 것과 관련하여 제기된 사도행전의 정확성과 신뢰성에 대한 많은 질문이다. 몇몇 학자가 보기에는 많은 요소가 바울 자신의 편지에서 얻을 수 있는 그의 그림과 조화되지 않는다. 이는 사도행전을 쓴 사람이 직접적인 목격자이거나 가까운 지인일 가능성이 있는지 질문을 제기한다.

---

122 Porter, *Paul of Acts*, 10. 문제들에 대한 요약은 다음을 보라. S. M. Praeder, "The Problem of First Person Narration in Acts," *NovT* 29 (1987): 193-218; C. J. Hemer, *The Book of Acts in the Setting of Hellenistic History* (ed. C. Gempf; WUNT 49; Tübingen: Mohr-Siebeck, 1989; repr. Winona Lake, IN: Eisenbrauns, 1990), 308-34; C.-J. Thornton, *Der Zeuge des Zeugen: Lukas als Historiker der Paulusreisen* (WUNT 56; Tübingen: Mohr-Siebeck, 1991), 93-119; W. S. Campbell, *The "We" Passages in the Acts of the Apostles: The Narrator as Narrative Character* (Atlanta: SBL, 2007), 1-9.

123 사도행전과 관련된 쟁점들은 Foakes-Jackson and Lake, *Acts of the Apostles;* Winter and Clarke, *Book of Acts in Its Ancient Literary Setting*에 잘 정리되어 있다.

1. 신약에서 바울의 문학적 기여는 오직 편지의 저자라는 것이지만, 사도행전의 저자는 바울을 편지의 저자로서 전혀 묘사하지 않는다. 사도행전의 어디에서도 바울이 그의 서신에서 묘사된 종류의 사역을 수행하는 것을 볼 수 없는데, 이 사역은 바울이 서신 교환을 통해 그의 교회와의 관계를 유지하고 지키는 것이다. 사도행전에서 바울은 목회적으로 그의 교회들에 관심을 가지는 것으로 분명히 묘사되지만(예. 행 15:36, 41), 이는 서신을 보내는 일을 포함하지 않는다. 더구나 학자들은 사도행전의 저자가 바울의 서신을 사용하는지 아닌지와, 어떻게 사용하는지와 관련하여 서로 의견을 달리한다. 바울의 기록 행위에 대해 사도행전의 저자가 알았을 가능성과는 상관없이 말이다. 이 침묵으로부터의 논증은 아마도 남용되었다. 사도행전에서 또는 심지어 일부 바울 서신에서조차 논의되지 않은 주제들 가운데 바울의 사역에서 중요하다고 알려진 것들이 다수 있다. 더구나 나는 사도행전의 저자가 바울 서신을 알았다는 암시가 있다고 믿는다. 예를 들어 사도행전 20:18-35과 데살로니가전서에서 발견되는 유사성이 나타내는 것처럼 말이다.[124]

2. 서신에서 바울은 회당을 방문하는 것을 포함하는 그의 선교 전략을 전혀 명시적으로 언급하지 않았지만, 사도행전에서 바울은 도시에서의 그의 많은 설교 사역을 회당 모임에 참여함으로써 분명히 시작한다(예. 13:5에서 살라미, 13:14에서 비시디아 안디옥, 14:1에서 이고니온, 17:1-2에서 데살로니가, 17:10에서 베뢰아, 17:17에서 아

---

124   예. S. Walton, *Leadership and Lifestyle: The Portrait of Paul in the Miletus Speech and 1 Thessalonians* (SNTSMS 108; Cambridge: Cambridge University Press, 2000)를 보라.

덴, 18:1에서 고린도, 18:19에서 에베소). 다섯 번 매를 맞았다는 바울의 진술은(고후 11:24) 이 당시에 바울이 자신을 회당의 규칙 아래에 두었다는 것을(아니면 적어도 그와 같은 방식으로 벌을 받았다는 것을) 가리킨다. 그러나 우리는 바울이 로마서에서 그의 사역에 대해 먼저는 유대인에게 그다음에는 헬라인에게(1:16)라고 분명하게 진술하고 있음을 간과해서는 안 된다.

3. 바울의 편지에서 그 자신의 말에 따르면 그는 분명히 몇몇 경우에 자신의 연설을 통해 청중을 설득시킬 수 없었다(예. 고후 10:10, 그러나 마땅히 이 구절은 주의 깊게 해석되어야 한다). 비록 사도행전에서 바울은 매우 설득력 있는 수사학자로 묘사되고(행 13:9-11, 16-41; 14:15-17; 17:22-31; 22:1-21; 24:10-21; 26:2-27) 그의 연설은 수사학적 관점에서의 분석을 끌어내지만 말이다.[125] 그러나 우리는 사도행전에서의 바울의 성공을 지나치게 강조하지 않도록 주의를 기울여야 한다. 그는 자신의 분명한 수사학적 능력에도 불구하고 많은 어려움에 직면했다(예. 행 13:50-51; 14:5-6, 19; 18:6-7; 22:22; 참조. 행 19:30, 여기서는 바울이 발언하려는 시도가 금지된다).

4. 바울은 서신에서 자신의 로마 시민권을 전혀 언급하지 않는다. 그러나 사도행전에서 바울의 시민권은 중요한 시점에 특별히 그의 안전이 부당한 고발로 위협받을 때 그가 인용하는 정보의 중대한 항목이다(예. 행 16:37의 빌립보에서, 22:25의 예루살렘에서, 25:11의

---

125 M. L. Soards, *The Speeches in Acts: Their Content, Context, and Concerns* (Louisville: Westminster John Knox, 1994)를 보라. 참조. S. E. Porter, "Hellenistic Oratory and Paul of Tarsus," in *Hellenistic Oratory: Continuity and Change* (ed. C. Kremmydas and K. Tempest; Oxford: Oxford University Press, 2013), 319-60, 특히 344-59.

가이사랴에서).

5. 우리는 바울이 고린도 교회와 관련하여 자신의 사도권을 경계하며 보호하는 내용을 사도행전에서는 발견할 수 없다. 이는 우리가 서신 자체에서 발견하는 일종의 서신 교환을 타당하게 만든다(예. 고전 9:1-18; 갈 1:1; 1:11-2:10).

그러나 무엇보다도 이런 대조는 지나친 면이 있다. 예를 들어 사도행전에서 우리는 바울이 그의 첫 번째 선교 여행에서 겉으로 드러나는 부분으로 소아시아에 교회들을 설립하고 그다음에 다시 돌아오는 여행에서 이 동일한 교회들을 방문하는 것을 본다(행 13:13-14:25). 사도행전에서 두 번째 선교 여행은 자신이 일찍이 세운 교회들을 재방문하고자 하는 바울의 열망으로 시작되었다고 말해진다(행 15:36). 사도행전은 고린도에서 발생한 분쟁의 본질을 묘사하지 않지만 때로 분쟁 중인 바울—예를 들어 에베소에서처럼(행 19장)—을 묘사한다. 그리고 모든 기록에 의하면 사도행전은 바울이 그곳에서 로마서를 쓸 수 있을 정도로 고린도 교회와의 분쟁이 충분히 해결된 후에 기록되었기 때문에, 대략 일 년의 시간이 흐른 뒤에 저자—그는 바울의 승리를 인정하며 강조한다—는 이 실망스러운 기억을 유지하는 일이 불필요하다고 생각했을 것이다. 이런 이상화의 경향은 아마도 바울의 수사학적 기술을 묘사하는 데 있어서 차이점을 설명해줄 것이다. 사도행전 저자는 바울의 궁극적인 승리를 보는 반면에 바울 자신은 그의 분쟁의 한가운데서 또는 아마도 수사학적인 이유로 자신의 능력을 경시한다(예. 고후 10:10).[126] 바울 서신이 많은 면에

---

126   D. Litfin, *St. Paul's Theology of Proclamation: 1 Corinthians 1-4 and Greco-Roman Rhetoric* (SNTSMS 79; Cambridge: Cambridge University Press, 1994)을 보라. Liftin은 수사학을 이용한 바울의 선포를 강조한다.

서 적어도 바울의 삶의 개인적인 세부사항과 관련하여 유대교와 기독교의 측면을 강조한다면, 사도행전은 그보다 바울의 헬레니즘적인 측면을 좀 더 강조하고 있다고 말하는 것이 아마도 타당할 것이다. 사도행전의 바울은 기독교 운동의 최전선에 있는 선교사이지만, 서신에서의 바울은 다양한 교회와 회중에게 편지를 쓰기 때문에 훨씬 더 목회자의 모습으로 나타나는 것 같다.

둘째, 사도행전과 바울 서신의 강조점은 다르다. 예를 들면 사도행전에서 바울은 로마와 자주 접촉하기 때문에 그가 체포된 것과 그들이 그를 보호하는 맥락에서 그의 시민권을 논의하는 것은 적절하다. 몇몇 서신에서 바울은 그리스도인 그룹을 향해 사도로서의 자신의 역할을 강조하는 데 민감하다. 예를 들어 갈라디아의 유대주의자들과 바울의 분쟁 및 고린도의 대적자들과 그의 분쟁은 사도로서의 그의 소명을 중심으로 전개된다. 바울은 편지에서 분명히 자신을 사도로 간주하며 그 용어를 사용한다(예. 롬 1:1; 11:13; 고전 1:1; 4:9; 9:1-2; 15:9; 고후 1:1; 11:5; 12:11-12; 갈 1:1). 비록 사도행전이 바울의 사도로서의 소명을(행 13:4; 14:4, 14) 부인하지는 않지만, 이는 사도행전에서의 강조점은 아니다. 몇몇 학자는 사도행전에서 바울의 회심에 대한 묘사들이 몇몇 핵심적인 세부사항에서 서로 다르다는 것을 지적했다. 예를 들어 바울의 여행 동료들이 보거나 들은 것과 관련된 내용, 또는 바울이 그리스도를 본 것에 대한 강조의 결여, 그의 서신에서 발견되는 사항들(고전 9:1; 15:8; 갈 1:15-16) 등이다.[127] 물론 사도행전이 내부적으로 일관되는지 아닌지는 바울 서신에 대한 직접적인 문제는 아니다. 사도행전의 이런 묘사와 관련하여, 우리는

---

127 I. Jolivet Jr., "The Lukan Account of Paul's Conversion and Hermagorean Stasis Theory," in *The Rhetorical Interpretation of Scripture: Essays from the 1996 Malibu Conference* (ed. S. E. Porter and D. L. Stamps; JSNTSup 180; Sheffield: Sheffield Academic, 1999), 210-20.

바울이 빛을 보았다고 묘사될 때 그 의미가 무엇인지와, 그가 이 경험을 그리스도에 대한 자신의 환상으로서 해석했을 가능성이 있는지를 분명히 해야 한다. 이는 그럴 가능성이 매우 큰 것 같다(위의 논의를 보라).

셋째, 사도행전과 바울 서신 사이에는 서로 다른 강조점들이 있을 뿐만 아니라 신학적인 강조에서도 몇 가지 차이점이 나타난다. 예를 들면 사도행전에서는 바울이 몇몇 경우에 자연 신학을 바탕으로 주장한 점이 주목된다. 이는 아레오바고에서 철학자들에게 행한 연설(행 17:22-31)과, 바울과 바나바를 신으로 예배하기 원했던(행 14:15-17) 루스드라의 사람들에게 행한 연설에서 나타난다. 또 다른 예는 사도행전에서 예수의 죽음에 대한 강조가 부족하다는 점인데, 이는 바울 서신에서는 주요한 신학적 강조점이다. 바울은 예수의 죽음을 자신의 신학을 위한 기초로 만들지만, 그것이 사도행전에서는 그의 주요 강조점 중의 하나로 나타나지 않는다. 바울은 그의 서신에서 율법을 죄와 관련짓지만(갈 3:19; 롬 4:13-16; 5:20; 고전 15:26; 고후 3:6), 사도행전에서 바울은 몇몇 율법주의적 의식을 행하는 것으로 나타난다. 즉 디모데에게 할례를 행한 것(행 16:1-3; 그러나 참조. 갈 5:2), 서약하고 머리카락을 자른 것(행 18:18), 성전에서 정결 행위를 행한 것(행 21:26) 등이다. 그러나 이런 강조점의 차이들이 반드시 사도행전이 바울 서신과 모순된다는 것을 의미하는 것은 아니다. 누가의 신학은 바울의 신학과 단순히 다를 수 있다. 또는 좀 더 가능성이 있는 설명으로는 사도행전에서의 바울의 청중은 그의 서신의 독자들과 동일하지 않으므로 우리는 이 각각의 맥락에서 그의 종합적인 관점과 조화시키기 위해 그 내용과 주제의 차이를 예상해야 한다는 것이다. 게다가 바울은 인류의 일반적인 타락을 묘사하고 있는 로마서 1:18-32에서 자연주의적 주장을 사용하는데, 이 주장은 로마서의 전체 논의의 근본이며, 따라서 여기에는 사도행전과 바울 서신 사이에 일부 중첩되는 초점이 있다. 마지막으로 예수 그리스도의 죽음에 관한 언급은 사도행전에서 거의 나타나지 않지만 알려지지 않은 것은 아니다. 예를 들어 사도행전 20:28은 그리스도의 피를 언급한다. 사도행전은 그 시작부터 예수의 죽음과 부활을 전제하는 것 같다.

넷째, 사도행전과 바울 서신의 주요 차이점은 연대기적·역사적 세부 사항을 중심으로 전개되는 것으로 보이는데, 이것은 쉽게 조화되지 않는 것 같다.[128] 예를 들면 사도행전에는 바울이 에베소에서 오래 거주하는 동안(행 19장) 이루어졌을 에베소에서 고린도로의 "고통스러운 방문"(고후 2:1)에 대한 기록이 없다. 바울이 아라비아에 머문 사건(갈 1:15-17)이 사도행전에서는 전개되지 않는다. 갈라디아서(1:18; 2:1)는 바울이 회심 후에 예루살렘을 단지 두 번 방문했다고 언급하지만, 사도행전은 세 번으로 기록한다(9:26; 11:30과 12:25; 15:2-30). 사도행전 15장의 예루살렘 공회가 갈라디아서 2장에 기록된 사건과 어떻게 들어맞는지는 매우 논란이 된다. 어떤 이들은 갈라디아서 2장의 방문이 사도행전 15장에서 한 번 기록된다고 주장하는 반면에 다른 이들은 그것이 11:30과 12:25의 방문이라고 주장한다. 그의 편지에서 바울은 사도행전에 언급되지 않는 방식들로 고통을 당했다고 말한다(고후 1:8; 11:23-28). 사도행전은 바울의 이 년 동안의 투옥으로 결말을 맺으면서, 명백히 그가 풀려나기를 고대한다. 빌립보 감옥에서의 밤과 함께(행 16:22-39) 이 투옥과 가이사랴에서의 이 년 동안의 투옥(행 23-26장)이 사도행전에 기록된 바울의 투옥이다. 이것은 소위 옥중 서신이라고 부르는 것과 이 연대기를 어떻게 맞추어야 하는지에 대한 질문을 제기한다. 바울의 서신 가운데

---

128 그러나 바울 서신과 사도행전에 대한 최근의 논의는 예전만큼 논쟁이 많이 벌어지는 것은 아니다. 참조. Porter, "Portrait of Paul in Acts," 124-38.

다섯 개, 곧 골로새서, 빌레몬서, 에베소서, 빌립보서, 디모데후서가 이 옥중 서신으로 분류된다. 비록 저작에 대한 전통적인 관점과 연대기로 인해 이 서신들이 같은 투옥으로부터 나온 것인지가 명백하지는 않지만 말이다. 전통적인 입장은 골로새서, 빌레몬서, 에베소서와, 아마도 빌립보서가 로마의 투옥으로부터 기록되었다는 것이다. (다음으로 가장 가능성이 있는 것으로서 바울이 에베소에서 투옥되었다는 견해는 사도행전의 기술에서 지적할 수 있는 분명한 에피소드를 갖고 있지 않다.) 이것은 디모데후서도 명백한 옥중 서신이기 때문에 목회 서신이 연대기의 어디쯤에 위치하는지에 대한 질문을 남긴다. 이것은 두 번째 투옥 이론을 제시하는데, 이 이론에 따르면 바울은 사도행전이 완결된 후(사도행전이 기록된 후?) 로마의 투옥으로부터 풀려났고 그다음에 두 번째 로마 투옥과 네로 치하의 박해(64년 이후) 전에 또 다른 선교 여행을 시작했다(Eusebius, *Ecclesiastical History* 2.22.1-8). 사도행전과 바울 서신의 또 다른 역사적 차이는 바울의 아라비아에서의 체류(갈 1:15-17)가 사도행전에서 언급되지 않는다는 것이지만, 이는 서신에서도 중요한 세부 사항이 아니라는 점을 말해야 한다. 아마도 더 큰 관심사는 고린도후서 11:23-28에 나오는 다양한 고통에 대한 확대된 진술일 것이다. 이는 사도행전에서 단지 부수적인 상관관계만을 발견한다(예. 16:22; 21:32).

이런 개별적인 사항 중 다수가 어디서 좀 더 세부적인 내용을 가지는 것이 바람직할지에 대한 호기심이 있지만, 그것들이 반드시 사도행전과 바울 서신을 모순되게 만드는 것은 아니다.[129] 이런 사항들은 몇몇 자료로부터 나온 증거를 공정하게 따져보고 합리적인 연대기를 구성하

---

129 참조. G. Lüdemann, *Paul: The Founder of Christianity* (Amherst, NY: Prometheus, 2002), 22-64. Lüdemann은 사도행전을 신학적 문서로 간주해야 하며 바울의 삶에 대한 역사적 재구성을 위해 바울 서신에 우선순위를 부여해야 한다는 견해를 취한다.

라고 해석자들에게 도전한다. 다음 장은 바울의 연대기를 정확하게 다루고, 바울의 삶과 사역에 대한 공정하고 일관적인 연대기를 재구성하기 위해 바울 서신과 사도행전의 증거를 어떻게 사용할 수 있을지를 다룬다.

11. 결론

우리는 바울에 대해 우리가 지닌 실제적인 지식의 많은 부분을 사도행전의 진술에 의존하면서도 바울을 오직 그의 서신과 관련지어 자주 생각한다. 이 장은 바울이 실제 인간이라는 측면에 바울 서신의 기초를 두도록 시도하면서 바울에 대해 많은 핵심 정보들을 제공했을 뿐만 아니라 그에 관해 많은 질문을 제기했다. 논의의 많은 주제와 관련하여 바울 서신은 사건들에 관한 산재된 정보를 제공하지만, 바울의 선교 여행을 조직하는 데 필요한 연대기적 구조를 제공하지는 않는다. 결과적으로 나는 학계의 논의를 인식하면서도 필요한 경우에 사도행전을 자유롭게 이용했다. 그렇지만 이런 검토로부터 한 개인에 대한 독특한 초상화가 드러난다. 앞에서 말한 세부사항을 반복하지는 않겠지만 우리는 바울이 언제 어디서 태어났는지와, 그의 서신을 이해하는 데 관련되는 다양한 사실을 살펴보았다. 그 과정에서 우리는 바울 연구의 출발점에서 주목할 필요가 있는 논란이 많은 쟁점들도 논의했다. 나는 이런 쟁점 중 몇 가지에 대해 새로운 관점을 제시했는데, 이는 바울과 로마 제국의 관계, 예수에 대한 바울의 직접적인 지식 그리고 바울의 편지들과 사도행전의 관계에 대한 개인적인 견해를 포함한다. 다음 장에서 나는 바울을 연구하는 학자들 간에 계속해서 중요한 논쟁을 일으키는 좀 더 구체적인 주제들을 다룰 것이다.

추가 학습을 위한 자료

기본 자료

Hengel, M., with R. Deines. *The Pre-Christian Paul*. Translated by John Bowden. Philadelphia: Trinity, 1991. 『바울: 그리스도인 이전의 바울』(한들 역간).

Hengel, M., and A. M. Schwemer. *Paul between Damascus and Antioch: The Unknown Years*. Translated by J. Bowden. Louisville: Westminster John Knox, 1997.

Jewett, R. *Dating Paul's Life*. London: SCM, 1979.

Longenecker, R. N. *The Ministry and Message of Paul*. Grand Rapids: Zondervan, 1971.

McDonald, L. M., and S. E. Porter. *Early Christianity and Its Sacred Literature*. Peabody, MA: Hendrickson, 2000.

Murphy-O'Connor, J. *Paul: His Story*. Oxford: Oxford University Press, 2003.

Sampley, J. P., ed. *Paul in the Greco-Roman World: A Handbook*. Harrisburg, PA: Trinity, 2003.

Thiselton, A. C. *The Living Paul: An Introduction to the Apostle's Life and Thought*. Downers Grove, IL: InterVarsity, 2010. 『살아 있는 바울』(CLC 역간).

Wallace, R., and W. Williams. *The Three Worlds of Paul of Tarsus*. London: Routledge, 1998.

Westerholm, S., ed. *The Blackwell Companion to Paul*. West Sussex, UK: Wiley-Blackwell, 2011.

심화 자료

Hagner, D. A., and M. J. Harris, eds. *Pauline Studies: Essays Presented to F. F. Bruce*. Grand Rapids: Eerdmans, 1980.

Harrison, J. R. *Paul and the Imperial Authorities at Thessalonica and Rome: A Study in the Conflict of Ideology*. WUNT 273. Tübingen: Mohr-Siebeck, 2011.

Hock, R. F. *The Social Context of Paul's Ministry: Tentmaking and Apostleship*. Philadelphia: Fortress, 1980.

Horsley, R. A., ed. *Paul and Empire: Religion and Power in Roman Society*. Harrisburg, PA: Trinity, 1997. 『바울과 로마제국』(CLC 역간).

Meeks, W. A. *The First Urban Christians: The Social World of the Apostle Paul*. New Haven: Yale University Press, 1983.

Porter, S. E. *The Paul of Acts: Essays in Literary Criticism, Rhetoric and Theology*. WUNT 115. Tübingen: Mohr-Siebeck, 1999.

_____, ed. *Paul's World*. PAST 4. Leiden: Brill, 2008.

Porter, S. E., and C. D. Land, eds. *Paul and His Social Relations*. PAST 7. Leiden: Brill, 2013.

Schnabel, E. J. *Paul the Missionary: Realities, Strategies, and Methods*. Downers Grove, IL: InterVarsity, 2008.

Schnelle, U. *Apostle Paul: His Life and Theology*. Translated by M. E. Boring. Grand Rapids: Eerdmans, 2005 (2003).

Wright, N. T. *Paul and the Faithfulness of God*. 2 vols. Christian Origins and the Question of God 4. Minneapolis: Fortress, 2013. 『바울과 하나님의 신실하심 상, 하』(CH북스 역간).

제2장

———

바울의
사역 연대기와
그의 투옥

1. 서론

이번 장은 먼저 바울의 선교 여행의 연대기를 살펴보고, 그다음에 그가 투옥되었을 가능성이 있는 장소에 대해 논의한다. 바울의 선교 사역에 대한 재구성은 이용 가능한 문학적 텍스트로부터 추론되어야 하는데, 사도행전이 이 재구성의 자료 중 하나로 사용될 때에도 그렇다. 그러나 사도행전이 바울의 선교 여행을 구성하는 자료로 고려되기는 하지만, 이 책의 어디에서도 바울의 여행을 "선교" 여행으로 묘사하지 않는다. 심지어 전통적으로 당연시해온 것처럼 세 번의 여행이 있었는지도 논쟁거리다. 아래에서 연대기를 설명할 때 바울의 여행에 관한 증거를 이해하는 많은 방식이 있는데, 이 여행에 그와 같이 "선교"라는 이름이 붙여진다고 가정하면 세 번에서 다섯 번의 선교 여행에 대해 말할 수 있다(몇몇 학자는 심지어 우리가 부르는 두 번째와 세 번째 여행을 하나의 여행으로 결합하여 전체를 두 번의 여행으로 간주한다). 바울의 선교 여행은 잘 계획되고 조직된 것일 뿐 아니라 후원을 받은 여행이라고 종종 이해되지만, 아마도 이것이 바울의 여행을 가장 잘 이해하는 방식은 아닐 것이다. 바울의 여행은 여러 가지 면에서 훨씬 더 즉흥적이었고 성령과 상황의 인도에 따라 이루어졌다.

조직에 관해 말하자면 안디옥 교회가 몇몇 여행을 계획하고 후원하는 데 있어서 중심이었던 것 같다(행 13:1-3; 15:1-2; 15:35-16:1). 하지만 이 점도 그리 확정적이지는 않다. 비록 바울이 몇몇 경우에 안디옥에서 여행을 시작한 것처럼 보이기는 하지만, 바울과 바나바(또는 더 정확하게 바나바와 바울; 13:1-3을 보라)에게 소아시아로 가는 첫 번째 여행의 임무를 맡긴 것을 제외하면 이 안디옥 교회가 어떤 역할을 했는지는 알려진 것이 거의 없다. 몇몇 학자는 바울이 갈라디아서 2:11-21에서 언급된 것처럼 베드로를 대면한 후에 안디옥에서 더 이상 환영받지 못했다고 주장한다.[1] 사실 사도행전의 기록에 따르면 "바울과 바나바"가 첫 번째 선교 여행을 했다고 말하는 것은 적절하지 않다. 왜냐하면 사도행전에 따르면 마가 요한도 동행했던 이 첫 번째 여행을 주도한 인물은 바나바이기 때문이다. 적어도 초기단계에서는 말이다(행 13:1). 모든 여행이 항상 안디옥에서 끝난 것도 아니었다. 그중 한 번은 예루살렘에서 마무리되었는데, 이는 바울의 잘못 때문은 아니었다(행 21:17). 예루살렘으로의 세 번째 여행에서 바울은 명백히 부당하게 고발되고 체포되었으나,[2] 적어도 이 여행은 그가 스스로 계획한 것이었으며, 이방인 교회로부터 받은 연보를 예루살렘으로 가져가려는 소망으로 실행된 것이었다(이 연보가 얼마나 큰 액수였는지 혹은 그것이 예루살렘에 도착해서 적절한 곳에 전달되었는지는 알 수 없다. 행 21장에서 그 내용은 언급되지 않기 때문이다).[3] 바울의 연대기를 구성할 때 고려해야 할 다른 요소들도 있다. 한 가지는 사도행전에서 바울이 중요한 역할을 하기 전과 서신 집필을 시작하기 전의 그

---

1   다음을 보라. N. Taylor, *Paul, Antioch, and Jerusalem: A Study in Relationships and Authority in Earliest Christianity* (JSNTSup 66; Sheffield: JSOT Press, 1992), 123-39. 참조. J. D. G. Dunn, "The Incident at Antioch (Gal. 2:11-18)," *JSNT* 18 (1983): 3-57. 이 견해들은 다음 학자들에게 비판을 받는다. J. L. Houlden, "A Response to J. D. G. Dunn," *JSNT* 18 (1983): 58-67; D. Cohn-Sherbok, "Some Reflections on James Dunn's: 'The Incident at Antioch (Gal. 2:11-18),'" *JSNT* 18 (1983): 68-74.

2   행 21장의 내러티브는 바울이 예루살렘 교회의 지도자들에게 푸대접을 받았을 가능성이 상당히 크다는 여지를 남긴다. 바울에게 정결 의식에 참여하라고 했던 그들의 요구는 불필요한 시험처럼 보였다. 그들은 성전에서 바울이 선동을 일으킬 수도 있음을 예견해야 했다. 다음을 보라. S. E. Porter, *The Paul of Acts: Essays in Literary Criticism, Rhetoric, and Theology* (WUNT 115; Tübingen: Mohr-Siebeck, 1999), 172-86.

3   연보에 관해서는 다음을 보라. D. Georgi, *Remembering the Poor: The History of Paul's Collection for Jerusalem* (Nashville: Abingdon, 1992); D. J. Downs, *The Offering of the Gentiles: Paul's Collection for Jerusalem in Its Chronological, Cultural, and Cultic Contexts* (WUNT 2/248; Tübingen: Mohr-Siebeck, 2008).

의 사역을 어떻게 서술하느냐는 것이다. 또 다른 요소는 로마로 가는 길에서와 로마에서, 그리고 추측하건대(아래의 연대기를 보라) 로마의 투옥으로부터 풀려난 이후의(만약 바울이 네로 치하에서 다시 붙잡혀 죽임을 당하기 전에 실제로 풀려났다면) 그의 사역을 어떻게 특징짓느냐는 것이다. 이 모든 것들이 내가 바울의 연대기를 재구성하고 그의 선교 전략으로부터 통찰을 얻기 위해 필요한 질문들이다.

2. 바울의 선교와 사역

학자들은 바울의 연대기를 복원하는 데 있어 사도행전을 사용하는 가치와 유효성에 대해 계속해서 논쟁한다. 바우어는 사도행전이 그 안에 묘사된 사건들보다 훨씬 후대에 기록된 문서라고 처음으로 주장했다. 그는 이 책을 초기 기독교의 통일성을 보여주기 위한 2세기의 변증으로 보았다. 바우어는 사도행전 저자가 이런 목표를 달성하기 위해 초기 교회 내의 특정한 갈등들, 즉 "바울" 기독교와 "베드로" 기독교 간의 갈등을 생략한 것이 확실하다고 주장한다. 그리고 이런 흐름에서 바우어는 갈라디아서 1-2장이 바울과 다른 이들의 관계와 지위를 좀 더 정확히 반영한다고 주장한다.[4] 그러나 바우어의 주장에 이의를 제기하면서 바울의 연대기에 대한 반영으로서 사도행전의 신뢰성을 옹호했던 또 다른 중요한 학자는 스코틀랜드의 고고학자인 윌리엄 램지(William Ramsay)인데, 그

---

4   F. C. Baur, *Paul the Apostle of Jesus Christ: His Life and Work, His Epistles and His Doctrine* (2 vols.; London: Williams & Norgate, 1873-75; repr. Peabody, MA: Hendrickson, 2003). 기독교의 기원에 관한 이 이론은 다음 학자에 의해 재조명되었다. M. D. Goulder, *A Tale of Two Missions* (London: SCM, 1994).

는 원래 바우어의 사상을 따랐던 사람이었다. 특히 램지는 터키를 여행했던 경험을 통해 사도행전에 기록된 사건들의 정확성을 확신하게 되었다.[5] 나는 바우어가 틀렸고 램지의 주장이 훨씬 더 진실에 가깝다고 생각한다.[6] 결과적으로 아래에 제시된 연대기는 사도행전에서 제시된 것에 주로 의존하며, 바울 서신에서 간헐적으로 희미하게 드러난 것들을 궁극적으로 보완해주는 중요하고 필수적인 자료를 구성하는 일에 공헌한다.[7] 연대기의 순서 자체에 대한 지극히 당연한 논쟁 외에도, 여러 사건들

---

5   예. W. M. Ramsay, *St. Paul the Traveller and the Roman Citizen* (London: Hodder & Stoughton, 1896); *The Cities of St. Paul: Their Influence on His Life and Thought* (London: Hodder & Stoughton, 1907); *The Bearing of Recent Discovery on the Trustworthiness of the New Testament* (London: Hodder & Stoughton, 1915).

6   사도행전을 배제한 채 바울의 생애를 재구성한다고 주장하는 사람들조차 종종 전통적인 관점과 놀라울 정도로 유사한 결론을 내린다. 이는 다음과 같은 책에서 볼 수 있다. J. C. Hurd Jr., "Pauline Chronology and Pauline Theology," in *Christian History and Interpretation: Studies Presented to John Knox* (ed. W. R. Farmer, C. F. D. Moule, and R. R. Niebuhr; Cambridge: Cambridge University Press, 1967), 225-48, 특히 244. 그런 시도를 한 학자 중 한 명은 다음과 같다. John Knox, *Chapters in a Life of Paul* (New York: Abingdon, 1950; 2nd ed., Macon, GA: Mercer University Press, 1987); 이에 관해 가장 최근에 (과도한) 시도를 한 사람은 다음과 같다. D. A. Campbell, *Framing Paul: An Epistolary Biography* (Grand Rapids: Eerdmans, 2014). 일차 자료와 이차 자료에 대한 그의 근본적인 구분은 재검토되어야 한다. 심지어 바울 서신만을 사용하더라도 텍스트에 앞서고 텍스트 외적인 판단이 틀림없이 많이 이루어진다. 이 결과는 다소 모순되는 것으로 나타난다(예. 저작권, 목회, 서신의 통일성 등등).

7   이어지는 논의는 다음 학자들의 접근법과 유사하다. C. J. Hemer, "Observations on Pauline Chronology," in *Pauline Studies: Essays Presented to F. F. Bruce* (ed. D. A. Hagner and M. J. Harris; Grand Rapids: Eerdmans, 1980), 3-18; 참조. G. Ogg, *The Chronology of the Life of Paul* (London: Epworth, 1968); J. C. Hurd Jr., *The Origin of 1 Corinthians* (New York: Seabury, 1965), 특히 3-42; K. P. Donfried, "Chronology: New Testament," *ABD* 1.1016-22; L. C. A. Alexander, "Chronology of Paul," *DPL* 115-23; D. A. Carson, D. J. Moo, and L. Morris, *An Introduction to the New Testament* (Grand Rapids: Zondervan, 1992), 223-31; R. Riesner, *Paul's Early Period: Chronology, Mission Strategy, Theology* (trans. D. Stott; Grand Rapids: Eerdmans, 1998), 특히 3-32; S. E. Porter, "The Portrait of Paul in Acts," *The Blackwell Companion to Paul* (ed. S. Westerholm; West Sussex, UK: Wiley-Blackwell, 2011), 124-38; Porter, "Pauline Chronology and the Question of Pseudonymity of the Pastoral Epistles," in *Paul and Pseudepigraphy* (ed. S. E. Porter and G.

의 정확한 연대와 이 연대기 내에서 여러 서신들의 저작 연대가 어떻게 조화를 이룰 수 있는지에 대해서도 많은 논쟁이 있다. 따라서 다음에 나오는 연대기는 내가 가능한 한 정확하게 하려고 시도했으나 연대 측정의 많은 부분이 잠정적인 것이라는 인식과 함께 제시되는 것이다(언급된 장소에 대한 참조는 서문 다음에 나오는 지도를 보라).

A. 바울의 회심과 초기 사역의 시기(33-47년경)

(1) 회심(갈 1:15-16; 행 9:3-7; 참조. 22:3-16; 26:12-18) (33-34년)

바울의 회심에 대한 사도행전의 진술들 사이에는 다소 분명한 불일치가 있으나(예. 그의 여행 동료들이 보거나 들은 것이 있었는지, 있다면 무엇인지에 대해),[8] 바울이 교회를 박해하기 위해 다메섹에 가는 길에서 겪은 기본적인 사건들은 매우 일관성이 있다.[9] 모든 것을 추정하면 다메섹 도상에서의 이 사건은 바울의 생애에서 가장 중대한 순간이며 결과적으로 이것은 그의 사역으로 이어지게 된다.

(2) 다메섹(행 9:8-22)

바울은 회심 후에 그리스도에 대한 메시지를 선포하면서 다메섹에서 며칠을 보냈는데, 이는 아마도 그를 죽이려는 음모로 인해 그곳을 떠날 수밖에 없는 상황에 이르기 전의 일일 것이다.

P. Fewster; PAST 8; Leiden: Brill, 2013), 56-88.

8   나는 이에 대해 다음의 자료에서 다룬다. S. E. Porter, *When Paul Met Jesus: How an Idea Got Lost in History* (Cambridge: Cambridge University Press, 2016), 75-94. 바울과 예수에 대한 다른 쟁점들도 여기서 함께 다룬다.

9   바울의 간증의 연속성에 관한 논의에 대해서는 다음을 보라. J. D. G. Dunn, *Jesus Remembered* (Christianity in the Making 1; Grand Rapids; Eerdmans, 2003), 210-12.

(3) 아라비아(나바테아)와 다메섹(갈 1:17-18) (33-37년)

사도행전과 달리 갈라디아서는 바울이 삼 년 동안 아라비아 사막에서 머물다가 다메섹으로 돌아갔다고 기록한다. 바울을 죽이려는 시도가 그가 첫 번째로 다메섹을 방문했을 때 발생했는지 아니면 두 번째로 방문했을 때 발생했는지는 확실하지 않다. 하지만 아레타스 왕이 통치했던 때가 37년경이기 때문에 그것은 두 번째 방문을 가리킨다고 볼 수 있다(행 9:23; 고후 11:32-33).[10]

(4) 예루살렘(갈 1:18-20; 행 9:26-29) (37년)

이것은 바울의 첫 번째 예루살렘 방문이었는데, 여기서 그는 적어도 십오 일을 머물렀으며, 사도들과 이야기를 나누고 헬라파 유대인들이 그를 죽이려고 하기까지 그들과 논쟁을 벌였다.

(5) 수리아와 길리기아(갈 1:21; 행 9:30) (37-47년)

바울은 분명히 수리아의 다소 지역에서 십 년을 보냈다. 여기서의 그의 체류와 관련하여 그 외에 알려진 것은 없다. 하지만 우리는 바울이 적어도 바나바에게 알려져서 교사로서 선택되기에 충분할 만큼 모종의 기독교적 가르침에 종사했다고 추측할 수 있다.

---

10 아레타스에 관한 최근 논쟁에 대해서는 다음을 보라. D. A. Campbell, "An Anchor for Pauline Chronology: Paul's Flight from 'The Ethnarch of King Aretas' (2 Corinthians 11:32-33)," *JBL* 121 (2002): 279-302. Campbell은 아레타스가 권력을 가진 시기를 36/37년이라고 추정하며, 이 추정 연대가 바울의 연대기에 대해 확실한 토대를 제공한다고 생각한다.

(6) 안디옥(행 11:25-26) (47년)

바나바가 바울을 찾아내어 그를 수리아 안디옥으로 데려왔는데, 거기서 그들은 안디옥 교회에 머물며 함께 가르쳤다.

(7) 예루살렘(갈 2:1-10; 행 11:27-30; 12:25) (47년)

이것은 아마도 바울의 두 번째 예루살렘 방문이며, 유대에 있는 교회에 원조를 요청하기 위한 소위 기근 방문이라고도 불린다. 이 방문은 바울의 회심으로부터 십사 년(십칠 년은 가능성이 작다) 후에 일어난 일(갈 1:23에 암시된 것처럼)이 분명하다. 그러나 많은 학자는 이 본문들이 같은 모임을 가리키고 있다는 것에 동의하지 않고, 대신에 갈라디아서 2:1-10이 사도행전 15:2-29의 예루살렘 방문을 가리킨다고 생각한다(7장 단락 2C를 보라).

B. 첫 번째 선교 여행(행 13-14장) (47-49년)

(1) 안디옥(행 13:1-3)

바나바와 사울은 첫 번째 선교 여행으로[11] 수리아 안디옥에 있는 교회로부터 파송되었다. 그들은 구브로를 향한 여행의 첫걸음을 위해 실루기아에 있는 항구로부터 떠났다.

---

11   위에서 나는 바울의 여행을 묘사할 때 "선교 여행"이라는 용어의 사용을 유보하겠다고 언급했지만, 이제는 바울과 그의 동료들의 여행을 나타내는 전통적인 방식을 반영하기 위해 이 용어를 사용할 것이다.

(2) 구브로(행 13:4-12)

a. 살라미(행 13:5)

바나바와 바울은 회당에서 설교했고 마가 요한과 동행했다.

b. 바보(행 13:6-12)

바보에서 거짓 예언자인 엘루마는 눈이 멀었고, 결과적으로 로마 총독 서기오 바울이 믿음을 가지게 되었다.[12]

(3) 소아시아(행 13:13-14:26)

a. 버가(행 13:13)

바울과 그의 동료들은 밤빌리아에 있는 버가로 항해했고, 그곳에서 마가 요한이 그들을 떠났다.

b. 비시디아 안디옥(행 13:14-50)

바울은 브루기아에 있는 비시디아 안디옥의 회당에서 선포했으나, 유대 인들이 사람들을 선동한 결과 바울과 바나바는 그 도시를 강제로 떠나게 되었다.

---

12 D. A. Campbell은 작은 금석문 조각이 서기오 바울의 총독 재임 기간을 37년에 티베리 우스 황제가 죽기 전으로 한정해준다고 믿는다. 따라서 바울의 첫 번째 선교 여행은 그 의 회심 직후이고, 일반적인 생각보다 십 년 더 이른 시기다(아레타스 사건 이전). 다음 을 보라. Campbell, "Possible Inscriptional Attestation to Sergius Paul[l]us (Acts 13:6- 12), and the Implications for Pauline Chronology," *Journal of Theological Studies* n.s. 56 (2005): 1-29을 보라. 티베리우스 황제와 서기오 바울에 대한 재구성은 잠정적이며 의 문으로 남아 있다.

c. 이고니온(행 13:51-14:6)

바울과 바나바는 브루기아의 이고니온에 있는 회당에 갔고 그곳에서 성공적으로 설교했다. 그러나 믿지 않는 유대인들이 그들에 대항하여 사람들을 다시 선동했고, 바울과 바나바는 도망가야 했다.

d. 루스드라(행 14:6-20)

치유를 수행한 후에 바울과 바나바는 루가오니아의 루스드라에 있는 사람들에게 헤르메스와 제우스 신으로 오해를 받는다(1장 단락 3을 보라). 이고니온과 안디옥으로부터 선동자들이 도착했을 때 바울은 돌에 맞아 거의 죽게 되었다.

e. 더베(행 14:20-21)

바울과 바나바는 루가오니아에 있는 더베에서 설교한 후 루스드라, 이고니온, 비시디아 안디옥을 지나 그들이 이전에 복음을 전했던 사람들에게 돌아갔다. 그리고 교회를 안정시키고 장로들을 임명했다(14:21-23).

f. 버가(행 14:24-25)

밤빌리아 지역에 이르러 그들은 버가라는 도시에서 설교했다.

g. 앗달리아(행 14:25-26)

바울과 바나바는 밤빌리아에 있는 앗달리아 항구로부터 수리아 안디옥으로 배를 타고 돌아왔다.

(4) 수리아 안디옥(행 14:26-28)

바울과 바나바는 안디옥에서 그동안 하나님이 행하신 모든 일을 보고했고 제자들과 함께 그곳에 머물렀다.

갈라디아서?(49년). 학자들의 대부분은 아니지만 몇몇 학자는 갈라디아서의 기록 시점을 훨씬 후대로 본다(7장 단락 2B2를 보라). 그러나 예루살렘 공회(행 15장)에 대한 언급이 없다는 점, 갈라디아서 2:1과 사도행전 11:27-30의 동등성 그리고 당시 로마의 지역적 용어 체계 등을 토대로 살펴보았을 때, 내가 생각하기에 갈라디아서는 바울이 첫 번째 선교 여행을 하면서 복음화했던 남쪽 브루기아 갈라디아 지역인 비시디아 안디옥, 이고니온, 루스드라, 더베에 있는 교회들을 방문한 지 얼마 지나지 않아서 그 교회들로 보내졌을 가능성이 크다(7장 단락 2B1을 보라).

(5) 예루살렘(행 15:1-35) (49년)

사도행전에 따르면 바울과 바나바는 예루살렘 공회에서 안디옥 교회를 대표하는 위치에 있었다. 많은 비평적 학자들은 그런 공회 자체가 실제로 열렸는지에 대해 회의적이다. 다른 이들은 바울이 예루살렘으로 갔다고 말하는 갈라디아서 2:1-10의 언급을 예루살렘 공회를 지칭하는 것으로 생각한다(7장 단락 2C를 보라).

C. 두 번째 선교 여행(행 15:36-18:22) (50-52년)

(1) 안디옥(행 15:36-40)

밤빌리아 지역의 버가에서 일행을 떠난 마가 요한의 문제로 인해 바나바와 갈라선 후에 바울은 실라를 택하고 두 번째 선교 여행을 떠난다.

(2) 수리아 길리기아(행 15:41)

바울은 수리아 지방에 있는 길리기아 지역을 관통하면서 그곳의 교회들을 견고하게 했다.

(3) 브루기아 갈라디아-더베와 루스드라(행 16:1-6)

아시아 지역에 말씀을 전하지 못하도록 막는 성령의 간섭으로 인해 바울은 브루기아 갈라디아의 지역에서 말씀을 전했으며(만약 그가 직접 골로새를 방문하지 않았다면 그곳으로 사절단을 보냈을 가능성이 있다. 11장 단락 3을 보라), 루스드라에서 아버지는 헬라인이고 어머니는 유대인인 디모데에게 할례를 행한다. 성령은 바울과 그의 동료들이 비두니아로 들어가는 것을 막으셨다(행 16:7-8).

갈라디아서?(50-52년). 갈라디아서는 이 무렵에 즉 사도행전 15장의 예루살렘 공회 이후 두 번째 선교 여행 중의 어느 시점에 집필되었을 수 있는데, 이것은 7장 단락 2B에서 논의한 남부 또는 북부 가설 가운데 하나와 부합한다. 갈라디아서는 이 선교 여행 중에 방문한 장소 중 어느 곳에서 기록되었을 수 있는데, 브루기아 갈라디아가 이 여행의 첫 번째 주요 거점으로서 그가 언급한 지역 안에 있었을 가능성이 있다.

(4) 드로아(행 16:8-10)

아시아에 있는 드로아에서 바울은 마게도냐 사람 하나가 그에게 청하는 환상을 보고 그의 동료들과 함께 마게도냐로 떠난다. 그들은 드로아에서 사모드라게로 여행하고 마게도냐의 네압볼리로 간 후 빌립보로 간다(16:11).

(5) 빌립보(행 16:12-40)

마게도냐 지역의 선두 도시인 빌립보에서 루디아가 개종하고, 바울과 실라는 여종에게 들린 귀신을 내쫓고 그녀의 주인의 이익 수단을 강탈했다는 이유로 감옥에 갇힌다(그녀의 주인은 그녀의 예언에 대한 대가를 지불받았다). 그들은 지진으로 말미암아 감옥에서 풀려났는데, 이 사건을 통해 간수가 개종하게 된다. 여기서 바울은 그의 로마 시민권에 호소한다.

(6) 데살로니가(행 17:1-9)

암비볼리와 아볼로니아를 통과한 후 바울과 그의 동료들은 마게도냐에 있는 데살로니가에 도착하는데, 그곳에서 바울은 회당에서 말씀을 전한다. 결과적으로 바울을 영접했던 야손이 공격을 받았다.

(7) 베뢰아(행 17:10-14)

마게도냐의 베뢰아에 있는 회당에서 말씀을 전한 후 데살로니가로부터 온 유대인들이 바울에 대항하여 그 도시의 군중을 선동했고, 이로 인해 바울은 그곳을 떠나야 했다.

(8) 아덴(행 17:15-34)

실라와 디모데(기록되어 있지는 않지만 아마도 실라와 디모데는 고린도로 가기 전에 마게도냐로 여행을 떠났을 것이다. 8장 단락 2D를 보라)를 기다리는 동안 바울은 회당에서 대화에 참여하고 아가야에 위치한 아덴의 아레오바고에서 철학자들에게 연설한다.

(9) 고린도(행 18:1-18) (50년 가을-52년 봄)

고린도에서 일 년 반을 체류하는 동안 바울은 아가야의 로마 총독이었던 갈리오 앞에 선 것으로 보인다. 거기서 바울은 49년에 글라우디오의 칙령으로 인해 로마에서 이주해온 브리스길라와 아굴라를 만났다.[13] 나중에 회당에서 반대에 직면한 후 바울은 디도 유스도의 집에서 가르쳤다.

데살로니가전후서(50-52년). 데살로니가전서와 데살로니가후서(만약 후자가 진짜로 바울의 저작이라면; 8장 단락 3A, B를 보라)[14]는 바울이 고린도에 머문 동안에 기록되었다고 보는 것이 일반적인 정론이다. 데살로니가전서 3:1을 보라.

(10) 에베소(행 18:19–21)

이것은 아시아의 에베소에 대한 바울의 첫 번째 방문이었는데, 여기서 그는 브리스길라와 아굴라를 떠난다. 바울은 이곳의 회당에서 말씀을 전함으로써 사역을 시작한다. 그 후에 바울은 에베소를 떠나 팔레스타인으로 돌아오는 배를 탄다.

빌립보서?(52/53년). 에베소에서의 투옥을 주장하는 학자들은 빌립보서가 짧은 투옥을 요구하는 이 단기간의 체류 동안 기록되었을 것으로 생각한다(11장 단락 2를 보라).

(11) 가이사랴와 예루살렘(행 18:22)

사도행전에 따르면 바울은 가이사랴에 상륙하여 "올라가서" 교회의 안부를 물었다. 아마도 이것은 예루살렘으로 올라가 거기서 교회와 그곳의

---

13   글라우디오의 칙령이 49년에 시행되었는지, 아니면 41년에 시행되었는지에 대해 의견이 분분하다. 다음을 보라. G. Lüdemann, *Paul, Apostle to the Gentiles: Studies in Chronology* (trans. F. S. Jones; Philadelphia: Fortress, 1984), 특히 164-70. 아마도 49년이 정확할 것이다. 다음을 보라. P. Lampe, *From Paul to Valentinus: Christians at Rome in the First Two Centuries* (trans. M. Steinhauser; Minneapolis: Fortress, 2003), 11-18.

14   데살로니가후서의 위작성을 지지하는 주요 학자는 Holland이다. G. S. Holland, *The Tradition That You Received from Us: 2 Thessalonians in the Pauline Tradition* (HUT 24; Tübingen: Mohr-Siebeck, 1988). 8장 단락 3A도 보라.

지도자들을 만난 것을 언급하는 것으로 보인다.

(12) 안디옥(행 18:22)

바울은 이 선교 여행을 안디옥으로 되돌아옴으로써 마무리한다.

D. 세 번째 선교 여행(행 18:23-21:17) (53-57년)

(1) 안디옥(행 18:23)

바울은 앞선 두 번의 여행과 마찬가지로 그의 세 번째 선교 여행을 안디옥에서 시작한다.

(2) 갈라디아와 브루기아(행 18:23)

바울이 갈라디아와 브루기아를 방문했다고 하는데, 이는 사도행전 16:6에서 진술되는 것과 같이 아마도 갈라디아 지역의 브루기아를 가리키고 비시디아 안디옥과 이고니온의 도시들을 포함할 것이다.

(3) 에베소(행 19장) (53년 봄 또는 가을-55/56년)

알렉산드리아 출신의 유대인인 아볼로가 에베소에 도착한 것을 언급한 후, 사도행전은 아볼로가 고린도에 있는 동안 바울이 에베소에 도착했다고 말한다. 바울이 고린도에 보내는 그의 첫 번째 편지(고후 6:14-7:1이 그 편지의 일부가 아니라면 지금은 잃어버린 편지; 9장 단락 2D를 보라)를 기록한 것은 아마도 그가 에베소에 도착하기 전 혹은 그곳에 머물렀던 초기의 어느 시점이었을 것이다. 여기서 바울은 에베소인들에게 주 예수의 이름으로 세례를 주었고, 그들은 성령을 받았다. 바울은 에베소에 이 년 삼 개월 동안 머물렀다. 그 시기에 바울은 석 달 동안 회당에서 강론했지만 반대에 직면했고, 이후 두란노라는 인물이 소유한 방에서만 강론하도록 제재당했다. 바울은 기적도 행했다(행 19:11). 이 시기의 끝에 은장색 데메드리오가 소동을 일으켰는데, 왜냐하면 바울의 성공적인 설교의 결과로 아데미 신상의 판매가 줄어들었기 때문이다. 바울은 이 시기에 배를 타고 에게해를 건너가 고린도에 이르러 이른바 "고통스러운 방문"을 했을 것이다(고후 2:1).

갈라디아서?(53년 봄 또는 가을-55년 여름). 갈라디아서는 바울이 에베소에 머무는 동안 기록되었을 수도 있다(만약 이른 연대에 관한 위의 내 주장이 맞지 않는다면 말이다). 이는 북갈라디아 가설과 가장 일치한다(7장 단락 2B를 보라).

고린도전서(55년 봄). 바울이 고린도에 보낸 그의 두 번째 편지(우리가 고린도전서라고 부르는 것; 고전 16:8을 보라)를 에베소에서 기록했다는 것은 일반적인 정설이다. 그다음 "고통스러운 방문" 이후에 바울은 세 번째 "심각한 편지"(severe letter)를 기록했을 것이다(이것도 아마 분실되었을 것이다. 비록 몇몇 학자는 고후 10-13장과 같은 고린도후서의 파편[실제로 네 번째 편지]이 그것의 일부분일지도 모른다고 생각하지만 말이다. 9장 단락 3B2를 보라).[15]

빌립보서?(55년). 빌립보서의 이른 연대를 주장하는 이들에게 이것은 가장 개연성이 있는 기록 시기일 것이다(11장 단락 2를 보라).

---

15 고린도후서의 통일성과 관련하여 도움이 되는 분석에 대해서는 다음을 보라. C. D. Land, *Is There a Text in These Meanings? The Integrity of 2 Corinthians from a Linguistic Perspective* (NTM 36; Sheffield: Sheffield Phoenix, 2015). 그러나 Land는 고린도전서가 심각한 편지일 수 있으며 중간 방문은 없었다고 주장한다.

(4) 드로아(고후 2:12-13)

에베소를 떠나 바울은 드로아로 여행했고, 그곳에서 고린도교회가 그의 "심각한 편지"를 어떻게 받아들였는지에 대한 디도의 말을 기다렸지만 아무런 보람도 없었다. 바울은 그곳에서 디도를 만나지 못했고 마게도냐로 갔다.

(5) 마게도냐(행 20:1-2)

바울은 많은 지역을 두루 여행했는데, 아마도 빌립보와 데살로니가(아마도 베뢰아)를 방문했을 것이며, 달마디아에 있는 일루리곤까지 갔을 가능성이 있다(롬 15:19-20). 이 여행은 일 년 정도가 걸렸을 것이다.

　　고린도후서(56년). 고린도후서(또는 적어도 고후 1-9장; 9장의 단락 3B1을 보라) 곧 고린도 교회에 보내는 네 번째이자 마지막 서신은 아마도 이 시기에 빌립보에서 기록되었을 것이다.

(6) 그리스(행 20:2-3) (56년 또는 57년)

바울은 그리스에 석 달 동안 머물렀는데, 이때 고린도에 있었던 것이 거의 확실하다. 유대인들의 공모로 인해 그는 수리아로 항해할 수 없었다.

　　갈라디아서?(56년 또는 57년). 북갈라디아 가설의 다른 버전에 따라 갈라디아서가 로마서와 유사성이 있다는 점을 고려해볼 때 갈라디아서가 이 시기에 기록되었을 수도 있다(7장 단락 2B를 보라).

　　로마서(56년 봄 또는 57년). 로마서는 아마도 이 시기에 고린도에서 기록되었을 것이다(롬 15:14-29).

　　디모데전서?(56년 또는 57년). 많은 학자가 믿지는 않지만, 만약 디모데전서가 진짜로 바울이 쓴 것이고 그가 사역하는 동안(행 28장 이후가 아닌) 기록된 것이라고 가정한다면, 그는 디모데전서를 고린도에서 기록했

거나 아니면 아마도 드로아에서 썼을 것이다(행 20:6-12).[16]

　　디도서?(57년). 디도서는 바울이 로마서를 쓴 후에 기록되었지만, 그가 마게도냐를 통해 소아시아와 예루살렘으로 돌아오기 전에 기록되었다는 의견이 있다.

(7) 빌립보를 포함하는 마게도냐(행 20:3-6) (57년 유월절)

바울은 많은 여행 동역자들과 함께 빌립보를 포함하는 마게도냐를 통해 동쪽으로 돌아갔다.

(8) 드로아(행 20:6-12)

바울은 드로아에서 머문 이레 동안 설교했고, 그때 유두고가 잠이 들어 삼 층에서 떨어지는 사건이 있었다.

(9) 밀레도(행 20:13-38)

앗소와 아시아 해안 지역의 다른 도시들을 거쳐 여행한 바울과 그의 동역자들은 밀레도에 도착했다. 그곳에서 바울은 에베소 교회의 장로들에게 말씀을 전했는데, 그들은 예측되는 위험 때문에 그가 예루살렘으로 가는 것을 만류하려 했다.

(10) 두로(행 21:3-7)

여러 항구를 통과한 바울과 그의 동역자들은 두로의 해안에 도착했다. 바울은 예루살렘으로 가는 것을 만류하려는 제자들을 만났지만 돌레마

16　디모데전서와 디도서를 다루는 다양한 의견에 대해서는 다음을 보라. Porter, "Pauline Chronology," 특히 77-84. 이 책 12장 단락 3C도 보라.

이 항구에서 배를 타고 떠나 가이사랴로 향했다.

(11) 가이사랴(행 21:8-14)

가이사랴에서 아가보라는 한 예언자가 유대로부터 와서 바울이 예루살렘으로 가는 것을 단념시키려고 했다.

(12) 예루살렘(행 21:15-23:32) (57년 성령강림절)

바울은 자신이 율법을 버리지 않았음을 증명하는 맹세를 하기로 동의했다. 성전 구역에 있는 동안 아시아(아마도 에베소)로부터 온 다수의 유대인이 군중을 충동하여 바울이 모세의 율법을 거부하고 헬라인을 성전으로 데리고 왔다고 고소했다. 폭동이 일어났을 때 바울은 군중에게 자기 변호를 했지만 결국 로마의 감옥으로 끌려가게 되었다. 바울은 심문을 받고 보호 구금되어 산헤드린 앞에 서게 되었다. 바울의 생명을 해하려는 음모가 드러났을 때 그는 가이사랴로 이송되었다.

E. 바울의 로마 감금(57-62년)

(1) 바울의 가이사랴 투옥(행 23:33-26:32) (57-60년)

바울은 두 명의 로마 총독 벨릭스와 베스도의 관리하에 가이사랴에서 감금되었다. 바울은 로마 황제에게 자신의 사건을 상소하기 전 아그립바 왕 앞에서도 변호했다.

디모데후서?(57-60년). 몇몇 학자는 디모데후서가 바울의 가이사랴 투옥 중에 기록되었다고 생각한다. 게다가 몇몇 학자는 옥중 서신으로 불리는 모든 서신이 가이사랴 투옥 동안 기록되었다고 생각한다(아래 단락 3을 보라).

(2) 바울의 로마 여행(행 27:1-28:15) (60년 가을-61년 봄)

바울은 율리오라고 불리는 백부장의 관리하에 로마로 항해했다. 이 배는 구브로, 길리기아, 밤빌리아를 지나 루기아의 무라에 이르렀다. 그곳에서 그들은 로마로 가는 알렉산드리아 배를 탔다. 그들이 (미항의 항구에 들렀다가) 그레데 근처를 항해하는 중 폭풍이 발생했고 결국 그들은 난파당하여 멜리데 섬에 이르게 되었다(그들은 항해할 수 있는 기간 중 늦은 시기에 항해했기 때문에 폭풍에 취약했다. 행 27:9은 그들이 대속죄일을 한참 지나 항해했다고 말한다. 따라서 아마 10월이나 11월이었을 것으로 추정된다). 석 달 후 겨울이 지나자 그들은 다시 항해했고 이탈리아 서부 해안의 보디올(나폴리만의 서쪽 로마 항구)에 도착했다.

(3) 바울의 로마 투옥(행 28:16-31) (61-62년)

바울은 로마의 민가에서 이 년간 투옥되었다. 바울은 이 투옥 기간에 사망했을 수도 있다.

빌립보서, 골로새서, 빌레몬서, 에베소서(61-62년). 만약 이 서신들이 로마 투옥 중에 기록되었고 바울이 진짜 쓴 것이 확실하다면(개별 서신들에 대해서는 6장 단락 2와 11장을 보라), 그것들은 이 시기에 기록되었을 것이다. 이 서신들이 기록된 순서를 확증하기는 어렵다. 몇몇 학자는 빌립보서가 이 시기 초반에 기록되었다고 주장하는 반면 다른 사람들은 빌립보서가 가장 후기에 쓰였다고 주장한다. 이 투옥에 대한 다른 견해들은 이 서신들이 더 일찍 기록되었다고 본다(좀 더 자세한 논의에 관해서는 단락 3을 보라).

디모데후서?(61-62년). 몇몇 학자는 다른 옥중 서신과 같이 디모데후서도 바울의 로마 투옥 동안 기록되었다고 생각한다.

F. 바울의 로마 감옥에서의 석방 가능성과 그 후의 재투옥(62-65년)

사도행전은 바울이 어떻게 생애를 마무리했는지에 대해 기록하지 않기 때문에, 만일 바울이 실제로 석방되었다면 그가 석방된 후에 어떤 일이 일어났는지에 대해 가능한 시나리오를 추정해보고자 한다.

(1) 바울의 지중해 지역 여행

바울이 풀려났다면 그는 마게도냐로, 그리고 아마도 에베소로(딤전 1:3) 여행했을 것이며, 또한 그레데(딛 1:5), 니고볼리(딛 3:12), 드로아(딤후 4:13) 그리고 밀레도(딤후 4:20)와 같은 도시들을 방문했을 가능성이 있지만 사도행전에는 이런 여행에 대한 기록이 없다.

　　디모데전서와 디도서(64-65년). 많은 학자가 인정하지는 않겠지만 디모데전서와 디도서를 바울의 진짜 서신으로 가정한다면, 이 서신들은 아마도 바울이 석방된 기간에 기록되었을 것이다(12장 단락 3C를 보라).[17]

(2) 바울의 재투옥(딤후 1:16-17; 4:6) (64-65년)

이 견해에 따르면 바울은 재투옥되었고 네로가 기독교를 박해하던 때에 사망했다(아마도 최대한 늦게 보면 67년).

　　디모데후서(64-65년). 많은 학자가 믿지 않겠지만 만약 이 서신이 바울이 진짜로 쓴 것이라면, 그것은 아마도 바울이 마지막으로 투옥된 이 기간에 기록되었을 가능성이 가장 높다(12장 단락 3C를 보라).

17　다음의 내 논의를 보라. S. E. Porter, "Pauline Authorship and the Pastoral Epistles: Implications for Canon," *BBR* 5 (1995): 105-23.

3. 바울의 투옥

바울이 투옥되었다는 사실 자체는 논쟁거리가 아니다. 바울이 몇 번이나 투옥되었는지에 대해 논쟁이 있겠지만 그것도 우리의 논의 대상은 아니다. 중요한 것은 바울이 그중 한 번의 투옥 기간에 적어도 두 개의 서신(빌립보서와 빌레몬서)을 썼고 아마도 그 이상(골로새서, 에베소서, 아마도 디모데후서)을 쓴 것으로 보인다는 점이다.[18] 전통적으로 빌립보서, 골로새서, 빌레몬서, 에베소서는 같은 투옥 기간에 썼다고 간주되지만, 디모데후서는 나중의 투옥 기간에 썼다고 여겨진다. 이렇게 바울이 여러 번 투옥되었을 것으로 예측하는 근거는 무엇이며, 이 사실이 옥중 서신에 대한 논의에 어떤 영향을 미치는가? 근거가 확실하지는 않다. 하지만 크레이그 완싱크(Craig Wansink)가 논증한 것과 같이, 옥중에서 바울이 겪었을 물리적 조건이 그의 서신들에서 다양한 주제를 발전시킨 방법에 미쳤을 영향이라는 측면에서 바울의 투옥을 이해하는 것이 중요하다. 지면 관계상 나는 바울의 글에 미친 투옥의 영향을 깊이 다루지는 않을 것이다. 그렇지만 여러 번의 투옥에 대한 증거는 언급할 만한 가치가 있다.[19]

---

18   나는 열세 개의 서신 모두가 바울의 저작이라는 주장이 잘 뒷받침될 수 있다고 생각한다. 특히 이 책의 6장과 12장을 보라. 그리고 이런 입장의 좀 더 깊이 있는 주장에 대해서는 다음을 보라. S. E. Porter, "Paul and the Pauline Letter Collection," in *Paul and the Second Century* (ed. M. F. Bird and J. R. Dodson; LNTS 412; London: T&T Clark, 2011), 19-36. 다음도 보라. Porter, "Paul and the Process of Canonization," in *Exploring the Origins of the Bible: Canon Formation in Historical, Literary, and Theological Perspective* (ed. C. A. Evans and E. Tov; ASBT; Grand Rapids: Baker, 2008), 173-202.

19   투옥의 조건에 대해서는 다음을 보라. C. S. Wansink, *Chained in Christ: The Experience and Rhetoric of Paul's Imprisonments* (JSNTSup 130; Sheffield: Sheffield Academic, 1996), 특히 27-95. 참조. 사도행전의 바울의 투옥에 관해서는 다음도 보라. B. M. Rapske, *Paul in Roman Custody* (BAFCS 3; Grand Rapids: Eerdmans, 1994), 특히 195-422.

A. 갇힌 자 바울

바울이 투옥되었다는 것은 여러 가지 방식으로 입증된다. 첫째, 바울 서신의 수많은 인용문이 바울의 투옥을 증언한다. 빌립보서 1:14, 골로새서 4:10, 에베소서 6:20, 빌레몬서 1, 23절, 고린도후서 11:23, 디모데후서 1:8. 둘째, 그 밖의 다른 신약성경, 특히 사도행전에 바울의 투옥에 관한 언급이 있다. 빌립보에서의 하룻밤(행 16:23-26), 가이사랴에서 대략이 년(행 23-26장), 로마에서 이 년(행 28:30-31). 셋째, 성경 외의 자료 중에서 가장 주목할 만한 것은 에우세비오스 문헌이다(*Ecclesiastical History* 2.22). 에우세비오스는 바울이 로마에서 이 년간 투옥되었고 그 후 석방되었다가 다시 투옥되었는데, 이 마지막 투옥 시기에 죽임을 당했다고 보도한다(이는 바울의 두 번째 로마 투옥에 대한 주요 근거다). 이 에우세비오스 문헌은 결정적인 근거다—바울은 여러 번 투옥되었다. 그러나 바울이 소위 옥중 서신(에베소서, 빌립보서, 골로새서, 빌레몬서, 아마도 디모데후서)을 기록했을 때, 그는 어느 감옥에 있었을까? 이 질문에 대한 답을 이제부터 탐구해보려고 한다.

B. 투옥 장소

대체로 바울이 옥중 서신(이 서신들의 수는 바울 서신의 저작권에 대한 학자들의 견해에 따라 다르게 결정되기도 한다)을 기록한 투옥과 관련하여 네 개의 장소가 제시되었다. J. A. T. 로빈슨(J. A. T. Robinson)과 보 라이케(Bo Reicke)는 목회 서신을 사도행전에 나타나는 바울의 연대기 속에 위치시키는 칭찬받을 만한 연구를 시도했지만, 그들이 제시한 도식은 일반적으로 학자들에게 거부된다.[20] 그들은 몇 가지 중요한 주제를 제시하지만, 일반적으로 목회 서신의 독특한 점들—이 독특한 점 중 많은 것이 지나치게 부각되었음을 감안하더라도—은 각각의 서신이 (대부분의 학자가 그렇게 하듯이) 단독으로 취급되어야 한다고 요구하는 것 같다. 즉 익명의 저술들로서 취급되거나, 내 생각에 좀 더 가능성이 큰 것으로서 사도행전의 결말을 넘어 확대된 기간(에우세비오스가 제시한 기간)에 저술된 작품으로 취급되어야 한다는 것이다. 이는 남아 있는 소위 옥중 서신을 우리에게 남긴다. 이 서신들이 기록되었을 수 있는 네 개의 투옥 장소를 가능성이 높은 곳부터 내림차순으로 말하자면 로마, 에베소, 가이사랴 그리고 고린도다.[21]

(1) 로마

로마 투옥은 옥중 서신이 기록된 바울의 투옥 장소와 관련하여 전통적인 견해이자 여전히 다수 학자가 지지하는 견해다. 앞서 언급한 바와 같이 에우세비오스는 바울이 로마로 이송되었고 골로새서 4:10에서 언급되는 동료 죄수인 아리스다고가 그와 함께 있었다고 말한다(참조. 행 27:2에서

---

20 다음을 보라. J. A. T. Robinson, *Redating the New Testament* (Philadelphia: Westminster, 1976), 31-85, 특히 84; B. Reicke, *Re-examining Paul's Letters: The History of the Pauline Correspondence* (ed. D. P. Moessner and I. Reicke; Harrisburg, PA: Trinity, 2001). 위 학자들과는 다른 재구성을 시도하지만 이와 관련된 탁월한 연구 결과를 제공하는 다음 자료들도 참고하라. W. Metzger, *Die letzte Reise des Apostels Paulus: Beobachtungen und Erwägungen zu seinem Itinerar nach den Pastoralbriefen* (Stuttgart: Calwer, 1976), 특히 29-59; J. van Bruggen, *Die geschichtliche Einordnung der Pastoralbriefe* (Wuppertal: Brockhaus, 1981). 이 이론들에 대한 평가는 Porter, "Pauline Chronology," 77-87과 이 책 12장 단락 3C의 논의를 보라.

21 대표적인 다양한 입장에 대해서는 다음을 보라. Hurd, *1 Corinthians*, 14, 330. 로마서와 에베소서의 기원에 관한 논쟁의 개관에 대해서는 다음도 보라. J. D. G. Dunn, *The Epistles to the Colossians and to Philemon: A Commentary on the Greek Text* (NIGTC; Grand Rapids: Eerdmans, 1996), 308-9.

도 아리스다고가 바울과 동행했다고 언급한다). 로마에서 바울의 투옥은 "구속이 없는"(without restraint) 것이었는데(에우세비오스도 그렇게 말한다), 이는 사도행전의 마지막 부분(행 28:30)에 언급되는 자유로운 모습과 일치하며, 글을 쓰고 사람을 맞이하는 것을 포함하는 사역의 모습과도 일치한다. 예를 들어 디모데는 모든 옥중 서신의 공동 저자 또는 공동 발신자로 알려지며, 모든 옥중 서신에서 바울은, 몇 사람의 이름만 밝히자면, 에바브로디도, 에바브라, 오네시모를 비롯하여 몇몇 사람이 자신을 찾아왔다고 언급한다(예. 빌 2:25; 골 4:10-12, 14). 이 견해에 따르면 오네시모는 발각을 피하고자 로마 제국의 수도로 도주(또는 여행)했을 것이다. 그 당시에 로마는 약 백만 명의 사람이 사는 도시였고, 그중 절반이 노예였다. 이런 정황으로 인해 도망한 노예들이 발각되지 않기를 희망하며 주목받지 않고 살 수 있는 도시로 로마를 선택했다는 것은 이해할 만하다.

　　로마 투옥과 앞에서 나온 자료에 언급된 다른 가능한 장소들을 비교해볼 때 로마 투옥이 유일하게 실행 가능한 선택인 것으로 보인다. 구체적인 증거에 관한 한, 빌립보에서 밤중의 투옥은 명백히 적당하지 않다. 가이사랴에서의 투옥은 이 년이나 계속되었지만(행 24:27) 다른 상황에 연루되었을 것 같다. 그곳에서 사람들을 만나거나 글을 쓰는 바울의 활동은 좀 더 제한되었을 것이다. 특히 그의 생명을 해하려는 음모에 대한 두려움이 있었다면 말이다(행 23:16). 로마 투옥을 지지하는 마지막 근거는 옥중 서신에 반영된 사상이다. 행위와 분리된 칭의와 같은 주요 서신서들의 신학적 주제들은 옥중 서신에서 강조되지 않은 것으로 보인다. 이것이 주요 서신들의 저작 시기보다 더 이른 시기를 가리킬 수도 있지만, 이것은 신중한 선택이 아니며, 따라서 좀 더 늦은 시기를 가리켜야 할 것 같다. 이 늦은 시기는 몇몇 주제에 대한 이 옥중 서신의 논의를 통해 뒷받침된다. 즉 이 서신들에서는 교회를 그리스도의 몸으로 보는 좀 더 발전된 신학이 있고 이 교회들에서는 질서(orderliness)가 좀 더 두드러진다(고린도전후서를 빌 1:1과 비교하고 골로새서와 에베소서에서 가족 구성원들 사이에서의 상호 복종을 명시하는 가정 규약[독일어로 *Haustafeln*]과 비교해 보라).[22]

로마 투옥에 대한 강력한 증거가 있지만 모든 것이 명쾌한 것은 아니다. 로마 투옥 가설을 반대하는 두 가지 주요 학설이 있다. 첫 번째는 사도행전에 근거하여 확립된 바울의 연대기와 관련된다. 이 사도행전의 연대기로 모든 바울 서신을 연구하는 것이 바람직하다고 생각한다면, 로마 투옥 가설을 채택하기가 매우 어려운 것 같다. 앞에서 언급했던 (분명히 고려할 만한 가치가 있는) 로빈슨과 라이케를 제외하면 말이다. 두 번째는 감옥에서의 서신 교환과 관련되는 도시들과 로마 사이의 거리와 관련된다. 골로새와 로마 사이의 거리는 약 천 마일이었다. 오네시모가 골로새의 빌레몬으로부터 도망했다고 추정한다면, 그는 육로와 배로 상당한 거리를 여행해야 했을 것이다. 배를 타고 여행하는 일에서 늘어나는 위험은, 만일 그가 발견된다면, 지중해로 헤엄쳐서 나가려고 시도하는 것 외에는 피할 방법이 전혀 없었다는 사실에 있었다! 더욱이 방문자들의 다른 여행들도 이 시나리오와 관련되어 있다. 오네시모뿐만 아니라 에바브라와 에바브로디도 역시 바울을 방문했다. 비록 빌립보에서 온 후자의 여행 거리가 더 짧았지만 말이다. 그 후에 두기고와 오네시모는 골로새와 빌레몬에게 보내는 두 편지를 가지고 골로새로 돌아갔다. 거리를 고려해볼 때 그렇게 긴 여행이 서신들에서 상당히 가벼운 방식으로 다루어

---

22 이 주제들을 다루는 데 있어서 차이점은 교회가 다른 도시에서 비슷한 조직 구조를 가지고 발전했다고 가정하는 경우에만 문제가 된다. 이는 (아마도 영국 성공회 또는 독일 루터교 연합 때문에) 많은 신약학자가 만들어낸 추정으로 보이지만, 실제로 이런 추정은 사실이 아닐 수 있다.

진 것으로 보인다. 그렇지만 이것은 일반적으로 문서용 파피루스 편지를 보내는 데 있어 이례적인 방법은 아니다. 이 경우에 안전이 거리보다 중요하다(에바브로디도에 관한 빌 2:25-29을 참조하라). 마지막으로 빌레몬서 22절에서 바울이 골로새를 방문할 때 그를 위한 숙소를 마련하라고 언급한 것은 로마에서 서쪽으로 여행하려는 그의 의도(롬 15:24, 28)와 관련된 거리를 고려해볼 때 이해하기가 다소 어렵다.

(2) 에베소

사도행전이나 바울 서신에는 에베소 투옥에 관한 기록이 없지만, 외경인 「바울행전」(*Acts of Paul*) 6장에 명백하게 언급된다. 결론적으로 에베소 투옥에 관한 주장은 추론과 후기 증거에 근거하지만, 그럼에도 불구하고 설득력 있는 논의가 있다. 아돌프 다이스만(Adolf Deissmann)이 처음으로 주장했고 중요한 다른 학자들도 지지하는 입장에 따르면,[23] 바울은 에베소로의 두 번의 여행 중 한 여행 동안에 그곳에서 투옥되었다. 즉 아마도 바울은 두 번째 선교 여행에서 그가 처음으로 에베소를 방문한 동안에(행 18:19-21), 아니면 좀 더 가능성이 큰 것으로서 세 번째 선교 여행 동안 데메드리오 사건 이후에 투옥되었다는 것이다. 데메드리오는 바울이 그의 동료 우상 제작자들의 사업을 어렵게 하고 있다고 그 동료들

---

23   A. Deissmann, *Paul: A Study in Social and Religious History* (2nd ed.; trans. W. E. Wilson; 1927; repr. New York: Harper, 1957), 17n1; G. S. Duncan, *St. Paul's Ephesian Ministry: A Reconstruction with Special Reference to the Ephesian Origin of the Imprisonment Epistles* (London: Hodder & Stoughton, 1929); 참조. F. J. Badcock, *The Pauline Epistles and the Epistle to the Hebrews in Their Historical Setting* (London: SPCK, 1937), 54-71; C. R. Bowen, "Are Paul's Prison Epistles from Ephesus?" *American Journal of Theology* 24 (1920): 112-35; F. Watson, *Paul, Judaism, and the Gentiles: Beyond the New Perspective* (rev. and exp. ed.; Grand Rapids: Eerdmans, 2007), 141. Watson은 오직 빌립보서와 빌레몬서만 바울의 저작이라고 확신하는데, 이는 그 서신들의 위치에 대한 그의 견해에 영

을 설득했던 사람이다(행 19:23-41). 그 후 바울은 빌립보서, 골로새서, 빌레몬서를 기록했다. 에베소서는 아마도 좀 더 나중에 작성되었을 것으로 추정된다(어쨌든 에베소서를 바울이 작성했다고 가정한다면 말이다). 에베소 투옥에 관한 직접적인 언급은 없지만, 개연성 있는 시나리오를 개관한 것을 포함하여 간접적인 증거가 몇 가지 있다. 이 증거에 포함되는 것은 고린도후서 11:23에 있는 바울의 증언이다. 그는 수차례 투옥되었고 아시아에서 어려움을 겪었는데, 여기에는 에베소에서 맹수와 싸우고(고전 15:32), 심한 고난을 겪으며(고후 1:8), 브리스가와 아굴라가 바울을 위해 그들의 목숨을 걸었던(롬 16:3-4) 것이 포함된다. 바울 서신에 첨부된 후기 라틴어 프롤로그의 세트 중 하나인 골로새서의 마르키온 프롤로그는 골로새서가 작성된 장소로 에베소를 언급한다.[24] 에베소는 골로새에서 겨우 백 마일 떨어진 곳에 있었는데, 이는 오네시모가 골로새에서 도망쳐 여행하기에 충분한 짧은 거리다. 에베소는 오네시모가 가기 원했을 수도 있는 은둔 노예를 위한 거처가 있었던 것으로 알려져 있다. 이렇게 근접한 위치는 빌레몬서 22절에서 바울이 자신의 방문을 준비해달라고 말했던 정황을 이해할 수 있도록 해준다.

에베소 투옥에 대한 논의가 있지만, 이는 로마 투옥설을 대체할 만큼 결정적이지는 않다. 이에 대한 몇 가지 이유를 살펴보도록 하자. 첫째, 바울 서신에 에베소에서의 맹수와의 싸움(고전 15:32)을 포함하여 아시

향을 미친다.

24 다음을 보라. B. M. Metzger, *The Canon of the New Testament: Its Origin, Development, and Significance* (Oxford: Clarendon, 1987), 97-99. 마르키온 프롤로그는 6세기 Codex Fuldensis와 같은 많은 라틴어 사본에서 발견된 짧은 서문이다. 많은 학자가 마르키온 프롤로그의 기원을 마르키온으로 생각한다. 마르키온 프롤로그는 다음에 수록되어 있다. A. Souter, *The Text and Canon of the New Testament* (rev. C. S. C. Williams; London: Duckworth, 1954), 188-91.

아의 다양한 문제에 관한 언급이 있지만,[25] 이런 언급 중 어느 것도 투옥을 분명하게 지시하는 것은 아니다. "맹수와의 싸움"을 투옥 중에 일어난 상황을 언급하는 것으로 받아들일 사람은 설사 있다 해도 몇 명 안 될 것이다. 왜냐하면 맹수와 싸운 사건이 문자적으로 일어났다고 가정한다면(그리고 이것이 사람과의 갈등을 은유적으로 언급한 것이 아니라면) 바울은 절대로 살아남지 못했을 것이기 때문이다. 더욱이 그렇게 이른 시기에 그리스도인들에게 그런 형벌을 사용했다는 증거는 전혀 없다. 고린도후서 11:23이 다른 투옥을 언급하지만, 그것이 에베소의 투옥이라고 명시하지는 않는다. 특히 사도행전 저자가 바울이 에베소를 여러 번 방문한 것과 데메드리오 사건으로 어려움을 겪은 것을 언급하기 때문에 그렇게 중요한 투옥을 완전히 간과했다는 것은 의심스럽다. 오네시모가 에베소로 도망가는 것이 불가능한 것은 아니다. 하지만 탈주한 노예가 도망쳐서 정착하려고 했다고 보기에는 그 거리가 너무 가깝다. 특히 오네시모의 주인은 가장 가까운 도시인 에베소부터 수색을 시작했을 것이기 때문이다. 게다가 빌립보서 1:13에 언급된 "시위대"가 평의회의 지방에 있었다는 것을 지지할 수 있는 근거는 전혀 찾아볼 수 없다.[26] 마지막으로 빌레몬서 22절과 바울이 언급한 것은 그를 위해 숙소를 마련해 달라는 의미가 아닐 수도 있다. 이는 바울이 실제로 그곳에 잠시 거하겠다는 의미가 아니라 수사학적으로 당시의 "사도적 현존"의 관습을 이용하는 것인데, 그는 상대방에게 요청함으로써 영향력을 행사하는 방식으로 자신의

---

25 다음을 보라. A. J. Malherbe, "The Beasts at Ephesus," in Malherbe's *Paul and the Popular Philosophers* (Minneapolis: Fortress, 1989), 79-89; H. Koester, "Ephesos in Early Christian Literature," in *Ephesos: Metropolis of Asia* (ed. H. Koester; Valley Forge, PA: Trinity, 1995), 120-24, 특히 120.

26 M. Silva, *Philippians* (2nd ed.; BECNT; Grand Rapids: Baker, 2005), 7을 보라.

권위를 사용했을 것이다.

(3) 가이사랴

사도행전이 바울의 가이사랴 투옥에 대해 언급하고 있지만, 가이사랴 투옥설은 논리적으로 근거가 탄탄한 학설이 아니다.[27] 아리스다고가 바울과 함께 갇힌 것은(골 4:10) 바울의 가이사랴 투옥과(행 24:23), 두기고가 로마 투옥에서와 마찬가지로 쉽게 골로새로 간 것과(골 4:8) 조화될 수 있다는 주장이 있다. 사실 거리상으로 골로새에서 로마는 너무 멀고 에베소는 너무 가깝다는 점에 비추어볼 때 가이사랴는 위의 두 도시보다 오네시모가 도망갔을 법한 장소로 적합한 위치에 있는데, 왜냐하면 그가 해로를 거치지 않고 육로만으로도 가이사랴로 이동할 수 있었을 것이기 때문이다. 가이사랴 투옥설을 주장하는 학자들은 빌레몬서 22절에서 바울이 숙소를 요청한 것은 가이사랴에 투옥되었던 때라고 주장하는데, 앞서 가이사랴 감옥에서 바울이 로마 황제에게 호소하여 그곳에서 석방되리라고 기대했을 것으로 추정한다. 가이사랴로부터 골로새에 이르는 바울의 이동 경로는 그가 로마서에서 예견했던(롬 15:24) 서부 활동의 일부였을 것이다.

가이사랴에 관한 내용이 사도행전과 골로새서의 증거와 일치할 수 있지만, 바울의 옥중 서신이 가이사랴에서 기록되었을 가능성은 거의 없다. 가이사랴는 로마 총독부가 있는 곳이며 약 5만 명의 거주자가 있는 로마화된 도시였기 때문에 오네시모가 탈주한 노예들과 섞여서 살기를

---

27 Robinson, *Redating the New Testament,* 57-80을 보라. Dunn*(Colossians and Philemon,* 307)은 골로새서와 빌레몬서에 관한 영향력 있는 주석서를 쓴 독일 학자들인 Martin Dibelius와 Ernst Lohmeyer의 노력에도 불구하고 이 학설이 대중적인 인기를 얻지 못했다는 점에 동의한다.

기대하기도 힘들었을 것이고 이곳에서 활발한 선교 활동이 있었을 가능성도 거의 없다(골 4:3-4, 11을 보라).

(4) 고린도

바울이 고린도에 투옥된[28] 시기는 아마도 그리스도인들이 불법적으로 예배드리는 것에 대해 유대인들이 고소한 이후 바울이 갈리오 앞에 섰던 때였을 것으로 추정된다(행 18:12-17). 예를 들면 빌립보서 3:1-11의 격론은 바울의 다른 저술과(예. 고린도후서) 일치하는 것으로 보이고, 고린도는 아시아의 사람들과 의사소통하기에 적합한 거리로 여겨진다. 이 견해는 물론 추측에 근거한다. 하지만 그 주요 논지는 바울이 기소를 당한 이후와 갈리오가 이 사건을 듣기 전에, 비록 그것이 즉시 해산되었을지라도, 바울이 감금된 것이 분명하다는 것이다. 바울은 고린도에서 일 년 넘게 체류했기 때문에 옥중 서신을 기록할 시간은 충분했을 것이다. 이 견해는 이 투옥 기간에 저술된 서신들의 연대를 50-52년으로 수정할 것을 제안한다.

고린도 투옥설은 가장 신빙성이 부족한 견해다. 위에서 제기된 추측들은 사도행전과 바울 서신, 또는 다른 어떤 출처에도 언급되지 않을 뿐만 아니라 바울 서신의 신학적 발전에 관해서도 완전히 재고할 것을 요구하기에 설득력이 부족하다. 칭의와 같은 바울의 핵심적인 교리 중 일부가 옥중 서신의 주요 주제가 아니라는 것은 그리 중요한 문제가 되지 않는다. 문제가 되는 것은 몇몇 옥중 서신에서 바울이 몸으로서의 교회를 말하고 있는데, 이것은 주요 서신서들보다도 더욱 발전된 신학이라는

---

28   이 견해에 대한 평가는 R. P. Martin, *Philippians* (NCB; Grand Rapids: Eerdmans, 1976), 44-45을 보라.

점이다(엡 4:15-16과 5:29-32을 고전 12:12-31과 비교하라. 빌립보서는 같은 정도의 발전된 신학을 보여주지 않는다. 아마도 다른 옥중 서신과 다른 시기에 작성되었을 것으로 보인다). 바울 신학의 이런 발전 과정은 이해가 되지 않는다. 바울이 후기 서신들에서 특정한 신학을 강조하지 않기로 선택했다는 것은 이해할 만하다. 그러나 옥중 서신에 비해 발전이 뒤처진 사상을 설명하기는 어렵다. 게다가 옥중 서신에 반영된 분위기가 고린도의 상황과 완전히 동떨어진 것으로 보이는 것도 문제다. 고린도에서 바울은 활발한 사역에 참여한 동역자들에 둘러싸인다.

(5) 요약

확정적인 결론은 아니지만, 로마 투옥이 여전히 가장 설득력 있는 주장이라는 것은 분명하다. 거리가 상당히 멀지만, 그리스-로마 세계에서의 여행에 관해 우리가 알고 있는 지식에 비추어볼 때 이 정도 거리를 극복할 수 없는 것은 아니다. 조건이 좋다면 로마에서 지중해 동부 지역으로 약 4-7주 만에 여행하는 것도 가능했다.[29] 오네시모가 주인이 보낸 여행을 떠났을 가능성도 있다. 이 여행이 그를 바울의 주변 또는 로마로 데려다주었을 것이다. 빌레몬서 22절은 사도적 권위의 호소로서 이해될 때 이 견해에 전혀 문제가 되지 않는다. 바울이 석방된 후 스페인으로 향하기보다 지중해 동부 주변을 여행하려고 결정했을 가능성도 문제가 되지 않는다(이런 여행은 스페인으로의 여행을 배제하지 않는다). 바울이 로마서에서 전도 여행 계획에 대해 말한 것은 확정적인 것이 아니었다.

---

29   Silva, *Philippians*, 5-6n5을 보라.

4. 결론

바울의 생애와 사역에 관해 아직도 많은 추측이 남아 있다. 어떤 학자들은 사도행전의 사용을 배제하고 바울의 생애를 재구성하려고 시도했지만, 결국 사도행전에 기록된 것과 놀랍게도 유사한 결론에 도달하게 되었다. 사도행전을 사용함으로써 우리는 다양한 가능성을 몇 가지로 압축할 수 있는데, 특히 바울의 투옥 장소와 그가 옥중 서신을 어디서 기록했는지와 같은 주제를 연구할 때 도움이 된다. 연대기 역시 바울의 사상에서 발전의 패턴을 추적하고 이해하는 데 도움을 줄 뿐만 아니라 바울의 사상에 따라 다소 개연성 있는 추론을 식별하는 데에도 도움을 준다. 바울의 "선교 여행"의 대안이 될 수 있는 적합한 용어를 찾기가 어렵고 바울의 생애의 다른 기간에 대해 적절한 명칭을 정하는 것이 힘들기는 하지만, 우리는 적어도 바울의 일과 사역의 전반적인 패턴들을 이해할 수 있다. 우리가 개별 서신들을 하나하나 연구할 때 더 깊이 논의하겠지만, 모든 바울 서신이 한 번의 로마 투옥으로 설명될 수 있다고 믿는 사람들에게 제시되는 고려 사항을 포함하여 각 서신의 저작권과 연대기에 관한 많은 추측이 남아 있다. 그렇지만 이 연대기는 바울의 생애와 사상의 전반적인 윤곽을 고려하는 데 유용한 틀을 제공해준다.

추가 학습을 위한 자료

기본 자료

Bruce, F. F. *Paul: Apostle of the Heart Set Free*. Grand Rapids: Eerdmans, 1977.

Hemer, C. J. "Observations on Pauline Chronology." Pages 3-18 in *Pauline Studies: Essays Presented to F. F. Bruce*. Edited by D. A. Hagner and M. J. Harris. Grand Rapids: Eerdmans, 1980.

Lüdemann, G. *Paul, Apostle to the Gentiles: Studies in Chronology*. Translated by F. S. Jones. Philadelphia: Fortress, 1984.

Ogg, G. *The Chronology of the Life of Paul*. London: Epworth, 1968.

Ramsay, W. M. *St. Paul the Traveller and the Roman Citizen*. London: Hodder & Stoughton, 1896.

Reicke, B. *Re-examining Paul's Letters: The History of the Pauline Correspondence*. Edited by D. P. Moessner and I. Reicke. Harrisburg, PA: Trinity, 2001.

심화 자료

Dunn, J. D. G. *Beginning from Jerusalem*. Christianity in the Making 2. Grand Rapids: Eerdmans, 2009. 『초기 교회의 기원』(새물결플러스 역간).

Lampe, P. *From Paul to Valentinus: Christians at Rome in the First Two Centuries*. Translated by M. Steinhauser. Minneapolis: Fortress, 2003.

Phillips, T. E. *Paul, His Letters, and Acts*. Peabody, MA: Hendrickson, 2009.

Porter, S. E. *The Paul of Acts: Essays in Literary Criticism, Rhetoric, and Theology*. WUNT 115. Tübingen: Mohr-Siebeck, 1999.

Porter, S. E., and G. P. Fewster, eds. *Paul and Pseudepigraphy*. PAST 8. Leiden: Brill, 2013.

Riesner, R. *Paul's Early Period: Chronology, Mission Strategy, Theology*. Translated by D. Scott. Grand Rapids: Eerdmans, 1998.

Robinson, J. A. T. *Redating the New Testament*. Philadelphia: Westminster, 1976.

Taylor, N. *Paul, Antioch, and Jerusalem: A Study in Relationships and Authority in Earliest Christianity*. JSNTSup 66. Sheffield: JSOT Press, 1992.

Wansink, C. S. *Chained in Christ: The Experience and Rhetoric of Paul's Imprisonments*. JSNTSup 130. Sheffield: Sheffield Academic, 1996.

제3장

———

**바울 사상의
배경**

1. 서론

이번 장에서는 바울 사상의 근원을 살펴보려고 한다. 바울의 사상을 형성하는 데 끼친 영향을 고찰할 때 고대 그리스-로마 세계의 복합적 성격이 반드시 고려되어야 한다. 이 세계는 유대 문화와 그리스-로마 문화가 동등하게 나란히 서 있는 세계가 아니었다.[1] 일차적으로 알렉산드로스 대왕이 정복한 결과인 이 세계는 거대했으며 놀랍게 밀집된 의사소통과 무역이 이루어지고 있었다. 알렉산드로스 대왕은 그리스에서 시작하여 아래쪽으로는 이집트, 동쪽으로는 인도에까지 확장되는 야심 찬 정복 프로그램을 통해 헬레니즘 세계의 공용어 겸 무역과 상업의 공통어인 그리스어를 확립하는 데 공헌했다. 정복자의 언어가 진출한 곳에는 사회적 기관과 문화도 함께 진출했는데, 이는 언어가 사회 확립과 문화 확산을 이루는 데 가장 중요한 도구가 되기 때문이다. 비록 알렉산드로스 대왕이 눈부신 정복 후에 자신의 통치를 견고하게 할 수 없었고, 그가 비교적 젊은 나이인 서른세 살(기원전 323년)에 사망한 후 그의 제국이 네 명의 장군에 의해 분할되었지만, 그리스 문화에 대한 알렉산드로스의 사랑은(아리스토텔레스가 그의 스승이었다) 지속적인 영향을 미쳤다. 그가 어디를 가든지 그리스 문화와 영향이 뒤따랐고, 토착민들이 정복자들과 유용한 관계를 맺으려고 노력할 만큼 그리스 문화는 피정복자들에게 널리 영

---

[1] 고대 팔레스타인에서 사용된 언어에 대한 쟁점의 개관을 포함하는 중요한 소논문으로는 다음을 보라. J. A. Fitzmyer, "The Languages of Palestine in the First Century A.D.," *Catholic Biblical Quarterly* 32 (1970): 501-31; repr. in *The Language of the New Testament: Classic Essays* (ed. S. E. Porter; JSNTSup 60; Sheffield: JSOT Press, 1991), 126-62. 특히 이 소논문에서 Fitzmyer는 신약성경의 그리스어에 미친 아람어의 영향에 대해 구체적으로 논증하지만, 쟁점들에 대한 요약은 매우 유용하다. 이 쟁점과 관련된 최근 논의를 위해서는 다음을 보라. S. E. Porter and A. W. Pitts, eds., *The Language of the New Testament: Context, History, and Development* (ECHC 3/LBS 6; Leiden: Brill, 2013).

향을 미쳤다. 언어학적 용어로 그리스어는 "명성이 있는"(prestige) 언어였고, 군인, 상인, 무역상 그리고 그들과 유익하게 공존하거나 심지어 번창하기를 원하는 누구나 사용하는 언어였다.[2] 유대인들은 헬레니즘적 삶의 방식에 대부분 관계되어 있었고, 헬레니즘 세계의 군대에서 용병으로도 활동했으며(1 Macc 11:41-51; 참조. 10:36), 다양한 형태의 사업에 능동적으로 종사했다. 알렉산드로스는 이 이질적인 사람들에게 그리스 언어라는 유산뿐만 아니라 도시와 정부의 조직을 포함한 강력한 문화적 유산을 남겼다.[3]

헬레니즘 세계는 많은 분야에서 위대한 업적 가운데 하나였다. 예를 들면 스토아 철학과 같은 중요한 철학 학파들이 발전했고, 엄청난 양의 문학 작품이 쏟아져 나왔으며, 알렉산드리아에서는 거대한 도서관을 중심으로 순수 인문학 연구가 진행되었다. 기하학과 같은 이론과학도 발전했는데, 이를 통해 지구의 원주의 길이가 계산되었다(이 계산은 오류가 있었지만, 단지 요인 중 하나가 부정확했기 때문이었다). 그리스의 교육 시스템은 헬레니즘 세계 전반에 걸쳐 모방되었다. 김나지움은 기원전 2세기에 예루살렘 성전 근처에 세워졌다. 그리스 문화가 유대인들에게 미친 영향을 이야기하면, 김나지움에서의 훈련은 알몸으로 이루어졌고 그리스인

---

2   명성이 있는 언어(prestige language)와 신약의 언어(들)에 관해서는 다음을 보라. S. E. Porter, "The Greek Language of the New Testament," in *Handbook to Exegesis of the New Testament* (ed. S. E. Porter; Leiden: Brill, 1997), 99-130; Porter, "Did Jesus Ever Teach in Greek?" *Tyndale Bulletin* 44 (1993): 199-235; Porter, "The Functional Distribution of Koine Greek in First-Century Palestine," in *Diglossia and Other Topics in New Testament Linguistics* (JSNTSup 193/ Studies in New Testament Greek 6; Sheffield: Sheffield Academic, 2000), 53-78.

3   W. Tarn and G. T. Griffith, *Hellenistic Civilisation* (3rd ed.; London: Edward Arnold, 1952), 특히 210-38을 보라. 알렉산드로스 대왕을 다룬 유익한 자료들이 많이 있다. 고찰할 만한 자료로 다음을 보라. P. Green, *Alexander of Macedon, 356-323 B.C.: A Historical Biography* (Berkeley: University of California Press, 1991).

들과 로마인들은 할례가 신체 절단의 한 형태라고 여겼기 때문에 유대인 중 일부는 수술로 자신의 할례를 가리려고 시도했다고 한다(epispasm이라고 부른다. 참조. 1 Macc 1:14-15). 하스몬 가문은 본래 팔레스타인 지역의 헬레니즘 지도자들이었고 많은 유대 인구가 이렇게 그리스 문화를 수용하는 것이 몇 세기 동안 계속되었는데, 여기에는 예수와 바울의 생애 동안 지배했던 헤롯 가문의 통치자들도 포함된다. 유대교는 기원후 132-35년에 일어난 바르 코크바의 반란 이후에서야 헬레니즘으로부터 결정적으로 돌아서게 되었다.

알렉산드로스 시대 이전에 고대 세계는 대부분 연합되지 못했으나, 이제 사람들은 단순히 특정 도시만의 시민이 아니라 세계 시민이라고 생각될 수 있었다. 그러나 이런 확장은 개인에 대한 강조의 형태로 반발을 불러일으켰는데, 많은 이들이 광활하고 무한한 세계에서 소외되고 무의미하다고 느꼈기 때문이다. 부분적인 결과로서 그리스-로마 세계는 미신과 혼합주의에 지배당했고, 사람들은 영적인 의미를 추구하면서 다양한 방식의 믿음을 종종 무분별하게 결합했다. 유대교가 단지 수많은 신앙 형태 가운데 하나로 존재하게 된 상황은 이처럼 그리스와 로마의 문화 및 종교가 지배했던 더 큰 맥락 안에 있었다. 많은 면에서 유대인들은 그들의 믿음 체계에 대해 다른 이들에게 존중받았는데, 더구나 유대교의 윤리성과 신학을 모방하기를 원하는 사람들도 있었다. 하지만 이것이 로마인들과 그리스인들이 항상 반역과 폭동으로 문제를 겪었던 팔레스타인 지역뿐만 아니라 로마 제국의 다른 지역들, 예를 들어 기원후 49년에 글라우디오 황제의 칙령으로 유대인들이 추방당한 로마와 유사한 갈등이 발생했던 알렉산드리아 지역에서 유대인들을 의혹의 여지가 없는 자들로 만들어주지는 않았다. 결과적으로 바울의 사상을 헬레니즘이나 유대교와 관련지어 이것 아니면 저것이라는 단순 도식으로 평가하는 것은 정당하지 않다. 실제로 이 주제를 연구하면 할수록 변환기 시대의 유대교는 팔레스타인 지역을 기반으로 한 헬레니즘적 유대교였음이 더욱 인식되어야 한다. 바울의 저작들에서도 그와 같은 통합적인 균형을 분명히 발견할 수 있다.[4]

---

4 위의 내용과 관련된 역사와 발전에 대해서는 다음을 보라. C. G. Starr, *A History of the Ancient World* (3rd ed.; New York: Oxford University Press, 1983), 359-625; M. Hengel, *Judaism and Hellenism: Studies in Their Encounter in Palestine during the Early Hellenistic Period* (2 vols.; trans. J. Bowden; Philadelphia: Fortress, 1974); Hengel, *The "Hellenization" of Judaea in the First Century after Christ* (trans. J. Bowden; London: SCM, 1989); F. Millar, *The Roman Near East, 31 B.C.-A.D. 337* (Cambridge, MA: Harvard University Press, 1993), 27-79, 337-86. 주제와 정보의 범주에 대한 더 많은 논의는 다음을 보라. T. R. Glover, *Paul of Tarsus* (London: SCM, 1925); F. C. Grant, *Roman Hellenism and the New Testament* (Edinburgh: Oliver & Boyd, 1962); M. Grant, *Herod the Great* (London: Weidenfeld & Nicolson, 1971); A. A. Long, *Hellenistic Philosophy: Stoics, Epicureans, Sceptics* (2nd ed.; London: Duckworth, 1986); M. E. Stone and D. Satran, eds., *Emerging Judaism: Studies on the Fourth and Third Centuries B.C.E.* (Minneapolis: Fortress, 1989); J. D. Newsome, *Greeks, Romans, Jews: Currents of Culture and Belief in the New Testament World* (Philadelphia: Trinity, 1993); T. Engberg-Pedersen, ed., *Paul in His Hellenistic Context* (Edinburgh: T&T Clark, 1994); W. E. Helleman, ed., *Hellenization Revisited: Shaping a Christian Response within the Greco-Roman World* (Lanham, MD: University Press of America, 1994); E. S. Gruen, *Heritage and Hellenism: The Reinvention of Jewish Tradition* (Berkeley: University of California Press, 1998); H.-J. Klauck, *The Religious Context of Early Christianity: A Guide to Graeco-Roman Religions* (trans. B. McNeil; Edinburgh: T&T Clark, 2000 [1995/96]); J. J. Collins and G. E. Sterling, eds., *Hellenism in the Land of Israel* (Notre Dame, IN: University of Notre Dame Press, 2001); A. Tripolitis, *Religions of the Hellenistic-Roman Age* (Grand Rapids: Eerdmans, 2002); S. E. Porter, ed., *Paul: Jew, Greek, and Roman* (PAST 5; Leiden: Brill, 2008); S. E. Porter and A. W. Pitts, eds., *Christian Origins and Greco-Roman Culture: Social and Literary Contexts for the New Testament* (ECHC 1/TENT 9; Leiden: Brill, 2013); and S. E. Porter and A. W. Pitts, eds., *Christian Origins and Hellenistic Judaism: Social and Literary Contexts for the New Testament* (ECHC 2/TENT 10; Leiden: Brill, 2013).

2. 바울의 그리스-로마적 요소

그리스-로마의 배경과 문화가 바울을 포함하여 초기 기독교에 끼친 영향은 최근에 많은 관심을 받지 못하고 있는데, 이는 신약의 유대교 배경에 대한 큰 관심 때문이다. 이 논의가 종종 두 갈래로 나누어지는 방식은 마치 이 두 가지 배경이 동등한 세력인 것처럼 관련된 쟁점을 왜곡한다. 그리스-로마 세계는 로마의 지배를 받았는데, 로마는 그리스의 문화적 유산을 계승했고 그 후에 다양한 지역의 문화적 요소들을 다채롭고 때로는 경쟁하는 방식을 통해 우리가 오늘날 로마로 알고 있는 것으로 융합시켰다. 그러나 이번 단락은 바울의 사상과 신학에 만연한 그리스-로마와 유대교의 영향을 보여주려고 하는데, 그리스-로마의 배경—특히 그 문화 내에서 헬레니즘적 요소들—을 일반적으로 평가되는 것보다 더 영향력이 있는 것으로 다룬다. 첫 번째로 바울에게 미친 분명한 그리스-로마의 영향은 바로 그리스어다.

A. 그리스어

그리스어는 바울의 첫 번째 언어 가운데 하나였다(또 다른 언어는 아람어다). 그는 아마도 다소에 사는 동안 그리스어를 가정에서뿐만 아니라 가정 밖의 관계에서도 사용했을 것이다. 어쨌든 그리스어는 헬레니즘 시대에 심지어 디아스포라 유대교에서도 의사소통의 언어였다. 70인역(LXX)으로 알려진 히브리 성경의 번역은 기원전 3세기에 이집트에서 시작되었는데, 그곳에 살고 있던 유대인들 대부분이 그들의 종교 언어인 히브리어를 언어학적으로 이해할 능력이 없거나 그 언어로 의미 있는 예배를 드릴 수 없는 상황이라는 인식에서 시작된 것이었다. 그렇게 그리스와 로마 시대의 가장 크고 의욕적인 이 번역 프로젝트는 시작되었고, 다음 두 세기를 넘어 확장되었으며, 전체 번역은 아마도 기원전 1세기 언젠가 완료되었을 것이다.[5] 일부 디아스포라 유대인들이 히브리어나 아람어로 예배를 드릴 수 있었을지 모르지만, 대부분의 사람들은 그리스어로 예배를 드렸다. 다른 어느 지역보다 팔레스타인에서 유대인들이 아람어를 좀 더 사용했지만, 마르틴 헹엘(Martin Hengel)의 추정에 따르면 예루살렘 자체의 유대인들은 적어도 10-20퍼센트가 그리스어를 주된 언어로 사용했으며(이것은 그리스어를 사용했을 것이 거의 확실한 비유대인 인구를 제외한 비율이다),[6] 그보다 더 많은 사람이 그리스어를 제2언어로 사용할 능력을 갖추고 있었는데, 이는 그리스-로마 문화를 둘러싼 주도적인 사업이나 무역을 하기 위해 습득한 것이었다. 팔레스타인의 다른 지역들에서 예컨대 데가볼리나 가이사랴, 디베랴, 혹은 갈릴리 지역의 세포리스와 같은 진정으로 헬레니즘적인 많은 도시에서는 그리스어가 유대인들에게도 지배적인 언어였을 것이다.[7] 아라비아와 같은 동쪽 로마의 다른 지역들은 그리스어가 중요하게 사용되었음을 입증해준다. 유대교의 장례 비문들은 전 세계적으로 유대인들에게 미친 그리스어의 영향력에 대한 실제적인 증거가 된다. 로마에서 기원전 1세기부터 기원후 4세기까지의 현

---

5   70인역에 대해서는 다음을 보라. S. P. Brock, "The Phenomenon of the Septuagint," in
     The Witness of Tradition (ed. A. S. van der Woude; Oudtestamentische Studien 17; Leiden:
     Brill, 1972), 11-36; N. F. Marcos, *The Septuagint in Context: Introduction to the Greek
     Version of the Bible* (trans. W. G. E. Watson; Leiden: Brill, 2000), 특히 305-19; T. M.
     Law, *When God Spoke Greek: The Septuagint and the Making of the Christian Bible* (Oxford:
     Oxford University Press, 2013); K. H. Jobes and M. Silva, *Invitation to the Septuagint* (2nd
     ed.; Grand Rapids: Baker, 2015), 13-33.

6   Hengel, *Hellenization*, 10. 내가 생각하기에 비율이 더 높았을 것이라는 합리적인 증거가
     있다.

7   Hengel, *Hellenization*, 14-15.

존하는 유대인 무덤의 75퍼센트가 그리스어를 그들의 비문에 사용한다. 팔레스타인에서 현존하는 무덤 비문들은 대부분 기원후 1세기부터 5세기까지의 것이며 그중 55-60퍼센트는 그리스어로 기록되었다. 예루살렘에서는 대략 40퍼센트가 그리스어로 기록되었다.[8]

바울은 바로 이런 그리스-로마 세계에서 태어나고 자랐다. 그러므로 모든 바울의 저작이 그리스어라는 사실은 놀랍지 않다. 그리스어가 공용어였기 때문에 바울은 그 시대의 어느 곳에서든 그리스어로 기록하면 의사소통을 할 수 있다는 정당한 기대를 품었다. 아마도 비슷한 기대가 유대인 반역자 바르 코크바(Bar Kokhba)의 한 공모자가 보급품과 관련하여 몇몇 담당자에게 쓴 편지에서도 발견된다. 그는 11-15줄에서 이렇게 쓴다. "[편지]는 그러[나] 그리스어로 기록되었는데, 왜냐하면 히브리어로 쓸 만한 갈[망]이나 기[회](?)를 발[견]할 수 없기 때문이다."[9] 로마에 대항한 이 유대 반역자는 히브리어가 아닌 그리스어로 글을 썼는데, 이는 히브리어로 기록하는 것이 좀 더 큰 노력을 요구했거나 히브리어로 글을 쓸 수 있는 사람이 소수였다는 것을 함의한다. 이 저자는 독자들이 자신의 편지를 이해할 수 있으리라는 강한 기대가 있었다. 비록 유대교 문학이 그들 자신의 집단 밖에서 광범위하게 읽히지 않았지만, 유대교

---

8   다음을 보라. P. van der Horst, *Ancient Jewish Epitaphs: An Introductory Survey of a Millennium of Jewish Funerary Epigraphy (300 BCE-700 CE)* (Kampen, Netherlands: Kok Pharos, 1991).

9   명확하게 하자면 이 인용구는 "그 갈망" 혹은 "그 기회" 중 하나다. 텍스트의 훼손은 본래의 그리스어를 구별하기 어렵게 만든다. 완성된 본문과 번역은 다음에서 찾아볼 수 있다. S. E. Porter, "The Greek Papyri of the Judaean Desert and the World of the Roman East," in *The Scrolls and the Scriptures: Qumran Fifty Years After* (ed. S. E. Porter and C. A. Evans; Journal for the Study of the Pseudepigrapha Supplement 26/RILP 3; Sheffield: Sheffield Academic, 1997), 293-316 (text on 315-16, discussion on 298-308); 참조. Fitzmyer, "Languages of Palestine," in *Language of the New Testament*, 142.

저자들은 종종 그리스어로 썼고, 심지어 그들의 종교 문학에도 그리스어를 사용했다. 벤 시라(Ben Sira)는 이집트에서 자기 할아버지의 작품을 셈어에서 그리스어로 번역했다고 알려진다. 열두 족장의 유언 중 일부도 그리스어로 기록되었으며, 다니엘서와 에스더서는 팔레스타인에서 그리스어 부분이 추가되었고, 「에스드라1서」와 「마카베오2서」는 본래 그리스어로 기록되었을 것으로 생각된다. 「에스드라2서」와 「유딧서」를 포함한 다수의 유대교 작품이 원래는 히브리어로 작성되었겠지만, 대부분 그리스어로 남아 있다.[10]

B. 서신 양식과 문체

그리스어를 사용한 것 외에도 바울은 그리스-로마 세계에서 사용된 일반적인 문학 형태 중 하나를 사용하는데, 바로 서신 양식이다. 그리스-로마의 편지는, 오늘날의 편지와 마찬가지로, 다양한 부분과 방식으로 구성된 형식을 확립했다. 바울은 그리스-로마의 편지 형태의 대가 중 한 명으로 불릴 자격이 있는데, 그의 구체적인 목적에 맞게 다양한 양식을 채택한다. 그는 개인적인 편지를 썼고(예. 빌레몬에게), 하나의 교회나 여러 교회가 모인 그룹에 보내는 편지인 교회적 서신(ecclesiastical letter)을 고안하고 발전시켰다. 비록 인사말의 전형적인 형태가 이미 존재했지만, 바울은 자신만의 서문 형식을 발전시켰는데, 이는 "은혜와 평강"이라는 말로 전형적인 편지 서두를 신학화한 것이다. 또한 그는 편지의 다른 두 부분인 감사와 권면(=훈계 자료) 부분을 기독교의 윤리적 기준을 강조하

---

10   위의 증거들은 다음에서 논의된다. S. E. Porter, "Jesus and the Use of Greek in Galilee," in *Studying the Historical Jesus: Evaluations of the State of Current Research* (ed. B. D. Chilton and C. A. Evans; NTTS 19; Leiden: Brill, 1994), 123-54 at 123-47.

는 방식으로 사용했다(5장 단락 3B, D를 보라).

서신의 형식 내에서 바울은 당시 잘 알려진 다른 문학적 관습들도 사용한다. 특히 그중 두 가지가 언급할 만한데, 디아트리베(diatribe) 및 악덕과 미덕의 목록이 그것이다.

디아트리베는 의사소통 기술이거나 아마도 문학 장르일 수 있는데, 견유 학파와 스토아 철학자들이 헬레니즘 시대에 발전시켰다.[11] 이것은 선생과 학생(들)이 논의되는 주제에 대해 좀 더 배우기 위해 말로 질문과 대답을 교환하는 대화 형식이다. 이 기본적인 대화 문답 형태와 함께 다양한 언어적 특징이 있는데, 여기에는 행위를 촉구하는 권유형("우리가 ~ 하자"), 강력한 대조어("그러나")를 포함하는 특별한 연결어들, 대조와 병행의 진술, 수사학적 질문 그리고 직접 호칭의 단어들이 있다. 많은 고대 저자들이 디아트리베를 사용했는데, 아마도 가장 유명한 사람은 노예 출신 철학자인 에픽테토스(Epictetus)다.[12] 그의 디아트리베는 그의 저작에서 문학적인 형식으로 명백히 표현되고 있지만(아마도 아리아노스[Arrian]가 에픽테토스의 가르침을 기록했을 것이다), 몇몇 부분에서 실제 대화를 반영하는 것처럼 보인다. 그 형식은 아마도 교실이나 교육적 환경을 가리키는 철학 문학에서 유래했고 그 후에 교육적 목적을 위해 회당으로 인계되었을 것이다.

바울의 서신에는 일관된 디아트리베 양식을 보여주는 몇몇 단락이

---

11 디아트리베의 성격은 다음에서 논의된다. S. K. Stowers, *The Diatribe and Paul's Letter to the Romans* (SBLDS 57; Chico, CA: Scholars Press, 1981); Stowers, "The Diatribe," in *Greco-Roman Literature and the New Testament* (ed. D. E. Aune; SBLSBS 21; Atlanta: Scholars Press, 1988), 71-83; A. J. Malherbe, *Paul and the Popular Philosophers* (Minneapolis: Fortress, 1989), 25-33; C. Song, *Reading Romans as a Diatribe* (Studies in Biblical Literature 59; New York: Peter Lang, 2004).

12 그의 작품들은 다음에서 쉽게 찾아볼 수 있다. *Epictetus*(trans. W. A. Oldfather; 2 vols.; LCL; Cambridge, MA: Harvard University Press, 1925-28).

있는데, 특히 로마서 1-11장과 고린도전후서의 부분들이 그렇다. 바울의 저작에서 논의되는 것은 그가 편지를 보낸 교회의 사람들이 물어본 실제 질문들을 반영할 수 있다. 하지만 그의 디아트리베는 실제 대화의 필사는 아니다. 사실상 바울은 그의 상대방을 만들어내고, 그 상대방은 바울의 내러티브 목소리가 유익하게 대답하는 중요한 질문과 반대를 제기한다. 바울은 종종 이 문학적 창작을 "사람" 또는 "너"로 부르는데, 이 사람은 종종 유사하게 생각하거나 행동하는 그룹을 대표하는 한 개인이다. 한 가지 예로서 디아트리베 방식으로 펼쳐진 로마서 3:1-8이 있다(Q = 바울의 대화 파트너; P = 바울의 내러티브 대답).[13]

Q. 그런즉 유대인의 나음이 무엇이며 할례의 유익이 무엇이냐?

P. 범사에 많으니 우선은 그들이 하나님의 말씀을 맡았음이니라.

Q. 어떤 자들이 믿지 아니하였으면 어찌하리요? 그 믿지 아니함이 하나님의 미쁘심을 폐하겠느냐?

P. 그럴 수 없느니라. 사람은 다 거짓되되 오직 하나님은 참되시다 할지어다. 기록된 바 "주께서 주의 말씀에 의롭다 함을 얻으시고 판단 받으실 때에 이기려 하심이라" 함과 같으니라.

Q. 그러나 우리 불의가 하나님의 의를 드러나게 하면 무슨 말 하리요? [내가 사람의 말하는 대로 말하노니] 진노를 내리시는 하나님이 불의하시냐?

P. 결코 그렇지 아니하니라! 만일 그러하면 하나님께서 어찌 세상을 심판하시리요? 그러나 나의 거짓말로 하나님의 참되심이 더 풍

---

13   저자의 배열은 개역개정과 일치한다. 이 대화의 다른 배열을 위해서는 S. K. Stowers, "Paul's Dialogue with a Fellow Jew in Romans 3:1-9," *Catholic Biblical Quarterly* 46 (1984): 707-22을 참조하라.

성하여 그의 영광이 되었다면 어찌 내가 죄인처럼 심판을 받으리요? 또는 그러면 "선을 이루기 위하여 악을 행하자" 하지 않겠느냐? 어떤 이들이 이렇게 비방하여 우리가 이런 말을 한다고 하니 그들은 정죄 받는 것이 마땅하니라.

디아트리베의 형식은 이 재구성된 대화에 잘 묘사되어 있으며, 이는 모두 바울 자신이 기록한 것이다.

바울은 악덕과 미덕의 목록도 사용한다. 그와 같은 목록들은 특별히 스토아 철학자들이 도덕적 훈계에서 개인적인 악덕과 미덕의 목록을 만드는 데 사용했던 것들이다.[14] 그것들은 특정한 범주의 모든 경우에 대한 포괄적인 목록이 되고자 한 것은 아니지만, 특정한 주제에 집중하는 수단으로서 대표적인 예를 제공해준다. 때때로 그 목록들은 성품들을 나열하며, 어떤 경우에는 인격화된다. 어느 경우든지 목표로 하는 효과는 동일하다. 바울이 그 목록들을 사용한 것은 스토아 철학과 맥락을 같이한다. 이 철학에 의하면 세계는 이성적인 원리들을 따라 기능하는 것으로 보이고, 인간의 삶의 목표는 신적 이성의 영과 함께 보조를 같이한다. 바울이 기록한 편지에서 미덕의 경우는 고린도후서 6:6-7, 빌립보서 4:6-9, 에베소서 4:2-3에서 볼 수 있다. 악덕의 예는 로마서 1:29-31, 13:13, 고린도전서 5:10-11, 에베소서 4:31-32, 5:3-5, 디모데전서 1:9-10, 6:4-5, 디도서 1:7-10에서 찾을 수 있다. 미덕 목록과 악덕 목록을 함께

---

14 다음을 보라. D. E. Aune, *The New Testament and Its Literary Environment* (LEC; Philadelphia: Westminster, 1987), 194-96; A. J. Malherbe, *Moral Exhortation: A Greco-Roman Sourcebook* (LEC; Philadelphia: Westminster, 1986), 138-41; J. Thompson, *Moral Formation according to Paul: The Context and Coherence of Paul's Ethics* (Grand Rapids: Baker, 2013), 특히 87-110.

사용한 좋은 예는 갈라디아서 5:19-23이다.

육체의 일은 분명하니 곧 음행과 더러운 것과 호색과 우상숭배와 주술
과 원수 맺는 것과 분쟁과 시기와 분냄과 당 짓는 것과 분열함과 이단과
투기와 술 취함과 방탕함과 또 그와 같은 것들이라. 전에 너희에게 경계
한 것 같이 경계하노니 이런 일을 하는 자들은 하나님의 나라를 유업으
로 받지 못할 것이요, 오직 성령의 열매는 사랑과 희락과 화평과 오래
참음과 자비와 양선과 충성과 온유와 절제니, 이같은 것을 금지할 법이
없느니라.

C. 헬레니즘 사상과 철학

바울은 그리스-로마의 문학적 형식과 관습을 사용했을 뿐만 아니라, 그
의 사상도 헬레니즘 사상의 몇몇 원리를 예시한다. 20세기 초에는 바울
의 사상이 그리스-로마의 다양한 밀교와 어떻게 유사한지에 강조점을
두었다.[15] 밀교는 잘 이해되지 않는데, 왜냐하면 그들은 정의상 종종 일

---

15   이 견해의 고전적인 연구는 다음과 같다. W. Bousset, *Kyrios Christos: A History of
the Belief in Christ from the Beginnings of Christianity to Irenaeus* (trans. J. E. Steely;
Nashville: Abingdon, 1970). 좀 더 균형 잡힌 견해는 다음의 결론 부분에 있다. G. H. C.
MacGregor and A. C. Purdy, *Jew and Greek: Tutors unto Christ; the Jewish and Hellenistic
Background of the New Testament* (London: Nicholson & Watson, 1936), 273-91. "뚜렷
한 유사점들이 분명히 존재하지만, 그것들은 본질적인 사상과 내용에 있다기보다는 어
휘와 외형에 있다"(289). 위에서 이미 제시된 자료 이외에 다음도 보라. T. R. Glover,
The Conflict of Religions in the Early Roman Empire (2nd ed.; London: Methuen, 1909); F.
Cumont, *Oriental Religions in Roman Paganism* (repr. New York: Dover, 1956 [1911]); G.
Murray, *Five Stages of Greek Religion* (London: Watts, 1935); F. C. Grant, ed., *Hellenistic
Religions: The Age of Syncretism* (New York: Liberal Arts, 1953); L. H. Martin, *Hellenistic*

종의 세례와 같은 예식을 포함하는 종교의식을 통해 입회자가 신과 밀접하게 관계를 맺는 비밀 입회 절차를 실행하는 개인적 종교 집단이었기 때문이다. 우리에게 가장 잘 알려진 자료는 헤르메스 선집(Hermetic Corpus)이다. 하지만 이는 신약성경보다 훨씬 나중에 기록되었고, 아마도 그것이 신약성경에 영향을 주었다기보다 오히려 신약성경의 영향을 받았을 것이다. 비록 바울의 저작으로 알려진 몇몇 저술이 그 자료들에 대한 직접적인 반응을 반영할 수 있다고 하더라도, 바울이 어떤 방식으로든 이런 종교적 관행에 영향을 받았다고 주장할 수 있는 근거는 거의 없다. 예를 들면 에베소서 5:18에서 바울(또는 저자)은 그의 독자들에게 술취하지 말고 성령으로 충만함을 받으라고 간청한다. 에베소서 저자는 단순히 에베소 교회가 방종 행위에 관여하는 경향에 반대한 것일 수 있다. 그러나 이 언어는 술의 신인 디오니소스(Dionysus)에 관한 에우리피데스(Euripides)의 *Bacchae*(line 281, 하지만 278-301을 참조하라. 참조. Plutarch, *De defectu oracularum* 40.432E)와 몇 가지 방식에서 유사한데, 이 본문은 그리스-로마 세계에서 가장 많이 읽힌 텍스트 중 하나이며 여러 종파에서 사용되었다.[16] 바울이 에베소에서 술 마시며 흥청망청하는 방종에 반대했을 가능성이 크다.

스토아 학파와 바울의 사상 사이에 더 많은 유사점을 발견할 수 있

Religions: An Introduction (Oxford: Oxford University Press, 1987).

16 이 제안에 대한 좀 더 자세한 세부사항은 다음을 보라. S. E. Porter, "Ephesians 5.18-19 and Its Dionysian Background," in *Testimony and Interpretation: Early Christology in Its Judeo-Hellenistic Milieu: Studies in Honour of Petr Pokorný* (ed. J. Mrázek and J. Roskovec; JSNTSup 272; London: Continuum, 2004), 68-80; 참조. C. A. Evans, "Ephesians 5:18-19 and Religious Intoxication in the World of Paul," in *Paul's World* (ed. S. E. Porter; PAST 4; Leiden: Brill, 2008), 181-200. 위에서 인용한 다른 작품들 외에 디오니소스 종교에 대해서는 다음을 보라. M. Nilsson, *The Dionysiac Mysteries of the Hellenistic and Roman Age* (Lund: Gleerup, 1957).

다. 이것은 바울의 사상이 스토아적인 경향이 있기 때문이 아니라, 바울과 스토아(와 다른 학파) 철학자들이 비슷한 종류의 쟁점들에 관여하고 있기 때문이다. 만약 아덴에서 아레오바고에 바울이 등장하는 사도행전 17장의 기록이 역사적이라면(그리고 이렇게 생각할 수 있는 적절한 이유가 있다),[17] 바울이 스토아 학파와 에피쿠로스 학파를 포함한 당대 철학자들과의 철학적·종교적 논의에 관여했다는 직접적 증거가 있는 것이며, 그의 관심의 많은 부분이—전부는 아닐지라도—공감대를 형성했을 것이다. 사도행전 17장에 나오는 바울의 연설은 이런 철학자들의 변증적 지지를 얻을 수 있는 주장으로 시작하는 치밀함을 보여준다. 반대가 제기된 것은 오직 부활이 언급되었을 때였다.[18] 위에서 언급한 것처럼 스토아 사상은 인간이 어떻게 만연한 신적 이성의 힘과 일치하는 삶을 사는가에 관심이 있었다. 스토아 사상에는 신적 필요와 인간의 책임 사이의 긴장이 있는데, 이는 불변의 법칙으로 지배하는 궁극적인 원인자인 하나님이라는 존재와 자신의 의지를 행사하고 결국은 악과 어리석은 일을 행하는 인간들을 모두 말하고 있는 클레안테스(Cleanthes)의 「제우스 찬가」 (Hymn to Zeus)에서 잘 포착된다. 이것들은 어떤 종교적 시스템이든지 합의를 이루어야 하는 종류의 주제들이며, 스토아가 그렇게 했던 것처럼 바울도 마찬가지였다.

바울의 사상과 스토아 사상의 유사성에 대한 몇 가지 예가 있다. 예를 들면 로마서 7:15에서 바울은 자기 자신의 의지에 대항하여 싸우는 것에 대한 딜레마와 분투한다. "내가 행하는 것을 내가 알지 못하노

---

17 이에 대한 이유는 바울이 묘사되는 방식과 롬 1:18-32의 기초를 이루는 그의 자연주의적 논증의 형태를 포함한다.

18 다음을 보라. S. E. Porter, *The Paul of Acts: Essays in Literary Criticism, Rhetoric, and Theology* (WUNT 115; Tübingen: Mohr-Siebeck, 1999), 141-59.

니 곧 내가 원하는 것은 행하지 아니하고 도리어 미워하는 것을 행함이라." 스토아 철학자 에픽테토스(*Dissertationes* 2.26.4)도 비슷한 인간의 딜레마를 이야기한다. "그는 자신이 원하는 것을 행하지 않고 원하지 않는 것을 행한다." 고린도전서 14:25에서 바울은 우리 인간들 안에 또는 그들 사이에 계시는 하나님의 존재를 이야기한다. 세네카도 비슷한 생각을 반영하여 이렇게 말한다. "하나님은 당신 곁에 있고, 당신과 함께 있으며, 당신 안에 있다"(*Epistle* 41.1). 그리고 "거룩한 영이 우리 안에 거한다"(*Epistle* 41.2). 로마서 9:1에서 바울은 그가 말하는 것의 진리를 확증하는 인간의 양심을 이야기한다. "내가 그리스도 안에서 참말을 하고 거짓말을 아니하노라. 내 양심이 성령 안에서 나와 더불어 증거하노니." 다시 세네카는 이렇게 말한다. "나는 깨끗한 양심으로 그런 것에 동의할 수 없다"(*Epistle* 117.1).[19]

그와 같은 철학 사상이 만연했을 때 무엇이 덕을 지닌 사람을 구성하는지에 관한 생각을 살펴본다는 것은 놀랍지 않다. 그리스 사상에서

19　스토아 학파와 바울의 평행에 대한 편리한 요약은 다음에서 찾을 수 있다. E. D. Freed, *The New Testament: A Critical Introduction* (Belmont, CA: Wadsworth, 1991), 232-34. D. A. deSilva, "Paul and the Stoa: A Comparison," *Journal of the Evangelical Theological Society* 38 (1995): 549-64. 스토아 사상이 빌립보서, 로마서, 갈라디아서의 많은 개별 구절들에 미친 영향의 연구는 다음을 보라. J. W. Martens, "Romans 2.14-16: A Stoic Reading," *NTS* 40 (1994): 55-67; T. Engberg-Pedersen, "Stoicism in Philippians," in *Paul in His Hellenistic Context*, 256-90; Engberg-Pedersen, *Paul and the Stoics* (Edinburgh: T&T Clark, 2000). 특히 고전 12-14장과의 연관성은 다음을 보라. W. Deming, *Paul on Marriage and Celibacy: The Hellenistic Background of 1 Corinthians 7* (SNTSMS 83; Cambridge: Cambridge University Press, 1995); M. V. Lee, *Paul, the Stoics, and the Body of Christ* (SNTSMS 137; Cambridge: Cambridge University Press, 2006); R. M. Thorsteinsson, "Stoicism as a Key to Pauline Ethics in Romans," and N. Huttunen, "Stoic Law in Paul?" both in *Stoicism in Early Christianity* (ed. T. Rasimus, T. Engberg-Pedersen, and I. Dunderberg; Grand Rapids: Baker, 2010), 15-38 and 39-58. 바울에 미친 대중 철학의 영향에 대해서는 Malherbe, *Paul and the Popular Philosophers*를 보라.

제3장 바울 사상의 배경　　　　　　　　　　　　　　　　　　**149**

그리고 나중에 로마 사상에서 어떤 미덕들(ἀρεταί)이 덕을 지닌 사람을 특징짓는지에 대한 끊임없는 심사숙고가 있었다. 이런 미덕들은 자랑의 근거를 제공한다. 바울은 그와 같은 논쟁에 영향을 받은 것처럼 보인다. 하지만 바울은 그것을 부정적인 형식으로 바꾸었는데, 미덕을 자랑하는 사람의 관습을 격하시키고 무엇이 당대 사회에서 덕이 없는 것으로 멸시 받게 되는지를 강조함으로써 그렇게 했다. 예를 들면 고린도후서 10-13장(빌 3:4-6도 보라)에서 바울은 자신을 온순하고 관대한 사람으로 특징 지으면서 시작함으로써 명성에 대한 전통적인 주장을 바꾸어버린다(고후 10:1). 바울은 그의 사역을 구분 짓는 것을 상술함으로써 그의 사도적 사역을 변호하는데, 이는 고린도후서 11:22-29에서 자신이 받은 학대에 대한 탄원을 포함한다. 그는 고린도후서 11:21에서 수사학적인 진술로 시작한다, "나는 우리가 약한 것 같이 욕되게 말하노라. 그러나 누가 무슨 일에 담대하면 어리석은 말이나마 나도 담대하리라." 그리고 그는 고린도후서 11:30에서 이렇게 선포하면서 결론짓는다. "내가 부득불 자랑할진대 나의 약한 것을 자랑하리라." 유사하게 로마서 5:3-5에서 바울은 신자들을 구분하는 그리스도인의 미덕들을 점진적이고 점층적인 방식으로 나열한다. "다만 이뿐 아니라 우리가 환난 중에도 즐거워하나니 이는 환난은 인내를, 인내는 연단을, 연단은 소망을 이루는 줄 앎이로다. 소망이 우리를 부끄럽게 하지 아니함은 우리에게 주신 성령으로 말미암아 하나님의 사랑이 우리 마음에 부은 바 됨이니."[20]

논증에 대한 바울의 논리와 수단은 그리스-로마의 특징이 주를 이룬다(예. 단락 2B에서 언급한 디아트리베). 그중 두 가지를 특별히 언급하고

---

20 W. Meeks, *The Moral World of the First Christians* (LEC; Philadelphia: Westminster, 1986)를 보라.

자 선택했는데, 바로 바울의 문학적 스타일과 문학적 이미지다. 1장 단락 4에서 언급한 것처럼 고전 수사학이 바울에게 끼친 영향과 관련하여 학자들 사이에 다양한 의견이 있다. 몇몇 학자는 바울이 본질적으로 그리스 수사학자였거나 그의 사역을 종이에 남겨두는 연설작가(speechwriter)였다고 주장하기도 한다.[21] 그러나 이것은 그의 편지에 관한 최선의 설명이 아니다. 바울의 편지가 설득력이 있다는 것은 분명한 사실이다. 그 이유는 그가 수사학자들의 장르 또는 조직이나 발전의 형태를 사용했기 때문이라기보다 그가 단순히 언어의 논리적 역량을 사용하는 설득력 있는 주장을 어떻게 만들어내는지를 알았기 때문이다.[22]

예를 들어 로마서의 논지에 대한 개요는 바울의 생각이 어떻게 작용했는지에 대한 좋은 증거를 제공해준다. 로마서의 본론에서 그는 하나님의 응답이 필요한 인간의 위기를 묘사함으로써 시작한다(롬 1:18-3:20)—세 개의 부분으로 나뉘는 논술법인데, 인간의 일반적인 위기로부터 시작해서 도덕적 인간의 함의와 마지막으로 유대인의 정죄까지 나아간다. 그다음 바울은 하나님의 진노를 초래하는 인간의 법적인 문제에 대한 해결책을 제시한다(롬 3:21-4:25). 바울은 거기서부터 인간과 하나님의 법적·개인적 관계를 다루는 데까지 이동한다. 이는 그가 화해로 특징짓는 것이며, 십자가에서 그리스도의 사역을 통해 아담의 죄가 지

---

21   예. B. Witherington III, *New Testament Rhetoric: An Introductory Guide to the Art of Persuasion in and of the New Testament* (Eugene, OR: Cascade, 2009), 94-157. 그의 논증에 대한 반응은 다음을 보라. S. E. Porter and B. R. Dyer, "Oral Texts? A Reassessment of the Oral and Rhetorical Nature of Paul's Letters in Light of Recent Studies," *Journal of the Evangelical Theological Society* 55.2 (2012): 323-41. 이 책의 1장 단락 4도 보라.

22   다음을 보라. D. L. Stamps, "Rhetorical Criticism of the New Testament: Ancient and Modern Evaluations of Argumentation," in *Approaches to New Testament Study* (ed. S. E. Porter and D. Tombs; JSNTSup 120; Sheffield: Sheffield Academic, 1995), 129-69. 이 책의 1장 단락 4도 보라.

닌 소외시키는 효과를 법적·개인적으로 극복함으로써 한 사람을 원래의 자리로 되돌려놓는다(롬 5:1-21). 바울은 그다음에 성령 안에 있는 삶으로 특징지어지는 하나님과의 개인적인 관계에 참여하는 것이 무엇을 의미하는지를 좀 더 완전히 논의함으로써 변화된 상태에 대한 함의를 논한다(롬 6:1-8:39).[23] 그는 로마서의 본론을 한 가지 핵심적인 예 곧 이스라엘의 예를 선택함으로써 결론짓는데, 이는 선택의 약속에 대한 하나님의 신실하심을 묘사한다. 이 논리적 패턴은 많은 이들이 설득력 있는 주장으로 여기는 것을 제공해준다. 하지만 이 패턴은 도덕적 일화나 패러다임(아브라함에 대한 롬 4:1-25; 아담에 대한 롬 5:12-21), 디아트리베(롬 1-11장)를 포함하여 널리 퍼진 담화의 많은 특징을 상당 부분 공유하지만, 고전 수사학의 확립된 패턴과는 일치하지 않는다.[24]

바울은 다양한 문체적 특징을 사용하는데, 평행법(예. 롬 3:21-26), 은유와 직유(고전 12:12-16; 딤후 4:6), 부분이나 관련된 사항이 전체를 대표하는 제유법과 환유법(바울이 "그의 피로 말미암아"를 죽음에 대한 환유로 사용한 롬 5:9과 모세가 족장 전체를 대표하는 고후 3:15), 대체 이름이 사용되는 환칭("오실 자의 모형"이 그리스도를 묘사하는 롬 5:14), 역설(몬 9절), 이중 부정으로 절제를 표현하는 완서법(롬 1:16), 생략 기호나 직접 진술(롬 7:1) 그리고 그 외의 것들이 있다.[25] 이것은 바울이 주장을 생산하고

23   다음을 보라. S. E. Porter, "A Newer Perspective on Paul: Romans 1-8 through the Eyes of Literary Analysis," in *The Bible in Human Society: Essays in Honour of John Rogerson* (ed. M. Daniel Carroll R., D. J. A. Clines, and P. R. Davies; Journal for the Study of the Old Testament Supplement 200; Sheffield: Sheffield Academic, 1995), 366-92.

24   언어학적 관점으로부터 발전한 이 논의에 대해서는 다음을 보라. S. E. Porter, *The Letter to the Romans: A Linguistic and Literary Commentary* (NTM 37; Sheffield: Sheffield Phoenix, 2015).

25   다음을 보라. S. E. Porter, "Paul of Tarsus and His Letters," in *Handbook of Classical Rhetoric in the Hellenistic Period, 330 B.C.-A.D. 400* (ed. S. E. Porter; Leiden: Brill, 1997),

구조화하기 위해 수사학자들의 다른 몇몇 수단을 썼음을 부인하는 것이 아니다. 그러나 그는 당대의 설득력 있는 다른 저자들과 비교해볼 때, 그를 고전 수사학자로 구분할 만큼 조직적인 방식으로 수사학적 장치들을 사용하지는 않았다.[26] 예를 들면 특히 빌레몬서 8-9절에 있는 것처럼 바울은 그의 주장을 제공하는 수단으로 그의 성품(ἦθος)에 호소한다. 바울은 감정(πάθος)에도 호소하는데, 갈라디아서 1:6-9의 경우처럼 기회가 그것을 보증할 때 쓴다. 물론 그는 이성이나 논리(λόγος)도 사용하는데, 예를 들면 일화나 예시(롬 4:1-25; 5:12-21)에서 그런 경우를 볼 수 있다. 그리고 대전제와 소전제를 통한 논증 형태인 삼단 논법(살전 4장)과 다양한 방식의 정의도 사용한다.[27]

바울의 저작 전반에 걸친 그의 논법의 다양한 요소를 구체화하자면, 그는 끊임없이 자신을 둘러싸고 있는 문화와의 연결점을 보여주고 그가 말하고 있는 교회가 살고 있는 세상과 그가 전하는 말의 관련성을 보여주면서 그리스-로마 세계의 다양한 관습에 호소한다. 세세한 내용은 다루지 않더라도 우리는 그리스-로마 세계로부터 이런 소수의 이미지를 언급할 수 있다. 즉 정치적 용어(빌 1:27; 3:20; 엡 2:19), 스포츠맨십(빌 2:16; 3:14; 고전 9:24-27; 고후 4:8-9; 딤후 4:7), 상업 용어(몬 18절;

533-85 at 576-84.

26 다음을 보라. S. E. Porter, "The Theoretical Justification for Application of Rhetorical Categories to Pauline Epistolary Literature," in *Rhetoric and the New Testament: Essays from the 1992 Heidelberg Conference* (ed. S. E. Porter and T. H. Olbricht; JSNTSup 90; Sheffield: Sheffield Academic, 1993), 100-122; Porter, "Ancient Rhetorical Analysis and Discourse Analysis of the Pauline Corpus," in *The Rhetorical Analysis of Scripture: Essays from the 1995 London Conference* (ed. S. E. Porter and T. H. Olbricht; JSNTSup 146; Sheffield: Sheffield Academic, 1997), 249-74.

27 F. Young, "The Pastoral Epistles and the Ethics of Reading," *JSNT* 45 (1992): 115을 보라.

골 2:14), 법적 용어(갈 3:15; 4:1-2; 롬 7:1-3; 13:6), 노예 매매(고전 7:22; 롬 7:14) 그리고 황제에게 경의를 표하는 축하와 행렬(고후 2:15-16; 살전 2:19; 골 2:15; 참조. 요세푸스, *Jewish War* 7.132-33, 148-57)이 있다.

이런 모든 요소는 바울과 초기 기독교의 관계에서 좀 더 광대한 그리스-로마 세계가 그에게 얼마나 중요한지를 보여준다. 그러나 이는 그가 자신의 유대교 배경을 무시했다는 것을 의미하지 않는다. 이제 나는 내 관심을 이와 관련된 것으로 바꾸려고 한다.

3. 바울의 유대교적 요소

바울이 그를 둘러싼 그리스-로마 세계에 영향을 받은 것만큼, 1장 단락 7에서 언급한 것처럼 그 역시 유대인이었다. 좀 더 구체적으로 말하면 그는 디아스포라 유대인이었고, 신학적 문제에 대한 그의 접근이 지닌 몇몇 특징은 그리스-로마적인 것으로 보이는 만큼이나 유대교적인 것으로 보일 수 있다.[28] 비록 최근에 많은 학자가 바울의 "유대인 됨"(Jewishness)을 지나치게 강조하긴 하지만,[29] 구체적으로 유대교의 사

---

28 유대교와 더 넓은 세계 간의 관계는 다음에서 논의된다. J. J. Collins, *Between Athens and Jerusalem: Jewish Identity in the Hellenistic Diaspora* (2nd ed.; Grand Rapids: Eerdmans, 2000); M. Goodman, *Judaism in the Roman World: Collected Essays* (Ancient Judaism and Early Christianity 66; Leiden: Brill, 2007).

29 기독교에 미친 유대교의 영향에 관한 유용한 소논문의 모음집은 다음을 보라. J. C. Paget, *Jews, Christians, and Jewish-Christians in Antiquity* (WUNT 251; Tübingen: Mohr-Siebeck, 2010). R. Bauckham, *The Jewish World around the New Testament: Collected Essays* (WUNT 233; Tübingen: Mohr-Siebeck, 2008), 1도 참조하라. Bauckham은 다음과 같이 말한다. "신약성경 저작들이 속한 비유대교 그리스-로마 세계의 분명한 영향이 유대교 세계 전반에 걸쳐 다양한 방식과 다양한 정도로 느껴졌다."

상과 영향을 반영하는 것처럼 보이는 바울 사상의 많은 특징을 언급하는 것은 가치가 있다.

1세기의 유대교 사회는 지중해를 둘러싸고 있었고, 유대인 공동체는 이집트로부터 로마와 그 너머까지 발견된다.[30] 그리스-로마가 유대인들에게 미친 광범위한 영향에도 불구하고, 그들은 자신들 특유의 종교적·문학적·문화적 전통도 갖고 있었다. 이런 전통들이 한데 어우러져 유대교라고 불릴 수 있는 사상의 기초를 형성했는데, 그것은 전통, 믿음, 관습의 복합체였다.[31] 그중 일부는 세기를 거쳐서 유지되었지만, 다른 것들은 그들의 변화하고 발전하는 공동체적 삶의 배경 속에서 발전되었다. 그 결과로 우리는 신학적 숙고를 통해 당시 유대교적 삶과 대면하는 유대교 문헌의 범주를 발견한다.[32] 다른 유대인들과 마찬가지로 신학적인

---

30 유대교 사상과 관습의 발전에 관한 역사적 개요는 다음을 보라. W. Foerster, *From the Exile to Christ: Historical Introduction to Palestinian Judaism* (trans. G. E. Harris; Philadelphia: Fortress, 1964 [1959]); H. Jagersma, *A History of Israel to Bar Kochba* (trans. J. Bowden; London: SCM, 1982-85 [1979-85]); 가장 최근의 것으로는 다음을 보라. F. J. Murphy, *Early Judaism: The Exile to the Time of Jesus* (Grand Rapids: Baker, 2002).

31 이런 다양한 요인에 대한 논의는 다음을 보라. A. Edersheim, *Sketches of Jewish Social Life* (updated ed.; repr. Peabody, MA: Hendrickson, 1994 [1877]); M. McNamara, *Palestinian Judaism and the New Testament* (Wilmington, DE: Glazier, 1983); A. R. C. Leaney, *The Jewish and Christian World 200 B.C. to A.D. 200* (Cambridge: Cambridge University Press, 1984); A. J. Saldarini, *Pharisees, Scribes and Sadducees in Palestinian Society* (repr. Grand Rapids: Eerdmans, 2001 [1988]); E. P. Sanders, *Judaism: Practice and Belief 63 B.C.E.-66 C.E.* (London: SCM, 1992); L. L. Grabbe, *Judaism from Cyrus to Hadrian* (London: SCM, 1992); Grabbe, *An Introduction to Second Temple Judaism: History and Religion of the Jews in the Time of Nehemiah, the Maccabees, Hillel, and Jesus* (London: T&T Clark, 2010). 다음도 보라. E. P. Sanders, *Jewish Law from Jesus to the Mishnah: Five Studies* (London: SCM, 1990).

32 다음을 보라. G. W. E. Nickelsburg, *Jewish Literature between the Bible and the Mishnah: A Historical and Literary Introduction* (2nd ed.; Minneapolis: Fortress, 2005). 이와 같은 저작들의 주요 모음집들은 유대교 위경들이다. 그중 많은 저작이 바울 시대에 존재했을 것이다. 이 모음집들은 다양한 문헌을 포함하는데, 주로 중요한 유대교 인물들(예. 일부 족장들)의 유언을 포함하는 문헌들과 다양한 형태의 지혜 문헌들을 포함한다. 다음

면과 그 밖의 측면에서도 바울 사상의 근간과 토대는 진실하신 한 분 하나님을 믿는 유일신적 믿음이었는데, 그분은 아브라함과 이삭과 야곱의 하나님,[33] 그리스도를 죽음에서 일으키신 예수 그리스도의 아버지셨다. 한편 이런 믿음은 바울에게 미친 다른 중요한 유대교의 영향에도 반영된다.

A. 유대교 성경

바울의 사상과 저술에 미친 단 하나의 가장 주목할 만한 유대교의 영향은 분명히 그의 백성 이스라엘의 경전인 구약성경이다.[34] 구약성경이 바울의 사상에서 드러나는 두 가지 주요 방식이 있다. 첫 번째는 직접 인용을 통해서,[35] 두 번째는 암시와 간접 인용을 통해서 드러난다. 여기서 구약성경은 바울의 사상 체계의 일부분이 된다.[36] 바울은 구약성경을 많은

을 보라 J. H. Charlesworth, ed., *The Old Testament Pseudepigrapha* (2 vols.; Garden City, NY: Doubleday, 1985). 쿰란 사본도 바울 연구에 어느 정도 중요성을 지닌다. 다음을 보라. W. S. LaSor, *The Dead Sea Scrolls and the New Testament* (Grand Rapids: Eerdmans, 1972), 특히 168-78; K. Stendahl with J. H. Charlesworth, eds., *The Scrolls and the New Testament* (New York: Crossroad, 1992), 특히 157-82; J. VanderKam and P. Flint, *The Meaning of the Dead Sea Scrolls: Their Significance for Understanding the Bible, Judaism, Jesus, and Christianity* (San Francisco: HarperSanFrancisco, 2002), 특히 350-57. 이 사본은 다음에서 번역되었다. F. García Martínez and E. J. C. Tigchelaar, *The Dead Sea Scrolls* (2 vols.; Grand Rapids: Eerdmans, 1997-98).

33 U. Schnelle, *The Apostle Paul: His Life and Theology* (trans. M. E. Boring; Grand Rapids: Baker, 2003), 70-75.

34 유용한 개관을 위해서는 S. Moyise, *Paul and Scripture* (London: SPCK, 2010)를 보라.

35 다음을 보라. C. D. Stanley, *Paul and the Language of Scripture: Citation Technique in the Pauline Epistles and Contemporary Literature* (SNTSMS 74; Cambridge: Cambridge University Press, 1992).

36 간접 인용의 도표는 UBS Greek New Testament (2nd ed.), 897-920을 보라. 간접 인용이나 암시는 바울 학계의 연구에서 아직 완전히 해결되지 않은 문제다. 다음을 보라.

경우에 직접 인용했는데, 로마서, 고린도전후서, 갈라디아서에 여든여덟 번의 직접 인용이 등장한다. 로마서에만 쉰세 번의 직접 인용이 있다.

바울의 구약성경 인용에 관해 생각해야 할 중요한 두 가지 요소가 있다. 첫 번째는 바울이 구성원 중 다수가 이방인이거나 혹은 심지어 거의 전적으로 이방인으로 구성된 교회에 편지를 쓸 때도 구약성경의 인용을 주저하지 않았다는 점이다(로마서와 같은 경우). 빌립보 교회를 제외하고(그러나 행 16:13이 이 도시에 회당이 존재했음을 가리키는 것일 수도 있다), 아마도 바울이 세운 모든 교회에 몇몇 유대인이 있었던 것이 사실이지만, 구약성경의 사용이 바울의 사상에 상당히 중요하다는 것은 여전히 의미심장하다. 이에 대해 몇 가지 가능한 설명이 있다. 어떤 학자들은 아마도 몇몇 교회에는 전통적으로 추정해왔던 것보다 유대인들이 좀 더 있었을 것으로 생각한다. 예를 들면 로마에 있는 교회의 구성에 관한 중요한 논의가 있다(10장 단락 2C2를 보라). 그러나 구약성경을 인용하거나 암시하는 주요 부분이 이방인 분파로 보이는 이들에게 주어졌다는 것이 거의 명백하다는 점을 고려할 때(롬 9-11장; 14:1-15:13), 이 설명은 충분치 않은 것 같다. 두 번째 설명은 유대교 성경이 비유대인 세계에서조차 영

R. B. Hays, *Echoes of Scripture in the Letters of Paul* (New Haven: Yale University Press, 1983), 29-32; M. B. Thompson, *Clothed with Christ: The Example and Teaching of Jesus in Romans 12.1-15.13* (JSNTSup 59; Sheffield: JSOT Press, 1991), 28-36. 나중에 나온 많은 연구가 위 자료들에 의존하고 있다. 신약의 구약 인용과 그와 관련된 용어에 대한 내 논의는 다음을 보라. S. E. Porter, "Further Comments on the Use of the Old Testament in the New Testament," in *The Intertextuality of the Epistles: Explorations of Theory and Practice* (ed. T. L. Brodie, D. R. MacDonald, and S. E. Porter; NTM 16; Sheffield: Sheffield Phoenix, 2006), 98-110, 특히 106-10; Porter, "Allusions and Echoes," in *As It Is Written: Studying Paul's Use of Scripture* (ed. S. E. Porter and C. D. Stanley; Society of Biblical Literature Symposium 50; Atlanta: SBL, 2008), 29-40; 최근 연구로 Porter, *Sacred Tradition in the New Testament: Tracing Old Testament Themes in the Gospels and Epistles* (Grand Rapids: Baker, 2016), 1-47도 보라.

향력이 있어서 바울이 성경에 대한 이방인들의 익숙함을 기대할 수 있었다는 것이다. 이 설명은 바울의 이방인 개종자들 대부분이 하나님을 경외하는 자들이라고 불리는 그룹의 구성원이라는 것을 보여줄 수 있다면 좀 더 설득력이 있을 것이다. 그러나 이 이방인들은 유대교의 도덕적이고 신학적인 삶을 동경하지만, 개종자로서(이는 할례를 요구했다) 온전한 구성원 자격으로 헌신하기를 원하지는 않는 자들이다. 개종자들 가운데는 하나님을 경외하는 자들이 틀림없이 있었을 테지만, 바울 서신으로부터의 증거(또는 증거의 결여)는 이 설명의 구체화에 미치지 못한다. 아마도 가장 가능성 있는 설명은 바울의 청중보다는 바울 자신과 더 관계가 있을 것이다. 바울의 생각과 신학적 태도는 성경적 사상으로 가득 차 있었으므로ㅡ왜냐하면 지금 우리가 구약성경이라고 부르는 것의 많은 부분이 이 시기에는 유대교와 기독교 모두의 성경이었기 때문이다ㅡ그는 종종 말 그대로 신학적인 곧 성경적인 기본과 함의를 탐험하지 않고서는 주장을 구성할 수 없었다. 제시할 수 있는 수많은 실례 중 하나만 언급하자면, 하나님의 자비를 정의하는 것과 관련하여, 바울은 일차적으로 자신이 만나지 않은 이방인들에게 말하고 있지만(따라서 바울은 그들의 성경적 능력에 대해 알지 못했다. 10장 단락 2C를 보라), 구약성경ㅡ이사야 10:22-23, 1:9, 호세아 2:23, 1:10ㅡ을 로마서 9:25-29에서 자신이 말하는 것의 증거로 인용한다. 비록 본문이 자신의 독자들에게 익숙하지 않았을지라도 바울은 구약성경에 의존하여 그가 주장하는 것을 구체화하는데, 이는 그것이 그 자신의 사상의 기본이자 토대이기 때문이다.

고려해야 할 두 번째 주요 요소는 바울이 가장 많이 인용하는 것으로 보이는 구약성경의 역본이 오늘날 우리가 일반적으로 70인역(LXX)이라고 부르는 이집트에서 번역된 고전 그리스어 역본이라는 점이다. 몇몇 경우에 바울이 어느 역본을 인용했을지를 아는 것은 어렵다. 왜냐하면 바울은 분명히 본문을 자유롭게 선택해서 그의 특정한 문맥에 적용했고, 아니면 완전히 다른 역본을 사용했을 수도 있기 때문이다. 그러나 일반적으로 말하자면 그리스어 역본이 바울이 인용한 것의 기본이다. 바울의 구약성경 사용을 정리하는 것의 잠재적인 어려움을 보여주는 한 가지 좋은 예는 고린도전서 15:54-55에서 발견되는데, 여기서 바울은 이사야 25:8과 호세아 13:14을 결합한다. "승리"라는 단어를 제외하고 대부분의 인용은 그리스어 70인역과 히브리어 성경의 조합인데, 이는 현재 우리에게 알려지지 않은 자료로부터 나온 것이 아니라면 바울이 도입한 것처럼 보인다. 바울은 유연한 방식으로 본문에 대한 그의 해석을 제공하는 것에 자유를 느끼는 듯한데, 그 방식은 하나의 지속적이고 잘 구조화된 인용을 만들어낸다.[37] 구약성경의 사용에서 바울은 동시대의 유대교 해석자들과는 다른데, 그들은 특정한 단어 선택이나 표현에 기초하여 해석하는 경향이 있고 때로는 매우 문자적이다(쿰란 페셰르 주석에서 종종 발견되는 것처럼). 바울은 고전 자료의 인용을 윤색하거나 변경하는 데 자유로웠던 당대의 많은 그리스-로마의 세속 작가들과 좀 더 비슷하다.

학자들 사이에서 신약 연구의 가장 흥미로우면서도 여전히 해결되지 않는 쟁점들은 신약의 구약 사용 즉 현재 종종 상호텍스트성(intertextuality)이라고 부르는 것에 초점이 맞춰져 있는데, 이것은 다양한 본문이 서로 관련되고 서로 이야기하는 방식으로 이해된다.[38] 바울 연구

---

37 Stanley, *Paul and the Language of Scripture*, 209-15을 보라.

38 이 용어(intertextuality)는 Hays의 *Echoes of Scripture*에서 바울 연구에 처음으로 사용되었다. 성경신학에서 이 용어의 사용에 대한 비판 혹은 적어도 이 용어가 사용되는 방식들에 관해서는 다음을 보라. S. E. Porter, "The Use of the Old Testament in the New Testament: A Brief Comment on Method and Terminology," in *Early Christian Interpretation in the Scriptures of Israel: Investigations and Proposals* (ed. C. A. Evans and J. A. Sanders; Studies in Scripture in Early Judaism and Christianity 5/JSNTSup

에서 이 어려움은 다른 저자들에게도 마찬가지로 만연하다. 바울이 사용한 구약성경 해석의 주요 수단은 최소한 다섯 가지가 있다.[39]

1. 구약의 모형론적 사용에서, 바울은 구약성경의 인물 또는 사건(모형)과 예수 그리스도의 사역(원형)의 상관관계를 분명히 밝힌다. 강조점은 이 인물이나 사건이 어떻게 예수의 일이나 사역에서 성취를 발견할 수 있는가 하는 원저자의 선입견적 아이디어에 있는 것이 아니다. 이 상관관계는 바울이 명백히 밝혀준다. 좋은 예는 바울이 고린도후서 9:9에서 시편 112:9을 사용한 것인데, 여기서 그는 멀리 흩어진 이미지에서 고린도의 그리스도인들이 모방해야 할 관용의 모델을 발견한다.[40]

2. 페셰르 해석은 쿰란에서 행해졌던 구약성경 해석의 종류로 이름이 붙여진 것인데, 이 해석에서는 구약성경에서 말한 것이 신앙 공동체의 현재 상황에서 성취되는 것으로 보인다. 많은 구절에서 바울은 비슷한 공식을 만드는데, 구약성경에서 예언한 것이 신약

148; Sheffield: Sheffield Academic, 1997), 79-96; Porter, *Sacred Tradition in the New Testament*, 3-25; D. I. Yoon, "The Ideological Inception of Intertextuality and Its Dissonance in Current Biblical Studies," *Currents in Biblical Research* 13 (2013): 58-76.

39 여기서의 논의는 다음에 의존하고 있다. J. D. G. Dunn, *Unity and Diversity in the New Testament: An Inquiry into the Character of Earliest Christianity* (Philadelphia: Westminster, 1977; repr. Valley Forge, PA: Trinity, 1990), 81-102. 이 주제에 대한 많은 다른 관점들도 검토할 가치가 있다.

40 더 많은 모형론적 해석에 관해서는 다음을 보라. L. Goppelt, *Typos: The Typological Interpretation of the Old Testament in the New* (trans. D. H. Madvig; Grand Rapids: Eerdmans, 1982). 참조. R. T. France, *Jesus and the Old Testament* (London: Tyndale, 1971; repr. Vancouver, BC: Regent College Publishing, 1998), 38-79; D. Baker, "Typology and the Christian Use of the Old Testament," in *The Right Doctrine from the Wrong Texts? Essays on the Use of the Old Testament in the New* (ed. G. K. Beale; Grand Rapids: Baker, 1994), 313-30.

시대에 구체적으로 성취되는 것으로 본다. 예를 들어 고린도후서 6:2에서 바울은 이사야 49:8을 인용하면서 여기에 언급된 구원의 날을 하나님의 은혜로운 사역이 그리스도 안에서 도달한 것으로 본다.[41]

3. 알레고리적 해석은 바울이 구약의 선례와 신약의 성취 사이의 상 관관계에 대한 명백한 부분들을 발견한다는 점에서 모형론적 해 석과 비슷하다. 그렇지만 다른 점은 비교되는 부분들이 좀 더 많 고 광범위하다는 것이다. 고전적인 예는 갈라디아서 4:21-31에 서 창세기 16:15 및 21:2을 염두에 두고 사라와 하갈을 언급한 것이다. 바울은 독자들이 이것을 알레고리적 해석으로 이름 붙임 으로써 그가 무엇을 하고 있는지를 보도록 도와준다.[42] 확장된 비 교에서 하갈은 시내산의 율법에 구속되거나 노예가 된 현재의 예 루살렘을 나타내며, 사라는 율법의 종 됨에서 자유로워진 위에 있 는 새 예루살렘을 나타낸다. 몇몇 방식에서 바울이 사용한 알레고 리적 방법은 동시대의 헬레니즘적 유대교 철학자인 알렉산드리 아의 필론에게서 발견되는 것과 유사하다. 학자들은 바울이 필론 의 알레고리적 방법과 얼마나 밀접하게 부합하는지와 관련하여 의견을 달리하지만, 특히 아브라함과 같은 인물을 다룰 때 닮은

---

41 페셰르 혹은 쿰란 주석에 관한 더 많은 논의를 위해서는 다음을 보라. R. N. Longenecker, *Biblical Exegesis in the Apostolic Period* (2nd ed.; Grand Rapids: Eerdmans, 1999), 24-29; S. Berrin, "Qumran Pesharim," in *Biblical Interpretation at Qumran: Studies in the Dead Sea Scrolls and Other Related Literature* (ed. M. Henze; Grand Rapids: Eerdmans, 2005), 110-33.

42 중세 해석의 복잡한 알레고리 사용에 대한 명백한 반발에서 현대 해석자 중 일부는 무 슨 수를 써서라도, 심지어 본문을 무시하면서까지, 신약성경에서 알레고리적 해석을 거 부하려고 한다.

점이 많다고 말하는 것은 타당하다.[43]

4. 해석의 다른 수단인 구절 풀이식 주해(running commentary)에서
   는 많은 구절이 저자가 그의 주제를 발전시키는 것으로서 인용되
   고 간략히 해석된다. 이런 기법에 대한 최고의 예는 로마서 9-11
   장인데, 여기서 바울은 이스라엘의 거부에도 불구하고 하나님이
   보여주신 신실하심에 대한 주제를 발전시킨다. 바울은 자신의 주
   장의 다양한 단계를 발전시키기 위해 구약성경 전반에 걸쳐 성경
   본문들을 배열하는데, 여기에는 예를 들면 출애굽기와 예언서로
   부터 많은 본문을 인용함으로써 하나님의 정의와 선택을 설명하
   고, 신명기와 예언서로부터 많은 구절을 인용함으로써 이스라엘
   의 범죄와 거부를 실체화하며, 신명기와 시편으로부터 몇몇 구절
   을 인용함으로써 하나님의 신실하심에 대해 결론적으로 진술하
   는 것이 포함된다.[44]

5. 다섯 번째 해석의 수단은 미드라쉬다. 때로 미드라쉬는 구약성경
   에 대한 해석의 어떤 형태를 묘사하는 포괄적인 용어로 사용되
   지만, 여기서는 바울의 유대교 동시대인들 가운데서 일반적으로
   발견될 수 있는 해석의 수단으로 구별된다. 이 방법은 특징을 잡
   기가 어렵지만, 한 구절의 인용으로 전형화되고 그다음에 자세한
   주석이 그곳에 들어가는데, 종종 개별 단어들에 대한 구체적인

---

43 알레고리적 해석에 대한 더 많은 연구는 다음을 보라. Longenecker, *Biblical Exegesis*, 30-
    32; R. P. C. Hanson, *Allegory and Event: A Study of the Sources and Significance of Origen's
    Interpretation of Scripture* (repr. Louisville: Westminster John Knox, 1959).

44 롬 9-11장에 나오는 바울의 구약 인용에 대한 학문적 해석은 풍부하고 점점 많아지
    고 있다. 비록 이사야서의 사용에 국한되지만 유용한 논의는 다음과 같다. J. R. Wagner,
    Heralds of the Good News: Isaiah and Paul "In Concert" in the Letter to the Romans (NovTSup
    101; Leiden: Brill, 2002).

취급을 포함한다. 바울은 몇몇 경우에 미드라쉬를 이용한다. 그는 갈라디아서 3:16에서 이 기술을 이용하는 것처럼 보이는데, 여기서 그리스도를 가리키기 위해 창세기 12:7, 13:15, 24:7에 나오는 단수 형태인 "씨"의 구체적인 사용을 인용한다.[45]

만약 이런 해석 방법들이 바울에게 적용된 것으로서 유효하다면, 우리는 그의 구약 사용을 단순한 하나의 모델이나 범주로 제한할 수 없다. 그는 주어진 본문을 취하여 자신의 주장을 위해 그 본문의 모든 가능성을 살펴보는 창조적인 유연성을 보여주는데, 이것은 어느 하나의 모델이나 방법에 제한받지 않는다.

바울의 명백한 구약 사용 외에도 암시나 간접적인 언급을 지적해야 하는데, 이는 때때로 암시(allusions) 또는 반향(echoes)으로 불린다.[46] 암시나 간접 인용을 정의하는 것은 어렵다. 그렇지만 그것들이 존재한다는 것을 부인하기도 힘들다.[47] 바울은 이것들을 다양한 형태로 사용하지만 가장 일반적인 것은 아마도 구약성경 인물의 인용일 것이다. 갈라디아서 3장이나 로마서 4장에서 아브라함을 논의하는 것처럼,[48] 이것들은 구

---

45 미드라쉬에 관한 더 많은 논의는 다음을 보라. Longenecker, *Biblical Exegesis*, 18-23; M. P. Fernández, "Midrash and the New Testament: A Methodology for the Study of Gospel Midrash," in *The New Testament and Rabbinic Literature* (ed. Reimund Bieringer et al.; Journal for the Study of Judaism Supplement 136; Leiden: Brill, 2010), 367-86.

46 참조. Hays, *Echoes of Scripture*. 때때로 간접적인 언급은 상호텍스트적 반향(intertextual echoes)이라고 불린다. 이 용어에 대한 내 분석은 다음을 보라. Porter, "Further Comments," 106-10; Porter, "Allusions and Echoes," 29-40; Porter, *Sacred Tradition in the New Testament*, 27-47.

47 Porter, "Use of the Old Testament in the New Testament"; Porter, *Sacred Tradition in the New Testament*, 3-25을 보라.

48 아브라함에 대해서는 다음을 보라. Stowers, *Diatribe*, 171-73; G. W. Hansen, *Abraham in Galatians: Epistolary and Rhetorical Contexts* (JSNTSup 29; Sheffield: JSOT Press,

약성경 인용과 함께 나타난다(앞의 논의를 보라). 그러나 다른 경우들에서 바울은 인물을 단순히 언급하는데, 여기에는 그의 독자들이 암시를 유용하게 만드는 문맥으로부터 충분히 그 사람에 관해 어떤 것을 알거나 충분히 획득할 수 있을 것이라는 기대가 있다. 많은 구약성경의 인물들은 그리스-로마 세계에서 일반적으로 알려진 인물들이다.

아마도 그리스-로마 세계에서 가장 잘 알려진 인물이었을 모세는 열등한 법의 입법자로서 이집트의 토착민이거나 이집트에 거주하는 유대인이라고 생각되었다.[49] 고린도후서 3:7-18에서 영의 광채를 곧바로 볼 수 있는 신자와 대조하기 위해 바울은 출애굽기 34:29-35에 기록된 사건에 호소하는데, 거기서 모세는 하나님의 임재를 경험한 후 수건으로 그의 얼굴을 덮었으며 이스라엘은 그를 볼 수 없었다. 이것은 구약성경의 사용에서 바울의 해석학적 자유를 잘 나타내는데, 왜냐하면 그는 영적 지각의 결여에 대한 표식이 현재도 남아 있다고 말하면서 수건으로부터 이스라엘의 불신으로 넘어가기 때문이다.

바울은 아담이라는 인물을 특별히 고린도전서 15장과 로마서 5장에서 사용한다.[50] 로마서 5:12-21에서 바울은 아담 한 사람의 죄가 이룬 결과와 그리스도의 초월적인 완성을 대조한다. 비록 아담의 죄에 대한 지식이 이 대조의 진가를 높여주었지만, 바울은 아담이 지은 죄의 구체적인 것들에 대해 알지 못하는 사람을 위해 충분한 배경 정보를 제공하

1989); N. Calvert-Koyzis, *Paul, Monotheism and the People of God: The Significance of Abraham Traditions for Early Judaism and Christianity* (JSNTSup 273; London: T&T Clark, 2004).

49 다음을 보라. J. G. Gager, *Moses in Greco-Roman Paganism* (Society of Biblical Literature Monograph Series 16; Nashville: Abingdon, 1972).

50 아담에 관해서는 다음을 보라. J. R. Levison, *Portraits of Adam in Early Judaism* (Journal for the Study of the Pseudepigrapha Supplement 1; Sheffield: JSOT Press, 1988).

는데, 이는 십자가 위에서 그리스도가 행한 사역의 위대함에 관해 바울이 무엇을 말하는지를 이해시키기 위함이다.

간접 인용 또는 암시의 또 다른 형태에서 바울은 구약의 구절들이나 예수의 말씀까지 언급한다. 그가 예수의 말씀을 명시적으로 인용하는 경우는 극히 드문데(예. 고전 7:10; 9:14), 이는 많은 학자의 질문을 초래했다. 그러나 종종 간과되는 것은 바울이 예수의 삶, 죽음, 부활의 필수적 요소들과 더불어 예수의 말씀을 얼마나 많이 암시하는 것으로 나타나는 가다. 데이비드 웬함(David Wenham)이 지적한 것처럼 예수의 사상과 아이디어에 대한 광범위한 언어적·주제적 암시가 바울의 서신에 담겨 있다. 예를 들어 로마서 13:8-10에서 바울은 자신의 이웃을 사랑하는 것에 관한 예수의 말씀을 암시하는 것처럼 보인다(막 12:31과 병행 구절들).[51] 바울이 이런 전통을 사용한 것에 대한 일반적인 설명은 바울이 예수를 좀 더 직접적으로 따르는 자들이었던 그리스도인들로부터 그것을 배웠거나 혹은 그것이 그에게 특별히 계시되었다고 보는 것이다. 또 다른 설명으로서 내가 강력히 고려할 가치가 있다고 생각하는 것은 바울이 예수의 지상 사역이 진행되는 동안 간헐적으로 예수가 말하는 것을 직접 들음으로써 적어도 이 전통의 일부를 획득했다는 것이다.[52]

---

51 다음을 보라. D. Wenham, *Paul: Follower of Jesus or Founder of Christianity?* (Grand Rapids: Eerdmans, 1995, 『바울: 예수의 추종자인가 기독교의 창시자인가?』, CH북스 역간); 참조. A. J. M. Wedderburn, ed., *Paul and Jesus: Collected Essays* (JSNTSup 37; Sheffield: JSOT Press, 1989); F. Neirynck, "The Sayings of Jesus in 1 Corinthians," in *The Corinthian Correspondence* (ed. R. Bieringer; Bibliotheca Ephemeridum Theologicarum Lovaniensium 125; Leuven: Leuven University Press/Peeters, 1996), 141-76.

52 S. E. Porter, *When Paul Met Jesus: How an Idea Got Lost in History* (Cambridge: Cambridge University Press, 2016), 122-77을 보라. 이 책의 1장 단락 9도 보라.

B. 랍비적 논법과 논리

바울에게 미친 유대교의 또 다른 영향은 그가 1세기에 사용되었던 랍비들의 논법과 논리의 형태를 사용한 것에서 드러난다. 토세프타 *Sanhedrin* 7.11은 힐렐의 7가지 규칙에 대해 말한다. *Qal wa-homer* ("가벼움과 무거움"), *Gezera shawa* ("동등한 규칙"), *Binyan 'ab mikkatub 'ehad* ("하나로부터 아버지를 구성", 하나의 문헌에서 나온 원리), *Banyan 'ab mishshene ketubim* ("두 개로부터 아버지를 구성"), *Kelal uperat uperat ukelal* ("일반성과 특수성, 그리고 특수성과 일반성"), *Kayotze bo mi-maqom 'aher* ("다른 장소에서 비슷한 어떤 것"), *Dabar halamed me'inyano* ("상황에서 비롯된 가르침").[53] 동시대의 수사학자들은 이런 원리들의 기원과 발전에 대해 논쟁하는데, 왜냐하면 소위 랍비적 형태의 논법은 대부분 수사학에 대한 그리스 자료들로부터 유래한 것처럼 보이기 때문이다.[54] 언제 랍비적 해석의 원리가 완전히 조직되었는지는 분명하지 않지만, 그것이 바울의 편지 저작들보다 나중의 일이라고 할지라도, 이 원리들 자체가 기록된 형태로 등장하기 이전에 사용되었을 수 있다는 증거가 있다. 왜냐하면 그것이 예수의 가르침에서도 발견되기 때문이다. 이런 원리 중에서 바울이 사용한 가장 일반적인 두 가지는 더 거대한 것부터 더 작은 것으로, 또는 더 작은 것으로부터 더 거대한 경우로 움직이는 논리적인 이동이 있다(*Qal wa-homer*). 예를 들어 로마서 5:10에서 바울은 이렇게 말한다. "곧 우리가 원수 되었을 때에 그의 아들의 죽으심으로 말

---

53   번역과 예를 제시한 다음을 보라. C. A. Evans, *Ancient Texts for New Testament Studies: A Guide to the Background Literature* (Peabody, MA: Hendrickson, 2005, 『신약성경 연구를 위한 고대 문헌 개론』, 솔로몬 역간), 219-20.

54   D. Daube, "Rabbinic Methods of Interpretation and Hellenistic Rhetoric," *Hebrew Union College Annual* 22 (1949): 239-64을 보라.

미암아 하나님과 화목하게 되었은즉 화목하게 된 자로서는 더욱 그의 살아나심으로 말미암아 구원을 받을 것이니라." 이것이 함의하는 바는, 만약 인류가 하나님과 완벽하게 대립하고 있을 때 그분과 화목하게 되는 일을 이룰 수 있다면, 일단 그분과 관계를 맺기만 하면 그들의 구원을 생각하는 것은 비교적 쉬운 일이라는 것이다. 바울은 반대의 논법도 사용한다. 고린도전서 9:9-11에서 그는 곡식을 밟아 떠는 소에게 망을 씌우지 말라는 비교적 사소한 예를(신 25:4) 증거로 사용하는데, 만약 이런 법칙이 중요하지 않은 사례에도 적용된다면, 바울과 같은 설교자가 마땅히 받아야 할 것을 받는 중요한 사례에서는 이 법칙이 얼마나 더 적용되겠냐는 것이다.

C. 회당

여기서 언급할 만한 가치가 있는 것으로 바울에게 미친 마지막 영향은 회당이다. 회당의 역사를 재구성하기는 어려우며, 그것의 물리적인 평면도와 설계는 오직 후대의 고고학적 유물들에서만 발견된다.[55] 이 정보로부터 우리는 회당이 "기도하기 위해, 토라를 읽기 위해, 그리고 공동체 사업을 수행하기 위해" 사용된 중요한 유대교 기관이라는 결론을 도출할 수 있다.[56] 그럼에도 불구하고 회당은 바울의 사역에서 중요한 기능을

---

55 다음을 보라. J. Gutmann, ed., *Ancient Synagogues: The State of Research* (Brown Judaic Studies 22; Chico, CA: Scholars Press, 1981); M. J. S. Chiat, *Handbook of Synagogue Architecture* (Brown Judaic Studies 29; Chico, CA: Scholars Press, 1982). 참조. A. Runesson, *The Origins of the Synagogue: A Socio-Historical Study* (Coniectanea Biblica: New Testament Series 37; Stockholm: Almqvist & Wiksell, 2001); B. Olsson and M. Zetterholm, eds., *The Ancient Synagogue: From Its Origins until 200 C.E.* (Coniectanea Biblica: New Testament Series 39; Stockholm: Almqvist & Wiksell, 2004).

56 H. A. McKay, *Sabbath and Synagogue: The Question of Sabbath Worship in Ancient Judaism* (Leiden: Brill, 1994), 5. 그녀는 회당의 실제적인 구성이 (일반적으로) 남자들의 모임 자

했는데, 적어도 사도행전에 따르면 그렇다.

바울의 선교 전략의 핵심 부분은 바울의 선교 여행에서 그가 방문한 도시들에 있는 유대교 회당의 존재를 십분 활용하는 것이었다.[57] 바울이 그의 서신에서 자신의 회당 설교를 언급하지 않은 것은 불행인데, 왜냐하면 만약 언급이 있었다면 그가 비시디아 안디옥에서 설교했을 때 사도행전에서 그가 말한 것으로 기록한 것과(예를 들어 행 13:16-41) 비교할 수 있기 때문이다. 이 누락은 다소 놀라운데, 특히 바울의 개인적인 배경과 관련하여 바울의 편지에 유대교적 언급이 많다는 점에 비춰봤을 때 그렇다. 그럼에도 불구하고 바울은 그의 편지에서, 예를 들어 로마서 1:16에서, 다음의 사실을 분명히 한다. 즉 그의 복음 사역은 첫째로 유대인들에게, 그다음에 헬라인들에게라는 것이다. 이런 진술은 그의 전체적인 선교 전략과 밀접한 관련이 있다.

다른 한편으로 그가 회당에서의 설교를 언급하지 않은 이유는 아마도 이 유대인 모임 장소에서 설교하지 않았기 때문이 아니라, 대부분 그의 설교를 짧은 시간 동안 행했거나 종종 설교가 재앙으로 끝났기 때문일 것이다. 심지어 비시디아 안디옥에서 이루어진 첫 번째 성공적인 설교 이후에도 그다음 주에 유대인들은 심각하게 바울을 반대했다(행 13:45). 이고니온(행 14:1-7), 데살로니가(행 17:1-9), 고린도(행 18:1-6)에서 가장 실망스러운 몇몇 에피소드가 발생했다. 실제로 회당에서 바울이

체를 의미한다는 것을 정확하게 지적한다. 바울의 경우에, 물론 그런 사람들이 참석했지만, 그 언급들은 물리적인 모임 장소를 말하는 것으로 보인다.

57   즉 히브리서가 적어도 바울이 유대 그리스도인들을 향해 설교한 예가 되지 않는 한 그렇다. 이 문제들에 관해 그들의 결론에 반드시 동의할 필요는 없다. 다음을 보라. A. W. Pitts and J. Walker, "The Authorship of Hebrews: A Further Development in the Luke-Paul Relationship," in *Paul and His Social Relations* (ed. S. E. Porter and C. D. Land; PAST 7; Leiden: Brill, 2013), 143-84.

의미 있는 성공을 거둔 예는 거의 없다. 결과적으로 바울이 회당에서 처음 설교한 것으로 사도행전에 기록된 도시들에 있는 교회에 편지를 쓸 때, 그는 사역의 생산성 있는 결과는 회당에서의 접촉과 직접적인 관계가 거의 없다고 생각했을지도 모른다. 그러나 바울은 이런 방식으로 도시에 들어가는 것을 좋아했으며, 적어도 거기서 예배를 드리는 유대인들과 관계를 이루었던 것으로 보인다.

4. 결론

바울의 사상에 대한 복합적 배경을 재구성하는 것은 쉬운 일이 아니다. 이런 논의의 역사는 자주 하나의 극단으로 갔다가 또 다른 극단으로 움직이며, 때로는 유대교적인 것을 희생시키면서 그리스-로마적인 영향을 강조하다가, 또 다른 경우에는 다른 극단으로 치우치기도 한다. 나는 유대교의 영향과 그리스-로마의 영향을 대립시키기보다 그리스-로마 세계가 수많은 요소 중 하나로 유대교를 포함하는 복잡한 환경이었다고 믿는다. 내 간략한 연구는 우리가 바울의 사상과 저술에 영향을 미친 그리스-로마 및 유대교적 요소들을 모두 확인할 수 있다는 것을 보여준다. 몇몇 해석자가 그리스-로마의 영향을 무시하면서 유대교 배경을 지나치게 강조하지만(또는 그와 반대로 하지만), 나는 바울의 저술과 그의 행동이 사도행전에서 보이는 것처럼 많은 부분에서 그리스-로마와의 비교점과 그 영향을 보여주고 있음을 제시했다. 이런 이해는 바울을 이방인을 위한 사도로서 이해하는 데 도움을 주며, 왜 바울이 많은 점에서 그와 같은 역할에 적합한 자격을 갖췄는지를 이해하는 데에도 도움을 준다.

추가 학습을 위한 자료

기본 자료

Engberg-Pedersen, T., ed. *Paul beyond the Judaism/Hellenism Divide*. Louisville: Westminster John Knox, 2011.

Glover, T. R. *Paul of Tarsus*. London: SCM, 1925.

Grabbe, L. L. *Judaism from Cyrus to Hadrian*. London: SCM, 1992.

Jobes, K. H., and M. Silva. *Invitation to the Septuagint*. 2nd ed. Grand Rapids: Baker, 2015.

Malherbe, A. J. *Paul and the Popular Philosophers*. Minneapolis: Fortress, 1989.

Millar, F. *The Roman Near East, 31 B.C.-A.D. 337*. Cambridge, MA: Harvard University Press, 1993.

Moyise, S. *Paul and Scripture*. London: SPCK, 2010.

Murphy, F. J. *Early Judaism: The Exile to the Time of Jesus*. Grand Rapids: Baker, 2002.

Nickelsburg, G. W. E. *Jewish Literature between the Bible and the Mishnah: A Historical and Literary Introduction*. 2nd ed. Minneapolis: Fortress, 2005.

Sanders, E. P. *Judaism: Practice and Belief, 63 B.C.E.-66 C.E.* London: SCM, 1992.

Starr, C. G. *A History of the Ancient World*. 3rd ed. New York: Oxford University Press, 1983.

Thompson, J. W. *Moral Formation according to Paul: The Context and Coherence of Pauline Ethics*. Grand Rapids: Baker, 2011.

VanderKam, J., and P. Flint. *The Meaning of the Dead Sea Scrolls: Their Significance for Understanding the Bible, Judaism, Jesus, and Christianity*. San Francisco: HarperSanFrancisco, 2002.

심화 자료

Collins, J. J. *Between Athens and Jerusalem: Jewish Identity in the Hellenistic Diaspora*. 2nd ed. Grand Rapids: Eerdmans, 2000.

Engberg-Pedersen, T., ed. *Paul in His Hellenistic Context*. Edinburgh: T&T Clark, 1994.

Goodman, M. *Judaism in the Roman World: Collected Essays*. Ancient Judaism and Early Christianity 66. Leiden: Brill, 2007.

Goppelt, L. *Typos: The Typological Interpretation of the Old Testament in the New.* Translated by D. H. Madvig. Grand Rapids: Eerdmans, 1982.

Gutmann, J., ed. *Ancient Synagogues: The State of Research.* Brown Judaic Studies 22. Chico, CA: Scholars Press, 1981.

Hengel, M. *The "Hellenization" of Judaea in the First Century after Christ.* Translated by J. Bowden. London: SCM, 1989.

————. *Judaism and Hellenism: Studies in Their Encounter in Palestine during the Early Hellenistic Period.* 2 vols. Translated by J. Bowden. Philadelphia: Fortress, 1974.

Longenecker, R. N. *Biblical Exegesis in the Apostolic Period.* 2nd ed. Grand Rapids: Eerdmans, 1999.

Marcos, N. F. *The Septuagint in Context: Introduction to the Greek Version of the Bible.* Translated by W. G. E. Watson. Leiden: Brill, 2000.

Paget, J. C. *Jews, Christians, and Jewish-Christians in Antiquity.* WUNT 251. Tübingen: Mohr-Siebeck, 2010.

Porter, S. E., ed. *Paul: Jew, Greek, and Roman.* PAST 5. Leiden: Brill, 2008.

Porter, S. E., and A. W. Pitts, eds. *Christian Origins and Greco-Roman Culture: Social and Literary Contexts for the New Testament.* ECHC 1/TENT 9. Leiden: Brill, 2013.

————. *Christian Origins and Hellenistic Judaism: Social and Literary Contexts for the New Testament.* ECHC 2/TENT 10. Leiden: Brill, 2013.

————. *The Language of the New Testament: Context, History, and Development.* ECHC 3/LBS 6. Leiden: Brill, 2013.

Rasimus, T., T. Engberg-Pedersen, and I. Dunderberg, eds. *Stoicism in Early Christianity.* Grand Rapids: Baker, 2010.

Stanley, C. D. *Paul and the Language of Scripture: Citation Technique in the Pauline Epistles and Contemporary Literature.* SNTSMS 74. Cambridge: Cambridge University Press, 1992.

Stowers, S. K. *The Diatribe and Paul's Letter to the Romans.* SBLDS 57. Chico, CA: Scholars Press, 1981.

제4장
___

**바울의 사상과
저작의
핵심 주제**

1. 서론

지금까지 바울의 신념들을 개괄하는 책을 쓰려는 많은 시도가 있었는데, 이는 흔히 바울 신학이라고 불렸다(이번 장의 끝에 있는 참고문헌을 보라). 어떤 점에서 이 장은 그와 같은 노력의 일환이다. 비록 분량이 다소 적고 색다른 형태로 제시되겠지만 말이다. 바울의 신학적 신념 즉 그의 주요 신학 개념들은 마치 그것들 모두가 동등한 중요성이 있는 것처럼 여겨졌고, 그래서 동등한 개념적 차원에서 논의되어왔다. 하지만 그런 방식은 바울의 서신에서 나타나는 그의 주된 신학적 신념들과는 맞지 않는다. 예를 들어 서신의 구조가 보여주듯이(5장 단락 1, 3을 보라), 바울의 자료는 고대 파피루스의 다양한 지면에서 드러나는 편지 형식으로 작성되었고, 이런 지면들은 바울이 형성한 주장들의 본질을 파악하는 데 도움을 준다. 즉 바울이 신학적으로 사고할 때, 그의 생각에서 기존의 파피루스 편지글에 나타난 것과 유사한 패턴을 볼 수 있다. 한편으로 바울은 수많은 본질적인 신념들을 간직했음에도, 정작 서신에서는 그것들을 정당화하는 데 많은 분량을 할애하지 않는다. 결과적으로 바울은 그의 신념과 관련된 아이디어를 다룰 때 이 개념들을 환기할 뿐, 그에 대해 어떤 논쟁도 하지 않는다. 다른 한편으로 바울이 기본적으로 가지고 있지는 않았으나 논의할 가치가 있다고 분명히 믿었던 많은 신념이 있다. 대부분 이것들은 성경의 증거로부터 확인되는 한 지향성과 발전의 측면에서 주로 바울적인 신념들이다. 그런 기본적인 신념들은 아마도 다수의 그리스도교 신자들이 견지하고 있었을 것이고, 그 신념 중 일부는 어떤 종류의 종교적 지향성을 가진 사람들이 간직했을 수도 있다. 그러나 바울은 좀 더 발전된 신념들에 대해 어느 정도의 분량을 할애하여 논쟁할 필요가 있다고 생각했던 것 같다.

이어지는 논의에서 이 신념들은 개념적이며 서로 구분되는 두 가지 중요한 범주로 나뉘어 다루어질 것이다. 이 구분은 바울 서신의 우발성 과 통일성의 문제를 논의하는 데 도움이 된다. 다시 말해 바울의 사상을 살펴볼 때 우리는 사실상 가끔 나오긴 하지만 저자의 공통 관심사들을 드러내는 그의 서신들로부터 보편적인 내용을 추론해나갈 것이다.[1] 이 작업의 한 부분으로서 나는 이 신념들의 기원이나 개념적 배경을 밝히려 고 시도할 것이다. 이번 장의 목적은 어떤 특정 영역을 깊이 탐구하거나 각각의 주제에 대한 자세한 분석을 제공하는 것이 아니다(각각의 특정 주 제와 관련한 논의는 논문에서 다룰 일이고 이런 차원의 논의는 이미 상당 부분 이루어졌다). 내 목표는 바울 서신에서 드러난 바울의 여러 신념에 대한 개요를 제시하는 것이다.

다수의 발전된 신념들은 그리스-로마적(또는 때때로 헬레니즘적) 사 상에서 기원한 것이거나 유대교 사상에서 비롯된 것들이다(앞장을 참조해 보라). 어떤 경우는 기원을 확정하기 어려운 것들도 있다. 이 신념들의 기 원을 파악하는 것은 그것들이 어떻게 이해되고 해석되는지와 깊은 관련 이 있겠으나, 대체로 바울은 해석자들이 그가 주장하는 것에 대해 최소 한의 기본적인 이해에 도달할 수 있도록 충분한 설명을 제공한다.[2]

---

1 바울 서신의 우발적인 측면에 대해서는 J. C. Beker, *Paul the Apostle: The Triumph of God in Life and Thought* (Philadelphia: Fortress, 1980), 23-36을 보라. 이것은 대부분의 바울 학자들이 따르는 특징이다.

2 바울 서신에 대한 내 기본적인 이해는 다음과 같다. 전통적인 견해대로 나는 열세 개 서 신의 저자를 바울로 여기며, 그 서신들을 바울 신학에 대한 일차 자료로 간주한다. 나 는 마치 바울 개인으로부터 동떨어진 채 이루어질 수 있는 연구가 있는 것처럼 진행되 어온 바울 서신에 대한 기존의 신학 논쟁에는 큰 관심이 없다. 따라서 나는 위작 서신 들이라는 전제에 기초하여 진정한 바울 신학을 논하는 것은 적절하다고 생각하지 않는 다. 이와 관련하여 다음을 보라. S. E. Porter, "Is There a Center to Paul's Theology? An Introduction to the Study of Paul and His Theology," in *Paul and His Theology* (ed. S. E. Porter; PAST 5; Leiden: Brill, 2006), 1-19, 특히. 14-16. 이 쟁점들과 관련하여 다음

2. 근본적인 신념들

바울의 신학적이고 설명적인 방법론은 다양한 상황 속에서 형성된 신학적인 근본 신념들의 의미를 적용하는 것으로 구성된다. 아래 내용은 바울의 근본적인 신념 중 가장 중요한 일부를 정리한 것이다.

A. 하나님

하나님이라는 개념은 적어도 한 사람의 신약 신학자에게 바울 사상의 중심으로 여겨졌다.[3] 바울과 그리스-로마 세계 및 헬레니즘적 사상 간의 밀접한 연결고리에도 불구하고, 앞서 살핀 바와 같이 바울은 구약성경이 말하는 하나님과 관련된 그의 유일신적 신념에 있어 결코 흔들림이 없다.[4] 그래서 그는 고린도전서 8:6에서 쉐마(신 6:4)를 그리스도인의 확증 용어로서 인용한다(바울의 언어는 70인역의 언어와 매우 유사하다). 바울의 인식 속에서 유대교의 하나님과 구약의 하나님 즉 아브라함의 하나님(롬 4:3 등)은 곧 신약의 하나님, 주 예수 그리스도의 아버지(고후 1:3)이자 새

의 글들도 보라. J. D. G. Dunn, "Prolegomena to a Theology of Paul," *NTS* 40 (1994): 407-32; H. Ridderbos, *Paul: An Outline of His Theology* (trans. J. R. D. Witt; Grand Rapids: Eerdmans, 1975 [1966]); Dunn, *The Theology of Paul the Apostle* (Grand Rapids: Eerdmans, 1998); Porter, ed., *Paul and His Theology*; F. J. Matera, *God's Saving Grace: A Pauline Theology* (Grand Rapids: Eerdmans, 2012).

3   L. L. Morris, *New Testament Theology* (Grand Rapids: Zondervan, 1986), 1장. 이 책은 이 장 전체에 걸쳐 활용되었다. 참조. N. Richardson, *Paul's Language about God* (JSNTSup 99; Sheffield: Sheffield Academic, 1994).

4   다음을 보라. L. W. Hurtado, *One God, One Lord: Early Christian Devotion and Ancient Jewish Monotheism* (London: SCM, 1988). Hurtado의 좀 더 발전된 논의는 다음을 보라. *Lord Jesus Christ: Devotion to Jesus in Earliest Christianity* (Grand Rapids: Eerdmans, 2003, 『주 예수 그리스도』, 새물결플러스 역간), 특히 29-53.

백성의 아버지시다(롬 9:6-9). 바울에게 있어 신약성경이 말하는 모든 중요한 구원 행위의 배후에 자리잡고 계신 분은 바로 하나님이다. 그리하여 하나님은 그리스도의 죽음(롬 5:8), 예정, 부르심, 의, 영화(롬 8:29-30)와 심판(롬 2:16)을 통해 인류를 향한 그분의 사랑을 확증하신다. 바울은 그의 서신에서 "하나님"(θεός)이라는 단어를 대략 550회 사용하는데, 이는 신약성경 전체 용례의 40퍼센트에 해당하는 수치다. 바울이 이 단어에 부여하는 모든 것을 일일이 구체화하기는 어려운데, 이는 이 단어가 하나님에 관한 바울 사상에 있어 유일한 지시어가 아니기 때문이다. 그럼에도 불구하고 이 통계는 바울에게 하나님에 대한 신념이 얼마나 근본적이었는지를 잘 보여준다.

B. 예수 그리스도

구약에는 메시아적 존재들[5] 혹은 특별한 신적인 목적을 위해 선택된 사람들이 다수 등장한다.[6] 다시 말해 구약에 유일 개념으로서의 메시아는 존재하지 않는다. 구약에서는 왕(삼상 16:6; 삼하 1:14), 제사장(출 30:30), 예언자(왕상 19:16), 그리고 심지어 페르시아의 왕인 고레스(사 45:1)조차 메시아적인 인물로 그려진다. 제2성전기에 바빌로니아 유배로부터의 귀환, 그리스 왕들의 지배—특별히 셀레우코스 왕조—와 하스몬의 반란, 그리고 이어지는 로마의 지배를 경험하는 가운데서 유대인들 사이에

---

5   R. Hess, "Images of the Messiah in the Old Testament," in *Images of Christ: Ancient and Modern* (ed. S. E. Porter, M. A. Hayes, and D. Tombs; RILP 2; Sheffield: Sheffield Academic, 1997), 22-33을 보라.

6   1세기의 유대교 상황에서의 묵시 사상과 메시아에 대한 논의는 다음을 참조하라. L. M. McDonald and S. E. Porter, *Early Christianity and Its Sacred Literature* (Peabody, MA: Hendrickson, 2000), 63-65.

서는 다양한 메시아적 기대가 싹트고 강화되어갔다. 이런 상황에서 예수 그리스도가 탄생했다. 이런 메시아적 기대에는 로마의 폭정으로부터 유대인들을 자유롭게 해줄 정치적 인물에 관한 것도 포함되었지만, 다른 사람들은 예언자적 인물을 좀 더 기대하고 있었다. 예수는 당시 존재했던 다양한 메시아적 기대를 충족시켜줄 것에 대해 여러 가지 방식으로 압력을 받았지만, 어떤 특정 집단의 요구도 만족시키지 않았다. 그럼에도 불구하고 그의 부활로 인해 기독교는 예수를 그리스도(메시아의 그리스어)로 혹은 하나님의 기름 부음을 받은 자로 받아들이게 되었다. 바울의 저작들은 "그리스도"라는 단어를 대략 380회 사용하는데, 이것은 이 단어가 신약성경에서 사용된 용례의 70퍼센트가 넘는다. 그중 압도적으로 많은 경우가 예수 자신의 이름과 함께 연결되어 나타난다(즉 처음에는 "예수", 나아가 예수 그리스도로). 성경학자들은 이 두 이름이 함께 사용될 때 바울의 관점이 무엇이었는가에 대해 질문하는데, 여기에는 크게 세 가지 선택이 있다.

어떤 학자들은 "그리스도"가 바울의 생각 속에서 예수의 정체에 대한 하나의 답으로 자리를 잡았고 결국 그것이 예수를 지칭하는 고유 명사가 되었다고 본다.[7] 다른 학자들은 바울이 "그리스도"라고 표현할 때 이것이 최소한 어떤 메시아적 의미를 지닌다고 말한다(칭호는 아닐지라도 최소한 경어로서).[8] 세 번째 그룹은 이 단어의 배열 순서가 그것의 의미를 결정한다고 주장한다. 즉 순서가 "그리스도 예수"일 때 메시아적 의미는

---

7   이는 N. Dahl이 제시한 의견으로 다음을 보라. "The Messiahship of Jesus in Paul," in *The Crucified Messiah* (Minneapolis: Augsburg, 1974), 37-47.

8   최근에 제안된 것으로서 다음을 보라. M. V. Novenson, "Can the Messiahship of Jesus Be Read off Paul's Grammar? Nils Dahl's Criteria 50 Years Later," *NTS* 56 (2010): 396-412. 참조. Novenson, *Christ among the Messiahs: Christ Language in Paul and Messiah Language in Ancient Judaism* (New York: Oxford University Press, 2012).

절정에 달하지만(롬 1:1의 경우처럼), 순서가 "예수 그리스도"인 경우에는 해당 단어가 그냥 이름으로 사용된다는 것이다. 광범위한 일반화에 기초해서 이 쟁점을 모든 경우와 관련지어 풀어내기는 어렵다. 다만 우리는 이렇게 말할 수 있을 것이다. 비록 바울이 "예수 그리스도"라는 표현을 사용할 때마다 강도 높은 신학적 주장을 하는 것은 아니라고 할지라도, 그는 예수가 하나님의 기름 부음을 받은 메시아이며, 이것이 예수의 죽음과 부활 및 승귀를 통해 입증되었음을 분명히 받아들였다고 말이다(빌 2:6-11; 고전 15:20-25). 이것은 바울의 신학적 신념에 있어 논쟁의 여지가 없는 토대 가운데 하나다.[9]

더 나아가 바울은 예수 그리스도를 묘사할 때 신적 행위와 신적 현존을 그에게 돌리기 위해 특정 용어들을 채택한다. 이는 바울이 예수를 하나님으로 혹은 하나님의 아들로 선언하는 데서 확인된다(롬 1:4). 바울이 예수를 신적 존재로 이해하는 것은 두 가지 면에서 분명하다. 첫째, 바울 서신의 많은 곳에서 예수 그리스도는 신성을 드러내는 분으로 묘사된다. 이런 본문 가운데 가장 의미심장한 것 중 하나가 빌립보서 2:6-11이다. 어떤 이들은 이 본문에서 그리스도와 아담을 동격으로 간주하려고 하지만, 이 본문의 강조점은 그리스도를 하나님과 동등한 존재임에도 불구하고 하나님과 동등함을 취하지 않은 분으로 드러내는 데 있다.[10] 이와 유사하게 골로새서 1:15-20은 창조와 같은 신적 특성 및 행위와 관련하여 그리스도를 묘사한다. 이 본문은 온 우주가 그리스도 안에서, 그

---

9 바울의 기독론에 대한 가장 철저한 연구는 다음을 보라. G. D. Fee, *Pauline Christology: An Exegetical-Theological Study* (Peabody, MA: Hendrickson, 2007, 『바울의 기독론: 목회적 감각의 해석학적-신학적 연구』, CLC 역간).

10 참조. M. Silva, *Philippians* (2nd ed.; BECNT; Grand Rapids: Baker, 2005), 98-112, 특히 109.

리스도를 통해, 그리스도를 위해 창조되었다고 말한다.[11] 이보다 더 명백한 두 본문이 있는데, 여기서 "하나님"과 "그리스도"는 명백하게 문법적으로 연결된다. 오랜 논쟁이 있는 부분이긴 하지만 첫 번째는 로마서 9:5이다. 이 절에 대한 이해는 이 본문에 등장하는 구두점 독법에 따라 달라진다. 이 구절은 두 개의 독립적인 진술의 조합인가("조상들도 그들의 것이요, 육신으로 하면 그리스도가 그들에게서 나셨다. 만물 위에 하나님이신 그분이 영원히 찬양을 받으시길 원하노라"), 아니면 하나의 진술인가?("조상들도 그들의 것이요, 육신으로 하면 그리스도가 그들에게서 나셨으니 그는 만물 위에 계셔서 영원히 찬양을 받으실 하나님이시라"; NRSV는 이 독법을 따른다) 머레이 해리스(Murray Harris)와 조지 캐러웨이(George Carraway)는 그들의 연구에서 이 본문에 대한 가장 적절한 이해는 그리스도가 영원히 찬양을 받으실 하나님으로 묘사되고 있는 것이라고 밝힌다(하나의 진술이라는 입장).[12] 비록 이것이 논란이 없는 진짜 바울 서신에서 이런 형태로 된 유일하게 명백한 부분이지만, 유대교의 신적 즉위식의 언어(예를 들어 시 2, 110편에서 발견할 수 있는)와 황제를 신의 아들로 간주했던 그리스-로마의 황제 숭배 언어에 비추어볼 때, 이 구절에서, 특별히 로마서와 같은 책에서, 바울이 그리스도를 하나님으로 묘사하고 있다는 것은 상당히 개연성이 있는 주장이다. 두 번째 구절인 디도서 2:13도 이와 유사한데, 여기서 바울은 "우리의 크신 하나님과 구주 예수 그리스도" 또는 "크신 하나

---

11   S. E. Fowl, *The Story of Christ in the Ethics of Paul: Analysis of the Function of the Hymnic Material in the Pauline Corpus* (JSNTSup 36; Sheffield: JSOT Press, 1990), 49-154을 보라. 반대의 주장은 다음과 같다. J. D. G. Dunn, *Christology in the Making: A New Testament Inquiry into the Origins of the Doctrine of the Incarnation* (2nd ed.; Grand Rapids: Eerdmans, 1989), 98-128(빌 2:6-11 관련)과 163-212(골 1:15-20 관련)을 참조하라.

12   G. Carraway, *Christ Is God over All: Romans 9:5 in the Context of Romans 9-11* (LNTS 489; London: Bloomsbury, 2013). 반대 주장은 다음과 같다. Fee, *Pauline Christology*, 272-77.

님과 우리의 구주"(NRSV는 후자를 각주로 제시한다)를 언급한다.[13]

바울이 예수를 신적 용어로 묘사하는 두 번째 방식은 구약 본문의 인용이다. 바울은 이를 통해 구약에서 하나님을 언급했던 표현을 예수 그리스도에 대입한다. 예를 들어 "주"(κύριος)라는 용어는 후대의 그리스어 구약성경 사본에서 하나님의 이름에 대한 번역어로 계속 사용되었는데,[14] 바울은 "예수는 주시다"(예. 롬 10:9; 고전 12:3)라고 선언한다. 이것은 예수의 신적 본성을 드러내는 고백으로서 초기 기독교 고백 가운데 하나로 자리 잡았다.[15] 그러나 바울은 자신의 서신에서 "주"라는 표현이 등장하는 구약 본문을 인용함으로써 이 표현을 예수 그리스도에게 대입하기도 한다. 예를 들어 바울은 로마서 10:13에서 예수 그리스도를 언급하며 다음과 같이 말한다. "누구든지 **주**의 이름을 부르는 자는 구원을 받으리라"(이것은 욜 2:32의 인용이며, 강조는 덧붙여진 것임). 로마서 14:11에서 바울은 아마도 그리스도를 지칭하는 것으로 보이는 주가 다음과 같이 말한다고 기록한다. "내가 살았노니 모든 무릎이 내게 꿇을 것이요, 모든 혀가 하나님께 자백하리라"(이것은 사 45:23의 인용이다). 게다가 바울은 고린도전서 1:31과 고린도후서 10:17에서 예레미야 9:24을 인용하면서 주 안에서의 자랑에 관해 말한다. 그리고 바울은 고린도전서 2:16에서 이사야 40:13을 인용하여 "누가 주의 마음을 알았는가?"라고 질문한

---

13 M. J. Harris, *Jesus as God: The New Testament Use of Theos in Reference to Jesus* (Grand Rapids: Baker, 1992), 143-72(롬 9:5 관련)과 173-85(딛 2:13 관련)을 보라. 참조. M. Hengel, *The Son of God* (trans. J. Bowden; London: SCM, 1976); repr. in *The Cross of the Son of God* (London: SCM, 1986), 특히 7-15.

14 J. A. Fitzmyer, "κύριος, etc.," in *Exegetical Dictionary of the New Testament* (3 vols.; ed. H. Balz and G. Schneider; Grand Rapids: Eerdmans, 1990-93), 2.328-30.

15 예를 들어 S. E. Porter, "Saints and Sinners: The Church in Paul's Letters," in *The Church, Then and Now* (ed. S. E. Porter and C. L. Westfall; Eugene, OR: Pickwick, 2013), 41-67, 특히 43-45을 보라.

후에 "우리가 그리스도의 마음을 가졌느니라"라고 답한다.[16] 따라서 비록 "예수 그리스도 = 하나님"이라는 등식이 바울 서신의 여러 곳에서 명백하게 나타나지는 않지만(비록 소수이지만), 바울의 이런 표현들을 볼 때 그가 예수를 하나님으로 생각했고, 이것이 그의 근본적인 전제 중 하나를 구성하고 있다는 것은 분명하다.

예수를 그리스도로 믿는 바울의 근본 신념은 "그리스도 안에"(in Christ)라는 표현을 통해 드러난다(여기에는 "그 안에" 또는 "주 안에"와 같은 구문들도 포함된다). 바울은 "그리스도 안에"라는 구문을 165회 언급함으로써 신자와 그리스도의 근본적인 관계를 설명한다. 그러나 바울이 정확히 이 관계를 어떻게 이해했는지를 확정하기는 어렵다. 왜냐하면 바울이 "그리스도 안에"라는 표현 속에 어떤 인격적인 존재의 의미를 담았는지가 명백히 드러나지는 않기 때문이다. 이와 관련하여 학자들은 다양한 가능성을 제시해왔다. 좀 오래되긴 했으나 여전히 영향력이 있는 두 입장은 이 표현을 다소 문자적인 것으로 이해하는 것이다. 예를 들어 독일 학자인 아돌프 다이스만은 "신비로운 연합"이라는 표현을 통해 "그리스도 안에"라는 바울의 표현은 그리스도의 사역의 결과인 그리스도와 신자의 영적인 연합을 의미한다고 주장한다. 다이스만의 강조점은 바울의 신념이 지니는 신비적 요소가 현대 사상계에서 종종 간과되었다는 데 있다.[17] 물론 이런 입장은 신자와 그리스도의 연합이라는 의미를 매력적으

---

16 다음을 보라. D. B. Capes, *Old Testament Yahweh Texts in Paul's Christology* (WUNT 2/47; Tübingen: Mohr-Siebeck, 1992), 특히 115-49; Capes, "YHWH Texts and Monotheism in Paul's Christology," in *Early Jewish and Christian Monotheism* (ed. L. T. Stuckenbruck and W. E. S. North; JSNTSup 263; London: T&T Clark, 2004), 120-37. 참조. L. Hurtado, "Lord," *DPL* 563-64; S. E. Porter, "Images of Christ in Paul's Letters," in *Images of Christ: Ancient and Modern* (ed. S. E. Porter, M. A. Hayes, and D. Tombs; RILP 2; Sheffield: Sheffield Academic, 1997), 95-112, 특히 101-5.

17 A. Deissmann, *St. Paul: A Study in Social and Religious History* (2nd ed.; trans. W. E.

로 강조한다는 점에서 의미가 있다. 하지만 그리스도가 신자 안에 있고 신자가 그리스도 안에 있다는 이런 상호적 언어 사용을 주목하여 살펴볼 때, 다이스만의 주장은 이 관계의 실질적인 기능과 관련하여 충분한 설명을 제시하지 못한다.

두 번째 입장은 지난 오십 년간 큰 영향력을 행사해온 것으로서 그리스도와 신자의 공동 연합을 강조하는 것이다. 여기서 말하는 연합은 그리스도가 신자 안에 거하는 일종의 물리적 연합에 가까운 개념이다.[18] 하지만 애석하게도 이 입장은 성경적 사고의 관점에서 부정확하게 평가된 "공동 인격"이라는 개념에 지나치게 의존한다는 측면에서 근본적인 결함을 지니고 있다. 한때 사람들은 신약과 구약이 공히 개인과 집단을 명백히 구분하지 않는다고 생각했고, 따라서 신자들과 그리스도 간에 공동적 연대가 존재한다고 보았다. 그러나 고대 이스라엘은 공동 책임(즉 개인이 공동체에 책임이 있다는 것)에 관한 믿음을 지녔음에도 불구하고 공동체에서 개개인을 구분하는 데 어려움이 없었다.[19]

바울이 "그리스도 안에" 있다고 할 때 그것이 무엇을 의미하는지에 대한 가장 타당해 보이는 설명은 그것이 그리스도의 영역, 능력, 통제 안에 들어가는 것을 의미한다는 것이다. 최근 이 주제에 관한 연구에서 콘스탄틴 캠벨(Constantine Campbell)은 전치사 "안에"(ἐν)를 공간적인 개념으로 이해하는 것이 널리 받아들여져 왔으나 단지 하나의 용례로 해당

Wilson; 1927; repr. New York: Harper, 1957), 297-99을 보라.

18   예. C. F. D. Moule, *The Phenomenon of the New Testament* (London: SCM, 1964), 29-42 을 보라.

19   이 주제와 관련해서는 S. E. Porter, "Two Myths: Corporate Personality and Language/ Mentality Determinism," *Scottish Journal of Theology* 43 (1990): 289-307, 특히 289-99 을 보라.

구문의 의미를 규정할 수는 없다는 데 동의한다.[20] 고린도전서 15:22과 갈라디아서 1:22에서 명확히 드러나듯이, "그리스도 안에" 있다는 것은 그리스도의 영향력 안에 속한다는 것을 의미한다. 특별히 이 부분은 바울이 아담적 실존의 영향 아래 있는 이 지상의 실재와 그리스도의 지배 아래 있는 구속적 실재 사이를 구분할 때 두드러진다. 이런 이해는 이 용어가 어떻게 그리스도인이라고 불리는 것이 무엇을 의미하는지와 사실상 동의어 관계가 되는지를 설명하는 데 도움을 주며(롬 16:7), 가능하고 중요한 의미에서(고전 1:2) 그리스도의 지배를 받는다는 것이 무엇을 의미하는지를 설명하는 데에도 도움을 준다.[21]

C. 성령

바울의 가르침에서 성령은 많은 학자가 인지하는 것보다 더 중요한 역할을 한다.[22] 아마도 학자들이 이를 간과한 것은 부분적으로 "spirit"으로

---

20   C. R. Campbell, *Paul and Union with Christ: An Exegetical and Theological Study* (Grand Rapids: Zondervan, 2012, 『바울이 본 그리스도와의 연합』, 새물결플러스 역간), 73, 198-99과 방법론 면에서 21-30도 보라. Campbell은 애초에 "그리스도 안에"라는 구문을 영역적인 의미와 관련지으며 전치사 "안에"(ἐν)가 좀 더 넓은 의미론의 범주를 가진다고 결론 내리는 것으로 보인다. 하지만 이 주제에 대한 그의 전반적인 논의는 의구심이 들게 하는데, 이는 그가 그리스도와의 연합을 전달하는 다른 구절들을 배제하고 두 구문 즉 "그리스도와 함께(σύν)"와 "그리스도를 통해(διά)"라는 구문들만을 포함하여 연구했기 때문이다. 다시 말해 그리스도와의 연합의 개념을 올바로 연구하기 위해서는 다만 몇 가지 전치사구문이 아니라 좀 더 넓은 범주의 표현들에 관한 연구가 이루어져야 할 것이다.

21   이런 영역적 해법을 지지하는 해석과 관련하여 S. E. Porter, *Idioms of the Greek New Testament* (2nd ed.; Biblical Languages: Greek 2; Sheffield: JSOT Press, 1994), 159을 보라. "그리스도 안에"와 관련된 쟁점에 대한 요약적 정리는 K. Grayston, *Dying, We Live: A New Enquiry into the Death of Christ in the New Testament* (London: Darton, Longman & Todd, 1990), 382-94을 보라.

22   성령에 대한 포괄적인 연구는 다음을 보라. G. D. Fee, *God's Empowering Presence: The*

번역되는 그리스어 단어(πνεῦμα)의 잠재적 모호성 때문일 것이다. 즉 이 그리스어 단어는 신약성경에서 성령뿐만 아니라 다른 영을 지칭할 때에도 사용되기 때문에, 어떤 문맥에서는 이 단어의 의미가 애매하다(예. 롬 1:9).[23] 예를 들어 바울이 빌립보서 1:27에서 "한 영"(one spirit, NIV)으로 든든히 서라고 말할 때, 이 영이 신적인 영을 말하는 것인지 아니면 인간의 영을 말하는 것인지를 파악하기가 어렵다. 로마서 8:9(참조. 롬 8:14)에서 하나님의 영과 그리스도의 영이 동의어로 사용된 것인지에 대한 의문도 있다. 물론 동의어로 이해하는 것이 자연스럽지만 말이다. 바울에게 성령은 예수 그리스도가 승천하신 이후 신자와의 소통을 위한 하나님의 매개체인데(롬 8:16, 26), 또한 성령은 하나님의 현존으로서 신자의 삶을 주관한다(롬 8:1-17).

삼위일체 교리는 신약성경이 기록된 지 오랜 후에야 형성되었지만, 학자들은 바울이 삼위 하나님 간의 관계에 관해 어떤 전제를 가졌는지에 대해 종종 질문을 제기했다. 바울 서신에는 정확히 같은 방식은 아니더라도 바울이 삼위 하나님에 대해 언급할 때 그것이 삼위 하나님이 동등한 기능을 한다는 그의 신념과 직결되는지와 관련되는 몇몇 구절이 있다.

Holy Spirit in the Letters of Paul (Peabody, MA: Hendrickson, 1994, 『성령: 하나님의 능력 주시는 임재 상, 하』, 새물결플러스 역간). 성령에 관한 전통적인 연구로서 다음도 참조하라. H. B. Swete, *The Holy Spirit in the New Testament: A Study of Primitive Christian Teaching* (London: Macmillan, 1920), 169-253; J. D. G. Dunn, *Baptism in the Holy Spirit: A Reexamination of the New Testament Teaching on the Gift of the Spirit in Relation to Pentecostalism Today* (Philadelphia: Westminster, 1970); C. F. D. Moule, *The Holy Spirit* (London: Mowbray, 1978), 특히 22-42; D. Ewert, *The Holy Spirit in the New Testament* (Kitchener, ON: Herald, 1983). 최근의 성령 연구로서 다음도 보라. A. C. Thiselton, *The Holy Spirit—In Biblical Teaching, through the Centuries, and Today*(Grand Rapids: Eerdmans, 2013), 특히 70-94.

23 영어에서는 성령([Holy] Spirit)과 영(spirit)을 구별하기가 쉽지만, 그리스어에서는 그렇지 않다. 이는 그리스어로는 대문자 표기가 되어 있지 않기 때문이다.

예를 들어 로마서 8:9에서 바울은 처음으로 성령을 독립적인 존재로 언급한 뒤, 이를 하나님의 영과 그리스도의 영으로 언급한다. 여기서 성령은 독립적인 존재로서 어떤 점에서는 하나님과 그리스도의 특사로 그려진다. 로마서 1:1-4에서 바울은 세 위격 하나님의 역할을 다시 언급한다. 이때 하나님은 복음의 창시자로, 아들은 복음 메시지의 주제로, 거룩의 영(이것이 성령이라고 가정한다면 말이다. 이는 주석가들 사이에서 여전히 논쟁 중이다)[24]은 그 아들을 능력 있는 하나님의 아들로 선언하는 분으로 그려진다. 고린도후서의 맺음말인 13:14에서 바울은 은혜를 비는 축도를 하는데, 이 본문은 주 예수 그리스도, 하나님, 성령의 각기 구분되면서도 평행적인 기능을 드러낸다. 우리는 이 본문에 나타난 것을 원형적-삼위일체론(proto-Trinitarian)이라고 부를 수도 있는데, 이는 이 구절들을 통해 바울이 간직했던 하나님, 예수 그리스도, 성령에 대한 초기 형태의 삼위일체론적 관계를 발견할 수 있다는 점에서 그렇다(참조. 골 3:16; 엡 5:19).[25]

D. 은혜

바울 서신에서 "은혜"라고 번역된 그리스어 단어는 명사형(χάρις)과 동

---

24 이에 대한 간단한 논의의 예로서 D. J. Moo, *The Epistle to the Romans* (NICNT; Grand Rapids: Eerdmans, 1996, 『NICNT 로마서』, 솔로몬 역간), 49-50을 보라.

25 다음을 보라. S. E. Porter, "Hermeneutics, Biblical Interpretation, and Theology: Hunch, Holy Spirit, or Hard Work?" in I. H. Marshall, *Beyond the Bible: Moving from Scripture to Theology* (Downers Grove, IL: InterVarsity, 2004), 97-127, 특히 122n59. 이 용어(proto-Trinitarian)와 접근은 다음의 학자에 의해 지지되고 채택된다. Fee, *Pauline Christology*, 63n98, 그는 이것을 정의하며 다음과 같이 말한다. "바울은 열성적인 유일신론자였음에도 이 본문들에서 성부, 성자, 성령을 언급하는데, 여기서 그는 유일신론을 상실하지 않으면서도 성부 안에서 성자와 성령의 온전한 정체성을 가리키는 방식으로 이 개념을 지정한다"(*Pauline Christology*, 269-70[롬 8:9-11 관련]; 591-92[고후 13:14 관련]). 그는 여기서 다른 예들도 인용한다.

사형(χαρίζομαι)으로 도합 백 번 정도 등장한다. 이 단어는 인류를 향한 하나님의 사랑과 값없는 호의를 지칭한다.[26] 은혜의 중요성은 로마서 1:5에 기술되는데, 여기서 은혜는 우리 주 예수 그리스도를 통해 받는 것으로 그려지며, 거의 구원 자체로 묘사된다. 에베소서 2:8(참조. 2:5)에 나오는 이 단어의 주목할 만한 용례는 바울이 이를 통해 드러내고자 했던 의미를 잘 포착한다. "너희는 은혜에 의하여 믿음으로 구원받았다"(어떤 이들은 이것을 초기 바울 해석자들의 변경으로 보기도 한다). 거의 지난 삼십오 년간 학자들은 바울의 사상에서 은혜가 갖는 중요성과 의미에 관해, 그리고 어떻게 그것이 고대 유대교 맥락에서 행위와 율법에 대한 바울의 사상 및 구원에 대한 그의 관점과 관련되는지에 대해 다양한 학문적 논의를 해왔다. 좀 더 최근의 논의는 헬레니즘 세계의 호혜 체계가 당대의 여러 비문과 파피루스를 통해 증명될 수 있다고 본다.[27] 그러나 바울의 독자들이 그리스-로마 배경에 얼마나 영향을 받았는지와, 바울이 "은혜"라는 말을 사용하면서 얼마나 많이 그런 호혜 체계를 염두에 두었는지에 대해 그리 설득력 있는 논증이 이루어진 것 같지는 않다. 앞으로 단락 3A에서 은혜에 관한 바울의 사상에 대해 다룰 때 좀 더 자세히 설명하겠지만, 바울에 관한 새 관점이라고 불리는 주장의 핵심 주제가 은혜와 행위의 관계라는 점은 주목해야 할 부분이다.[28]

바울 서신에서 바울은 인사말에 보통 "은혜와 평강"(χάρις καὶ

---

26   다음을 보라. J. Moffatt, *Grace in the New Testament* (London: Hodder & Stoughton, 1931).

27   J. R. Harrison, "Paul, Theologian of Electing Grace," in Porter, ed., *Paul and His Theology*, 77-108. 참조. Harrison, *Paul's Language of Grace in Its Graeco-Roman Context* (WUNT 172; Tübingen: Mohr-Siebeck, 2003); J. M. G. Barclay, *Paul and the Gift* (Grand Rapids: Eerdmans, 2015, 『바울과 선물』, 새물결플러스 역간).

28   J. M. G. Barclay, "Grace and the Transformation of Agency in Christ," in *Redefining*

εἰρήνη)이라는 구절을 포함한다. 이 구문은 헬레니즘 편지의 전형적인 인사말 형식을 어느 정도 벗어난 것으로 보이는데, 이는 이 구문이 이중적인 기원의 내용을 포함하고 있고, 비동사구에서 부정사보다는 명사형을 선호한다는 점에서 그렇다. 당대의 전형적인 파피루스 편지 문서에서는 단지 "인사하다"(χαίρειν, 바울이 사용하는 명사와 어원이 같은 부정사 형태)라고 나오지만, 바울은 이 단어의 형태를 바꾸고 여기에 "평강"이라는 단어를 더한다. 바울의 이런 용례는 우리가 다음과 같은 질문을 하도록 이끈다. 이런 독특한 인사말 배후에 있는 바울의 목적은 무엇인가? 우리는 이런 차이에 어떤 신학적 무게를 부여할 수 있는가? 어떤 학자들은 바울이 여기서 "평강"이라는 단어를 사용한 것을 유대교의 영향을 반영하는 것으로 설명한다(마치 "평강"이 히브리어 "샬롬"[shalom]의 번역인 것처럼 말이다). 그러나 이렇게 시작되는 유대교 편지에 대한 충분한 증거가 없기에, 이런 식의 해결책은 개연성이 낮다.[29] 필립 타이트(Philip Tite)는 "은혜와 평강"이라는 표현이 원래 바울 서신에서 기원한 것이 아니라 초기 기독교 예배의 상황에서 나온 전통적 구문이었을 것이라고 주장한다.[30] 즉 이 구문은 당시 그리스도인들에 의해 이미 형성되고 알려진, 일

First-Century Jewish and Christian Identities: Essays in Honor of Ed Parish Sanders (ed. F. E. Udoh, S. Heschel, M. Chancey, and G. Tatum; Christianity and Judaism in Antiquity Series 16; Notre Dame, IN: University of Notre Dame Press, 2008), 372-89의 논의를 보라. Barclay가 은혜와 행위에 관한 논쟁을 요약한 부분은 도움이 되지만, 해당 쟁점에 대해 E. P. Sanders와의 본질적인 동의—즉 구원은 은혜로 얻지만 행위로 그 속에 머물며 의롭게 된다는 내용—가 너무 두드러지는 측면이 있다. 이에 대해서는 아래의 단락 3B를 보라.

29   S. E. Porter, "Peace, Reconciliation," in DPL 695-99, 특히 699을 보라. 이 책 5장의 단락 3A도 보라.

30   P. L. Tite, "How to Begin, and Why? Diverse Functions of the Pauline Prescript within a Greco-Roman Context," in Paul and the Ancient Letter Form (ed. S. E. Porter and S. A. Adams; PAST 6; Leiden: Brill, 2010), 57-99, 특히 73-74.

종의 기독교화된 축복의 표현이었기에, 바울은 이것을 인사말에서 빈번하게 사용했다는 것이다. 이것은 흥미로운 생각이지만, 그렇게 주장하기에는 초기 기독교 편지 자료의 증거가 부족하다. 따라서 "은혜와 평강"이라는 인사말은 바울이 만들었다고 보는 것이 가장 적절한 것 같다. 앞에서 언급한 인사말의 차이점에 관해서는 충분히 거론할 가치가 있지만, 편지의 이 표현 자체에 지나치게 많은 의미를 부여해서는 안 된다. 왜냐하면 바울이 자신의 편지글에서 사용하는 시작 어구는 매우 정형화된 표현이기 때문이다. 그리스어 단어 χάρις("은혜")는 χάρισμα(고전 12:4-11)와 같은 파생어를 지니는데, χάρισμα는 때로 "카리스마"라고 음역되거나, "은혜로운 선물"로 번역되는 단어다. 바울에게 이 단어는 신적이거나 다른 측면—교회의 사역을 위해 성령이 주시는 특별한 것—에 있어 일종의 은혜로운 호의를 가리킨다.[31]

E. 믿음

전통적으로 학자들은 믿음에 대한 히브리어와 그리스어의 개념 사이에 뚜렷한 구분을 두고자 했다. 이를 통해 그들은 히브리어의 믿음 개념을 종교적인 것으로서 고상한 신념과 신뢰를 담고 있는 것으로 치켜세운 반면, 그리스어의 믿음 개념은 비종교적인 것으로서 설득과 관련된 좀 더 철학적이고 수사학적인 개념으로 치부했다.[32] 추가 연구에 비춰볼 때 그

---

31 이 단어는 때때로 실수로 "영적 은사"와 동일시된다. 영적 은사라는 개념은 바울이 "은혜로운 선물"을 "영적인" 것으로 언급하는, 롬 1:11과 같은 문맥에서 나타난다. H. Ong, "Is 'Spiritual Gift(s)' a Linguistically Fallacious Term? A Lexical Study of Χάρισμα, Πνευματικό, and Πνεῦμα," *Expository Times* 125.12 (2014): 583-92을 보라.

32 J. L. Kinneavy, *Greek Rhetorical Origins of Christian Faith* (New York: Oxford University Press, 1987)을 보라. 참조. R. Bultmann, "Πιστεύω, κτλ," *Theological Dictionary of the New*

와 같은 수많은 그리스어 대 히브리어 분리와 마찬가지로 이런 이분법적 구분은 오류가 있는 것으로 보인다.[33] 최근 연구를 통해 우리는 고전 그리스어의 초창기 종교적 용례 가운데 "믿음"(πιστ-)의 어근을 취하는 단어군에서 특히 동사형이 신에 대한 믿음을 가리키는 데 사용되었음을 발견한다. 히브리 성경의 번역본인 70인역에서 이와 동일한 의미가 발견되는데, 이는 헬레니즘적인 그리스어에서 더욱 발전되었다. 바울을 포함한 신약성경의 저자들은 이것을 일종의 기술적인 의미로서 사람이 하나님을 향한 신뢰나 믿음을 갖게 되는 적절한 지향성을 지칭하는 데 활용한다. 신약성경에서 "믿음"과 관련되는 단어들의 주요 형태로서 명사(πίστις), 동사(πιστεύω), 형용사(πιστός)는 225회 이상 바울 서신에서 등장하는데, 사실상 언제나 앞서 설명했던 의미로 나타난다. 그러나 바울의 저작인지에 대해 논쟁 중인 몇몇 서신, 특별히 목회 서신은 제외되는데, 여기서 이 명사는 믿음 자체보다는 "믿음의 내용"(예. 딛 1:2; 엡 4:5)을 지칭하는 데 사용된다. 어떤 학자들은 여기서 이 명사가 후자의 의미(믿음의 내용)를 지니며, 그것이 이 단어군의 의미가 이후에 발전 과정을 거쳐 변경된 것에 대한 하나의 지표라고 설명한다. 그들은 본래 행위로서의 믿음이 기독교가 교리적 발전 단계를 거치면서 형성된 믿음의 내용을 대표하는 언어가 되었다고 보며, 그렇기에 이런 믿음 개념의 용례가 이 편지들의 바울 저작권을 부정하게 만드는 근거가 된다고 주장한다.[34] 그러

Testament 6.217-19을 참조하라.

33   J. Barr, *The Semantics of Biblical Language* (Oxford: Oxford University Press, 1961), 특히 8-20을 보라. 여기서 Barr는 그리스어와 히브리어에 대한 이분법적 이해를 극렬히 비난하면서, 특별히 이런 이해가 일반적으로 두 언어의 사용자가 가지고 있는 사고 패턴에서의 차이를 상정하는 과정에서 생긴다고 본다.

34   D. R. Lindsay, "The Roots and Development of the πιστ-Word Group as Faith Terminology," *JSNT* 49 (1993): 103-18을 보라.

나 바울은 빌립보서 1:27에서도 이와 비슷하게 "믿음" 개념을 사용하는데, 이는 바울 저작권에 대한 논쟁이 없는 서신들(참조. 골 2:7)에서도 바울이 이 단어를 이런 방식으로(즉 믿음 자체가 아닌 믿음의 내용을 뜻하는 말로서) 활용할 수 있었다는 것을 보여준다(이런 의미는 동사의 의미론적 범주와 의미론적 전환 개념 내에서 설명이 가능하다).

최근 논쟁 중에서 가장 극심한 것 중 하나는 다음과 같다. 즉 바울 서신 안의 "예수 그리스도의/를 믿음"(πίστις τοῦ ’Ιησου Χριστοῦ; 예. 롬 3:22; 갈 2:16) 또는 이와 비슷한 구문에 대한 해석에서, 어떤 학자들은 이 믿음이 신자가 예수 그리스도를 향해 가지는 믿음을 가리킨다고(목적격 소유격으로 이해), 다른 학자들은 예수 그리스도의 믿음 또는 신실함을 의미한다고 본다(주격 소유격으로 이해).[35] 예수 그리스도의 신실함이나 이런 해석을 지지하는 주장들의 중요성을 부정하지는 않지만,[36] 나는 바울이

---

35 이와 관련된 가장 주목할 만한 논의로서 R. B. Hays, *The Faith of Jesus Christ: The Narrative Substructure of Galatians 3:1-4:11* (SBLDS 56; repr. Grand Rapids: Eerdmans, 2002 [1983], 『예수 그리스도의 믿음: 갈라디아서 3:1-4:11의 내러티브 하부구조』, 에클레시아북스 역간), 특히 141-55를 보라.

36 소위 주격 소유격 이해, 즉 "그리스도의 믿음/신실함"을 주장하는 학자들은 대략 다음과 같다. K. Barth, *The Epistle to the Romans* (trans. E. C. Hoskyns; Oxford: Oxford University Press, 1933), 41, 96; H. J. Hjungman, *Pistis: A Study of Its Presuppositions and Its Meaning in Pauline Use* (Lund: Gleerup, 1964), 38-40; R. N. Longenecker, *Paul, Apostle of Liberty* (New York: Harper & Row, 1964), 149-52; Longenecker, *Galatians* (WBC 41; Dallas: Word, 1990), 87-88; G. Howard, *Paul: Crisis in Galatia* (SNTSMS 35; Cambridge: Cambridge University Press, 1979), 57-58; F. J. Matera, *Galatians* (Sacra Pagina 9; Collegeville, MN: Liturgical, 1983), 93-94; D. A. Campbell, *The Rhetoric of Righteousness in Romans 3.21-26* (JSNTSup 65; Sheffield: Sheffield Academic, 1992), 58-69; Campbell, *The Quest for Paul's Gospel: A Suggested Strategy* (JSNTSup 274; London: T&T Clark, 2005), 191; Campbell, *The Deliverance of God: An Apocalyptic Rereading of Justification in Paul* (Grand Rapids: Eerdmans, 2009), 869-74; S. K. Stowers, *A Rereading of Romans: Justice, Jews, and Gentiles* (New Haven: Yale University Press, 1994), 201; L. T. Johnson, *Reading Romans: A Literary and Theological Commentary* (New York: Crossroad, 1997), 58-61; J. L. Martyn, *Galatians* (AB 33A; New Haven: Yale University Press,

이 표현을 통해 신자가 예수 그리스도에 대해 갖는 믿음 혹은 신념을 가리킨다고 생각한다.[37] 여기서 나타난 소유격 구조는 "~을 믿는다"는 의미를 지니는 그리스어 구문의 약칭인 것이 분명하다. 바울이 믿음에 관해 언급하는 동사 구문(롬 3:22)과 그의 일반적인 신학적 지향성과 같은 바울의 논증에 나타난 몇몇 요소의 의미는 이런 소유격 구문 이해를 통해 가장 잘 드러난다.[38] 최근의 한 논문에서 해당 소유격 구문을 목적격으로 이해하는 견해의 기저에 있는 언어학적 근거들이 상세하게 제시되었다. 앤드루 핏츠(Andrew Pitts)와 나는 다음의 요소들—의미의 모호성을

1997), 251, 263-75.

37   최근 많은 학자가 소위 주격 소유격 이해를 주장하고 있지만, 다른 학자들은 그 입장에 동의하지 않고 전통적인 목적격 소유격 이해("그리스도를 믿는 믿음")를 주장한다. 이런 전통적인 태도를 견지하는 다수의 학자 가운데 다음의 학자들이 포함된다. C. E. B. Cranfield, *A Critical and Exegetical Commentary on the Epistle to the Romans* (2 vols.; ICC; Edinburgh: T&T Clark, 1975-79), 1.203; H. D. Betz, *Galatians* (Hermeneia; Philadelphia: Fortress, 1979), 117-18; A. Hultgren, "*Pistis Christou* Formulation," *NovT* 22 (1980): 248-63; F. F. Bruce, *The Epistle to the Galatians* (NIGTC; Grand Rapids: Eerdmans, 1982), 138-39; J. D. G. Dunn, *Romans* (WBC 38A; Waco, TX: Word, 1988, WBC 성경주석 『로마서 상, 하』, 솔로몬 역간), 1.166-67; Dunn, *The Epistle to the Galatians* (BNTC; New York: Bloomsbury, 1993), 138-39; J. A. Fitzmyer, *Romans* (AB 33; New York: Doubleday, 1993), 345-46; R. A. Harrisville, "ΠΙΣΤΙΣ ΧΡΙΣΤΟΥ: Witness of the Fathers," *NovT* (1994): 233-41; D. J. Moo, *The Epistle to the Romans* (NICNT; Grand Rapids: Eerdmans, 1996), 224-25; T. Schreiner, *Romans* (BECNT; Grand Rapids: Baker, 1998), 181-86; R. B. Matlock, "Detheologizing the ΠΙΣΤΙΣ ΧΡΙΣΤΟΥ Debate: Cautionary Remarks from a Lexical Semantic Perspective," *NovT* 42 (2000): 1-23; R. Jewett, *Romans* (Hermeneia; Minneapolis: Fortress, 2007), 276-78.

38   최근 논쟁에 비추어 이루어진 이 쟁점들에 대한 요약으로서 논문 모음집인 다음을 보라. M. F. Bird and P. M. Sprinkle, eds., *The Faith of Jesus Christ: Exegetical, Biblical, and Theological Studies* (Peabody, MA: Hendrickson, 2009). J. D. G. Dunn, "Once More, ΠΙΣΤΙΣ ΧΡΙΣΤΟΥ," in *Pauline Theology*, vol. 4: *Looking Back, Pressing On* (ed. E. E. Johnson and D. M. Hay; Society of Biblical Literature Symposium 4; Atlanta: Scholars Press, 1997), 61-81도 보라. 이는 같은 책의 35-60에 있는 R. B. Hays, "ΠΙΣΤΙΣ and Pauline Christology: What Is at Stake?"에 대한 응답이다. 도움이 될 만한 다른 요약적 연구로서 M. C. Easter, "The Pistis Christou Debate: Main Arguments and Responses in Summary," *Currents in Biblical Research* 9 (2010): 33-47을 보라.

최소화하는 어휘 의미론의 역할, 그리스어 격체계의 (재)고려, 전치사와 "πίστις Χριστοῦ"의 조합이 주로 일어나는 경우들에 대한 심도 있는 분석—을 고려할 때, 이 소유격 구문이 그리스도를 대상으로 하는 믿음을 의미한다고 본다.[39] 다시 말해 이 소유격 구문이 어떤 행동에 대한 주어나 목적어가 언급되지 않은 상태로 제한된 기능을 담당하기 때문에("믿음"과 "그리스도" 둘 다 해당 본문의 구조 속에서 명사 형태다),[40] 이 구문은 단순히 그리스도로 제한되는 믿음을 지칭한다.

믿음과 관련된 이런 소수의 논의는 바울 서신 전반에 걸쳐 나타나는 핵심적인 바울의 신념들 대부분을—비록 전체는 아니더라도—다루는데, 그 이유는 그 논의들이 그리스도인의 삶에 관해 바울이 가졌던 견해의 기본 골격을 제시해주기 때문이다. 사실 바울은 그의 이런 신념들 자체에 대한 논증을 시도하지 않는다. 대신에 바울은 이것들을 그저 당연한 것으로 전제하고 자신의 독자들 역시 마찬가지일 것이라고 여기는 것 같다. 하지만 다른 것들과 비교할 때 상대적으로 적게 보이는 이런 신념들은 바울이 신학적 차원에서 전달하고자 했던 내용의 총체는 아니었다. 사실 이 믿음과 관련된 바울의 신념의 상당 부분은 그의 근본적인 신념들 안에서가 아니라 그의 발전된 신념들 사이에서 더 큰 중요성을 지닌다.

---

39   S. E. Porter and A. W. Pitts, "Πίστις with a Preposition and Genitive Modifier," in *The Faith of Jesus Christ: Exegetical, Biblical, and Theological Studies* (ed. M. F. Bird and P. M. Sprinkle; Peabody, MA: Hendrickson, 2009), 33–53.

40   Porter, *Idioms*, 92.

3. 발전된 신념들

이렇게 "발전된 신념들"이라는 부제를 달았다고 해서 이 신념들이 바울의 근본적인 신념들에 비해 덜 중요하거나 부차적인 것이라는 말은 아니다. 학자들은 종종 앞서 제시된 근본적인 신념들보다도 이런 발전된 신념들에 대한 연구에 집중해왔다. 그 이유는 적어도 이런 내용들이 바울 서신에서 상대적으로 많은 분량에 걸쳐 나타나고, 그런 만큼 이에 상응하여 이런 사안을 다루는 많은 글이 제시되었기 때문인 것 같다. 학자들은 이런 요소들이 바울 신념의 신학적 중심을 이루는 것인지에 관해 자주 논쟁하곤 한다. 최근 학계의 출판 동향을 살펴보면, 이 주제와 관련된 논의가 여러 차례 이루어졌다. 20세기 초 학자들은 일반적으로 바울 신학의 중심을 이루는 것이 무엇인지에 대해 논의했다. 그러나 최근 논의에서 학자들은 이런 신학적 중심과 관련된 쟁점 대신 개별 바울 서신이 지니는 우발적 속성에 강조점을 둔다. 이것은 바울이 지닌 신념의 중심 혹은 핵심을 구성하는 하나의—비록 복잡하지만—아이디어를 생각하는 것을 어렵게 만든다.[41] 아래에 나오는 신념들은 대부분 주목할 만한 가치가 있지만, 단 하나의 아이디어가 바울 사상의 중심에 자리한다고 보기는 어렵다고 말하는 것이 아마도 적절할 것이다. 그러나 이런 다수의 신념은 바울의 사상에서 매우 중요하다. 이후 제시되는 목록은 바울 서신에 나타난 발전된 신념들 전부를 포괄하는 것도 아니요, 그것에 대해 가능한 한 상세하게 이루어진 논의도 아님을 밝혀둔다.

---

41   바울 신학의 중심 아이디어에 대해서는 Porter, "Is There a Center to Paul's Theology?" 6-12을 보라.

A. 칭의

종교개혁가 마르틴 루터가 이신칭의를 복음의 핵심으로 간주했던 이래로 이 개념은 바울을 논하는 데 있어 가장 중요한 신학적 범주 가운데 하나로 자리 잡았다.[42] 이 장에서 내가 칭의와 관련된 조직신학적 거대담론을 논하려는 것은 아니다. 여기서 칭의에 대한 내 논의는 대부분 성경 자료 내에서, 그중에서도 특히 신약에 한정되어 이루어질 것이다.[43] 최근 일부 신약학자들이 칭의가 바울 서신 안에서 가지는 중심성에 대해 이의를 제기하지만(묵시적인 측면을 중심 개념으로 다루는 것을 포함하여, 아래의 몇몇 제안을 보라), 이는 바울의 사상과 그의 서신에서 여전히 중요한 개념이다.

구약성경과 그리스어 용례들에 기초해볼 때 성경에 나타난 칭의 언어는 전통적으로 법정이나 재판 용어로 한정된다. 여기서 인간은 의로운 재판관이신 하나님 앞에 선 죄인이며, 하나님은 그 죄인에게 판결을 내

---

42 예. 루터의 주석 서문에 등장하는 그의 선언의 내용을 보라. *A Commentary on St. Paul's Epistle to the Galatians* (ed. J. P. Fallowes; trans. E. Middleton; London: Harrison Trust, n.d.), xi-xvi. 신약에서의 칭의와 관련된 최근 논의는(단행본 규모에서) 다음을 참조하라. M. A. Seifrid, *Justification by Faith: The Origin and Development of a Central Pauline Theme* (NovTSup 68; Leiden: Brill, 1992); Seifrid, *Christ, Our Righteousness: Paul's Theology of Justification* (New Studies in Biblical Theology; Downers Grove, IL: InterVarsity, 2000); D. A Carson, P. T. O'Brien, and M. A. Seifrid, eds., *Justification and Variegated Nomism: A Fresh Appraisal of Paul and Second Temple Judaism* (2 vols.; WUNT 2/140; Tübingen: Mohr-Siebeck/Grand Rapids: Baker, 2001-4); G. P. Waters, *Justification and the New Perspectives on Paul: A Review and Response* (Philipsburg, NJ: P&R, 2004); N. T. Wright, *Justification: God's Plan and Paul's Vision* (Downers Grove, IL: InterVarsity, 2009).

43 이런 고려사항과 관련해서 다음을 보라. M. Husbands and D. J. Treier, eds., *Justification: What's at Stake in the Current Debates?* (Downers Grove, IL: InterVarsity, 2004). 여기서 가장 중요한 논문 중 하나는 D. A. Carson, "The Vindication of Imputation: On Fields of Discourse and Semantic Fields," 46-78이다.

리시는 분이다. 하나님의 정의라는 기준 앞에서 모든 인간은 죄인이며 불의한 존재다(롬 1:18). 바울에게 있어 율법 중심의 종교는 하나님이 요구하시는 의의 기준을 충족시킬 수 없다(갈 5:3-6). 예수 그리스도를 믿는 믿음을 통해(이 어구는 예수 그리스도의 십자가 죽음을 가리키는 축약된 형태의 구문이다), 인간은 하나님께 의롭다고 여김을 받을 수 있다.[44] 그러나 최근 몇몇 해석가는 이런 법정적 의미 대신에 종말론적 의미를 택하는데, 여기서 하나님의 의는 그분의 능력 및 주권과 동일하게 해석된다. 즉 이런 입장은 하나님께서 죄인들을 의롭게 하신다는 개념을 지나간 실패가 사라지고 채무가 말소되며 죄악이 제거되는 새 시대의 시작을 알리는 신적인 왕의 명령이 실현되는 것으로 이해한다(롬 1:17; 3:21, 여기서는 신적 계시나 현현의 언어가 사용된다). 하나님은 당신의 능력이 온 우주에 미쳐 마침내 그분의 주권이 온전히 실현되는 새로운 세상을 약속하신다(롬 3:24-25).[45]

이런 분석은 다음과 같은 몇 가지 질문을 불러일으킨다.[46] 첫째, 이런 종류의 의(또는 칭의; 이 두 단어는 그리스어 δικαιοσύνη와 그것의 동족어들을 지칭한다)는 하나님과의 새로운 차원의 관계가 시작되는 것을 의미하는가, 아니면 하나님과 이전에 가졌던 관계가 회복되는 것을 의미하

---

44 J. A. Ziesler, *The Meaning of Righteousness in Paul: A Linguistic and Theological Enquiry* (SNTSMS 20; Cambridge: Cambridge University Press, 1972)와 최근 연구 동향을 담은 Seifrid, *Justification by Faith*를 보라. M. T. Brauch, "Perspectives on 'God's Righteousness' in Recent German Discussion," in E. P. Sanders, *Paul and Palestinian Judaism* (Philadelphia: Fortress, 1977, 『바울과 팔레스타인 유대교』, 알맹e 역간), 523-42도 보라.

45 이런 입장을 지지하는 가장 잘 알려진 학자의 글은 다음과 같다. E. Käsemann, "'The Righteousness of God' in Paul," in *New Testament Questions of Today* (trans. W. J. Montague; Philadelphia: Fortress, 1969), 168-82. 아래의 단락 3F도 보라.

46 이 주제는 바울에 관한 새 관점의 논쟁과도 직접 관련된다. 이 주제와 관련된 논의는 아래 단락 3B를 보라.

는가? 둘째, 칭의는 언제—그것의 상태 또는 본질과 관련하여—신자의 삶 속에서 발생하는가? 전통적인 칭의 개념은 하나님과의 새로운 관계가 성립되는 것을 의미한다. 하지만 최근의 바울 연구와 이 개념에 대한 분석은 하나님의 언약 공동체인 이스라엘과 하나님의 관계에 입각하여 칭의 개념을 파악하려는 경향이 있다. 칭의와 관련된 다수의 표현이 구약 사상으로부터 온 것으로서 하나님의 의의 기준을 따를 것으로 기대되는 하나님의 백성의 삶과 관련된 것이라면, 칭의에 관한 사상은 하나님과 이전에 가졌던 관계의 회복을 염두에 두고 있을지도 모른다. 그러나 바울이 이 주제와 관련된 두 가지 핵심 서신인 갈라디아서와 로마서(그러나 고전 6:11; 빌 3:9을 참조하라)에 칭의 주제를 도입할 때, 그는 이것을 아브라함 이야기와 연결하여 설명한다. 그는 여기서 아브라함을 하나님을 믿어 의롭다 여김을 받은 자로 언급한다(창 15:6, 롬 4:3, 22과 갈 3:6에서 인용됨). 이런 내용들은 의의 실행이나 율법의 성취에 선행하여 이루어지는, 하나님과 인류 사이의 새로운 관계 성립을 제시해주는 것으로 보인다.

앞의 질문을 이렇게 해결한다 할지라도 우리는 칭의와 관련된 다수의 주요 쟁점들을 추가로 논의할 필요가 있다. 칭의가 언제 신자 안에서 이루어지는가에 대한 질문이 주요 논쟁점 가운데 하나다. 어떤 학자들은 바울이 칭의를 말할 때 각기 다른 그리스어 동사 시제를 사용한 것에 주목하며, 바울이 여기서 칭의를 과거, 현재, 미래의 시간적 개념으로 이해했음이 분명하다고 주장한다.[47] 하지만 신약 그리스어에서 동사 시제는

---

47 칭의를 특정한 그리스어 시제 형태들과 동일시하여 분석하는 이런 이해는 G. B. Caird, *New Testament Theology* (ed. L. D. Hurst; Oxford: Clarendon, 1994), 118에서 발견된다. 그 외에도 이런 입장에 선 다수의 학자가 있다.

본래 시간 자체의 의미를 전달하는 것으로 보이지 않기 때문에,[48] 이런 시제-시간의 동일화라는 주장은 적절치 않고 앞서 우리가 던진 질문의 대답이 되기 어렵다(이것은 칭의가 과거, 현재, 미래의 단계로 이루어지지 않는다고 말하는 것은 아니다. 다만 이 본문에 나타난 각기 다른 그리스어 동사 시제들을 통해 이런 단계적 칭의 사상을 형성할 수는 없다고 보는 것이다).

다음 쟁점은 칭의의 본질에 관한 것이다. 다시 말해 바울이 칭의를 말할 때 그는 칭의의 결과 곧 죄인이 지니게 되는 의의 상태가 어떠한 차원의 의라고 보는 것일까? 칭의를 법정적 관점에서 해석하는 학자들 사이에서는 "무죄 선고/면책" 개념과 "사면/용서" 개념 사이에서 하나의 선택이 이루어지곤 한다. 하지만 죄에 대한 바울의 시각에 비추어볼 때 칭의를 무죄 선고나 면책으로 이해하는 것은 적절치 않다. 왜냐하면 이 입장은 죄인을 이해할 때 죄에 대한 책임을 불러일으키는 일종의 위반 행동을 범하지 않았을 수도 있는 존재로 보기 때문이다. 바울은 무죄한 피고인은 하나도 없다고 선언한다(롬 4:5; 참조. 3:24). 그래서 사면의 용어가 바울의 이해에 더 잘 들어맞는데, 그것은 여기서 신적인 용서가 받을 자격이 없는 자들에게 제공되기 때문이다.[49]

그렇다면 용서란 무엇을 의미하는가? 이것은 조직신학의 범주에 좀 더 가까운 주제일 것이다. 19세기 초의 어떤 학자들은 "의는 어떻게든 칭의를 통해 죄인에게 전가된다"라고 말하는 것에는 일종의 "법적 허구"(legal fiction)의 낌새가 있다고 말한다. 여기서 죄인은 인간의 경험을 통해 그 개인이 계속하여 죄를 짓는다는 것이 충분히 잘 알려진 때 의롭

---

48 Porter, *Idioms*, 특히 20-45을 보라. 여기서 시간과 시제 형태에 관한 문제가 논의되었다.
49 W. Sanday and A. C. Headlam, *A Critical and Exegetical Commentary on the Epistle to the Romans* (5th ed.; ICC; Edinburgh: T&T Clark, 1902), 특히 30을 보라.

다고 여겨진다. 이런 측면은 신적인 판결로서 용서가 지니는 가치에 대해서도 의문을 가지게 할 수 있는데, 그 이유는 그런 판결 역시 실질적인 효과가 없는 것처럼 보이기 때문이다. 다른 학자들은 칭의를 선포되거나 전가된 의의 측면에서 이해한다. 여기서 의의 상태는 앞으로 올 세대에서 실제로 의롭게 될 것에 대한 기대와 관련된다. 이것은 사람이 종말까지 실제로 의롭게 될 수 없을지라도 하나님 앞에서는 마치 그것이 사실인 것처럼 취급된다는 견해다. 이런 견해는 의에 관한 하나님의 신적 판결의 문제를 피할 수 있을지는 모르나, 하나님이 여전히 의롭지 못한 자들을 의롭다고 여기시는 칭의의 내용을 어떤 시늉(pretending)과 같이 전락시켜버리는 문제를 해결하지 못한다.

최근 이루어진 논의에 비추어 어떤 학자들은 칭의를 관계적 의미를 주로 담고 있는 용어로 보는 것이 가장 적절한 해석이라고 제안한다.[50] 여기서 하나님은 인류와의 올바른 관계를 세우시는 분으로 그려지는데, 이를 통해 하나님과 인류 쌍방 간에 새로운 차원의 관계 형태가 형성된다. 그리하여 몇몇 학자는 "의롭게 하다"(justify) 대신에 "의롭다고 여겨지다"(rightwise)라는 고안된 단어를 사용하기를 선호한다.[51] 하나님은 인간의 회복과 갱신을 시작하셨는데, 그분의 목표는 인간이 온전히 의로운 삶과 더불어 의로우신 하나님과 영원한 생명을 누리는 것이다. 이런 경향은 아마도 종교개혁의 기치를 반영하는 것으로 보인다. 여기서 칭의는 바울 사상의 중심에 위치하며, 그리하여 이 칭의의 범주로 다른 주요 신

---

50   참조. A. C. Thiselton, *The Living Paul: An Introduction to the Apostle's Life and Thought* (Downers Grove, IL: InterVarsity, 2010, 『살아 있는 바울』, CLC 역간), 92-100. Thiselton도 칭의를 단순히 법적 상태보다는 넓은 개념으로서 회복된 관계의 개념으로 본다.

51   Thiselton, *Living Paul*, 92; Wright, *Justification*, 89.

학적 개념들을 흡수하거나 포함해야 한다. 나는 이런 구성이 칭의의 의미를 지나치게 확장하고 있다고 본다. 나는 하나님 앞에서 인류의 법적 상태에 대한 보다 좁은 문제를 다루는 개념으로 칭의를 보는 것이 좀 더 적절하다고 생각한다. 인간은 의로우신 하나님 앞에서 치료책이 필요한 범죄자의 위치에 있다. 이는 칭의 또는 하나님 앞에 죄인인 인류의 법적 상태를 고치는 것을 통해 해결될 수 있는데, 여기서 이루어지는 죄의 용서는 예수 그리스도의 희생적 죽음과 믿음을 통해 효력이 발생한다. 우리는 이것을 로마서 3:21-26에서 분명하게 확인할 수 있다. 여기서 칭의는 인간의 죄성에 대한 법적 해결책으로 나타난다. 이는 인류의 보편적인 죄성에 관해 서술한 로마서 1:18-3:20의 결론적인 언명이며, 믿음으로 의롭다 여김을 받은 아브라함의 예를 서술하는 로마서 4:1-25이 이를 뒷받침해준다.

B. 율법과 그리스도 안에서 이루어지는 하나님의 사역 간의 관계

율법과 구원의 관계는 아마도 최근의 바울 연구에서 가장 많이 논의된 주제일 것이다. 그 이유는 이 주제가 바울이 어떻게 자신의 유대교 배경을 특징화했는지를 이해하는 데 대한, 그리고 그의 서신들에서 그가 설명하고 대항했던 유대교의 본질을 이해하는 데 대한 함의를 지니고 있기 때문이다. 이 주제는 매우 광범위한 학문적 논의를 양산했기 때문에, 이 장은 다른 부분에 비해 좀 더 방대한 자료들로 채워질 것이다.

전통적인 이해이면서 여전히 가장 폭넓게 받아들여지는 견해(이 견해는 마르틴 루터로부터 유래했다고 하여 종종 "루터파"적 관점이라고 불린다)는 바울이 기독교를 믿음의 종교로 이해했지만 유대교는 행위의 종교로 간주했다는 것인데, 이 유대교에 속한 자들은 믿음이 아니라 율법을 지킴으로써 하나님과 올바른 관계를 맺고자 (바울이 볼 때 그릇되게) 시도했다는 것이다. 바울의 관점에서 이것은 불가능한 것이었고, 그래서 그는 유대교의 행위로 인한 의에 반대하여 예수 그리스도를 믿는 믿음을 강조했다는 것이다. 지난 삼십오 년 동안 많은 학자가 이런 전통적인 관점이 수정되어야 한다고 주장해왔는데, 특별히 갈라디아서와 로마서에서 바울이 반대하고 있는 내용에 관한 수정이 이루어져야 한다고 주장했다. 이것은 "바울에 관한 새 관점"으로 알려지게 되었다. 현재의 기준에서 이것은 전혀 새로운 것이 아니지만 말이다(사실 이것이 정확한 관점인지도 또 다른 의문점이다). 여기서 나는 간략한 논의를 통해 이 쟁점과 관련한 전체적인 개괄을 시도할 것이다. 이 과정에서 나는 왜 전통적인 관점이 비교적 최근의 "새" 관점보다 여전히 더 지지할 만한 타당한 입장인지에 대해 밝힐 것이다.

1977년에 E. P. 샌더스는 *Paul and Palestinian Judaism*(『바울과 팔레스타인 유대교』)이라는 책을 출판했는데, 그는 이 책에서의 논의를 1983년에 출판된 *Paul, the Law, and the Jewish People*을 통해 보충하고 확장했다.[52] 이 두 권의 책에서 샌더스는 1세기 유대교와 이에 대한 바울의 반응에 관해 재고해야 한다고 제안한다. 샌더스의 연구는 사실상 학자들이 당대

---

[52] E. P. Sanders, *Paul and Palestinian Judaism*과 *Paul, the Law, and the Jewish People* (Philadelphia: Fortress, 1983)을 보라. 앞서 몇몇 학자가 Sanders의 견해를 예견했는데, 여기에는 다음의 학자들이 포함된다. G. F. Moore, *Judaism in the First Centuries of the Christian Era* (2 vols.; repr. Peabody, MA: Hendrickson, 1997 [1927]); K. Stendahl, "The Apostle Paul and the Introspective Conscience of the West," *Harvard Theological Review* 56 (1963): 199-215; repr. in Stendahl, *Paul among Jews and Gentiles and Other Essays* (Philadelphia: Fortress, 1976), 78-96. 여기에는 Sanders의 스승인 W. D. Davies, *Paul and Rabbinic Judaism: A Comparison of Patterns of Belief* (4th ed.; Philadelphia: Fortress, 1980)도 포함된다. 은혜의 유대교와 행위의 바울을 주장함으로써 어떤 점에서는 Sanders보다 지나친 견해를 지닌 학자로서 C. Van Langingham, *Judgment and Justification in Early Judaism and the Apostle Paul* (Peabody, MA: Hendrickson, 2006)을 참조하라.

의 유대교와 이에 대한 그리스도인들의 반응에 대해 철저하게 재고하도록 만들었다. 다수의 학자가 그를 따랐는데, 그중 가장 잘 알려진 학자는 레이제넨(Heikki Räisänen), 던(James D. G. Dunn), 라이트(N. T. Wright)일 것이다.[53] 이들과 더불어 이후 이들을 따르게 된 많은 학자의 입장이 바울에 관한 새 관점으로 규정되어왔다. 앞에서 말한 네 학자의 입장이 지니는 몇 가지 특징을 살펴보고 그에 대한 반응을 살펴보기로 한다.[54]

레이제넨은 전통적인 관점이 정확히 바울이 생각했던 것이라고 주장한다. 즉 실제 바울은 유대교를 인간이 행위를 통해 구원을 성취하는

53　H. Räisänen, *Paul and the Law* (WUNT 29; Tübingen: Mohr-Siebeck, 1983; repr. Philadelphia: Fortress, 1986); and *Jesus, Paul, and Torah: Collected Essays* (trans. D. E. Orton; JSNTSup 43; Sheffield: JSOT Press, 1992); J. D. G. Dunn, "The New Perspective on Paul," *Bulletin of the John Rylands University Library* 65 (1983): 95-122; repr. in *Jesus, Paul, and the Law: Studies in Mark and Galatians* (London: SPCK, 1990), 183-206, 다른 논문들도 포함된다. *Romans* (WBC 38AB; Dallas: Word, 1988), 1.lxiii-lxxii; *The Theology of Paul's Letter to the Galatians* (New Testament Theology; Cambridge: Cambridge University Press, 1993), 특히 75-92; *Theology of Paul the Apostle*, 특히 338-40, 354-66; and *The New Perspective on Paul: Collected Essays* (WUNT 185; Tübingen: Mohr-Siebeck, 2005); N. T. Wright, *The Climax of the Covenant: Christ and the Law in Pauline Theology* (Edinburgh: T&T Clark, 1991); *What Saint Paul Really Said: Was Paul of Tarsus the Real Founder of Christianity?* (Grand Rapids: Eerdmans, 1997); *Paul: In Fresh Perspective* (Minneapolis: Fortress, 2005); *Paul and the Faithfulness of God* (2 vols.; Christian Origins and the Question of God 4; Minneapolis: Fortress, 2013).

54　몇몇 다른 학자가 이와 유사한 입장을 지지하는데, 그중에 다음의 학자가 있다. F. Watson, *Paul, Judaism and the Gentiles: A Sociological Approach* (SNTSMS 56; Cambridge: Cambridge University Press, 1986). 하지만 Watson의 견해는 변경되었거나, 혹은 적어도 사회적 위치로 인해 다음 책에서 수정되거나 확장되었다. F. Watson, *Paul, Judaism, and the Gentiles: Beyond the New Perspective* (Grand Rapids: Eerdmans, 2007), 특히 1-26; and P. Tomson, *Paul and the Jewish Law: Halakha in the Letters of the Apostle to the Gentiles* (Assen/Maastricht: Van Gorcum; Minneapolis: Fortress, 1990); Tomson, "*If This Be from Heaven...*": *Jesus and the New Testament Authors in Their Relationship to Judaism* (Sheffield: Sheffield Academic, 2001). 그들의 관점에 대해 편견을 가진 논의들에 관한 요약은 다음을 참조하라. M. Zetterholm, *Approaches to Paul: A Student's Guide to Recent Scholarship* (Minneapolis: Fortress, 2009).

종교로 이해했다는 것이다. 그러나 레이제넨은 바로 이 점에서 바울이 틀렸다고 주장하는데, 그 주된 이유는 바울이 사상 면에서 내적 일관성이 없기 때문이다. 예를 들어 바울은 율법이 유대인과 이방인에게 다르게 기능한다고 보면서도(롬 2:12), 동시에 모든 인간이 율법에 책임을 지게 된다고 말한다(롬 2:13-14). 바울은 때로 율법을 온전히 지키는 이방인이 존재한다고 여기는 것 같은데(롬 2:27), 이는 율법을 협소하게 이해할 때 가능한 것이며, 모든 인류를 율법의 위반자로 간주한 바울의 선언(롬 3:20)과 같은 부분에서는 적용되지 않는다. 때로 바울은 율법이 여전히 유효하다고 생각하는 것 같지만, 다른 경우에 바울은 율법의 기능을 이미 끝난 것으로 본다. 때로 바울은 죄가 율법에 의해 발생한다고 보지만(롬 7:7-11), 또 다른 경우에는 율법을 죄에 대한 하나님의 응답으로 간주한다(롬 5:20; 7:14). 레이제넨은 율법에 대한 바울의 이해가 지닌 복잡성과 긴장을 올바르게 드러냈다는 점에서 의미가 있고(바울이 유대교를 율법주의적으로 생각했다고 인정한 레이제넨의 언급도 옳은 것 같다), 그가 제시한 몇 가지 분석도 고려해볼 가치가 충분히 있다. 그러나 바울이 주장한 논증의 전체 문맥을 제대로 파악하지 못한 점과(예. 바울 사상에서 율법이 갖는 몇 가지 주된 기능의 구분) 바울 서신의 일부 구절(예. 롬 7장의 구절들)에 대한 의문의 여지가 있는 배열을 고려할 때, 레이제넨이 시도한 바울에 대한 재해석은 충분히 만족스럽지 않다.[55] 레이제넨의 입장은 최근 학자들로부터 그리 많은 지지를 받지 못한다.

샌더스는 좀 더 일관성 있는 해석 체계를 제시한다. 그는 "언약적 율

---

55 바울에게 있어서 율법에 대한 Räisänen의 해석과 관련해서는 J. A. D. Weima, "The Function of the Law in Relation to Sin: An Evaluation of the View of H. Räisänen," *NovT* 32 (1990): 219-35을 보라.

법주의"(covenantal nomism)[56]야말로 1세기 유대교 사상의 근간에 있는 근본적인 신학 개념을 가장 잘 드러낸다고 주장한다. 샌더스가 말하는 언약적 율법주의는 하나님의 계획 안에 있는 이스라엘의 신분이 하나님의 은혜로운 언약에 의해 결정된다는 것이고, 이것은 하나님의 은혜에 대한 응답으로서의 율법에 대한 순종을 수반한다는 것이다. 그렇기에 여기서 구원은 죄에 대한 엄격한 측정이나 평가가 아니라 어디까지나 오직 신적인 자비에 달려 있는 것이다. 의로운 유대인은 모든 계명을 지킬 수 있는 자가 아니라, 언약 공동체를 받아들이고 그 안에 남아 있는 자다. 따라서 구원은 하나님의 은혜와 그분을 믿는 믿음으로 이루어지며, 하나님과의 언약적 관계 안에 머무는 것은 행위를 통해 이루어진다. 샌더스가 주장하는 것은 바로 이것이 당시에 바울이 이해했을 유대교의 형태이며, 이는 행함에 의한 구원과 상관이 없다는 것이다. 샌더스에게 있어 바울이 구원을 예수 그리스도 안에 거하는 것으로 이해한 것을 제외하면, 그리스도인으로서 바울이 지닌 사상은 유대교 사상과 크게 다르지 않다. 샌더스에 따르면 바울에게 있어 유대교가 지닌 문제는 다만 그것이 기독교가 아니었다는 데 있다. 바울은 그리스도의 사역이 인간 존재를 근본적으로 변화시킨다는 전제로부터 출발하여(인간의 딜레마로부터 시작해서 해결책으로 나아가기보다) 인간의 악함이라는 문제로 거슬러 올라간다. 바울에게 있어 유대교의 문제점은 자신들만 누릴 수 있는 특권이 있다고 생각하는 것이었지만, 바울 자신은 동일한 은혜가 유대인과 이방인 모두에게 유효하다고 여겼다는 것이다.

---

56   Sanders는 "언약적 율법주의"를 "하나님의 계획 속에서 한 사람의 신분은 언약을 기초하여 세워지며, 언약은 죄에 대한 속죄의 도구를 제공함과 동시에 언약 안에 있는 사람의 적절한 반응으로서 계명에 대한 순종을 요구한다는 관점"(*Paul and Palestinian Judaism*, 75)이라고 정의한다.

던은 샌더스의 입장에서 시작하지만, 유대교의 율법에 대한 평가 면에서 샌더스가 충분히 나아가지 못했다고 본다.[57] 던의 주장에 따르면 유대인에게 율법은 일종의 정체성이자 경계 표식 또는 표찰 같은 것인데, 이것은 구별된 백성으로서 유대인의 민족적 정서의 일부로 형성되어 있었다. 특히 할례와 음식법과 안식일 준수는 유대인들에게 그들이 하나님께 선택받은 존재이며 율법과 언약을 통해 편애를 받는 존재라는 특권의식을 부여했다.[58] 예를 들어 로마서 2장과 갈라디아서 2장의 "율법의 행위"라는 표현은 일종의 경계 표식에 의존하는 유대인의 모습에 대한 언급으로 간주된다. 특히 갈라디아서 2장의 할례에 대한 언급이 그렇다. 이에 기초하여 던은 바울이 반대한 것은 유대인들이 율법을 자신들의 민족주의적 열심을 위한 경계 표식으로 사용한 것이었다고 주장한다. 이는 전통적인 종교개혁의 범주, 즉 바울이 사용하는 "율법의 행위"라는 표현이 율법을 준수함으로써 하나님의 호의를 얻고자 하는 인간의 노력이나 그런 효과에 대한 모종의 기대 같은 것을 담고 있었다는 견해와 다른 입장이다. 던은 바울이 이 표현에서 이런 식의 율법주의를 말하는 것이 아니라 "율법에 규정된 개개인의 의무를 언급함으로써 율법을 실행하는 자들을 율법을 지닌 백성, 언약의 백성, 유대교 국가의 일원으로 표시하는"[59] 유대교의 특징을 전달하고 있다고 이해한다. 즉 던은 유대인들이 하나님의 호의를 얻기 위해 율법을 고수했던 것이 아니라 하나님의 공동체의 구성원으로서 자신을 표시하기 위해 율법을 지키려 했다고 주장

---

57 Dunn, *New Perspective on Paul*, 15.

58 Dunn, *New Perspective on Paul*, 98-101. Dunn의 이런 입장은 이 쟁점과 관련된 지금까지의 글 중 가장 최근 논문인 다음의 글에서 확인된다. "A New Perspective on the New Perspective on Paul," *Early Christianity* 4 (2013): 157-82.

59 Dunn, *Jesus, Paul, and the Law*, 219-20. Dunn, *New Perspective on Paul*, 101도 참조하라.

한다.

"율법의 행위"에 대해 다른 학자들은 몇 가지 다른 의견을 제안한다.[60] 예를 들어 어떤 학자는 이 구절이 "율법이 이루는 행위"를 의미한다고 보고, 이를 통해 바울이 행위의 주체로서의 율법을 강조했다고 제안한다.[61] 하지만 로마서 3-4장에서 알 수 있듯이 바울에게 "율법의 행위"는 율법을 지키는 인간의 행위를 지칭한다. 또한 "율법의 행위"가 "율법주의"를 지칭한다고, 즉 유대 율법을 하나님께 뇌물을 드리기 위한 시도로 왜곡하는 것이라고 주장하는 이들도 있다.[62] 그러나 바울 서신의 몇몇 부분에서 "율법의 행위"는 "율법"과 동의어로 간주되며(갈 2:16, 21; 롬 3:20, 21, 28), 믿음과 대립하는 것으로 나타난다(롬 4:1-6). 따라서 율법의 행위는, 그것이 하나님과 올바른 관계에 의지하는 것은 아닐지라도, 그것 자체로 부정적으로 그려지고 있지는 않다. 이 외에도 다른 의견들이 제시되었는데, 이에 대해서는 재클린 드 루(Jacqueline de Roo)가 적절히 언급하고 비평했다.[63]

라이트는 샌더스와 던을 비롯하여 다른 학자들의 견해를 전반적으로 받아들이면서 특별히 "하나님의 의"라는 표현과 칭의 개념에 관심을 기울인다. 라이트는 법정의 은유를 활용하여 법관이 피고인에게 자신의 의를 남기거나, 이전하거나, 부여한다는 것은 터무니없는(nonsense) 개념

---

60   이 개념에 관한 유용한 분석들을 보려면 다음의 글들을 참조하라. Sanders, *Paul, the Law, and Jewish People*; R. K. Rapa, *The Meaning of "Works of the Law" in Galatians and Romans* (Studies in Biblical Literature 31; New York: Peter Lang, 2001), 특히 3-7, 15-51; J. C. R. de Roo, *"Works of the Law" at Qumran and in Paul* (NTM 13; Sheffield: Sheffield Phoenix, 2007), 특히 42-71.

61   L. Gaston, *Paul and the Torah* (Vancouver: University of British Columbia Press, 1987).

62   E. D. W. Burton, *A Critical and Exegetical Commentary on the Epistle to the Galatians* (ICC; Edinburgh: T&T Clark, 1921), 120; 참조. 443-60.

63   De Roo, *"Works of the Law,"* 42-71.

이라고 말한다. 다시 말해 그는 하나님이 허락하시는 의의 전가 개념을 수용하지 않는다.[64] 그는 의라는 것은 상대방과 교환하거나 누군가가 제공할 수 있는 종류의 실체가 아니기에, 의의 전가 사상은 범주적 오류라고 주장한다. 이런 관점이 라이트의 초기 저작들에서 분명히 나타나지만, 최근 연구에서 그는 칭의(와 더 나아가 "의")를 피고인에 대한 호의적인 선언으로서 일종의 **법률적인** 진술이라고 말한다.[65] 결국 "하나님의 의"는 하나님이 주시는 어떤 실체적인 전이가 아니라 그의 백성에 대한 "하나님의 언약적 신실성"을 의미한다.[66]

유대교, 바울, 율법과 관련하여 샌더스와 던 및 다른 학자들의 새로운 혹은 수정된 관점은 상당수의 지지층을 형성했다. 이것은 라이트가 새 관점 학자들의 아이디어들을 많은 독자에게 대중화시킨 것에 어느 정도 기인했는지도 모른다. 비록 새 관점의 입장이 아직 그 확실성을 입증했다고 보기는 어렵지만, 이들의 생각은 적어도 모든 성경 해석자들로 하여금 바울 해석의 주요 쟁점들에 대해 좀 더 민감해지고 바울 서신 가운데 있는 모종의 긴장 관계의 가능성을 인식하도록 만들었다. 하지만 샌더스와 던이 이 새 관점 논의의 근본적인 쟁점들에 관해 언제나 같은

---

64 Wright, *Climax of the Covenant*, 96-99. 이 주제와 관련하여 다음을 보라. B. Vickers, *Jesus' Blood and Righteousness: Paul's Theology of Imputation* (Wheaton, IL: Crossway, 2006).

65 Wright, *Justification*, 90-92. 이와 관련하여 다음의 글도 보라. Wright, "A New Perspective on Käsemann? Apocalyptic, Covenant, and the Righteousness of God," in *Studies in the Pauline Epistles: Essays in Honor of Douglas J. Moo* (ed. M. S. Harmon and J. E. Smith; Grand Rapids: Zondervan, 2014), 243-58. Wright는 여기서 Barr가 "변칙적 전체 전이"(illegitimate totality transfer)라고 부른 것(*Semantics of Biblical Language*, 218)에 관여하는 것으로 보이는데, 이는 전체 신학 구조를 대부분은 아니더라도 여러 차례에 걸쳐 이 간단한 구문을 사용하는 것으로 바꿈으로써 이루어진다.

66 Wright, *Paul and the Faithfulness of God*, 795-804을 보라. Wright의 책들은 좀 더 확장된 논평과 비평을 하기에는 너무 늦게 출판되었다.

견해를 보이는 것은 아니다. 예를 들어 던은 샌더스가 "율법의 행위"를 "율법"과 동의어로 여긴다고 비판하지만, 이 둘을 동등한 표현으로 간주하는 것은 정확히 바울이 하고자 했던 내용이었다.[67] 바울이 그의 서신의 여러 곳에서 "율법의 행위"와 "율법"을 동일시했기 때문에, 바울은 던이 말하는 것처럼 다만 제한적인 의미로 율법을 제시한 것이 아님을 알 수 있다(갈 2:16과 2:21; 3:31; 5:4을 비교; 그리고 롬 3:20a, 28과 3:20b, 21을 비교). "율법의 행위"는 그것의 기원, 본질, 기능에 있어서 모세 율법과 관계가 있다. 그래서 로마서 3:20-28에 나오는 것처럼 바울이 그것을 다루는 것으로 보이는데, 여기서 계명은 로마서 2:21-22에서 인용되는 것처럼 십계명으로부터 나타난 것으로 언급된다. 던이 주장하는 이런 특성화된 의미는 아브라함 이야기와 율법의 수여에 선행하는 아브라함의 "행위"에 관한 바울의 논의에 비춰볼 때 정당성을 찾기 어렵다. 이는 바울이 유대인의 "경계 표식"(율법의 행위)에 대해 말하고 있다고 주장하는 던의 해석에 의문을 갖게 한다.

그러나 우리는 바울에 관한 새 관점의 전반적인 측면과 관련하여 다른 근본적인 문제에 주의를 기울일 필요가 있다. 몇 가지 추가적인 비평 항목들을 제시할 수 있겠지만, 나는 여기서 가장 중요하다고 거론할 만한 부분을 요약하여 제시하고자 한다.[68] 첫째, 새 관점의 학자들이 유대

---

67 C. E. B. Cranfield, "'The Works of the Law' in the Epistle to the Romans," *JSNT* 43 (1991): 89-101; repr. in *On Romans and Other New Testament Essays* (Edinburgh: T&T Clark, 1998), 1-14을 보라. 여기서 Cranfield는 Dunn이 "율법의 행위"를 해석할 때 이것이 "율법 준수"를 가리킨다고 보지 않고 그가 주장하는 특정한 의미로 제시한 것은 매우 의문스럽다는 점을 보여준다.

68 새 관점에 대한 강도 높은 비판과 관련해서는 Seifrid, *Justification by Faith and Christ, Our Righteousness*에 덧붙여 특별히 S. Westerholm, *Perspectives Old and New: The "Lutheran" Paul and His Critics* (Grand Rapids: Eerdmans, 2004), 특히 261-445을 보라. 이것은 Westerholm의 *Israel's Law and the Church's Faith: Paul and His Recent Interpreters* (Grand

문헌의 증거들을 얼마나 정확히 해석했는가에 대한 의문이 있다. 샌더스와 그 추종자들은 유대 문헌 안에 나타난 종교적 신념의 패턴을 특성화하고자 시도했지만, 이 패턴은 다수의 해석자들로 하여금 선택적인 태도를 보이도록 몰아갔다. 예를 들어 배리 스미스(Barry Smith)는 고대 유대교 증거들에 관해 중도적이면서도 비교적 분리주의적이지 않게 접근하는데, 이를 통해 구약, 쿰란, 랍비 문서에서 공통으로 하나님을 의로운 재판관이면서 동시에 자비로운 분으로 묘사하고 있음을 드러낸다. 결론은 제시하지 않은 채로 말이다.[69] 예를 들어 구약의 증거 자체만 놓고 보면

Rapids: Eerdmans, 1988)에 대한 개정 증보판인데, 여기서 특히 105-97이 매우 유용하다. 새 관점에 대한 다양한 측면에서의 비판을 살펴보려면 다음의 글들을 참조하라. H. Hübner, *Law in Paul's Thought* (Edinburgh: T&T Clark, 1984); T. R. Schreiner, *The Law and Its Fulfillment: A Pauline Theology of Law* (Grand Rapids: Baker, 1993); F. Thielman, *Paul and the Law: A Contextual Approach* (Downers Grove, IL: InterVarsity, 1994); P. Stuhlmacher with D. Hagner, *Revisiting Paul's Doctrine of Justification: A Challenge to the New Perspective* (Downers Grove, IL: InterVarsity, 2001); Carson, O'Brien, and Seifrid, eds., *Justification and Variegated Nomism*; S. Kim, *Paul and the New Perspective: Second Thoughts on the Origins of Paul's Gospel* (Tübingen: Mohr-Siebeck; Grand Rapids: Eerdmans, 2002, 『바울 신학과 새관점』, 두란노 역간); S. J. Gathercole, *Where Is Boasting? Early Jewish Soteriology and Paul's Response in Romans 1-5* (Grand Rapids: Eerdmans, 2002); Waters, *Justification and the New Perspectives*; F. Watson, *Paul and the Hermeneutics of Faith* (New York: T&T Clark, 2004); B. D. Smith, *What Must I Do to Be Saved? Paul Parts Company with His Jewish Heritage* (NTM 17; Sheffield: Sheffield Phoenix, 2007). 여기서 Smith 는 하나님을 의로운 재판장이자 자비로운 분으로 그리는 유대교의 신인협력 구원론(synergistic soteriology)을 바울의 비신인협력 구원론(nonsynergistic soteriology)과 대조한다. P. M. Sprinkle, *Law and Life: The Interpretation of Leviticus 18:5 in Early Judaism and in Paul* (WUNT 2/241; Tübingen: Mohr-Siebeck, 2008); and Sprinkle, *Paul and Judaism Revisited: A Study of Divine and Human Agency in Salvation* (Downers Grove, IL: InterVarsity, 2013). 새 관점에 대한 전반적인 평가에 있어서 탁월한 논문들은 다음과 같다: M. A. Seifrid, "Blind Alleys in the Controversy over the Paul of History," *Tyndale Bulletin* 45.1 (1994): 73-95; and A. J. Hultgren, "Paul and the Law," in *The Blackwell Companion to Paul* (ed. S. Westerholm; West Sussex, UK: Wiley-Blackwell, 2011), 202-15.

69 B. D. Smith, *The Tension between God as Righteous Judge and as Merciful in Early Judaism* (Lanham, MD: University Press of America, 2005). 여기서 Smith는 세 자료(구약, 쿰란, 랍비 문서) 모두로부터 광범위한 예를 제시한다.

새 관점이 주장하는 것보다 더욱 행위 중심적인 측면이 많다. 구약의 많은 구절, 예컨대 레위기 18:3-5, 신명기 4:1, 5:33, 6:24-25, 8:1, 11:26-28과 같은 곳에서 하나님의 계명을 지키는 것은 생명과 동일시되고, 이에 대한 불순종은 정죄 및 죽음과 동일시된다. 드 루가 말했듯이 "샌더스는 1세기 유대교에서 '행위는 하나님의 언약 안에 머무르는 조건이지만, 그것은 그들에게 구원을 주지 못한다'는 그의 말로 인해 유명해졌다. 그렇지만 언약 안에 머무르는 것은 그들에게 있어 구원에 이르는 길이었고, 그렇기에 비록 그것이 하나님에 의해서만 가능한 일이라고 할지라도, 선한 행위가 여전히 구원을 위한 수단이 되었다."[70] 더구나 특히 샌더스가 인용하고 있는 랍비 문헌의 증거들은 이미 알려진 바와 같이 후대의 것이며(즉 기원후 2세기 혹은 그 이후), 그가 초기 전통이라고 주장하는 것들이 항상 설득력이 있는 것도 아니다. 게다가 랍비 문헌의 자료에서 행위를 언급하는 것으로 보이는 증거의 가치를 부정하기 위해 샌더스는 이런 언급들 안에는 그가 전제하는 언약적 맥락이 상정되어 있다고 주장한다. 예를 들어 한 학자는 믿음과 관련한 랍비 아키바의 중요 구문을 살핀 후에 다음과 같은 결론을 내린다. "미쉬나 *Aboth* 3:16-17을 주의 깊게 분석해볼 때 행위로 인한 의에 기초하는 1세기 랍비 구원론의 전통적 관점은 가짜 학문에 기초한 것—샌더스의 주장처럼—이 전혀 아니다."[71]

최근 학자들의 분석 역시 신약성경 시대와 대략 동시대로 보이는 다수의 문서에서 행위 지향적 체계가 명백하게 드러남을 주장하는데, 이 문서들에는 「솔로몬의 잠언」(예. 10:4), 「마카베오1서」 2:51-52 등

---

70   De Roo, "*Works of the Law*," 68. De Roo의 인용문은 Sanders, *Paul and Palestinian Judaism*, 543에서 가져왔다.

71   C. L. Quarles, "The Soteriology of R. Akiba and E. P. Sanders' *Paul and Palestinian Judaism*," *NTS* 42 (1996): 185-95 at 195.

이 속한다. "우리 선조들이 그들의 세대에 행했던 일들을 기억하라. 그러면 너희는 큰 영광과 영원한 이름을 얻을 것이다. 아브라함은 시험을 받을 때 신실함(믿음)을 지켜, 그것이 그의 의로움으로 인정되지 않았느냐?"(NRSV). 몇몇 쿰란 문서가 이와 비슷한 믿음에 관해 증명하는 것으로 보이는데, 「훈련 지침서」(*Manual of Discipline*, 예. 1QS 11.3, 12)와 같은 것들이 그렇다. 특별히 주목할 만한 것은 쿰란 문서인 *Miqsat Maaseh ha-Torah*(4QMMT)인데, 이 문서의 저작 시기는 신약성경보다 조금 앞선 것으로 보인다.[72] 이 문서는 "율법의 행위"(논란의 여지가 있는 4Q174의 해석을 제외하면, 성경 외 유대 문헌 중 다른 것과 병행하지 않는 구문)[73]가 의로 여겨질 것이라고 명백하게 말하는데, 여기서 아브라함을 언급할 때 창세기 15:6—아브라함의 믿음이 그가 의롭다고 여김을 받도록 했다고 로마서 4장과 갈라디아서 3장에서 말할 때 바울이 인용했던 바로 그 말씀—이 인용되는 것으로 보인다(비느하스와 관련되는 시 106:30-31은 인용 대상으로서의 가능성이 적은 것 같다). *Miqsat Maaseh ha-Torah*에는 이런 구절도 있다. "우리는 몇 가지 율법의 행위(works)에 관해 너희에게 기록한다.…너희와 너희 백성의 유익을 위해…그리고 이것은 너희에게 의로 여겨질 것인데, 왜냐하면 너희가 그 앞에서 옳고 선한 것을 행하고(doing) 있기 때문이다"(4Q398 2 II). 여기에 나타난 "행위"(works)라는 단어는 동사형인 "행함"(doing)의 동족어이며, 의롭게 여기는 것과 관련된 단어는

---

72   이 텍스트는 E. Qimron and J. Strugnell, *Qumran Cave 4*, vol. 5: *Miqsat Ma'ase ha-Torah* (Discoveries in the Judaean Desert 10; Oxford: Clarendon, 1994), 62–63으로 출판되었는데, R. Eisenman and M. Wise, *The Dead Sea Scrolls Uncovered* (Shaftesbury: Element, 1992), 200의 번역이 더 잘 된 것이기에 이를 여기서 인용했다. 이 흥미로운 쿰란 텍스트에 대한 논의는 다음을 보라. J. Kampen and M. J. Bernstein, eds., *Reading 4QMMT: New Perspectives on Qumran Law and History* (Society of Biblical Literature Symposium 2; Atlanta: Scholars Press, 1996).

73   De Roo, "*Works of the Law*," 4-25을 보라.

히브리어 마소라 사본의 창세기 15:6과 매우 유사하다. 그러므로 *Miqsat Maaseh ha-Torah*는 1세기경의 일부 유대인들이 행위를 의로 이끄는 것으로 이해했다는 점을 분명히 하는 것으로 보인다. 즉 이런 제의적이고 윤리적인 행동으로서의 행위가 그들의 구원에 있어서 일종의 도구 역할을 한다.[74] 따라서 바울은 이 유대교 분파를 올바로 이해했을 뿐 아니라 율법에 대한 자신의 논의를 뒷받침하기 위해 같은 구약 본문을 활용하면서도 정확히 반대의 결론을 내리고 있다. *Miqsat Maaseh ha-Torah*에서는 "율법의 행위"(성경만을 기준으로 하든지 성경과 그 외 다른 문헌을 기준으로 하든지)를 하는 것과 하나님 앞에 의롭다 여겨지는 것을 동일시하지만, 바울은 하나님 앞에 의롭게 되는 것이 "율법의 행위"와 분리되어 믿음으로 이루어지는 것이라고 말한다. 그러므로 유대교의 의에 대해 바울이 가졌던 관점에 대한 전통적인 이해는 명백히 그 정당성을 확보한다.

둘째, 바울 서신에 대한 새 관점의 해석에 관해 철저히 검토할 필요가 있다. 대체로 팔레스타인 유대교—디아스포라 유대교는 이와 달랐을 것이다—를 거론하는 샌더스와 그의 추종자들 외에도 새 관점의 골격에는 분명히 율법적 요소가 있으며, 샌더스와 던 그리고 다른 학자들이 인정하듯이 여기서 언약 안에 머무른다는 것은 행위에 기반을 두어 예견되는 것이다. 비록 샌더스와 다른 학자들이 규정하듯이 유대인들이 언약적 율법주의를 믿었다고 문헌 증거들이 말해준다고 할지라도(이것도 위에서

---

74   De Roo, "*Works of the Law*," 26-41. C. A. Evans, *Ancient Texts for New Testament Studies: A Guide to the Background Literature* (Peabody, MA: Hendrickson, 2005), 152-53과 참고문헌도 보라. 나는 새 관점 학자들이 자신들의 주장을 뒷받침하기 위해 이 쿰란 문서를 이용하려는 시도들을 발견하는데, 이는 그리 설득력이 있어 보이지 않는다. 이런 측면들은 다음의 글에서 제시된다. J. VanderKam and P. Flint, *The Meaning of the Dead Sea Scrolls: Their Significance for Understanding the Bible, Judaism, Jesus, and Christianity* (San Francisco: HarperSanFrancisco, 2002), 351-52과 각주.

말한 문헌 증거가 보여주는 것처럼 논쟁의 여지가 있다), 바울은 자비와 행위의 조합 같은 것을 염두에 두지 않았으며, 오직 은혜만을 염두에 둔 것으로 보인다(예. 갈 5:4; 롬 9:30-31; 11:20-21; 여기서는 행위가 아니라 믿음이 쟁점이다). 그렇기에 바울이 유대교를 언약적 율법주의와 같은 것으로 생각했다고 보기는 어려운데, 적어도 새 관점이 특징지은 형태로 생각하지는 않았다. 예를 들어 샌더스의 주장에 따르면 바울이 유대교를 반대한 이유는 그것이 기독교가 아니기 때문이었고, 바울은 구원이 예수 그리스도 안에 있다고 믿었으며 이 결론에서 다시 처음의 그 문제로 돌아갔다(해결책에서 난제로 돌아갔다는 것). 그러나 샌더스가 인정해야 할 것은 로마서 1-3장에서 바울은 난제로부터 시작하여 해결책을 제시하고 있다는 것이다.[75] 게다가 샌더스와 던의 사고 속에는 구원에 있어 구약 율법의 역할이 있지만, 이것은 바울이 율법의 역할을 범주적으로 배제했을 때 바울이 가졌던 관점과 같은 맥락으로 보이지 않는다(예. 롬 4:13-16). 바울에게 있어 그리스도인이 따라야 할 것은 구약의 율법이 아니라 사랑의 새 계명 혹은 그리스도의 사랑이다(갈 5:14, 22-23). 바울의 생각 안에서 이는 적어도 율법주의는 아닌 것으로 보이는데, 왜냐하면 바울은 여러 곳에서 믿음으로 하나님 앞에 옳게 되는 것에 관한 그의 관점과 율법을 통한 칭의 개념을 명백하게 대조하여 언급하기 때문이다.

더욱이 바울에게 있어 인간의 관계라는 것은 언약적이지 않은데, 적어도 사람들의 전체 공동체라는 측면에서 볼 때 그렇다. 바울이 이해하기로, 한 사람이 믿음에 기초하여 하나님 앞에 은혜롭게 서 있다는 것은 매우 인격적이고 개인적인 것이다(예. 롬 3:26, 28, 그리고 구체적으로는 아

---

75 이 용어와 관련해서는 F. Thielman, *From Plight to Solution: A Jewish Framework for Understanding Paul's View of the Law in Romans and Galatians* (NovTSup 61; Leiden: Brill, 1989); Wright, *Climax of the Covenant*, 258-62을 보라.

제1부 바울 전승

브라함의 경우가 그렇다). 이것은 유대교의 은혜적 요소를 부정하는 것이 아니라(이 유대교의 은혜적 요소는 최근 신학계에서 지나치게 강조되어온 측면이 있으나 완전히 부정할 수는 없다), 최소한 바울의 눈에 유대교는 은혜와 **더불어** 행위에 의존했던 체계로 특징지어질 수 있었다고 제안하는 것이다. 그렇지만 이것은 바울에게 충분하지 않은데, 왜냐하면 믿음을 통해 중재된 하나님의 은혜가 반드시 칭의를 이루는 유일한 기초를 구성해야 하기 때문이다(롬 4:13-16). 비록 선행(반드시 구약 율법을 지키는 것이 아니라 사랑의 새 계명과 그리스도의 법을 따르는 것)이 성령의 사역을 통해 은혜로부터 나오는 것이지만 말이다(롬 8:1-11; 갈 3:1-6).[76]

바울은 당시 유대교의 일부가—대부분은 아닐지라도—구원을 행위(구약 율법을 행하는 것)와 매우 밀접하게 연결된 것으로 믿었다는 점을 올바르게 생각했고, 구원이 오직 하나님의 은혜로 믿음을 통해 이루어지는 것임을 확증함으로써(롬 10:3) 이런 유대교의 생각을 확고히 거절했다. 결국 율법의 행위를 거부하는 바울 서신의 진술 및 그리스도의 죽음과 부활에 근거하여 칭의가 이루어진다는 바울의 주장은(예. 갈 2:21) 단순히 이스라엘에게 그들의 정체성과 자부심을 제공했던 표식에 대한 거절이 아니고(던이 강조하는 것처럼), 단순한 기독론적 언명도 아니며, 다만 인간의 행위를 통해 칭의를 확보하고자 하는 헛된 시도를 드러내는 말이다.[77]

---

76 M. Hooker, "Paul and 'Covenantal Nomism,'" in *Paul and Paulinism: Essays in Honour of C. K. Barrett* (ed. M. D. Hooker and S. G. Wilson; London: SPCK, 1982), 47-56을 보라. 참조. B. S. Rosner, *Paul and the Law: Keeping the Commandments of God* (Nottingham: Apollos, 2013).

77 이 신적이며 인간적인 중재자에 대한 주제는 율법 및 은혜의 쟁점과 관련하여(위의 내용을 참조하라) 계속해서 활발하게 논의되고 있다. 이와 관련해서는 J. M. G. Barclay and S. J. Gathercole, eds., *Divine and Human Agency in Paul and His Cultural Environment* (London: T&T Clark, 2006)에 수록된 다양한 논문과 K. B. Wells, *Grace and Agency in*

위의 논의에서 볼 수 있듯이 논쟁의 요점 중 하나는 바울의 저작에 나타난 "율법" 개념에 관한 것이다. 대부분의 논의에서 학자들은 바울이 "율법"(νόμος)으로 번역되는 그리스어 단어를 사용할 때 특별히 다른 것을 가리키지 않는 한 구약 율법을 의미하는 것이라고 가정하는 것 같다 (혹은 적어도 논의를 위해 가정하는 것으로 보인다). 내가 보기에 이것은 몇 가지 측면에서 분명히 잘못되었다. 첫 번째로 한 단어의 가능한 의미 중 하나의 특정한 의미를 해당 단어가 활용된 전체 영역을 지칭하는 것으로 잘못 사용했다. 두 번째로 사전적 의미 개념을 혼동하여 사전적 항목의 중심 의미를 파악하는 데 실패했다.[78] 그 결과 바울이 율법을 말할 때 그가 의미한 것이 구약 율법이라는 추정이 나오게 되었다. 하지만 이것은 추정되기보다는 증명되어야 한다. 율법 개념에 관한 바울의 사상을 정의하는 데 있어서의 어려움은—이는 전반적으로 위에서 언급한 잘못된 언어 분석으로 인해 생긴 것이다—현대 언어학 원리를 용어 분석에 적용함으로써 어느 정도 개선되어왔다(비록 이런 언어학적 접근은 신약학계에서 사실상 무시되고 있지만 말이다).[79] 위에서 언급한 대로 전통적인 접근은 "율법"이 어떤 특정한 것(종종 관사와 함께 나타나는 해당 명사에 기초하여) 혹

Paul and Second Temple Judaism: Interpreting the Transformation of the Heart (NovTSup 157; Leiden: Brill, 2015)를 보라.

78 나는 소위 "어휘 단의론"(lexical monosemy), 즉 각각의 어휘에는 중심이 되는 넓은 의미가 있고 이것이 문맥에 따라 조절되어 쓰인다고 보는 견해의 지지자다. 이와 관련해서는 S. E. Porter, "Greek Linguistics and Lexicography," in Understanding the Times: New Testament Studies in the 21st Century. Essays in Honor of D. A. Carson on the Occasion of His 65th Birthday (ed. A. J. Köstenberger and R. W. Yarbrough; Wheaton, IL: Crossway, 2011), 19-61, 특히 27-37을 보라.

79 M. Winger, By What Law? The Meaning of Νόμος in the Letters of Paul (SBLDS 128; Atlanta: Scholars Press, 1992)을 보라. 이 접근은 S. E. Porter, The Letter to the Romans: A Linguistic and Literary Commentary (NTM 37; Sheffield: Sheffield Phoenix, 2015)에서 활용되었다.

은 주로 한 가지 곧 구약 율법을 의미한다는 가정에서 출발했다.[80] 그리하여 여기서 바울이 언급하는 것은 유대교 율법이거나, 적어도 모세 율법과 같은 것의 한 부분이거나, 특별히 반드시 지켜져야 할 요구나 필수 사항으로서의 율법 내용으로 보통 이해되었다.

선호되는 접근은 우선 "율법"을 그리스어 본문의 언어 안에서의 의미 관계를 따라 정의하고, 그다음에 이 의미가 다양한 바울 서신의 문맥, 곧 세부적인 율법의 예를 드러내는 데 사용되는 문맥에서 어떻게 조정되는가를 살피는 것이다. νόμος(일반적으로 "율법"으로 번역된다)라는 그리스어 단어는 어떤 기준이나 안내, 또는 행위나 행동에 대한 조절 등을 의미한다. 그렇다면 이것은 다양한 자연적·인간적 법률을 나타내는 데 사용되었을 수 있다. 즉 자연법을 비롯하여 특정한 사회나 조직의 법 혹은 관습과 같은 것들 말이다. 바울은 많은 곳에서 이 단어(νόμος)를 유대교의 법이나 그것의 다양한 변형을 언급할 때 사용할 뿐만 아니라(예. 로마서와 갈라디아서) 사람 안에 있는 소위 "다른 법"(롬 7:23), 행위의 특정 원리(롬 2:14), 총칭적인 차원의 법(롬 4:15) 그리고 세상을 움직이게 하는 원리로 언급하기도 한다(롬 3:27; 8:2). 다시 말해 기준 혹은 지침으로서의 "법"(law)의 일반적인 의미만이 바울이 사용한 이 단일 용어가 가진 다양성을 설명해줄 수 있다. 이 용어의 이런 특정한 용법들은 그것의 일반적인 의미에 비추어볼 때 모두 이해할 만한 것이다.[81]

---

80   참조. Porter, *Idioms*, 103-14. 그리스어 관사와 관련된 확장된 연구에 대해서는 다음을 보라. R. D. Peters, *The Greek Article: A Functional Grammar of ὁ-Items in the Greek New Testament with Special Emphasis on the Greek Article* (LBS 9; Leiden: Brill, 2014).

81   어휘 단의론(lexical monosemy)은 이런 어휘-의미론적 체계를 제공해준다.

C. 화목

전통적으로는 칭의가 바울 신학의 중심으로 여겨졌으나 최근 해석자들은 이것 대신 화목을 바울 신학의 중심 사상으로 본다.[82] 칭의의 언어는 주요 바울 서신에서 자주 등장하지만, 화목(동사 καταλλάσσω와 명사 καταλλαγή)이나 평화(εἰρήνη)의 언어는 상대적으로 자주 등장하지 않는다. 칭의의 언어는 구약의 언어와 연결되지만, 화목의 언어는 거의 전적으로 헬레니즘 세계에 그 근원을 두고 있다. 화목의 언어는 일종의 협약 언어인데, 이는 하나님과 인류를 포함하여 서로 적대하던 자들이 적개심을 극복하고 평화로운 관계로 회복되는 것을 뜻한다. 바울에게 있어 이런 화목은 오직 그리스도의 사역을 통해서만 이루어질 수 있다.[83]

화목에 대한 바울의 사상을 이해하는 데 있어 중요한 네 개의 본문이 있다. 첫째, 고린도후서 5:18-21에서 바울은 하나님께서 그리스도를 통해 이루신 일을 선포한다. 어떤 학자들은 이 구절이 전통적인 자료에 의해 보충되었다고 생각하지만(이미 초기 교회에서 그것이 사용되고 있었다고 말하면서), 이것은 설득력이 부족한데 왜냐하면 특별히 화목 용어를 신학적으로 사용한 기존의 증거가 거의 없고, 바울이 여기서 이를 사용하는 방식의 선례도 없기 때문이다. 고린도후서 5:18-19에서 하나님은

82　예. R. P. Martin, *Reconciliation: A Study of Paul's Theology* (Atlanta: John Knox, 1981)를 보라. 그러나 바울이 그의 생각 속에 단 하나의 중심만을 가졌다고 가정한 상태에서 바울 신학의 중심을 찾으려고 시도하는 것은 방향이 잘못되었다고 생각한다. 앞서 말한 대로 나는 화목이 바울 신학의 중요한 개념이라는 점에 분명히 동의한다.

83　Porter, "Peace, Reconciliation," 695-99; Porter, *Καταλλάσσω in Ancient Greek Literature, with Reference to the Pauline Writings* (Estudios de Filología Neotestamentaria 5; Córdoba: Ediciones El Almendro, 1994), 특히 125-89; and C. Breytenbach, *Versöhnung: Eine Studie zur paulinischen Soteriologie* (Wissenschaftliche Monographien zum Alten und Neuen Testament 60; Neukirchen-Vluyn: Neukirchener, 1989)를 보라.

"그리스도를 통하여" 화목의 효력을 일으키는 분이시다. 그중 난해한 구문 즉 "하나님께서 그리스도를 통해 세상을 자기와 화목하도록 하셨다"고 번역될 수 있는 구문에서 능동태를 사용함으로써 바울은 공격을 받은 측(즉 하나님)이 먼저 화해를 시작한다고 말한 현존하는 저작의 첫 저자가 되었다. 그러므로 그리스도의 십자가 사역을 통해 "우리" 또는 "세상"과 자신을 화해시키는 분은 바로 하나님이시다.

이와 비슷한 사상이 로마서 5:8-11에서도 발견되는데, 여기서 바울은 칭의와 화목 개념 간의 명확한(비록 정의하기는 힘들지만) 관계를 확립한다(롬 5:1과 5:9-10의 평행 구절에 주목하라). 로마서 5:1과 10절에서 하나님과의 평화와 화목은 명백하게 동일시된다. 이는 일종의 객관적인 차원의 안녕을 의미하는데, 여기서 이전에는 분명 서로 적대자로 일컬어졌던 하나님과 인간 사이에 화목의 관계가 성립된다. 화목을 이루는 수단은 로마서 5장에서 강조되는데, 여기서 "우리 주 예수 그리스도를 통하여"(또는 비슷한 문구)가 세 번에 걸쳐 사용된다(롬 5:1, 11, 21; 참조. 5:10).

화목 언어는 골로새서 1:20-22에서도 발견된다(동사의 접두어 형태를 사용하여 두 번 나온다). 이 구절에 대한 이해는 골로새서 1:15-20의 소위 송영에 대한 해석과 관련되곤 한다(이 "송영"이 바울 서신 이전에 존재했던 것이라고 증명하기는 어렵다).[84] 골로새서 1:20과 22절에서 하나님과 그리스도는 화목의 개시자나 대리자로 명확히 나타난다. 이것은 하나님을

---

84 예. J. D. G. Dunn, *The Epistles to the Colossians and to Philemon* (NIGTC; Grand Rapids: Eerdmans, 1996), 83-87을 보라. Dunn은 이 송영이 골로새서 저작 시기에 앞서 행해졌던 찬양이라는 점에 동의하지만, 그런 예비적 자료가 정확히 이 "송영"의 내용을 구성한 것인지는 증명될 수 없음을 인정한다. 참조. J. T. Sanders, *The New Testament Christological Hymns: Their Historical Religious Background* (SNTSMS 15; Cambridge: Cambridge University Press, 1971), 75-87; M. E. Gordley, *The Colossian Hymn in Context: An Exegesis in Light of Jewish and Greco-Roman Hymnic and Epistolary Conventions* (WUNT 2/228; Tübingen: Mohr-Siebeck, 2007).

제4장 바울의 사상과 저작의 핵심 주제

219

화목의 유일한 개시자로 보는 것에서 그리스도를 화목의 공동 선동자로 인식하게 되는, 일종의 바울 사상의 전이를 보여준다. 그렇지만 이런 패턴은 골로새서 1장의 그리스도에 대한 묘사와 맥락을 같이한다. 화목과 관련된 다른 구절에서와 마찬가지로 골로새서 1장에서 화목의 대리자는 십자가 사역을 통해 화목을 이루신 그리스도이고(골 1:20, 22), 여기서 화목의 목표 역시 지상과 하늘의 모든 만물을 화목하게 하시는 그리스도 자신이다(화목의 성취가 지향하는 목표). 이런 우주적인 화목 개념은 중요한 논의를 불러일으켰는데, 왜냐하면 이것이 바울 서신의 다른 곳에서는 발견되지 않는 보편주의(universalism)에 대한 여지를 남기기 때문이다. 하지만 여기서 의미하는 바는 화목하게 하시는 하나님의 활동이 우주 전체를 아우르는 일반적인 원칙임을 드러내는 것으로 보인다.

바울 서신의 내용 가운데 화목과 관련된 주요 구절로서 네 번째이자 마지막 구절은 에베소서 2:14-17이다(참조. 엡 1:9-10). 골로새서 1장은 우주적 화목 개념을 도입하지만(전체 우주가 어떤 방식으로 화해했다는 생각), 에베소서 2장은 유대인과 이방인의 관계 안에서의 화목을 언급한다. 바울은 화목을 통해 유대인과 이방인이 "하나의 새 사람"이 되었다고 말하며, 둘 사이를 나누던 적개심의 벽이 무너졌다고 말한다.[85] 그러므로

---

85   이 벽은 이방인을 유대인 구역으로부터 분리시키는 예루살렘 성전의 벽을 지칭하는 것이 거의 분명하다. 이런 분리 규정을 지키지 않았을 때 받는 처벌은 죽음이었는데, 이에 관해 언급하는 비문들이 발견되었다. 누군가 기록하기를 "어떤 외국인도 성소를 둘러싼 울타리와 칸막이 안에 들어가지 않게 하라. 누구든지 그렇게 하면, 그것은 죽음이 그에게 닥치는 요인이 될 것이다." A. Deissmann, *Light from the Ancient East: The New Testament Illustrated by Recently Discovered Texts of the Graeco-Roman World* (trans. L. R. M. Strachan; 4th ed.; London: Hodder & Stoughton, 1927), 80(Deissmann의 번역)을 보라. 1871년에 예루살렘에서 C. S. Clermont-Ganneau가 처음 발견한 이 비문은 현재 이스탄불 고고학 박물관에 소장되어 있다(OGIS 598). 두 번째 비문은 현재 예루살렘의 록펠러 박물관에 소장되어 있다. Josephus, *Jewish War* 5.2; *Jewish Antiquities* 15.11.5; *Against Apion* 2.8; Philo, *On the Embassy to Gaius* 212도 보라.

화목은 인류를 결속시키고 그다음에 인류를 하나님과 화목하게 만든다. 바울은 그리스도가 이 화해의 대리자이자 하나님과 더불어 이 화해의 목표이고, 이 일이 그리스도의 십자가 사역을 통해 이루어진다고 말한다.

D. 성화/거룩함

바울은 성화 또는 거룩함을 묘사하기 위해 다양한 단어와 구절을 사용한다. 이 개념은 구원론적 상태와 윤리적이고 종말론적인 완벽함을 포함하는 것이기에 바울에게는 상당히 중요한 범주다.[86] 다시 말해 이 개념은 그리스도를 따르게 된 자들의 상태를 묘사하고, 그들에게 구원의 결과인 행위의 중요성을 지도하며, 더 나아가 그들의 영원한 운명과 관계되는 것으로서 기능한다. 바울은 그리스도를 따르는 자들이 거룩하고 순결하게 행하기를 바란다. 비록 그가 이생의 삶에서 완전함에 도달하는 것은 불가능함을 알고 있지만 말이다.[87]

바울의 많은 신학적 개념과 마찬가지로 성화는 바울 사상의 다른 범주들과 겹치는 측면이 있으며(예. 고전 6:11), 바울은 그의 서신에서 그것의 차이점과 유사점을 정의하는 데 관심을 기울인다. 두 가지 예가 바울의 이런 중첩적인 사고를 보여준다. 한편으로 데살로니가전서 3-4장에

---

86 S. E. Porter, "Holiness, Sanctification," *DPL* 397-402을 보라. 신학적 범주로서 거룩함에 대한 전통적인 입장과 관련해서는 D. S. Metz, *Studies in Biblical Holiness* (Kansas City: Beacon Hill, 1971), 특히 132-35을 참조하라.

87 바울의 성화—특별히 점진적 성화—에 관한 최근 논의로서 J. M. Howard, *Paul, the Community, and Progressive Sanctification: An Exploration into Community-Based Transformation within Pauline Theology* (Studies in Biblical Literature 90; New York: Peter Lang, 2007), 특히 11-40을 보라. K. E. Brower and A. Johnson, eds., *Holiness and Ecclesiology in the New Testament* (Grand Rapids: Eerdmans, 2007)에 수록된 다수의 논문도 보라.

서 성화는 칭의의 결과로 나타난다. 데살로니가전서 3장에서 편지의 본론 부분을 마치고 나서 바울은 데살로니가전서 4장에서 윤리적 가르침을 시작한다. 여기서 바울은 데살로니가 교인들을 향한 하나님의 뜻이 그들의 성화에 있다고 말하면서(살전 4:3, 7) 이를 순결함으로 정의하는데, 특히 하나의 예로 성적인 도덕성과 관련한 순결함을 언급한다.[88] 그러나 성화에 대한 바울의 논의를 윤리적 명령으로 제한하는 것은 이 개념을 바울의 신학적 사고 안에 가두는 것이다. 바울은 성화가 단순히 윤리적이거나 행위적인 순결함 이상의 것임을 분명히 한다. 다른 한편으로 로마서 6:19-23에서(편지의 본론 부분) 성화는 칭의와 중첩되지만, 그것과 동일시되지는 않는다. 이 경우에서 차이점은 성화가 윤리적 차원보다는 구원론적 차원을 더 갖는 것으로 보인다는 점이다. 로마서 1-8장에 나오는 바울의 신학적 주장의 문맥과 특별히 "성령 안에서의 삶"(롬 6-8장)이라는 주제의 문맥을 바탕으로 하는 로마서 6:19-23에서, 바울은 성화를 칭의의 목표로 말한다. 만약 칭의가 구원 경험에서의 시작점이라면, 성화는 영원한 생명이라는 전체적인 구원 과정의 마지막에 대한 기대뿐만 아니라 이 시작 부분도 포함하는 개념일 것이다.[89]

---

88 데살로니가전서의 논쟁을 다룬 글은 I. H. Marshall, *New Testament Theology: Many Witnesses, One Gospel* (Downers Grove, IL: InterVarsity, 2004), 143-44을 보라. 참조. T. R. Schreiner, *Paul, Apostle of God's Glory in Christ: A Pauline Theology* (Downers Grove, IL: InterVarsity, 2001), 219-22. 윤리적 입장에 강조점을 둔 연구로는 U. Schnelle, *Apostle Paul: His Life and Theology* (trans. M. E. Boring; Grand Rapids: Baker, 2005), 185-88; F. J. Matera, *New Testament Theology: Exploring Diversity and Unity* (Louisville: Westminster John Knox, 2007), 109-10을 보라.

89 이 논쟁의 발전에 대해서는 Porter, *Romans*, 63-178, 특히 140-42를 참조하라.

E. 구원

위에서 언급한 몇 가지 신학적 개념과 같이 바울 사상에서 구원 역시 바울이 지닌 다수의 주요 신념과 중첩된다.[90] 구원 개념을 담고 있는 단어들—"구원"(σωτηρία), "구원하다"(σῴζω), "구원자"(σωτήρ)를 포함하여—은 바울 서신에서 대략 예순 번 사용되는데, 인간에 관한 수많은 신적 행위를 언급할 때 사용된다.[91] 예를 들면 로마서 5:9-10에서 구원의 용어는 칭의 및 화목 개념 모두와 중첩되는 것으로 보인다.[92] 바울에게 구원은 죄와 죽음과 이 세대로부터 구출되는 것을 포함하며, 영원한 생명을 목표로 한다(롬 8:23-24). 그래서 구원 개념은 후원자로서의 "세속적인" 구원자 개념, 즉 우월한 자의 은혜에 의존하는 열등한 자를 보살피고 돌보는 일종의 인격적이고 도덕적인 의무를 진 자로서의 구원자 개념과 맥락을 같이한다.[93] 바울 서신의 몇몇 문맥에서 "구원"은 하나님의 구원 사역

---

90 Morris, *New Testament Theology*, 32-35을 보라.

91 칭의와 관련하여 어떤 학자들 사이에서는 그리스어 시제 형식에 기초하여 과거, 현재, 미래 개념으로 구원을 이해하는 경향이 있다. 이와 관련하여 Schreiner, *Paul, Apostle of God's Glory in Christ*, 225-26을 보라. 참조. Schreiner, *New Testament Theology: Magnifying God in Christ* (Grand Rapids: Baker, 2008), 362-63. 위에서 언급한 대로 구원은 그런 시간적 차원을 가질 수 있지만, 단지 그리스어 시제 형식에 기초하여 이런 내용이 세워지면 안 되고, 종종 간과되거나 고려 대상에서 제외되곤 하는 좀 더 넓은 문맥적 논증을 통해 이루어져야 한다.

92 어떤 학자들은 구원의 종말론적 개념을 포함하기 위해 그것의 확장된 형식일지라도 구원을 칭의와 핵심적인 면에서 겹치는 개념으로 상정한다. 예. Dunn, *Theology of Paul the Apostle*, 317-532을 보라.

93 이제는 고전적인 연구가 된 신약성경과 관련한 후원 및 그것의 언어적 연구를 살펴보려면 F. W. Danker, *Benefactor: Epigraphic Study of a Graeco-Roman and New Testament Semantic Field* (St. Louis: Clayton, 1982)를 보라. 그러나 후원과 관련한 주제는 일부 신약 연구에서 다소 과장되게 다루어진 측면이 있다. 이와 관련하여 B. W. Winter, *Seek the Welfare of the City: Christians as Benefactors and Citizens* (Grand Rapids: Eerdmans, 1994)를 보라.

의 범위까지 미치는 포괄적인 용어로 쓰인다. 예를 들어 빌립보서 2:12에서 바울은 "구원을 두렵고 떨림으로 이루라"고 말한다. 에베소서 2:5, 8절에서 구원은 이런 과정을 통해 인류가 하나님과 올바른 관계를 갖게 된다는 묘사의 극치다. 마지막 중요한 예로 로마서 1:16-17은 로마서 전체에 걸친 주제를 제공해준다. 이 언급에서 구원은 다음의 세 가지 방식으로 정의된다. (1) 시작되는 사건으로서의 칭의로, 다른 문맥(롬 3-4장)에서는 죄와 죽음으로부터의 구출 개념으로서의 구원과 일치한다. (2) 지속적인 사건으로서의 화목으로, 호혜자로서의 하나님과 대응한다(롬 5장). (3) 마지막으로, 영원을 준비하는 삶으로서의 성화로 정의된다(롬 6-8장).[94]

F. 하나님의 승리

최근 학자들은 바울을 묵시적 사상가로서 강조한다.[95] 이것은 바울이 우

---

94 Porter, *Romans*, 86-178을 보라.
95 바울에 대한 이런 입장의 발전 역사를 관찰하려면 다음의 글들을 보라. A. Schweitzer, *The Mysticism of Paul the Apostle* (trans. W. Montgomery; London: A&C Black, 1931), 특히 52-100; G. Vos, *The Pauline Eschatology* (Princeton: Princeton University Press, 1930; repr. Grand Rapids: Baker, 1979); Käsemann, "Righteousness of God"; A. T. Lincoln, *Paradise Now and Not Yet: Studies in the Role of the Heavenly Dimension in Paul's Thought with Special Reference to His Eschatology* (SNTSMS 43; Cambridge: Cambridge University Press, 1981); J. C. Beker, *Paul the Apostle; Paul's Apocalyptic Gospel: The Coming Triumph of God* (Philadelphia: Fortress, 1982); L. J. Kreitzer, *Jesus and God in Paul's Eschatology* (JSNTSup 19; Sheffield: JSOT Press, 1987); M. C. de Boer, *The Defeat of Death: Apocalyptic Eschatology in 1 Corinthians 15 and Romans 5* (JSNTSup 22; Sheffield: JSOT Press, 1988); B. Witherington III, *Jesus, Paul and the End of the World* (Downers Grove, IL: InterVarsity, 1992); J. L. Martyn, *Theological Issues in the Letters of Paul* (Studies of the New Testament and Its World; Edinburgh: T&T Clark, 1997), 특히 part 2; D. A. Campbell, *The Deliverance of God: An Apocalyptic Rereading of Justification in Paul* (Grand Rapids: Eerdmans, 2009); and B. R. Gaventa, ed., *Apocalyptic Paul: Cosmos and Anthropos*

주적·보편적·결정적인 영향을 가져올 마지막 시대의 어떤 특정한 사건, 곧 우주적인 심판과 같은 것을 기대했음을 의미하는데, 여기서 이 모든 것은 그리스도의 죽음, 부활, 재림의 결과로서 일어난 것으로 간주된다. 이런 생각은 많은 점에서 당시 유대교의 묵시적 사상과 맥락을 같이하며, 이스라엘 및 열방과 맺은 하나님의 언약적 약속에 대한 그분의 변호로 특징지어진다(이 논의에서 가장 중요한 본문 가운데 하나인 롬 9-11장을 보라).[96] 이것은 보편주의의 형태를 암시하는데, 여기서 우주적인 구원은 복음을 듣고 순종과 믿음으로 반응한 자들을 위한 것으로, 바울을 통해 하나의 소망으로 지속되었다. 그러나 바울은 당대의 많은 유대인처럼 이원론적 사상가가 아니었다. 즉 바울은 이 시대와 오는 시대 사이를 엄격하게 분리하지 않았고, 오히려 두 시대 사이의 연속성을 보았다(롬 8:29-30). 따라서 하나님의 승리에 관한 바울의 시각은 자신의 종말론적인 관점을 담고 있다.[97] 이런 현재 시대와 아직 오지 않은 시대 사이의 연속성 안에서 바울은 교회가 이 두 시대 사이, 그리스도의 초림과 재림 사이, 그리고 생명과 죽음의 능력 사이의 긴장 속에서 살고 있다고 이해한다. 바울에게 있어 이 시대의 마지막은 임박했는데, 이 촉박함은 그리스도의 재림이 바울 자신의 생전에 이루어지지 않을 수도 있다는 현실로

---

in Romans 5-8 (Waco, TX: Baylor University Press, 2013). 바울을 말할 때 묵시적 언어 이해에 대한 비판과 관련해서는 R. B. Matlock, *Unveiling the Apocalyptic Paul: Paul's Interpreters and the Rhetoric of Criticism* (JSNTSup 127; Sheffield: Sheffield Academic, 1996)을 보라.

96   E. E. Johnson, *The Function of Apocalyptic and Wisdom Traditions in Romans 9-11* (SBLDS 109; Atlanta: Scholars Press, 1989)을 보라.

97   앞서 인용된 몇 가지 연구 외에 바울의 종말론과 관련한 구체적인 연구에 대해서는 다음을 보라. C. M. Pate, *The End of the Age Has Come: The Theology of Paul* (Grand Rapids: Zondervan, 1995); J. Plevnik, *Paul and the Parousia: An Exegetical and Theological Investigation* (Peabody, MA: Hendrickson, 1997).

인해 점차 완화된다. 데살로니가전서 안에서도 지체되지 않고 이루어질 임박한 재림에 대한 바울의 묘사는(살전 1:9-10; 4:13-5:8을 보라) 그가 이 재림의 사건(살전 4:17)이 일어날 때 남아 있는 자들과 함께할 수도, 함께 하지 못할 수도 있는 자신의 현실로 인해 완화된다. 로마서를 기록할 때 (예. 롬 1:17-18) 바울은 "의"와 "징벌"을 묵시적 용어로 간주하여, 아직 나타나거나 실현되지 않은 것에 대한 소망 안에서 그리스도의 재림을 기 대하는 것과 관련하여 이 용어들을 사용한다. 빌립보서를 기록할 때에도 (예. 빌 1:21-24; 2:17) 바울은 그리스도의 재림 이전에 자신이 죽게 될 가 능성을 전적으로 수용한다. 따라서 바울의 이런 묵시적 기대는 이방인을 향한 그의 선교 활동의 현실 안에서 충분히 수용된다.

G. 복음

바울이 말하는 복음은 몇 가지 다른 방식으로 해석될 수 있다. 한편으로 복음은 하나님과 인류의 관계에 대해 바울이 간직하고 있었던 모든 것 을 적절히 포괄하는 개념으로 이해될 수 있다.[98] 다른 한편으로 좀 더 특 화된 의미에서 복음은 특별한 종류의 좋은 소식을 내포하는 개념이다. 바울은 "복음" 또는 "좋은 소식"으로 자주 번역되는 이 용어를 명사형 (εὐαγγέλιον)과 동사형(εὐαγγελίζομαι)으로 약 여든 번 사용한다. 그러나 바 울이 지상의 예수에 관해 얼마나 알고 있었는가에 대한 지속적인 논쟁이

---

[98] 이 방식은 예를 들어 다음의 글에서 채택하는—칭의와 참여 개념을 포함하여—방식 이다. J. D. G. Dunn, "The Gospel according to St. Paul," in *The Blackwell Companion to Paul* (ed. S. Westerholm; West Sussex, UK: Wiley-Blackwell, 2011), 139-53. 참조. D. A. Campbell, *The Quest for Paul's Gospel: A Suggested Strategy* (JSNTSup 274; London: T&T Clark, 2005).

있는데, 왜냐하면 바울은 예수의 지상에서의 삶의 내용을 많이 인용하지 않기 때문이다(1장 단락 9를 보라).[99] 이 논쟁이 중요한 이유는 복음이 결국 예수의 삶과 사역에 관한 것이기 때문이다. 바울은 신약의 다른 저자들, 특별히 복음서 저자들(특히 마태와 누가)과 더불어 예수의 십자가 사역이 인류와 하나님의 관계에서 전환점을 이루었다는 인식을 공유한다.

이 관점과 함께 바울은 좋은 소식에 대한 이 용어를 적어도 세 가지 방식으로 사용한다.[100] 첫째로, 바울은 복음이라는 용어를 세속적인 의미에서의 좋은 소식과는 반대되는 차원의 좋은 소식을 가리키는 데 사용한다. 바울이 사용하는 것과 똑같은 그리스어 용어가 중요한 세속적 사건을 언급할 때 종종 사용되는데, 예컨대 황제의 아들이 태어나거나 황제의 생일을 축하할 때 사용된다(예. 기원전 9년에 아우구스투스 황제의 생일을 기념하여 세워진 소위 프리에네[Priene] 비문). 바울의 사고 속에서 적지 않은 아이러니가 있었던 것으로 보이는데, 예를 들어 바울이 로마 제국의 수도에 있는 교회에 쓴 서신에서 자신을 그리스도 예수의 종으로, 사도로, 그리고 하나님의 좋은 소식을 위해 구별된 자로 언급했을 때(황제나 다른 인간의 좋은 소식이 아니라; 롬 1:16-17) 이런 아이러니가 발견된다.

---

99   R. Bultmann, *New Testament Theology* (trans. K. Grobel; 2 vols.; New York: Scribners, 1951-55), 1.292의 주장처럼 고전 2:2(참조. 고후 5:16)에 기초하여 바울이 예수에 관해 전혀 알지 못했다고 말하는 것은 매우 모호한 주장이다. 예수에 대해 바울이 처음 가졌을 지식과 관련된 논의를 살펴보려면 S. E. Porter, *When Paul Met Jesus: How an Idea Got Lost in History* (Cambridge: Cambridge University Press, 2016), 특히 122-77을 보라.

100 참조. D. E. Aune, *Jesus, Gospel Tradition and Paul in the Context of Jewish and Greco-Roman Antiquity: Collected Essays II* (WUNT 303; Tübingen: Mohr-Siebeck, 2013), 3-24. Aune의 이 글은 다음과 같이 먼저 출판되었다. "The Meaning of Εὐαγγέλιον in the *Inscriptiones* of the Canonical Gospels," in *A Teacher for All Generations: Essays in Honor of James D. VanderKam* (ed. E. F. Mason, K. Coblentz Bautch, A. K. Harkins, and D. A. Machiela; vol. 2; Journal for the Study of Judaism Supplement 153; Leiden: Brill, 2012), 857-82.

바울에게 있어 이 좋은 소식의 기원 혹은 원천은 하나님 한 분이지, 어떤 세속적 권세가 아니다.[101] 바울이 하나님께서 그분의 아들의 죽음과 부활을 통해 좋은 소식을 가져오도록 일하셨다고 이해할 때, 바울이 말하는 이 좋은 소식은 황제를 구원자 혹은 후원자로 보는 로마의 관점과 직접적인 대치 상태에 놓인다(롬 5:7). 둘째로, 바울은 좋은 소식을 그것의 목적의 성취로 여긴다. 예수 그리스도의 십자가 죽음과 부활이 복음의 내용을 이룬다(롬 1:3-4; 참조. 고전 15:3-4). 결과적으로 바울에게 복음은 본질적인 기독교 믿음의 축약 또는 진술인데, 여기서 이 믿음은 생명 혹은 심판으로 이끄는 것으로, 또한 순종해야 하는 것으로 나타난다(갈 2:5, 14; 롬 2:16; 10:16).[102] 셋째로, 바울은 좋은 소식을 인격적·동기적 요인으로 여긴다. 바울에게 복음은 이방인의 사도로서의 소명과 결부된 것으로서 그의 믿음 자체뿐만 아니라 그가 누구인지에 대한 매우 실제적인 부분까지도 포괄한다. 바울은 그가 가지게 된 복음의 내용이 어떤 인간적인 출처가 아니라 부활하신 그리스도로부터 받은 것이라고 주장하며, 그렇기에 이 복음에 반대하는 것은 곧 저주를 받는 일이라고 말한다(갈 1-2장; 롬 15:15-20).

---

101 S. E. Porter, "Paul Confronts Caesar with the Good News," in *Empire in the New Testament* (ed. S. E. Porter and C. L. Westfall; McMaster New Testament Studies; Eugene, OR: Wipf & Stock, 2011), 164-96을 보라. 황제 숭배에 관한 비문과 파피루스의 증거를 참조하려면 L. R. Taylor, *The Divinity of the Roman Emperor* (Middletown, CT: American Philological Association, 1931; repr. Atlanta: Scholars Press, n.d.), 특히 267-83을 보라.

102 예. 최근에 출간된 다음 글을 보라. M. F. Bird, *Evangelical Theology: A Biblical and Systematic Introduction* (Grand Rapids: Zondervan, 2013). 이 책의 전체 구조를 이끄는 것으로서 바탕이 되는 주제는 복음이 모든 조직신학적 시도의 중심을 차지한다는 것이다. 이는 "복음"에 전체를 아우르거나 중심이 되는 역할을 부여하는 것으로 보이는데, 이는 바울 서신에서 확실히 나타나고 아마도 신약의 나머지 책들에서도 마찬가지일 것이다.

H. 교회

교회는 바울 사상의 중요한 바탕을 이루는 것으로서 바울의 사고와 저작의 기본적인 전제 가운데 하나다.[103] 바울은 특별히 그의 몇몇 서신을 고린도, 갈라디아, 데살로니가에 있는 교회들에 보냈다(그리스어 단어 ἐκκλησία를 사용할 때 바울은 단지 "교회"라는 개념으로만 사용하지 않고 어떤 "공통의 것", "교제"와 같은 κοινός 및 아래에서 다룰 다른 개념들과 연관된 용어로 사용한다). 비록 바울의 편지들에서 일부는 특정한 교회에 보낸 것이 아니지만, 여기서도 교회와 관련된 배경은 여전히 발견된다(예. 빌레몬서, 로마서, 에베소서, 골로새서 그리고 교회 질서와 구조가 언급되는 목회 서신). 그로 인해 바울 서신에서는 어떤 구체적인 교회나 교회들—예배를 드리기 위해 특정 도시의 어떤 가정 교회나 다른 모임에 모였을 신자 그룹—을 가리키는 많은 지시어가 있다(예. 고전 11:18; 16:19; 갈 1:22).[104] 바울은 이런 교회들의 존재를 염두에 두고 자주 편지를 보내 이 지역들에 있는 신자들의 공동체의 행위나 운영에서 명백히 드러난 문제들을 다룬다.

하지만 이것이 바울이 교회에 관해 말한 전부는 아니다. 바울은 "교회"라는 용어를 특정 도시나 지역 공동체에 국한하지 않고 현존하는 신자들의 공동체 전체를 가리키는 보다 광범위한 의미로 사용하기도 한

---

103 교회라는 주제는 바울 연구 내에서 그것만의 구분된 자리를 차지하는 범주 중 하나다. 예를 들어 이와 관련한 여러 연구 중에서 다음의 글들을 보라. H. Conzelmann, *An Outline of the Theology of the New Testament* (trans. J. Bowden; London: SCM, 1969), 254-65; Ridderbos, *Paul: An Outline of His Theology*, 429-86; D. Guthrie, *New Testament Theology* (Leicester: InterVarsity, 1981), 742-78; G. Strecker, *Theology of the New Testament* (ed. F. W. Horn; trans. M. E. Boring; Berlin: de Gruyter, 2000), 178-209.

104 초기 그리스도인들이 시행한 예배의 구조적 유형은 가정 예배를 포함하나 전적으로 그 것만 있는 것은 아니었는데, 이에 대해서는 다음을 보라. E. Adams, *The Earliest Christian Meeting Places: Almost Exclusively Houses?* (LNTS 450; London: Bloomsbury, 2013).

다.[105] 한 믿음으로 연결된 신자들을 지칭할 때 바울은 다양한 유비나 은유를 사용한다. 그 가운데 가장 중요한(그리고 가장 광범위하게 논쟁이 이루어지는) 것 중 하나는 몸의 유비다.[106] 고린도전서 12:12-28에서 바울은 신자들을 많은 지체를 가진 몸으로 표현하는데, 이 많은 지체 중 어떤 것은 전통적으로 좀 더 중요하고 유용하다고 여겨졌고, 어떤 것은 덜 중요하게 심지어 사소하게 여겨졌다. 여기서 바울이 말하고자 하는 핵심은 이것이다. 즉 몸에는 많은 지체가 있는데, 비록 그 가운데 어떤 것이 다른 것보다 높게 취급될지라도, 모든 지체가 실제로 몸을 구성하는 데 필수적인 것이며, 바로 이런 점에서 신자들의 공동체는 몸과 같다는 것이다. 이 신자들의 몸은 그리스도의 몸이라고 불리는데, 여기서 함의하는 것은 교회가 그리스도의 몸을 구성한다는 점, 혹은 교회가 그리스도의 영적 실존의 차원에서 그리스도와 동일시된다는 점이다. 사도, 예언자, 기적을 일으키는 자들과 같은 이들은 이 몸 안에서 일종의 층위를 형성하는 것으로 묘사된다.

---

105 S. E. Porter, "Saints and Sinners: The Church in Paul's Letters," in *The Church, Then and Now* (ed. S. E. Porter and C. L. Westfall; Eugene, OR: Pickwick, 2012), 41-67을 보라. J. Harrison and J. D. Dvorak, eds., *The New Testament Church: The Challenge of Developing Ecclesiologies* (Eugene, OR: Pickwick, 2012)에 있는 바울 관련 논문들도 보라. 참조. R. Banks, *Paul's Idea of Community: The Early House Churches in Their Cultural Setting* (rev. ed.; Peabody, MA: Hendrickson, 1994, 『바울의 공동체 사상: 문화적 배경에서 본 초기 교회들』, 한국기독교학생회출판부 역간); J. W. Thompson, *The Church according to Paul: Rediscovering the Community Conformed to Christ* (Grand Rapids: Baker, 2014), 특히 175-98. 여기서 Thompson은 바울에게 있어 우주적 교회는 지역 교회의 교제 (fellowship)를 통해 알려진다는 점을 강조한다.

106 예. J. D. G. Dunn, "'The Body of Christ' in Paul," in *Worship, Theology, and Ministry in the Early Church* (ed. M. J. Wilkins and T. Paige; JSNTSup 87; Sheffield: JSOT Press, 1992), 146-62; E. Best, *One Body in Christ: A Study in the Relationship of the Church to Christ in the Epistles of the Apostle Paul* (London: SPCK, 1955); Y. S. Kim, *Christ's Body in Corinth: The Politics of a Metaphor* (Minneapolis: Fortress, 2008)를 보라.

똑같지는 않지만 이와 유사한 언어가 에베소서 5:22-32에도 나오는데, 여기서도 몸의 유비가 사용된다. 이 문맥에서 교회는 그리스도의 몸과 동일시되며, 그리스도는 교회의 머리로 묘사된다. 이런 유비들이 서로 상관관계를 형성할 수 있는지와 관련하여 학자들 간에 중요한 논쟁이 이루어져왔다. 한편 고린도 서신의 유비에서 전체 교회는 그리스도와 동일시되는데, 여기서는 머리에 대한 구체적인 구별은 나타나지 않고, 머리, 손 등의 몸의 지체들과 동일시되는 교회 안의 다양한 지도층의 자리 모두가 귀중한 몸의 부분을 이룬다는 함의를 나타낸다. 반면에 에베소서의 유비에서는 몸으로서의 교회와 그 몸 위에 권위 있는 위치를 지니는 머리로서의 그리스도 간에 명백한 구별이 있다. 에베소서의 저자에 관해 어떤 태도를 보이든지 간에(11장 단락 5B를 보라), 두 본문의 기초가 교회에 대한 바울의 비전과 교회와 그리스도의 관계라는 사실은 확실하다. 바울 자신이 확장한 것이든지 그리스도를 머리로 표현한 유비를 더 분명하게 만든 것이든지 관계없이 말이다.

바울은 이 외에도 다른 많은 용어를 활용해서 교회에 대해 말한다. 이 부분들에 대한 학문적인 논의가 진행되기까지 이 중요성은 드러나지 않았다. 하지만 그 용어들이 발견되는 개별 서신들에서 그것들 각각이 지니는 적절성에 대한 쟁점은 문학적이면서 서신과 관련되는 중요성을 지닌다.[107] 예를 들어 갈라디아서 6:10에서 바울은 교회를 가정 혹은 가족이라고 말한다. 이것은 갈라디아서 논쟁의 문맥에서 매우 적절한 표

---

107 현대의 몇몇 학문적 논의에서 더 중요시되는 것은 그리스-로마 세계 안에서 교회와 다른 사회 조직, 특히 로마 가정, 봉사 단체, 회당, 철학 또는 수사학 학파 간의 유사성에 대한 논의다(이것들은 Meeks가 제시한 범주다). 이런 유사성에 대한 논의를 참조하려면 W. A. Meeks, *The First Urban Christians: The Social World of the Apostle Paul* (New Haven: Yale University Press, 1983), 75-84을 보라. 가장 두드러지고 확장된 논의들을 참조하려면 다음의 글들을 보라(위에서 언급한 글들에 더해서). J. H. Hellerman, *The Ancient*

현인데, 갈라디아 교회 안에는 그들의 가족적인 하나 됨을 교란하고 위협하는 그리스도인들이 있었기 때문이다. 빌립보서 3:20에서 바울은 교회의 구성원들을 하늘의 시민권을 함께 누리는 자들로 묘사한다. 로마 시민들이 거주하는 독립적인 도시로서의 특권적 지위에 비추어볼 때, 빌립보 교회는 바울의 찬사를 가장 많이 즐긴 결과로 자신들의 정치적 특권과 기회에 대한 지나친 자부심을 가지게 되었던 것으로 보인다. 바울은 이 경우를 자신들의 주된 (궁극적인) 시민권이 지상의 것이 아니라 천상의 영역에서 누리는 시민권이라는 점을 그들에게 상기시키는 기회로 활용한다. 고린도전서 1:9에서 바울은 하나님께서 고린도의 신자들을 부르셔서 그의 아들 예수 그리스도와 교제하게 하신다고 말한다. 여기서 다시 한번 바울은 그의 독자의 상황을 위한 적절한 은유를 사용하는데, 이는 연합에 있어 어려움을 겪고 있는 교회에 대한 반응으로서 이루어진다. 여기서 연합에 있어서의 어려움이란 공동체 안의 여러 그룹이 각기 다른 지도자나 인물에게 충성한다고 주장하면서 하나의 공동체가 나뉘고 파벌이 형성되도록 위협하는 것을 말한다.

I. 예수의 죽음과 부활

바울의 주요 가르침에 대한 이 간략한 개요에서 다룰 마지막 개념은 그리스도의 죽음과 부활이다. 위의 몇몇 지점에서 언급된 것과 같이(단락

Church as Family (Minneapolis: Fortress, 2001); P. A. Harland, *Associations, Synagogues, and Congregations: Claiming a Place in Ancient Mediterranean Society* (Minneapolis: Fortress, 2003); Harland, *Dynamics of Identity in the World of the Early Christians: Associations, Judeans, and Cultural Minorities* (London: T&T Clark, 2009); P. Trebilco, *Self-Designations and Group Identity in the New Testament* (Cambridge: Cambridge University Press, 2012).

3A와 3C), 이것은 하나님께서 신자들을 위해 그리스도를 통해 이루신 사역이 예수 그리스도의 죽음과 부활에 기초한다는 것을 바울이 믿었음을 의미한다. 이런 점에서 예수 그리스도의 죽음과 부활에 대한 바울의 신념은 그가 주장하는 것이 아니라 이미 전제하는 것이다. 그러나 바울은 그의 몇몇 서신을 통해 그리스도의 죽음과 부활의 특별한 중요성을 보여주는 신학적 체계 안에서 그리스도의 죽음과 부활에 관해 다룬다(예. 고전 15:3-8; 1:18-25). 구속사와 관련된 이런 구원-역사적 관점은 바울 사상에서 언급할 가치가 있다. 바울이 최초로 이 두 사건을 연결하거나 이것들이 기독교적 믿음에 있어 근본적인 것이라고 이해한 것은 아니다. 예를 들어 고린도전서 15:3-4에서 아마도 교회에서 초기에 형성되어 기독교 신앙고백의 핵심을 응축한 것으로 사용되었을 한 구절을 인용하면서 바울은 그가 받은 것을 고린도인들에게 전해준다고 말하는데, 그 중요한 첫 내용은 그리스도가 (우리의) 죄를 위해 죽으셨고 장사되었다가 삼 일만에 살아나셨다는 것이다. 바울의 다른 서신에서도 이와 비슷한 형태의 구문들이 발견된다(예. 살전 4:14; 딤전 3:16).

그리스도의 죽음에 대한 바울의 관점에는 적어도 두 가지 주목할 만한 요소가 있다. 첫째, 바울은 그리스도의 "십자가형"(crucifixion) 혹은 "십자가"(cross)에 강조점을 둔다. 바울은 자신의 서신에서 십자가나 십자가형을 열여덟 번 언급하는데, 이를 영웅적이거나 칭송할 만한 사건이 아니라 수치스럽고 불명예스러운 것으로 그린다.[108] 예를 들어 고린도전서 1:18에서 바울은 십자가의 메시지가 멸망하는 자들에게는 미련한 것이라고 말하고(참조. 2:2), 갈라디아서 3:13에서는 신명기 21:23을 인용

---

108   M. Hengel, *Crucifixion* (trans. J. Bowden; London: SCM, 1977); repr. in *The Cross of the Son of God* (London: SCM, 1986), 93-185을 보라.

한 후 그 구절을 십자가에 달린 자는 누구든지 저주를 받은 자라는 의미로 해석한다. 그러나 이런 불명예적 요소는 바울이 구원 역사의 과정에서 매우 중요하게 본 것으로서, 그리스도가 그의 죽음과 부활을 통해 성취한 것이다. 둘째, 바울은 그리스도의 죽음을 피 흘림을 포함하는 희생적 사건으로 본다. 바울이 로마서 3:25에서 그리스도를 "속죄제물"로 묘사할 때 그것이 무엇을 의미하는가에 관해 지속적인 논쟁이 이루어졌는데(이는 바울이 그리스도를 속제소로 보았는지, 아니면 다만 죄나 하나님의 분노가 되돌려지는 수단으로 보았는지에 대한 논쟁으로, 이 언급[속죄제물]은 구약 희생제사의 이미지를 포함한다), 여기서 그리스도의 피는 이 과정이 실행되는 수단으로서 묘사된다(롬 5:9도 보라).[109] 셋째, 바울은 부활을 그리스도의 죽음의 필수적인 확장으로서 이해한다. 바울의 사고 안에서 그리스도의 죽음이 중요한 것이었지만, 그리스도의 부활은 하나님께서 그리스도 안에서 이루시고자 하는 것이 나타난 일종의 확증이었다(롬 4:25). 바울은 하나님의 아들이 하나님의 능력 있는 아들로 선포되는 것이 부활이라고 말하며(롬 1:4), 부활이 믿음을 유효한 것으로 확인해주는 역할을 한다고 말한다. 그리스도의 죽음을 정당화하는 부활이 없다면, 인간은 그들의 죄악 가운데 여전히 남아 있게 된다(고전 15:17).[110]

---

109   L. Morris, *The Apostolic Preaching of the Cross* (3rd rev. ed.; Grand Rapids: Eerdmans, 1965), 특히 144-78과 전반적인 내용을 보라. 논쟁이 계속되고 있지만 나는 아직까지는 Morris의 설명이 가장 설득력이 있다고 본다. 참조. D. Seeley, *The Noble Death: Graeco-Roman Martyrology and Paul's Concept of Salvation* (JSNTSup 28; Sheffield: JSOT Press, 1990); B. H. McLean, *The Cursed Christ: Mediterranean Expulsion Rituals and Pauline Soteriology* (JSNTSup 126; Sheffield: Sheffield Academic, 1996). McLean은 액막이 (apotropaic) 기능이나 인간의 죄를 제거하는 것이 죄가 제거되는 수단을 설명할 수는 없었다고 주장한다. 참조. A. T. Hanson, *The Paradox of the Cross in the Thought of Paul* (JSNTSup 17; Sheffield: JSOT Press, 1987), 25-37.

110   다음을 보라. R. B. Gaffin Jr., *The Centrality of the Resurrection: A Study in Paul's Soteriology* (Grand Rapids: Baker, 1978); M. J. Harris, *Raised Immortal: Resurrection and Immortality*

이런 사건들은 바울이 도출하고자 했던 좀 더 큰 체계의 일부인데, 여기서 하나님의 계획은 구원을 위한 것, 즉 그리스도의 죽음과 부활을 통해 이루어지는 것으로서 하나님이 인간을 다루시는 절정의 사건으로 묘사된다. 첫째, 바울은 하나님의 선택 또는 예정의 목적을 말하는데, 이는 그리스도 안에서 하나님께서 하시는 사역을 통해 이루어진다. 예를 들어 로마서 8:33에서 바울은 누가 능히 하나님께서 택하신 자를 고발할 것이냐고 묻는데, 왜냐하면 죽으시고 부활하신 그리스도가 중재자로서 하나님 우편에 앉아 계시기 때문이다(롬 9:11도 보라. 참조. 엡 1:4-5, 9). 둘째, 바울은 하나님의 구속 계획의 의미 있는 부분을 차지했던 중요한 사람들을 여러 곳에서 언급한다. 먼저 죄악된 인간의 상태를 시작한 자로서 아담이 언급된다. 죄악된 상태로부터 인간을 구하기 위해 하나님의 적합하고 상응하는 응답이 필요했던 것은 바로 아담의 불순종 때문이었다. 이 죄악된 상태는 아담 이래 모든 사람에게 조성되어온 것이기에(롬 5:12-21; 참조. 고전 15:22; 딤전 2:13-14), 마지막 아담으로서 그리스도는 아담의 죄악의 영향을 무효로 만들었다.[111] 바울의 연대기에서 다음 차례는 분명히 아브라함(3장 단락 3A를 보라)인데, 아브라함은 이스라엘의 아버지로서 어떤 행위나 업적을 기초로 해서가 아니라(이것은 분명 율법의 성취가 아닌데, 율법은 아브라함 시대로부터 사백 년이 지날 때까지 나오지 않았기 때문이다) 믿음을 통해 하나님 앞에서 의롭게 되었거나 의롭다고 여겨진 자다. 여기서 바울은 인류를 위한 하나님의 구속 수단은 언제나 변함없이 "믿음"을 통한 것임을 보여준다(롬 4장; 갈 3장). 바울이 말하는 하나

---

in the New Testament (Grand Rapids: Eerdmans, 1983).

111 이 주제에 관한 고전적 연구는 다음을 보라. C. K. Barrett, *From First Adam to Last: A Study in Pauline Theology* (London: A&C Black, 1962). R. Scroggs, *The Last Adam: A Study in Pauline Anthropology* (Oxford: Blackwell, 1966)도 보라.

님의 구속 역사의 진행에서 더욱 수수께끼와 같은 인물은 모세다(3장 단락 3A를 보라). 모세는 하나님의 율법을 하나님의 백성에게 전해준 자로서 존경받았고(바울은 율법이 천상의 존재를 통해 중재된 것이지 하나님으로부터 직접 온 것은 아니라고 믿었을 것이다. 이것은 율법에 대한 그의 다소 부정적인 관점을 설명하는 데 도움이 될 수 있다. 갈 3:20을 보라), 존경받는 소수의 유대인 영웅 중 하나였으며, 비유대인에게도 알려진 사람이었다. 바울에게는 모세 역시 그리스도의 사역을 가리키는 자다. 모세가 하나님과 함께 있었을 때 그에게서 이스라엘 사람들이 쳐다볼 수 없을 만큼의 광채가 났는데, 그 사람들은 옛 언약 아래 살고 있었다. 새 언약 아래 사는 자들은 중재가 필요 없는 직접적인 영광을 경험한다(고후 3:7-8). 그리스도 안에서 하나님의 비밀(mystery) 즉 그리스도의 죽음과 부활을 통한 구속적 역사는 이미 드러났다. 이 "비밀"이라는 용어는 바울 서신의 몇몇 용례에서 약간 다르게 사용되지만, 이 개념은, 그것이 전체로서의 신자를 말하든 유대인과 이방인을 포함하든지 간에, 그리스도 안에서 하나님이 행하신 일에 중심을 두는 것으로 보인다(고전 2:7과 더불어 자주 등장; 참조. 골 2:2; 엡 6:19).

4. 결론

비록 다른 주제들—여기에는 예언자적 비평, 입양 그리고 그리스도에 대한 다양한 이미지와 같은 것들이 있다[112]—도 바울의 가르침과 관련하여

---

112 이와 관련하여 Porter, "Images of Christ in Paul's Letters"와 Porter, *Sacred Tradition in the New Testament: Tracing Old Testament Themes in the Gospels and Epistles* (Grand Rapids: Baker, 2016), 227-45을 보라. 위에서 언급한 신약성경과 바울 신학의 많은 내용은 이

소개될 수 있지만, 위에서 논의한 것들은 독자들이 바울의 주요한 사상이나 강조점들, 특별히 바울 서신 안에 그 자체로 나타나는 것들을 파악할 수 있도록 그의 사상에 대한 충분한 소개를 제공해준다. 바울 서신 가운데서 어떤 책도 이렇게 내재하거나 규정된 바울의 신념과 관련하여 체계적이고 완전한 논의를 제공해주지는 않는다. 물론 어떤 서신들은 다른 서신보다 하나의 주제를 좀 더 설명해줄 수 있겠지만 말이다. 어쨌든 이런 개념 중 하나를 마주했을 때 독자는 바울의 주요 사상 중 대부분은 아니더라도 많은 부분과 관련된 이 장의 개요를 서신들이 전체적으로 이 주제를 어떻게 언급하고 있는지에 대한 지침으로 이용할 수 있을 것이다. 그러나 바울 서신의 독자는 바울의 사상을 가늠하는 데 있어 바울 서신 자체에 우선권을 두어야 한다는 것을 언제나 명심해야 한다. 바울은 마치 그가 특정 주제에 대한 논문을 쓰는 것처럼 그의 서신에서 소개하는 모든 개념에 대한 체계적이고 완전한 분석을 제공하는 데 관심을 두지 않았다. 그 대신에 바울은 예수 그리스도 안에 있는 하나님의 좋은 소식에 대한 그의 독자들의 이해를 풍부하게 하려고 적절한 사상들을 설명하고 끌어오는 데 모든 관심을 집중했다.

논의 중 일부를 담고 있다.

추가 학습을 위한 자료

기본 자료

Fitzmyer, J. A. *Paul and His Theology: A Brief Sketch*. 2nd ed. Englewood Cliffs, NJ: Prentice Hall, 1989.

Matera, F. J. *God's Saving Grace: A Pauline Theology*. Grand Rapids: Eerdmans, 2012.

Morris, L. L. *New Testament Theology*. Grand Rapids: Zondervan, 1986.

Ridderbos, H. *Paul: An Outline of His Theology*. Translated by J. R. D. Witt. Grand Rapids: Eerdmans, 1975 (1966).

Schreiner, T. R. *Paul, Apostle of God's Glory in Christ: A Pauline Theology*. Downers Grove, IL: InterVarsity, 2001.

Seifrid, M. A. *Christ, Our Righteousness: Paul's Theology of Justification*. New Studies in Biblical Theology. Downers Grove, IL: InterVarsity, 2000.

Westerholm, S. *Israel's Law and the Church's Faith: Paul and His Recent Interpreters*. Grand Rapids: Eerdmans, 1988.

심화 자료

Barclay, J. M. G. *Paul and the Gift*. Grand Rapids: Eerdmans, 2015. 『바울과 선물』(새물결플러스 역간).

Beker, J. C. *Paul the Apostle: The Triumph of God in Life and Thought*. Philadelphia: Fortress, 1980.

Bird, M. F., and P. M. Sprinkle, eds. *The Faith of Jesus Christ: Exegetical, Biblical, and Theological Studies*. Peabody, MA: Hendrickson, 2009.

Carson, D. A., P. T. O'Brien, and M. A. Seifrid, eds. *Justification and Variegated Nomism: A Fresh Appraisal of Paul and Second Temple Judaism*. 2 vols. WUNT 2/140. Tübingen: Mohr-Siebeck/Grand Rapids: Baker, 2001-4.

de Roo, J. C. R. *"Works of the Law" at Qumran and in Paul*. NTM 13. Sheffield: Sheffield Phoenix, 2007.

Dunn, J. D. G. *The Theology of Paul the Apostle*. Grand Rapids: Eerdmans, 1998. 『바울신학』(CH북스 역간).

Fee, G. D. *God's Empowering Presence: The Holy Spirit in the Letters of Paul*. Peabody, MA:

Hendrickson, 1994. 『성령: 하나님의 능력 주시는 임재 상, 하』(새물결플러스 역간).

―――. *Pauline Christology: An Exegetical-Theological Study*. Peabody, MA: Hendrickson, 2007. 『바울의 기독론: 목회적 감각의 해석학적-신학적 연구』(CLC 역간).

Morris, L. *The Apostolic Preaching of the Cross*. 3rd ed. Grand Rapids: Eerdmans, 1965.

Porter, S. E. Καταλλάσσω *in Ancient Greek Literature, with Reference to the Pauline Writings*. Estudios de Filología Neotestamentaria 5. Córdoba: Ediciones El Almendro, 1994.

―――, ed. *Paul and His Theology*. PAST 5. Leiden: Brill, 2006.

Räisänen, H. *Paul and the Law*. WUNT 29. Tübingen: Mohr-Siebeck, 1983. Reprinted Philadelphia: Fortress, 1986.

Rosner, B. S. *Paul and the Law: Keeping the Commandments of God*. Nottingham: Apollos, 2013.

Sanders, E. P. *Paul and Palestinian Judaism*. Philadelphia: Fortress, 1977. 『바울과 팔레스타인 유대교』(알맹e 역간).

―――. *Paul, the Law, and the Jewish People*. Philadelphia: Fortress, 1983.

Schnelle, U. *Apostle Paul: His Life and Theology*. Translated by M. E. Boring. Grand Rapids: Baker, 2005.

Seifrid, M. A. *Justification by Faith: The Origin and Development of a Central Pauline Theme*. NovTSup 68. Leiden: Brill, 1992.

Smith, B. D. *The Tension between God as Righteous Judge and as Merciful in Early Judaism*. Lanham, MD: University Press of America, 2005.

Watson, F. *Paul, Judaism, and the Gentiles: Beyond the New Perspective*. Grand Rapids: Eerdmans, 2007 (1986).

Westerholm, S. *Perspectives Old and New: The "Lutheran" Paul and His Critics*. Grand Rapids: Eerdmans, 2004.

Winger, M. *By What Law? The Meaning of* Νόμος *in the Letters of Paul*. SBLDS 128. Atlanta: Scholars Press, 1992.

Wolter, M. *Paul: An Outline of His Theology*. Translated by R. L. Brawley. Waco, TX: Baylor University Press, 2015.

Wright, N. T. *Climax of the Covenant: Christ and the Law in Pauline Theology*. Edinburgh: T&T Clark, 1991.

―――. *Paul and the Faithfulness of God*. 2 vols. Christian Origins and the Question of God 4. Minneapolis: Fortress, 2013.

제5장

———

바울의
편지 양식

1. 그리스-로마 세계의 그리스식 편지

헬레니즘 시대는 편지를 기록하는 시대였고, 바울은 편지를 쓰는 사람이었다.[1] 위대한 영국 고전학자 길버트 머레이(Gilbert Murray)가 바울에 대해 언급했듯이, "바울은 그리스 문학에서 분명 위대한 인물 가운데 하나"[2]였는데, 그 이유는 바울의 편지가 갖는 중요성 때문이다. 지중해 연안 세계에서 동맹은 알렉산드로스 대왕 시기에 시작되었는데, 이 동질감이 지중해 지역 전체로 확장되었을 뿐 아니라 너무 먼 거리 때문에 상호 관계가 차단된 사람들을 위한 의사소통의 필요성이 대두되었다. 결과적으로 편지가 의사소통에 있어 매우 중요한 수단이 되었는데, 편지는 정보를 제공할 뿐만 아니라 직접적인 만남을 대신함으로써 관계를 유지할 수 있게 해주었다. 당대의 우편 시스템은 공적인 편지들을 전달하는 데 이용되었기에 대부분의 서신 왕래는 사실 사적인 용도로 편지를 전하는 데 동의하는 일반 사람들에 의해 전달이 이루어졌다.[3]

---

1   이는 이집트에서 다수의 그리스 문헌 파피루스가 발견되고 출판됨으로써 훨씬 더 명백해졌다. 참조. A. Deissmann, *Bible Studies* (trans. A. Grieve; Edinburgh: T&T Clark, 1901); and *Light from the Ancient East: The New Testament Illustrated by Recently Discovered Texts of the Graeco-Roman World* (trans. L. R. M. Strachan; 4th ed.; London: Hodder & Stoughton, 1927). 바울의 편지 양식에 대한 좀 더 자세한 연구는 S. E. Porter, "Exegesis of the Pauline Letters, Including the Deutero-Pauline Letters," in *Handbook to Exegesis of the New Testament* (ed. S. E. Porter; NTTS 25; Leiden: Brill, 1997), 539-50을 보라. S. E. Porter and S. A. Adams, eds., *Paul and the Ancient Letter Form* (PAST 6; Leiden: Brill, 2010)에 있는 다양한 소논문의 모음집도 보라. 본문을 분석하는 데 편지 형식을 사용한 최근의 주석은 다음과 같다. J. A. D. Weima, *1-2 Thessalonians* (BECNT; Grand Rapids: Baker, 2014).

2   G. Murray, *Five Stages of Greek Religion* (London: Watts, 1935), 164. 반박할 여지가 없는 최고의 독일 고전학자도 비슷한 언급을 했는데, U. Wilamowitz-Moellendorff, *Die griechische Literatur des Altertums* (Stuttgart: Teubner, 1912), 232-33을 보라.

3   S. Llewelyn, "Sending Letters in the Ancient World: Paul and the Philippians," *Tyndale Bulletin* 46 (1995): 339-49을 보라.

그리스-로마 시대에 기록된 수천에서 수만 통에 달하는 그리스식 편지들이 고대에 기록된 엄청난 양의 파피루스 문서들 가운데서 발견되었다.[4] 파피루스는 그리스-로마 세계에서 일반적인 종이였는데, 이 종이는 기록을 목적으로 길게 쪼개진 파피루스 식물을 펴서 평평한 형태로 말려 가공한 재료였다. 엄청난 양의 파피루스 문서들이 이집트 지역에서 발견되었는데, 파이윰(Fayyum) 지역과 고대의 도시였던 옥시링쿠스(Oxyrhynchus) 근처가 여기에 속한다. 주요한 발견은 19세기 중반과 20세기 초에 이루어졌다. 유명한 영어권 그리스어 문법학자이자 사본학자였던 제임스 호프 몰튼(James Hope Moulton)은 이 중요한 발견을 다룬 자신의 책 제목을 『이집트의 쓰레기 더미에서』(*From Egyptian Rubbish-Heaps*)[5] 라고 명명했는데, 실제로 그 문서들은 이 도시들에 있는 오래된 쓰레기장에서 발견되었다. 이집트가 지닌 최적의 환경 조건들과 다양한 건조 봉합 기술은 이 수천 개의 문서가 훗날 세상에 나올 수 있도록 해주었다. 이 문서들 가운데 많은 것이 작은 파본으로 남아 있지만, 비교적 좋은 상태로 다수의 종이와 글자를 간직하고 있는 문서들도 있다. 여기서 발견된 문서는 우리가 쉽게 예상할 만한 종류들인데, 유서, 토지 조사서, 보고서, 다양한 금전 거래 영수증, 특별히 농업과 관련된 서비스를 위한 계약

---

4   학계에서 파피루스와 그것의 사용에 관한 편리한 요약은 다음과 같은 책에서 찾아볼 수 있다. E. G. Turner, *Greek Papyri: An Introduction* (2nd ed.; Oxford: Clarendon, 1980); R. S. Bagnall, *Reading Papyri, Writing Ancient History* (London: Routledge, 1995); H. -J. Klauck, *Ancient Letters and the New Testament: A Guide to Context and Exegesis* (Waco, TX: Baylor University Press, 2006); T. J. Kraus, *Ad fontes: Original Manuscripts and Their Significance for Studying Early Christianity: Selected Essays* (TENT 3; Leiden: Brill, 2007); and J. Muir, *Life and Letters in the Ancient Greek World* (Routledge Monographs in Classical Studies; New York: Routledge, 2008).

5   J. H. Moulton, *From Egyptian Rubbish-Heaps* (London: Kelly, 1916). 이 파피루스의 발견에 대한 논의를 보기 원한다면 W. F. Howard, *The Romance of New Testament Scholarship* (London: Epworth, 1949), 111-37을 보라.

서, 개인 서신, 재판 및 법률과 관련된 다양한 공식 문서나 서신(가장 중요한 것은 인구 보고) 그리고 많은 문학적·신학적 작품들과 같은 것들이다.[6]

그리스-로마 세계에 있었던 초기 기독교 역시 편지를 쓰는 종교였다. 스물일곱 권의 신약 가운데 스물한 권을 다양한 형식의 편지로 볼 수 있는데, 개인에게 보내는 편지(빌레몬서와 같이), 다양한 그룹 또는 교회에 보내는 편지(로마서나 베드로전서), 다양한 그룹에 회람되기 위한 목적의 편지(갈라디아서) 그리고 익명의 편지(만약 히브리서가 편지라고 한다면)로 분류할 수 있다[7] 요한계시록도 사실 문서 자체로는 편지가 아닐 수 있으나 편지를 담고 있다(계 2-3장).[8] 이런 경향은 속사도 교부들에 의해 계속되었는데, 아홉 명의 저자가 기록한 열다섯 개의 본문 중 열두 개가 편지였으며, 「클레멘스1서」(1 Clement)도 이 경우에 속한다.[9] 어쨌든 바울은 전체 신약 중 열세 개의 편지를 쓴 장본인이다.

파피루스의 발견이 처음에는 신약학계에 그다지 큰 영향을 끼치지 않았다. 하지만 독일 학자인 아돌프 다이스만은 신약성경을 이해하는 데

---

6   신약 연구와 관련하여 이런 편지들의 전통적인 모음집에 관한 연구는 다양한 곳에서 찾아볼 수 있다. 특별히 다음을 보라. *Select Papyri* (trans. A. S. Hunt and C. C. Edgar; 3 vols.; LCL; Cambridge, MA: Harvard University Press, 1932-34); *NewDocs*; J. L. White, *Light from Ancient Letters* (FFNT; Philadelphia: Fortress, 1986).

7   예. 히브리서의 장르에 관한 논의는 P. Ellingworth, *The Epistle to the Hebrews: A Commentary on the Greek Text* (NIGTC; Grand Rapids: Eerdmans, 1993), 59-62을 보라.

8   요한계시록의 장르에 대한 문제는 신약학계에서 매우 논쟁이 되는 주제다. 이에 대해 도움이 될 만한 개관은 다음을 보라. G. R. Beasley-Murray, *Revelation* (NCB; Grand Rapids: Eerdmans, 1974), 12-29; D. E. Aune, "The Apocalypse of John and the Problem of Genre," *Semeia* 36 (1986): 65-96; R. Bauckham, *The Theology of the Book of Revelation* (NTT; Cambridge: Cambridge University Press, 1993), 특히 1-17; D. A. deSilva, *Seeing Things John's Way: The Rhetoric of the Book of Revelation* (Louisville: Westminster John Knox, 2009).

9   이 부분은 *The Apostolic Fathers: Greek Texts and English Translations* (ed. and rev. M. W. Holmes; 3rd ed.; Grand Rapids: Baker, 2006)에서 편리하게 찾아볼 수 있다.

고대 그리스 편지들의 중요성을 인식시킨 주목할 만한 선구자 가운데 한 명이었다. 그는 마르부르크 대학교의 도서관을 둘러보는 동안 자신이 어떻게 제본하지 않은 파피루스들을 발견했는지, 그리고 그 가운데 한 페이지에서 "신의 아들"(son of god)이라는 단어를 보고 어떻게 해당 언어 연구에 흥미를 느끼게 되었는지를 진술한다.[10] 다이스만의 관점에서 파피루스는 신약성경과 유사했기 때문에 그는 당대에 가장 중요한 그리스어 어휘 연구에 돌입하게 되었다. 그의 뒤를 이어 몰튼(Moulton)을 위시하여 다른 중요한 학자들이 많이 등장하게 되는데, 몰튼은 어휘적·문법적 연구를 동시에 수행한 인물이었다.[11]

다이스만의 발견이 갖는 중요한 의미 중 하나는 바울의 편지들을 포함하여 기독교 서신의 본질이 과연 무엇인가에 관한 것이다. 다이스만은 이집트에서 발견된 편지가 대체로 길이가 짧고, 약 삼백 개의 단어로 이루어진 적은 분량이었으며, 평균적으로 약 275개의 단어로 구성되어 있다고 설명한다. 그러나 신약의 편지들은 당대의 편지들보다 훨씬 길다. 물론 빌레몬서는 예외인데, 이 편지는 335개의 단어로 이루어져 있어 일반적인 이집트 문헌 편지의 평균 길이보다 살짝 길다. 한편 문학가들이 기록한 편지도 많이 있었는데, 플라톤, 이소크라테스(Isocrates), 데모스테네스, 키케로(931개의 편지를 썼다고 알려진다) 그리고 세네카의 작품이라고 생각되는 것들이다. 다이스만의 연구로 인해 초기 교회의 사회학적 구성을 분석할 수 있게 되었고 파피루스의 "실제 편지"(true letter)를 "문

---

10 Deissmann, *Light from the Ancient East*, 346n4를 보라.

11 신약성경의 언어에 대해 더 살펴보려면 다음의 논문집을 보라. S. E. Porter, ed., *The Language of the New Testament: Classic Essays* (JSNTSup 60; Sheffield: JSOT Press, 1991); 좀 더 최근의 연구는 다음과 같다. S. E. Porter and A. W. Pitts, eds., *The Language of the New Testament: Context, History, and Development* (ECHC 3/LBS 6; Leiden: Brill, 2013).

학적 편지"(literary letters) 또는 "서신"(epistles)으로부터 구분하게 되었다. 다이스만은 바울의 편지들이 실제 편지(목회 서신을 제외하고)라고 결론 짓는데, 그 이유는 이 편지들이 특정한 상황에서 특정한 사람들에게 기록된 것으로, 바울의 있는 그대로의 사상과 아이디어를 반영하고 있으며, 새로 만들어진 문학적 스타일이라기보다는 당대 사람들의 언어로 기록된 것이었기 때문이다.[12] 이 주장은 초기 교회가 본질적으로 당대의 낮은 경제적 계층과 연결된 공동체이며 바울도 그 공동체의 구성원이었다는 다이스만의 결론과 맥락을 같이하는 것이다. 그러나 이 문제를 연구한 신약학자들은 대부분 초기 교회에 사회경제적으로 훨씬 다양한 계층이 있었다고 분석했다(1장 단락 6에서 논의한 바와 같이). 물론 그리스도인 중 대다수가 생존을 목표로 하는 수준의 낮은 사회경제적 계층에서 왔겠지만, 기능공 혹은 몇몇 엘리트 계층과 연결된 높은 계층의 사람들도 있었던 것으로 보인다.[13] 어쨌든 신약의 편지에 관한 연구는 심지어 다이스만의 견해에 강력히 반대하는 경우조차도 대부분 그의 분류에 대한 반응이라고 할 수 있다.

다이스만 이후로 이루어진 연구들이 내린 일반적인 결론은 바울 서신의 범위나 진위에 관한 연구의 수준을 넘어 보다 다양한 요소가 연구

---

12 특별히 Deissmann, *Bible Studies*, 1-59을 보라. Deissmann의 가설에 대한 비판과 그리스의 편지 쓰는 법에 대한 연구와 관련해서는 S. K. Stowers, *Letter Writing in Greco-Roman Antiquity* (LEC; Philadelphia: Westminster, 1986), 17-26을 보라.

13 이 주제와 관련된 가장 중요한 책은 아마도 다음 책일 것이다. W. A. Meeks, *The First Urban Christians: The Social World of the Apostle Paul* (New Haven: Yale University Press, 1983). 이 책은 이십오 년 후에 다음 책에서 재평가되었다. T. D. Still and D. G. Horrell, eds., *After the First Urban Christians: The Social-Scientific Study of Pauline Christianity Twenty-Five Years Later* (London: T&T Clark, 2009). 이에 대한 반대 견해는 다음 책을 보라. J. J. Meggitt, *Paul, Poverty, and Survival*(Studies of the New Testament and Its World; Edinburgh: T&T Clark, 1998).

에 고려되어야 한다는 것이다. 이 결론은 편지(letter)와 서신(epistle)이 서로 분리된다기보다는 연속성을 갖고 있다는 주장인데, 이는 다음과 같은 요소들로 판별된다. 즉 언어(편지가 격식을 갖춘 문체인지 그렇지 않은지), 내용(편지의 주제가 사업인지, 개인 추천인지, 칭찬 또는 비난인지, 아니면 권면인지), 독자(공적인 편지인지 사적인 편지인지, 개인에게 보내는 것인지 그룹에게 보내는 것인지)와 같은 요소들이다. 바울의 편지를 분석하는 데에는 다른 고려사항들도 있다. 대부분의 실제 편지들과 달리 바울의 편지는 전통적인 관점에서 사적 용도의 편지는 아니었다. 동시에 바울의 편지들은 편지를 읽는 데 관심이 있을 만한 모든 이들을 위한 것이 아니라, 그리스도를 따르는 그룹 혹은 교회, 곧 그의 편지에서 종종 사용되는 2인칭 복수형의 수신자들을 위해 기록된 것이었다. 바울의 편지는 평균적인 파피루스 편지들보다 훨씬 길었고, 이후에 더 논의하겠지만 구성에 있어서 독특한 특징을 가지고 있었다. 바울 편지의 본론은 쉽게 분간할 수 있을 정도로 고대의 개인 편지라고 할 수 있는데, 중요한 차이가 있다면 편지의 주제들이 일반적인 개인적 권고가 아니라 기독교적 믿음에 대한 권면이었다는 것이다. 많은 부분에서 바울의 문체는 분명 평상시에 사람들이 사용하는 언어였지만, 그는 언어적인 면에서 혁신가이기도 했다. 바울은 이전에 알려지지 않았던 방식으로 특정 단어들을 사용했으며(예. 동사 "화목하다"[καταλλάσσω]가 능동태로 사용되어 피해자로서의 하나님이 주어로 사용된 경우; 고후 5:18-19을 보라),[14] 그가 편지를 쓰는 대상인 교회의 필요에 따라 언어를 새롭게 구성했다.

---

14   S. E. Porter, Καταλλάσσω in Ancient Greek Literature, with Reference to the Pauline Writings (Estudios de Filología Neotestamentaria 5; Córdoba: Ediciones El Almendro, 1994), 특히 143을 보라. 4장 단락 3C도 보라.

2. 편지의 목적

고대 세계의 편지들은 현대에 사용되는 편지와 매우 유사한 기능을 했던 것으로 보인다. 고대의 편지는 적어도 세 가지 중요한 목적이 있었는데, 이 모두가 바울의 편지에서 나타난다.[15] 첫째, 편지는 관계를 형성하고 유지하는 데 사용되었으며 수신자와 발신자 사이의 거리를 연결하는 수단으로 여겨졌다. 예를 들어 알렉산드리아에 있는 남편이 옥시링쿠스에 있는 자기 아내에게 편지를 보내서 일이 어떻게 진행되고 있고 언제 그가 집으로 돌아올 수 있는지를 알려줌으로써 연락을 지속한다(예. P.Oxy. 744에 해당 내용이 등장한다). 바울은 빌립보 교회에 그들이 베풀어준 은혜에 감사하는 편지를 썼다(빌 4:10-20). 최근 연락이 끊어지고 한쪽에서 다시 관계가 유지되어야 한다고 판단했을 경우, 편지는 이 관계를 다시 회복시키기 위한 수단으로 사용될 수 있었다(예. P.Oxy. 119에는 불평이 많은 한 남자아이가 자신을 두고 알렉산드리아로 가버린 아버지에게 편지를 썼다. BGU 3,846은 집으로 돌아가길 원하는 방탕한 아들에게서 온 편지다). 편지라는 수단이 갖는 어려움 가운데 하나는 주고받는 당사자들 사이에 물리적인 거리뿐 아니라 시간적인 거리가 있다는 점인데 이 두 가지 모두가 극복되어야 할 요소들이다. 결과적으로 편지의 수신자는 종종 마치 발신자의 눈앞에 있는 것처럼 기록된다. 이런 의미에서 편지는 기록자의 인격적인 존재를 대체하는 것이라고 할 수 있다. 이는 그리스-로마 편지의 매우 중요한 기능이었지만 그렇다고 유일한 기능은 아니었다.

---

15 그리스-로마 시대 편지의 목적에 관한 고전적인 연구는 다음과 같다. H. Koskenniemi, *Studien zur Idee und Phraseologie des greichischen Briefes bis 400 n. Chr.* (Soumalaisen Tiedeakatermian Toimituksia; Annales Academiae Scientiarum Fennicae 102,2; Helsinki: Akateeminen Kirjakauppa, 1956). 그의 결론들은 이후의 연구에 통합된다.

두 번째 목적은 당대의 편지가 대화를 주고받을 수 있는 수단이 된다는 것이다. 편지는 한 방향의 대화를 구성했고, 아마도 다양한 형태의 정보를 전달했을 것이다. 예컨대 편지의 정보는 동물을 사고팔거나 돈을 보내는 것 등의 요청을 하는 것과 같이 수신자가 해야 할 지침을 주는 것일 수 있다(예. P. Tebt. 40은 토지 운영에 관한 내용이다). 편지로 정보를 전달할 수도 있었을 것인데, 예를 들어 대화를 시도하는 사람이 어떤 건강 상태에 있는지와 같은 내용을 전했을 것이다. 편지의 내용은 서신을 주고받는 이유에 따라 다양할 수 있다. 바울은 고린도 사람들이 초래한 특정한 문제들에 답변하기 위해 고린도전서를 보낸다.

세 번째 목적은 발신자와 수신자 사이의 상호작용을 영구적인 기록으로 남기기 위한 것이었다. 이는 파피루스에서 종종 발견되는 법적 문서의 경우다. 영수증, 법적 승인, 특정 사람들이 체결한 다른 형태의 거래 등과 같은 것들이 이에 대한 증거가 된다(예. P. Eleph. 1은 결혼 계약서다). 편지에서 이런 언급은 해당 거래가 미래에 보증이 될 수 있도록 기록을 남기는 것이다. 빌레몬에게 보내는 바울의 편지가 이런 편지의 좋은 예다. 많은 공식 편지들도 정부 차원의 서한과 칙령의 증거가 된다. 이런 편지들은 칙령을 공포하고 해당 명령의 기록이 있음을 확인하기 위한 것이다. 로마서도 바울의 신념을 비슷한 방식으로 기록한 것으로 분류될 수 있을 것이다.

3. 바울 편지의 형식

고대의 그리스 편지[16]는 전통적으로 형식상 세 부분으로 구성되어 있다고 하는데, 서두, 본론, 맺음말이다.[17] 편지에서 본론의 시작에는 감사 단락(thanksgiving section)이 종종 등장하는데, 여기서 저자는 수신자의 건강과 안전에 대해 신에게 감사를 드린다. 바울은 자신의 의도에 따라 당대의 이 편지 형식을 개작한 것으로 보인다. 마찬가지로 바울의 편지에는 맺음말 앞에 확장된 형태의 권면 부분이 종종 등장한다. 이런 형식상의 특징 때문에 학자들은 바울의 편지가 세 부분인지, 네 부분인지, 아니면 다섯 부분인지에 대해 의견을 달리한다.[18] 이 문제는 바울의 편지 내에서 기능적·구조적 근거로 인식할 수 있는 이 두 부분(감사와 권면)이 개별적이고 분리된 단위로 존재하는지, 또는 이 부분들이 편지의 본론이 시작

---

16 전통적으로 이 편지의 형식은 편지가 얼마나 많은 부분을 가졌는지 그리고 그 부분들이 무엇인지와 관련하여 편지의 구조를 살펴봄으로써 분석된다. 그러나 나는 이런 구조적 관점이 아닌 다른 방식으로 분석하는 것이 여전히 가능하다고 본다. 최근의 소논문에서 나는 형식주의가 아닌 기능주의적 관점으로 편지 형식을 분석하는 방식을 살펴보았다. S. E. Porter, "A Functional Letter Perspective: Towards a Grammar of Epistolary Form," in *Paul and the Ancient Letter Form* (ed. S. E. Porter and S. A. Adams; PAST 6; Leiden: Brill, 2010), 9-32을 보라.

17 신약의 편지 형식이 세 부분 혹은 네 부분, 아니면 다섯 부분의 구조로 구성되었는지에 대해 학자들 사이에 많은 논의가 있다. 좀 더 자세한 논의는 다음을 보라. J. L. White, *The Body of the Greek Letter* (SBLDS 2; Missoula, MT: SBL, 1972); White, *The Form and Structure of the Official Petition* (SBLDS 5; Missoula, MT: SBL, 1972).

18 편지가 세 부분으로 구성되었다는 주장은 다음의 글에서 잘 옹호된다. J. L. White, "Ancient Greek Letters," in *Greco-Roman Literature and the New Testament: Selected Forms and Genres* (ed. D. E. Aune; Atlanta: Scholars Press, 1988), 85-105, 특히 97을 보라. 네 부분으로 나뉜다는 주장은 J. A. D. Weima, *Neglected Endings: The Significance of the Pauline Letter Closings* (JSNTSup 101; Sheffield: JSOT Press, 1994), 11에서 옹호된다. 다섯 부분으로 나뉜다는 주장은 W. G. Doty, *Letters in Primitive Christianity* (Philadelphia: Fortress, 1973), 27-43에서 옹호되는데, Doty의 주장에 대해서는 아래의 논의에서 다룰 것이다(특별히 그의 책 43쪽에 있는 도표를 보라).

되고 마무리되는 곳에 포함될 수 있는지를 중심으로 다룬다.[19] 나는 바울의 편지가 좀 더 광범위한 그리스-로마 사회의 편지와 동떨어지지 않았다고 생각하는데, 특별히 바울이 그 편지 형식을 어떻게 발전시켰는가의 관점에서 보면 그렇다. 따라서 세 부분으로 구성된 전통적 구조를 더 확장하고 기능적 범주를 사용하여 바울의 편지 형식을 분석했을 때, 편지를 총 다섯 부분으로 구분하는 것이 적절하다고 생각한다. 즉 서두, 감사, 본론, 권면, 맺음말이다.

바울의 편지 형식을 세 부분으로 나누는 견해가 갖는 한계에 대해 몇 가지 살펴볼 점이 있다. 세 부분으로 된 편지는 고대 그리스 편지가 명확히 세 부분(서두, 맺음말 그리고 중간 부분)으로 나뉘는 것에 대한 유익한 구분점을 제시해준다. 그러나 이 편지 형식을 옹호하는 이들도 당시의 편지에 감사 및 권면과 같은 다른 부분들이 존재했다는 점을 인정하는데, 이 부분들은 본론의 앞이나 뒤에 등장했다. 이들은 감사와 권면을 본론 내에 존재하는 하위 부분으로 포함하는 것을 선호하지만, 나는 이 부분을 본론이 아닌 별도의 부분으로 나누는 것을 타당하게 할 만한 충분한 구분점이 있다고 생각한다.[20] 하지만 이것은 모든 바울 서신이 다섯 부분으로 구성되었다고 말하는 것은 아니다. 이 책의 7-12장에서 각 편지의 개요가 보여주는 것처럼, 어떤 편지들은 단지 네 부분 또는 세 부분으로 구분되기도 한다. 그렇지만 이 부분들 가운데 하나가 없을 때, 바울이 그의 일반적인 편지 형식에서 벗어난 이유가 무엇인지를 질문하는 것

---

19   L. Alexander가 관찰한 바와 같이 서두와 맺음말은 편지에서 가장 분간하기 쉬운 부분이라고 할 수 있다. "Hellenistic Letter-Forms and the Structure of Philippians," *JSNT* 12 (1989): 87-101. 그러나 이에 대한 논의는 그 외 나머지를 단순히 본론으로 묶어야 하는지, 또는 그 나머지 중에 서두가 아닌 것과 맺음말이 아닌 것이 분리된 부분으로 나눌 수 있을 만큼 분명히 구분할 만한 차이가 있는지에 대한 것이다.

20   참조. Porter, "Functional Letter Perspective," 19-20.

은 가치가 있다. 다시 말해 바울이 왜 특정 부분을 제외했는가에 관한 기능적 측면에서의 중요성이 있다는 것이다. 이 책의 7-12장에서 편지의 개요들은 주석이나 입문서에서 일반적으로 발견되는 개요와 다른데, 그 이유는 그 개요들이 일반적인 주제나 신학이나 문제 중심의 접근법보다는 고대의 편지 형식을 기준으로 이용하기 때문이다.

A. 서두

고대 세계의 편지에 등장하는 일반적인 서두는 다음 세 가지 요소를 포함한다. 발신자, 수신자 그리고 "A가 B에게 인사합니다(χαίρειν)"와 같은 형태의 인사말이다. 이 인사말은 기원전 3세기부터 기원후 3세기까지 표준적인 형식이었다. 비록 "B에게 A로부터 인사합니다"와 같은 문형도 발견되지만 말이다.[21]

바울은 일반적으로 편지를 시작할 때 이 세 요소를 약간의 수정과 함께 모두 포함시킨다.[22] 여기서 세 가지 주목할 점이 있다. 첫 번째는 바울이 일반적으로 그의 편지의 공동 저자 또는 공동 발신자로서 다른 사람들을 언급한다는 사실이다. 로마서와 에베소서 그리고 목회 서신만이 공동 발신자를 언급하지 않는다. 고린도전서는 소스데네를 열거했고, 고린도후서는 디모데를, 갈라디아서는 모든 형제를(특정한 칭호는 없지만),

---

21 (다른 부분과 함께) 편지 서두에 관한 고전적인 연구는 F. X. J. Exler, *The Form of the Ancient Greek Letter of the Epistolary Papyri (3rd c. BC-3rd c. AD): A Study in Greek Epistolography* (repr. Chicago: Ares, 1976 [1923]), 23-68이다.

22 다른 고대의 그리스 편지들과 바울의 서두를 비교한 좀 더 자세한 분석은 S. A. Adams, "Paul's Letter Opening and Greek Epistolography," and P. L. Tite, "How to Begin, and Why? Diverse Functions of the Pauline Prescript within a Greco-Roman Context," both in *Paul and the Ancient Letter Form* (ed. S. E. Porter and S. A. Adams; PAST 6; Leiden: Brill, 2010), 33-55과 57-100을 보라.

빌립보서와 골로새서는 디모데를, 데살로니가전후서는 실라와 디모데를 그리고 빌레몬서도 디모데를 언급한다. 여기서 질문은 왜 바울이 공동 발신자를 기록했는가 하는 점이다. 이 사람들도 저자인가? 그렇다면 이 서신들을 바울과 다른 저자들(특별히 디모데)의 서신으로 분류해야 할까? 학자들은 대부분 바울 특유의 목소리가 바울 서신에 나타나기 때문에 이 사람들을 바울과 함께 동등하게 편지를 기록한 공동 저자로 보지는 않는다. 대신에 학자들은 이 사람들을 공동 저자보다는 공동 발신자로 본다고 말하는 것이 적절하다. 바울은 오랫동안 함께한 동료인 디모데 및 실라와 같은 이들을 서두에 언급함으로써 아마도 그가 전하는 복음이 단지 자신의 것만은 아니라는 사실을 알리고, 자신이 말하는 내용이 곧 하나의 기독교 공동체가 또 다른 기독교 공동체에 말하고 있는 것임을 보여주려고 의도했을 것이다. 사도행전과 바울 서신에서 디모데도 편지 전달자로 종종 등장하기 때문에 편지의 서두에 이를 명시하는 것은 편지 전달자의 권위를 세우는 데 아마 도움이 되었을 것이며, 이 편지 전달자는 수신자들 앞에서 편지를 읽을 책임이 있었을 것이다. 당시에 어떤 사람들은 편지를 직접 읽었겠지만, 고대 세계에서 편지는 대부분 큰 소리로 낭독되었고 이런 이유로 대부분의 읽기는 공동 행위의 성격을 가졌다(골 4:16).[23] 겨우 15에서 20퍼센트의 사람들만이 문자를 읽을 수 있었기 때문에,[24] 사실상 편지를 포함한 대부분의 신약 저작들은 교회에서 큰 목소

---

[23] 이 문제에 대해서는 S. E. Porter and A. W. Pitts, "Paul's Bible, His Education, and His Access to the Scriptures of Israel," *Journal of Greco-Roman Christianity and Judaism* 5 (2008): 9-40, 특히 31-34을 보라.

[24] W. V. Harris, *Ancient Literacy* (Cambridge, MA: Harvard University Press, 1989), 16-46 을 보라. Harris의 최소주의적 추측은 그리스-로마 사회의 읽고 쓰는 문화에 비추어 새롭게 재연구가 이루어지고 있다. M. Beard, ed., *Literacy in the Roman World* (Journal of Roman Archaeology Supplement Series 3; Ann Arbor: University of Michigan, 1991) 와 Beard의 책에 있는 다른 논문들을 보라. A. Millard, *Reading and Writing in the Time*

리로 낭독되었을 것이다. 로마서와 에베소서에 공동 발신자가 없다는 점도 눈여겨볼 만한데, 아마도 그 이유는 이 두 편지가 다른 바울 서신과는 다른 정황에서 기록되었기 때문일 것이다. 로마는 바울이 아직 방문한 적이 없던 곳이었으므로 바울의 영향권에서는 떨어져 있었다(바울은 아마도 골로새도 방문한 적이 없었겠지만, 골로새는 바울의 영향권 내에 있던 곳이었다). 에베소서는 특정한 교회가 아닌 아시아에 있는 많은 교회에 보낸 편지였을 것이다. 목회 서신 역시 공동 발신자가 없지만, 정말 그 편지들이 진짜 바울의 편지였고 두 명의 최측근인 디모데와 디도에게 보낸 것이었다면 공동 발신자가 굳이 필요하지 않았을 것이다.

바울 서신의 서두가 지닌 두 번째 특징은 바울이 발신자 혹은 수신자에 대해 좀 더 자세히 설명하고 있다는 점이다. 예를 들어 로마서 1:1-6에서 바울은 발신자의 호칭을 확장한다. 바울은 자신에 대해 하나님의 복음을 위해 택정함을 입었다고 설명하고 그 복음의 본질을 예수 그리스도와의 관계에 초점을 맞추어 길게 상술한다. 고린도전서 1:2에서는 수신자의 호칭을 좀 더 길게 설명하는데, 고린도에 있는 하나님의 교회를 "거룩해지고 성도라고 부르심을 받은 자들"이라고 규정한다. 고대 세계에서는 편지의 발신자와 수신자의 직함이나 사회적 위치에 대한 호칭을 말하는 것이 일반적이었지만, 바울이 사용한 것과 같은 성격의 확장은 바울 시대 이전에는 실제로 알려지지 않은 것이다.

바울 서신의 서두가 지닌 세 번째 특징은 바울이 전통적인 방식의

---

of Jesus (Sheffield: Sheffield Academic, 2000); R. Bagnall, *Everyday Writing in the Graeco-Roman East* (Berkeley: University of California Press, 2011); S. E. Porter and B. R. Dyer, "Oral Texts? A Reassessment of the Oral and Rhetorical Nature of Paul's Letters in Light of Recent Studies," *Journal of the Evangelical Theological Society* 55.2 (2012): 323-41을 보라.

인사말을 확실히 수정했다는 점이다. 모든 바울 서신은 동사형인 "문안하다"(χαίρειν)가 아니라 "은혜"(χάρις)와 "평강"(εἰρήνη)과 같은 단어가 사용되며, 디모데전후서에서는 "자비"(ἐλεημοσύνη)라는 단어가 함께 등장한다. 학자들은 바울이 왜 "평강"이라는 단어를 넣었는지에 대해 지속적인 관심을 기울이고 있다.[25] "은혜"라는 단어는 "문안하다"라는 단어의 동족어이기 때문에 바울이 표준적인 전통에 근거한 인사말을 사용하고 있다는 것을 쉽게 알 수 있다. 어떤 이들은 바울이 히브리어 단어인 샬롬(*shalom*)의 번역어인 "평강"을 포함한 것을 두고, 이것이 바울이 그리스와 유대교 요소를 자신의 편지에 통합한 것을 반영한다고 제안하기도 한다. 따라서 이는 십자가에 달렸다가 부활하신 그리스도에 대한 메시지를 전하는 이방인의 사도로서 바울의 사역이 갖는 본질을 보여주고 있다고 주장한다. 그러나 이 인사는 당대의 그리스어로 기록된 다른 유대 편지 어디에서도 발견되지 않기 때문에(샬롬은 히브리어 표현이지만 "은혜와 평강"은 그렇지 않다), 바울이 정말로 그런 의도를 가졌는지는 의문의 여지가 있다. 하지만 이것은 바울이 편지의 서두를 신학적으로 다뤘거나 기독교화했다는 점을 축소하려는 것은 아니다. 은혜는 죄인들을 향한 하나님의 자비로운 호의이고, 평강은 죄인이 하나님과 화해하는 상태다(참조. 롬 1:1-7).[26] 어쨌든 바울 서신의 서두는 뚜렷이 구별되며 사도 바울의 사상이 시작되는 지점이라고 할 수 있다.

---

25   다음을 보라. S. E. Porter, "Peace, Reconciliation," in *DPL* 695-99 at 699. 4장 단락 2D 를 보라.

26   J. Moffatt, *Grace in the New Testament* (London: Hodder & Stoughton, 1931); Porter, Καταλλάσσω, 154을 보라.

B. 감사

많은 그리스-로마 편지에서는 서두 다음에 건강을 기원하는 부분이 나오고 감사의 기도나 말이 수신자의 안녕을 위해 제시된다. 이집트의 파피루스에서는 이 기원이 구체적으로 이집트의 여러 신 중에 세라피스 (Serapis)와 같은 신에게 드려진다. 마찬가지로 바울은 감사라는 단어의 동사형(εὐχαριστέω)으로써 자신의 감사에 대한 이유를 하나님께 표현하는 정형화된 문구를 종종 사용한다(예. 롬 1:8; 고전 1:4; 엡 1:16; 빌 1:3; 골 1:3; 살전 1:2; 살후 1:3; 몬 4절).[27] 여기서 바울은 다시 한번 그리스-로마 편지 형식의 전통을 받아들이고 자신의 목적을 위해 그것을 개작함으로써 감사를 좀 더 발전시킨다. 바울은 이를 기도 문구로 편지에 넣었는데, 여기서 바울은 자신이 수신자들을 위해 중보 기도를 한다고 언급하거나(롬 1:9-10; 빌 1:9-11), 정형화된 기억 문구를 사용하여 자신이 편지의 수신자들을 기억하고 있다고 언급하기도 한다(빌 1:3; 몬 4절). 그러나

---

27   바울의 감사 및 다른 감사에 대해서는 다음을 보라. P. Schubert, *The Form and Function of the Pauline Thanksgivings* (Berlin: Töpelmann, 1939); P. T. O'Brien, *Introductory Thanksgivings in the Letters of Paul* (NovTSup 49; Leiden: Brill, 1977); J. T. Reed, "Are Paul's Thanksgivings 'Epistolary'?" *JSNT* 61 (1996): 87-99; P. Arzt, "The 'Epistolary Introductory Thanksgiving' in the Papyri and in Paul," *NovT* 36 (1994): 29-46, to whom Reed responds; D. W. Pao, *Thanksgiving: An Investigation of a Pauline Theme* (New Studies in Biblical Theology 13; Downers Grove, IL: InterVarsity, 2002), 특히 17-19; and Pao, "Gospel within the Constraints of an Epistolary Form: Pauline Introductory Thanksgivings and Paul's Theology of Thanksgiving," P. Arzt-Grabner, "Paul's Letter Thanksgiving," and R. F. Collins, "A Significant Decade: The Trajectory of the Hellenistic Epistolary Thanksgiving," all in *Paul and the Ancient Letter Form* (ed. S. E. Porter and S. A. Adams; PAST 6; Leiden: Brill, 2010), 101-27, 129-58, and 159-84. 참조. G. P. Wiles, *Paul's Intercessory Prayer: The Significance of the Intercessory Prayer Passages in the Letters of Paul* (SNTSMS 24; Cambridge: Cambridge University Press, 1974). Wiles는 편지의 다른 부분과 함께 감사 기도를 분석한다.

이 요소들은 감사의 일부로 고려되어야 한다. 감사 단락에서 바울은 신들(gods)에게 감사하지 않고 편지의 수신자들에게 그리고 그들에게 은혜를 주신 바로 그 하나님께 감사를 드린다. 이 감사 단락은 갈라디아서를 제외하고 바울이 교회에 보낸 모든 편지에 있다. 갈라디아서는 감사 단락이 없으므로 편지의 서두에서 본론으로 자연스럽게 넘어가지 못하며, 여기서 바울은 수신자들이 너무 쉽게 부르심을 저버리는 것에 대해 놀라움을 표시한다.[28] 반대로 데살로니가전서는 데살로니가의 그리스도인들에 대한 바울의 감사로 가득하다. 몇몇 학자는 데살로니가전서가 하나의 긴 감사 편지라고 말할 정도인데, 그들은 편지의 3/5이 감사로 구성되어 있다고 본다(8장 단락 2E를 보라). 그러므로 바울이 이 부분에서 기쁨과 환희를 표현하는 정형화된 문구를 사용했다는 점은 전혀 놀랍지 않다(예. 빌 1:3-6; 살전 1:2-10).

바울의 감사 단락에 관해서는 두 가지 특징을 여기서 언급할 필요가 있다. 첫째는 많은 학자가 바울이 감사 단락에서 건강을 기원하는 전통을 빌려서 기독교적인 감사로 개작했을 뿐만 아니라 편지의 본론에서 논의될 주제를 미리 알려주는 중요한 목적을 위해 이 감사 단락을 이용했다고 생각한다는 것이다. 이런 분석은 어느 정도 사실인 동시에 한계점도 가지고 있다. 데살로니가전서로 다시 예를 들면 이 편지의 감사 단락에서(살전 1:2-10), 바울은 데살로니가 사람들의 수고와 그들이 행한 것에 대해 언급한다. 그것은 데살로니가 교인들이 바울과 주님의 모방자가

---

28   R. E. van Voorst, "Why Is There No Thanksgiving Period in Galatians? An Assessment of an Exegetical Commonplace," *JBL* 129.1 (2010): 153-72을 보라. Voorsts는 갈라디아서가 감사 단락을 의도하지 않았을 것이라고 주장한다. 하지만 감사 단락이 있든 없든 본문상의 전환은 조화롭지 못하며, 일반적인 편지에서 볼 수 있는 전환에 사용되는 요소들이 없다. 전환에 관한 논의는 F. F. Bruce, *The Epistle to the Galatians* (NIGTC; Grand Rapids: Eerdmans, 1982), 79-80을 보라.

되었고, 모든 마게도냐와 아가야의 본이 되었으며, 그리스도의 재림을 기다렸다는 것이다. 이 주제들은 다양한 방식으로 편지의 나머지 부분에서 발전된다. 데살로니가전서 2:1-16에서는 그들의 행위가, 3:6-10에서는 그들이 모방자가 되었다는 점이, 4:1-12에서는 본이 되었다는 점이, 5:1-11에서는 그리스도의 재림에 관한 내용이 제시된다. 그러나 고린도전서 1:7에서 영적인 은사와 종말론이 언급되지만, 이는 고린도전서에서 다뤄지는 수많은 주제 가운데 단 두 가지 주제일 뿐이다.[29] 어느 정도의 상관관계가 있을 수는 있겠지만 편지의 본론에서 다뤄질 주제 가운데 일부는 나타나지 않기 때문에 완벽하게 상관관계가 있다고 볼 수는 없다. 감사 단락은 바울과 특정 교회의 관계에 대한 일반적인 지향점을 제시하고 있으며, 이 관계가 편지의 나머지 부분에서 발전되고 있다고 보는 것이 더 적절할 것 같다. 바울의 감사 단락이 지닌 두 번째 특징은 수신자들의 건강을 보존해준 신들에게 그들이 한 일에 대해 감사를 드리는 기존의 전통을 수신자들을 향한 하나님의 신실하심에 대한 감사로 변경시켰다는 점이다(예. 빌 1:3-8). 편지를 받는 교회를 위한 중보 기도도 이 감사 단락에 등장하는 경향이 있다(예. 골 1:3).

C. 본론

바울 서신의 본론은 그리스-로마의 편지 형식과 관련된 영역 중 가장 연구가 미진한 부분인데, 아마도 그 이유는 그리스-로마의 편지 본론 역시

---

29   J. Bailey and L. D. Vander Broek, *Literary Forms in the New Testament* (London: SPCK, 1992), 24을 보라. 이 책의 저자들은 바울이 자기 생각을 감사 단락에서 "무언의 암시"(telegraphs)로 보내고 있다고 주장한다.

연구가 비중 있게 이루어지지 않았기 때문일 것이다.[30] 편지의 본론은 아주 다양한 목적을 가진 연구들을 요청하기 때문에 형식적이고 기능적인 특징들에 관해서는 상대적으로 연구가 부족할 수밖에 없었을 것이다. 바울이 기록한 편지에서 본론은 한두 가지의 일반적인 주제에 관심을 두는 경향이 있다. 첫 번째는 기독교 교리(Christian doctrine)라고 부를 수 있는 주제다. 로마서와 갈라디아서 그리고 고린도전서와 같은 편지의 본론은 바울의 중요한 신학적 범주를 개괄하고 발전시키는 경향이 있는데, 이런 주제는 인류의 죄성, 칭의, 화목, 기독교적 연합, 율법, 믿음, 은혜의 역할 같은 것들이다. 두 번째 일반적인 주제는 바울 자신의 상황인데, 특별히 그가 기록하고 있는 교회와의 관계에 관한 것이며, 이는 그리스-로마 세계에서 우정을 위해 작성된 편지와 유사점이 있다. 고린도전후서와 마찬가지로 빌립보서도 이런 편지의 좋은 예가 된다. 빌립보서에서 바울은 자신의 투옥 상황을 이야기하는데, 특별히 그의 개인적 배경과 관련하여 그가 자신의 사역을 어떻게 여기고 있는지와 빌립보인들은 이에 어떻게 응답해야 하는지를 논한다. 빌립보서 역시 중요한 신학적인 개념을 발전시키고 있는데(예. 빌 2:6-11), 이는 우리가 그리스도를 본받아야 한다는 것이며, 바울 자신이 그 예가 되기 위해 노력하고 있다는 것이다(빌 3:14).

다른 고대의 편지들과 마찬가지로 바울 서신의 본론은 시작, 중간 (혹은 실질적인 본론), 마무리, 이렇게 세 부분으로 나뉜다. 세 부분이 모두 편지의 본론이 다루는 문제와 관련되지만, 그 문제를 소개하고 결론

---

30 바울 서신의 본론과 관련된 문제에 관한 유익한 논의는 T. W. Martin, "Investigating the Pauline Letter Body: Issues, Methods, and Approaches," in *Paul and the Ancient Letter Form* (ed. S. E. Porter and S. A. Adams; PAST 6; Leiden: Brill, 2010), 185-212을 보라. Exler, *Form of the Ancient Greek Letter*, 101-32; White, *Body of the Greek Letter*도 보라.

을 내리는 데 있어서는 서로 다른 기능을 한다. 바울은 본론에 있는 여러 부분을 구분하고 그 다양한 개념의 중요성을 환기시키기 위해 다수의 정형화된 문구를 사용한다. 예를 들면 바울은 종종 본론의 시작에서 몇 가지 정형화된 문구를 사용한다. 하나는 청원 또는 호소의 문구로, "격려하다"(παρακαλέω)라는 동사 형태로 등장한다. 바울은 자신의 편지에서 이 동사를 정형화된 문구로 열아홉 번 사용했는데(예. 고전 4:16; 16:15; 몬 8, 10절), 대개 감사 단락에서 편지의 본론으로 전환할 때 사용하지만(예. 고전 1:10), 때로는 다른 전환을 위해 사용하기도 한다.[31] 바울은 공개 문구(disclosure formulas)도 사용하는데, 이는 다른 헬레니즘 편지에서도 발견되는 것이다.[32] 공개 문구는 일반적으로 "나는 너희가 알기를 원하노니"(I want you to know) 또는 "나는 너희가 알지 못하기를 원하지 아니하노니"(I don't want you to be ignorant)와 같은 구문인데, 이 부분은 발신자가 수신자들이 알아야 한다고 생각하는 몇 가지 생각을 기록한다. 공개 문구는 주로 편지 본론의 시작 부분에 등장한다(예. 롬 1:13; 고후 1:8; 살전 2:1; 빌 1:12; 갈 1:11). 게다가 바울은 때때로 놀람의 표현을 사용하기도 한다(예. 갈 1:6). 공개 문구는 수신자가 언급된 정보를 이미 알고 있을 것이라고 발신자가 기대하고 있음을 가리키지만, 이 놀람의 표현은 수신자가 행동하거나 말하는 것에 발신자가 전적으로 반대한다는 것을 의미한다(일반적으로 이 부분은 이미 공개된 것들이다). 바울은 순종 문구(compliance formulas)도 사용하는데, "내가 이미 말한 바대로"(예. 갈 1:9,

---

31 Weima, *Neglected Endings*, 145-48을 보라.

32 특별히 언어학적 관점에서 바울의 공개 문구에 대한 좀 더 자세한 논의는 S. E. Porter and A. W. Pitts, "The Disclosure Formula in the Epistolary Papyri and in the New Testament: Development, Form, Function, and Syntax," in *The Language of the New Testament: Context, History, and Development* (ed. S. E. Porter and A. W. Pitts; ECHC 3/LBS 6; Leiden: Brill, 2013), 421-38을 보라.

13-14)와 같이 수신자들에게 어떤 행위에 대한 의무를 부가한 것을 다시 언급할 때 사용한다.

본론의 마무리 역시 많은 문구를 가지고 있다. 본론의 시작은 이미 알려진 사실 또는 전제하는 정보를 소개하기 위해 구성되지만, 본론의 마무리 문구는 발신자가 본론에서 언급한 주장을 함께 엮을 수 있게 도와주고 편지의 본론 부분을 마무리하기 위해 구성된다. 예를 들면 바울은 종종 확신 문구(confidence formula)를 사용하곤 하는데, 이를 통해 그의 수신자들이 그가 말한 바를 잘 이해할 것이며 그에 따라 적절히 행동할 것이라는 확신을 표현한다(예. 롬 15:14; 고후 7:4, 16; 9:1-2; 갈 5:10; 살후 3:4; 몬 21절). 그는 종말론적 결론도 사용하는데, 이는 바울이 언급한 바를 좀 더 폭넓은 체계에 위치시키며, 이 체계에서 수신자 및 발신자의 모든 행위는 그리스도의 임박한 재림에 비추어 나타난다(예. 롬 8:31-39; 11:25-26; 고전 4:6-13; 갈 6:7-10; 빌 2:14-18; 살전 2:13-16). 바울은 진정한 그리스도인의 행위와 믿음을 위한 중요한 동기로서 그리스도의 임박한 재림에 대한 초기 그리스도인의 믿음에 호소한다. 그 이유는 그리스도의 재림 때 아무도 바울이 제시하고 있는 이 권면에서 벗어나지 않기를 원하기 때문이었다. 또 바울은 편지 본론의 마지막 부분에 여행기(travelogue)를 사용한다(예. 살전 2:17-3:13). 이것은 로버트 펑크(Robert Funk)가 "사도적 파루시아"(apostolic parousia) 또는 사도적 현존이라고 특징지은 부분이다.[33] 바울은 편지를 쓰는 이유 또는 수신자들에게 사절

---

33 R. W. Funk, "The Apostolic Parousia: Form and Significance," in *Christian History and Interpretation: Studies Presented to John Knox* (ed. W. R. Farmer, C. F. D. Moule, and R. R. Niebuhr; Cambridge: Cambridge University Press, 1967), 249-68. Funk가 공식적인 범주를 파악하려고 노력했지만, 사실 사도적 현존은 기능적 전통으로 보는 것이 더 적절하다. 참조. M. M. Mitchell, "New Testament Envoys in the Context of Greco-Roman Diplomatic and Epistolary Conventions: The Example of Timothy and Titus," *JBL* 111

을 보내거나 수신자들을 직접 방문하는 의도를 말하고 있다. 실제로 바울의 편지는 일시적으로나마 사도(또는 그의 임명받은 대표자들)의 존재에 대한 대체물이다. 이는 어느 정도의 압박을 그의 수신자들에게 지움으로써 사도 자신이나 그의 대리자들이 수행할 임박한 방문을 계기로 그들의 믿음과 행위를 돌아보게 하려는 것이다. 사도의 계획을 요약하여 제시하는 여행기는 일반적으로 본론의 마지막 부분이나 권면에 등장하지만(롬 15:14-33; 몬 21-22절; 고전 4:14-21; 살전 2:17-3:13; 고후 12:14-13:13; 갈 4:12-20; 빌 2:19-24), 반드시 결말 부분에서만 발견되는 것은 아니다(롬 1:10; 고전 4:21; 빌 2:24).

D. 권면

편지의 권면 단락은 아마 정의하기가 가장 어려운 부분일 것이다. 그 이유는 권면 단락이 다른 부분들처럼 쉽게 분간할 수 있는 일정한 특징이 나타나지 않기 때문이다. 다른 부분들은 일반적으로 형식상의 특징을 통해 분간할 수 있으며, 또 그것들을 구별할 수 있게 하는 기능적 특징들도 존재한다. 권면 단락은 어떤 형식상의 특징에 의존하기보다는(때로 격려의 단어들이 포함되기도 하지만) 오히려 편지의 구조 안에서 내용과 위치에 좀 더 의존한다고 볼 수 있다.[34] 바울의 편지 전반에 걸쳐 권면 단락이

(1992): 641-62. Mitchell은 Funk의 결론에 의문을 제기한다.

34 몇몇 학자는 본론에서 권면 부분으로 넘어가는 것을 직설적 명령법의 관점과 동일시하려고 노력한다. 이렇게 윤리적 구조에 가장 잘 맞아떨어질 수 있도록 명시적인 문법적 증거를 찾고자 했던 노력의 역사는 Bultmann이 가장 크게 촉발한 것으로 보인다. Rudolf Bultmann, "The Problem of Ethics in Paul," in *Understanding Paul's Ethics: Twentieth Century Approaches* (ed. B. S. Rosner; Grand Rapids: Eerdmans, 1995), 195-217, 이것은 원래 독일어로 1924년에 출판되었다. 영어권 학자 가운데서는 Victor Paul

당연히 존재하지만, 이는 그리스도인의 행위에 관한 훈계들을 하나로 모아 요약한 방식으로 편지의 거의 마지막(또는 적어도 본론 다음)에 등장한다. 편지의 본론이 교의(dogma)나 교리(doctrine) 또는 사도 자신의 운명에 대한 논의를 다루는 반면, 바울 서신의 권면 부분은 그리스도인의 행위를 다루고 있으며, 어떤 경우에는 상대적으로 상관관계가 약한 일련의 훈계들이 나열되기도 한다. 바울의 편지가 세 부분으로 나뉜다고 주장하는 이들은 권면 단락을 본론의 끝에 포함하지만, 나는 이 부분이 별개의 부분이며 편지의 본론에서 충분히 분리될 만큼 잘 발전되었다고 본다. 권면 부분은 어떤 공식적인 표식에 의존하기보다는 그리스-로마 세계에 알려진 행위적 훈계의 모델을 종종 차용한다. 이 부분은 전통적인 형태의 다양한 도덕적 가르침, 도덕적 격언, 미덕과 악덕 목록, 가정 규약 등을 통해 무엇이 적절한 그리스도인의 행위인지를 말하고 있다(예. 엡 5:21-6:9; 골 3:18-4:1).

편지의 본론과 권면 부분을 구분하는 이유 가운데 하나는 새롭거나 발전하는 종교 운동으로서의 당대의 기독교에서 권면이라는 요소가 갖는 중요성 때문이다. 사실 당시의 사람들에게는 교리와 관련된 것뿐 아

Furnish, *Theology and Ethics in Paul* (Nashville: Abingdon, 1968)에 의해 가장 잘 알려진 것 같다. 이 용어뿐만 아니라 그것이 나타내는 많은 것이 문법적으로 정당화되지 못하므로 거부되어야 하고 잠재적으로 개념적인 오도라고 볼 수 있다. 이것은 바울이 신학에서 윤리로 나아가는 일에 무관심했다는 것을 의미하지 않는다. 물론 그는 당연히 이 일에 관심을 가졌다. 그러나 여기서 의미하는 바는 직설적 명령법의 용어가 그것을 명확히 하거나 서술하는 방식이 아니라는 말이다. 이 문제에 관한 최근의 정당한 진술은 V. Rabens, "Indicative and Imperative' as the Substructure of Paul's Theology-and-Ethics in Galatians? A Discussion of Divine and Human Agency in Paul," in *Galatians and Christian Theology: Justification, the Gospel, and Ethics in Paul's Letter* (ed. M. W. Elliott et al.; Grand Rapids: Baker, 2014), 285-305을 보라. Rabens는 최근의 문학을 조사한다. 이 주제와 관련한 최근의 학문적 시도에 대해서는 D. G. Horrell, *Solidarity and Difference: A Contemporary Reading of Paul's Ethics* (London: T&T Clark, 2005)를 보라.

니라 그것을 어떻게 실천할 수 있을지에 대해서도 많은 궁금증이 있었을 것이다. 여기서 편지를 기록하는 것은 온전한 그리스도인의 행위와 삶의 방식을 알리는 데 있어서 중요한 수단이었다고 할 수 있다. 바울은 다양한 출처로부터 권면에 쓰일 내용을 가져오는데, 구약성경, 당대의 유대교적 사고, 그리스-로마적 사고 그리고 헬레니즘의 도덕 전통이 이에 속한다.[35] 가장 잘 알려진 바울의 권면 부분은 로마서 12:1-15:13, 고린도전서 5:1-16:12, 갈라디아서 5:13-6:10, 데살로니가전서 4:1-5:22이다.[36] 잠재적으로 논쟁의 여지가 있는 권면 부분은 데살로니가전서 4:1-5:22이다(이것 역시 바울의 권면 부분의 성격을 어떻게 이해할지에 대한 좋은 예를 제공한다). 바울은 데살로니가인들이 어떻게 살아야 하고 어떻게 하나님을 기쁘시게 해야 할 것인지에 대해 이미 가르침을 받았다고 언급하면서 이 부분을 시작하며(편지의 본론인 살전 2-3장을 언급하는 것이거나 아니면 이 부분과 함께 바울이 데살로니가에 상주하는 동안 제공한 가르침을 말한다), 이제 그 방식으로 살아갈 수 있도록 독려하고 있다. 그의 첫 번째 일련의 지침들은 거룩한 삶을 살아야 할 필요성에 관한 것이며(성화; 4장 단락 3D을 보라), 두 번째 지침들은 주님의 오심에 관한 지식을 토대로 어떻게 다른 이들을 격려하고 세울 수 있는지에 대한 근거를 제공하는 것이며, 세 번째와 마지막은 어떻게 서로를 대할 것인지에 대한 다양한 권면이다. 데살로니가전서 4:13-5:11에 몇 가지 새로운 지침이 있을 수 있지

---

35 다른 한편으로 바울은 그의 편지에 있는 권면 부분과 관련하여 일종의 혁신가로도 여겨져야 한다. 참조. A. W. Pitts, "Philosophical and Epistolary Contexts for Pauline Paraenesis," in *Paul and the Ancient Letter Form* (ed. S. E. Porter and S. A. Adams; PAST 6; Leiden: Brill, 2010), 269-306.

36 바울의 권면에 대해 더 알기 위해서는 Y. C. Whang, "Paul's Letter Paraenesis," in *Paul and the Ancient Letter Form* (ed. S. E. Porter and S. A. Adams; PAST 6; Leiden: Brill, 2010), 253-68을 보라.

만, 여기서 지침으로 제공되는 것이 무엇이든 교리나 지침의 목적보다는 권면의 동기가 크다. 데살로니가의 그리스도인들은 이 권면을 토대로 다른 이들을 격려하도록 가르침을 받는다(8장 단락 2E를 보라). 반대로 데살로니가후서 2:1-12은 주의 재림과 관련하여 앞과 다소 비슷한 정보처럼 보이는 부분이고 의문의 여지 없이 권면의 결과를 갖긴 하겠지만, 이 본문의 기본적인 목적은 불법의 사람에 관한 정보와 그에 대한 지침을 제공하는 것이다(바울은 이 지침의 결과로서 어떤 권면도 언급하지 않는다는 점을 기억하라). 따라서 2:1-12은 편지의 본론에 포함된다. 바울의 권면이 갖는 중요성에 대한 인식은 바울이 어떻게 그의 신학적 논의를 자신의 편지에서 빚어가고 있는지를 이해하는 것이 핵심이다. 그는 그리스도인의 행위를 격려하지 않은 채 단순한 지침만을 제시하지 않는다.

E. 맺음말

바울은 편지의 맺음말에서 다른 부분들보다 그리스-로마의 편지 형식에 구애받지 않는 것 같다. 전형적인 헬레니즘의 편지는 건강을 기원할 수 있고, 때로 명령으로 마무리할 수 있으며, 작별의 말과 "안녕"(ἔρρωσο 또는 복수형 ἔρρωσθε)이라는 단어를 사용하기도 한다.

　바울의 편지에서 맺음말은 다음과 같은 요소들로 구성될 수 있었다. 바울은 일반적으로 다수의 사람들에게 인사하거나 자신과 함께하는 이들과 함께 수신자들에게 인사말을 전한다. 가장 긴 인사는 로마서에서 찾아볼 수 있지만(롬 16:3-23), 다른 편지들에도 인사의 목록들이 있다(고전 16:19-21; 고후 13:12-13; 빌 4:21-22; 살전 5:26; 몬 23-25절). 또 바울은 편지의 마지막에 송영을 자주 포함시킨다(갈 1:5에서처럼 앞부분에 포함되기도 한다). 이 송영은 하나님께 찬양하고 영광을 돌리는 언어를 종종 내포한다(예. 롬 16:25-27; 빌 4:20; 살전 5:23). 바울은 축도도 이 부분에 넣었는데, 이 축도는 은혜의 축도인지 평강의 축도인지에 따라 몇 가지 다른 형태를 취한다. 어느 경우든 축도는 (1) 수신자들에게 은혜와 평강을 전달하는 것으로 시작하여 (2) 축복을 하나님 덕분으로 돌리는 것으로 이어지며 (3) 그 축복을 수신자들에게 향하게 함으로써 마무리된다(롬 15:33; 16:20; 고전 16:23; 고후 13:14; 갈 6:18; 빌 4:23; 살전 5:28; 몬 25절). 바울은 종종 거룩한 입맞춤으로 서로 인사하라고 말한다(롬 16:16; 고전 16:20; 고후 13:12; 살전 5:26).[37]

어떤 이들은 감사 단락과 마찬가지로 맺음말에 편지의 중요한 아이디어가 간략히 요약되어 있다고 주장한다. 편지에서 제시된 몇몇 개념이 맺음말에서도 요약되어 나타나는 일이 종종 있긴 하지만, 이것이 결말이 가진 가장 중요한 기능은 아닌 것 같다. 편지의 맺음말은 단순히 서신을 마무리하는 역할을 하는데, 이미 말한 것에 덧붙이거나 그것을 요약하는 것이 아니라 마무리에 적합한 단어들을 제시한다. 이런 단어들은 다른 그리스-로마 편지에서 사용되는 것과 유사하지만, 바울은 다시 한번 맺음말을 신학화하고 기독교화한다. 이를 위해 그는 자신의 수신자들에게 다음과 같은 두 방향의 맺음말을 남긴다. 즉 한편으로 찬송과 영광을 하나님께로 돌리며(롬 16:25-27, 그러나 10장 단락 2E2에서 이 맺음말이 지닌 본문상의 난제를 보라), 다른 한편으로 은혜 혹은 평강이 수신자들 위에 있

---

37 바울 서신의 맺음말의 특징에 대해서는 H. Gamble Jr., *The Textual History of the Letter to the Romans: A Study in Textual and Literary Criticism* (Studies and Documents 42; Grand Rapids: Eerdmans, 1977), 56-83과 Weima, *Neglected Endings*, 78-152을 보라. Weima는 바울 서신의 맺음말에 계속 등장하는 여섯 가지 서신 전통을 파악한다. 즉 평강, 축복, 권면 부분, 인사, 서명, 은혜의 축도다. J. A. D. Weima, "Sincerely, Paul: The Significance of the Pauline Letter Closings," in *Paul and the Ancient Letter Form* (ed. S. E. Porter and S. A. Adams; PAST 6; Leiden: Brill, 2010), 307-45.

기를 기원한다(고후 13:14).

4. 바울의 대필자 사용

대필자 또는 서기는 고대 세계에서 공공 문서와 사적 문서를 기록할 때 광범위하게 이용되었다.[38] 그들의 훈련과 실력은 다양했으며, 그들에게 돈을 지급하는 사람의 능력이 제공되는 서비스의 질을 종종 좌우했다. 상당히 많은 사람이 글을 쓸 수 있는 능력이 없었기 때문에, 어떤 파피루스들은 소위 문맹 문구(illiteracy formula)라고 불리는 것을 첨부하기도 했다. 예를 들어 파피루스의 마무리 부분에서 편지를 기록한 서기는 "X가 기록했는데, 그 이유는 Y가 글자를 모르기 때문이다"라고 언급한다.[39] 그러나 서기를 사용하는 다른 이유도 있었다. (파피루스와 같은) 재료를 사용하여 글을 기록하는 데 드는 비용 때문에, 주의를 기울여 쓰면서도 파피루스와 잉크를 가능한 한 적게 사용할 수 있는 서기를 두는 것이 훨씬 더 바람직했다. 비록 파피루스가 터무니없이 비싸거나 쉽게 사용할 수 없는 것은 아니었지만 말이다. 파피루스는 그것의 질에 따라 그리고 앞

---

[38] E. R. Richards, *The Secretary in the Letters of Paul* (WUNT 2/42; Tübingen: Mohr-Siebeck, 1991)을 보라. Richards는 아래의 논의에 대한 많은 증거를 제공한다. 참조. R. N. Longenecker, "Ancient Amanuenses and the Pauline Epistles," in *New Dimensions in New Testament Study* (ed. R. N. Longenecker and M. C. Tenney; Grand Rapids: Zondervan, 1974), 281-97; J. Murphy-O'Connor, *Paul the Letter-Writer: His World, His Options, His Skills* (Wilmington, DE: Liturgical, 1995), 8-37; M. L. Stirewalt, *Paul: The Letter Writer* (Grand Rapids: Eerdmans, 2003); and E. R. Richards, *Paul and First-Century Letter Writing: Secretaries, Composition, and Collection* (Downers Grove, IL: InterVarsity, 2004), 59-93.

[39] Harris, *Ancient Literacy*, 141. 예를 살펴보려면 P.Tebt. 104.39-40과 P.Hamb. 4.14-15 를 보라.

면(식물의 수평 방향)인지 뒷면(식물의 수직 방향)인지의 여부에 따라 균일 정도가 다른 표면에 기록해야 했기 때문에 전문적인 서기들이 매우 유용하게 이용되었다.

바울이 고대 세계의 다른 저자들과 마찬가지로 서기를 이용했다는 분명한 암시가 있다.[40] 로마서 16:22은 서기인 더디오에 대한 명백한 언급을 포함하는데, 더디오는 로마에 있는 그리스도인들에게 인사를 전한다. 다른 구절들은 바울의 서기 사용에 대해 좀 더 간접적으로 언급한다. 비록 바울이 서기를 사용하기는 했지만, 문체에 밝았던 바울은 그의 편지가 자신의 권위 아래 기록되어 전송되었다는 것을 증명하는 하나의 방식으로서 직접 펜을 들어 기록했다. 갈라디아서 6:11은 바울이 서기를 이용하고 있다는 점을 확실히 알리고 있는 것처럼 보인다. 비록 학자들 사이에서 언제 서기가 바울에게 펜을 넘겼는지에 대해서는 의견이 갈리지만 말이다. 이 구절은 바울의 손에 관심을 집중시키는데, 그 손은 훈련받지 않은 기록자 혹은 아마도 시력이 떨어지는 누군가의 손이며, 전문 서기의 글씨보다 큰 글씨로 쓴다(고전 16:21; 살후 3:17; 골 4:18, 몬 19절도 보라. 참조. 가능성이 있는 롬 16:17-23).[41]

그렇다면 서기의 역할은 정확히 무엇일까? 고대 세계에는 서기가 다양한 기능을 수행했다는 증거가 있다. 그중 하나는 받아적기인데 이는 구술되는 문장을 그대로 옮겨 적는 것이다. 헬레니즘 세계에서 속기의 한 형태가 발전했다는 강력한 증거가 있으며, 이는 서기들이 들은 것을 빠르게 받아쓰고 나중에 긴 형태로 옮겨쓰는 것을 가능하게 했다(P.Oxy.

---

40 Richards, *Paul and First-Century Letter Writing*, 81-93; and Stirewalt, *Paul: The Letter Writer*, 10-11.

41 Weima, *Neglected Endings*, 123, 221.

724를 보라. 속기로 기록된 도제 실습 계약서). 둘째로 서기들은 기록자의 저작을 편집할 수도 있었는데, 간략한 초본을 기록하거나 저자가 말하고 싶어 하는 바와 느낌을 기록한 다음 다시 각각의 단어를 기록하는 것이었다. 이 방식은 에베소서의 기록에 대한 하나의 설명이 될 수 있는데, 에베소서는 바울 서신 가운데 저작권에 대한 논쟁이 매우 격렬한 책이다. 에베소서는 골로새서와 유사할 뿐만 아니라 다른 많은 독특한 특징들을 갖고 있어서 바울의 지도를 받은 서기가 특정한 주제를 강조하면서 골로새서의 패턴을 따라 편지를 기록했을 가능성도 있다(벧전 5:12도 유사한 경우일까?). 셋째로 서기는 구체적인 표현이나 전체적인 윤곽이 제시되지 않은 상황에서 편지를 기록하도록 지침을 받았을 수도 있다. 그렇다면 서기가 직접 정확한 표현을 구상하고 편지의 의미를 제시하는 것이라고 할 수 있다. 한 가지 예를 키케로가 아티쿠스(Atticus)에게 연락이 뜸한 이들에게 편지를 쓰라고 하는 지침에서 볼 수 있다(*Epistulae ad Atticum* 3.15.8). 여기서 지시를 내린 사람이 곧 편지의 저자라고 할 수 있는데, 왜냐하면 지시를 내린 그 사람이 자신의 이름으로 된 그 글에 책임이 있기 때문이다. 물론 이 방식이 공동 저작의 형태로 여겨질 수도 있지만 말이다. 다시 말해 서기가 수행했던 기능의 범위는 상당했지만, 서기가 무엇을 행하거나 행하지 않았을지, 어떤 맥락에서 어떤 역할을 서기에게 기대했을지에 대해 구체적인 정보를 알려주는 현존하는 증거를 찾기는 힘들다.

우리는 바울이 틀림없이 그리고 자주 서기를 이용했다고 알고 있지만, 구체적으로 서기가 어떤 특정한 상황에서 얼마나 많은 역할을 했는지에 관한 질문에는 여전히 대답하기가 어렵다. 대부분의 학자들은 적어도 주요 바울 서신에서만큼은 편지 전체에 흐르는 바울 특유의 목소리가 있다는 점을 인정한다. 이는 서기들이 사실상 편지를 구성하는 데 거의 제약이 없었다는 주장에 반하는 것이다. 그럼에도 불구하고 다수의 학자가 바울의 저작권과 관련하여 이른바 논란이 있는 서신과 그렇지 않은 서신들 사이에 상당한 언어적 차이가 있음을, 심지어 신학적 차이까지도 나타남을 발견했다. 이 차이에 대한 가능성 있는 설명은 고용된 서기의 언어가 바울 자신의 언어와 맞지 않았다는 것이다. 이런 서기 가설은 바울의 저작권과 관련한 많은 문제를 설명하는 데 있어 분명히 매력적인 것이지만, 증거와 증명할 수 있는 수단이 여전히 부족하므로 무비판적으로 받아들여서는 안 된다. 현재 우리가 가진 증거를 통해 바울이 편지를 작성하는 데 있어서 서기가 어떤 역할을 했는지를 구체적으로 입증할 방법은 없다. 그러나 확실한 것은 바울을 포함하여 어떤 저자든지 일단 발신자의 서명이 이루어졌다면, 그 표현이 자신의 의도적인 선택인지 아닌지와 상관없이, 그 편지가 결과물이 되고 그 편지를 보내는 사람의 책임이 되었다는 것이다.

5. 결론

비록 바울의 편지들이 그리스-로마 세계에 있던 수많은 편지 가운데 일부일 뿐이지만, 동시에 그 편지들은 다른 것들과 구별되는 독특한 편지였으며 별도로 면밀하게 살펴볼 만한 가치가 있다. 바울의 편지들은 동시대의 편지들에 비추어볼 때 틀에 박히지 않으며 더 많은 표현의 자유와 다양성을 가지고 있다. 그 내용은 유일하게 바울만이 기록할 수 있었고, 풍부한 신학적 의미를 지닌다. 그는 교회의 구성원들 사이 또는 개인적으로 연락하는 이들과의 복잡한 관계를 당대의 일반적인 언어로 표현한다. 바울은 그의 교회들과 역동적이면서 변화하는 관계를 맺고 있었고, 교회의 지도자로서 권위 있게 그들의 상황에 관해 말할 기회를 놓치지 않았다. 이런 권위의 느낌은 그의 편지를 관통한다. 바울의 문체는 전형적인 파피루스의 그것과 달랐고 화려하게 치장한 문학적 편지의 언어도 아니었다. 그의 언어는 당시의 교회 상황을 위해 기록된 살아 있는 언어였다.

제1부 바울 전승

추가 학습을 위한 자료

기본 자료

Bailey, J. L., and L. D. Vander Broek. *Literary Forms in the New Testament: A Handbook*. Louisville: Westminster John Knox, 1992.

Deissmann, A. *Bible Studies*. Translated by A. Grieve. Edinburgh: T&T Clark, 1901.

Klauck, H.-J. *Ancient Letters and the New Testament: A Guide to Context and Exegesis*. Waco, TX: Baylor University Press, 2006.

Murphy-O'Connor, J. *Paul the Letter-Writer: His World, His Options, His Skills*. Wilmington, DE: Liturgical, 1995.

Richards, E. R. *Paul and First-Century Letter Writing: Secretaries, Composition, and Collection*. Downers Grove, IL: InterVarsity, 2004.

Roetzel, C. J. *The Letters of Paul: Conversations in Context*. 5th ed. Louisville: Westminster John Knox, 2009.

Schreiner, T. R. *Interpreting the Pauline Epistles*. 2nd ed. Grand Rapids: Baker, 2011.

심화 자료

Aune, D. E., ed. *Greco-Roman Literature and the New Testament: Selected Forms and Genres*. Atlanta: Scholars Press, 1988.

Deissmann, A. *Light from the Ancient East: The New Testament Illustrated by Recently Discovered Texts of the Graeco-Roman World*. Translated by L. R. M. Strachan. 4th ed. London: Hodder & Stoughton, 1927.

Doty, W. G. *Letters in Primitive Christianity*. Philadelphia: Fortress, 1973.

Exler, F. X. J. *The Form of the Ancient Greek Letter of the Epistolary Papyri (3rd c. BC-3rd c. AD): A Study in Greek Epistolography*. Reprinted Chicago: Ares, 1976 (1923).

Gamble, H., Jr. *The Textual History of the Letter to the Romans: A Study in Textual and Literary Criticism*. Studies and Documents 42. Grand Rapids: Eerdmans, 1977.

Horrell, D. G. *Solidarity and Difference: A Contemporary Reading of Paul's Ethics*. London: T&T Clark, 2005.

Kraus, T. J. *Ad fontes: Original Manuscripts and their Significance for Studying Early Christianity: Selected Essays*. TENT 3. Leiden: Brill, 2007.

Muir, J. *Life and Letters in the Ancient Greek World*. Routledge Monographs in Classical Studies. New York: Routledge, 2008.

O'Brien, P. T. *Introductory Thanksgivings in the Letters of Paul*. NovTSup 49. Leiden: Brill, 1977.

Porter, S. E., and S. A. Adams, eds. *Paul and the Ancient Letter Form*. PAST 6. Leiden: Brill, 2010.

Richards, E. R. *The Secretary in the Letters of Paul*. WUNT 2/42. Tübingen: Mohr-Siebeck, 1991.

Rosner, B. S, ed. *Understanding Paul's Ethics: Twentieth Century Approaches*. Grand Rapids: Eerdmans, 1995.

Weima, J. A. D. *Neglected Endings: The Significance of the Pauline Letter Closings*. JSNTSup 101. Sheffield: JSOT Press, 1994.

White, J. L. *The Body of the Greek Letter*. SBLDS 2. Missoula, MT: SBL, 1972.

_____. *Light from Ancient Letters*. FFNT. Philadelphia: Fortress, 1986.

제6장

위작성과
바울 정경의
형성

1. 서론

바울 서신과 관련된 현대의 논의에서 바울의 각 편지들이 위작인지와 관련된 논의는 피해갈 수 없다.[1] 이번 장은 바로 이 주제를 다룰 것이다. 나는 신약에서 바울의 이름으로 기록된 열세 개의 편지 모두가 바울의 친서라고 믿는다. 이 주장은 이 책의 후반부에서 개별 서신들을 다룰 때 좀 더 자세하게 드러날 것이다. 신약에는 복음서, 사도행전, 히브리서, 요한 서신과 같이 공식적으로 저자를 밝히지 않는 책들이 있다. 그러나 위작과 관련된 논의에서는 저자에 대해 분명히 밝힌 책들만이 고려 대상이다.[2] 신약 내에서는 바울 서신(특별히 현대 신학계에서 광범위하게 논의되는 것 중에 데살로니가후서, 골로새서, 에베소서 그리고 목회 서신)과 베드로

---

1   이 부분은 내가 이 중요한 주제에 대해 이전에 썼던 여러 글에 의지하고 있다. 특히 다음을 보라. S. E. Porter, "Pauline Authorship and the Pastoral Epistles: Implications for Canon," *BBR* 5 (1995): 105-23. 참조. "Pauline Authorship and the Pastoral Epistles: A Response to R. W. Wall's Response," *BBR* 6 (1996): 133-38; "Exegesis of the Pauline Letters, Including the Deutero-Pauline Letters," in *Handbook to Exegesis of the New Testament* (ed. S. E. Porter; NTTS 25; Leiden: Brill, 1997), 531-39; "The Implications of New Testament Pseudonymy for a Doctrine of Scripture," in *Interdisciplinary Perspectives on the Authority of Scripture: Historical, Biblical, and Theoretical Perspectives* (ed. C. R. Bovell; Eugene, OR: Pickwick, 2011), 236-56; and "Pauline Chronology and the Question of Pseudonymity of the Pastoral Epistles," in *Paul and Pseudepigraphy* (ed. S. E. Porter and G. P. Fewster; PAST 8; Leiden: Brill, 2013), 65-88.

2   여기서 진짜 저작권은 서기 또는 저자의 지위에 있는 사람의 직접적인 권위 아래에 있는 누군가가 쓴 글을 포함한다. Kurt Aland는 위작성(pseudonymity)이 익명성 (anonymity)에서 파생한다고 주장함으로써 위작성을 유리하게 활용한다. Aland의 다음 글을 보라. "The Problem of Anonymity and Pseudonymity in Christian Literature of the First Two Centuries," *Journal of Theological Studies* 12 (1961): 39-49; repr. in *The Authorship and Integrity of the New Testament* (London: SPCK, 1965), 1-13. 필명으로 쓴 학교 글짓기 과제나 소설은 고려 대상이 아니다. 왜냐하면 그것들은 독자들이 그 내막을 잘 아는 관습으로 받아들여지는 경우이기 때문이다. 그럼에도 불구하고 그것들은 위서들이 기록된 환경의 일부분이었다.

서신이 잠재적으로 이 논의에 포함된다.[3]

위작성(과 익명성)과 관련된 논의를 마치 성경이나 그와 관련된 문서들(예. 「에녹1서」와 같은 묵시문학)에만 국한된 것으로 보는 경향이 있다. 하지만 이것은 실제 고대 세계 전반에 걸친 주제였고, 사실 여기서 충분히 다룰 수 없을 만큼 큰 주제다.[4] 위작들은 고대 세계에 존재했고, 그중에는 편지들도 있었다. 이에 대한 증거는 적어도 두 가지로 볼 수 있다. 첫째, 초기 교회를 포함한 고대의 저자들이 위작으로 알려진 문서들에 대해 언급한다. 둘째, 위작으로 판명된 책들이 많이 발견되는데, 그중에는 플라톤 학파나 견유 학파의 편지와 같은 문학 작품들이 다수 포함되어 있다.[5] 이 장에서 나는 과연 신약에도 위작들이 존재하는지, 특히 목회 서신과 같은 바울의 편지들이 위작인지에 대해 다루려고 한다.

이 질문에 답하기 전에 고대 세계와 초기 교회에서 위작들이 어떻게 취급되었는지를 언급할 필요가 있다.[6] 위작에 관한 논의들은 종종 고

---

3   나는 여기서 베드로 서신에 대해서는 더 논의하지 않을 것이다. 야고보서, 유다서, 요한계시록은 이 논의에 포함되지 않는다. 왜냐하면 비록 이 책들이 각각 책의 이름을 통해 누구의 저작인지를 밝히고 있지만, 정확하게 특정 인물을 주장하지는 않기 때문이다. 이 책들의 저작권 문제에 관한 연구는 다음의 책들을 보라. L. M. McDonald and S. E. Porter, *Early Christianity and Its Sacred Literature* (Peabody, MA: Hendrickson, 2000), 528-31, 542, 557-58.

4   그럼에도 불구하고 이 주제의 중요성과 주요 자료에 대한 접근성을 고려해서 이 장은 다른 장들에 비해 관련 문서들을 더 자세히 제시했다.

5   L. R. Donelson, *Pseudepigraphy and Ethical Argument in the Pastoral Epistles* (HUT 22; Tübingen: Mohr-Siebeck, 1986), 특히 9-23, 23-42을 보라. 아마도 기독교 위작 서신들에 관한 증거가 적다고 보는 것이 맞을 것이다(D. A. Carson, D. J. Moo, and L. Morris, *An Introduction to the New Testament* [Grand Rapids: Zondervan, 1992], 367-68), 그러나 아래의 주장을 통해 알 수 있듯이, 이것은 (증거가 없는 것이 아니라) 단지 많이 발견하지 못했다는 의미일 뿐이다.

6   이 문제에 관한 최근의 논의를 위해 다음을 보라. 예. M. Davies, *The Pastoral Epistles* (NTG; Sheffield: Sheffield Academic, 1996), 113-17; E. E. Ellis, "Pseudonymity and Canonicity of New Testament Documents," in *Worship, Theology, and Ministry in*

대의 세속 저자들이 자신들이 다루고 있는 글들이 위작이라는 사실을 인지하고 있었다는 점에 주목한다. 예를 들어 성경 이외의 저자 가운데 수에토니우스(Suetonius)는 호라티우스(Horace)의 편지가 친서가 아니라고 묘사한다. 갈레노스(Galen)는 육십 또는 팔십 개에 달하는 히포크라테스(Hippocrates)의 텍스트 가운데 단지 열세 개만이 진짜고, 그가 쓰지 않은 글들이 히포크라테스의 원작들을 침범했다는 점을 염려했다. 필로스트라투스(Philostratus)는 디오니시우스(Dionysius)의 저작에 이의를 제기했고, 리비우스(Livy)는 누마(Numa)의 이름을 빌려 쓴 위작들이 발견되었을 때 불태웠다는 사실을 기록했다. 리시아스(Lysias)의 연설 모음집은 고대 세계에서 가장 골치 아픈 문제 중 하나였다. 420개가 넘는 글이 그의 이름으로 쓰였지만, 많은 고대인은 대부분이 진짜가 아니라는 것을 알았고, 진위를 가리려는 방편으로 다양한 목록을 고안하기도 했다. 예를 들면 한 목록은 가능한 한 많은 연설을 포함했지만, 그중 3분의 1의 진위에 대해 의문이 제기되었다.[7]

기독교계의 상황도 비슷하다. 고대의 저자들은 그들에게 알려지지 않았을 위작의 가능성에 대해 호의적으로 언급했을 수 있지만, 그런 호

the Early Church: Essays in Honor of Ralph P. Martin (ed. M. J. Wilkins and T. Paige; JSNTSup 87; Sheffield: JSOT Press, 1992), 212-24; D. A. Carson, "Pseudonymity and Pseudepigraphy," in Dictionary of New Testament Background (ed. C. A. Evans and S. E. Porter; Downers Grove, IL: InterVarsity, 2000), 857-64 (expanded upon in D. A. Carson and D. J. Moo, An Introduction to the New Testament [2nd ed.; Grand Rapids: Zondervan, 2005], 337-53); and K. D. Clarke, "The Problem of Pseudonymity in Biblical Literature and Its Implications for Canon Formation," in The Canon Debate (ed. L. M. McDonald and J. A. Sanders; Peabody, MA: Hendrickson, 2002), 440-68.

7   M. Kiley, Colossians as Pseudepigraphy (BS 4; Sheffield: JSOT Press, 1986), 18 and nn9-12를 보라. 참조. 17-23. 위에서 언급하고 인용한 일차 자료를 위해 다음을 참고하라. B. M. Metzger, "Literary Forgeries and Canonical Pseudepigrapha," JBL 91 (1972): 3-24 at 6 and passim. Metzger는 공개된 위작의 많은 예에 대해 논의한다. K. J. Dover, Lysias and the Corpus Lysiacum (Berkeley: University of California Press, 1968).

의적인 반응은 설사 있었다고 하더라도 극히 일부였고 일반적인 응답은
아니었다. 불변의 법칙은 아니지만, 일반적으로 만약 한 작품이 가짜로
판명되면, 그것은 권위 있는 저작 목록에서 제외되었다. 예를 들어 3세기
초 테르툴리아누스(Tertullian, *Baptism* 17)는 "고린도3서"(2세기 중반)의 저
자가 장로의 직에서 제명되었음을 전해준다.[8] 주교 살로니우스(Salonius)
는 디모데의 이름으로 교회에 보낸 살비아누스(Salvian)의 책자를 거부했
다.[9] 가장 잘 알려진 예는 안디옥의 주교 세라피온(Serapion)이 200년경
에 「베드로복음」(*Gospel of Peter*)을 거절한 것이다. 에우세비오스에 따르면
세라피온은 「베드로복음」이 읽히고 있다는 사실을 알고 난 후 길리기아
(Cilicia)의 로수스(Rhossus)에 있는 교회에 다음과 같이 썼다. "우리는 그
리스도를 인정하는 것처럼 베드로와 다른 사도들을 인정한다. 그러나 우
리의 경험에 비추어 우리는 그 사도들의 이름을 도용한 거짓 저작들을
거부한다. 왜냐하면 우리는 그것들을 우리의 교부들로부터 받지 않았다
는 사실을 분명히 알고 있기 때문이다."(*Ecclesiastical History* 6.12.1-6 LCL).
초기에는 크게 해가 되지 않을 것 같다는 이유로 이 복음서에 대해 관대
한 편이었지만, 신학적이고 교회론적인 이슈들에 덧붙여 무엇보다 베드
로의 저작이 아니라는 이유로 「베드로복음」은 받아들여지지 않았다.

　알려진 것처럼 기독교를 포함한 고대 세계에서 위작이라는 사실이
드러나 권위적인 모음집에서 제외되는 수단과 이유는 다양하다. 위작들

8　Carson, Moo, and Morris, *Introduction*, 368-69을 보라. 이 저자들 역시 라오디게아
　로 보낸 편지의 예를 인용한다. 무라토리 단편에 의하면 이 편지는 알렉산드리아에 보
　낸 편지와 함께 초기 교회로부터 분명히 거절당했다. G. M. Hahneman, *The Muratorian
　Fragment and the Development of the Canon* (Oxford Theological Monographs; Oxford:
　Clarendon, 1992), 196-200.

9　Donelson, *Pseudepigraphy and Ethical Argument*, 20-22; and Ellis, "Pseudonymity and
　Canonicity of New Testament Documents," 218.

을 정경에 포함하는 데 있어 우호적인 진영에서 보편적으로 주장하는 것 중 하나는 바로 고상한 거짓말(noble lie)이다. 즉 독자들이 저자에 대해 모르거나 차라리 원저자가 아닌 다른 사람을 저자로 아는 것이 그들에게 가장 유익이 된다는 것이다. 루이스 도넬슨(Lewis Donelson)은 이런 접근의 단점을 이렇게 지적한다. 즉 고상한 거짓말도 여전히 거짓말이고, 그에 수반되는 모든 도덕적 함의도 마찬가지라는 것이다.[10] 반면에 마크 킬리(Mark Kiley)는 이것이야말로 남의 이름을 빌려 쓴 위작들의 동기에 대한 귀중한 통찰력을 제공한다고 주장한다(사실 정말로 그렇다).[11] 그럼에도 불구하고 그 동기들이 밝혀졌을 때 그것이 얼마나 고상한지와 상관없이 그런 문서들은 신빙성을 잃게 되었다. 도넬슨이 추가로 관찰한 것처럼 "누구도 위조된 것으로 판명된 문서를 종교적·철학적으로 권위 있는 규범으로 받아들인 적은 없는 것 같다. 나는 그런 예를 단 하나도 알지 못한다."[12] 그는 이런 평가에 기독교와 비기독교 문서 모두를 포함한다.

---

10 Donelson, *Pseudepigraphy and Ethical Argument*, 18-22. 고상한 거짓말은 플라톤이 거짓 말을 듣는 사람에게 그 거짓말이 유익한 경우에 거짓말을 수용한 것과 관련이 있다(다음을 보라. *Republic* 2.376e-82b; 3.389b, 414ce). 여기서 히브리서를 받아들이려는 노력에 고상한 거짓말이 관련되었는지를 질문할지도 모르겠다. 히브리서는 익명이기 때문에 이 논의에서 제외된다.

11 Kiley, *Colossians*, 21.

12 Donelson, *Pseudepigraphy and Ethical Argument*, 11. Donelson(18쪽)은 사도헌장 (*Apostolic Constitutions*) 6.16에서 몇몇 책에 대해 가짜라는 혐의를 제기하지만, 정작 사도헌장 자체도 위작이었음을 언급한다. 그러나 이 4세기(또는 후대) 문서는 짧은 기간 동안 제한적으로 수용되었는데, 아마도 그 당시에는 이것이 위작이라는 사실이 알려지지 않았던 것 같다.

2. 위작성과 바울 서신

최근 논의들과 다르게, 목회 서신, 에베소서, 어쩌면 데살로니가후서와 골로새서, 또는 심지어 베드로후서까지도 저작권에 대한 논쟁이 있는데, 이렇게 매우 의심이 가는 신약의 편지들에 단순히 호소하는 방식으로 바울 서신들이 위작임을 확증하는 것은 그리 단순하지 않다. 이런 식의 문제 제기는 순환 논리에 불과하고, 이는 결국 논쟁을 종결할 만한 외적 기준들을 발견해야만 문제가 풀릴 수 있다. 그러나 이것은 여러 측면의 어려움을 초래한다. 현재로서 분명한 것은 초기 몇 세기 동안 기독교 교회로부터 바울 서신 중 어느 책에 대해서도 그것이 위작이라는 것을 알게 되었다는 명확한 진술은 아무것도 확보하지 못했다는 것이다. 따라서 이런 식의 질문으로는 이 문제를 해결할 수 없다. 정경에 포함되지 않은 유대교 문헌과 함께 특별히 기독교 문서들을 위작 문학의 예로 인용하며 마치 그것이 신약성경 내의 위작의 존재를 증명하는 것처럼 인용하는 것도 불충분하다.[13] 이런 문서들이 정경이 아니라는 사실 자체가, 그것들이 위작들로 밝혀지는 과정에서 어느 정도의 시간이 걸렸을지라도, 결과적으로 그 문서들은 정경이 될 수 없었다는 점을 확인해줄 뿐이다.[14] 최소한 논의를 시작하기 위해서는 모든 바울 서신을 바울의 친서로 보는 것이 타당하다. 왜냐하면 그것들은 철저한 심사를 거쳐 지금 신약의 정경으로 남았기 때문이다. 성경의 책들과 관련된 논의에서 문체, 언어 그리고 신학과 같은 쟁점들이 아직 결론에 이르지 못했고 여전히 활발하게

---

13   A. T. Lincoln, *Ephesians* (WBC 42; Dallas: Word, 1990), lxx-lxxi.

14   여기에는 유대교 문헌인 2 Esdras, *1-2 Enoch*과 기독교 문헌으로 *Didache*, *2 Clement*, *Barnabas* 등이 포함된다. 알려졌듯이 이 문서 중 일부는 얼마 동안 권위 있는 글들의 모음집 주변에서 표류했다.

논쟁이 이루어지고 있기 때문에(몇몇 학자의 주장에도 불구하고), 논쟁 중인 일차 본문에 호소하지 않는 주장만을 사용해야 한다.[15]

데이비드 미드(David Meade)는 매우 광범위하게 받아들여지는 위작에 관해 제안한다.[16] 그의 가정은 구약 내에 위작 문학(pseudonymous literature)의 전통이 있다는 것인데, 여기서 전통은 초기 저자들의 이름으로 보충되고 해석되며 확장된다. 미드는 세 가지 주요 전통을 제시하는데, 곧 예언자 전통, 지혜 전통 그리고 묵시 전통이다. 그중 유일하게 신약과 직접적인 연관성이 있는 것은 예언자 전통이다.[17] 특별히 이사야서에서 미드는 이 예언자 전통이 익명 저자들에 의해 발전되었다고 이해하는데, 그들이 쓴 후대의 글들이 더 이른 시기의 진짜 이사야서에 붙여졌다는 것이다. 따라서 제2이사야서는 제1이사야서와 다른 구약성경에서 입증되는 역사적 이사야에 의한 것이 아니지만, 오직 제1이사야서와의 관계 안에서만 여전히 이해될 수 있다.[18]

그러나 이런 패턴을 신약에 적용하기에 앞서 몇 가지 고려해야 할 요소가 있다. 미드의 주장이 바울 서신에도 유효하다고 생각하기 쉽다. 왜냐하면 유명한 인물들이 죽고 난 후 그들의 이름으로 글을 쓰는 예들

---

15 최근 바울 서신의 위작설에 반대하는 강력한 논증이 만들어졌는데, 그것은 문헌이 어떤 특별한 유형(즉 언어학적 개념인 register)과 관련되느냐에 따라 같은 저자라 하더라도 다른 스타일의 특징을 가진 글을 쓸 수 있다는 개념을 이용한다. A. W. Pitts, "Style and Pseudonymity in Pauline Scholarship: A Register-Based Configuration," in *Paul and Pseudepigraphy* (ed. S. E. Porter and G. P. Fewster; PAST 8; Leiden: Brill, 2013), 113-52.

16 D. Meade, *Pseudonymity and Canon* (WUNT 39; Tübingen: Mohr-Siebeck, 1986), 특히 17-43. 예. Lincoln(*Ephesians*, lxviii)은 Meade의 주장을 받아들인다.

17 구약의 지혜 전통은 본질적으로 익명 문학에 속한다. 묵시 전통은 다니엘서에 국한되는데, 다니엘에 관해서는 그가 걸출한 영웅이었다는 어떤 전통도 없다.

18 이사야 전통의 발전에 관한 논의에 대해서는 Meade, *Pseudonymity and Canon*, 26-42을 보라.

이 있었고, 이런 관습은 이미 독자들도 아는 일이었기 때문이다. 그러나 이것은 표면적 유사성에 불과하다. 첫째로 문학의 종류가 다르다. 예를 들어 이사야서는 익명의 문학이며, 복음서와 비교하는 것이 더 적절하다. 바울 서신은 잘 알려진 인물(바울)을 직접 저자로 지목한다. 둘째로 문학의 제작 과정이 다르다. 이사야서에는 전통이 확대되고 편집되어 문서 자체가 커졌다. 바울 서신에서 논쟁은 단순히 바울 문헌(corpus)에 포함된 문서를 확대함으로써가 아니라 새로운 문서들을 이 문헌에 추가함으로써 전통이 커졌다는 것이다. 이것은 바울 문헌이 이미 모두 수집되었고—이것은 이 논의에서 증거로 사용되기에는 아직 충분히 확립되지 않았다—추가된 서신들의 신학이 권위 있는 바울의 서신들과 나란히 놓였을 때 아무런 문제를 일으키지 않았다는 것을 함의한다.[19] 만약 그와 같은 과정이 실제로 발생했다면, 서신서들이 초기에 포함되었다는 결론이 나온다. 왜냐하면 전부는 아니더라도 현재 논쟁이 되는 바울 서신들이 이르면 「클레멘스1서」부터 2세기의 삼사분기까지 교부들의 글에 나타나고 있기 때문이다. 셋째로 가장 문제가 되는 것은 미드 자신도 스스로 인정했듯이 그의 이론이 어떤 문학 작품이 진짜인지 위작인지를 밝히는 데 도구로 사용될 수는 없다는 것이다.[20] 미드의 분석에 따르면, 그의 도식은 일단 어떤 자료가 위작이라는 것이 밝혀진 후에 그 전통의 발전을 설명하기 위해 고안된 것이다. 다시 말해 그의 제안은 한 작품이 위작인지 아닌지를 결정하는 문제에 대해서는 해답을 줄 수 없다. 내가 아는 한, 제안된 어떤 도식도 위에서 제기된 어려움을 피하지 못한다.

---

19 바울 문헌(Pauline corpus)의 수집과 관련하여 바울이 아마도, 편지 전부는 아니라고 할지라도, 일부 자신의 편지들을 모으는 데 참여했다는 논의에 대해서는 아래 단락 4를 보라.

20 Meade, *Pseudonymity and Canon*, 특히 16.

신약 정경이 가지는 함의를 논하기 전에 위작 문학에서 거짓 (deception)이라는 요소에 대해 짚고 넘어갈 필요가 있다. 이것은 특별히 민감한 사안이다. 도넬슨과 몇몇 소수 학자를 제외하고, 속임수라는 요소가 정경 형성 및 신약 책들의 수용 과정에서 일정 역할을 했다고 인정하고 싶어 하는 학자는 거의 없다. "우리는 기독교계에서 남의 이름을 도용해 집필하는 것(pseudonymity)은 불명예스러운 방법으로 여겨졌고, 만일 발견된다면 그런 문서는 거절되었으며, 만일 저자가 알려진다면 그는 비난받았다고 인정해야 한다."[21] 그럼에도 불구하고 고대 세계에서는 솜씨 있는 위작 저술이 다양한 동기에서 장려되었다. 어떤 이들은 경건한 동기를 가지고 앞선 시대의 인물들을 대변함으로써 교인들을 고취하려 했고,[22] 어떤 이들은 도서관들이 특정 저자들의 필사본에 지급하는 돈을 받기 위한 동기로 위작 활동을 했다.[23] 이 모든 것은 가짜로 밝혀지는 순간 저자의 전집에서 완전히 배제되는 것이 확실한 상황 속에서 일어났다. 이것이 도넬슨으로 하여금 그의 직접적인 관심사였던 목회 서신이 만들어지고 결과적으로 정경으로 받아들여지는 과정에 속임수라는 요소가 작용했다고 결론 내릴 수밖에 없도록 만들었다.[24] 똑같은 상황이 위작이라고 여겨지는 바울의 다른 서신들에도 동일하게 적용될 수 있을 것이다. 물론 그는 이런 편지들이 진짜 바울의 것이 아니라고 추정하고 있다. 그러나 그는 여기서 더 나아가 신약의 스물일곱 권의 책 중 열여덟 권이

---

21   Donelson, *Pseudepigraphy and Ethical Argument*, 16.

22   이 동기가 순수한 것으로 여겨질 수 있는지는 의문이다. Donelson, *Pseudepigraphy and Ethical Argument*, 10을 보라.

23   M. L. Stirewalt Jr., *Studies in Ancient Greek Epistolography* (Society of Biblical Literature Resources for Biblical Study 27; Atlanta: Scholars Press, 1993), 31-42도 보라.

24   Donelson, *Pseudepigraphy and Ethical Argument*, 54-66.

위작이며, 기만적인 수단을 통해 정경에 포함되었다고 주장한다.[25] 그는 이 지점에서 익명성(anonymity)과 위작성(psedonymity)을 혼동했다(그 결과 안타깝게도 이슈들이 더 복잡해졌다).

그러나 도넬슨의 분석을 더 살펴볼 필요가 있다. 목회 서신의 생산 과정을 둘러싼 상황들, 특히 각 책들의 개별 특성과 편지의 원래 청자 또는 수신자들을 살펴봄으로써 이 일을 편리하게 수행할 수 있다. 많은 학자가 목회 서신이 바울의 친서라고 가정했을 때 이 편지들의 상황들로부터 야기되는 난제들과 씨름하고 있다. 그러나 위작 저작권에 대해서도 동일한 질문들이 제기되어야 한다. 미드도 인식하고 있듯이, 만약 그것들이 위작이라면, 여기서 저자와 독자 모두 가짜인 "중복 위작"의 문제가 발생한다. 즉 우리는 원저자 또는 원래의 독자를 알 수 없다.[26] 그렇다면 교회가 이런 편지들을 받아들일 때 어떤 상황이 펼쳐졌을까? 심지어 목회 서신이 위작이라는 것을 받아들이는 학자들조차도 이 편지들이 도대체 언제 기록되었고 권위 있는 저술로 인정되었는지에 대해 결론을 내지 못한다. 위작 저술의 시기는 이르면 80-90년부터 2세기 후반까지다. 어느 경우든 원래의 수신자들은 바울이 죽었다는 것을 확실히 알고 있었을 것이다. 그 편지들은 단순히 바울에게서 온 새로운 편지라고 소개되었을까, 아니면 적어도 바울이 수신자들과 함께 그곳에 있었다면 이런 것들을 말했을 것이라는 상황에 고무되어 받아들여졌을까? 많은 이들은 위작들이 너무나 명백한 허구이기에 아무도 실제 바울의 저작이라고 생

---

25   Donelson, *Pseudepigraphy and Ethical Argument*, 16은 다음의 글을 인용한다. M. Rist, "Pseudepigraphy and the Early Christians," in *Studies in New Testament and Early Christian Literature: Essays in Honor of A. P. Wikgren* (ed. D. E. Aune; NovTSup 33; Leiden: Brill, 1972), 75-91 at 89.

26   Meade, *Pseudonymity in the New Testament*, 127.

각하지 않았을 것이라고 주장한다. 하지만 이런 추론은 바로 다음과 같은 질문에 직면하게 된다. 내가 이미 논증했듯이 위작들에 대한 초기 교회의 보편적인 반응이 일관된 거부였다는 점에 비추어볼 때, 왜 처음부터 그 서신들이 받아들여졌는가? 게다가 이 이론은 대부분의 논쟁이 되는 바울 서신들과 병행하는 목회 서신이 가지고 있는 다음의 중요한 세 가지 특징에 대한 만족할 만한 설명을 제공하지 못한다. (1) 편지들의 수신자로서 특별히 디모데와 디도를 선택한 점. 이 두 사람도 (서신서가 쓰일 당시) 죽었거나 문학적으로 창조된 인물일 수 있다. (2) 매우 개인적이기에 불필요하기까지 한 구체적인 내용을 포함한 점. 특별히 디모데후서에서의 바울 자신의 삶에 대한 묘사가 그렇다. (3) 서신서들의 발전된 신학을 수용하고 지지한 점.

가능한 설명은 아마도 편지들이 바울이 말했을 법한 내용이라고 소개되지 않았지만, 어떤 면에서 미묘하게 바울 서신의 모음집에 통합되었거나, 편찬 과정에서 아무도 모르게 슬며시 모음집에 끼여 들어왔을 수 있다는 것이다. 이것은 마치 기술적으로 교묘하게 잘 숨기는 아티스트가 한두 장의 카드를 카드들 사이로 밀어 넣는 것과 같다. 무엇으로 이런 행위를 설명할 수 있을까? 오직 최선의 동기가 이런 행동을 초래했다고 말하기는 쉽다. 즉 사도 바울의 제자였던 위작의 저자가 자신의 스승이 심각한 상황에 대해 말했을 것과 같은 내용을 반드시 전달해야겠다는 영감을 얻어 실행에 옮겼을 수 있다. 그 사람은―궁극적으로 우리는 한 사람 또는 최소한 연합한 사람들로 이루어진 매우 작은 그룹을 말해야 한다―그 편지가 바울에 의한 것이 아니라고 말하면 그 편지가 받아들여지지 않을 것이라는 사실을 알았을 것이 분명하다(그리고 그 사람으로 인해 교회에서 문제도 발생할 수 있었다). 그렇지 않다면 그 편지를 받아들이게 하려는 노력 자체가 필요하지 않을 것이다. 이것을 조금 확대해서 말하면 동일한 사람이 그 문서를 바울 문헌에 끼워 넣지는 않았겠지만, 아마도 어떤 사람이 어느 날 바울 서신의 꾸러미에서 그 문서를 발견하고 그것을 읽었을 때 어떤 특정한 상황에 대해 바울이 기록한 것으로 생각했을 수도 있다. 하지만 이 가설도 설명해야 할 다음 세 가지 난제에 봉착한다.

1. 목회 서신에서 눈에 띄게 발전된 신학을 용인했다는 점이(위에서 언급했듯이) 문제를 초래한다(12장 단락 3B를 보라).

2. 편지의 저술과 발견 시기 사이의 간격이 비교적 짧았을 것이 분명하다. 왜냐하면 몇몇 편지는 최소한 초기부터 알려진 상태였고, 받아들여지지는 않았다 하더라도 (존재 자체가) 인정되었던 것으로 보이기 때문이다(개별 서신들의 논의를 위해서는 7-12장을 보라). 위작 서신들은 거짓 저자의 영향력을 이용하기 위해 바울의 교회에 침투할 필요가 있었을 것이며, 우리가 바울 서신을 갖고 있다는 사실이 초기 교회 시대에 바울의 저작을 소중히 여겼음을 증명해준다. 이는 사도 바울의 생애와 위작 서신들의 저술 사이의 시간 간격이 짧아질수록 가짜로 판명될 위험은 더 커졌다는 것을 의미한다.

3. 이 시나리오에서 속임의 요소는 더 과거의 일이 된다. 즉 위작이라는 속임수는 누군가가 그 편지들을 발견하기 이전에 자행되었어야 했다. 어떤 경우든 저자를 속이는 일은 과정의 한 부분이 된다. 이 속임수는 성공적이라고 할 수 있다. 왜냐하면 교회가 그 편지들을 진짜 바울의 것으로 받아들였기 때문이다.

앤드루 링컨(Andrew Lincoln)은 자신의 에베소서 주석에서—단지 지나가는 말로—위에서 언급한 몇몇 쟁점을 인지한다. 그러나 논의의 결론에서 그는 위작성이 정경성에 영향을 주지 않으며, 위작이라는 이유로 어떤 특정 저작이 신약 정경의 한 부분으로서 가지는 효력이나 권위가 손상되지는 않는다고 말한다. 링컨은 그런 일을 염려하는 것이 "저자의 오류"(authorial fallacy)를 범하는 경우라고 주장하는데, 그의 정의에 따르면 저자의 오류란 어떤 문서가 무엇(what)을 말하는가보다 누가(who) 그 문서를 썼는가를 더 중시하는 것이다.[27] 첫 응답으로서 이 원리는 복음서나 히브리서와 같이 공식적으로 저자의 이름을 밝히지 않은 익명 문서에 적용될 수 있지만, 특정한 저자를 원저자로 밝히는 위작 문서에는 적용될 수 없다. 그러나 링컨이 말한 "저자의 오류"에 대한 철저한 검토가 필요하다. 원저자에 대한 논의는, 이것이 어떤 문서가 무엇을 말하느냐를 이해하는 데 영향을 주지 않을지라도(물론 이것도 굉장히 논쟁이 될 만한 사안이다), 실제로 중대한 함의를 가지는 것처럼 보인다. 무엇보다 신약성경의 바울 서신들은 신약에서 잘 알려진 특정한 인물의 저작임을 주장한다. 이 편지들은 익명이 아니며, 익명성과는 어떤 연결고리도 없다. 누구의 저작인지 밝히는 것이 중요하지 않다면, 도대체 위작들은 왜 "바울"이라는 이름을 도용했을까?[28] 위작 문학의 관습은 저명한 주요 인물의 저작으로 돌리는 것을 요구하는 것 같다.

둘째로, 심지어 독자가 편지를 읽는 법에 대해 어느 정도 알고 있지만 누구의 글인지 모르는 경우에도, 예를 들어 에베소서를 읽을 때—그

---

27 Lincoln, *Ephesians*, lxxiii.

28 위작들이 발생한 몇 가지 이유에는 어떤 특정 관점에 대해 그 작가가 그렇게 하지 않으면 받지 못할 동의를 얻으려고 하거나, 이전 믿음의 영웅에게 존경을 표하거나, 아니면 승인을 얻기 위해 단순히 속이는 것이 포함될 수 있다. 참조. McDonald and Porter, *Early Christianity and Its Sacred Literature*, 639-41.

밖에 논쟁이 되는 바울 서신들도 마찬가지로—누가 썼는지는 분명 차이를 만들어낸다. 저자가 누구인지는 편지가 묘사하는 상황이 50년대의 일인지, 180년대의 일인지, 또는 기독교 운동의 시작 국면에 직면한 문제들을 다루는지, 아니면 이미 제도화된 교회의 질서와 같이 발전된 문제들을 다루는지를 결정하는 데 있어 중요한 역할을 한다.[29]

셋째로, 논쟁이 되는 바울의 편지들이 위작인지 아닌지를 평가하기 위해 우리는 그 편지들을 논쟁의 여지가 없는 바울 서신들과 비교한다. 그렇지 않으면 쟁점은 전혀 없을 것이다. 만약 링컨이 믿는 것처럼 누구의 저작인지가 별 차이를 만들어내지 않는다면, 아마 원저자가 누구인지를 묻는 것조차 불필요하며, 바울 서신뿐만 아니라 신약의 다른 책들의 원저자를 묻는 것 역시 "저자의 오류"를 범하는 일이 될 것이다.

넷째로, 바울 서신의 저자와 관련된 질문은 신약 정경에 영향을 미친다. 정경은 여전히 열려 있어야 하며, 옳은 것을 말하는 문서는 누가 언제 기록했든지 상관없이 정경에 포함되어야 한다는 것이 링컨이 의미한 바는 아닐 것이다. 링컨이 말하고자 하는 것은 현재 논의되는 문서들이 교회가 받아들인 정경의 일부분이라는 것이고, 따라서 삭제되어서는 안 되며 오히려 계속해서 이 그룹 안에서 해석되어야 한다는 것으로 보인다. 그러나 링컨의 연구는 어떻게 교회의 정경이 생성되었는지, 특별히 바울 서신의 모음집이 어떻게 탄생했는지에 대한 질문을 간과하고 있다. 링컨이 정경은 어느 날 하나님께서 직접 주신 것이고, 그 이상의 어떤 역사적 과정도 없었다고 말할지 의심스럽다. 그도 다른 이들과 함께 정경의 형성에 저자를 비롯한 역사적·신학적·해석학적 쟁점들이 복잡하게

---

29   히브리서가 바로 그 적절한 사례다. 히브리서의 저자, 저술 시기, 수신자, 상황에 대해 알려진 것이 거의 없기 때문에, 이와 관련된 제안의 범위는 매우 폭넓다.

얽혀 있다는 점을 인정할 것이다.

최근에 바트 어만(Bart Ehrman)은 바울의 몇몇 서신을 포함하여 신약의 많은 책이 위작(그는 "위조"[forgery]라는 용어를 선호한다)이라고 주장한다.[30] 그가 신약에서 어떤 책들이 위작인지에 대해 극단적인 견해를 보임에도 불구하고,[31] 그는 고대의 위작 문학이 기만적인 것으로 여겨졌지만(그러므로 그는 "위작성"[pseudonymity]이나 "위서"[pseudepigraphy] 대신 "위조"라는 부정적 용어를 사용한다), 이 "위조자들"은 기독교 전통을 잇는다는 명분 아래 문서들을 위조했다고 본다.[32] 어만은 이 위조자들의 경우 기독교의 메시지를 전달한다는 목적이 수단을 정당화한다고 믿었고, 암살을 예방하기 위해 선한 거짓말(white lie)을 하는 것과 같이, 위대한 선이 거짓을 압도한다고 믿었다고 주장한다(위에서 이미 나는 고상한 거짓말을 언급했다). 그는 다음과 같이 쓴다. "저자들은 한 가지 목적을 위해 거짓 이름들로 가장했다. 그것은 바로 만약 익명이나 자신의 이름으로 썼다면 얻기 힘들었을 권위를 자신들의 의견에 부여하는 것이었다."[33] 그러나 그의 주장을 좀 더 면밀하게 검토해볼 필요가 있다. 그는 위작이 고대 사회에서 일반적으로 받아들여지던 현상이었다고 주장하며 자신의 의견을 펼치는데, 이런 전제에 대해서는 내가 이미 평가하고 반박했다. 또한

---

30 B. Ehrman, *Forgery and Counterforgery: The Use of Literary Deceit in Early Christian Polemics* (Oxford: Oxford University Press, 2013), 1, 29-32. 나는 다른 곳에서 Ehrman 의 다른 본문비평적 문제들과 그의 과장되고 근거 없는 결론에 대해 비판했다. 참조. S. E. Porter, *How We Got the New Testament: Text, Transmission, Translation* (ASBT; Grand Rapids: Baker, 2013), 65-72.

31 그는 거의 신약성경의 절반을 위조문서로 본다. 사도행전, 에베소서, 골로새서, 데살로니가후서, 디모데전후서, 디도서, 히브리서, 야고보서, 베드로전후서, 요한1서, 유다서 (Ehrman, *Forgeries and Counterforgeries*, 529).

32 Ehrman, *Forgeries and Counterforgeries*, 546-48.

33 Ehrman, *Forgeries and Counterforgeries*, 150.

그는 초기 기독교 운동에서 교리에 대한 논쟁이 많았고, 따라서 많은 이들이 그들의 진리를 뒷받침하기 위해 노력했을 것이라고 주장한다. 이런 주장은 지나치게 과장된 측면이 있지만, 이런 일반화는 많은 이들이 동의할 만큼 타당하다. 그럼에도 불구하고 이런 근거들만으로 신약의 책들을 위작이라고 봐야 할 필요는 없다.

어만은 고대의 작품들이 위작인지 아닌지를 결정할 몇 가지 일반적인 기준을 다음과 같이 제시한다. 문체의 다양성, 시대착오나 다른 역사적 문제들, 내적 일관성의 결여와 개연성의 결여, 신학적인 내용비평(*Sachkritik*) 그리고 정형화된 사용법.[34] 그는 이런 기준들을 바탕으로 의문을 일으키는 신약의 책들을 평가한다. 그러나 이 기준들은 전부는 아니더라도 대부분 매우 주관적이고 결정적이지 못하기 때문에, 어떤 사람에게 비일관적으로 보이는 것이 다른 사람에게는 완전히 일관적으로 해석될 여지가 있다.[35] 예를 들면 바울이 어떤 편지에서 그의 다른 편지들과 비교해 연결사를 덜 사용했다고 해서 이 편지가 다른 저자의 것인가?[36]

---

34   Ehrman, *Forgeries and Counterforgeries*, 137-45.

35   문체와 위작성에 대해 강력한 언어적 관점에서 본 좋은 논문은 다음을 보라. Pitts, "Style and Pseudonymity in Pauline Scholarship."

36   Bujard를 인용하면서 Ehrman(*Forgeries and Counterforgeries*, 175-76)은 여러 바울 서신에 나타난 접속사의 수를 이렇게 언급한다. 갈라디아서 33개, 빌립보서 31개, 데살로니가전서 31개, 그러나 골로새서 21개. 위의 숫자에서 문제가 되는 서신들에 모두 사용된 "일반적인" 접속사의 수를 빼면 결과는 더 흥미로워진다. 갈라디아서 24개, 빌립보서 22개, 데살로니가전서 22개, 그러나 골로새서 12개. Bujard는 여기서 더 나아가 이 숫자들에서 문제가 되는 서신들 중 하나에서만 나타나는 접속사를 뺀다. 갈라디아서 24개, 빌립보서 22개, 데살로니가전서 22개, 그러나 골로새서 12개. 접속사의 숫자를 세는 데서 나타난 오류를 차치하더라도 Ehrman은 골로새서에서 접속사가 부족한 이유를 설명하는 데 있어 다른 저자가 썼다는 설명 말고도 다른 많은 요인이 있을 수 있다는 점을 간과했다. 다음을 보라. W. Bujard, *Stilanalytische Untersuchungen zum Kolosserbrief als Beitrag zur Methodik von Sprachvergleichen* (Göttingen: Vandenhoeck & Ruprecht, 1973), 그의 방법은 기껏해야 원시적이라고밖에 묘사할 수 없다.

이런 추론은 매우 의심스럽다. 신약에 속한 책들의 위조와 관련하여 어만이 주장한 대부분의 논거는 사실상 주관적이고, 그의 주장을 뒷받침하는 좀 더 실질적인 증거들이 필요하다. 사실 어만의 논증 대부분은 과거로부터 잘 알려진 것들이고, 그중 대부분은 아직 미결론 상태다. 그의 논의는 우리의 지식을 진전시키거나 논의를 더 발전시키지 못한다.

3. 위작성과 신약의 정경성

신약의 정경성이라는 주제 아래 바울 서신의 저작권과 관련된 많은 요소를 따져볼 필요가 있다. 논쟁이 있는 바울 서신의 저작권에 관한 내적 증거들은 꽤 모호하다. 따라서 단순히 이런 내적 증거들에만 의지해서 문제의 결론을 내릴 수는 없다.[37] 논쟁이 되는 서신들이 바울의 친서임을 의심하게 할 만한 내적 증거 가운데 유일하게 합리적이고 강력한 기초를 제공하는 것은 바로 각각의 서신에서 발견할 수 있다고 여겨지는 발전된 신학이다(예. 변화가 감지되는 것들에는 종말론적 관점, 발전된 교회 질서, 개인 관계에 대한 견해들이 있다). 많은 이들은 이런 발전된 신학이 바울의 원작들과 조화롭지 않다고 본다. 신학적 쟁점들이 이 편지들에서 가장 눈에 띄는 특징인데, 그럼에도 모든 편지가 우리가 아는 한 아무런 이의 없이 받아들여졌다는 사실로 미루어보건대, 이것은 분명 다른 중요한 요인이 작동했다는 생각을 불러일으킨다. 만약 그것들이 진짜 바울의 것이 아니라면, 신약 정경의 일부분으로서 이 책들이 가지는 특정한 의미들을 간

---

[37] 참조. Pitts, "Style and Pseudonymity in Pauline Scholarship," 그는 이 문제와 관련하여 새로운 논의의 진전을 이뤘다.

과할 수 없다. 즉 이것이 정경성과 관련하여 가지게 되는 의미들에 대해 질문하지 않을 수 없다.

어떤 이들에게 권위적인 정경은 완전히 낡은 것이다. 그렇다고 해서 이번 장에서 제기된 질문들이 중요하지 않다는 뜻은 아니다. 우리가 만족할 만큼 (또는 알고 싶은 만큼) 모른다는 사실과 상관없이, 초기 교회에서 정경 형성의 과정은 역사적·신학적인 측면에서 중요하다.

만약 몇몇 바울 서신이 바울의 것이 아니라면, 신약 정경의 권위에 대해 염려하는 사람들에게는 다음과 같은 문제들이 부각된다. 첫째로, 신학적 발전과 가짜 저작일 가능성에 비추어 논쟁이 되거나 가짜 이름으로 쓰인 바울 서신들은 바울 신학을 서술할 때 사용되어서는 안 된다.[38] 바울 신학이라는 용어를 다루기 힘든 건 사실이지만, 최소한 부분적으로라도 여기서 정의하고 넘어가야 한다. 어떤 이들에게 바울 신학은 서신의 진위와 상관없이 단순히 바울의 이름으로 기록된 모든 서신의 신학을 의미한다. 왜냐하면 그 서신들이 이미 신약 정경 안에 있기 때문이다. 이럴 경우 논쟁이 되는 편지들은 초기 바울 신학의 다양성을 뒷받침하는 증거가 될 것이다. 바울이 실제로 생각하고 기록했던 것에만 기초해서 바울 신학을 정립하려고 하는 사람들은 위작으로 여겨지는 서신들을 사용하지 않을 것이다. 그 서신들은 사람들이 바울에게 어떻게 반응했고, 그의 후계자들이 그의 사상을 어떻게 발전시켰으며, 새로운 상황들에 맞춰 바울의 생각들을 어떻게 적용했고, 심지어 바울이 이런 식으로 말했을 수 있다고 바랐던 것들에 대한 기록의 한 부분이다. 결국 각 편지는 여러 해석 중 단지 한 가지 해석에 불과하다. 그 서신들이 정경에 포함되

---

38   S. E. Porter, "Is There a Center to Paul's Theology? An Introduction to the Study of Paul and His Theology," in *Paul and His Theology* (ed. S. E. Porter; PAST 3; Leiden: Brill, 2006), 1-19, 특히 14-16을 보라.

었다는 사실이 그것의 권위를 향상시키거나 가장 영향력 있는 바울의 추종자들의 목소리를 대변한다고 할 수 있을지 모르지만, 그것들을 진짜 서신의 단계로 끌어 올리지는 못한다. 그 서신들은 여전히 바울의 원저작이 될 수 없으며, 따라서 바울 신학을 형성하는 데 쓰여서는 안 된다.[39]

둘째로, 우리는 신약의 논의에서 거짓이라는 문제에 대해 합의를 이뤄야 하는데, 특별히 바울 서신과 관련해서 그렇다. 초기 교회가 이런 편지들을 속아서 받아들였다는 것을 믿기 힘든가? 도넬슨에 따르면 "우리는 추가적으로 다음의 사실을 인정하도록 강요받는데⋯그것은 불명예스러운 [위작] 관행은 초기 기독교에서 매우 흔한 것이었다는 사실이다."[40] 만일 편지들이 진짜가 아니라고 해도, 그 저작들을 받아들이는 데 반대했다는 분명한 기록이 아무것도 없으므로 도넬슨의 말은 틀림없이 정답이다. 만약 어떤 편지들이 진짜가 아니라면, 누군가는 다양한 수단을 동원해 바울의 것처럼 보이도록 노력했을 것인데, 여기에는 바울 서신의 형태를 따르는 것, 개인적인 신상을 포함하는 것, 바울의 스타일을 모방하는 것 그리고 특별히 직접 바울의 저작으로 돌리는 것 등이 포함된다. 분명한 것은 논쟁이 되는 서신들의 저자들이 이런 요소들을 포함하려고 애썼다는 것이다. 그 이유는 간단하다. 위조범으로 발각되면 자신과 자신의 글까지도 위험에 처한다는 사실을 익히 알고 있는 이 "신실한" 제자들은 아마도 위조 사실을 숨기기 위해 가능한 한 모든 방법을 사용했을 것이기 때문이다. 비록 그들이 자신들의 공동체에 바울이 말하도록 만드는 방법을 찾으려는 것을 포함하여 고귀한 동기를 가졌다고 하더라

---

39   이것은 정경 안에서 정경의 문제를 제기한다. E. Käsemann, "The Canon of the New Testament Church and the Unity of the Church," in *Essays on New Testament Themes* (trans. W. J. Montague; London: SCM, 1968), 95-107.

40   Donelson, *Pseudepigraphy and Ethical Argument*, 16.

도, 그것은 여전히 속임수였다.

심지어 옳지 못한 이유와 잘못된 환경 속에서 내린 결정이었다고 할지라도 초기 교회가 몇몇 저작을 잘 받아들였다는 주장이 있을 수 있다. 이런 주장은 새로운 일련의 질문들을 불러일으킨다. 예를 들면 특정 문서가 기록된 동기가 다른 것들에 비해 더 저급하지 않고(그리고 사실상 더 고상하고), 심지어 그 내용이 다른 책들보다 더 유익하고 완벽히 전통 교리에 부합할 때, 단지 위작이라는 것이 드러났다는 이유로 정경에서 제외되었는가? 왜 이런 문서들이 검열을 피할 수 없었다는 이유로 제외되어야 했는가? 왜 사람들을 속이는 데 성공한 문서가 단순히 전통, 통찰력의 부족, 역사적 선례, 또는 적절한 내용을 가졌다는 이유로 다른 것들과 비교해 특권을 누려야 하는가? 최근 위작과 책의 원저자에 대한 신약학계의 논의에 비춰 앞의 질문들과 함께 관련된 쟁점들에 관한 적절한 연구가 뒤따라야 한다. 이런 어려운 질문들이 바울의 정경에 위작들을 포함시켜야 한다는 견해를 반드시 지지하는 것은 아니다. 오히려 그 반대로 이런 질문들에 대답하기 어렵다는 사실은 이용 가능한 증거들과 함께 바울 서신들이 실제로 진짜라는 것을 가리킨다.

이와 같은 분석이 가지는 함의는 바울 신학의 정수에 관한 4장의 논의에서 볼 수 있다. 그곳에서 논의된 주요 범주들은 상당 부분 논쟁의 여지가 없는 주요 서신들에 기초한다. 하지만 많은 주제가 바울의 다른 서신들에 있는 중요한 구절들을 참조해서 논의된 것도 사실이다. 바울 서신의 메시지를 처음으로 이해하려고 애쓰는 학생들이 충분히 고려하지 못하는 한 요인이 있는데, 그것은 바로 저작권 문제가 바울 신학을 결정하는 데 있어서 만들어내는 차이다. 비슷한 상황은 앞으로 다루게 될 개별 서신서들에서도 발견될 것이다. 저작권 문제는 바울 서신 모음집의 성격과 묘사에 영향을 미친다.

4. 바울 서신 모음집과 정경

바울 정경에 대한 논의는 애초에 바울 서신 모음집이 어떻게 생겨났는지에 관한 질문을 제기한다.[41] 현재의 바울 정경(히브리서가 포함되는지 아닌지와 관계없이)이 실제로 바울의 원저작이라고 가정하면(나는 그렇게 생각한다), 비록 우리가 바울이 쓴 모든 서신을 가지고 있지는 않지만(현재 알려지지 않는 라오디게아의 편지와 관련한 골 4:16을 보라[참조. 11장 단락 5D4를 보라]. 그리고 고전 5:9과 고린도에 보낸 여러 편지를 주목하라), 위에서 확증한 것에 비춰볼 때, 꽤 이른 시기에 바울의 서신들이 특별한 가치가 있는 것으로 주목을 받았다고 볼 수 있다(벧전 3:16). 지중해 세계의 여러 지역에 보낸 바울의 서신들을 함께 모으는 데 어떤 노력을 들였을까? 그리고 언제 그것들이 수집되었을까?

바울 서신 모음집에 관한 논의에 유용한 두 가지 중요한 기준점이 있는데, 하나는 65년경으로 추정되는 바울의 사망이고(그 이후에는 바울의 진짜 서신이 기록될 수 없기 때문에), 다른 하나는 200년경으로 추정되는 바울 서신들의 파피루스인 P[46]이다.[42] P[46]은 이 논의에서 굉장히 중요

---

41 이 부분은 내 이전 연구를 이용했으며, 어떤 부분은 글자 그대로 가져왔다. 참조. S. E. Porter, "When and How Was the Pauline Canon Compiled? An Assessment of Theories," in *The Pauline Canon* (ed. S. E. Porter; PAST 1; Leiden: Brill, 2004), 95-128; "Paul and the Process of Canonization," in *Exploring the Origins of the Bible: Canon Formation in Historical, Literary, and Theological Perspective* (ed. C. A. Evans and E. Tov; ASBT; Grand Rapids: Baker, 2008), 173-202; "Paul and the Pauline Letter Collection," in *Paul and the Second Century* (ed. M. F. Bird and J. R. Dodson; LNTS 412; London: T&T Clark, 2011), 19-36; and *How We Got the New Testament*, 111-20.

42 P[46]의 연대와 관련해 많은 논쟁이 있지만, 일반적으로 200년경이라는 견해가 받아들여진다. 다음을 보라. S. R. Pickering, "The Dating of the Chester Beatty-Michigan Codex of the Pauline Epistles (P[46])," in *Ancient History in a Modern University* (ed. T. W. Hillard, R. A. Kearsley, C. E. V. Nixon, and A. M. Nobbs; 2 vols.; New South Wales, Australia: Ancient History Documentary Research Centre Macquarie University; Grand Rapids:

하다. 왜냐하면 이것이 현존하는 가장 초기의 신약 사본 중 하나이고, 바울의 목회 서신과 데살로니가후서와 빌레몬서의 일부를 제외하고(사본의 끝에 일곱 쪽이 빠져 있다), 대부분의 바울 서신을 포함하고 있기 때문이다. 이 "빠져 있는 서신들"에 대한 다양한 설명이 존재한다. 그것들이 아직 기록되지 않았기 때문이라고 설명하는 사람들이 있는 반면(예. 목회 서신), 코덱스(제본) 자체가 열 개의 편지로 제한되었거나, 목회 서신 세 개를 포함할 만한 충분한 공간이 없었기 때문에 빠졌다고 설명하는 사람들도 있다.[43] 또 다른 흥미로운 사실 하나는 P[46]이 로마서와 고린도전서 사이에 히브리서를 위치시킨다는 점이다. 어떤 사람들은 후대에 히브리서를 바울 모음집에 첨가했다고 제안하지만, P[46]의 존재는 히브리서를 바울 서신으로 봐야 하는지에 대한 추가적 논의를 불러일으킨다.[44] 이 논의에서 중요한 다른 두 개의 2세기 "문서들"은 마르키온(Marcion)의 정경(그러나 우리는 현재 그가 직접 저술한 글을 아무것도 가지고 있지 않기 때문에, 이것은 그에 관해 쓴 다른 사람들의 글에 기초한다)과 무라토리 단편(Muratorian Fragment)이다.

바울 서신 모음집의 형성에 관한 이론은 대략 여섯 가지가 있다.[45]

Eerdmans, 1998), 2.216-27; and P. W. Comfort and D. P. Barrett, *The Text of the Earliest New Testament Greek Manuscripts* (Wheaton, IL: Tyndale House, 2001), 204-6.

43 예. J. D. Quinn, "P[46]—The Pauline Canon?" *Catholic Biblical Quarterly* 36 (1974): 379-85; and J. Duff, "P[46] and the Pastorals: A Misleading Consensus?" *NTS* 44 (1998): 578-90.

44 G. Zuntz, *The Text of the Epistles: A Disquisition upon the Corpus Paulinum* (Schweich Lectures 1946; London: British Academy, 1953), 15-16; and D. Trobisch, *Paul's Letter Collection: Tracing the Origins* (Minneapolis: Fortress, 1994), 20을 보라.

45 이 부분은 다음 글들의 요약이다. Porter, "Paul and the Pauline Letter Collection," 특히 22-35; Porter, "When and How Was the Pauline Canon Compiled?" 특히 99-121. A. G. Patzia, *The Making of the New Testament: Origin, Collection, Text, and Canon* (Downers Grove, IL: InterVarsity, 1995), 80-83도 보라.

첫 번째로 아마도 가장 지배적인 이론은 "점진적 수집 이론"(gradual collection theory)이라고 불리는 것인데,[46] 이 이론에 따르면 편지들이 지속적인 가치가 알려지면서 점진적으로 수집되었다는 것이다. 이 이론은 독일 학자들인 테오도르 찬(Theodor Zahn)과 아돌프 하르나크(Adolf Harnack)로부터 시작되었다.[47] 이는 서신들이 처음 발송된 지역(소아시아, 로마, 마게도냐, 아가야/그리스)에서 유포되다가, 그다음에 이 지역의 모음집들이 합쳐져서 바울 정경이 만들어졌다고 설명한다. 이 이론을 지지하는 학자들 사이에서도 실제 수집이 어떻게 이루어졌는지, 실제로 어떤 편지들이 모음집에 포함되었는지에 대한 세부사항에서 견해 차이를 보이지만, 이 관점을 하나로 통합하는 합의된 사항은 바로 이런 편지들이 예배의 예전에 사용하기 위해 비교적 이른 시기에 수집되었다는 것이다. 이는 「클레멘스1서」, 폴리카르포스, 이그나티오스의 글에서 발견되는 바울의 편지들에 대한 언급에 근거한다. 이 이론을 지지하는 대부분의 학자들은 2세기를 바울 정경이 확정되었거나 다른 자료들로 바울 정경을 구성했던 중요한 시기로 받아들인다. 그러나 이 입장의 증거는 미약하며, 무엇이 또는 누가 지역의 모음집들을 하나로 합치도록 만들었는지와 같은 질문에 대답하기 어렵다.

---

46 "점진적 수집 이론"이라는 용어는 H. Y. Gamble, *New Testament Canon: Its Making and Meaning* (Philadelphia: Fortress, 1985), 36에서 찾을 수 있다. C. F. D. Moule(*The Birth of the New Testament* [3rd ed.; San Francisco: Harper & Row, 1982], 263)은 이것을 "눈덩이 이론"(snowball theory)이라고 부른다.

47 그들의 이론들은 다음의 책들에서 찾을 수 있다(영어로 번역되지 않았다). T. Zahn, *Geschichte des Neutestamentlichen Kanons* (2 vols.; Erlangen: Deichert, 1888-92), 1.811-39; Zahn, *Grundriss der Geschichte des Neutestamentlichen Kanons: Eine Ergänzung zu der Einleitung in das Neue Testament* (Leipzig: Deichert, 1904), 특히 35-37; and A. Harnack, *Die Briefsammlung des Apostels Paulus und die anderen vorkonstantinischen christlichen Briefsammlungen* (Leipzig: Hinrichs, 1926), 6-27.

두 번째 이론은 보통 "사라진 관심 이론"(lapsed interest theory)이라고 불리는데,[48] 에드거 굿스피드(Edgar Goodspeed)와 그의 학생인 존 낙스(John Knox)를 따르는 학자들은 바울의 편지들이 한동안 흥미가 사그라졌다가 사도행전이 출판되면서 바울 서신에 관한 관심이 되살아났던 90년경에 수집되었다고 주장한다. 에베소서가 이 모음집에서 일종의 소개 편지(cover letter)였다는 굿스피드의 이론은 널리 받아들여지지 않는다. 이 이론은 에베소가 수리아 안디옥 다음으로 중요한 기독교의 중심지였고, 따라서 많은 기독교 문서가 작성된 주요 도시로서 가지는 명성에 근거한다(예. 요한계시록, 요한복음과 요한 서신, 이그나티오스의 편지).[49] 이 관점의 주된 주장은 사도행전에는 바울의 편지들을 알고 있었다는 흔적이 없는 반면 사도행전 이후의 기독교 문헌에는 바울의 편지들에 대한 언급이 나타난다는 점이다. 바울을 기독교 운동에서 제1의 사도로 부각시킨 사도행전이 기록되고 널리 알려진 이후, 바울의 편지들에 대한 관심이 확산되었고 그것들을 하나의 모음집으로 집대성하려는 노력이 있었다는 것이다. 굿스피드의 가설은 바울의 편지들에 대한 관심이 약해졌다는 증거를 찾기 어렵다는 문제를 가지고 있다. 게다가 또 다른 문제는 2세기의 증거들도 이 이론에 의문을 제기한다는 것인데, 특히 에베소서가 바울 서신 모음집의 소개 편지라는 개념이다. 이 개념을 지지하는 본문비

---

48 이 용어는 D. Guthrie로부터 차용되었을 수 있다. D. Guthrie, *New Testament Introduction* (4th ed.; Downers Grove, IL: InterVarsity, 1990), 990-96을 보라.

49 E. J. Goodspeed는 이 주제에 대해 많은 저술을 남겼다. 다음을 보라. *New Solutions of New Testament Problems* (Chicago: University of Chicago Press, 1927), 1-20; *The Meaning of Ephesians* (Chicago: University of Chicago Press, 1933); and *An Introduction to the New Testament* (Chicago: University of Chicago Press, 1937), 210-21. 이 주제는 다음 책에서 좀 더 발전되었다. J. Knox, *Philemon among the Letters of Paul* (repr. London: Collins, 1960 [1935]); and C. L. Mitton, *The Formation of the Pauline Corpus of Letters* (London: Epworth, 1955).

평적 증거의 부족 외에도 대부분의 2세기 문서가 다른 서신들을 모음집의 서두에 둔다. 마르키온은 갈라디아서를 제일 앞에 두고, 무라토리 단편은 고린도전서를 처음에 언급하며, P⁴⁶은 로마서를 앞머리에 놓는다.

세 번째 이론은 "혼합된 반영지주의 이론"(composite antignostic theory)이라고 부를 수 있다. 초기 기독교의 기원에 관한 페르디난트 크리스티안 바우어의 변증법적(심지어 진화론적) 가설을 지지했던 발터 슈미탈스(Walter Schmithals)는 바울의 편지들이 몇몇 상황에 대응해서 수집되었다고 설명한다. 그러나 바우어가 바울의 편지들을 유대교의 사고방식에 대한 대응으로 보는 반면, 슈미탈스는 당시에 기독교를 위협했던 영지주의에 대한 대응이라고 본다는 점에서 두 사람의 견해에 차이가 있다.[50] 또한 슈미탈스는 바울 서신이 본래 혼합물(composite)이라고 주장하는데, 그에 따르면 서신들 자체가 바울 서신 모음집 안에서 다양한 도시에 보내진 여러 초기의 편지들을 좀 더 체계화된 정경에 속한 서신들로 엮어낸 결과물이다. 그는 실제로 여섯 개의 고린도 서신이 있었고, 네 개의 데살로니가 서신, 세 개의 빌립보 서신, 두 개의 로마서 서신 그리고 하나의 갈라디아 서신이 있었다고 결론 내린다. 바울이 세 번째 선교 여행 중 단기간에 다수의 편지를 기록했고, 그다음에 80년대에 아마도 고린도에서 다른 누군가가 그것들을 편집하고 조합해서 첫 번째 바울 서신 모음집으로 만들었다는 것이다. 그러나 슈미탈스 자신조차도 인정하는 것처럼, 이 이론은 매우 추론적이며, 많은 추정에 의존한다. 그중 하나는 이 이론이 영지주의의 초기 발전에 의존한다는 것인데, 오늘날 이 견

---

50 W. Schmithals, *Paul and the Gnostics* (trans. J. E. Steely; Nashville: Abingdon, 1972), 239-74. 다음에서 번역되었다. "Zur Abfassung und ältesten Sammlung der paulinischen Hauptbriefe," *Zeitschrift für die neutestamentliche Wissenschaft* 51 (1960): 225-45.

해를 지지하는 사람은 많지 않다.[51] 헬레니즘 철학에 영지주의적 요소들이 반영되어 있다고 할지라도, 이 이론을 지지하는 데 필요한 완전히 발달된 형태의 영지주의는 2세기에 들어서야 비로소 등장하기 시작했으며, 그때는 이미 바울 서신의 수집이 시작된 이후다. 이 이론의 두 번째 문제는 슈미탈스의 파편 가설(fragmentary hypothesis)인데, 이것은 이 이론의 근본적인 전제이기도 하다. 심지어 바울의 편지들이 그의 다른 글들의 파편을 포함한다는 관점을 고수하는 학자 중에서도 슈미탈스가 주장한 것만큼 많은 편지를 상정하는 사람은 찾기 힘들다. 바울 서신에 대한 이와 같은 극단적 관점을 뒷받침하는 증거는 희박하다.

바울 서신 모음집에 관한 네 번째 이론은 "개인 참여 이론"(personal involvement theory)으로 불리는데, 여기에는 다양한 버전이 존재한다. 비록 다른 이론들이 단 한 사람이 바울 서신을 수집했다고 상정하지만(마르키온을 최초 수집자로, 오네시모 또는 몇몇 이름이 알려지지 않은 사람들은 편지를 모은 사람으로), 이것이 그 이론들의 핵심적인 사항은 아니다. 어떤 학자들은 이런 이론 중 일부에서 실제로 전제하는 것처럼 보이는 추상적 과정보다는 한 사람이 바울 서신 모음집을 편찬하는 것에 대한 궁극적 책임을 졌다고 보는 것이 가장 타당하다고 여긴다. 이 이론에는 적어도 세 가지 버전이 있다. 첫째로, 모울(C. F. D. Moule)은 누가가 바울 서신 모음집에 대한 책임을 맡았다고 주장한다.[52] 모울에 따르면 비록 사도행전에서 바울의 편지들에 대해 언급하지 않았지만, 아마도 누가가 사도

---

51   참조. E. M. Yamauchi, *Pre-Christian Gnosticism: A Survey of Proposed Evidence* (London: Tyndale, 1973); P. Perkins, *Gnosticism and the New Testament* (Minneapolis: Fortress, 1993)은 중간 견해를 보인다. 그리고 K. L. King, *What Is Gnosticism?* (Cambridge, MA: Harvard University Press, 2003)은 정통과 이단이라는 쟁점을 재고하면서 이 용어를 완전히 삭제하길 원한다.

52   Moule, *Birth of the New Testament*, 264-65.

행전을 기록하고 바울이 죽은 이후에 그의 주요 도시들을 재방문했을 때 편지들을 한데 모았다는 것이다. 이 모음집에는 목회 서신을 제외한 열 개가 포함되는데, 모울은 바울 서신에 대한 가장 초기의 언급들이 바로 이 편지들을 가리키고 있다고 믿었다(예. P[46]). 모울에 따르면 어휘, 내용, 전체 관점에서 나타나는 사도행전과 목회 서신의 유사성은 누가가 목회 서신을 기록했다는 사실을 시사한다. 도널드 거스리(Donald Guthrie)는 개인 참여 이론의 두 번째 버전을 제안한다. 그는 디모데가 바울 서신 모음집의 책임자라고 주장한다.[53] 사라진 관심 이론과 반대로 거스리는 바울에 대한 관심이 그의 죽음 이후에도 꾸준히 계속되었다고 주장하는데, 이는 설립자 또는 핵심 기여자로서 바울이 가진 주요 교회들과의 긴밀한 연결고리 때문이었다. 사도행전이 저술된 이후에 디모데가 바울의 편지들을 수집했다는 것은 사도행전에서 바울 서신을 언급하지 않는 점을 잘 설명해준다. 특별히 바울의 후반기 사역 동안 나타난 바울과 디모데의 깊은 유대관계는 디모데를 바울 서신 수집의 유력한 후보로 만들어준다. 이 이론의 세 번째 버전은 단지 한 명의 특정한 개인이 아니라 복수의 수집자를 상정하는데, 이것을 소위 바울 학파 이론(Pauline school theory)이라고 부른다.[54] 이 이론은 누가와 디모데뿐 아니라 바울과 관련된 다른 사람들이 포함되었을 가능성도 제시한다. 또 바울이 죽자 바울의 동료들과 추종자들이 바울 전통을 모으고 아마 편집도 했을 것이라고 주장한다. 이로 인해 바울 전통이 새로운 교회 상황에 계속해서 적용되었고, 심지어 위작인 제2 바울 서신까지 저술하는 결과를 낳았을 수 있다는 것이다. 이와 같은 개인 참여 이론이 가지는 장점이 있다. 개인이든 다수든,

---

53   Guthrie, *New Testament Introduction*, 999-1000.
54   Gamble, *New Testament Canon*, 39.

이름이 있건 없건, 알려졌건 익명이건 간에 실제 개인들이 바울의 편지들을 모으는 과정의 한 부분이었기 때문이다. 문제는 누가나 디모데 또는 다른 누군가가 모음집을 만들었다는 증거가 있는지다. 누가에 관해 말하자면 그가 바울 서신을 모았을 것이라는 증거는 있지만, 여러 문제 때문에 누가가 목회 서신을 기록했다는 주장은 광범위한 지지를 받지 못했다. 예를 들어 누가가 바울 서신 모음집에 관여하고 이어서 목회 서신을 썼다면, 왜 사도행전을 기록하면서 바울 서신을 언급하지 않았느냐는 질문에 대답하기가 쉽지 않다. 디모데를 가장 중요한 수집자로 보는 견해는 누가가 받은 것과 같은 비판의 대상이 되지는 않지만, 디모데와 관련해서 문제가 되는 것은 바울의 생애에 대한 거스리의 편협한 연대기에 있다. 누가 또는 디모데 이론에 제기된 비판에 대응해 발전한 바울 학파 이론은 그 자체로 허위를 입증할 수 없고 지나치게 모호하다(정확히 누가 이 바울 학파의 구성원이었으며, 얼마나 많은 사람이 참여했는가?). 더구나 목회 서신이 위작이라는 문제는 여전히 해결되지 않은 채로 남는다.

다섯 번째 이론은 "바울 참여 이론"(Pauline involvement theory)이라고 부를 수 있는데, 이것은 바울이 직접 그의 편지들을 모으는 데 관여했다는 것이다. 신약 정경 목록과 초기 파피루스와 필사본들의 서신 모음집 그리고 고대 저자들의 문헌 모음집들에 대한 분석을 토대로 데이비드 트로비쉬(David Trobish)는 바울이 처음 네 권—로마서, 고린도전후서, 갈라디아서—으로 시작하는 서신 모음집의 책임을 맡았거나 최소한 수집에 착수할 것을 부추겼다고 주장한다.[55] 그는 "바울 자신이 출판을 목적으로 이 오래된 모음집을 편집하고 준비했을 가능성이 상당히 크다"고

---

55   Trobisch, *Paul's Letter Collection*, 특히 5-24. D. Trobisch, *The First Edition of the New Testament* (New York: Oxford University Press, 2000), 특히 38-41도 보라.

말한다.[56] 바울의 편집 활동에 비춰볼 때, 네 편지 모음집은 모음집 전체의 소개 편지 격인 로마서 16장, 일곱 개의 서로 다른 바울의 편지를 모아 만든 고린도 서신으로 구성되는데, 여기서의 모든 편지는 바울이 연보와 그의 선교 활동에 대한 예루살렘에서의 변론을 위해 기록했다.[57] 트로비쉬에 따르면 전체 모음집은 세 단계의 수집 과정을 거쳤다. 첫 번째 단계는 앞서 언급했던 로마서부터 갈라디아서까지다. 에베소서부터 데살로니가후서까지는 두 번째 단계에서 추가되었다(이런 관점에서 트로비쉬의 이론은 에베소서를 첫 번째 편지로, 따라서 이 모음집의 소개 편지로 보는 굿스피드의 이론과 유사하다). 세 번째 단계에서는 목회 서신과 빌레몬서가 추가되는데, 이 단계에서 바울의 참여는 점차 줄어들었다. 트로비쉬는, 비록 현대 성경들이 단어 수에 따라서 편지들을 대강 정렬시켰지만, 에베소서는 실제로 갈라디아서보다 길고, 디모데전서도 데살로니가전후서보다 길다는 점을 언급한다. 트로비쉬는 바울의 편지들이 길이에 따라 정렬된 사례가 실제로 P^{46}에 반영되어 있다고 언급한다(에베소서가 갈라디아서 앞에 있다). 이런 불일치는 모음집을 집대성하는 과정에서 형성된 문학적 틈이 있었음을 보여준다. 트로비쉬와 같은 맥락에서, 제롬 머피-오코너(Jerome Murphy-O'Connor)는 바울 대신에 디모데를 수집자로 상정하면서 바울 서신 모음집의 삼부(tripartite) 형성을 제시한다.[58] 그에 따르면 첫 번째 모음집은 로마서, 고린도전후서, 갈라디아서로 구성되며 고린도에서 시작되었다. 두 번째 모음집은 소아시아와 그리스 지역에 서로 인접한 교회들에서 온 편지들로 구성된다. 세 번째 모음집은 처음 두 모음

---

56   Trobisch, *Paul's Letter Collection*, 54.

57   Trobisch, *Paul's Letter Collection*, 71-86, 88-91.

58   J. Murphy-O'Connor, *Paul the Letter-Writer: His World, His Options, His Skills* (Collegeville, MN: Liturgical, 1995), 120-30.

집에 추가된 개인 서신들로 구성된다. 그의 분석은 갈라디아서에서 에베소서까지 그리고 데살로니가후서부터 디모데전서까지 길이가 일정하게 줄어들지 않는다는 점에 근거하며, 그는 이것이 세 개의 다른 모음집이 있었음을 가리킨다고 주장한다. 트로비쉬의 분석은 몇 가지 장점이 있는데, 특히 바울이 자신의 편지들을 모으는 초기 단계에 참여했을 가능성을 언급했다는 점이 그렇다. 그렇지만 바울의 네 가지 진짜 서신에 대해 바우어의 입장으로 부분적으로 선회하는 것은 성립되기 어렵다(11-12장을 보라). 오늘날 바우어의 가설을 지지하는 사람은 거의 없으며, 심지어 가장 회의적이라고 할 수 있는 학자들도 최소한 일곱 개는 바울의 친서로 인정한다. 많은 학자들은 일곱 개보다 더 많은 책을 바울 저작으로 주장한다(어떤 이들은 전체 수를 열네 개로 만들기 위해 히브리서를 포함하기도 한다!). 그러나 일곱 개의 서신이 진짜 바울 저작이라고 가정하더라도 트로비쉬의 도식은 무너지고 만다. 왜냐하면 처음 두 단계가 무너지기 때문이다. 기껏해야 트로비쉬의 증거는 오늘날 우리가 바울 서신이라고 부르는 전체 모음집을 수집하는 초기 단계에 바울이 관여했을 가능성을 시사할 뿐이다. 더욱이 머피-오코너는 트로비쉬의 이론이 모음집의 초기부터 바울의 개입을 필요로 하지는 않는다는 것을 보여준다.

여섯 번째이자 마지막 이론은 내가 다른 곳에서 주장한 것으로서 바울 참여 이론의 변형이다.[59] 이 제안은 트로비쉬가 주장했던 것처럼 바울이 네 개의 편지를 모으는 데 관여했을 뿐 아니라 그의 덕분으로 여겨지는 열세 개 전체 서신의 모음집 편찬에 관여했다는 것이다. 내가 당초에 바울의 열세 개 서신 저작설에 대해 의견 차이가 있을 것이라는 사실을

---

59 Porter, "Paul and the Pauline Letter Collection," 32-35; "Paul and the Process of Canonization," 191-200; and "When and How Was the Pauline Canon Compiled?" 121-27을 보라.

인지했지만, 나는 바울이 모든 편지를 썼다는 이론을 훌륭히 증명할 수 있다고 믿는다.[60] 바울이 자신의 서신들을 모두 모았다는 내 주장을 옹호하는 데 있어 앞에서 언급한 모든 이론으로부터 다수의 합의점이 있다. 바울과 가까운 인물 또는 그의 편지에 관심이 있었던 개인들의 참여가 있었다는 점, 파편 가설에 의지하는 이론들이 굳이 필요하지 않다는 것과 바울의 서신들이 편집되기 이전에 모여야 할 필요가 있었다는 점, 한 장소에서 편지들을 모았을 가능성과 그 결과 전승 과정 초기부터 바울 서신 모음집의 수가 제한되었다는 점, 그리고 바울 서신 모음집을 뒷받침하는 가장 이른 시기의 사본으로서 P[46]의 중요성을 인식하고 있다는 점 등이다. P[46]에 관한 많은 논쟁이 있지만, 한때 이것이 데살로니가후서와 빌레몬서, 심지어 목회 서신까지도 포함하고 있었을 가능성을 뒷받침할 만한 훌륭한 증거가 있는 것처럼 보인다.[61] 이 증거는 테르툴리아누스의 진술에 근거해 우리가 알고 있는 마르키온에 관한 내용, 사본의 구조 및 재구성된 길이 그리고 바울 편지 모음집 사본에 관해 우리가 알고 있는 것들을 포함한다. 트로비쉬가 말한 것처럼 "현재까지 바울의 서신들이 전체 열세 개 중 일부만을 포함하는 편집본으로 존재한 적이 있다는 것을 입증하는 어떤 사본 증거도 없다."[62]

위에서 언급한 합의점들에 더하여 열세 개의 서신 모두에 바울이 참여했다는 이론을 뒷받침하는 몇 가지 추가적인 논증도 있다. 첫째로, 편

---

60 많은 이들이 이 견해 하나만으로도 심각한 반대에 직면하리라고 생각할 것이다. 그러나 이 이론은 개인 그리고 바울의 참여 가설과 P[46]의 구조를 가장 중요한 근거로 삼고 있다. 그럼에도 불구하고 나는 바울 서신 모음집에서 열세 개 서신 모두가 바울의 친서라는 것을 잘 증명할 수 있다고 믿는다.

61 예. 다음 글의 주장을 보라. Porter, "Pauline Authorship and the Pastoral Epistles"; and Porter, "Pauline Chronology." Duff, "P[46] and the Pastorals"도 보라.

62 Trobisch, *Paul's Letter Collection*, 22.

지들이 보내진 지역들이 지리적으로 넓지 않다는 점을 고려할 때, 한 사람이 바울 서신 전체를 모았을 가능성이 있다. 모든 편지(목회 서신을 포함하여)의 배송지는 지리적으로 약 1,100마일 이내로 제한되는데, 동쪽에 있는 갈라디아로부터 서쪽에 있는 로마까지 뻗어 있으며, 그 사이에 골로새, 에베소, 빌립보, 데살로니가 그리고 고린도와 같은 다른 도시들이 함께 자리를 잡고 있다. 추가로 대부분의 편지들은 에게해로부터 150마일 이내에 있는 도시 또는 사람들에게 보내졌다. 둘째로, 이보다 더 중요한 것은 고대 세계의 편지 발신자들에게 있어 그들이 보냈던 편지들의 복사본, 특별히 중요하다고 생각하는 편지의 복사본을 보관하는 것은 일반적인 관행이었다는 것이다. 머피-오코너는 "발신자가 편지의 복사본을 보관하는 것은 흔한 관습이었다"고 언급한다.[63] 많은 파피루스는 다른 사람이 쓴 편지의 복사본들을 포함하거나(P.Zenon 10, 43), 작성된 편지의 사본을 언급한다(P.Mich. inv. 855; 8.498). 키케로가 쓰거나 받은 편지들의 복사본이 존재한다는 증거가 있을 뿐만 아니라(*Epistulae ad Atticum* 1.17; 3.9; 13.6.3; *Brutus* 1.16.1; *Epistulae ad familiares* 3.3.2; 7.25.1; 9.12.2; 9.26.1; 10.12.2; 10.32.5; 10.33.2; *Epistulae ad Quintum fratrem* 2.12.4), 복사하는 일반적 관행에 대한 언급도 있다(*Epistulae ad familiares* 7.18.2; 참조. Plutarch, *Eumenes* 2.2-3). 키케로는 스스로 그 자신의 편지들을 모음집으로 엮었음을 언급하기도 한다(*Epistulae ad Atticum* 13; 16.5.5).[64] 바울이 디모데후서 4:13에서 언급한 것이 바로 이 편지의 복사본을 남기는 관행을

---

63   Murphy-O'Connor, *Paul the Letter-Writer*, 12.

64   이 언급들은 다음 책들에서 참조했다. E. R. Richards, *Paul and First-Century Letter Writing: Secretaries, Composition, and Collection* (Downers Grove, IL: InterVarsity, 2004), 15-16, 156-59; Murphy-O'Connor, *Paul the Letter-Writer*, 12-13; and Trobisch, *Paul's Letter Collection*, 55-56.

가리키는 것일 수 있다.[65] 게다가 보 라이케는 바울이 다양한 쓰기 작업을 돕는 문인들과 함께 여행했고, 바울 서신의 작성 시기를 사도행전의 내러티브의 한도 내로 정할 수 있다고 언급한다.[66] 그렇다면 바울이 여러 교회에 쓴 편지들의 사본을 최소한 한 부 정도는 보관하고 있었을 가능성이 크다. 특히 바울이 자신의 편지들이 새롭게 싹트고 있는 기독교 운동에 속한 사람들을 지도하고 가르치기 위한 용도로 쓰일 것을 알았다면 더욱 그렇다.

편지의 복사본을 보관했던 고대의 일반적인 관습 외에도 다양한 바울 서신 모음집이 비교적 고정된 편지 배열을 보여준다는 점은 바울이 열세 개의 편지를 모으는 일에 직접 관여했을 것이라는 주장을 지지해준다. 에베소서나 갈라디아서, 또는 바울 서신에 포함되어야 하는지 의문스러운 히브리서 같은 몇몇 편지를 제외하면,[67] 대부분의 바울 서신 모음집은(예컨대 P[46], Codex Claromontanus[D[P] 06] 그리고 14세기 소문자 사본 [5]) 비교적 동일한 순서를 가진다. 후대의 기획자가 몇몇 편지의 순서를

---

65 E. R. Richards, *The Secretary in the Letters of Paul* (WUNT 2/42; Tübingen: Mohr-Siebeck, 1991), 164-65, 187-88.

66 B. Reicke, *Re-examining Paul's Letters: The History of the Pauline Correspondence* (ed. D. P. Moessner and I. Reicke; Harrisburg, PA: Trinity, 2001), 39-102.

67 어떤 이들은 히브리서를 바울 서신에 포함시키길 원한다. 나는 히브리서가 기독교 교회 역사에서 꽤 초기부터 바울 서신과 관계가 있었다는 점에 대해 별로 의심하지 않는다(아마도 바울의 동료가 썼을 것이다). 그러나 히브리서는 다른 열세 개의 서신이 바울 서신이라고 할 때와 같은 의미에서의 바울 서신은 아니다. 특히 히브리서는 직접적으로 바울을 저자로 지목하지 않는다. 히브리서는 바울 서신을 모은 다양한 사본에서 각기 다른 장소에 위치한다. 예를 들어 Trobisch는 히브리서가(바울의 열세 서신은 거의 같은 순서로 나열되었으며, 이 논의에서 몇몇 예외 사항은 중요하지 않다) P[46]에서는 로마서 뒤 고린도전서 앞, 시내산 사본(ℵ 01), 알렉산드리아 사본(A 02), 바티칸 사본(B 03), 에브라임 재생 사본(C 04)에서는 데살로니가후서 뒤 목회 서신 및 빌레몬서 앞, 클레르몽 사본(D 06)과 비잔틴 전통(Byzantine tradition)에서는 바울의 열세 서신 뒤에 나타난다는 것을 언급한다. Trobisch, *Paul's Letter Collection*, 20을 보라.

바꾼 것에 대한 이유로 배열상의 차이들을 설명할 수 있다. 예를 들어 실제로는 에베소서가 갈라디아서보다 긴데, 이것으로 왜 P[46]에서 에베소서가 갈라디아서 앞에 있었는지를 설명할 수 있다(그리고 이것이 원래 순서를 반영할 수도 있다. 그러나 고대인들은 줄의 숫자를 세었고, 두 서신서의 길이가 거의 같다고 봤다).[68] 또한 P[46]은 바울 서신 모음집이 두 부분으로 조직되어 있었다는 것을 보여주는데, 교회들에 보낸 편지 중 가장 긴 것으로부터 가장 짧은 것 순으로 배열했고, 그다음에 개인에게 보낸 편지들이 마찬가지 순서로 뒤따랐다.

바울이 열세 서신을 모으는 일에 직접 참여했다는 이 이론에 따르면, 바울은 다양한 지역으로 보낸 자신의 편지들을 섞어서 교회와 관련된 것과 개인적인 것으로 나눠서 구성했다(2장 단락 2를 보라. 거기에는 바울의 연대기에 대한 내 견해와 그의 여행의 맥락에서 편지가 쓰였을 가능성 있는 시기들을 언급했다). 바울과 그의 문인들은 선교 여행을 지속하면서 편지들의 사본을 보관했을 것이다. 바울의 서신들을 모으는 일은 후대에 생각해낸 일이 아니었다. 여러 곳을 방문하거나 사람을 써서 편지를 모으는 노력은 필요하지 않았을 것이다. 오히려 바울과 그와 함께한 문인들이 편지들을 보관하고 있었을 것이다. 그러나 고린도에 보낸 "심각한" 편지나 라오디게아에 썼을 가능성이 있는 편지(골 4:16; 만약 이것이 열세 개 가운데 하나를 지칭하는 것이 실제로 아니라면) 같이, 바울이 썼지만 잃어버렸거나 설명되지 않는 편지들도 있을 수 있다. 이런 "잃어버린" 편지들에 대해서는 다양한 방식으로 설명할 수 있다. 사본을 만들지 못했거나, 사본을 보관하지 못했을 가능성(예. 난파나 다른 재앙으로 인한 분실), 또는 바울이 특정한 편지들의 사본을 만들거나 보관하지 않겠다고 결정

---

68   Porter, *How We Got the New Testament*, 118을 보라.

했을 가능성(예. 아마도 바울이 화가 난 상태에서 급하게 썼을 심각한 편지. 아마도 바울은 나중에 그것을 보관하고 있는 편이 나았을 것이라고 생각했을 수도 있다)을 고려해볼 수 있다. 그렇다면 바울의 서신 모음집은 그의 사망 시점까지 그리고 그 이후에도 한데 모인 상태로 보존되었다. 비록 2세기에 있었던 여러 의견의 불일치에도 불구하고, 그를 따랐던 사람들은 편지 모음집을 보존하려는 노력을 기울였다.

5. 결론

위작은 고대 세계에 광범위하게 존재했는데, 오늘날 외경 혹은 위경으로 분류되는 많은 기독교 문헌이 이를 뒷받침한다. 바울의 편지 중 일부가 위작인지에 대한 문제는 그것들의 기원으로부터 파생되는 다양한 함의 때문에 중요한 쟁점이 된다. 바울의 저작으로 알려진 열세 개의 편지는 모두 공식적으로 바울을 그 편지의 저자(또는 적어도 저자들 가운데 하나)로 지명한다. 이 주제가 지닌 까다로움 때문에 몇몇 학자는 누가 썼는지는 중요하지 않고 무엇보다 편지에 담긴 메시지가 중요하다고 결론을 내린다. 다른 이들은 위작 문헌은 거짓을 묵인함으로써 진리와 정직의 기준을 위반하기 때문에 반겨서는 안 된다고 주장한다. 바울의 몇몇 편지가 위작이라고 주장하는 사람들은 바울의 저작이라고 의심할 여지 없는 편지들과 논쟁이 되는 편지들이 그 내용과 신학에 있어 급격한 차이를 보인다는 내적 기준들에 근거해 결론을 내리는 것으로 보인다. 나는 이번 장에서 바울과 위작에 대한 이전의 논의들을 살피고, 바울 서신 모음집에 관한 다양한 이론을 나열하고, 바울의 위작 이론을 견지할 때 생겨나는 문제들에 대해서도 다루었다. 그리고 어떻게 바울의 편지들이 함께 묶이게 되었는지에 대한 내 이론을 제시했다. 나는 이 장이 논쟁이 되는 편지들이 진짜로 바울의 것인지 또는 후대의 저자들이 그의 이름을 도용하여 자신들의 목적을 위해 쓴 것인지를 결정하는 데 대한 논의를 한층 더 진전시켰기를 소망한다.

추가 학습을 위한 자료

기본 자료

Kiley, M. *Colossians as Pseudepigraphy*. BS 4. Sheffield: JSOT Press, 1986.

Patzia, A. G. *The Making of the New Testament: Origin, Collection, Text, and Canon*. Downers Grove, IL: InterVarsity, 1995.

Porter, S. E. *How We Got the New Testament: Text, Transmission, Translation*. ASBT. Grand Rapids: Baker, 2013.

Reicke, B. *Re-examining Paul's Letters: The History of the Pauline Correspondence*. Edited by D. P. Moessner and I. Reicke. Harrisburg, PA: Trinity, 2001.

Trobisch, D. *Paul's Letter Collection: Tracing the Origins*. Minneapolis: Fortress, 1994.

심화 자료

Donelson, L. R. *Pseudepigraphy and Ethical Argument in the Pastoral Epistles*. HUT 22. Tübingen: Mohr-Siebeck, 1986.

Gamble, H. Y. *New Testament Canon: Its Making and Meaning*. Philadelphia: Fortress, 1985.

Goodspeed, E. J. *New Solutions of New Testament Problems*. Chicago: University of Chicago Press, 1927.

Knox, J. *Philemon among the Letters of Paul*. Reprinted London: Collins, 1960 (1935).

McDonald, L. M., and J. A. Sanders, eds. *The Canon Debate*. Peabody, MA: Hendrickson, 2002.

Meade, D. G. *Pseudonymity and Canon: An Investigation into the Relationship of Authorship and Authority in Jewish and Earliest Christian Tradition*. WUNT 39. Tübingen: Mohr-Siebeck, 1986.

Porter, S. E. "The Implications of New Testament Pseudonymy for a Doctrine of Scripture." Pages 235-56 in *Interdisciplinary Perspectives on the Authority of Scripture: Historical, Biblical, and Theoretical Perspectives*. Edited by C. R. Bovell. Eugene, OR: Pickwick, 2011.

―――. "Paul and the Process of Canonization." Pages 173-202 in *Exploring the Origins of the Bible: Canon Formation in Historical, Literary, and Theological Perspective.* Edited by C. A. Evans and E. Tov. ASBT. Grand Rapids: Baker, 2008.

―――, and G. P. Fewster, eds. *Paul and Pseudepigraphy.* PAST 8. Leiden: Brill, 2013.

THE APOSTLE PAUL
HIS LIFE, THOUGHT, AND LETTERS

제2부

바울
서신

그동안 바울 서신에 관한 주요 논의가 몇몇 시기에 걸쳐 이루어졌다. 정경에 포함된 바울 서신이 알려진 이후(6장 단락 4를 보라), 첫 번째 시기에는 바울의 저작을 열세 권 혹은 열네 권으로 보았다. 히브리서는 일찍이 바울 서신에 포함되어 있었던 것으로 보인다. 중요한 초기 파피루스인 P[46]에는 바울 서신이 길이에 따라 정리되어 있는데, 히브리서는 로마서 다음 고린도 서신 이전에 자리하고 있다. 다른 몇몇 초기 사본에도 히브리서는 바울 서신 내에서 발견된다. 비록 데살로니가후서 다음 디모데전서 앞에 놓여 있어서 위치가 다르긴 하지만 말이다.[1] 히브리서가 포함된 이런 구성을 받아들이는 것은 마르틴 루터를 비롯한 많은 학자가 그것의 바울 저작권에 대해 반대하는 결론을 내린 종교개혁 시대 이전까지 서구에서 계속되었다. 그렇게 결정된 바울 정경은 계몽주의 시대까지 그대로 남아 있었다.

19세기에 많은 성경신학자들은 바울 저작 문서의 틀을 실질적으로 완전히 재평가했다. 이런 재구성의 결과가 있음에도 불구하고, 우리는 지금 여러 바울 서신에 대해 검증되지 않은 지나친 회의주의가 있음을 본다. 유럽 대륙에서 이런 비슷한 연구를 독자적으로 수행한 F. C. 바우어를 비롯한 학자들에 의해 초기 기독교의 역사에 대한 재평가가 이루어졌다.[2] 바우어는 초기 교회에서 여러 파벌 사이의 논쟁이 초기 기독교

---

1   D. Trobisch, *Paul's Letter Collection: Tracing the Origins* (Minneapolis: Fortress, 1994), 6-27을 보라. 이 초기 사본에는 시내산 사본(ℵ 01), 알렉산드리아 사본(A 02), 바티칸 사본(B 03), 에브라임 재생 사본(C 04) 등이 포함된다.

2   이 논의의 역사에 대해서는 W. G. Kümmel, *The New Testament: The History of the*

문헌, 특히 사도행전에 기록된 것보다 훨씬 많이 있었다고 주장한다.[3] 바우어에 의하면 사도행전은 초기 기독교의 역사를 다시 기록하기 위해 쓴 2세기 작품이다. 예를 들면 바울파(모세 율법을 거부하는 반율법파)와 예루살렘(혹은 율법주의) 기독교 분파 간의 풀리지 않은 심각한 갈등을 숨기기 위한 글이라는 것이다. 바우어와 다른 학자들의 후속 연구에서 의문의 여지 없이 확실한 바울의 진짜 서신의 수가 열세 개에서 결국에는 네 개의 주요 혹은 중심 서신으로 좁혀지게 되었다(이는 종종 *Hauptbriefe*, 즉 "주요 서신"으로 불린다). 즉 로마서, 고린도전후서, 갈라디아서를 말한다. 그렇다고 하더라도 이는 바우어를 비롯한 학자들이, 이어지는 장들에서 이 논의에 관해 설명하겠지만, 이 서신들을 하나의 편지로 각각 기록된 것으로 간주한다는 의미는 아니다. 이는 다만 이 네 서신의 거의 모든 부분이 진짜 바울의 저작이라는 확인일 뿐이다. 이어지는 장들에서 요약하고 평가하겠지만, 이 평가의 주요 기준은 신학, 역사적 상황, 언어에 일차적으로 중점을 둔다.

이것들은 계속해서 바울 서신을 평가하는 중요한 기준이다. 한 가지 기준은 주어진 책의 신학적 관점이 바울의 생각을 대표한다고 볼 수 있는 사상과 그럴듯하게 조화되는지다. 따라서 데살로니가전후서가 종말론을 언급할 때, 그것이 어떤 관점인지, 그 관점이 당시 유대교 종말론의 흐름에 부합하는지, 그런 종말론적 관점 자체에 일관성이 있는지, 위에

Investigation of Its Problems (trans. S. M. Gilmour and H. C. Kee; Nashville: Abingdon, 1972), 특히 133-37; S. Neill and T. Wright, *The Interpretation of the New Testament, 1861-1986* (2nd ed.; Oxford: Oxford University Press, 1988), 20-29; W. Baird, *History of New Testament Research* (3 vols.; Minneapolis: Fortress, 1992-2013), 1.258-69과 다른 여러 부분을 보라.

3   참조. F. C. Baur, *Paul the Apostle of Jesus Christ: His Life and Work, His Epistles and His Doctrine* (2 vols.; London: Williams & Norgate, 1873-75; repr. Peabody, MA: Hendrickson, 2003).

서 언급한 네 가지의 명백한 바울 서신과 잘 어우러지는지, 그리고 이런 사상을 표현하는 데 사용한 언어가 바울의 것과 일치하는지를 질문하게 된다. 또 다른 예를 들자면, 목회 서신(디모데전후서, 디도서)이 교회 리더십의 다양한 직분을 논할 때 이 직분이 60년대의 초기 교회에 일반적으로 존재하던 직분이었는지, 이 서신들이 바울의 연대기 내에서 특히 그의 투옥과 관련하여 어디에 위치하는지, 그리고 어휘(예. "믿음"[faith] 또는 "신념"[belief]과 관련된 단어들을 어떻게 사용하는지)와 내용(예. 구원과 교회 질서)이 다른 곳에서의 용례와 맞아떨어지는지에 대해 질문한다(4장 단락 2와 3을 보라).

세 번째 시기인 19세기 이후로 바우어, 당대의 학자들 그리고 그 후계자들의 결론에 대한 재평가가 꾸준히 이루어졌다. 하지만 그 결론들은 모두 언제나 바우어의 것에 기초한 것이었다. 물론 세부적인 부분과 몇몇 중요한 증거 그리고 평가 내용은 학자마다 모두 다르다. 하지만 바울 서신 중 일곱 개는 논쟁의 여지 없이 명백한 바울 서신으로 분류되는데, 로마서, 고린도전후서, 갈라디아서, 빌립보서, 데살로니가전서, 빌레몬서가 여기에 포함된다. 이는 모든 학자가 이 서신들을 바울이 썼다고 생각한다거나, 정경에 포함된 내용 그대로를 바울 혼자서 썼거나, 그가 서신 전체를 썼다고 생각한다는 의미는 아니다. 다만 일반적인 차원에서 이 책들이 신약성경에서 바울이 직접 저술한 기본 저작을 구성한다고 볼 수 있다는 것이다. 논란의 여지가 있거나 제2 바울 서신으로 분류되는 나머지 여섯 개의 편지는 다음과 같다. 에베소서, 골로새서, 데살로니가후서, 디모데전후서, 디도서(특히 독일 학자들을 비롯한 일부 학자들은 목회 서신을 제3 바울 서신으로 부르기도 하는데, 이는 이 서신들이 진짜 바울로부터 얼마나 분리되었는지를 나타내기 위함이다).[4] 다시 한번 말하지만, 이것은 모든 학자가 바울이 이 편지들을 쓰지 않았다고 여기거나, 이 편지들이 진짜 바울의 자료를 전혀 포함하지 않는다거나, 고대의 청자들을 속이기 위해 바울의 이름을 도용하여 기록된 것이라고 생각한다는 의미는 아니다. 하지만 일반적으로 말해서 학문적인 논의에서 바울이 그 편지들의 저자라고 가정할 수는 없다. 일부 학파에서는 이 책들이 바울이 쓴 진짜 서신인지가 여전히 쟁점이기도 하다. 이런 진위에 대한 논쟁은 목회 서신에는 덜 적용된다. 목회 서신이 바울의 진짜 저작인가는 너무 광범위하게 의심받고 있어서 특히 독일의 신약학계에서는 종종 논의의 주제조차 되지 않는다. 골로새서, 에베소서, 데살로니가후서가 진짜 바울의 저작인지에 대한 논란은 더 많다.

이제 2부에서는 2장 단락 2에서 재구성한 바울의 연대기에 따라 바울의 서신들을 살펴보려고 한다. 따라서 2부는 여섯 개의 장으로 구성되었다. 7장부터 10장까지는 앞에서 구분한 것에 따라 논란의 여지가 없는 바울의 편지들을 다룬다(데살로니가후서는 데살로니가전서와 직접적인 연관이 있으므로 예외로 한다). 11장은 디모데후서를 제외하고 바울이 투옥된 와중에 쓴 것으로 추정되는 옥중 서신에 관한 내용이다(2장 단락 3을 보라). 여기에는 논란의 여지가 없는 바울 서신(빌립보서, 빌레몬서)과 논란이 있거나 제2 바울 서신으로 불리는 편지들(에베소서, 골로새서)도 포함된다. 마지막으로 12장은 제2 혹은 심지어 제3 바울 서신으로도 불리는, 논란이 있는 목회 서신을 다룬다. 여기서는 각각 주어

---

4   예. O. Wischmeyer, ed., *Paul: Life, Setting, Work, Letters* (trans. H. S. Heron with D. T. Roth; London: T&T Clark, 2012), 309-38에서 다음 제목의 장을 보라. "The Reception of Paul in the First Century: The Deutero- and Trito-Pauline Letters and the Image of Paul in Acts."

진 책이 진짜 바울의 저작임을 지지하는 증거와 반대하는 증거 모두가 제시되며, 편지가 기록된 시기의 역사적·신학적 상황에 대한 논의도 함께 제시될 것이다(각 편지의 개요에 이어 내용을 요약할 것이다. 5장 단락 3을 보라).

내 관점이 반영되어 결론을 내리더라도, 7-12장의 목적은 독자를 특정한 의견으로 설득하려는 것이 아니다. 오히려 각자가 충분한 정보를 가지고 나름대로 결론에 도달할 수 있도록 돕고자 함이다. 진짜 바울 저작에 대한 증거와 함께, 각 편지가 바울의 연대기에 얼마나 적절하고 그럴듯하게 잘 맞는지 확인할 것이다.[5] 바울 저작을 부인하는 증거에 대해서는 서신 기록에 대한 적절한 대안을 함께 제시할 것이다. 이 장에서 언급하는 서신 구성의 환경과 목적, 그리고 교회 내 바울의 대적자와 관련된 쟁점은 4장에서 논의했던 바울의 신념의 차원과 잘 결부되어야 한다. 그래야만 각 서신에 대한 상황적이고 신학적인 기여가 가능해진다. 모든 차원에서의 노력이 완벽하게 이루어질 수는 없다. 그러나 바울 연구는 가장 유익하고 생산적인 성경신학 분야 중 하나이며, 앞서 언급한 쟁점들은 계속해서 생동감 넘치는 유익한 논의를 유발할 것이다. 각 쟁점에 대한 좀 더 철저하고 완벽한 분석은 이런 주제들과 관련한 여러 책에서 찾을 수 있다.[6] 내 기준으로 봤을 때 잠재적으로 가장 확실해 보이는

---

5 바울이 편지를 쓴 대상이 되는 여러 도시에 대한 내 개인적 지식이 종종 사용될 것이다. 또 다른 유용한 지침서로는 S. E. Johnson, *Paul the Apostle and His Cities* (Wilmington, DE: Glazier, 1987)이 있다.

6 바울의 대적자에 관해 좀 더 완성된 형태의 다양한 논의는 다음을 보라. J. J. Gunther, *St. Paul's Opponents and Their Background: A Study of Apocalyptic and Jewish Sectarian Teaching* (NovTSup 35; Leiden: Brill, 1973); E. E. Ellis, "Paul and His Opponents: Trends in the Research," in *Prophecy and Hermeneutic in Early Christianity: New Testament Essays* (WUNT 18; Tübingen: Mohr-Siebeck, 1978; repr. Grand Rapids: Eerdmans, 1978), 80-115; J. L. Sumney, *"Servants of Satan," "False Brothers," and Other Opponents of*

이론들이 여기서 논의될 것이다.

Paul (JSNTSup 188; Sheffeld: Sheffeld Academic, 1999); S. E. Porter, ed., *Paul and His Opponents* (PAST 2; Leiden: Brill, 2005); I. J. Elmer, *Paul, Jerusalem, and the Judaizers: The Galatian Crisis in Its Broadest Historical Context* (WUNT 2/258; Tübingen: Mohr-Siebeck, 2009). 방법론 서술에 관해서는 다음을 보라. J. L. Sumney, *Identifying Paul's Opponents: The Question of Method in 2 Corinthians* (JSNTSup 40; Sheffield: JSOT Press, 1990), 특히 75-112; and J. M. G. Barclay, "Mirror-Reading a Polemical Letter: Galatians as a Test Case," *JSNT* 31 (1987): 73-93. 모든 편지가 대적자를 전투적인 의미에서 언급하는 것은 아니다.

제7장

갈라디아서

1. 서론

"갈라디아서는 영적인 다이너마이트다. 그러므로 폭발시키지 않으면서 그것을 다루는 방법은 거의 없다고 볼 수 있다. 교회사에서도 종종 그 폭발이 일어나곤 했다." 이것은 R. A. 콜(R. A. Cole)이 자신의 짧은 갈라디아서 주석에서 한 말이다.[1] 이 책은 가장 초기부터 시작하여 지금에 이르기까지 실질적으로 수많은 폭발을 일으켜왔다. 갈라디아서는 초기 교회 내에서 여러 논쟁을 일으켰을 뿐만 아니라, 유대교의 본질과 바울이 규정하는 유대교에 대한 최근의 논의에서도 중요한 책이다. 이번 장에서는 갈라디아서와 관련된 중요한 쟁점들을 논할 것이다. 여기에는 저자, 편지의 대상, 저작 연대, 사도행전 및 갈라디아서와 관련하여 바울의 예루살렘 방문 시기 등 중요한 주제들이 포함된다. 이어서 갈라디아서를 기록한 동기와 목적을 살펴본 후 개요를 제시하고 그 내용을 설명할 것이다.

2. 주요 쟁점들

갈라디아서에는 중요한 주제가 많아서 여러 논쟁이 끊이지 않는다. 가장 복잡한 것은 아마도 편지의 대상과 저작 시기일 것이다.

---

1 R. A. Cole, *The Letter of Paul to the Galatians* (2nd ed.; TNTC; Grand Rapids: Eerdmans, 1989), 9. 이 말은 R. P. Martin, *New Testament Foundations: A Guide for Christian Students* (2vols.; 2nd ed.; Grand Rapids: Eerdmans, 1986), 2.145에도 인용되었다(Martin은 초판을 인용한다).

A. 갈라디아서의 저자

독일 신학자 베르너 게오르크 퀌멜(Werner Georg Kümmel)이 "갈라디아
서가 실제 진정한 [바울의] 서신이라는 사실에는 반론의 여지가 없다"라
고 한 말은 갈라디아서의 저자에 대한 학자들 간의 합의를 잘 보여준다.[2]
아주 가끔 있었던 정말 괴팍한 비판을 제외하고는,[3] 갈라디아서가 참으
로 바울의 저작이라는 점은 시대를 초월하여 확실한 사실이었다. 2부의
들어가는 말에서 언급했듯이, F. C. 바우어는 저작권 등과 관련한 중요한
쟁점에 대한 논의에서 우리에게 큰 도움이 되는 학자인데, 그에게 갈라
디아서는 로마서, 고린도전후서와 함께 네 개의 중요 서신 중 하나다.[4] 하
지만 고린도후서와 빌립보서, 그리고 심지어 로마서와 관련해서도 모든
학자가 바울이 각 서신의 모든 부분을 썼다거나 한달음에 썼다고 생각하
지는 않는다. 존 오닐(John O'Neill)은 갈라디아서에 후대의 삽입이 있었
다고 주장하면서 갈라디아서의 일부분이 진짜 바울의 것인지에 의문을
제기한다.[5] 하지만 특정 본문에 대한 그의 문제 제기가 서신 전체의 통일
성과 저자에 대한 의문을 불러일으키는 것은 아니다. 어쨌든 그의 견해
를 지지하는 학자는 그리 많지 않다. 교회가 일찍부터 인정했다는 점 외

---

2   W. G. Kümmel, *Introduction to the New Testament* (trans. H. C. Kee; 17th ed; Nashville:
    Abingdon, 1975, 『신약정경개론』, 대한기독교서회 역간), 304. 교회에서 갈라디아서
    를 사용한 증거에 대해서는 J. B. Lightfoot, *St. Paul's Epistle to the Galatians* (8th ed.;
    London: Macmillan, 1884), 57-62을 보라.

3   예. 네덜란드 신학자 W. C. van Manen, "A Wave of Hypercriticism," *Expository Times* 9
    (1897-98): 205-11, 257-59, 314-19.

4   F. C. Baur, *Paul the Apostle of Jesus Christ: His Life and Work, His Epistles and His doctrine* (2
    vols.; London: Williams & Norgate, 1873-75; repr. Peabody, MA: Hendrickson, 2003),
    1.260-67.

5   J. C. O'Neill, *The Recovery of Paul's Letter to the Galatians* (London: SPCK, 1972).

에도, 이 편지의 첫 부분(갈 1:11-24)의 자서전적 고백 단락과 그 안에서 다루는 신학적 주제들을 통해 갈라디아서가 진정한 바울의 저작임을 확신할 수 있다.

갈라디아서의 저자에 관한 또 다른 중요한 쟁점은 바울이 "내 손으로 너희에게 이렇게 큰 글자로 쓴 것을 보라"(갈 6:11)고 말한 편지 끝부분에 나타난다. 많은 해석가는 이 말을 이 부분을 제외하고 갈라디아서의 나머지 대부분을 대필자가 썼다는 의미로 받아들인다(편지의 나머지 부분도 바울이 썼는지, 아니면 이 한 문장만 썼는지도 여전히 논쟁 중이다). 이전까지 기록한 내용이 바울로부터 비롯된 것임을 확인하는 차원에서 이 문장을 썼다는 것이다.[6] 바울이 대필자를 사용한 것은 놀랍지 않은데, 왜냐하면 로마서(16:22), 고린도전서(16:21), 골로새서(4:18) 그리고 데살로니가후서(3:17) 등 다른 서신에도 바울이 편지 쓰는 것을 대필자가 도와주었다는 비슷한 증거가 명백하지는 않더라도 분명히 있기 때문이다.[7] 어쨌거나 고대 사회에서 대필자를 사용한 글쓰기는 꽤 일반적인 것이었기 때문에, 이 부분이 갈라디아서의 심각한 위작 논쟁으로까지 이어지지는 않는다(5장 단락 4를 보라).[8]

---

6   예. D. J. Moo, *Galatians* (BECNT; Grand Rapids: Baker, 2013, 『BECNT 갈라디아서』, 부흥과개혁사 역간), 1; 참조. F. F. Bruce, *The Epistle to the Galatians* (NIGTC; Grand Rapids: Eerdmans, 1982), 268; R. Y. K. Fung, *The Epistle to the Galatians* (NICNT; Grand Rapids: Eerdmans, 1988), 300-301.

7   참조. J. A. D. Weima, "Sincerely, Paul: The Significance of the Pauline Letter Closings," in *Paul and the Ancient Letter Form* (ed. S. E. Porter and S. A. Adams; PAST 6; Leiden: Brill, 2010), 307-45, 특히 337-40. 여기서 Weima는 "τῇ ἐμῇ χειρὶ (Παύλου) ('나 자신[바울]의 손으로') 구문이 이 지점까지는 비서가 편지를 써주었지만, 이제는 스스로 펜을 들어 독자들에게 직접 쓰고 있다는 점을 암시한다"고 말한다(337).

8   E. R. Richards, *Paul and First-Century Letter Writing: Secretaries, Composition, and Collection* (Downers Grove, IL: InterVarsity, 2004), 특히 59-93에서 바울의 비서를 포함하여 고대 시대의 비서에 대한 더 자세한 논의를 확인할 수 있다.

B. 갈라디아서의 수신지와 연대

갈라디아서의 저자에 대해서는 심각한 의문이 제기되지 않지만, 편지 자체에 대해서는 수많은 중요한 이슈들이 논의되어왔다. 그중 가장 중요한 두 가지가 편지의 수신지와 저작 연대다. 갈라디아서의 수신지에 대한 의문은 바울이 편지를 쓰고 있는 대상이 갈라디아 북부의 그리스도인들인지 아니면 남부의 그리스도인들인지에 대한 문제를 중심으로 전개된다.[9]

(1) 수신지: 갈라디아 북부인가? 남부인가?

갈라디아서와 관련하여 지난 백 년이 넘는 시간 동안 논란이 되어온 중요한 이슈 중 하나가 바로 이 편지의 독자다. 이 편지가 갈라디아의 고대 소수 민족 지방에 사는 북부 갈라디아인들, 다시 말해 기원전 4세기에 유럽으로부터 넘어와서 소아시아에 정착한 갈리아인들(지금의 프랑스 근처 출신의)에게 보내졌는지, 혹은 갈라디아 로마 권역의 남부에 살고 있었던 남부 갈라디아인들에게 보내졌는지가 중요한 문제다. 이 논의는 여러 면에서 의미가 있다. 만약에 수신지가 갈라디아 북부였다면, 이 서신은 틀림없이 바울의 두 번째 선교 여행 이후에 기록되었을 것이다. 갈라디아서 2:1-10에서 언급한 바울의 예루살렘 방문이 사도행전 15장의 예루살렘 공회에 대한 바울의 설명과 연결되기 때문이다(혹은 몇몇 사람의 생각과 같이 사도행전 15장의 설명에 대한 출처일 수도 있다). 만약 갈라디아

---

9   지리에 대한 정보는 S. Mitchell, "Galatia," *ABD* 2.870-72을 보라. W. Tabbernee, "Asia Minor and Cyprus" in *Early Christianity in Contexts: An Exploration across Cultures and Continents* (ed. W. Tabbernee; Grand Rapids: Baker, 2014), 261-320, 특히 268-300, 브루기아에 대해서는 268-76, 갈라디아에 대해서는 290-300을 참조하라.

남부가 수신지였다면, 예루살렘 공회가 열리기 전인 바울의 첫 번째 선교 여행이 끝날 무렵에 이 편지를 기록했을 것이다. 그러나 이 경우는 이후에 기록했을 가능성도 배제하지 않는다. 만일 갈라디아서가 첫 번째 선교 여행이 끝날 무렵에 기록되었다면, 갈라디아서 2:1-10은 사도행전 11:27-30과 12:25에 기록된 예루살렘으로의 소위 기근 구제 방문에 대한 바울의 설명일 수 있고, 혹은 사도행전에서 언급하지 않은 개인적인 방문이었을 수도 있다.

수신지와 관련된 이 이슈에 대한 논의는 놀라울 만큼 꽤 최근의 것이다.[10] 2세기 이후로 초기 교회는 북부 갈라디아라는 주장을 견지했다. 왜냐하면 루가오니아 지방이 갈라디아 권역에서 명백하게 떨어져 나와 길리기아와 합쳐졌고, 그 결과 바울이 첫 번째 선교 여행 중에 세운 몇몇 교회(예. 루스드라와 더베에 있는)가 갈라디아와 분리된 지역에 놓이게 되었기 때문이다. 4세기까지 갈라디아의 로마 권역은 점점 작아져서 원래의 크기가 되어 큰 영토를 잃어버리게 되었다. 북부 갈라디아를 지지하는 관점은 19세기 후반까지 일반적으로 받아들여졌다. 하지만 윌리엄 램지(William Ramsay)라는 고고학자가 터키(고대 소아시아)를 직접 탐험한 후에 갈라디아 남부를 지지하는 관점(18세기 중반에 처음 제기됨)이 더 설득력이 있다는 결론이 나게 되었다.[11] 이 이슈에 대한 학자들의 견해는

---

10   I. J. Elmer, *Paul, Jerusalem, and the Judaizers: The Galatian Crisis in Its Broadest Historical Context* (WUNT 2/258; Tübingen: Mohr-Siebeck, 2009), 118-31에 이 논쟁이 잘 요약되어 있다.

11   W. M. Ramsay, *The Church in the Roman Empire before A.D. 170* (4th ed.; London: Hodder & Stoughton, 1895), 97-111; *A Historical Commentary on Galatians* (London: Hodder & Stoughton, 1899); "Galatia," *Hastings Dictionary of the Bible* 2.81-89을 보라. Ramsay의 관점은 다음 학자들에게 극찬과 강력한 지지를 받았다. Mitchell, "Galatia," 2.870-72, 특히 871; C. Breytenbach, *Paulus und Barnabas in der Provinz Galatien: Studien zu Apostelgeschichte 13f.; 16,6; 18,32 und den Adressaten des Galaterbriefes* (Arbeiten

이후에도 계속해서 갈리는 상황이다. 이 두 가지 주장 사이의 논쟁은 간단하게나마 다시 살펴볼 가치가 있다. 나는 북부 갈라디아 가설에 대한 가장 좋은 논의를 설명한 후, 내가 좀 더 설득력 있다고 여기는 것으로서 남부 갈라디아 가설을 지지하는 주장을 제시할 것이다.

a. 북부 갈라디아 가설

많은 훌륭한 학자들이 북부 갈라디아 가설을 지지해왔다. 여기에는 유명한 성경 역사학자 J. B. 라이트푸트(J. B. Lightfoot, 그는 램지의 발견 이전에 쓴 글에서 북부 갈라디아 가설에 대한 전통적인 논의를 제공한다)를 비롯하여 제임스 모팻(James Moffatt), 큄멜, 한스 디터 베츠(Hans Dieter Betz), J. 루이스 마틴(J. Louis Martyn), 마르티너스 드 보어(Martinus de Boer) 등의 학자들이 포함된다.[12] 이 관점을 견지하는 주요 주장은 다음과 같이 요약하여 정리될 수 있다.

1. "갈라디아"라는 단어는 기원전 4세기에 유럽으로부터 소아시아

---

zur Geschichte des antiken Judentums und des Urchristentums 38; Leiden: Brill, 1996), 99-173. J. M. Scott, *Paul and the Nations: The Old Testament and Jewish Background of Paul's Mission to the Nations with Special Reference to the Destination of Galatians* (WUNT 84; Tübingen: Mohr-Siebeck, 1995), 특히 181-215은 갈라디아인들이 누구였는지에 대한 구약성경의 이해를 반영하는 쪽으로 논점을 전환한다.

12 다음을 보라. Lightfoot, *Galatians*, 18-35; J. Moffatt, *An Introduction to the Literature of the New Testament* (3rd ed.; Edinburgh: T&T Clark, 1918), 90-101; Kümmel, *Introduction to the New Testament*, 296-98; H. D. Betz, *Galatians: A Commentary on Paul's Letter to the Churches in Galatia* (Hermeneia; Philadelphia: Fortress, 1979), 3-5; J. L. Martyn, *Galatians* (AB 33A; New York: Doubleday, 1997), 15-17; M. de Boer, *Galatians* (NTL; Louisville: Westminster John Knox, 2011), 3-11. B. Kahl, *Galatians Reimagined: Reading with the Eyes of the Vanquished* (Minneapolis: Fortress, 2010)에서 갈라디아서를 반제국주의의 이념으로 해석하는 북부 갈라디아 가설의 다른 형태를 확인할 수 있다.

로 이주한 갈리아인 혹은 켈트족(Γαλάται, Κέλται)에게서 비롯되었다. 이것은 1세기 로마의 행정 구역이 아니라 북부 소아시아에 살면서 로마의 지배를 받는 사람들을 지칭하는 용어였다. 갈라디아서 3:1에서 민족이나 인종을 가리키는 차원으로 사용된 "갈라디아 사람들"이라는 말이 이런 해석을 뒷받침한다.

2. 사도행전 16:6과 18:23의 갈라디아는 지역적인 의미에서의 "갈라디아"다. 왜냐하면 저자는 그 근방의 다른 지역인 브루기아도 함께 언급하고 있기 때문이다. 두 구절에서 "와"(and)라는 연결어에 강조점이 있다("브루기아와 갈라디아" 혹은 "갈라디아와 브루기아").

3. 사도행전 16:6에서 바울과 그의 일행은 브루기아와 갈라디아 땅으로 "통과하여" 갔다. 그 이유는 "성령이 아시아에서 말씀을 전하지 못하게" 하셨기 때문이다. 이는 그들이 중앙아시아를 피해 북쪽의 갈라디아 지역으로 갔음을 암시한다.

4. 누가는 첫 번째 선교 여행을 하는 동안 바울이 루스드라와 더베를 방문했다고 말하는 부분에서 갈라디아를 언급하지 않는다(행 14:6, 20-21). 그는 대신에 이 도시들이 위치한 또 다른 권역인 루가오니아를 언급한다.

5. 갈라디아서 4:13에서 바울이 "내가 처음에 육체의 약함으로 말미암아 너희에게 복음을 전한 것"이라고 말할 때 "처음에"(πρότερος)는 이전에 했던 두 번의 방문을 가리킨다. 이것은 사도행전 16:6과 18:23에 기록되어 있다(그러나 이 정보는 남부 갈라디아 가설에 부합하는 후대 저작설의 근거로도 사용할 수 있다).

6. 갈라디아서의 문체와 주제가 로마서와 가장 잘 맞아 떨어진다는 점에서, 두 서신의 연대 역시 매우 비슷할 것으로 추정할 수 있다.

율법에 대한 논의가 담긴 갈라디아서를 바울의 첫 번째 서신으로
보는 데에는 무리가 있으며, 율법에 관한 언급이 전혀 없는 데살
로니가 서신이 갈라디아서 뒤에 이어진다는 점도 받아들이기 힘
들다(다시 한번 이 주장은 후대 저작설만을 지지하며, 북부 갈라디아 가
설에 대한 직접적인 증거는 되지 못한다).

7. 갈라디아 그리스도인들의 성품은 갈라디아인들이 보여준 전형적
인 민족적 성향과 같았다고 볼 수 있다. 그들은 변덕스럽고 미신
을 잘 믿으며 순진했다(갈 3:1).

8. 바울이 그들을 "갈라디아 사람들"이라고 지칭한 것은 그들이 갈
라디아 민족이었음을 나타낸다. 그리고 비록 남부에도 일부 갈라
디아 민족이 포함되었다고는 하지만 바울이 여기서 루가오니아
와 비시디아(남부 갈라디아)의 거주민들을 부른 것은 아니었을 것
이다.[13]

9. 이 관점에 따르면 갈라디아서 1:21에서 바울이 나중에 수리아와
길리기아 지방에 갔다고 말한 것은 사도행전 13-14장의 첫 번째
선교 여행을 의미한다.

b. 남부 갈라디아 가설

남부 갈라디아 가설도 마찬가지로 여러 주요 학자의 지지를 받았다. 여
기에는 램지, 에드워드 드윗 버튼(Edward DeWitt Burton), F. F. 브루스, 랄
프 마틴(Ralph Martin), 리처드 롱네커(Richard Longenecker), 프랭크 마테
라(Frank Matera), 더글라스 무(Douglas Moo) 그리고 아마도 도널드 해그

---

13 De Boer, *Galatians*, 4.

너(Donald Hagner)와 여러 학자가 포함될 것이다.[14] 다만 이 견해를 지지하는 학자들이 모두 같은 저작 연대를 주장하는 것은 아니다(아래를 보라). 남부 갈라디아 가설의 주요 주장은 다음과 같다.

1. 사도행전 16:6과 18:23(두 절은 순서를 서로 반대로 언급함)에서 "브루기아와 갈라디아"를 언급할 때 브루기아는 형용사로 사용되었다. 따라서 여기서는 브루기아 지역을 포함하는 갈라디아 권역인 브루기아의 갈라디아를 의미한다고 볼 수 있다. 램지는 이 용법과 정확히 같은 다른 예를 찾지 못했다. 하지만 그는 같은 패턴으로 비슷한 종류를 수식하는 경우를 찾았다.[15]
2. 북부 갈라디아 가설이 설득력이 있으려면, 사도행전 16장에서 북쪽으로 향하는 다소 비정상적인 우회로가 있어야 한다. 아시아 권역의 경계선을 따라가는 일반적인 무역로의 설정이 불가능하기 때문이다. 바울은 큰 도로를 따라 로마 권역 내 의사소통의 중심지들을 방문하곤 했다(즉 수리아에서 길리기아로, 이고니움으로 그리고 에베소로). 물 공급이 충분한 낮은 언덕으로 이루어진 아나톨리아 대지(Anatolian plateau)의 남쪽 부분은 접근 자체가 훨씬 어려운 북쪽 부분보다 훨씬 중요한 곳이었다. 램지에 의하면 바울

---

14 Ramsay, *Galatians*, 68-77; E. D. W. Burton, *A Critical and Exegetical Commentary on the Epistle to the Galatians* (ICC; Edinburgh: T&T Clark, 1921), xxix-xliv; Bruce, *Galatians*, 3-18. Martin, *Foundations*, 2.148-52. 이 이슈에 대한 요약이 잘 되어 있는 자료로 R. N. Longenecker, *Galatians* (WBC 41; Dallas: Word, 1990), lxi-lxxii을 들 수 있다. F. J. Matera, *Galatians* (Sacra Pagina 9; Collegeville, MN: Liturgical, 1992), 19-26; Moo, *Galatians*, 4-8; D. A. Hagner, *The New Testament: A Historical and Theological Introduction* (Grand Rapids: Baker, 2012, 『신약개론』, 부흥과개혁사 역간), 437.

15 예. Ramsay, *Galatians*, 75-76.

이 방문했던 두 도시인 루스드라와 더베는 "낙후된" 곳이었다. 하지만 이 도시들은 바울이 여행한 지역에 있었기 때문에 극단적인 우회로로 갈 필요가 없었다.[16]

3. 바울이 모든 경우에 치밀한 것은 아니지만, 누가와 다르게 일반적으로 그는 특히 교회가 위치한 지역에 있어서는 로마식 지역 이름을 사용한다. 누가가 헬라고 하는 것과 달리, 바울은 아가야 혹은 그리스라는 명칭을 사용한다.[17]

4. 누가는 사도행전 16:6에서 바울과 그의 일행이 성령으로부터 아시아에서 말씀을 전하지 말라는 명령을 듣고 브루기아와 갈라디아(혹은 브루기아의 갈라디아) 지역을 지나 여행했다고 말한다. "못하게 하시거늘"(κωλυθέντες)로 해석된 부정과거분사는 바울과 그의 일행이 브루기아와 갈라디아를 지나기 전이 아니라 지남과 동시에 혹은 지난 후에 금지 명령이 주어진 것으로 해석되어야 한다. 따라서 이 구절은 "그들은 브루기아-갈라디아 땅으로 지나갔고, 그때 성령께서 아시아에서 말씀을 전하지 말라고 하셨다"라고 해석하는 것이 가장 적절하며, 여기서의 아시아는 아마도 에베소일 것이다. 그리스어에서 일의 순서는 분사의 시제 형태가 아니라 단어의 순서에 따라 결정된다(분사절이 본동사 뒤에 나온다).[18]

5. 사도행전은 남부 갈라디아에서의 바울만을 언급한다. 북부 갈라디아에서의 사역은 기록하지 않는다.

---

16 루스드라와 더베는 바울이 이고니움에서 쫓겨난 후에 방문한 것이 확실하다(행 14:6).

17 이 용어에 관해서는 T. Mommsen, *The Provinces of the Roman Empire from Caesar to Diocletian* (trans. W. P. Dickson; 2 vols.; London: Macmillan, 1909), 1.252-56을 보라.

18 S. E. Porter, *Verbal Aspect in the Greek of the New Testament, with Reference to Tense and Mood* (Studies in Biblical Greek 1; New York: Peter Lang, 1989), 385-87을 보라.

6. 사도행전 20:4은 갈라디아 남부에서 온 사람들(더베 사람 가이오, 루스드라의 디모데)을 목록 그대로 언급하지만, 북쪽 출신의 사람은 없다. 고린도 출신도 언급되지 않지만, 이는 바울의 여정에 비추어볼 때 다른 차원의 누락이다.

7. 바울이 첫 번째 선교 여행 중에 교회를 세웠다고 가정하면, 갈라디아서 2:1, 9, 13의 바나바에 대한 언급을 더 잘 이해할 수 있다. 왜냐하면 바울이 바나바와 함께했던 유일한 선교 여행이 첫 번째 여행이었기 때문이다.

8. 이방인들의 유대인 됨(Jewishness)과 관련한 논쟁을 포함하는 갈라디아서의 주제에 비추어보면, 사도행전 15장의 예루살렘 공회가 이미 열렸는데도 불구하고 바울이 그것을 언급하지 않았을 리가 없다(의심의 여지 없이 정말 열렸다면 말이다). 그러나 아래에서 논하겠지만, 남부 갈라디아 가설이 서신의 저작 연대와 관련하여 훨씬 더 많은 융통성을 가진다 할지라도, 만약에 갈라디아서가 예루살렘 공회 이전에 기록되었다면, 이는 남부 갈라디아 교회들에 쓴 것임이 거의 확실하다.

9. 갈라디아서 4:14과 6:17에서 바울이 갈라디아인들에게 "하나님의 천사"로 받아들여졌거나 예수의 흔적을 받았다는 언급은 사도행전 14:11-18에서 루스드라인들이 바울을 헤르메스로, 바나바를 제우스로 인식한 것과 14:19에서 육체적인 상해를 입었다는 고백과 부합한다고 볼 수 있다.

위에서 언급한 주장들은 대부분 두 가지 핵심 이슈를 중심으로 이루어진 것이다. 바로 "갈라디아/갈라디아인"의 의미와 바울 여행의 재구성이다.[19] 북부와 남부 갈라디아 가설에는 모두 설득력 있는 주장이 많이 있다. 하지만 남부 갈라디아 가설이 내세우는 근거가 이 두 가지 핵심 이슈와 관련하여 좀 더 확실해 보인다. 1세기의 갈라디아 권역은 갈라디아 민족을 비롯한 다양한 민족의 수많은 종교를 아우르는 넓은 지역이었다. 갈라디아의 어떤 총독의 직함을 기록한 로마 시대의 한 라틴어 비문은 이런 다양성을 이렇게 묘사한다. 그는 "갈라디아, 비시디아, 브루기아, 루가오니아, 이사우리아(Isauria), 파플라고니아(Paphlagonia), 폰투스 갈라티쿠스(Pontus Galaticus), 폰투스 폴레모니아쿠스(Pontus Polemoniacus), 아르메니아(Armenia)의" 총독으로 묘사된다.[20] 가장 가까운 근거를 통해 봤을 때 갈라디아서라고 불리는 편지는 루스드라, 더베, 이고니움, 안디옥에 있는 교회들에게 말했다고 보는 것이 가장 타당하다. 이 교회들은 로마 시대에 갈라디아로 알려진 지역에 있는, 바울이 방문한 교회들이다. 이 지역에서 멀리 떨어진 다른 목적지를 추측하는 것은 옳지 않다. 게다가 남부 갈라디아 가설이 사도행전에 기록된 바울의 여행에 대한 묘사와 더 잘 어울린다. 사도행전에 바울이 북부 갈라디아를 여행했다는 언급은 없다(행 16:6을 북부 갈라디아로 해석하지 않는 한 말이다). 고전 역사학자인 리처드 월리스(Richard Wallace)와 윈 윌리엄스(Wynne Williams)는 다음과 같이 덧붙인다. "바울이 갈라디아서를 제외하고 어떻게 이 네 도시의 그리스도인들에게 총괄해서 말할 수 있었겠는가?"[21]

---

19   Moo, *Galatians*, 5.

20   R. Wallace and W. Williams, *The Acts of the Apostles* (London: Duckworth, 1993), 23에서 H. Dessau, *Inscriptiones latinae selectae* (Leipzig: Weidmann, 1892-1916)의 no. 1017을 인용한다.

21   Wallace and Williams, *Acts of the Apostles*, 74-75.

(2) 저작 연대

갈라디아서의 저작 연대[22]는 수신지에 대한 두 가지 주요 의견과 밀접하게 연관되어 있다. 남부 갈라디아 가설에 유연성이 좀 더 있지만 말이다 (2장 단락 2를 보라).

a. 북부 갈라디아

북부 갈라디아 가설을 지지하는 이들에게는 세 가지 연대 설정이 가능하다. 첫 번째는 두 번째 선교 여행 중 어느 시기에 있었던 바울의 첫 번째 북부 갈라디아 방문(행 16:6) 이후다(즉 50-52년). 베츠 등이 지지하는 두 번째 연대는 사도행전 19장에 기록된 바울의 에베소 사역 초기다(즉 53-55년). 이는 갈라디아서 1:6("너희를 부르신 이를 이같이 속히 떠난 것을 내가 이상하게 여기노라")의 "속히"라는 단어를 갈라디아인들의 배교와 관련하여 문자적으로 받아들인 것이다.[23] 바울은 사도행전 16:6과 18:23에서 갈라디아의 교회들을 방문한 후 에베소로 갔다. 그리고 이 관점에 의하면 그곳에서 임박한 위험에 대하여 듣고 그들에게 편지를 썼음이 틀림없다. 세 번째 추정 연대는 에베소를 떠난 이후(행 19장) 바울의 방문과 편지를 써야 할 필요성 사이의 어느 시기다. 라이트푸트는 갈라디아서의 연대를 고린도 서신 이후로 잡는다. 왜냐하면 고린도 서신에는 유대주의자들로 인한 문제가 언급되지 않기 때문이다. 하지만 마게도냐에서 기록되었을 것으로 추정되는 로마서와 비교할 때 갈라디아서는 신학적으로 비슷하지만 그 생각이 아직은 덜 발전되었다는 점에서 로마서 이전으

---

22 갈라디아서의 연대에 관해서는 J. C. Hurd Jr., *The Origin of 1 Corinthians* (New York: Seabury, 1965), 특히 18에 있는 유용한 도표를 보라.

23 Betz, *Galatians*, 9-12.

로 주장한다(즉 56-57년경). 북부 갈라디아 가설을 기반으로 하면 갈라디아서의 연대를 정확하게 지정하기 어렵다. 그러나 북부 갈라디아 가설을 받아들이면, 갈라디아서가 확실히 로마서 이전에 기록되었다는 점을 더 잘 주장할 수 있으며, 따라서 앞에서 말한 첫 번째 혹은 두 번째 연대를 선택할 수 있다.

b. 남부 갈라디아

남부 갈라디아 가설을 주장하는 이들은 저작에 대한 두 가지 시기를 상정해볼 수 있다. 후대 저작설은 북부 갈라디아 가설이 제안하는 어느 연대와도 연계가 잘 된다.[24] 이 경우에 갈라디아서 1:6의 "속히"는 그들의 회심으로부터 변심에 이르는 시간의 길이보다는 그들이 변절하는 속도를 나타낸다고 볼 수 있다. 전기 저작설은 바울이 첫 번째 선교 여행 이후지만 사도행전 15장의 예루살렘 공회(즉 49년?) 이전에 교회들에게 편지를 쓴 것으로 가정한다. 이 경우에 갈라디아서 4:13은 첫 번째 선교 여행 중에 두 번 방문했음을 의미한다. 나는 갈라디아서가 바울의 첫 번째 선교 여행의 끝 무렵에 그리고 예루살렘 공회 이전에 기록되었다고 생각한다. 아마도 이것이 바울이 쓴 첫 번째 편지일 것이다. 만약 그때 기록된 것이 아니라면, 갈라디아서는 50-52년에, 분명히 로마서 이전에 기록되었을 것이다.

---

24 R. H. Fuller, *A Critical Introduction to the New Testament* (London: Duckworth, 1966), 26; M. Silva, *Explorations in Exegetical Method: Galatians as a Test Case* (Grand Rapids: Baker, 1996), 129-39.

C. 사도행전과 갈라디아서에 기록된 바울의 예루살렘 방문

갈라디아서의 저작 연대는 갈라디아서와 사도행전에 언급된 예루살렘 방문을 살펴보면 더 명확해질 수 있다.[25] 바울의 예루살렘 방문에 대해 갈라디아서와 사도행전의 기록 간의 관계를 이해할 수 있는 두 가지 체계가 있다. 이어지는 논의는 사도행전 15장의 예루살렘 공회 혹은 본질적인 주제와 관련하여 그 공회와 비슷한 사건이 실제로 일어났던 것으로 가정한다. 바우어 이래로 사도행전 15장의 공회가 실제로 일어났는지에 대해 불필요한 의심이 있었던 것 같다. 바울조차도 이후 자신의 사역에 아주 살짝 적용한 것으로 보이는(예. 고전 8장), 그리스도인의 자유에 관한 공회의 이상한 결론(즉 우상에게 바쳐진 음식에 관한 것)은 그것의 역사성을 그럴듯하게 만들기에 충분하다. 저자가 괜한 분쟁을 유발할지도 모르는 이슈를 아무런 역사적 근거가 없는데도 소개할 이유는 없기 때문이다. 나는 덜 확실해 보이는 관점을 먼저 소개한 후 사실에 가깝다고 믿는 것을 논하려고 한다.

갈라디아서와 사도행전의 사건을 재구성했을 때 가능한 한 가지 관점은 다음과 같다. 여기서는 갈라디아서 2:1-10이 사도행전 15:2-29의 예루살렘 공회와 동등하게 취급된다는 점이 중요하다.

---

25 갈라디아서에 포함된 바울의 자서전적 고백에 대해서는 다음을 보라. G. Lyons, *Pauline Autobiography: Toward a New Understanding* (SBLDS 73; Atlanta: Scholars Press, 1985).

표 1. 바울의 예루살렘 방문, 첫 번째 관점

갈라디아서		사도행전	
1:18-20	바울이 게바와 야고보를 만나다.	9:26-29	바나바가 바울을 사도들에게 데려가다.
1:21	바울이 수리아와 길리기아를 방문하다.	9:30	바울이 다소로 출발하다.
2:1-10	바울과 바나바가 디도와 함께 야고보, 베드로, 요한을 만나다.	15:2-29	바울과 바나바가 공회에서 사도들과 장로들을 만나다.

이 도식에는 갈라디아서에서 언급되지 않는 기근 구제 방문인 사도행전 11:27-30에 대한 여러 가지 설명이 있다.[26] 일부 학자들은 사도행전 11장의 사건이 역사적인 것이 아니며, 따라서 바울이 언급하지 않는 것이라고 주장한다. 다른 학자들은 사도행전 11장과 15장의 두 번의 설명은 누가-행전의 저자가 분리된 두 개의 자료로부터 찾은 것을 같은 이야기라는 사실을 알아차리지 못한 채 두 번 기록한 것이라고 주장한다. 세 번째 설명은 사도들이 언급되지 않는 사적인 만남인 사도행전 11장의 회의가 갈라디아서에 옮겨진 것이라고 하는데, 왜냐하면 바울이 갈라디아서에서 대응하고 있는 도전이 자신과 사도들의 관계에 대한 것이기 때문이다. 어떤 경우든지 이 첫 번째 재구성은 갈라디아서 2장의 사건을 사도행전 15장의 예루살렘 공회와 같은 것으로 이해한다.[27]

갈라디아서와 사도행전의 사건들에 대한 두 번째 재구성은 다음과 같다. 여기서 중요한 점은 갈라디아서 2:1-10이 사도행전 11:27-30과 12:25의 기근 구제 방문과 동일시되며, 갈라디아서에는 예루살렘 공회가 언급되지 않는다는 사실이다.

---

26   이 이슈에 대해서는 D. Guthrie, *New Testament Introduction* (4th ed.; Downers Grove, IL: InterVarsity, 1990), 474-83을 보라.

27   예. Elmer, *Paul, Jerusalem, and the Judaizers*, 81-116을 보라.

표 2. 바울의 예루살렘 방문, 두 번째 관점

갈라디아서		사도행전	
1:18–20	바울이 게바와 야고보를 만나다.	9:26–29	바나바가 바울을 사도들에게 데려가다.
1:21	바울이 수리아와 길리기아를 방문하다.	9:30	바울이 다소로 출발하다.
2:1–10	바울과 바나바가 디도와 함께 야고보, 베드로, 요한을 만나다.	11:27–30; 12:25	바울과 바나바가 기근 구제 물자를 가져오다.
	—	15:2–29	바울과 바나바가 공회에서 사도들과 장로들을 만나다.

나는 이 구조에 더 설득력이 있다고 본다. 물론 이 두 번째 등식에도 문제가 없는 것은 아니다. 가장 눈에 띄는 것은 사도행전 11장에 사도들과 디도가 언급되지 않는다는 점이다. 게다가 첫 번째 선교 여행 이전임에도 불구하고 바울이 이방인들에 대한 자신의 메시지에 관해 확인을 받는 것처럼 보인다. 이는 아마도 그의 메시지에 대한 첫 번째 시험이었을 것이다. 그렇지만 이 두 번째 설명에 더 설득력이 있다. 첫째, 사도행전 11장과 15장에는 누가의 기록을 불신할 만한 근거가 없다. 둘째, 사도행전 11장과 갈라디아서 2:1-10(특히 2:2)의 회의들이 모두 사적인 것으로 보인다. 셋째, 바울은 엄격한 시간적 순서에 따른 기록을 제시하기 때문에, 특히 그가 사도행전 11장의 회의와 같은 중요한 사건을 빠트렸다면 그것은 놀랄 만한 일이 될 것이다. 게다가 이는 갈라디아서 2:11-14에서 바울이 베드로를 만난 사건(아마도 안디옥에서)이 언제 일어났는지에 대한 질문도 유발한다. 일부 학자들은 이 만남이 실패로 돌아갔다고 보지만, 이것은 아마도 옳지 않을 것이다.[28] 이 회의는 사도행전 15장의 사건 이전에 일어난 것이 확실해 보인다. 그렇지 않다면 갈라디아서에 그 회

---

28   N. Taylor, *Paul, Antioch, and Jerusalem: A Study in Relationships and Authority in Earliest Christianity* (JSNTSup 66; Sheffield: JSOT Press, 1992), 139을 보라. 참조. 갈 1:10-2:14에 대한 아래의 주석.

의의 결과가 기록되었을 것이다.

D. 갈라디아서의 저술 동기 및 목적

바울 서신을 기록한 동기는 저술 당시의 특정한 환경 혹은 강제로 주어진 상황을 바탕으로 정의하는 것이 가장 좋다. 예를 들어 교회를 이루는 청중의 조합, 교회가 바울과 연락을 취해온 내력 그리고 연락을 하도록 만든 긍정적인 성취나 풀어야 할 문제 등이 저술의 동기를 가늠하게 해주는 상황들이다. 반면에 편지의 목적은 편지를 기록한 이면에 존재하는 이유이기 때문에, 편지의 내용 자체로부터 재구성할 수 있다. 편지의 동기와 목적을 구분할 수 있는 선을 쉽고 명확하게 그을 수 없는 경우가 종종 있다.

(1) 증거

갈라디아에 바울의 대적자들이 있었다는 증거는 다음과 같은 내적인 특징들을 포함한다. 이 선교지에 방문했던 사람들(갈 1:7; 5:10, 12)은 아마도 예루살렘의 야고보로부터 보냄을 받았을 것이고(2:12), 바울의 권위와 사도권에 의문을 제기하면서 다른 가르침을 전했다(1:9-11). 그들은 말썽꾼(1:7; 5:10) 혹은 선동자(5:12)로 특징지어졌고, 유대교 율법, 특히 할례(5:3, 11)와 특별한 절기들(2:16; 3:2, 21b; 4:10; 4:21; 5:4)을 지키라고 강요하는 자들로 여겨졌다.

(2) 바울의 반응

갈라디아 교회 안에서의 이런 위협에 대한 바울의 반응은 신랄한데, 이는 복음에 대한 그의 열정을 입증해준다. 그는 대적자들의 가르침을 하나님으로부터 돌아섰음을 나타내는(1:6; 5:8) 복음의 왜곡(1:7), 은혜로부터 떨어져 나감(5:4), 성령의 약속을 부인함(3:2-5)으로 특징짓는다. 그들은 바울이 계시를 통해 받았고 이후에 예루살렘에서 사도들에게 검증받은(1:12; 1:13-2:10) 참된 메시지를 거짓으로 바꾸어버린(1:8-9) 결과, 대적자로서 심판을 받을 처지에 놓이게 되었다(5:10).[29] 사실상 그들의 가르침은 이신칭의(3:21)에 반하여 율법을 칭의의 수단으로 만들려는 것(3:11)이었으며, 그리스도의 죽음을 약화시키는 것이었다(2:21).

(3) 갈라디아에 있었던 바울의 대적자들의 정체

바울의 (여러) 대적자들의 정체에 대해 많은 글이 기록되었는데,[30] 그중 일부 학자들은 갈라디아에 있었던 대적자들이 바울이 목회했던 다른 도시와 교회에서 만난 이들과 같은 자들이라고 본다.[31] 어쨌든 이 대적자들이 누구였는지에 대한 관점은 다양하다. 그러나 나는 서신 자체로부터 알아낼 수 있는 대적자 그룹에 대해 먼저 살펴보려고 한다.[32] 특히 갈라

---

29 바울의 대적자들에 대한 더 많은 정보를 위해서는 소논문 모음집인 S. E. Porter, ed., *Paul and His Opponents* (PAST 2; Leiden: Brill, 2005)를 보라.

30 Longenecker, *Galatians*, lxxxviii-c; J. D. G. Dunn, *The Theology of Paul's Letter to the Galatians* (NTT; Cambridge: Cambridge University Press, 1993)를 보라. 일부 학자들은 바울의 대적자들을 다른 이름으로 부르고 싶어 한다(몇 가지 선별된 호칭들에 대해서는 Hagner, *New Testament*, 411n10을 보라). 그러나 최소한 바울의 눈에 그들은 그와 그의 가르침을 반대하고 있었기 때문에, "대적자"가 여전히 옳은 용어라고 할 수 있다. 바울의 대적자들에 대한 문헌은 매우 많다. 그러나 갈라디아서에 초점을 맞춘 몇몇 예로는 다음을 보라. G. Howard, *Paul: Crisis in Galatia: A Study in Early Christian Theology* (2nd ed.; SNTSMS 35; Cambridge: Cambridge University Press, 1990 [1979]); M. D. Nanos, ed., *The Galatians Debate* (Peabody, MA: Hendrickson, 2002), 특히 3부의 소논문들; J. C. Hurd, "Reflections concerning Paul's 'Opponents' in Galatia," in *Paul and His Opponents* (ed. S. E. Porter; PAST 2; Leiden: Brill, 2005), 129-48.

31 예. Hurd, "Reflections concerning Paul's 'Opponents.'"

32 참조. J. D. G. Dunn, *The Epistle to the Galatians* (BNTC; Peabody, MA: Hendrickson, 1993), 9-11. Hurd, "Reflections concerning Paul's 'Opponents,'" 144도 참조하라.

디아에 있었던 바울의 대적자들은 예수를 따랐던 이방인들도 할례를 받았다고 주장하면서 자신들도 할례를 받은 자들이었다. 이것은 아마도 그들이 유대인들이었기 때문일 것이다. 그들 역시 예수를 따르는 자들이었다. 즉 그들 스스로 자신들을 예수를 그리스도로 믿는 기독교 운동에 속한 자들로 인식했을 것이다. 바울은 그들의 기독론이 아니라, 그리스도를 따르는 것이 어떤 것이어야 하는지에 대한 그들의 생각에 이의를 제기했다. 대적자들 역시 사도들이었거나, 혹은 최소한 그중 일부가 사도임을 스스로 밝혔거나 그렇게 알려진 자들이었다(갈 2:11-12의 역학을 보라). 그들의 권위는 예루살렘 교회로부터 비롯되었는데, 이는 아마도 바울이 자신의 사도로서의 권위를 주장하는 데 예루살렘 교회를 이용했던 이유일 것이다. 그러나 그는 자신이 받은 복음은 주님께 직접 받은 것임을 주장함으로써 그 자신을 구별하고, 자신이 다른 사도들로부터 복음을 전해 받은 단순한 간접 증인이 아니라는 점을 강조한다. 이런 점들을 우선 간주하면, 갈라디아에서 바울을 대적했던 자들의 정체가 대략 다음의 네 가지 정도로 정리될 수 있다(가능성이 적은 것들은 제외한다).

a. 2세기 이래로 루터를 거쳐 현재까지 아마 여전히 대다수가 지지하는 관점은 갈라디아의 대적자들이 예루살렘 출신으로서 바울을 대적하는 급진적 유대-그리스도인 그룹의 유대주의자들이라는 의견이다[33](바우어의 추측대로 아마도 그들은 예루살렘의 사도들이 보

---

[33] 대부분의 학자들이 이 유대주의자들이 예루살렘에서 보낸 사람들이라는 점에 동의하지는 않는 것 같다. 그들은 예루살렘의 허가 없이 행동했던, 유대-그리스도인들의 비정상적인 그룹이었다는 해석이 더 지지를 받는다. 그러나 이 유대주의자들이 예루살렘에서 보내졌다고 볼 수 있는 좋은 이유가 있다. 그들이 경험한 지나친 성공은(이는 바울이 갈라디아서를 쓸 수밖에 없도록 만든 이유다) 그들이 예루살렘의 허용 아래 일을 꾸민 결과라는 설명이 매우 설득력 있기 때문이다. 참조. Elmer, *Paul, Jerusalem, and the*

낸 자들이었을 것이다. 갈 2:12을 보라).[34] 그들은 바울이 세운 교회에
침투하여 이방인 그리스도인들이 그리스도를 믿는 필요조건의 일
부로서 할례를 받고 유대교 율법을 지켜야 한다고 설득하려 했다.
이 과정에서 아마도 아브라함이 믿음으로 행한 첫 번째 위대한 행
동이 할례였다고 말했을 것이다.[35] 그들이 확실히 갈라디아 교회
밖으로부터 들어온 자들이라는 사실은 바울이 그들을 언급할 때
3인칭을 사용한다는 점을 통해 알 수 있다(참조. 고전 5:1-2과 고후
7:2-4. 여기서 내부자들에 대해서는 2인칭이 사용된다).[36] 그러나 이 율
법주의자들은 타락을 초래한 세속적 영역에 관심이 부족했다는
점(갈 6:1)에서 원시영지주의적 경향도 지니고 있었다고 할 수 있
다(갈 4:9-10).[37] 그러나 자유와 방종에 대한 언급(갈 5:13, 16; 6:1,
8)은 유대주의자들이 전한 메시지의 일부였다고 설명될 수 있다.
바울은 그들의 자유가 제한된 것이라는 말로(바울 자신의 메시지를
역으로 이용하면서?) 대응한다. 비록 그들이 이런 일들을 자유롭게

Judaizers, 131-34.

34   M. Luther, *A Commentary on St. Paul's Epistle to the Galatians* (ed. J. P. Fallowes; trans. E.
     Middleton; London: Harrison Trust, n.d.); Lightfoot, *Galatians*, 29-30; C. K. Barrett,
     Paul: An Introduction to His Thought (London: Chapman, 1994), 26-33; Hagner, *New
     Testament*, 440-42을 보라. 참조. J. Munck, *Paul and the Salvation of Mankind* (Atlanta:
     John Knox, 1959), 87-134. Munck는 문제가 이방인 유대주의자들이었다고 주장한다.
     Howard, *Paul: Crisis in Galatia*, 1-19도 보라. Howard는 바울이 유대주의자들을 대적했
     지만, 유대주의자들은 바울을 대적하지 않았다고 주장한다.

35   G. W. Hansen, *Abraham in Galatians: Epistolary and Rhetorical Contexts* (JSNTSup 29;
     Sheffield: JSOT Press, 1989)를 보라.

36   참조. Bruce, *Galatians*, 24-25.

37   참조. W. Schmithals, *Paul and the Gnostics* (trans. J. Steely; Nashville: Abingdon, 1972),
     13-64. 여기서 Schmithals는 바울의 대적자들이 유대-그리스도인 영지주의자들이었다
     고 결론 내린다. 그러나 이 견해는 널리 받아들여지지 않는다.

하는 것처럼 보였다고 할지라도 말이다.[38]

b. 첫 번째 견해를 수정한 두 번째 입장은 바울의 대적자들이 할례를 받았고 다른 이들도 똑같이 하도록 설득하길 원하는 유대인 그리스도인들이라고 주장한다.[39] 그 이유는 아마도 예루살렘에서 광신도들의 활동이 왕성해졌고, 유대인 그리스도인들이 이방인 그리스도인들을 설득해서 할례를 받게 하려고 했기 때문이라는 것이다. 이는 유대인 그리스도인들이 이방인들과 교제한다는 비난을 모면하기 위함이었을 뿐만 아니라, 그것이 하나님의 뜻이라고 주장하기 위한 구실이었을 것이다. 편지의 언어가 율법(갈 3장), 할례(5:6; 6:15), 절기(4:10) 등과 같은 유대교 관습이나 신앙과 매우 깊이 연관되고, 대적자들이 그리스도를 참으로 따르지 않는 자들이라고 특징지어진다는 측면에서 볼 때 이 견해는 설득력이 없다.

c. 세 번째 입장은 두 종류의 대적자들이 있었을 가능성을 제기한다.

---

38   J. M. G. Barclay, *Obeying the Truth: A Study of Paul's Ethics in Galatians* (Edinburgh: T&T Clark, 1988)를 보라.

39   R. Jewett, "The Agitators and the Gentile Congregation," *NTS* 17 (1970-71): 198-212을 보라. 이 주장은 Martin, *Foundation*, 2.154-56에서 받아들여졌다. 최근에는 Mark Nanos가 급진적으로 변화된 태도를 보였다. 그는 "바울을 반대했던 선생들은 유대인 신자들이 아니라, 이방인 신자들을 유대교로 개종시키고 싶어 하는 지역 회당을 대표하는 그리스도를 믿지 않는 불신자들이었다"라고 주장한다(요약은 S. Chester, "Paul and the Galatian Believers," in *The Blackwell Companion to Paul* [ed. S. Westerholm; West Sussex, UK: Wiley-Blackwell, 2011], 63-78에 있으며, 그중 64쪽을 인용한 것이다). M. D. Nanos, *The Irony of Galatians: Paul's Letter in First-Century Context* (Minneapolis: Fortress, 2002), 특히 75-199; "Intruding 'Spies' and 'Pseudo-Brethren': The Jewish Intra-Group Politics of Paul's Jerusalem Meeting (Gal 2:1-10)," in *Paul and His Opponents* (ed. S. E. Porter; PAST 2; Leiden: Brill, 2005), 59-97을 보라. Chester가 옳게 지적하듯이, Nanos의 관점을 반박하는 근거는 다른 복음을 가르치는 자들에 대해 바울이 직접 언급한다는 사실이다(아래를 보라).

유대주의자들(위를 보라)과 방종한 영혼 신봉자 내지는 영적인 생활을 강조하는 자들이(6:1) 사도권에 대한 바울의 주장을 공격했다는 것이다. 그러나 이 대적자들의 방종의 측면은 위에서 언급한 유대주의자 가설 아래 유대주의자들이 가르친 것의 일부로서 간단하게 설명될 수 있다. 바울이 자신의 대적자들을 하나의 일관된 그룹으로 표현하고 있다는 점에서 굳이 두 종류의 반대자들이 있었다고 볼 필요는 없다.

d. 에마누엘 히르쉬(Emanuel Hirsch)가 주장한 네 번째 관점은, 바울의 대적자들을 유대주의로 변심한 안디옥 출신의 이방인 그리스도인들로 보면서, 그들이 이제는 갈라디아의 그리스도인들을 자신들처럼 유대주의화하려고 시도한 것이라고 주장한다.[40] 이 해결책의 문제점은 반대자들이 유대교의 관습을 종용하는 이방인들이었다는 사실에 대한 긍정적인 증거가 하나도 없다는 사실이다. 바울이 이런 이방인 그리스도인들에 대항하여 그렇게 적극적으로 방어했을 가능성도 적고, "원래의" 유대주의자들의 꼬임에 넘어간 적이 있다는 언급도 갈라디아서에는 한 번도 나오지 않는다. 바울은 유대주의로 넘어가려는 이방인 회심자들뿐만 아니라 이방인 그리스도인들을 유혹하는 자들을 공격했거나, 최소한 그들을 언급했던 것으로 보인다.

위에서 언급한 것 이외에도 다른 관점들이 많이 있다. 그러나 이 관

---

40   E. Hirsch, "Zwei Fragen zu Gal 6," *Zeitschrift für die neutestamentliche Wissenschaft* 29 (1930): 192-97.

점들은 계속 논의되고 있으며 최소한 지속적인 지지를 받는 것들이다.[41] 위의 관점들을 고려해볼 때 나는 대다수가 지지하는 첫 번째 의견 곧 갈라디아에서 바울을 대적했던 자들은 유대주의자들이었다는 주장이 가장 좋은 선택이라고 본다. 이 유대주의자들의 특징과 주장에 대해서는 여러 논의가 있다. A. E. 하비(A. E. Harvey)에 의하면 그들의 주장은 전혀 신학적이지 않았으며, 여러 사상이 그러했듯이 실용적이었다.[42] 다시 말해 하비는 바울이 올바른 기독교 교리에 대한 논쟁이 아니라 "박해 혹은 차별의 위협 속에서 유대교의 관점을 적용하려는 경향"에 맞서 싸운 것이라고 주장한다.[43] 그러나 이것은 본질상 신학적일 수밖에 없는 그리스도의 **복음**에 대한 바울의 격렬한 반응을 설명하지 못한다. 바울은 갈라디아인들이 할례와 같은 의식으로 되돌아가는 것을 단순히 그리스도인의 관습에 대한 위협이 아니라 복음 자체에 대한 도전으로 단정한다. 더욱이 바울 서신 대부분에서 그렇듯이, 그리스도인의 관습은 기독교 교리에서 비롯된다. 이는 일반적인 바울 서신에서 (교리를 포함하는) 본론 다음에 권고 부분이 뒤따르는 것과 같다(5장 단락 3을 보라). 그렇다면 이 유대주의자들은 아무런 교리적 근거 없이 유대교의 의식을 옹호했을 뿐만 아니라 할례와 같은 관습을 통해 구원을 받는다는 믿음까지도 주장했다.

---

41 또 다른 두 가지 관점은 갈라디아서를 당시의 종교 혹은 문화 세계의 틀에 위치시켜 살펴보려고 한다. Susan Elliot은 바울이 소아시아 지방의 일부 종교에서 의식으로 치러졌던 자가 거세에 반대한다고 주장한다. *Cutting Too Close for Comfort: Paul's Letter to the Galatians in Its Anatolian Cultic Context* (JSNTSup 248; London: T&T Clark, 2003). Justin Hardin은 갈라디아서를 황제 숭배를 피하고 싶어 하는 갈라디아 사람들에 대한 바울의 응답으로 이해한다. *Galatians and the Imperial Cult* (WUNT 2/237; Tübingen: Mohr-Siebeck, 2008). 이 두 가지 관점에 대한 응답으로는 Chester, "Paul and the Galatians Believers," 64-65을 보라.

42 A. E. Harvey, "The Opposition to Paul," in *The Galatians Debate* (ed. M. D. Nanos; Peabody, MA: Hendrickson, 2002), 321-33.

43 Harvey, "The Opposition to Paul," 330.

E. 갈라디아서의 개요

A. 서두(1:1-5)

  1. 보내는 이(1:1-2a)

  2. 받는 이(1:2b)

  3. 인사(1:3-4)

  4. 송영(1:5)

(B. 감사―없음)

C. 본론 : 사도권 변호(1:6-5:12)

  1. 본론의 시작 : 다른 복음(1:6-9)

  2. 바울의 권위(1:10-2:14)

  3. 바울의 변론(2:15-4:31)

  4. 그리스도인의 자유와 관련한 본론의 마무리(5:1-12)

D. 권면(5:13-6:10)[44]

  1. 사랑이 율법을 완성함(5:13-15)

  2. 성령이 육체의 소욕을 극복함(5:16-26)

  3. 그리스도의 법은 서로를 돕는 것(6:1-10)

E. 맺음말(6:11-18)

  1. 바울의 권위(6:11-17)

  2. 축복 기도(6:18)

---

44 F. J. Matera, "The Culmination of Paul's Argument to the Galatians: Gal. 5.1-6.17" *JSNT* 32 (1988): 59-91을 보라.

F. 갈라디아서의 내용

서두(1:1-5)

바울(과 고대 그리스-로마) 서신의 전통적인 서두에서 바울은 자신이 저자임을 밝힌다. 이는 바울의 사도권에 대한 긴 설명을 제외하면 평범한 시작이다. 이 사도권은 "사람들에게서 난 것도 아니요, 사람으로 말미암은 것도 아니요"(οὐκ ἀπ᾽ ἀνθρώπων οὐδὲ δι᾽ ἀνθρώπου), 예수 그리스도 자신으로 말미암은 것이다.

서두와 관련된 중요한 이슈는 편지의 일차적인 독자다. 이는 바울이 정확히 누구에게 쓰고 있는지, 혹은 다른 말로 하면 "갈라디아 여러 교회들"(ταῖς ἐκκλησίαις τῆς Γαλατίας)이 정확히 누구인지다. 위에서 말했듯이 증거가 북부 갈라디아나 남부 갈라디아 가설 중 하나를 가리키지만, 바울은 갈라디아의 남부 로마 권역에 있으면서 갈라디아 민족만이 아닌 여러 민족으로 구성되었던 교회들에 편지를 쓰고 있다는 것이 내 결론이다.

본론: 본론의 시작(1:6-9)

바울의 편지에서 발신자와 수신자를 나타내는 첫 도입/인사 이후 다음 부분에는 감사하는 내용이 나온다. 감사 단락은 편지의 수신자들과 그들이 보여준 특징이나 특성, 혹은 하나님께서 그들에게 행하신 일들에 감사하는 내용이 다양한 길이의 몇 문장으로 이루어진다(참조. 롬 1:8; 고전 1:4; 엡 1:16; 빌 1:3; 골 1:3; 살전 1:2; 살후 1:3; 딤후 1:3; 몬 4절). 바울이 그리스-로마 서신의 감사 양식을 따르면서 하나님께 대한 감사를 전형적으로 따르지 않고 기독교적으로 적용했는지, 아니면 자신의 감사 단락을 단순히 자신만의 방식으로 채웠는지는 학자들 간에 논쟁이 있다.[45] 하지만 바울은 이 단락을 통째로 건너뛰고 곧바로 갈라디아인들을 질책하기 시작한다.[46] 이렇게 바울 서신의 전형적인 문단이 여기에 없다는 사실은 널리 알려져 있다. 그러나 이 누락의 중요성과 이것이 편지의 구성에 미치는 영향에 대한 언급은 거의 없는 것 같다.[47] 편지의 서두에서 바울은 편지에 가담하는 이들을 모두 소개하고(바울은 주격으로, 갈라디아인들은 여격으로 하는 그리스어의 일반적인 양식), 그다음에 그리스도를 통한 하나님의 사역이라는 측면에서 그들의 관계를 설명한다. 수신자들을 비롯한 독자들은 한두 마디의 감사 문구를 기대했겠지만, 바울은 그 대신에 그들을 부르신 그리스도를 떠난 자들에게 날카로운 질책을 가한다. 이런 생략은 그리스도의 사역에 대한 일반적인 인식과 복음으로부터의 빠르고 해로운 변절 및 다른 것에 대한 탐닉 사이에 나란히 놓인 구조적 대조를 더욱 선명하게 만든다.[48]

이 본론의 시작 부분에서 바울은 갈라디아의 신자들이 복음에 대

---

45 J. T. Reed, "Are Paul's Thanksgivings 'Epistolary'?" *JSNT* 61 (1996): 87-99을 보라. 참조. D. W. Pao, "Gospel within the Constraints of an Epistolary Form: Pauline Introductory Thanksgivings and Paul's Theology of Thanksgiving," in *Paul and the Ancient Letter Form* (ed. S. E. Porter and S. A. Adams; PAST 6; Leiden: Brill, 2010), 101-27. 바울은 그리스-로마의 전통적인 편지 양식을 반영하면서 자신만의 방식으로 기독교적 관점의 감사 단락을 적용하는 것으로 보인다.

46 Bruce(*Galatians*, 80)는 그 이유에 대해 바울이 "곧바로 본론으로 들어갈 수밖에 없을 정도로 절박했다"라고 설명한다. 그러나 나는 "절박함"이 여기서 바울이 감사를 생략한 이유를 설명하는 데 충분하다고 생각하지 않는다.

47 참조. R. E. van Voorst, "Why Is There No Thanksgiving Period in Galatians? An Assessment of an Exegetical Commonplace," *JBL* 129.1 (2010): 153-72. Voorst는 갈라디아서에서 바울의 감사를 기대할 이유가 없다고 주장한다.

48 내가 구조적 서신의 관점이라고 부르는 것(여기서는 갈라디아서의 서두에 대한 내 설명으로 사용됨)에 대해서는 S. E. Porter, "A Functional Letter Perspective: Towards a Grammar of Epistolary Form," in *Paul and the Ancient Letter Form* (ed. S. E. Porter and S. A. Adams; PAST 6; Leiden: Brill, 2010), 9-32, 특히 24-26을 보라.

해 자신으로부터 예전에 배운 것들을 재빠르게 제쳐두고 유대주의자들이 지지하는 "다른 복음"을 받아들인다는 사실에 대한 충격을 표현한다. 이 부분에는 과장법이 사용되었다. 바울은 아무리 하늘로부터 온 천사가 복음 외의 다른 것을 그들에게 설교한다고 해도, 그들은 "또 다른 복음"을 거부해야 한다고 말한다. 이는 하늘로부터 온 천사가 실제로 다른 복음을 전한다는 뜻이 아니다. 바울은 자신이 그들에게 가르쳤던 것과 다른 어떤 복음도 받아들여서는 안 된다는 것을 수사학적으로 강조하는 것이다. 또한 그는 갈라디아 사람들에 대한 놀라움과 언짢음을 표현하기 위해 강한 언어를 사용하며, 이 유대주의자들(여기서 그렇게 불리지는 않지만)은 반드시 저주받아야($\dot{\alpha}\nu\dot{\alpha}\theta\epsilon\mu\alpha$) 한다고 말한다.

본론: 바울의 권위(1:10-2:14)

본론의 다음 부분은 복음에 대한 바울의 권위를 설명하는 글로 이루어져 있다. 여기서 바울은 자신의 회심 이후의 경험들을 자서전적으로 묘사하거나 고백한다. 바울의 회심에 대한 다른 증언들(행 22장과 26장)에서 언급하지 않은 사건들을 설명하면서 바울은 몇 차례 예루살렘으로 여행했던 일과 그의 회심과 설교 사역 사이의 "알려지지 않은" 시기를 포함한다. 이 증언의 중요한 특징은 그가 복음을 전하도록 하나님께 직접 부르심을 받았다는 점이다.[49] 바울은 다른 사도들에게 가르침이나 훈련을 받지 않았다. 그의 복음은 직접 계시의 산물이었다. 그는 편지의 초반에 해당하는 이 부분에서 할례 문제를 거론하며, 복음을 확실히 지키기 위해 디도조차도 할례를 받지 않았다고 말한다. 바울은 사역을 시작한 이후

---

[49] 참조. D. I. Yoon, "Prominence and Markedness in New Testament Discourse: Galatians 1,11-2,10 as a Test Case," *Filología Neotestamentaria* 26 (2013): 37-55. 이 소논문은 언어학적 특징 연구를 통해 이 단락을 분석한다.

"유력한" 자들인 야고보, 베드로, 요한이 할례받지 않은 자들을 향한 자신의 사역을 어떻게 승인했는지를 상술한다.

이 부분은 흔히 안디옥 사건으로 불리는, 바울이 이방인과의 식탁 교제를 피하는 위선을 행한 베드로와 대치한 내용으로 끝난다.[50] 바울은 베드로가 보여준 위선 때문에 그의 면전에서 그를 반박했다고 말한다. 베드로는 일전에 안디옥에서 이방인들과의 식탁 교제에 참여했지만, 야고보가 보낸 특정 사절단 때문에 그곳을 떠나버렸다. 베드로만 그런 것이 아니라 바울의 가까운 사역 파트너인 바나바를 포함한 많은 유대인 신자들이 그를 뒤따랐다. 바울은 독자들에게 그 대치 사건의 결과에 대해서는 말하지 않는데, 이는 베드로의 반응이 어떠했을지에 대한 해석자들의 궁금증을 유발한다.[51]

본론: 바울의 변론(2:15-4:31)

많은 해석가와 성경 번역자들은 바울의 발언이 여기서 끝난다고 결론 내린다. 이 단락의 나머지 부분은 수신자들을 위해 쓰여진 칭의와 율법의 행위에 대한 담론으로 이루어져 있다.[52] 이 관점에 의하면 베드로에 대한

---

50 참조. J. D. G. Dunn, "The Incident at Antioch (Gal 2:11-18)," *JSNT* 18 (1983): 3-57, 다음 책으로 재출간되었다. J. D. G. Dunn, *Jesus, Paul, and the Law: Studies in Mark and Galatians* (Louisville: Westminster John Knox, 1990), 129-82과 추가 내용. D. I. Yoon, "The Antioch Incident and a Textual Variant: ἦλθον or ἦλθεν in Galatians 2:12," *Expository Times* 125 (2014): 432-39도 보라. 2:12에 대한 소수 의견은 베드로가 안디옥에 도착하는 야고보의 대표자들에게 단순히 잘못 대응한 것이 아니라, 이방인들에게서 떨어지고자 미리 계획했던 것으로 본다.

51 Dunn은 바울의 질책이 소용없었다고 생각하는 것 같다. 참조. Dunn, *Jesus, Paul, and the Law*, 160. 그러나 갈 2장과 행 15장의 관계를 어떻게 보느냐에 따라, 뒤에 일어난 사건에서 베드로가 이방인을 받아들이는 것을 옹호했으며 그들에게 불필요한 짐을 지우는 것에 반대했다고 볼 수도 있다.

52 참조. Bruce, *Galatians*, 136. Bruce는 이 편지의 나머지 부분에 베드로에 대한 바울의 질

바울의 질책은 갈라디아서의 사상 전환에 있어서 무엇이 문제였는지를 말하기 위한 부드러운 전환점 역할을 한다. 이 편지의 대부분은 바울이 그들에게 선포한 복음에 관한 그 자신의 변호이며, 여기에는 복음 자체의 되풀이뿐만 아니라 그 복음을 변호하는 것까지 포함된다.

바울은 그가 수호하고자 하는 복음의 내용을 요약하여 선언함으로써 이 단락을 시작한다. 그것은 "사람이 의롭게 되는 것은 율법의 행위로 말미암음이 아니요, 오직 예수 그리스도를 믿음으로 말미암는"다는 것이다(2:16).[53] 이 한마디 선언에는 바울 학자들이 수년간 논쟁해온 주장의 두 가지 요점이 담겨 있다. 즉 "율법의 행위"와 "예수 그리스도를 믿음"의 의미다(4장 단락 3B와 2E를 보라). 갈라디아서의 본론의 나머지 부분은 이 선언의 확장판이라 해도 과언이 아니다. 개인의 칭의는 율법에 대한 순종이 아니라 예수 그리스도를 믿음으로 일어난다.

복음을 요약하여 제시한 후 바울은 이 본론 단락의 나머지 부분에서 그것을 주장하고 변호하기 시작한다. 그는 갈라디아 사람들이 거짓 복음을 제시한 대적자들에게 속아 넘어간다는 점을 들어 그들을 "어리석은 자들"(ἀνόητοι)이라고 부른다. 바울은 수사학적 질문들을 열거한 후 자신의 주장을 뒷받침하기 위해 구약을 인용하면서 아브라함의 자손은 믿음으로 사는 자들이라는 말을 반복한다.[54] 이 점을 설명하기 위해 바울은 인간의 계약과의 유비를 사용한다. 그는 이 계약이 일단 맺어지면 무효

책이 요약되어 있으며 그 영향이 발전되어 담겨 있다고 말한다.

53 참조. de Boer, *Galatians*, 139.

54 바울이 여기서 자신의 주장을 위해 구약을 어떻게 사용하는지에 대한 많은 논의가 있다. 왜냐하면 바울은 수수께끼 같은 방식으로 이런 인용을 사용하기 때문이다. 예. Hansen, *Abraham in Galatians*, 109-39; P. M. Sprinkle, *Law and Life: The Interpretation of Leviticus 18:5 in Early Judaism and in Paul* (WUNT 2/241: Tübingen: Mohr-Siebeck, 2008), 133-64을 참조하라.

로 만들 수 없다는 점을 들어 이를 하나님께서 아브라함과 맺으신 약속과 비교한다. 바울의 주장은 이 약속이 율법에 대한 복종 때문에 지켜지는 것이 아니라, 하나님께서 그것을 약속하셨기 때문에 지켜진다는 것이다. 그는 이런 체계 아래서는 언약과 율법이 서로 반대된다는 이의를 예상했기에, 실상은 양자가 반대되는 것이 아니라 상호 보완 관계에 있다는 점을 확인함으로써 "응답"한다. 왜냐하면 율법의 기능은 하나님께서 믿음의 대상이신 예수 그리스도를 보내시는 적절한 때까지 사람들이 자신의 죄를 알게 하는 것이었기 때문이다. 따라서 그리스도를 믿는 이들은 인종, 사회적 지위, 혹은 성별을 막론하고 아브라함과 맺어진 언약의 상속자라고 불린다. 바울은 하나님의 언약의 상속자가 된다는 것이 무슨 의미인지에 대한 좀 더 자세한 설명과 함께 자신의 담론을 계속한다. 이것은 또 다른 예로 이어지는데, 이는 창세기의 하갈과 사라에 대한 이야기를 종(하갈)의 아들과 자유로운 여인(사라)의 아들에 대한 알레고리로 사용하는 유비다. 종의 아들은 여전히 율법 아래에 있지만, 자유로운 여인의 아들은 언약 아래에 있다. 그리고 바울은 갈라디아 사람들을 자유로운 여인의 아들로 여긴다. 노예를 언급하는 것이 현대 사회에서는 정치적으로 부적절할 수 있지만, 바울은 율법 아래에서의 삶과 언약 아래에서의 삶의 차이를 묘사하기 위해 이런 언어를 사용한다.[55]

본론: 그리스도인의 자유와 관련한 본론의 마무리(5:1-12)

바로 앞부분의 노예에 대한 기록을 의식하며 바울은 편지의 본론을 그

---

55   갈라디아서의 종 은유에 대해서는 S. Tsang, *From Slaves to Sons: A New Rhetoric Analysis on Paul's Slave Metaphors in His Letter to the Galatians* (Studies in Biblical Literature 81; New York: Peter Lang, 2005)를 보라.

리스도인의 자유에 대한 논의로 마무리한다.[56] 율법의 행위가 아닌 믿음으로 의롭다 함을 얻는다는 복음을 가르친 이후 바울의 관심은 다시 거짓 복음으로 갈라디아 사람들을 설득하려 한 이들에게로 돌아간다.[57] 바울은 본론의 시작만큼이나 강력한 선언으로 본론을 마무리한다. 즉 그는 갈라디아 사람들을 어지럽게 하는 자들이 스스로 거세하기를 원한다고 말한다.

권면: 사랑이 율법을 완성함(5:13-15)

율법의 행위를 제외하고 믿음으로 의롭게 되는 것이 무엇을 의미하는지를 설명한 후 바울은 이제 그것이 그리스도 안에서 자유롭게 된 독자들의 삶에서 실질적으로 어떤 의미가 있는지에 대해 그들을 권면한다. 그는 갈라디아 사람들에게 그들의 자유를 육체를 만족시키기 위해 사용하지 말고 서로를 사랑하는 데 사용하라고 권면한다. 율법(혹은 아마도 더 정확하게는 율법의 행위)을 반대하는 취지의 긴 설명을 이미 했으면서도 바울은 "네 이웃을 네 자신과 같이 사랑하라"는 명령이 전체 율법의 요약이라고 가르친다. 이는 아마도 율법 전체에 대한 반대가 아니라 하나님의 호의를 얻기 위한 수단으로서 율법에 복종하는 잘못된 의존에 대한 반대임을 드러내기 위한 바울의 의도일 것이다(바울에 관한 새 관점에 반한다. 4장 단락 3B를 보라).

56　참조. L. Morris, *Galatians: Paul's Charter of Christian Freedom* (Downers Grove, IL: InterVarsity, 2003).

57　바울이 일찍이 할례의 복음(5:11)을 선포했는가에 대한 질문이 최근 D. A. Campbell, "Galatians 5,11: Evidence of an Early Law-Observant Mission by Paul?" *NTS* 57 (2011): 325-47에서 다시 제기되었다. 이전의 제안들과 반대되는 Campbell의 주장은 자신의 주장을 뒷받침하는 데 사용한 그의 최근의 유추보다 좀 더 설득력이 있다.

권면 : 성령이 육체의 소욕을 극복함(5:16-26)

자유와 육체의 소욕을 만족시키는 것에 대한 주제를 이어가면서 바울은 독자들에게 "성령을 따라 행하라"고 권면하고 이것을 "육체의 일"과 대조한다. 그는 이 둘을 서로 맞대면서 먼저 음행, 더러운 것, 호색, 우상숭배 등과 같은 특징을 지닌 육체의 일을 설명한다. 그리고 다음으로 사랑, 희락, 화평, 오래 참음 등 성령의 열매를 소개한다. 그는 그리스도 예수의 사람들은 자신들의 육체와 함께 그 정욕과 탐심을 십자가에 못 박았다는 선언으로 이 단락을 끝맺는다.

권면: 그리스도의 법은 서로를 돕는 것(6:1-10)

권면의 세 번째이자 마지막 단락은 성령을 따라 행하라는 내용이 계속되면서 세 가지 특정 상황에 초점을 맞춘다. 첫 번째 상황은 한 사람이 죄를 짓다가 발각되는 것과 관련된다. 즉 영적인 이들은 그 사람을 온유한 심령으로 바로잡아야 할 뿐만 아니라 자신들도 같은 유혹에 빠지지 않도록 조심해야 한다는 것이다. 두 번째는 좀 더 일반적인 상황으로, 서로의 짐을 짐으로써 서로 도우라는 권면이다. 바울은 몇 줄 더 내려가서는 각자 자신의 짐을 지라고 말한다. 언뜻 보기에 처음에 바울이 그들에게 서로의 짐을 져야 한다고 명령했다는 것을 제외하면 이것은 모순되는 것처럼 보일 수 있다. 그러나 결국 그들은 모든 사람이 각자 자신의 짐에 대한 책임을 져야 함을 깨달아야 한다. 세 번째 상황은 갈라디아 사람들이 그들을 가르친 자와 좋은 것을 나눔으로써 서로를 도와야 한다는 것이다. 이것은 바울 자신이나 갈라디아 교회의 다른 지도자들에 대한 부분적인 언급일 수도 있다. 하지만 바울은 지도자들도 도움이 필요하다는 것과 갈라디아 사람들이 재정적인 물자를 포함한 모든 좋은 것들을 그들과 나눔으로써 이 점에 이바지해야 함을 인식한다(일반적인 명령으로 받아들인다면).

맺음말(6:11-18)

바울은 자신의 대필자로부터 펜을 받아 직접 몇 줄을 쓰면서 편지를 마무리한다.[58] 이 부분은 바울이 직접 이 편지를 썼다는 점을 갈라디아 사람들에게 증명하는 역할을 한다. 그의 마지막 말은 할례를 옹호하는 대적자들과 관련되는 본론의 중심 주제를 다시 담고 있다. 바울은 할례는 물론이고 무할례도 아무런 의미를 지니지 않는다는 점을 다시 한번 확인한다. 새로운 피조물인지가 중요하다는 것이다. 그는 갈라디아 사람들에게 자신이 예수의 흔적을 지녔다고 말한다. 이것은 수없이 매를 맞아 자신의 몸에 생긴 흉터들을 가리키는 것일 가능성이 크다. 그리고 그는 더 이상의 분란이 없으면 좋겠다고 말한다. 바울은 독자들을 "형제들(과 자매들)"이라고 부르면서 편지를 마무리한다. 이는 자신이 선포한 복음을 그들이 받아들여 다시 돌아서기를 바라는 희망을 바울이 여전히 품고 있었음을 가리킨다.

---

58   참조. J. A. D. Weima, "Gal 6:11-18: A Hermeneutical Key to the Galatian Letter," *Calvin Theological Journal* 28 (1993): 90-107.

추가 학습을 위한 자료

주석

Betz, H. D. *Galatians: A Commentary on Paul's Letter to the Churches in Galatia*. Hermeneia. Philadelphia: Fortress, 1979.

Bruce, F. F. *The Epistle to the Galatians: A Commentary on the Greek Text*. NIGTC. Grand Rapids: Eerdmans, 1982.

Burton, E. D. W. *A Critical and Exegetical Commentary on the Epistle to the Galatians*. ICC. Edinburgh: T&T Clark, 1921.

de Boer, M. *Galatians*. NTL. Louisville: Westminster John Knox, 2011.

Dunn, J. D. G. *The Epistle to the Galatians*. BNTC. Peabody, MA: Hendrickson, 1993.

Fung, R. Y. K. *The Epistle to the Galatians*. NICNT. Grand Rapids: Eerdmans, 1988.

Lightfoot, J. B. *The Epistle of St. Paul to the Galatians*. 8th ed. London: Macmillan, 1884.

Longenecker, R. N. *Galatians*. WBC 41. Dallas: Word, 1990. WBC 성경주석 『갈라디아서』 (솔로몬 역간).

Lührmann, D. *Galatians: A Continental Commentary*. Translated by O. C. Dean Jr. Minneapolis: Fortress, 1992.

Martyn, J. L. *Galatians*. AB 33A. New York: Doubleday, 1997. 『앵커바이블: 갈라디아서』 (CLC 역간).

Matera, F. J. *Galatians*. Sacra Pagina 9. Collegeville, MN: Liturgical, 1992.

Moo, D. J. *Galatians*. BECNT. Grand Rapids: Baker, 2013.

Ramsay, W. M. *A Historical Commentary on St. Paul's Epistle to the Galatians*. London: Hodder & Stoughton, 1899.

논문 및 단행본

Barclay, J. M. G. *Obeying the Truth: A Study of Paul's Ethics in Galatians*. Edinburgh: T&T Clark, 1988.

Dunn, J. D. G. *Jesus, Paul, and the Law: Studies in Mark and Galatians*. Louisville: Westminster John Knox, 1990.

Elliott, S. *Cutting Too Close for Comfort: Paul's Letter to the Galatians in Its Anatolian Cultic*

Context. JSNTSup 248. London: T&T Clark, 2003.

Elmer, I. J. *Paul, Jerusalem, and the Judaizers: The Galatian Crisis in Its Broadest Historical Context*. WUNT 2/258. Tübingen: Mohr-Siebeck, 2009.

Hansen, G. W. *Abraham in Galatians: Epistolary and Rhetorical Contexts*. JSNTSup 29. Sheffield: JSOT Press, 1989.

Hardin, J. *Galatians and the Imperial Cult*. WUNT 2/237. Tübingen: Mohr-Siebeck, 2008.

Howard, G. *Paul: Crisis in Galatia: A Study in Early Christian Theology*. 2nd ed. SNTSMS 35. Cambridge: Cambridge University Press, 1990 (1979).

Lyons, G. *Pauline Autobiography: Toward a New Understanding*. SBLDS 73. Atlanta: Scholars Press, 1985.

Morris, L. *Galatians: Paul's Charter of Christian Freedom*. Downers Grove, IL: InterVarsity, 2003.

Nanos, M. D. *The Irony of Galatians: Paul's Letter in First-Century Context*. Minneapolis: Fortress, 2002.

———, ed. *The Galatians Debate: Contemporary Issues in Rhetorical and Historical Interpretation*. Peabody, MA: Hendrickson, 2002.

O'Neill, J. C. *The Recovery of Paul's Letter to the Galatians*. London: SPCK, 1972.

Porter, S. E., ed. *Paul and His Opponents*. PAST 2. Leiden: Brill, 2005.

Silva, M. *Explorations in Exegetical Method: Galatians as a Test Case*. Grand Rapids: Baker, 1996.

Tsang, S. *From Slaves to Sons: A New Rhetoric Analysis on Paul's Slave Metaphors in His Letter to the Galatians*. Studies in Biblical Literature 81. New York: Peter Lang, 2005.

제8장

———

데살로니가전후서

1. 서론

이번 장에서 나는 데살로니가전서와 데살로니가후서를 함께 다룬다.[1] 많은 이들은 이 두 편지가 데살로니가 교회와 사도의 관계에 대한 흥미롭고 때로는 감동적인 내용을 제공함을 발견한다. 두 편지는 전통적으로 함께 다루어져왔는데, 이는 독자와 저자가 같을 뿐만 아니라 내용상 겹치는 부분이 있기 때문이다. 공통된 특징이 여럿 있지만, 한 서신 혹은 두 서신 모두에 관한 여러 중요한 논의들은 각각 별개로 다루는 것이 낫다.

2. 데살로니가전서

데살로니가전서는 이제 논쟁의 여지가 없는 바울 서신으로 자리를 잡았지만, 이것이 주요 학자들 사이에서 항상 확실했던 것은 아니었다. 그러나 이 편지에는 흥미롭고 독특한 특징이 많이 있는데, 특히 그중 하나는 데살로니가의 신자들에 대한 바울의 감사가 계속 강조된다는 점이다. 나는 데살로니가시에 대해 먼저 간략히 설명한 후 바울의 데살로니가 방문을 다룰 것이다. 그다음에 저자, 저작 연대, 서신의 통일성을 다루고 사도행전과의 관계를 언급하려고 한다. 그리고 마지막으로 편지를 기록한 동기와 목적을 살펴본 후에 전체적인 개요와 내용을 서술할 것이다.

1 　데살로니가전후서에 대해 꼼꼼하게 주석이 달린 참고문헌 목록은 J. A. D. Weima and S. E. Porter, *An Annotated Bibliography of 1 and 2 Thessalonians* (NTTS 26; Leiden: Brill, 1998)를 보라.

A. 데살로니가시

데살로니가시는 엄밀히 따져서 알렉산드로스 대왕과 그의 아버지 필리포스의 고향이기도 했던 고대 마게도냐 왕국의 일부였다.[2] 그러나 필리포스와 알렉산드로스가 이 지역을 재건하기 위해 힘을 썼던 시기(기원전 4세기 중반) 이후로 마게도냐는 넓은 의미에서 그리스의 영향력 안에 있는 것으로 간주되었고, 데살로니가 역시 모든 면에서 그리스 도시로 여겨졌다. 마게도냐 쪽으로 적절하게 확장된 그리스 영토의 북쪽 지방은 기원전 323년 알렉산드로스의 죽음에 이은 제국의 해체 이후 디아도코이(Diadochian) 왕국들 중 하나로서 잠시 독립적으로 존재했다. 그러나 로마가 아드리아해 건너편까지 뻗어가면서 마게도냐는 로마와의 분쟁에 휘말릴 수밖에 없었다. 몇 차례의 전쟁 끝에 마게도냐는 결국 로마 제국에 편입되었다. 처음에는 네 개의 공화국으로 분리된 가운데 최남단에 있는 유력 도시인 데살로니가가 있었는데, 결국 기원전 148년에 마게도냐라는 큰 하나의 권역이 설정되었다.

데살로니가시 자체는 기원전 315년에 세워졌다. 그리고 아드리아해로부터 빌립보를 거쳐 비잔티움까지 이어지는 중요한 통로(로마 시대에는 에그나티아 가도[Via Egnatia; Egnatian Way]로 알려졌다)의 역할을 하면서 얼마 안 되어 중요한 도시가 되었다. 로마의 권역 규칙에 따라 백 년 후인 기원전 42년에 데살로니가는 자유 도시가 되었다. 그곳의 시민들이 폴리타르케스(politarch)라는 직책을 가진 사람이나 다른 형태인 행정관의 승인하에서 자치를 누릴 수 있게 된 것이다. 사도행전 17:6에서 언급하는 데살로니가의 폴리타르케스(개역개정-읍장)에 대한 설명의 정확성에 대

---

2   H. L. Hendrix, "Thessalonica," *ABD* 6.523-27을 보라.

해 의문이 제기되곤 했다. 왜냐하면 그것이 "폴리타르케스"라는 호칭의 유일한 문자 기록이었기 때문이다. 그러나 20세기에 들어서 이 호칭이 기록된 몇몇 비문이 발견되었다. 다만 이 관료가 정확히 어떤 역할을 했는지는 아직 명확하지 않다.[3]

로마 제국의 다른 도시들과 다르지 않게 데살로니가도 다양한 사람들로 구성되어 있었다. 사도행전 17:2에 의하면 이 도시에는 회당에 모여 예배를 드리는 유대교 공동체가 있었다.[4] 기독교가 데살로니가에 들어온 것은 바울이 두 번째 선교 여행을 하는 동안인 50-52년경이었다. 바울은 회당에서 설교하면서 이 도시에서 자신의 사역을 시작했다. 그리고 이 편지 자체에서 발견되는 것에 기초하면, 회심자들이 있었다는 사도행전의 설명이 정확하다는 결론을 내릴 수 있다. 사도행전에 의하면 이 회심자들에는 유대인과 하나님을 경외하는 자들인 이방인들이 포함되어 있었다. 이 이방인들은 유대교의 도덕적·윤리적·신학적 성향을 존중했지만 완전한 개종은 거부했던 자들로서 할례 문제와 연관이 있는 자들이었다.[5]

---

3   G. H. R. Horsley, "The Politarchs," in *The Book of Acts in Its Graeco-Roman Setting* (ed. D. W. Gill and C. Gempf; BAFCS 2; Grand Rapids: Eerdmans, 1994), 419-31; *NewDocs* 2.34-35을 보라.

4   V. P. Furnish, *1 & 2 Thessalonians* (Abingdon New Testament Commentaries; Nashville: Abingdon, 2007), 26.

5   하나님을 경외하는 자들에 대해서는 M. C. de Boer, "God-Fearers in Luke-Acts," in *Luke's Literary Achievement: Collected Essays* (ed. C. M. Tuckett; JSNTSup 116; Sheffield: Sheffield Academic, 1995), 50-71; I. Levinskaya, *The Book of Acts in Its Diaspora Setting* (BAFCS 5; Grand Rapids: Eerdmans, 1996), 51-126; J. A. Overman, "The God-Fearers: Some Neglected Features," in *New Testament Backgrounds: A Sheffield Reader* (ed. C. A. Evans and S. E. Porter; BS 43; Sheffield: Sheffield Academic, 1997), 253-62; J. M. Lieu, *Neither Jew nor Greek? Constructing Early Christianity* (Studies of the New Testament and Its World; New York: T&T Clark, 2002), 31-68을 보라.

B. 데살로니가의 바울

사도행전 17:1-9은 바울이 두 번째 선교 여행 중 세 번의 안식일에 걸쳐 데살로니가의 회당에 갔다고 말한다. 이후 유대인들이 시기심을 갖고 모여들어 폭동을 일으켜서 바울이 그 도시를 떠나도록 만들었다. 여러 학자는 바울이 데살로니가에 얼마나 오래 있었는지를 추정할 때 그가 데살로니가 사람들과 주고받은 서신의 특징을 바탕으로 한다. 특히 바울이 가르친 많은 이슈에 내용이 어떻게 추가되는지를 중점적으로 살핀다. 대다수는 바울이 사도행전이 언급하는 것보다는 오랫동안 데살로니가에 머물렀을 것이라고 결론 내린다. 예를 들어 윌리엄 램지는 바울이 데살로니가에 대략 육 개월 동안 있었다고 주장한다.[6] 일부 학자들은 세 안식일과 관련하여 바울이 데살로니가에 훨씬 더 긴 시간을 머물렀다고 상정하는 것이 가능하다고 판단하는데, 여기서 세 안식일은 아마도 단지 바울의 첫 토론을 묘사하거나 회심자가 배출되기 전 그가 회당에 참석한 시간의 길이를 묘사할 뿐이다.[7] 물론 이 부분에 대한 사도행전의 기록이 데살로니가에서 있었던 모든 일을 완벽하게 기록한 것은 아니라는 설명도 가능하다.

사도행전에 의하면 바울이 데살로니가에서 베뢰아로 갔을 때 데살로니가의 훼방꾼들도 그곳까지 따라갔다(행 17:13). 이후 그는 아덴으로(행 17:16-33), 그다음에는 고린도로 갔고(행 18:1-18), 그곳에서 일 년 반 동안 머물렀다(2장 단락 2를 보라). 이 과정은 로마 총독 갈리오가 다스리

---

6   W. M. Ramsay, *St. Paul the Traveller and the Roman Citizen* (London: Hodder & Stoughton, 1895), 228.

7   L. Morris, *The First and Second Epistles to the Thessalonians* (rev. ed.; NICNT; Grand Rapids, Eerdmans, 1991), 3을 보라.

는 동안 일어났으며, 이 사실은 바울의 연대기를 합리적으로 정확하게 설정하는 데 도움이 된다. 바울이 고린도에 있었던 시기는 대략 50-52년이었음이 분명하다. 그리고 이 기간에 바울이 데살로니가전서로 알려진 데살로니가 교회를 향한 편지를 쓴 것으로 보인다(데살로니가후서가 바울의 진짜 저작인지에 대해서는 아래에서 논한다). 만약 데살로니가후서 역시 진짜 바울의 서신이라면, 그것은 고린도에서 데살로니가전서를 쓰고 난 후 얼마 지나지 않아 기록되었을 것이다. 데살로니가전서에 등장하는 빌립보(살전 2:2), 마게도냐와 아가야(살전 1:7-8), 아덴(살전 3:1)에 대한 언급은 사도행전이 말하는 소아시아, 마게도냐, 아가야(혹은 그리스)를 통과한 바울의 여정과 맞아 떨어진다. 바울은 그 도시를 떠난 직후에 이 편지를 써야 했던 것으로 보인다. 그는 그곳에 있을 때 처음으로 그들과 논했던 여러 쟁점을 추적했다. 아마도 바울이 데살로니가에 머물렀던 시간은 일부 학자들이 필요하다고 생각하는 만큼 길지 않았을 것이다. 편지에 언급된 많은 이슈는, 예컨대 그리스도의 재림 이전에 죽은 그리스도인들의 운명과 같은, 만약 바울이 충분한 시간 동안 데살로니가 사람들과 함께했다면 당연히 그들과 나누었을 만한 것들이다.

바울은 칭찬할 것이 그렇게도 많았던 그 도시를 과연 다시 방문했었는가? 그는 세 번째 선교 여행 기간에 그곳을 다시 방문했을 것이다. 이는 사도행전 19:21과 20:1-3에 기록된 대로 아마도 오 년 후였을 것이다(56년경). 이 여행에서 바울은 아가야(그리스)를 통해 마게도냐로, 그리고 데살로니가를 지나는 여정으로 출발했을 것이다. 로마서 15:19에서 예루살렘으로부터 일루리곤에 이르는 복음의 확산에 대한 바울의 진술에 기초하여 어떤 이들은 바울이 서쪽의 에그나티아 가도를 거쳐 일루리곤 지역으로 들어갔을 것으로 추정한다. 그는 아마도 아드리아해를 건너 로마로 가려는 의도가 있었거나, 로마나 스페인으로 가는 미래의 여행을 준비하는 차원에서 라틴어를 사용하는 지역으로 여행하고 싶었을 수도 있다. 이것은 확실하게 단언할 수는 없는 부분이며, 로마서의 이 구절은 복음의 확산에 대해 예루살렘으로부터 아무리 멀어도(최대한) 일루리곤까지만을 언급하고 있기 때문에 사실은 그렇지 않을 가능성도 있다.

C. 데살로니가전서의 저자, 저작 연대, 서신의 통일성

현재 일반적으로 데살로니가전서의 저자에 대해서는 논란이 없다.[8] 이 편지는 순수한 바울 저작으로 널리 받아들여진다. 다만 극소수의 가장 부정적인 비평가들, 그중에서도 유럽 대륙의 비평 역사상 특별히 회의적이었던 19세기의 몇몇 학자는 예외다.[9] 데살로니가전서가 바울의 저작이라는 외적인 증거는 마르키온(Tertullian, *Against Marcion* 5.15; 2세기 중반)과 무라토리 단편에 잘 나와 있다. 3세기의 이레나이우스도 이를 직접 인용한다(*Against Heresies* 5.6.1; 5.30.2).[10]

이 외적 증거는 바울이 사도행전의 연대기와 관련하여 언제 편지를 썼는지에 대해 위에서 설명한 시나리오를 확인해준다. 이 시나리오에 의하면 바울은 아마도 데살로니가 사람들을 떠난 지 얼마 지나지 않아 고린도에 머물렀던 이 년 동안(50-52년) 그들에게 편지를 썼을 가능성이 크다. 데살로니가전서의 내적 증거 역시 이른 시기의 바울 저작설에 힘

---

8   R. Jewett, *The Thessalonian Correspondence: Pauline Rhetoric and Millenarian Piety* (FFNT; Philadelphia: Fortress, 1986), 3을 보라.

9   예. K. Schrader, *Der Apostel Paulus* (Leipzig: Kollman, 1836); F. C. Baur, *Paul the Apostle of Jesus Christ: His Life and Work, His Epistles and His Doctrine* (2 vols.; London: Williams & Norgate, 1873-75; repr. Peabody, MA: Hendrickson, 2003), 2.85-97.

10   J. Moffatt, *An Introduction to the Literature of the New Testament* (3rd ed.; Edinburgh: T&T Clark, 1918), 69-70을 보라.

을 보태준다. 데살로니가서에는 바울이 저자라는 몇 가지 확실한 특징이 있기 때문이다. 첫째는 편지의 서두인데, 이 부분에서 바울, 실라(혹은 실루아노), 디모데로부터 편지가 비롯된다고 밝히고 있다. (6장 단락 1에서 논한 위작과 바울 서신에 대한 논의는 서신의 위작이 고대 세계에서는 더 광범위한 현상이었으며, 많은 보수적인 학자들이 생각하는 것 이상이라는 내용이었다. 그러나 진정한 바울 서신에 대한 다른 기준들을 바탕으로 해도 이 편지의 위작 가능성은 없어 보인다.) 서두에 세 명의 이름이 등장하고, 다수가 저작에 있어서 이 세 명이 역할을 한 것으로 진지하게 고려하기도 한다. 그러나 바울이 이 편지의 주된 저자인 것으로 보인다. 편지의 중간중간에 사용되는 1인칭 단수(살전 2:18; 3:5; 5:27)의 "흐름"이 그 근거다.[11] 실라와 디모데는 데살로니가에 대한 바울의 사역에 함께하는 자들임을 알리는 차원에서 이름이 기록된 것 같다. 그리고 만약 이 두 사람이 데살로니가 신자들 사이에서 신뢰를 받았다면, 바울의 편지에 담긴 내용을 더 뒷받침하기 위해 이름이 실렸다고 볼 수도 있다.

둘째, 데살로니가전서 5:12에 이른 시기의 저작설을 뒷받침할 만한 내적 증거가 있다. 여기서 바울은 "너희를 다스리며 권하는 자들"이라고 말하면서 교회 조직을 언급한다. 이것은 이 시점에 지역 신자들의 모임에서 지도자의 직책에 있는 자들에 대한 공식적인 호칭이 없었다는 사실을 암시한다. 이런 호칭이 확립된 것은 아무리 빨리 잡아도 빌립보서 1:1의 시기다. 하지만 빌립보서는 십 년 후에 기록된 것으로 보인다. (행 14:23은 바울의 소위 첫 번째 선교 여행에서 "장로들"[πρεσβυτέρους]을 선출한 사건을 언급한다. 이는 교회의 지도자 직분이 일찍부터 있었음을 보여준다. 하지

---

11   참조. G. D. Fee, *The First and Second Letters to the Thessalonians* (NICNT; Grand Rapids: Eerdmans, 2009), 4-5.

만 이것을 굳이 위의 사실과 모순되는 것으로 볼 필요는 없다. 왜냐하면 누가-행전의 저자는 자신이 글을 쓰는 시점까지 발전된 호칭들을 소급하여 적용했을 수도 있기 때문이다. 만약 이것들이 정말 호칭이라면 말이다.)[12]

셋째, 마지막으로 이른 시기의 바울의 저작을 확인해주는 또 다른 요소는 그리스도의 재림을 대하는 방식이다(살전 4:13-5:11). 이 편지의 저자는 그리스도의 재림 때에 자신도 살아 있을 것이라고 기대하고 있었거나, 최소한 그에 대한 가능성을 염두에 두고 있었을 것이다(4:17의 "우리 살아남은 자들"이라는 말이 바울이 이 그룹에 속하기를 바란다는 것을 반드시 가리킨다고 볼 수는 없지만 말이다). 이것은 어떤 경우에도, 특히 바울이 죽었다는 것이 알려졌다면, 후대의(따라서 바울이 아닌) 저자가 취할 것 같지 않은 태도다. 그리고 이것은 그리스도의 재림에 대한 기대와 함께 데살로니가 교회의 초기 종말론에 대해 알려진 것에 비춰볼 때 불필요한 가설을 소개한다. 증거는 심지어 논란의 여지가 없는 바울 서신들 사이에서도 매우 모호하다. 그리스도의 임박한 재림에 대한 바울의 결정적인 입장이 무엇이었는지를 너무 확실하게 단정하는 것은 옳지 않다. 비록 나중에는 그의 마음속에서 이것에 대한 가능성을 크게 두지는 않았다고 할지라도, 최소한 그는 이런 가능성을 염두에 두고 있었다고 말할 수 있을 것이다(고린도후서, 특히 5:1-10, 빌립보서, 특히 1:21-24과 2:17. 두 편지 모두 이 점을 확인해준다). 이 편지에 묘사된 재림을 기대하는 장면은 사도행전에 그려진 바울의 모습과 일치한다. 그리고 바울은 이런 종류의 편지를 데살로니가 교회에 썼을 것이다.

바울 저작에 대해 이렇게 확실한 증거가 있음에도 불구하고 이 편

---

12 고전 3:5과 4:1에서 바울이 자신을 종으로 부르는 것도 이런 용어의 발전 단계를 보여주는 것일 수 있다. 비록 이 구절들의 문맥이 위의 예에서와 같은 좀 더 기술적인 사용과 평행을 이루지는 않지만 말이다.

지의 진실성과 통일성에 대한 약간의 논란이 여전히 있다. 데살로니가
전서 2:13-16과 5:1-11의 두 본문이 후대 삽입이라고 제안된다.[13] 첫 번
째 본문은 유대인들이 예수를 죽인 자들이라고 말한다는 점에서 반유대
주의를 기반으로 하고 있는지에 대한 의문이 제기된다.[14] 이는 바울의 것
이 아닌 신학적 관점(참조. 롬 11:25-26)뿐만 아니라 예루살렘의 파괴 이
후의 사건들을 반영하는 것으로 보인다. 따라서 이런 시각에 따르면 이
본문은 후기의 유대교-기독교 간의 갈등을 반영하는 70년 이후의 삽입
이라고 볼 수 있다. 그러나 이 제안은 다음과 같은 측면에서 거부되어야
한다. (1) 이런 시각은 최소한 바울 당시부터 있었던 유대인들과 그리스
도인들 간의 초기 긴장을 제대로 이해하지 못한다. (2) 이 본문에 사용된
과장법이 바울의 논쟁적인 스타일의 특성과 잘 맞아 떨어진다. (3) 여기
에 본문을 굳이 삽입해야 할 타당한 이유가 없다.[15] 가장 설득력 있는 주
장은 이 본문이 오해되고 있다는 것이다. 2:14과 2:15은 (어쨌든 후대 편
집자들에 의해 추가된) 쉼표 없이 연결되어야 하며, 따라서 수식하는 절을
한정적 용법으로 해석해야 한다. 즉 바울은 모든 유대인이 아니라 예수
를 죽인 유대인들만을 정죄하고 있다는 것이다.[16]

---

13 증거가 삽입과 관련하여 어떻게 평가되는지에 대한 질문은 W. O. Walker Jr.,
   Interpolations in the Pauline Letters (JSNTSup 213; Sheffield: Sheffield Academic,
   2001), 211-20에 의해 제기되었다. 참조. Walker, "The Burden of Proof in Identifying
   Interpolations in Pauline Letters," *NTS* 33 (1987): 610-18; G. Friedrich, "1.
   Thessalonischer 5,1-11, der apologetische Einschub eines Späteren," *Zeitschrift für die
   Theologie und Kirche* 70 (1973): 288-315.

14 예. B. A. Pearson, "1 Thessalonians 2:13-16: A Deutero-Pauline Interpolation," *Harvard
   Theological Review* 64 (1971): 79-94; Walker, *Interpolations*, 210-20.

15 살전 2:14-16이 진짜 바울 저작인지에 대한 철저한 변호는 C. J. Schlueter, *Filling up the
   Measure: Polemical Hyperbole in 1 Thessalonians 2.14-16* (JSNTSup 98; Sheffield: Sheffield
   Academic, 1994)에서 확인할 수 있다.

16 구두점과 관련된 이슈를 포함하여 추정된 반유대주의에 대한 응답은 S. E. Porter,

데살로니가전서 5:1-11을 바울의 것으로 보지 않는 주장들은 저자가 재림에 대한 바울의 잘못된 관점을 수정하고 있다는 전제에서 비롯된다. 이 전제를 뒷받침하는 데 사용되는 것은 표현상의 변화와(이 서신의 다른 곳에서 사용되는 παρουσία["오심"]가 여기서는 "주의 날"로 바뀐다), 임박한 종말을 표현하지 않는 구절들과의 유사성이다. 하지만 이 전제가 의존하는 대조점들이 타당해 보이지 않기 때문에 이런 관점을 지지하는 사람은 거의 없다.[17] 본문의 문제들과 언어의 특징에 주목하는 주장에도 불구하고 이런 이론들은 학자들 대부분을 설득하지 못한다. 따라서 데살로니가전서를 전체적으로 진정한 바울의 저작으로서 다룰 수 있다고 말하는 것은 옳다. (편집 및 분할 이론은 아래의 단락 3에서 논의한다.)

D. 데살로니가전서와 사도행전

만약 우리가 데살로니가전서와 사도행전의 초기 교회의 모습 간의 일관성에 대한 이 증거를 무시한다면, 데살로니가전서와 사도행전 사이의 명백한 불일치는 언급할 가치가 있다(바울이 데살로니가에서 몇 번의 안식일을 보냈는지에 덧붙여서, 위의 단락 2B를 보라). 첫 번째 문제는 데살로니가 교회의 구성원이다. 서신 내에서 저자는 이방인을 언급하는 것으로 보인다. 왜냐하면 저자가 그들이 우상으로부터 돌아서서 하나님을 섬기게 되었고(살전 1:9), 다른 교회들이 유대인들에게 고통을 받았던 것처럼 그들도 자신들의 동족에게 고난을 받고 있으며(2:14), 그들은 이제 이교도가

"Translation, Exegesis, and 1 Thessalonians 2:14-15: Could a Comma Have Changed the Course of History?" *Bible Translator* 64.1 (2013): 82-98에서 확인할 수 있다.

17 Jewett, *Thessalonian Correspondence*, 36-42; I. H. Marshall, *1 and 2 Thessalonians* (NCB; Grand Rapids: Eerdmans, 1983), 11-13을 보라.

아니라고(4:5) 언급하기 때문이다. 일부 학자들이 제기하는 문제는 이교로부터 개종한 사람들에 대한 언급이 없는 사도행전의 기록에서 비롯된다. 그러나 명심해야 할 것은 사도행전의 관점이 데살로니가전서의 그것과는 다르다는 사실이다. 특히 사도행전에 기록된 바울의 도시 방문에 대한 간략한 설명에 나오는 여러 사건 목록의 기록은 완벽하지 않다. 더 중요한 것은 바울의 회심자 중에 유대인들과 하나님을 경외하는 자들이 포함되어 있었다는 기록이 사도행전에는 없다는 사실이다. 하나님을 경외하는 자들의 범주에 대한 지속적인 논쟁이 있다. 가장 최근에 토마스 크라벨(Thomas Kraabel)을 필두로 한 학자들은 이 범주가 누가-행전의 저자에 의해 만들어진 것이며, 고대 세계의 종교적 상황에서는 한 집단을 묘사할 만한 실질적인 근거가 없다고 주장한다.[18] 사도행전은 이 사람들을 유대교에서 추천하는 윤리적·도덕적·신학적 관점을 발견하고 그것에 자신들의 성향을 맞춘 이방인들로 이해한다. 더 최근의 출판물들은 비문들을 바탕으로 하여 사도행전의 설명에 신빙성을 부여한다.[19] 사도행전은 각각의 범주로부터 개종한 그리스도인들의 비율이 얼마나 되는지 밝히지 않는다. 하지만 대다수가 이방인이고 그중 대부분이 하나님을 경외하는 사람들이었다고 결론 내리는 것도 비합리적이지는 않다.

두 번째 논쟁은 사도행전의 증거에 비추어 디모데와 실라의 공동 저작설을 중심으로 전개된다. 사도행전 18:5은 이 동반자들이 고린도에서 바울과 재결합했다고 말하지만, 데살로니가전서 3:1-2은 디모데가 아덴에 있었다고 말한다. 이 자료를 데살로니가전서의 공동 저작설 및 우

---

18   A. T. Kraabel, "The Disappearance of the 'God-Fearers,'" *Numen* 28 (1981): 113-26.

19   예. P. W. van der Horst, "A New Altar of a Godfearer?" in *Hellenism-Judaism-Christianity: Essays on Their Interaction* (end ed.; Leuven: Peeters, 1998), 65-71. de Boer, "God-Fearers in Luke-Acts"도 보라.

리가 아는 바울의 연대기와 어떻게 일치시킬 수 있을까?[20] 사도행전에는 기록되지 않은, 실라와 디모데가 아덴에서 출발하여 마게도냐를 거쳐 고린도로 향하는 여행이 실제로 이루어졌다고 하면 이 문제가 해결된다. 바울이 아덴에 가 있는 동안 실라와 디모데가 베뢰아에서 기다렸고(행 17:14), 바울은 아덴에서 고린도로 여행했다(17:16)는 시간표가 가능할 것이다. 실라와 디모데는 아덴에 도착했지만, 바울에 의해 다시 마게도냐로 보내졌고, 이후 고린도에 도착했다. 이것은 데살로니가에 있는 교회로부터 정보의 원천을 바울에게 제공했을 것이다. 그들의 사도였던 바울이 그렇게 최근에 그 교회를 떠난 것으로 보아 좀 서둘러야 했던 것 같다. 그래서 바울은 그 교회가 요구하는 모든 가르침 혹은 상황이 발생함에 따라 그가 조금씩 줄 수 있었을 어떤 것도 전해줄 수 없었다. 실라와 디모데가 고린도에서 바울과 다시 결합하여 교회로부터 받은 정보를 그에게 전달한 후에, 바울은 그들과의 서신 교환을 시작했다(행 18:5). 이런 재구성은 분명히 추측이다. 그러나 증거에 대한 해석도 반드시 고려되어야 한다.

E. 데살로니가전서의 저술 동기 및 목적

데살로니가전서의 저술 동기와 목적을 설정하는 일은 중요하다. 디모데는 데살로니가 교회를 방문한 후(위의 단락 2D에서 상정함, 그러나 사도행전에서는 언급되지 않음), 이 교회의 믿음과 사랑에 대한 기쁜 소식을 전한 것으로 보인다(살전 3:6). 사도행전에 의하면 바울은 유대인들의 질투 때

---

20   T. E. Phillips, *Paul, His Letters, and Acts* (Library of Pauline Studies; Peabody, MA: Hendrickson, 2009), 181-82도 보라.

문에 데살로니가를 급히 떠나야 했던 것 같다. 바울이 데살로니가에 얼마나 오랫동안 있었는지는 알려지지 않으며(사도행전은 세 번의 안식일을 언급한다), 심지어는 사도행전의 기록보다 더 길게, 육 개월 가까이 머물렀을 가능성도 있다(위의 단락 2B를 보라). 아마도 바울이 급히 떠남으로 인해 여러 가지 문제에 만족스러운 결론을 내리지 못했기 때문에, 어떤 사람들은 바울의 성격에 대해 비난했을 수 있다. 그들은 고대 세계의 다른 순회 교사들이나 철학자들과 비슷하게 바울을 묘사하기로 선택했을 것이다. 이들은 도시에 들어와 대중에게 연설하면서 사람들이 자신의 가르침을 잘 받아들이고 자신에게 후한 보수를 주는 한 그곳에 머물렀지만, 회중을 이용하다가 문제가 생기면 도망가버리는 자들이었다.[21]

따라서 바울은 데살로니가 사람들에게 두 가지 목적으로 글을 썼던 것으로 보인다. 첫째는 데살로니가의 신자들에 대한 그 자신의 일반적인 만족감을 표현하기 위함이었고, 둘째는 자신의 동기가 의심될 수 있는 비난에 대해 대답하기 위함이었다. 바울은 결국 디모데가 그에게 전해주었고 데살로니가의 그리스도인들이 궁금해하는 여러 질문에 대답한다. 그러나 바울이 데살로니가전서의 권면 단락에서 이런 내용을 어디에 위치시켰는지를 보면, 이것이 처음부터 그의 생각이나 저술 목적에서 우선순위에 있지는 않았음을 알 수 있다.

바울은 데살로니가의 그리스도인 공동체의 진보에 대한 만족감을 나타낸다. 그는 자신의 메시지에 대한 그들의 반응에 대해 하나님께 드리는 감사를 편지의 감사 형식을 사용하여 표현한다(살전 1:2-10). 그는

---

21   A. J. Malherbe, "Gentle as a Nurse': The Cynic Background to 1 Thessalonians 2," in *Paul and the Popular Philosophers* (Minneapolis: Fortress, 1989), 35-48을 보라. 바울과 데살로니가 교회의 관계에 대해서는 Malherbe, *Paul and the Thessalonians: The Philosophic Tradition of Pastoral Care* (Philadelphia: Fortress, 1987)를 보라.

그들이 도출해낸 결과물의 특징으로서 믿음, 사랑, 소망(살전 1:3)―그는 수사학적으로 효과적인 세 가지 목록을 사용하는데, 똑같은 목록이 고린도전서 13:13에도 등장한다는 사실에 주목하라―을 지목한다.[22] 하나님은 복음이 말로만이 아니라 능력과 성령으로 이르렀기 때문에 그들을 선택하셨다(살전 1:5). 성령은 그들이 받은 메시지를 가져오셨고, 그들이 바울의 모방자가 되었으며 극심한 고통에도 불구하고 그 자신과 주님의 동료가 되었음을 확증하셨다. 이것은 유대인들이 바울에 대해 적대적인 태도를 보이게 되었을 때 데살로니가의 그리스도인 중 일부가 받은 박해에 대한 부수적인 언급을 구성한다. 편지의 뒷부분에서 바울은 반대자들에 대한 그들의 인내를 다시 격려한다. 이번에는 그들의 동족 즉 이방인들로부터의 박해에 대한 인내다(2:13-16). 이번 단락에서도 바울은 데살로니가 사람들에 대한 감사를 표현한다. 감사의 어조는 매우 단호하면서도 편지의 첫 부분 전체에 걸쳐 고루 퍼져 있다. 이에 대해 일부 학자들은 데살로니가전서가 바울의 전형적인 구조를 덜 따르고 있다고 주장한다. 이 편지에서는 적게 잡아도 3:13까지, 그리고 첫 두 장은 대부분을 감사로 채우고 있다.[23] 어쨌든 데살로니가 사람들은 마게도냐, 아가야(그리스), 그리고 그들의 믿음이 알려진 모든 곳(1:8-10)의 많은 신자에게 모범이 되었다. 우리는 편지의 감사 부분에서 감사의 표현을 기대한다. 그

---

22 참조. Fee, *Thessalonians*, 23-26; S. E. Porter, *Idioms of the Greek New Testament* (2nd ed.; Biblical Languages: Greek 2; Sheffield: Sheffield Academic, 1994), 95.

23 여러 의견에 대한 개관으로는 E. Best, *A Commentary on the First and Second Epistles to the Thessalonians* (2nd ed.; BNTC; London: A&C Black, 1977), 33-34을 보라. 단락들을 통합하려는 시도에 대해서는 J. Lambrecht, "Thanksgivings in 1 Thessalonians 1-3," in *The Thessalonians Debate: Methodological Discord or Methodological Synthesis?* (ed. K. P. Donfried and J. Beutler; Grand Rapids: Eerdmans, 2000), 135-62을 보라. Furnish, *1 & 2 Thessalonians*, 25에서는 이 편지의 본론이 정확히 어떻게 구성되어 있는지, 특히 2:13-16에 있는 소위 두 번째 감사 단락에 대한 이슈를 확인할 수 있다. 아래를 보라.

러나 갈라디아서에서와 같이 합당한 이유가 없을 때는 바울이 감사와 추천을 주저하지 않고 보류한다는 점도 분명하다. 사실 데살로니가전서의 이 서두에서보다 더 기꺼이 그리고 아낌없이 진심 어린 감사를 표현한 바울의 글은 없다. 백번 양보하더라도 거의 없다.

이 편지의 두 번째 목적과 관련하여 바울은 편지의 본론(2:1-12; 2:17-3:5)에서 자신을 향한 명백한 비난에 대해 꽤 길게 답변한다. 이 비난은 바울이 데살로니가 사람들을 보기 위해 되돌아가지 못했다는 점에서 그들을 상대하는 데 있어 이기적이었고 비겁했으며 욕심이 많았다는 것이다.[24] 바울의 다른 편지들과 마찬가지로 이 편지의 본론은 영적인 개념들뿐만 아니라 교회를 위한 바울 자신의 사역에 대한 변호를 담고 있다(고린도전후서와 갈라디아서를 보라). 바울은 빌립보에서 이미 고통을 겪었기 때문에 자신에 대한 반대나 고난에 익숙하다는 점을 지적한다. 바울은 스스로를 변호하는 이유가 자신의 동기가 잘못되었거나 불순하지 않으며 속임수에 기초한 것이 아니기 때문이라고 말한다. 그는 사람이 아니라 사람의 마음을 시험하며 감찰하시는 하나님을 기쁘시게 하려고 애쓴다. 자신의 진실함을 좀 더 증명하기 위해 그는 사도로서의 자신의 위치가 교회가 제공하는 재정권을 보증할 수 있지만, 이것이 자신이나 자신을 따르는 이들의 관점이 아니라는 사실을 지적한다. 바울은 데살로니가 사람들과 복음을 공유했을 뿐만 아니라 공통의 육체적 실존을 서로

---

24 데살로니가 사람들에 관한 연구에서 중요한 논의는 이 부분, 특히 바울의 사역에 대한 변론이 담긴 2:1-12의 역할과 관련된다. 2:1-16과 관련하여 이런 관점은 A. D. Weima, *1-2 Thessalonians* (BECNT; Grand Rapids: Baker, 2014), 120-79에서 옹호된다. K. P. Donfried, "The Epistolary and Rhetorical Context of 1 Thessalonians 2:1-10," in *Thessalonians Debate: Methodological Discord or Methodological Synthesis?* (ed. K. P. Donfried and J. Beutler; Grand Rapids: Eerdmans, 2000), 31-60에서는 이 관점이 반박된다. 이 구절에 대한 다른 논문들은 *Thessalonians Debate*, 61-131을 보라.

나누었다. 바울에게 이것은 그가 자기 자신을 돕기 위해 육체노동에 종사했다는 것을 의미한다(살전 2:8-9; 1장 단락 6을 보라). 그러나 바울은 자신의 발언을 지도자로서의 자신의 위치에 국한하지 않는다. 이런 비난이 교회의 리더십에 잠재적으로 더욱 큰 영향이 있는 것을 보면서 그는 데살로니가 사람들에게 그들의 현재 지도자들에게 같은 존경심을 가지라고 말한다(5:12-13). 그의 성격에 대한 공격의 두 번째 빌미는 그가 교회를 보기 위해 다시 돌아오지 않았다는 사실이다. 바울은 이것이 어려움을 초래할 수 있음을 알았던 것으로 보인다. 그는 자신의 첫 번째 방문이 단축되었음을 인정하지만, 그들을 다시 방문하기 위해 노력했다는 점도 강조한다. 바울에 의하면 사탄이 그와 동역자들이 방문하지 못하도록 막았다. 그리고 방문이 무산되자 바울은 디모데를 보냈고, 디모데는 긍정적인 보고 내용을 가지고 복귀했다.

데살로니가전서에서는 다른 어떤 주제보다도 재림(4:13-18)과 주의 날(5:1-11)에 대한 이슈에 더 많은 분량과 관심이 집중된다. 그러나 편지에서 차지하는 분량이나 성경적 종말론에 집중하는 현대의 특정 단체들에서 기능했던 중요한 역할과 상관없이, 이것이 이 편지의 목적이 되는 가장 중요한 주제는 아니다. 이 점은 이 편지의 구조를 생각해보면 더욱 확실해진다. 아래의 개요가 보여주듯이 이 편지의 본론(2:1-3:13)은 데살로니가의 그리스도인들과 바울의 관계에 대한 내용이다. 이 편지의 목적은 분명히 바울이 데살로니가 사람들을 직접 만난 이래로 그들의 행동을 칭찬하고 자신의 행동에 대해 이론적 근거를 제공하기 위함이다. 재림에 관한 내용은 편지의 권면 부분(4:1-5:22)에 포함되며,[25] 그 뒤에는 행함을

---

25 Weima, *1-2 Thessalonians*, 245을 보라. 재림에 대한 논의를 교리와 결부시키려고 시도했던 다른 많은 주석가들은 예를 들면 J. Lambrecht, "A Structural Analysis of 1 Thessalonians 4-5," in *The Thessalonians Debate: Methodological Discord or Methodological*

강조하는 권고의 말이 이어진다. 여기서는 어떤 이들이 그리스도의 재림에 지나친 관심을 가진 나머지 현재의 의무를 잊었다는 점을 지적한다. 재림에 대한 언급은 중요한 내용이지만(아래를 보라), 재림은 다른 주제들처럼 편지의 목적에서 그것이 중심이어서가 아니라 다른 권고의 이유로 포함된 것이다.

바울은 이 편지에서 여러 중요한 신학적 문제를 거론한다. 그러나 특정한 몇 가지가 독특하고 중요하게 드러난다. 바울 서신의 우발성과 데살로니가전서가 바울과 데살로니가 그리스도인들의 복잡한 관계를 일부만 표현한다는 점 때문에, 논의되는 주제들의 중요성을 비율로 나타내기는 어렵다. 예를 들어 바울은 이 편지 전체를 통틀어 몇 가지 신학적 믿음에 대한 개념적 틀을 논증 없이 가정한다. 따라서 바울은 죽은 자 가운데서 다시 살아난 아들 예수 그리스도의 아버지이신(1:10), "살아 계시고 참되신 하나님"(1:9)의 존재를 주장하지 않고 가정한다. 신자들을 위해 죽은 그리스도는 하나님과 함께 존재하는 높은 지위를 부여받는다. 비슷하게 성령은 신자들이 복음을 선포하도록 하고(1:5), 그들에게 기쁨을 주며(1:6), 그들이 거룩해지도록 돕는(4:8) 존재로 그려진다.

그러나 바울은 다른 두 곳에서 중요한 논의를 제시한다. 이것은 편지의 권면 단락에 나오는데, 일반적인 권면보다 덜 교리적으로 표현되며 (하지만 전체 편지를 놓고 보면 뚜렷한 권면의 의미가 있다),[26] 신학적인 바탕을 세우기보다는 신자의 삶의 질을 높이기 위해 고안된 것이다. 첫 번째 주제는 그리스도인의 삶(4:1-12) 및 성화와 관련된다. 이것은 바울의 주

Synthesis? (ed. K. P. Donfried and J. Beutler; Grand Rapids: Eerdmans, 2000), 163-78이 있다.

26   A. J. Malherbe, "Exhortation in First Thessalonians," *NovT* 25 (1983): 238-56을 보라.

요 가르침과 관련하여 이미 다루었다(4장 단락 3D를 보라). 그러나 이 편지에서 성화를 다루는 방식에 대해서는 좀 더 논의할 필요가 있다. 데살로니가 사람들에게 말하는 바울의 기본적인 논의는 바울과 데살로니가 사람들 모두를 포함하여 신자들이 복음과 조화된 삶을 보여주거나 살아야 한다는 분명한 가정을 담고 있다. 바울은 데살로니가 사람들에게 다른 그리스도인들이 본받을 만한 삶을 보여주라고 명령한다. 왜냐하면 그들은 주님과 바울을 본받는 자들이기 때문이다. 바울은 자신이 데살로니가에 있을 때 유대인들에게 박해를 경험했던 것과 같이 동료 이방인들에게 박해당한 이 교회에 이 말을 전한다. 시험과 박해를 참는 와중에도 사랑, 정직, 선행이 그리스도인의 삶을 특징지어야 한다. 바울은 목표가 그리스도께서 오실 때 거룩해지는 것이라고 말한다. 이 주제는 바울이 이 편지의 본론을 권면과 어떻게 연결하는지를 잘 보여준다. 그는 자신의 편지에서 자주 그렇게 하듯이 편지의 본론을 자신의 여행기로 마무리한다(2:17-3:13). 이는 종말론적인 절정을 표현한다(3:11-13). 여기서 그는 송영의 형식을 사용하여 그리스도가 재림하실 때 하나님께서 데살로니가 사람들을 흠 없고 거룩하게 해주시길 빈다. 그다음에 편지의 첫 번째 권면 단락에서(4:1-12) 바울은 하나님을 기쁘시게 하는 삶이라는 주제를 논의하는데, 이는 권면의 전형적인 문구로 소개된다(παρακαλέω, "간청하다"). 데살로니가 사람들에게 이상적인 삶에 대해 말한 후에 바울은 그들에게 어떻게 살아야 할지를 가르친다. 그가 그들에게 원하는 것은 성적인 측면과 개인적 윤리 차원에서의 거룩함과 성화이며(4:3-8), 그들이 형제 사랑의 본보기가 되는 것이다(4:9-12). 그리스도인의 성 윤리는 이교의 성 윤리와의 직접적인 싸움에서 비롯되었다. 당시에 성적인 행위는 성적 부도덕이 흔했던 세속 문화에서는 말할 것도 없고 종교적 제의에서도 나름의 역할을 가지고 있었다. 바울은 아마도 데살로니가 교회의 많은 이방인이 이전에 행했던 이런 관습을 바꾸기를 어려워했다는 사실을 알았거나 누군가에게 들었던 것 같다. 그러나 바울은 그리스도인의 도덕은 이교의 도덕과는 차원이 다른 것임을 분명히 한다(4:4은 어려운 구절이다. "자신의 몸을 통제하는 것"[New English Bible] 혹은 "자신을 위해 아내를 취하는 것"[Revised Standard Version]으로 해석할 수 있다. 각각의 해석에 장점이 있다).[27]

바울이 시간을 들여 말하는 두 번째 쟁점은 재림 혹은 주님의 오심이다.[28] 여기서 이 본문과 관련된 수많은 수수께끼를 풀려고 하지는 않을 것이다. 하지만 몇 가지 주목해야 할 부분이 있다. 바울은 여기서 자신이 데살로니가에 있을 때 그리스도의 재림에 대한 가르침을 베풀었지만, 아마도 일찍 떠나는 바람에 중단될 수밖에 없었던 지침을 덧붙이는 것 같다. 한 가지 어려움은 그리스도의 재림 이전에 죽은 신자들의 운명과 관련된다. 그러나 우리는 그들이 이미 얼마나 많이 알고 있다고 바울이 간주하는지를 확인해봐야 한다. 예를 들어 죽은 자들의 부활(이것은 "잠든" 사람들이 놓친 것으로 추측되기 때문이다[4:14]), 신자들이 살아서 하늘로 들려 올라감(4:15), 그리고 종말의 가까움(4:16) 등에 대한 지식이다. 죽은 친구나 친지에 대한 이런 걱정을 해소해주기 위해 바울은 유용한 연대기를 전해준다. 이 연대기에서 살아 있는 자들은 죽은 자들보다 유리할 것이 없는데, 이는 똑같이 극적인 사건들이 두 그룹 모두에게 일어날 것이기 때문이다. 바울이 묘사하는 순서는 그리스도 안에서 죽은 자들이 먼저이고, 그다음이 살아 있는 자들(4:16-17)이 끌어 올려져서 "공중에서

---

27   F. F. Bruce, *1 and 2 Thessalonians* (WBC 45; Waco, TX: Word, 1982), 83; Fee, *Thessalonians*, 143-50.

28   이 본문에 대해서는 J. Plevnik, *Paul and the Parousia: An Exegetical and Theological Investigation* (Peabody, MA: Hendrickson, 1997), 65-121을 보라.

주를 영접"하게 되는 것이다. "영접"(ἀπάντησις)이라는 말은 다른 곳에서는 대표단이 도시 밖으로 나가서 중요한 고위 인사를 만날 때 사용되는 용어다.[29] 5:1-11에서 5:1의 변화는 사실 주제의 전환을 나타낼 수 있지만, 여기서는 그리스도의 재림과 관련하여 위로가 되는 사실로부터 이 일이 언제 일어날 것인가에 대한 질문으로의 논리적인 전환을 나타내는 것 같다. 다시 한번 바울은 데살로니가 사람들에게 그들이 이미 많은 것을 알고 있기 때문에 글을 쓸 필요가 없다고 말한다. 대신 그는 그리스도의 재림을 기다리는 이들과 준비되지 않은 채 들려 올라갈 사람들을 대조한다. 후자에 해당하는 사람들에게 그날은 밤의 도둑처럼 올 것이다. 그렇기에 바울은 데살로니가 사람들에게 빛의 아들들과 낮의 아들들이 되라고 가르친다. 잘 준비해서 진노로 고통받지 말고 구원을 경험하라는 것이다. 바울이 이 단락에서 사용하는 이미지는 묵시적이다. 묵시적인 이미지는 믿는 자들이 박해를 받거나 사회에 실망했을 때 내부로부터 변화를 일으키시는 하나님의 초자연적인 개입을 특징으로 한다. 묵시문학에서 묘사되었듯이 하늘 여행을 통해 이 세계로부터 또 다른 세계로 이동하는 것은 구원받은 사람들이 기대할 수 있는 종류의 경험이다.

4:15, 17은 주님의 재림 때에 살아 있는 자들에 대해 말하는데, 많은 주석가들은 이 구절을 두고 바울이 자신의 생전에 그리스도의 재림이 있을 것이라고 믿었다는 사실을 가리킨다고 해석한다. 그러나 다른 이들은 고린도후서 5:1-10과 빌 1:20-24 같은 본문에 비춰볼 때 바울이 이런 믿음을 가르칠 필요가 없었다고 믿는다. 바울이 그의 생각 속에서 한

---

29   Bruce, *Thessalonians*, 102-3. 참조. M. R. Cosby, "Hellenistic Formal Receptions and Paul's Use of *apanthsis* in 1 Thessalonians 4:17," *BBR* 4 (1994): 15-33. 이에 대한 응답으로 다음을 보라. R. H. Gundry, "A Brief Note On 'Hellenistic Formal Receptions and Paul's Use of *apanthsis* in 1 Thessalonians 4:17,'" *BBR* 6 (1996): 39-41.

입장으로부터 다른 입장으로 발전시킨다는 주장도 있다. 일반적인 학계의 주장은 바울이 이미 오신 그리스도(최소한 그의 교회 안에)와 장차 있을 그리스도의 재림 사이의 긴장 속에서 살고 있다고 이해하는 것이다.[30] 바울이 그때까지 자신이 살아 있을 것으로 믿었는지는 전적으로 확실하지 않지만, 이 편지에 (재림의) 임박성에 대한 느낌이 담겨 있는 것은 확실하다. 바울은 데살로니가전서 전체에서 1인칭 복수를 사용하는데, 이것은 때로 그 자신을 가리키기도 하고(예. 3:1), 다른 신자들을 의미하기도 한다(예. 2:1). 그가 그리스도의 재림 때 죽은 자들과 산 자들 모두에 대해 말하는 것도 이 단락과 비슷하다. 바울은 이 편지를 저술하던 시기에 살아 있는 많은 사람이 그리스도의 재림 시에도 여전히 살아 있을 것으로 생각했을 수 있다(그리고 그들 중 하나이길 바랐을 수도 있다. 그렇지 않을 것이라는 사실을 알았더라도 말이다). 그렇지 않았으면 그는 다른 방식으로 반응했을 것이다. 즉 잠자고 있는 자들의 부활이 모든 사람의 운명이라고 가르쳤을 수도 있었을 것이다. 하지만 그는 이렇게 말하지 않았다. 편지의 다른 곳에서 그리스도께서 다시 오실 수 있다는 기대를 품고 올바로 살 것을 강조하고, 거룩한 삶을 사는 데 실패하는 누군가를 바로잡는 모습 속에서 임박성에 대한 느낌이 발견된다. 바울은 자신의 사역 초기부터 그리스도의 임박한 재림을 믿으면서도 자신의 낙관주의를 억누를 수밖에 없다고 생각했을 가능성도 있다. 그러나 그의 이후의 글 속에서는 자신이 그리스도의 재림 이전에 죽을 것으로 생각했다는 증거가 많아진다. 어쨌든 그리스도의 재림 때 자신이 살아 있을 것으로 바울이 생각하지 않았다고 할지라도 재림의 임박성에 대한 느낌은 분명하다. (이 편지와

---

30   P. T. O'Brien, *The Epistle to the Philippians* (NIGTC; Grand Rapids: Eerdmans, 1991), 135-37을 보라.

데살로니가후서의 종말론적 가르침의 비교는 많은 학자로 하여금 데살로니가후서가 진짜 바울 저작이라는 데 의문을 품게 만든다. 아래 단락 3A를 보라.)

F. 데살로니가전서의 개요

A. 서두(1:1)

  1. 보내는 이(1:1a)

  2. 받는 이(1:1b)

  3. 인사(1:1c)

B. 감사(1:2-10)

C. 본론: 바울과 데살로니가 사람들의 관계(2:1-3:13)

  1. 본론의 시작: 바울의 변론(2:1-12)

  2. 추가적인 감사(2:13-16)

  3. 바울의 여행기: 바울과 데살로니가 사람들의 관계(2:17-3:13)

D. 권면(4:1-5:22)

  1. 하나님을 기쁘시게 하는 삶(4:1-12)

  2. 주님의 재림(4:13-5:11)

  3. 마지막 권면(5:12-22)

E. 맺음말(5:23-28)

  1. 찬가(5:23-24)

  2. 소원 기도(5:25)

  3. 인사(5:26-27)

  4. 축복 기도(5:28)

G. 데살로니가전서의 내용

서두(1:1)

이 편지의 서두는 바울의 여느 서두와 같이 짧다. 바울은 여기서 그의 두 동역자인 실루아노(혹은 실라)와 디모데를 언급한다. 이 두 사람은 바울이 데살로니가를 왕복했을 때 그의 여행 동반자들이었다(참조. 행 17:4, 10; 18:5; 살전 3:6). 그는 데살로니가의 교회(단수라는 점에 주목하라)에 쓰고 있으며, 바울의 일반적인 인사인 "은혜와 평강이 너희에게 있을지어다"로 서두를 마무리한다.

감사(1:2–10)

다음 단락은 감사를 표현하는 부분으로, 여기서 바울은 데살로니가 사람들을 향한 감사를 길게 표현한다. 그는 그들에게 자신이 계속 그들을 위해 기도하고 있으며, 자신의 기도에서 그들의 믿음의 역사와 사랑의 수고와 소망의 인내를 기억하고 있다고 말한다. 많은 주석가들이 이 세 가지에 대해 언급하는데, 믿음으로 생겨난 역사, 사랑이 만들어낸 수고, 소망으로 인한 인내가 그 의미라고 이해한다.[31] 바울이 데살로니가의 그리스도인들을 기억하는 이유는 그들이 하나님께 선택받았기 때문이다. 이는 바울이 선포한 복음이 단순한 말이 아니라 능력, 성령 그리고 확신으로 그들에게 전해진 결과다. 그들은 바울과 주님을 본받았고, 이에 따라 마게도냐와 아가야 지역의 남은 자들에게 본보기가 되었다. 사실 데살로니가 사람들의 본보기가 워낙 긍정적이어서 그들의 명성은 마게도냐와 아가야 너머 지역에까지 퍼졌다. 바울은 데살로니가 사람들이 우상숭배

---

31 참조. 소유격의 여러 기능과 의미에 대해 Porter, *Idioms*, 95.

로부터 살아 계시고 참되신 하나님께로 돌아섰다는 사실을 모든 지역으로부터 들었다. 바울은 단순히 가볍고 의미 없는 감사를 하는 것이 아니다. 바울이 그들에 대해 그렇게 긍정적인 기억을 할 수밖에 없는 합당한 이유가 분명히 있다.

본론: 바울의 변론(2:1-12)

편지의 본론은 바울의 사역에 대한 변증으로 시작한다. 그는 데살로니가 사람들에게 자신이 빌립보에서 고난을 받고 수치스러운 취급을 당한 후 그들을 방문한 것이며, 자신과 동역자들은 반대가 있음에도 불구하고 하나님의 복음을 선포하는 일에 위축되지 않았다는 사실을 상기시킨다. 이는 그들에게 바울의 동기가 어떤 잘못이나 불순한 동기 혹은 거짓으로부터가 아니라, 신실하게 복음을 선포함으로써 하나님을 기쁘시게 하려는 바람에서 비롯된 것임을 입증하기 위한 것이다. 바울은 자신과 자신의 동료들에 대한 모든 비난을 부인한다. 오히려 데살로니가 사람들에 대한 자신들의 태도가 유모의 그것과 같다고 주장한다. 여기서 본문비평적 문제가 등장하는데, 바울이 "우리가 너희 가운데서 **유순했다**"라고 말하는지 아니면 "우리가 너희 가운데서 **어린아이였다**"라고 말하는지에 대한 것이다. 대부분의 주석가들은 원래의 표현을 "어린아이"(νήπιοι)가 아니라 "유순한"(ἤπιοι)으로 추정한다. 이는 외적인 증거가 νήπιοι를 강력하게 지지하지만, 내적인 증거를 따른 결과다.[32] 만약에 바울이 유모에 대

---

32   대부분의 해석자들은 이 경우에 내적 증거에 동조하는 것 같다. 그러나 다음도 보라. S. Fowl, "A Metaphor in Distress: A Reading of νήπιοι in 1 Thessalonians 2.7," *NTS* 36 (1990): 469-73; J. A. D. Weima, "'But We Became Infants among You': The Case for νήπιοι in 1 Thess 2.7," *NTS* 46 (2000): 547-64. 참조. Fee, *Thessalonians*, 68-73; Furnish, *1 & 2 Thessalonians*, 56-62.

한 은유와 함께 "우리가 너희 가운데서 어린아이였다"라고 말했다면, 이것은 바울이 자신을 어린아이와 비교하면서 순수한 동기를 가진 자신의 사역을 옹호하는 것이라고 볼 수 있을 것이다.

바울은 독자들에게 자신의 사역이 불순한 동기에서 비롯된 것이 아니라는 확실한 증거를 상기시키면서 자신을 계속 변호한다. 그중 한 예가 데살로니가 사람들에게 재정적인 부담을 주지 않기 위해 자신이 다른 일을 하고 있다는 내용이다. 전반적으로 바울과 그의 동료들의 행동은 데살로니가의 신자들 앞에서 거룩하고 의로웠다. 그다음에 바울은 또 다른 유비로서 하나님께 합당한 태도로 살아가는 법을 그들에게 가르치고 격려하는 아버지를 언급한다.

본론: 추가적인 감사(2:13-16)

어떤 학자들은 이 부분이 분리된 단락이거나, 1:2-10의 감사 단락이 연장된 부분,[33] 혹은 아마도 후대 편집자가 삽입한 부분일 것이라고 추정한다.[34] 그러나 본론에 추가적인 감사의 말이 있다고 해서 반드시 이 부분을 분리된 단락으로 다루어야 하는 것은 아니다. 바울 서신을 다섯 가지 형식(서두, 감사, 본론, 권면, 맺음말)으로 구분한 나의 개요를 고려할 때(5장 단락 3) 이런 범주들로 이 단락을 엄격하게 나눌 필요는 없지만, 이 범주들은 바울 서신에서 볼 수 있는 일반적인 패턴을 구성한다. 더욱이 본론에 등장하는 추가적인 감사에는 특정 기능이 있을 수 있다. 다시 말해

---

33 그러나 나는 바울 서신의 형식에서 감사 단락이 인사 및 본론과 구분된다고 주장한다(5장 단락 3B를 보라). 그러나 2:13-16을 감사로 보려 "문제"를 만들 필요는 없다. 왜냐하면 이 문제의 전제는 바울이 자신의 독자들에게 감사하는 부분을 한 단락으로 제한하고 있다는 것이며 그 이상은 아니기 때문이다. 이것은 전혀 문제가 되지 않는다. 위의 논의를 보라.

34 Schlueter, *Filling up the Measure*; Porter, "Translation"; 그리고 위의 논의를 보라.

"왜 바울이 본론에 감사의 말을 포함하는가?"라는 질문을 던지고 대답해야 한다는 것이다. 5장 단락 3에서 언급한 기능적 문자 관점 이론에 근거하여,[35] 나는 바울이 자신의 전형적인 서신 형식을 벗어난 것은 주목할 만한 특별한 기능 때문이라고 믿는다. 여기서 바울은 데살로니가 사람들에 대한 감사를 강조하거나 두드러지게 만들고 싶어 했던 것 같다.

편지의 앞부분에서 바울은 데살로니가 사람들이 그들의 공동체 안팎으로 좋은 본보기가 된 것에 대해 하나님께 감사했지만, 바울 일행이 전하는 말을 그들의 말이 아니라 하나님의 말씀으로 받아들인 것에 대해 데살로니가 사람들에게 감사하고 있다. 이 사람들은 동족의 손에 고통을 받는 것을 감수하면서까지 자신들의 믿음을 실천했다.

본론: 바울의 여행기(2:17-3:13)

바울은 이제 짧은 단락으로 전환하면서, 자신의 출발 이후 데살로니가 사람들과 연락한 내용을 자세하게 소개한다. 이는 자신의 순수한 동기를 좀 더 입증하기 위한 언급이다. 그는 자신과 자신의 동역자들이 데살로니가 사람들로부터 어떻게 억지로 떼어놓음을 당했는지를 자세히 설명하는데, 이는 사도행전에서 바울과 실라가 박해를 피해 밤에 도망한 내용(행 17:10)과 짝을 이룬다. 그러나 바울은 그들에게 자신의 부재는 육체적인 것에 불과했으며, 자신의 마음은 계속해서 그들과 함께 있었다는 사실을 상기시킨다. 자신은 그들을 대면하여 보고 싶었다는 것이다. 바울은 자신의 동료들이 아덴에 있을 동안에 그들이 박해 중에도 믿음을 잘 지켜내고 있는지를 확인하고 격려하기 위해 디모데를 보냈다. 바울은

---

35   S. E. Porter, "A Functional Letter Perspective: Towards a Grammar of Epistolary form," in *Paul and the Ancient Letter Form* (ed. S. E. Porter and S. A. Adams; PAST 6; Leiden: Brill, 2010), 9-32도 보라.

자신이 이전에 그들과 함께 있던 동안에 박해가 그리스도인의 삶에서 불가피한 것이라고 그들을 가르쳤다는 것을 다시 상기시킨다. 그러나 걱정이 너무 컸기 때문에 바울은 그들이 유혹자에게 흔들리지 않도록 디모데를 보냈다.

바울과 그의 동역자들에게 전달된 디모데의 보고는 긍정적이었고 격려가 되는 내용으로 가득했다. 즉 그들은 계속해서 믿음과 사랑 안에 거했고, 바울과 다른 사람들을 다정하게 기억하면서 그들과 재회하려는 소망을 공유했다. 이런 보고는 바울에게 큰 기쁨을 안겨주었고 데살로니가인들에 대한 그의 감사는 계속되었다. 이 본론의 마지막에서 바울은 짧은 축복 기도와 함께 그들에게 돌아가기를 바라는 자신의 마음을 밝힌다. 그리고 그들이 행복하게 의로운 삶을 계속 살아가기를 기원한다.

권면: 하나님을 기쁘시게 하는 삶(4:1-12)

그들이 계속해서 거룩함을 추구하고 있다는 디모데의 보고를 바탕으로 바울은 독자들에게 자신이 하나님과 동행하며 그분을 기쁘시게 하라고 그들에게 가르쳤던 교훈을 지키라고 권고한다. 바울은 하나님의 뜻이 성화, 특히 성적 순결이라고 가르친다. 곧 그들 자신을 거룩함과 영광 가운데 거하게 하고, 이방인들과 같이 음란한 열정으로 행하지 말라는 것이다. 바울은 성적으로 불결하게 사는 사람들은 서로에게 죄를 짓는 것이며, 자신이 예전에 경고했던 대로 하나님은 이런 일들을 보응하시는 분이라고 경고한다.

그러나 형제 사랑에 있어서 데살로니가 사람들은 많은 가르침이 필요한 것이 아니라 그들이 하던 대로 계속 잘하라는 격려가 필요했다. 그들은 성적 순결의 측면에서는 모자람이 있었으나, 사랑의 측면에서는 마게도냐 전체가 알 정도로 명성을 얻었다. 바울은 외부인들에게 알려진 그들의 긍정적인 명성이 이어지도록 그들에게 조용히 살며[36] 자기 일을 계속하라고 격려한다.

권면: 주님의 재림(4:13-5:11)

바울은 데살로니가 사람들의 관심사인 듯한 문제를 거론한다. 이는 아마도 디모데가 그들을 방문하면서 느낀 바를 보고한 내용일 것이다. 데살로니가 사람들은 가족이나 친구들의 죽음을 종종 목격했을 것인데, 여기에는 그들의 신앙에 대한 박해로 말미암은 죽음도 있었을 것이고 자연스러운 죽음도 있었을 것이다. 그리고 이런 경험은 그들의 죽음 이후 그리스도의 재림 이전에 죽은 자들에게 무슨 일이 일어날 것인가에 대한 궁금증을 유발했을 것이다. 바울은 그들에게 신앙인으로서 다른 사람들처럼 슬퍼할 필요가 없다고 말한다. 예수께서 부활하셨던 것처럼 주님 안에서 잠들었던 자들도 미래에 다시 일어나서 재회하게 될 것이기 때문이다. 이 본문을 중심으로 재림의 종말론적 세부사항에 대한 많은 신학적 논의가 있다. 그러나 바울이 말하고자 하는 중심 내용은 이 사건이 언제 일어날 것인지에 대한 시간적 상술이 아니다. 그는 주님 안에서 잠든 자들이 미래에 다시 일어날 것이라는 사실을 데살로니가 사람들에게 권면의 차원에서 확인시키고자 했다. 즉 그들은 뒤에 남겨지지 않는다는 것이다.

미래의 부활에 대한 이런 관점은 데살로니가 사람들에게 이 사실을 모르는 것처럼 살지 말라고 말하는 권고로 이어진다. 바울은 주님의 날이 어느 때든지 갑자기 올 수 있음을 그들이 알기를 원한다. 이 사실에 비추어 그들은 어둠이 아니라 빛 가운데 살아야 하며, 정신을 차리고 사

---

36 "조용히 살다"의 의미에 대한 논의는 살후 3:12과 관련된 아래의 내용을 보라.

랑과 구원의 소망으로 살아야 한다(여기서 바울은 "하나님의 전신 갑주"를 요약된 형태로 제시한다. 참조. 엡 6:10-20). 바울은 그들이 지금까지 그래왔던 것처럼 계속해서 이 진리로 그들 자신을 격려하라고 가르친다.

권면: 마지막 권면(5:12-22)

바울은 데살로니가 사람들을 향한 개인적인 추가 권면으로 이 편지의 권면 단락을 마무리한다. 그는 그들 가운데서 수고하고 주님 안에서 그들을 다스리는 자들을 존경하라고 요청한다. 이는 아마도 그 도시에서 회중에게 설교하고 그들을 가르치는 일을 했던 사람들을 가리킬 것이다. 바울이 이 설교자들과 교사들에게 특정 호칭을 부여하지 않는다는 사실은 이 편지가 이른 시기 곧 장로나 감독 같은 지도자의 호칭이 확정되기 이전에 기록되었음을 보여준다. 바울은 지도자들의 사역을 귀히 여기라고 권고한다.

바울은 독자들에게 서로 화목하라고 명령한다. 그리고 서로를 향한 일반적인 네 가지 행동 지침을 제시한다. 곧 게으른 자들을 권계하며, 마음이 약한 자들을 격려하고, 힘이 없는 자들을 붙들어주며, 모든 사람에게 오래 참으라. 응대의 이런 범주는 데살로니가 사람들에게(지금의 독자들에게도 마찬가지로) 특정 유형의 사람들은 그 필요에 따라 특정 유형의 반응이 필요하다는 점을 보여준다. 약한 자들에게는 훈계가 별 유익이 되지 않지만, 마음이 약한 자들은 격려를 통해 큰 도움을 받을 것이다. 바울은 복수하려는 자들에게 경고한다. 왜냐하면 악을 악으로 갚으시는 분은 하나님이시기 때문이다. 이 권면 단락을 마무리하면서 바울은 짧은 명령들을 나열한다. 항상 기뻐하라. 쉬지 말고 기도하라. 범사에 감사하라. 성령을 소멸하지 말라. 예언을 멸시하지 말고 모든 것을 시험하라. 그리고 모든 형태의 악을 버리라.

맺음말(5:23-28)

이제 바울은 데살로니가 사람들의 성화와 흠 없음과 관련된 또 다른 축복 기도로 편지를 끝낸다. 그는 하나님께서 그들의 성화에 분명히 관여하실 것이라고 확신한다. 그는 자신과 동역자들을 위해 기도해줄 것과 서로 간에 거룩한 입맞춤으로 인사할 것, 그리고 이 편지를 공개적으로 읽을 것을 부탁한다. 그는 주 예수 그리스도의 은혜가 그들과 함께하기를 기원하는 바울 자신의 전형적인 스타일로 편지를 마친다.

3. 데살로니가후서

데살로니가전서와 관련된 많은 문제는 데살로니가후서와도 관계가 있다. 특히 바울이 데살로니가후서를 기록한 것이 확실하다면 더욱 그렇다. 데살로니가후서에 관한 논의의 역사는 데살로니가전서와의 관계를 중심으로 종종 전개되는데, 이것은 저자와 진위 등의 문제에 영향을 미친다. 그러나 데살로니가후서에는 단순히 이런 두 가지 쟁점 외에도 훨씬 더 많은 것들이 있다. 이 단락에서는 저자와 진위에 대한 논의, 저자와 관련된 쟁점들에 대한 설명, 데살로니가후서와 데살로니가전서의 관계, 그리고 이 서신이 바울의 저작이라는 가정하에서 저술 동기와 목적을 간략히 논의한다. 그다음에 개요와 내용 요약이 뒤따른다.

A. 데살로니가후서의 저자와 진위

오늘날 많은 학자들은 데살로니가후서가 진짜 바울의 저작인지에 대해 심각한 의문을 제기한다. 19세기 이후로(페르디난트 크리스티안 바우어 때문에) 바울 저작권에 일부 의문이 제기되었다. 1970년 이전의 학자들 대다수가 바울의 저작권을 옹호했던 반면, 지난 40년 동안은 이 주제에 대해 첨예한 논쟁이 이어졌다.[37] 만약 아래 논의의 끝에 증거가 바울 저작에 무게를 실어주는 것으로 보인다면, 위에서 언급한 데살로니가의 상황과 사도행전에 있는 증거들과의 상관관계를 참조해야 할 것이다. 만약에 반대로 증거가 위작을 옹호하는 것으로 보인다면, 해석가들은 소위 "이중 위작"(6장 단락 2를 보라)의 문제에 직면하게 된다.[38] 이것은 저자와 일차 독자 모두를 알지 못하는 상황을 의미한다. 나는 이 논의가 데살로니가후서의 바울 저작에 유리하게 흘러갈 것이라고 믿는다.

데살로니가후서의 바울 저작과 관련된 주장들이 제시될 때, 다음에 설명하는 사항들이 가장 중요하게 다뤄지는 것 같다. 바로 두 종류의 증거, 즉 내적 증거와 외적 증거다.

(1) 외적 증거

교부 유스티누스(Justin)가 제시한 외적 증거가 결정적이지는 않지만 (*Dialogue with Trypho* 32, 110, 116), 데살로니가후서는 마르키온 모음집과 무라토리 단편에서 발견되며, 폴리카르포스(Polycarp, *To the Philippians*

---

37 데살로니가후서의 바울 저작을 부정하는 주요 학자에는 다음 학자들이 포함된다. Baur, *Paul the Apostle of Jesus Christ*, 2.85-97; W. Wrede, *Die Echtheit des Zweiten Thessalonicherbriefs* (Texte und Untersuchungen; Leipzig: Hinrichs, 1903); B. Rigaux, *Saint Paul: Les épitres aux Thessaloniciens* (Études bibliques; Paris: Lecoffre/Gembloux: Duculot, 1956), 124-32; W. Trilling, *Untersuchungen zum 2. Thessalonicherbrief* (Erfurter Theologische Studien 27; Leipzig: St. Benno, 1972), 11-45. 참조. G. S. Holland, *The Tradition That You Received from Us: 2 Thessalonians in the Pauline Tradition* (HUT 24; Tübingen: Mohr-Siebeck, 1988), 1-5, 129-58. Holland는 바울 저작을 부인하는 최근의 주요 학자다.

38 D. Meade, *Pseudonymity and Canon* (WUNT 39; Tübingen: Mohr-Siebeck, 1986), 127.

11.3[1:4]; 11.4[3.15]), 테르툴리아누스(Tertullian, *Antidote for the Scorpion's Sting* 13; *Resurrection of the Flesh* 24), 이레나이우스(Irenaeus, *Against Heresies* 3.7.2; 5.25.1) 그리고 알렉산드리아의 클레멘스(Clement of Alexandria, *Stromata* 5.3)의 글에 인용되며, 오리게네스(Origen, *Against Celsus* 2.65)도 언급한 것으로 보인다. 이 서신은 「바나바서신」(*Barnabas*, 18.2[2:6]; 4.9[2.8]; 15.5[2:8, 12])에도 인용되었을 수 있다.[39] 따라서 데살로니가후서에 대한 외적 증거와 물증은 데살로니가전서나 논란이 되는 대다수 서신의 것들보다 강력하다.

(2) 내적 증거

데살로니가후서의 바울 저작에 대한 가장 자세한 반론은 1972년에 볼프강 트릴링(Wolfgang Trilling)에 의해 제기되었다. 트릴링의 주장은 광범위한 영향을 미쳤지만, 동시에 심각한 비판도 받았다.[40] 다음에 이어지는 내용은 트릴링과 여러 학자가 바울 저작에 반대하는 주요 주장들에 대해 이루어진 평가다. 내적 증거는 다음과 같은 여러 다른 영역에서 평가될 수 있다. 즉 서신 자체의 증거, 어조, 표면상의 청중, 데살로니가전서와의 환경적 유사성 및 가르침과 신학이다.[41]

---

39 Moffatt, *Introduction*, 82을 보라.

40 Trilling, *Thessalonicherbrief.* 받아들여진 예는 다음과 같다. H. Koester, *Introduction to the New Testament* (2 vols; FFNT; Philadelphia: Fortress, 1982), 2.241-46. 하지만 다음 학자들은 반대했다. 예. Marshall, *Thessalonians*, 29-45; Weima, *1-2 Thessalonians*, 46-54; P. Foster, "Who Wrote 2 Thessalonians? A Fresh Look at an Old Problem," *JSNT* 35.2 (2012): 150-75. 탁월한 요약과 평가는 Jewett, *Thessalonian Correspondence*, 10-18에서 찾을 수 있다. Jewett이 분명히 밝히듯이, 모든 주장이 고려할 만한 가치를 지닌 것은 아니다.

41 참조. T. D. Still, *Conflict at Thessalonica: A Pauline Church and Its Neighbours* (JSNTSup 183; Sheffield: Sheffield Academic, 1999), 47-55. Christina Kreinecker는 데살로니가후서와 파피루스 기록물의 관계를 새로운 논쟁 요인으로 소개한다. "The Imitation

a. 편지 자체의 증거는 바울을 최소한 표면상의 저자로 지목한다. 데살로니가전서와 같이, 이 서신은 바울, 실라(혹은 실루아노) 그리고 디모데가 저자임을 밝힌다(살후 1:1). 데살로니가후서는 데살로니가전서를 직접 언급하지는 않는다. 하지만 저자와 수신자들이 이전에 편지로 소식을 주고받은 적이 있음을 간접적으로 밝힌다(2:15). 이 말은 데살로니가후서가 다른 확실하지 않은 편지에 대한 반응으로 발송된 것이라는 암시적 의미와 함께 해석될 수 있다(2:2; 3:17). 저자는 3:17에서 자신이 바울임을 밝히면서 마지막 인사를 본인이 직접 쓴다고 주장하는데, 이는 그의 편지들을 구분하는 느낌을 준다. 이 서신에서는 바울이 자신의 서명을 첨부하지만, 데살로니가전서에서는 그렇게 하지 않는다는 점은 진짜 바울의 저작인지에 대한 흥미로운 의문을 불러일으킨다. 어떤 이들은 이것이 가명의 저자가 수신자들로 하여금 이 편지를 진짜 바울이 쓴 것으로 받아들이게 하려고 시도한 것이라고 주장한다. 이 문제는 아래의 단락 3C에서 논한다.

b. 위에서 언급했듯이, 데살로니가전서가 데살로니가의 그리스도인들에게 엄청난 감사의 마음으로 기록되었다는 점은 사실상 만장일치로 받아들여진다. 그러나 많은 학자들은 데살로니가후서에서 어조의 변화를 감지한다. 일부 학자들에 의하면 데살로니가전서의 따뜻하고 친근한 어조가 데살로니가후서에서는 좀 더 격식을 갖춘 형식적인 어투로 바뀌었다.[42] 데살로니가전서 1:2은 "우리가

Hypothesis: Pseudepigraphic Remarks on 2 Thessalonians with Help from Documentary Papyri," in *Paul and Pseudepigraphy* (ed. S. E. Porter and G. P. Fewster; PAST 8; Leiden: Brill, 2013), 197-220.

42 R. F. Collins, *Letters That Paul Did Not Write* (Good News Studies 28; Wilmington, DE:

항상 감사한다"라고 말하지만, 데살로니가후서 1:3과 2:13은 "우리가 항상 감사해야 한다"라고 표현한다. 마치 데살로니가전서와 동일한 감사를 하기에는 껄끄러운 요소가 있는 것처럼 느껴진다. 본서가 바울 저작이라고 주장하는 이들의 대부분의 설명에 의하면, 데살로니가후서는 데살로니가전서를 보낸 지 얼마 되지 않아 기록되었기 때문에 이런 혼란스러운 어조의 변화가 생긴 것이다. 그러나 이런 변화는 일부의 생각만큼 심각한 것이 아닐 수 있다. 바울은 독자들을 "형제자매들"(3:1)이라고 부르면서 그들에게 기도를 요청한다(3:1-2). 게다가 데살로니가전서 5:14에서 이미 다룬 게으름의 문제를 언급하는 데서도 공손하다. 데살로니가 사람들이 바울의 가르침에 집중하지 못했던 점을 포함하여, 바울 혹은 그의 독자들의 환경적 변화가 어조 변화의 좋은 이유일 수도 있다. 특히 데살로니가 사람들이 종말론에 대한 바울의 언급을 제대로 이해하지 못하고 있었다면 더욱 그렇다. 바울이 독자들에 대한 그의 태도에서 반드시 고정적인 자세를 취해야 할 이유는 없다.

c. 데살로니가전서의 독자들이 이방인으로 구성된 것으로 보이지만, 데살로니가후서는 유대인이 독자라는 주장이 있다. 혹은 최소한 첫 번째 편지의 독자들보다는 구약 사상을 더 잘 알고 있는 사람들이어서(보응에 대한 살후 1:6-10을 보라) 유대교의 묵시적 작품과 관련된 수사적 표현(2:1-12)에 더 익숙했을 것이라는 의견도 있다. 하지만 데살로니가후서에 구약의 직접적인 인용이 없다는 사실은 문맥 안에서 제대로 이해하기 힘든 수사적 표현이나 사상이 편지에 있는지 의문을 품게 만든다. 게다가 데살로니가전서에서

Glazer, 1988), 222-23.

논했듯이 교회의 구성원에 다수의 이방인이 포함되어 있었지만, 그중 많은 이들은 하나님을 경외하는 자들의 반열에 있는 자들이 었다(위의 단락 2D를 보라). 그러므로 그들은 아마도 구약의 사상이나 언어에도 매우 익숙했을 것이다.

d. 데살로니가후서의 진위와 관련하여 자주 제기되는 또 다른 의문은 두 편지 사이의 공통점에 대한 것이다. 왜 바울은 짧은 시간적 간격을 두고 그렇게 비슷한 두 편지를 썼는가? 데살로니가전서와 데살로니가후서는 바울 서신에서 언어학적·문학적으로 가장 긴밀하게 연결되어 있다.[43] 이것은 특정한 어휘의 사용뿐만 아니라 병행구의 반복적인 사용을 통해서도 확인할 수 있다(살후 1:1-2과 살전 1:1; 살후 1:3과 살전 1:2; 살후 1:11과 살전 1:3; 살후 1:8과 살전 4:5; 살후 2:14과 살전 5:9; 살후 3:8과 살전 2:9; 살후 3:10과 살전 3:4).[44] 우리는 진짜 바울의 저작이라는 것을 반대하는 그와 같은 주장에 조심해야 한다. 모든 종류의 상황이 그런 주장을 뒷받침하는 것으로 제안될 수 있다. 예를 들어 저자가 비슷한 문제에 대해 다시 한번 논의해야 한다고 믿었다면, 비슷한 언어를 사용하지 않겠는가? 짧은 시간적 간격은 비슷한 언어를 사용했다는 좋은 이유가 될 수 있다. 왜냐하면 짧은 시간에 저자가 자신의 문체를 급격하게 바꿀 가능성은 적기 때문이다. 오히려 짧은 시간 간격을 두고 그렇게 비슷한 편지를 썼을 리가 없다는 반론은 현재의 형태에서는 성립할 수 없다. 만약 두 책의 언어가 달랐다면 바울 저작을 부인하는 것에 대해 비슷한 주장을 할 수 있을 것이

43　Holland, *Tradition That You Received*, 2-3.
44　Best, *Thessalonians*, 51을 보라.

다. 이는 언어의 차이점과 유사점을 구성하는 것이 무엇인지, 그런 차이점이 어떻게 평가되는지, 그리고 그것들이 저자 문제에 어떻게 영향을 미치는지에 대한 매우 중요한 질문을 불러일으킨다. 다시 말해 두 편지가 언어 면에서 비슷한지 다른지를 결정하는 여러 공식적인 기준이 무엇인가? 이것은 진위를 확인하는 데 어떻게 사용될 수 있는가?

e. 진위에 대한 논의에서 제기되는 마지막 쟁점은 데살로니가후서의 가르침과 신학, 특히 종말론적 가르침과 관련된다.[45] 종말론적 가르침은 데살로니가전서에서 바울의 권면적 명령의 일부다. 하지만 이 가르침이 데살로니가후서에서는 편지의 본론을 구성한다. 그러나 이보다 더 눈에 띄는 것은 종말론적 관점에 있어서 전제의 변화다. 데살로니가전서는 재림이 임박한 느낌을 준다. 반면 데살로니가후서는 훨씬 덜 긴박해 보인다. 왜냐하면 저자가 특정 사건들이 주님의 재림 이전에 일어나야 한다고 말하기 때문이다(살후 2:1). 게다가 불법의 사람에 대한 묘사가 다른 신약 본문이나 묵시적 사상의 형태를 일부 차용한 것으로 보인다. 불법의 사람은 적그리스도를 묘사하는 또 다른 방식으로서 요한계시록 13:1-9(혹은 요한1서일 수도 있다)을 참고했을 가능성이 큰데, 이는 이 편지가 바울 시대보다 훨씬 후대에 기록되었음을 확신하게 한다. 그런 인물에 대한 추측은 특히 바울 자신의 삶에 비춰볼 때, 이것이 네로 신화의 묘사인지의 여부에 대한 생각을 불러일으킨다. (묵시적인 그룹에서는 잔인한 박해자인 네로가 죽지 않고 돌아와서 탄압을 재개

---

45 T. D. Still, "Paul and the Macedonian Believers," in *The Blackwell Companion to Paul* (ed. S. Westerholm; Chichester, West Sussex: Wiley-Blackwell, 2011), 30-45, 특히 36-38.

할 것이라는 추측이 자라났다.) 하지만 어떤 학자들은 불법의 사람에 대한 설명을 굳이 네로 신화와 연결할 필요는 없다고 주장한다. 그 이유는 이런 개념이 제2성전기 유대교 문헌에서도 발견되며 (예. *1 Enoch* 85-90; *Jubilees* 23:16-32; *Sibylline Oracles* 3:388-400), 거 짓 메시아를 지칭하는 데 사용될 수 있기 때문이다.[46]

데살로니가후서의 신학적 개념들은 그 개념들이 데살로니가 전서에서 나올 때와 다르게, 때때로 중요하지 않은 것으로서 언급 된다. 예를 들어 성령(살후 2:2, 8, 13), 그리스도의 죽음과 부활(참 조. 살전 4:14) 그리고 하나님 등의 주제가 데살로니가전서의 저자 와 다르게 데살로니가후서의 저자에게는 그리 중요하지 않아 보 인다. 다른 서신에서는 광범위하게 언급된 개념들이 데살로니가 후서에서는 그렇지 않은 경우가 있지만, 우리는 이런 증거를 어떻 게 다룰지에 대해 주의해야 한다. 예를 들어 성령과 하나님은 바 울의 두 가지 신학적 전제로, 그가 굳이 증명할 필요를 느끼지 않 고 단순히 가정하는 개념이다(4장 단락 2A와 2C를 보라). 따라서 우 리는 신학적 개념들에 얼마나 큰 의미를 부여할 것인지에 대해 신 중해야 한다. 이는 바울 저작에 대한 논쟁이 없는 편지들에서 그 가 굳이 논증해야 한다고 생각하지 않는 신학적 개념들에 대해서 도 마찬가지다. 이런 개념들에 대해 언급하지 않는다는 것이 바울 저작이 아니라는 주장을 세우는 데 충분한 논증을 구성할 수는 없 다. 그렇지만 데살로니가전서와 데살로니가후서 모두 각자 비슷 한 어법으로 그리스도와 하나님을 동등하게 여긴다는 점은 주목

---

46 다양한 입장의 개관에 대해서는 다음을 보라. Bruce, *Thessalonians*, 179-88; G. C. Jenks, *The Origins and Early Development of the Antichrist Myth* (Beihefte zur Zeitschrift für die neutestamentliche Wissenschaft 59; Berlin: de Gruyter, 1991).

할 만하다(예. 살후 2:13과 살전 1:4).

이상으로 데살로니가후서의 저자와 관련하여 종종 제기되는 다섯 가지 주요 내적 증거를 몇 가지 추가 요인과 함께 살펴보았다. 내가 위에서 설명하려고 했듯이 이 증거 중 어떤 것도 바울 저작에 대한 확실하고 명확한 외적 증거를 뒤집을 만한 결정적 근거를 제시하지 못한다. 사실 내적 증거 중 많은 부분이 데살로니가후서의 바울 저작을 의심할 만한 설득력 있는 증거를 거의 제공하지 못한다. 오히려 반대로 바울을 저자로 볼 수밖에 없다고 확인해줄 뿐이다.

B. 데살로니가후서의 바울 저작설의 문제점

위에서 언급한 근거에도 불구하고 데살로니가후서를 바울의 것으로 보지 않는 이들이 여전히 있다. 데살로니가후서가 데살로니가 전체 교회에 보낸 편지라는 증거가 있는데도 바울 저작에 대한 전통적인 견해가 거부된다면, 어떻게, 왜 그리고 누가 이 편지를 기록한 것인가? 선택지의 전체 범위를 확인할 수 있는 여러 중요한 시나리오가 있다.

몇몇 설명은 두 편지 사이의 차이점을 언급하면서도 바울 저작을 유지하길 원한다[47] 예를 들어 여러 제안이 편지의 의도된 독자들을 중심으로 이루어진다. 따라서 독일 학자인 아돌프 하르나크는 분리된 교회 이론을 주장하는데, 그에 따르면 데살로니가전서는 그 교회의 이방인들에게 쓴 것이고, 데살로니가후서는 데살로니가의 유대인 그리스도인들에

---

47 Marshall, *Thessalonians*, 26-27에서 이후의 여러 입장을 확인할 수 있다. 참조. Fee, *Thessalonians*, 238-41.

게 쓴 것이다.[48] 이 이론은 일차 독자들에 관해 각각의 편지로부터 얻은 정보(최소한 일부 학자들에 의한) 중 위에서 언급한 몇몇 특징을 고려한다. 동시대의 독일 학자인 마르틴 디벨리우스(Martin Dibelius)는 데살로니가전서가 교회 지도자들의 작은 그룹을 대상으로 기록되었지만, 데살로니가후서는 공개적인 낭독을 위한 것이라고 주장한다. 반대로 얼 엘리스(Earle Ellis)는 데살로니가후서가 종말론 사상이 초래한 게으름 문제를 해결하기 위해 도시에 있는 바울의 동역자들에게 기록된 반면, 데살로니가전서는 교회 전체에게 보낸 편지라고 한다.[49] 그러나 대부분의 학자가 보기에는 이런 해결책들이 여러 문제점을 제대로 해결하지 못하는 것 같다(게다가 어떤 경우에는 해결책이 오히려 모순되기도 한다). 분리된 교회 이론은 내적·외적 증거에 의하면 그 근거가 미약하다. 데살로니가전서 2:13-16에서 데살로니가 사람들은 유대 교회를 본보기로 따랐다. 만약 이 편지가 데살로니가 교회의 이방인들만을 위한 것이었다면 이는 설명이 안 되는 부분이다. 여러 측면에서 두 편지의 유사점─같은 교회를 위해 기록되었다는 것과 게으름을 언급한다는 것─역시 이런 이론들이 필요로 하는 구별에 반대한다. 데살로니가전서 5:27에서 편지를 크게 읽어주라는 지침도 이것이 사적인 편지였다는 주장에 명백하게 반한다.

19세기에 처음 제기되었다가 최근에 다시 주목받는 주장이 있는데, 바로 데살로니가전후서에서 발견되는 자료가 아마도 두 개 이상의 편지

---

48 A. Harnack, "Das Problem des zweiten Thessalonicherbriefes," *Sitzungsberichte der preussischen Akademie der Wissenschaften: Philosophisch-Historischen Klasse* 31 (1910): 560-78.

49 M. Dibelius, *An die Thessalonicher I II, an die Philipper* (3rd ed.; Handbuch zum Neuen Testament 11; Tübingen: Mohr-Siebeck, 1937), 57-58; E. E. Ellis, *Prophecy and Hermeneutic in Early Christianity: New Testament Essays* (Grand Rapids: Eerdmans, 1978), 19-21.

일 것이라는 내용이다. 이에 대해 수많은 분할 이론이 제기되었다. 가장 잘 알려진 것은 발터 슈미탈스의 것으로서 바울 저작을 변호하는 데 큰 도움이 되는데, 그는 데살로니가전후서의 구조에 대한 몇 가지 난제에 주목한다. 여기에는 3:11에서 마무리되는 데살로니가전서의 두 번째 주요 감사 단락에 대한 문제도 포함된다. 슈미탈스는 네 개의 편지를 주장하는데, 그에 따르면 이는 이후 정경에서 두 개의 편지로 편집되었으며, 각 서신의 끝에서는 "주님/하나님이 ~하시기를 원하노라"라고 말한다(살후 3:16; 살전 5:23; 살후 2:16; 살전 3:11). 데살로니가 서신 A = 데살로니가후서 1:1-12, 3:6-16, 데살로니가 서신 B = 데살로니가전서 1:1-2:12, 4:2-5:28, 데살로니가 서신 C = 데살로니가후서 2:13-14, 2:1-12, 2:15-3:3(혹은 3:5), 3:17-18 그리고 데살로니가 서신 D = 데살로니가전서 2:13-4:1.[50] 본문의 어려움을 다룰 수 있을 정도로 독창적이고 섬세한 이론임에도 불구하고 이 주장(과 그와 비슷한 다른 주장들)의 아쉬운 문제는 편지가 이런 식으로 구성되었다는 본문비평적 근거가 없다는 사실이다. 이 편지가 정경의 형태로 발견된 것 이외에 다른 형태로 유포된 적이 있다는 외적 근거도 없다. 모든 본문의 변화는 우리가 현재 가지고 있는 신약 사본이 기록되기 전에 이루어졌음이 확실하다. 이런 일이 일어났을 수도 있다. 하지만 우리가 가진 증거로는 이것을 증명할 수 없다. 이 이론은 데살로니가후서가 데살로니가전서보다 먼저 기록되었다는 주장에도 근거하는데, 이것도 증명하기가 힘들다(아래를 보라). 이 이론과 다른 분할 이론들을 곤란하게 만드는 딜레마는 한편으로 바울의 글이 초기 교회에서는 존경받고 보존되었다고 주장되지만, 다른 한편으로 그 내용이 이

---

50 W. Schmithals, *Paul and the Gnostics* (trans. J. Steely; Nashville: Abingdon, 1972), 212-13. 이것은 Best, *Thessalonians*, 45-50에서 반박된다.

편지들의 원래 형태의 단락에 명백하게 기록되어 있어야 한다는 사실이다. 그러나 이를 증명할 수 있는 바울 스타일의 서두와 맺음말뿐만 아니라 그 외의 여러 주요 부분이 삭제되고 분실되었다.

데살로니가후서는 데살로니가에 있는 교회가 아니라 마게도냐의 또다른 교회에 보내졌으며, 데살로니가에 있는 교회에는 데살로니가전서가 보내졌다는 주장도 있다. 두 편지는 거의 동시에 보내졌다. 데살로니가후서의 일차 목적지에 대한 몇몇 제안은 바울이 두 번째 선교 여행을 하는 동안 주로 연락을 주고받았던 도시들인 베뢰아와 빌립보를 포함한다(행 16:12-40; 17:10-15).[51] 베뢰아는 유대인들이 시샘하여 폭동을 일으켰다고 전해지는 데살로니가를 바울이 급하게 떠난 직후 방문한 도시다. 빌립보는 데살로니가 방문 전에 들렀던 가장 중요한 도시다. 빌립보에서 바울은 감옥에서 밤을 보낸 사건에도 불구하고 성공적으로 사역했다. 이 이론은 두 편지가 밀접하게 기록되었으며 비슷한 언어를 사용하고 있음을 분명히 설명할 수 있다. 그러나 본문상의 근거를 설명하기에는 어려움이 있다. 즉 데살로니가후서의 현재 본문에서는 데살로니가 이외의 다른 목적지를 찾을 수가 없다. 게다가 특히 종말론과 관련된 신학에서 중요한 차이가 있다고 추정된다. 신학이 서로 상충한다면, 바울이 이 도시들에 서로 다른 두 관점을 담은 편지들을 보내는 데 책임이 있었을 가능성은 별로 없다.

지금까지 그렇게 심각하게 고려되지 않았던 또 다른 설명은 데살로니가후서가 공동 저작 혹은 대필자의 역할로 인해 표준적인 바울 서신에서 벗어난다는 것이다. 이 이론에 의하면 데살로니가후서(혹은 데살로

---

51   E. Schweizer, "Der zweite Thessalonicherbriefe ein Philipperbrief?" *Theologische Zeitschrift* 1 (1945): 90-105; M. Goguel, "L'enigme de la sconde épitre aux Thessaloniciens," *Revue de l'histoire des religions* 71 (1915): 248-72.

니가전서)는 디모데(그는 여섯 개의 다른 바울 서신의 서두 인사에서 언급된다) 혹은 실루아노(실라)에 의해 저술되었다.[52] 우리가 알고 있는 것으로서 바울의 직접 저작을 가로막은 명백한 상황인 생계의 필요, 어려운 신체적 상황, 또는 다른 헌신 등을 제외하고, 동역자 혹은 심지어 무명의 서기를 연관시키는 확실한 정황을 재구성하는 것은 거의 불가능에 가깝다. 설령 함께 보낸 두 사람 중 한 사람이나 두 사람 모두가 혹은 또 다른 사람이 연관되어 있더라도, 바울의 이름은 데살로니가후서 1:1과 3:17에 분명히 기록되어 있다. 이것은 데살로니가 공동체에서의 바울의 위치가 그 공동체를 세운 사도였으며, 그가 그곳에 적극적으로 개입되었음을 보여주는 부분이다. 이는 첫 번째 편지에서 그랬듯이 그가 그곳의 교회에 관심을 두고 있음을 나타낸다. 이는 두 번째 편지도 바울의 것이라고 부를 수 있는 보증이 된다. 이런 해결책은 이 편지들의 분명한 유사성과 어조의 변화를 포함하여 여러 문제를 풀어준다. 하지만 풀리지 않는 다른 문제들이 있다. 예를 들어 데살로니가전서와 데살로니가후서의 종말론이 다르다면(그러나 정말 다른지는 확실하지 않다), 두 편지에 모두 바울의 이름을 붙인 것을 설명하기 힘들다. 이런 이론을 정량화하는 문제도 있다. 데살로니가후서 1:1의 여러 이름을 제외하고는 이에 대한 구체적인 증거가 없다.

데살로니가후서의 바울 저작설을 반대하는 이들에게 가장 그럴듯한 설명은 이 편지가 위작이라는 것이다. 즉 데살로니가전서보다 조금 늦

---

52 예. K. P. Donfried and I. H. Marshall, *The Theology of the Shorter Pauline Letters* (NTT; Cambridge: Cambridge University Press, 1993), 84-87에서 데살로니가후서에 대한 K. P. Donfried의 설명을 보라. Donfried, "Issues of Authorship in the Pauline Corpus: Rethinking the Relationship between 1 and 2 Thessalonians," in *2 Thessalonians and Pauline Eschatology: For Petr Pokorný on His 80th Birthday* (ed. C. Tuckett; Leuven; Peeters, 2013), 81-113.

은 어느 시점에 바울을 동경하던 추종자가 그의 이름을 사용하여 기록했다는 것이다. 진짜 편지를 받은 적이 있는 교회가 같은 저자가 쓰지 않은 두 번째 편지를 받아들이려고 했을지가 가끔 의문시된다. 그러나 이는 가명으로 쓰인 편지가 첫 번째 편지를 받은 이들이 여전히 살아 있을 동안 데살로니가 교회로 보내졌다는 사실을 가정한다(혹은 심지어 그곳으로 보내지지 않았다). 특히 첫 번째와 두 번째 편지의 내용 그리고 그리스도의 재림과 관련된 데살로니가후서의 언어에 비춰보면 증거는 수신자를 데살로니가로 지칭하지 않게 된다. 이런 식의 상황에 대한 이론에는 여러 가지가 있다. 어떤 이들은 이 편지가 1세기에서 2세기로 접어들 무렵 원래 데살로니가 교회가 겪었던 것과 비슷한 문제를 경험하는 교회에 보내졌다고 주장한다. 아마도 이것은 그리스도의 재림이 여전히 지연되는 것 때문에 더욱 심각해진 문제였을 것이다.[53] 저자가 왜 데살로니가후서 3:17에서 바울의 서명에 대한 언급을 포함하는지는 여러 방법으로 대답할 수 있다. 예를 들어 실질적이고 증거가 되는 진술을 포함하는 문학적 관습이라고 설명한다. 이는 속이기 위해서가 아니라 편지와 사도적 전조의 관계를 나타내기 위함이다(이런 추론을 모두가 믿는 것은 아니지만 말이다). 나는 데살로니가후서가 진짜 바울의 저작임을 인정하는 주장에 비해 이 편지의 위작 이론에는 여러 주요 문제가 훨씬 더 많이 남아 있다고 믿는다.

---

53   B. Childs, *The New Testament as Canon: An Introduction* (Philadelphia: Fortress, 1985), 371을 보라.

C. 데살로니가전후서의 저술 순서

두 서신이 모두 바울의 저작이며 데살로니가에 잇따라 보내졌다고 믿는 이들에게(위에서 언급한 어떤 주장도 이 상황과 양립될 수 있다), 어느 편지가 먼저 보내졌는지는 여전히 의문이다. 전통적인 관점은 바울이 데살로니가전서를 먼저 썼고 얼마 지나지 않아 아마도 같은 해에 데살로니가후서를 썼을 것이라는 견해다. 이런 관점에 대해 많은 학자가 의문을 제기한다(예. 그리스어 본문에 대한 Charles Wanamaker의 영어 주석).[54]

여기서 나는 데살로니가후서가 데살로니가전서에 앞서기 때문에 더 이른 시기의 것이라는 주장에 관한 몇가지 논증들을 소개하고 각각에 대해 간단히 반론을 제기할 것이다.

1. 전통적인 순서는 시간적 순서가 아니라 길이에 근거하는 것으로 보인다(예. 바울 서신 P[46]의 초기 사본에는 개별 서신들이 길이에 따라 정리되어 있다). 따라서 데살로니가후서가 먼저 기록되었을 최소한의 가능성이 열리게 된다.[55] 그러나 이것이 데살로니가후서가 첫 번째이거나 먼저 보내졌다는 것을 나타내는가? 이 문제에 대한 직접적인 논증이 이루어지지 않고 있다.

2. 데살로니가후서 2:5과 3:10은 바울이 해결하려고 하는 오해가 생겨난 이유를 설명한다. 그리고 이제 문제가 풀렸다는 사실을 가리키는 데살로니가전서의 좀 더 안정적인 어조가 그 가능성을 열어

---

54 C. A. Wanamaker, *The Epistles to the Thessalonians: A Commentary on the Greek Text* (NIGTC; Grand Rapids: Eerdmans, 1990), 37-45. Wanamaker는 데살로니가후서가 데살로니가전서 이전에 기록되었다고 주장한다.

55 Bruce, *Thessalonians*, xli.

준다. 이것은 심판의 문제다. 이 구절들은 그들에게 보낸 이전의 편지가 있음에도 불구하고 데살로니가 사람들이 여전히 어려움을 겪고 있다는 것에 대한 바울의 지속적인 좌절을 쉽게 보여준다.

3. 어떤 이들은 데살로니가후서의 종말론이 더 초기의 것이며, 데살로니가전서는 그리스도가 생각했던 것만큼 빨리 재림하지 않을 것이라는 바울의 나중의 깨달음을 반영한다고 주장한다. 두 서신을 이런 방식으로 읽어야 하는지는 논란의 여지가 있다. 왜냐하면 데살로니가후서 2:7은 "지금 막는 자"를, 데살로니가전서 4:17은 "우리 살아남은 자들"을 언급하기 때문이다(이것이 살아남을 것에 대한 바울의 기대를 반드시 나타내는 것은 아니지만 말이다).

4. 데살로니가후서는 견디고 있거나 앞으로 겪을 시험을 가리키는 반면(살후 1:4-5), 데살로니가전서는 이미 끝난 고난을 말한다(살전 2:14)는 주장이 존재한다. 이 주장에 대한 여러 반응이 있다. 첫째, 영어 번역에서 동사 시제의 시간적 의미를 지나치게 강조해서는 안 된다. 왜냐하면 그리스어 시제는 시간 제한이 없기 때문이다. 둘째, 데살로니가에서 일어난 문제의 정확한 본질을 알기 힘들다. 새로운 문제가 있는가? 데살로니가 사람들이 더 많은 문제를 경험하고 있었음에도 바울이 그들을 격려하기 위해 확신에 찬 언어로 말했는가? 이것은 알 수 없다.

5. 데살로니가후서 3:11-12은 마치 이것이 새롭게 생겨난 문제인 것처럼 회중의 게으름 문제를 언급하는 것 같다. 그러나 이 문제는 데살로니가전서 5:14과 유사해 보인다. 이와 비슷하게 사랑하는 동료 그리스도인들과 조용한 삶을 누리는 것에 대한 데살로니가전서 4:10-12을 이해하기 위해서는 데살로니가후서 3:6-15에 있는 게으름에 대한 권면이 필요하다는 것을 알 수 있다. 그러나

데살로니가전서에 있는 바울의 더 일반적인 진술이 충분히 명확하지 않다는 점과 계속되는 문제에 대한 데살로니가후서의 더 확실한 설명이 필요하다는 반대의 주장이 있을 수 있다.

6. 주님의 날의 때와 시기에 관한 데살로니가전서 5:1의 주장에 담긴 것과 같은 종류의 논리는 주님의 재림에 대한 데살로니가후서 2:1-12을 교회가 이미 안다고 전제할 때 더 일리가 있다. 그러나 이런 논지에 따르면 밤도둑에 대한 데살로니가전서 5:2의 언급은 사실상 불필요한 것이다.

7. 데살로니가전서 4:9과 5:1의 "~에 관하여는"은 이미 언급된 주제에 대한 논의를 가리키는 것으로 보인다. 그리고 데살로니가후서 3:6-15의 게으름에 대한 권면과 2:1-12의 주님의 재림은 이 주제에 해당할 것이다. 하지만 이것들 역시 디모데가 바울에게 전해 준 주제들일 것이다. 디모데는 "~에 관하여는" 구절 이전에 소개된다(살전 3:6).

8. 데살로니가후서 3:17은 바울의 친필에 대한 개인적인 언급을 담고 있는데 이런 언급은 그것이 첫 번째 편지일 경우에만 의미가 있다고 주장된다. 하지만 데살로니가후서 2:2이 암시하는 것처럼 가짜 바울 서신들이 교회로 보내졌다면, 손으로 쓴 진짜 샘플이 필요할 수도 있다.

위에서 언급한 모든 이유를 살펴볼 때 데살로니가후서가 데살로니가전서 이전에 기록되었다는 주장은 설득력이 없다. 오히려 전통적인 순서가 받아들일 만한 것으로 보인다.

데살로니가전서 우선설에 반대하는 주장들이 설득력이 부족하다는 점에 추가하여 이를 지지하는 다음의 몇 가지 이유가 있다. (1) 데살로니가전서에 언급된 문제들은, 특히 종말론적 기대와 그에 따른 게으름에 대한 경향과 관련하여, 데살로니가후서에서 더 심각해지는 것 같다. (2) 데살로니가후서 2:2, 15과 3:17은 이전의 편지를 언급하는 것으로 보인다. 이것이 데살로니가전서일 가능성(과 개연성)이 있다. (3) 데살로니가전서 2:17-3:6의 개인적인 언급들은 데살로니가후서 이전의 기록임을 보여준다. 데살로니가후서에는 개인적인 인사가 따로 없다. 이런 추가적인 이유들은 데살로니가후서 이전에 데살로니가전서가 기록되었다는 주장을 뒷받침해준다. 데살로니가후서가 데살로니가전서에 이어서 곧바로 쓰였다고 할지라도 말이다.

D. 데살로니가후서의 저술 동기 및 목적

데살로니가후서의 저술 동기와 목적은 데살로니가전서와 밀접하게 연관된다. 위에서 논의한 것으로서 데살로니가후서가 데살로니가전서 이전의 것이라는 주장이 설득력 없다는 점에 비추어 나는 데살로니가후서가 데살로니가전서 다음에 기록되었다는 가정에서 출발한다. 즉 바울은 데살로니가전서의 효과가 자신이 기대한 것에 미치지 못했다는 사실을 알게 된 후 데살로니가후서를 기록했다는 것이다.[56] 그리스도의 재림이 일어났다고 주장하는 가짜 편지가 데살로니가 교회에 도착했을 가능성도 있다(살후 2:2). 만약 데살로니가 교회가 재림에 대해 오해하고 있었다면, 이런 오해는 이 문제에 대한 교회 자체의 생각으로 인해 단순히 심해졌을 수 있다. 어쨌든 바울은 그리스도의 재림이 아직 일어나지 않았음을

---

56 아마도 바울은 디모데가 고린도에 있는 바울과 실라에게 돌아갔을 때 이 사실을 알게 되었을 것이다. 참조. Fee, *Thessalonians*, 241.

나타내는 여러 사건을 열거하면서 재림의 징조를 분명하게 하려고 노력한다. 즉 배교나 반역(2:3) 그리고 불법의 사람이 나타남(2:3)은 아직 일어나지 않았다. 지금은 이런 일들을 막고 있기 때문에(2:7) 주님의 날은 아직 오지 않았다. 주님의 도래가 임박했다는 오해로 인해 회중 가운데 일부는 직업까지 포기했던 것으로 보인다. 바울은 그들을 훈계하며 꾸짖고 있다(3:6, 11-12). 그들은 자신들의 후원을 위해 다른 이들에게 의존하지 말고 게으르게 행동하지 말며 그들이 먹을 양식을 벌어야 한다.[57]

E. 데살로니가후서의 개요

A. 서두(1:1-2)

  1. 보내는 이(1:1a)

  2. 받는 이(1:1b)

  3. 인사(1:2)

B. 감사(1:3-12)

  1. 데살로니가 사람들의 믿음(1:3-4)

  2. 환난을 받게 하는 자들을 심판하시는 하나님(1:5-10)

  3. 탄원 기도 공식(1:11-12)

C. 본론: 재림(2:1-12)

  1. 주제: 재림과 그 앞에 모임(2:1)

  2. 격려의 말(2:2-4)

---

57 데살로니가전후서와 관련하여 대부분은 아니지만 많은 주제에 대해 대략 비슷한 결론에 이른 연구에 대해서는 다음을 보라 C. R. Nicholl, *From Hope to Despair in Thessalonica: Situating 1 and 2 Thessalonians* (SNTSMS 126; Cambridge: Cambridge University Press, 2004).

3. 나타날 징조(2:5-7)

4. 그리스도의 승리(2:8-12)

D. 권면(2:13-3:15)

1. 데살로니가 사람들에 대한 감사(2:13-15)

2. 찬가(2:16-17)

3. 바울의 기도 요청(3:1-5)

4. 자신의 본을 따르라는 바울의 가르침(3:6-15)

E. 맺음말(3:16-18)

1. 찬가(3:16)

2. 개인 서명(3:17)

3. 축복 기도(3:18)

F. 데살로니가후서의 내용

서두(1:1-2)

첫 번째 편지와 같은 세 명의 저자 곧 바울, 실루아노(혹은 실라) 그리고
디모데가 등장한다. 상당히 표준적인 이 서두는 저자를 확인해주고 수신
자의 이름을 부르는 내용을 포함한다. 받는 이들은 데살로니가 교회(단
수)이며, 바울의 다음과 같은 전형적인 인사가 뒤를 잇는다. 하나님 아버
지와 주 예수 그리스도로부터 은혜와 평강이 너희에게 있을지어다.

감사(1:3-12)

이 감사 단락은 데살로니가 사람들에게 보낸 첫 번째 편지의 감사 단락
만큼 길지는 않다. 하지만 바울은 그들에 대해 하나님께 항상 감사한다
고 말한다. 그 이유는 그들의 믿음이 잘 자라고 있고 그들의 사랑 역시

잘 성장하고 있기 때문이다. 그의 감사는 그들이 자신들의 믿음 때문에 고난을 받았다는 사실을 알게 되면서 계속된다. 그는 하나님의 정의와 보응을 그들에게 상기시킴으로써 그들을 격려한다. 이는 특히 예수께서 천국으로부터 나타나실 때 이루실 일들이다. 바울은 예수께서 믿지 않는 자들에게 영원한 멸망으로 갚으실 것이며 데살로니가 사람들을 포함한 믿는 자들에게 놀랍게 여김을 얻으실 것이라고 말한다. 바울은 이것 때문에 데살로니가의 신자들을 위해 기도한다고 말한다. 그럼으로써 하나님께서 그들을 부르심에 합당하게 여기시고 모든 선한 의도와 모든 믿음의 일을 그의 능력으로 이루게 하시기를 원한다. 이는 하나님의 이름이 그들 가운데서 영광을 받게 하기 위함이다.

본론: 재림(2:1-12)

재림이라는 주제는 데살로니가전서에서 권면 단락을 차지하지만, 여기서는 본론의 주요 주제로서 중심을 차지한다. 데살로니가 신자들은 주님의 오심에 대한 오해 때문에 상당한 혼란을 겪고 있었던 것 같다. 그래서 바울은 그들에게 "주의 날"은 아직 이르지 않았으며, 이미 그들 중에 퍼진 거짓 증언들을 믿지 말라고 말한다. 바울은 주의 날 이전에 몇 가지 전조가 있을 것이라고 가르친다. 여기에는 배교하는 일과 멸망의 아들이라고도 불리는 불법의 사람이 포함된다. 이 사람은 소위 신이라고 불리는 모든 것 혹은 경배의 대상 중에 자신을 높이며 스스로 하나님이라고 선언한다. 불법의 비밀은 이미 활동하고 있다.[58] 그러나 주 예수가 오셔서 불법의 사람을 그의 거짓 표적 및 기적과 함께 멸하실 것이다. 속은

---

[58] 불법의 사람을 막는 제지자에 대해서는 Nicholl, *From Hope to Despair*, 225-49에 소개된 논쟁 중인 의견들을 보라.

자들은 이 불법의 사람을 믿을 것인데, 이는 그들이 진리가 아닌 불의를 사랑하기 때문이다.

권면(2:13–3:15)

바울은 데살로니가 신자들에게 간단한 감사의 말을 다시 전한다(위에 있는 것처럼 감사 단락이 따로 필요한 정도는 아니지만, 감사가 권면 단락에 포함되어 있다). 그러나 이번에 바울은 그들이 마땅히 감사해야 한다고 (ὀφείλομεν εὐχαριστεῖν) 더 부드러운 어조로 말한다. 이는 데살로니가전서를 집필한 이래로, 데살로니가 사람들을 향한 바울의 열정이 최소한 아주 조금이나마 줄어들었음을 나타낼 수도 있다. 그럼에도 불구하고 바울은 그들에게 감사의 말을 전한다. 하나님께서 그들의 구원을 위해 성화를 통해 그들을 선택하셨고, 이것이 그들을 부르신 이유이기 때문이다. 이를 바탕으로 바울은 그들에게 가르침을 받은 전통을 지키라고 명령한다.

그들을 위해 기도한 후 바울은 그들에게 자신과 자신의 동역자들을 위해 기도해달라고 부탁한다. 이는 부당하고 악한 사람들로부터 보호해달라는 기도의 부탁이다. 그러나 기도를 부탁하자마자 바울은 주께서 그들을 세우고 지켜주실 것이라고 말함으로써 데살로니가 사람들에 대한 격려로 내용을 다시 전환한다. 그리고 그는 자신이 명령한 것을 그들이 순종할 것이라는 자신감을 표현한다.

그의 마지막 명령은 게으름 가운데 행하는 형제나 자매를 멀리하라는 것이다. 바울은 자기 자신을 예로 들어 자신이 그들과 있는 동안 어떻게 게으름을 멀리했는지를 설명한다. 그와 그의 동역자들은 자급자족하기 위해 열심히 일했는데, 그렇게 해서 그들에게 재정적인 부담을 주지 않으려고 했다는 것이다. 바울과 그의 동역자들은 그들의 지원을 받을 권리가 있었지만, 그 권리를 사용하지 않았다. 이것이 그들에게 본받을 만한 예가 된 것이다. 게으른 자들은 조용히 일하여 자신의 빵을 먹어야 한다(생계를 스스로 책임지라는 은유). 일용품을 다른 이들에게 의존하지 말아야 한다.[59] 바울은 권면 단락을 단호한 경고로 마무리한다. 즉 이 편지의 말에 순종하지 않는 이들은 축출되어야 하며, 그런 사람을 부끄럽게 하라는 것이다. 그러나 이는 그를 원수로 대하라는 의미가 아니라 형제로서 경고해야 한다는 것이다.

맺음말(3:16-18)

바울은 데살로니가 신자들을 위해 평안을 구하는 짧은 축복 기도로 편지를 마무리한다. 그다음에 편지의 진정성을 확증하기 위해 자신이 직접 손으로 쓴다는 말과 함께 인사한다(참조. 갈 6:11; 골 4:18).

---

59 조용히 일하거나 산다는 말(참조. 살전 4:11)의 의미는 해석가들 사이에 논란이 있다. Bruce Winter는 바울이 그리스-로마 세계의 피후견인-후견인 관계를 그리스도인으로서 지양해야 할 것으로 가르쳤다고 제안한다. 피후견인은 후견인이 시키는 대로 해야 하며, 정치적 활동에 가담해야 했다. 그는 이것이 바울이 그리스도인들에게 권면한 정치적 침묵주의라고 주장한다. *Seek the Welfare of the City: Christians as Benefactors and Citizens* (Grand Rapids: Eerdmans, 1994), 41-60, 특히 49-51. 이것은 해석상 불가능해 보이며, 데살로니가 사람들이 정치적인 개입을 했다는 본문상의 증거도 찾을 수 없다. 반대로 데살로니가 사람들의 재림에 대한 기대가 그들의 일상생활을 불가능하게 했다는 전통적인 견해가 이 문맥에 가장 잘 맞는 것 같다. 참조. Fee, *Thessalonians*, 334.

추가 학습을 위한 자료

주석

Best, E. *A Commentary on the First and Second Epistles to the Thessalonians*. BNTC. London: A&C Black, 1977.

Bruce, F. F. *1 and 2 Thessalonians*. WBC 45. Waco, TX: Word, 1982.

Fee, G. D. *The First and Second Letters to the Thessalonians*. NICNT. Grand Rapids: Eerdmans, 2009.

Frame, J. E. *A Critical and Exegetical Commentary on the Epistles of St. Paul to the Thessalonians*. ICC. Edinburgh: T&T Clark, 1912.

Furnish, V. P. *1 & 2 Thessalonians*. Abingdon New Testament Commentaries. Nashville: Abingdon, 2007.

Marshall, I. H. *1 and 2 Thessalonians*. NCB. Grand Rapids: Eerdmans, 1983.

Menken, M. J. J. *2 Thessalonians*. London: Routledge, 1994.

Morris, L. *The First and Second Epistles to the Thessalonians*. 2nd ed. NICNT. Grand Rapids: Eerdmans, 1991.

Richard, E. J. *First and Second Thessalonians*. Sacra Pagina 11. Collegeville, MN: Liturgical, 1995.

Wanamaker, C. A. *The Epistles to the Thessalonians: A Commentary on the Greek Text*. NIGTC. Grand Rapids: Eerdmans, 1990.

Weima, J. A. D. *1-2 Thessalonians*. BECNT. Grand Rapids: Baker, 2014.

논문 및 단행본

Donfried, K. P., and I. H. Marshall. *The Theology of the Shorter Pauline Letters*. NTT. Cambridge: Cambridge University Press, 1993.

Donfried, K. P., and J. Beutler, eds. *The Thessalonians Debate: Methodological Discord or Methodological Synthesis?* Grand Rapids: Eerdmans, 2000.

Holland, G. S. *The Tradition That You Received from Us: 2 Thessalonians in the Pauline Tradition*. HUT 24. Tübingen: Mohr-Siebeck, 1988.

Jewett, R. *The Thessalonian Correspondence: Pauline Rhetoric and Millenarian Piety*. FFNT. Philadelphia: Fortress, 1986.

Malherbe, A. J. *Paul and the Thessalonians: The Philosophic Tradition of Pastoral Care.* Philadelphia: Fortress, 1987.

Nicholl, C. R. *From Hope to Despair in Thessalonica: Situating 1 and 2 Thessalonians.* SNTSMS 126. Cambridge: Cambridge University Press, 2004.

Schlueter, C. J. *Filling up the Measure: Polemical Hyperbole in 1 Thessalonians 2.14-16.* JSNTSup 98. Sheffield: Sheffield Academic, 1994.

Still, T. D. *Conflict at Thessalonica: A Pauline Church and Its Neighbours.* JSNTSup 183. Sheffield: Sheffield Academic, 1999.

Weima, J. A. D., and S. E. Porter. *An Annotated Bibliography of 1 and 2 Thessalonians.* NTTS 26. Leiden: Brill, 1998.

제9장

———

고린도전후서

1. 서론

이번 장에서는 앞 장에서 데살로니가전후서를 함께 다루었던 것처럼 고린도전서와 고린도후서를 함께 묶어 논의하고자 한다. 그 이유는 고린도전후서가 전통적으로 공통의 독자와 저자로 인해 연결되어 있다고 보기 때문이다. 고린도 교회에 보내진 이 두 편지는 적어도 데살로니가 교회에 전송된 편지들이 공유하는 것만큼 공통점을 가지고 있다. 물론 고린도전서와 고린도후서 사이에는 다양한 개별적인 특징들과 함께 중요한 차이점도 있으며, 이는 서로 구분되어 면밀하게 검토되어야 한다. 바울의 저작 문제가 이 두 편지와 관련된 논의에서 주요 주제는 아니라고 할지라도, 중요한 쟁점 중 하나는 이 두 서신이 바울과 고린도의 그리스도인들 사이에 이루어진 많은 의사소통 가운데 단지 일부만을 보여주고 있다는 점이다. 물론 두 서신의 본문의 통일성에 관한 문제도 논쟁의 대상이지만 말이다. 이번 장에서는 이와 같은 다양한 쟁점을 다루고자 한다.

2. 고린도전서

고린도전서는 로마서에 이어 두 번째로 긴 바울의 편지이며, 여러 이유로 오랫동안 바울 서신 내에서도 중요한 위치를 점하고 있었다. 물론 그 이유에는 신학적인 측면도 있겠지만, 사실 더 많은 측면은 이 편지의 권면 부분과 관련된다. 또 이 편지는 바울과 고린도 교회 사이의 복잡한 서신 교환에도 관여한다. 나는 고린도전서의 개요를 제시하고 내용을 요약하기 전에 저자에 대해 간략히 논의하고, 고린도라는 도시, 고린도 교회의 상황, 편지의 진위, 편지를 쓴 계기와 목적을 살펴보고자 한다.

A. 고린도전서의 저자

독일 학자 베르너 게오르크 퀴멜은 "고린도전서가 진짜라는 것은 논쟁의 여지가 없다"라고 단정한다.[1] 고린도전서는 페르디난트 크리스티안 바우어가 주장한 네 개의 중요 서신 가운데 하나이며,[2] 이 서신의 저자 문제는 학자들 사이에서 논쟁거리가 되지 않는다. 비록 이 서신의 진위와 통일성에 대해 몇몇 학자가 심각한 의문을 제기하지만 말이다(2D단락을 보라).

B. 고린도시

고든 피(Gordon Fee)는 그리스-로마 시대의 고린도시를 "고대 세계의 뉴욕, 로스앤젤레스, 라스베가스"로 묘사한다.[3] 그는 아마도 고린도가 경제와 상업의 중심지이고, 신분 상승의 욕구로 가득한 사회이며, 종교와 유흥의 중심으로서 결국 윤리와는 꽤 거리가 먼 도시였음을 말하고자 했던 것 같다. 이런 견해는 이 도시에 대한 고대의 기록으로부터 입증이 가능하다(Strabo, *Geography* 8.6.20-23 and Pausanias, *Description of Greece* 2).[4] 그러

---

1   W. G. Kümmel, *Introduction to the New Testament* (trans. H. C. Kee; 17th ed.; Nashville: Abingdon, 1975), 275.

2   F. C. Baur, *Paul the Apostle of Jesus Christ: His Life and Work, His Epistles and His Doctrine* (2 vols.; London: Williams & Norgate, 1873-75; repr. Peabody, MA: Hendrickson, 2003), 1.268-320.

3   G. D. Fee, *The First Epistle to the Corinthians* (NICNT; Grand Rapids: Eerdmans, 1987; 2nd ed., 2014), 3.

4   J. Murphy-O'Connor, *St. Paul's Corinth: Texts and Archaeology* (3rd ed.; Wilmington, DE: Glazier, 2002). 그리고 O'Connor의 "Corinth," *ABD* 1.1134-39에도 이 내용이 포함되어 있다.

나 고린도시의 특징을 규정하기 위해 피가 사용한 자료에는 그리스-로마 시대가 아닌 기원전 146년 이전 시대의 것이 일부 포함되어 있으므로 이 도시에 대한 묘사가 과장되었을 가능성이 크다.

고린도는 그리스 본토와 펠로폰네소스를 잇는 지역에 있었다. (이스트무스) 해협의 한쪽에서 반대쪽으로 배를 밀어서 옮길 수 있었기 때문에, 고린도의 동쪽에는 겐그레아, 서쪽에는 레가에움이라는 두 개의 항구가 있었다. 따라서 고린도는 전략적으로 무역과 교통 그리고 모든 종류의 상업의 중심지가 될 수 있었다.

고린도라는 고대 도시는 고전 시대에 번성했지만, 신흥 세력인 로마에 대항하여 같은 지역의 다른 도시들과 협력하다가 결국 기원전 146년에 멸망했다. 그러나 기원전 44년에 율리우스 카이사르에 의해 로마의 식민지로 재건되었고, 아가야라는 로마 원로원 권역의 수도가 되었다. 따라서 이 도시에 살고 있던 사람들은 로마 시민으로서 권리를 누릴 수 있었다. 고린도는 카이사르의 퇴역 군인들, 도시 상인들, 노동자들뿐만 아니라 자유민들에 의해 부분적으로 채워졌기 때문에, 적어도 초기 로마 시대에는 경제 수준이 낮아지는 경향이 있었다.[5] 그러나 좋은 입지 조건 덕분에 다양한 형태의 상업과 무역업에 종사하는 부자들이나 부자가 되고 싶어 하는 사람들이 도시로 유입되었고, 이런 발전이 도시의 물질적 번영을 촉진했다. 그러나 신약 시대에는 이 사람들과 그들이 만들어낸 기회에 매료된 다른 이들이 함께 막대한 부를 축적하게 되었고, 이 때문에 후원이나 호혜 제도가 확실하게 자리를 잡았던 것으로 보인다. 결과적으로 고린도는 명실공히 아가야 권역에서 가장 중요한 도시가 되었다.

---

5   A. C. Thiselton, *The First Epistle to the Corinthians: A Commentary on the Greek Text* (NIGTC; Grand Rapids: Eerdmans, 2000), 3.

교회는 도시 내에 혼합되어 있었던 다양한 사회경제적 수준의 사람들을 모두 수용했을 것이고, 이것이 아마도 성찬식에 대한 논쟁과 같은 교회 내의 많은 문제를 일으켰을 것이다.[6] 로마서 16:23에서 "이 성의 재무관"이라고 언급되는 에라스도는 1세기 고린도의 비문에 도로포장을 책임졌다고 기록된 그 에라스도였을 것으로 추정된다.[7] 에라스도의 정확한 신분을 확인할 수 없다고 하더라도, 재무관이라는 호칭은 최소한 사회 상류층에 속한 한 사람이 고린도 교회의 교인이었다는 사실을 알려준다.

천연자원에서도 고린도는 많은 유익을 누렸다. 지리적으로 이 도시는 동쪽과 서쪽으로 바다를 통한 무역과 여행에 이점이 있었을 뿐만 아니라, 펠로폰네소스와 그리스 본토 사이의 육로 교차점에 자리하고 있었다. 또 고린도는 아크로코린토스(Acrocorinth)라는 산 덕분에 충분한 물 공급과 더불어 자연 방어 지형까지 갖추었는데, 약 570미터 높이의 이 산은 여신 아프로디테의 신전이 세워진 언덕을 내려다보고 있었다. 게다가 이 도시는 올림픽 경기와 견줄 수 있을 만한 운동 시합인 이스트무스(Isthmian) 경기를 주최했다. 바울이 사용한 운동선수 비유(예. 고전 9:24-27; 빌 3:12-16)를 고려했을 때, 경기가 진행되는 동안에 바울이 이 도시

---

6 고린도의 사회 구조, 특히 경제적인 쟁점에 대해서는 다음을 보라. P. Marshall, *Enmity in Corinth: Social Conventions in Paul's Relations with the Corinthians* (WUNT 2/23; Tübingen: Mohr-Siebeck, 1987); J. K. Chow, *Patronage and Power: A Study of Social Networks in Corinth* (JSNTSup 75; Sheffield: JSOT Press, 1992); D. W. J. Gill, "In Search of the Social Élite in the Corinthian Church," *Tyndale Bulletin* 44.2 (1993): 323-37; A. D. Clarke, *Secular and Christian Leadership in Corinth: A Socio-Historical and Exegetical Study of 1 Corinthians 1-6* (Arbeiten zur Geschichte des antiken Judentums und des Urchristentums 18; Leiden: Brill, 1993).

7 D. W. J. Gill, "Erastus the Aedile," *Tyndale Bulletin* 40.2 (1989): 293-301. 이 주장은 S. J. Friesen, "The Wrong Erastus: Ideology, Archaeology, and Exegesis," in *Corinth in Context: Comparative Studies on Religion and Society* (ed. S. J. Friesen, D. N. Schowalter, and J. C. Walters; NovTSup 134; Leiden: Brill, 2010), 231-56에 의해 반박되었다.

에 머물렀을 가능성도 있다.[8] 도시 주변의 지형적 구조는 대형 극장이 자연스러운 음향을 갖출 수 있게 해주었다. 이는 십만 명 정도로 추산되는 고린도의 인구를 수용하기에 충분했을 것이다.

로마 시대의 고린도에서 어떤 종류의 종교 관습이 실행될 수 있었는가에 대해서는 서로 다른 다양한 의견이 있다. 알려진 것은 이 도시가 다양한 인종과 종교를 가진 인구로 구성되었는데, 실질적으로는 그들이 모두 이교도였다는 것이다(아래에서 밝힌 바와 같이 유대인과 이후의 그리스도인들은 예외다). 아프로디테 신전은 여러 종교 단체 중 하나일 뿐이었는데, 왜냐하면 그곳에는 다른 사원들도 있었기 때문이다. 파우사니아스(Pausanias)는 스물여섯 개의 종교 유적이 있다고 말한다.[9] 아프로디테는 그리스의 사랑과 생명의 여신이며, 스트라보(Strabo, *Geography* 8.6.20)에 의하면 아프로디테 신전에는 천 명의 제의 창녀들이 있었다. 이 정보는 고린도에서 발견된 최근의 고고학적 증거에 비춰보면 상당히 의심스럽다. 스트라보가 과장했거나 기원전 146년 이전의 관습을 언급했을 가능성이 커 보인다. 이 시기의 그리스에서 제의를 위한 매춘이 있었다는 실질적인 증거는 없다.[10] 고린도의 종교 및 성생활에 대한 평판(사실 여부를 떠나)이 기여한 부분은 인문학적 "문화"의 영역이었다. 아리스토파네스(Aristophanes)는 "고린도화하다"(κορινθιάζεσθαι)라는 동사를 "간통하다"라는 의미로 사용했다(fragment 354). 필레타이로스(Philetaerus)와 폴리오쿠스(Poliochus)가 쓴 연극은 「호색가」(*The Whoremonger*, Κορινθιαστής)

---

8   K. Quast, *The Corinthian Correspondence: An Introduction* (New York: Paulist, 1994), 20을 보라.

9   그중 일부에 대한 묘사에 대해서는 Quast, *The Corinthian Correspondence*, 21을 보라.

10   H. Conzelmann, *1 Corinthians: A Commentary on the First Epistle to the Corinthians* (Hermeneia; Philadelphia: Fortress, 1972), 12.

라는 제목을 가지고 있었고(Athenaeus, *Deipnosophistae* 7.313C, 13.559A), "고린도의 소녀"(Κορινθία κόρη)는 창녀를 부르는 말이었다(Plato, *Republic* 404d). 공정하게 말하자면 "고린도 양식"이라는 말도 있는데, 이는 고린도의 예술(예. 화려하게 장식된 기둥들 위에 새겨진 고린도의 머리글자)과 문학적 업적을 의미하는 것이었다. 고린도의 종교 관습에 관한 내용이 과장되었다고 할지라도, 우상에게 바쳐진 고기의 거래가 많이 이루어졌는데, 그 이유는 상당량의 고기가 시장에 나왔기 때문이라는 것을 알 수 있다. 이 고기는 우상 제사에 바친 후에 사제들이 판매한 것이었다.[11]

비문과 함께 발굴된 회당 상인방의 돌로 된 유물에는 고린도에 유대인이 살고 있었다는 기록이 있다.[12] 그렇게 접근이 쉬운 중심지에 유대인의 흔적이 있는 것은 자연스러운 일일 것이다. 비록 파우사니아스는 회당에 대해 언급하지 않지만 말이다. 모든 법적인 문제가 명확한 것은 아니지만, 고린도의 유대인들은 자신들의 권리를 어느 정도 보호받았을 것이다. 여기에는 집회에 대한 권리, 성전세를 예루살렘에 보내는 것에 대한 허용 그리고 안식일에 특정한 종류의 활동을 하지 않을 수 있는 권리등이 포함된다. 사도행전 18:4에 의하면 바울은 안식일마다 회당에서 유대인들을 설득했다.

로마 총독이 이 도시에서 발생하는 법적인 민원들을 처리했을 것이다. 왜냐하면 기원전 27년에 고린도가 아가야의 수도가 되었기 때문이다. 그들이 다스리는 영토가 아주 넓었기 때문에(예. 갈라디아), 로마 총독

---

11   W. L. Willis, *Idol Meat in Corinth: The Pauline Argument in 1 Corinthians 8 and 10* (SBLDS 68; Chico, CA: Scholars Press, 1985); P. D. Gooch, *Dangerous Food: 1 Corinthians 8-10 in Its Context* (Waterloo, ON: Wilfrid Laurier University Press, 1993)를 보라.

12   A. Deismann, *Light from the Ancient East: The New Testament Illustrated by Recently Discovered Texts of the Graeco-Roman World* (trans. L. R. N. Strachan; 4th ed.; London: Hodder & Stoughton, 1927), 16.

들은 정기적으로 그들의 영토를 순회하며 사건에 대해 듣고 법적인 판단을 내리곤 했는데, 이것이 그들의 주된 업무였다. 갈리오(Gallio) 비문에 의하면(2장 단락 2를 보라) 갈리오는 51/52년에 총독이었는데, 바울이 등장한 것은 그 이전이었다(행 18:12-17).[13] 갈리오는 아마도 이 시기의 사건들에 대해 들었겠지만, 사도행전에 의하면, 그는 바울에 대한 고발은 유대인의 법에 따른 것이었다는 생각에 그 일에는 관여하지 않았다.

C. 고린도의 상황

고린도의 상황과 관련된 많은 어려움은 고린도 교회에 보낸 바울의 편지가 몇 편이었는지, 신약성경에 이 편지들이 전체 혹은 부분으로 몇 편이나 있는지 등과 같은 문제 등을 중심으로 전개된다. 다시 말해 우리에게 있는 고린도전후서와 고린도 사람들에게 보낸 진짜 편지들이 어떤 관계에 있는가? 사도행전의 기록과 고린도전후서에서 말하는 것은 바울의 여정을 구성하는 데 얼마나 도움이 되는가? 이런 것들이 고린도전후서를 읽는 데 있어서 중요한 함의를 지니는 난제들이다. 따라서 이를 둘러싼 사건들을 재구성하려는 시도가 필요하다.[14] 다음에 이어지는 내용은 가능한 시나리오 중 하나다.[15]

---

13   참조. Thiselton, *First Corinthians*, 29-30.

14   이 글에 이어서 고린도 서신들의 주해 관련 문맥에 대한 문제의 논의는 S. E. Porter, "Exegesis of the Pauline Letters, Including the Deutero-Pauline Letters," in *Handbook to Exegesis of the New Testament* (ed. S. E. Porter; NTTS 25; Leiden: Brill, 1997), 512-23에서 확인할 수 있다.

15   다른 관점에 대해서는 Thiselton, *First Corinthians*, 29-41; C. S. Keener, "Paul and the Corinthian Believers," in *The Blackwell Companion to Paul* (ed. S. Westerholm; West

(1) 두 번째 선교 여행 중 바울의 교회 설립(행 18:1-18) (50년 가을-52년 봄)

바울은 이 일을 위해 고린도에서 일 년 반 동안 머물렀다. 이 기간에 총독 갈리오 앞에 나타나기도 했는데, 결국 갈리오는 바울에 대한 고발을 기각했다. 갈리오는 아마도 직접 혹은 자신의 평결을 통해 고린도에서 바울의 안전을 보장해주었을 것이다(고전 2:1-8; 고후 1:19). 바울은 회당에서 설교함으로써 그곳에서의 자신의 사역을 시작했다. 고린도에 있는 동안 그는 아마도 데살로니가전서를 집필했을 것이고, 만약에 바울 저작을 인정한다면 데살로니가후서도 기록했을 것이다(나는 그렇게 생각한다. 8장 단락 3A를 보라). 자신의 가르침에 저항이 있었을 때 바울은 디도 유스도의 집으로 갔다. 고린도를 떠난 후 그는 수리아 안디옥으로 돌아가는 길에 에베소, 가이사랴, 예루살렘을 거치면서 두 번째 선교 여행을 마쳤다.

(2) 바울의 에베소 체류(행 19장)

53년 봄에서 55년 여름 사이에 있었던 세 번째 선교 여행의 전반부에 바울은 자신의 첫 번째 편지를 에베소로부터 고린도 교회에 보냈다. 이는 "글로에의 집"이 고린도 교회의 문제를 그에게 전해준 이후의 일이다(고전 1:11). 여전히 어떤 학자들은 믿지 않는 자들과 멍에를 함께 메는 문제에 대한 고린도후서 6:14-7:1의 말씀이 잃어버린 편지의 일부라고 생각한다. 그러나 최근의 연구는 이것을 잃어버린 편지로 보지 않는 것이 더 설득력 있다고 본다(아래의 단락 2E를 보라).[16] 거의 비슷한 시기에 바울은

Sussex, UK: Wiley-Blackwell, 2011), 46-62을 보라.

16   M. E. Thrall, *A Critical and Exegetical Commentary on the Second Epistle to the Corinthians* (2 vols.; ICC; Edinburgh: T&T Clark, 1994), 1.25-36을 보라.

여러 문제에 대한 조언을 구하는 편지를 고린도 교회로부터 받았다(고전 5:1; 7:1을 보라). 바울은 고린도전서를 통해 이 편지에 대한 답장을 보냈는데, 이는 아마도 디도에 의해 전해진 것으로 보인다(고후 12:18). 그다음에 디도는 바울에게로 돌아왔다(단락 3B2에서 말했듯이 디도가 만약 "심각한 편지"를 전달했다면, 그 편지는 아마도 고린도전서가 아니었을 것이다). 이후 디모데가 특별한 임무를 갖고 고린도로 보내졌고(고전 4:17; 16:10), 그곳에서 바울의 권위에 대한 공격이 이루어지는 것을 포함한 여러 위기를 목격했을 것이다(고후 2:5-11; 7:8-12). 디모데는 이 일을 감당하기 힘들어서 에베소로 돌아와 바울에게 말했다. 이런 어려움을 들은 바울은 이 문제들을 개인적으로 간단하게 해결하기 위해 고린도를 방문했으나 거부당했다. 이것이 후에 바울이 말한 "고통스러운 방문"인데(고후 2:1; 12:14; 13:1-2), 이는 사도행전에는 언급되지 않는다. 바울은 이 방문 후에 강한 어조의 편지를 보내는데, 이 편지는 아마도 디도에 의해 전달되었을 것이고 바울의 사도권과 관련된 문제를 다룬다. 이 편지는 "눈물 어린" 혹은 "심각한" 편지로 불린다(고후 2:4; 7:8-12). 어떤 학자들은 고린도후서 10-13장이 이 편지의 일부라고 주장한다.[17] 이런 주장은 무엇보다도 두 부분에서 그리스어 동사 시제 사용이 차이를 보인다는 점에 근거한다. 예를 들어 동사들 중 몇 쌍에서는 소위 그리스어 현재 시제가 고린도후서 10-13장에서 발견되는 반면, 과거 시제는 고린도후서 1-9장에서 발견된다. 여기서 "과거 시제"로 묘사된 사건은 "현재 시제"보다 먼

---

17   예. C. K. Barrett, *A Commentary on the Second Epistle to the Corinthians* (2nd ed.; London: A&C Black, 1990), 243-44. 그러나 C. D. Land, *Is There a Text in These Meanings? The Integrity of 2 Corinthians from a Linguistic Perspective* (NTM 36; Sheffield: Sheffield Phoenix, 2015)를 보라. Land는 고린도전서가 바로 그 심각한 편지이며 중간의 방문은 없었다고 주장한다.

저 일어난 것으로 봐야 한다는 암시(최소한 몇몇 학자의 생각이다)가 놓여 있다(고후 10:6과 2:9; 13:2과 1:23; 13:10과 2:3을 보라). 우리가 이미 여러 차례 살펴본 것처럼 안타깝게도 이것은 받아들일 수 없는 주장이다. 왜냐하면 그리스어의 동사 시제가 주로 가리키는 것은 시간이 아니기 때문이다.[18] 이것과 또 다른 이유로 인해 대부분의 학자들은 아마도 고린도 사람들에게 보내진 세 번째 편지는 현재 소실되었다고 주장할 것이다.[19] (고린도후서의 통일성에 대한 추가적인 내용은 단락 2B를 보라.)

(3) 마게도냐와 빌립보(행 20:1-2)

고린도 사람들에게 이 세 번째 편지를 쓴 후 바울은 에베소를 떠나 마게도냐로 갔다(고전 16:5-9). 바울은 도중에 드로아에 들르느라 지체했고 그곳에서 디도를 기다렸지만 만나지는 못했다(고후 2:12-13). 그는 계속해서 마게도냐로 갔고, 그곳에서 디도를 만났다. 디도는 고린도에서 일어난 최악의 위기가 끝났다고 말했다(7:6-16). 고린도후서는 마게도냐에서 기록된 후 디도와 다른 "형제들"을 통해 전달되었다(9:3, 5). 어떤 이들은 고린도후서 10-13장이 편지의 나머지 부분과 분리되어 따로 보내졌다고 생각한다. 만약 이 장들이 별개의 것이었다면 더 나중에 보내졌을 것이다(단락 3B2를 보라).[20]

---

18 참조. S. E. Porter, *Verbal Aspect in the Greek of the New Testament, with Reference to Tense and Mood* (Studies in Biblical Greek 1; New York: Peter Lang, 1989), 특히 75-108 그리고 163-239.

19 Thrall, *Second Corinthians*, 1.5-18을 보라.

20 Thrall, *Second Corinthians*, 1.18-20을 보라.

(4) 고린도(행 20:3)

바울은 일 년 동안 고린도를 여행했고, 그곳에서 로마서를 썼다. 고린도에서는 아무런 어려움이 없었던 것으로 보인다. 이는 고린도의 위기가 바울에게 좋게 해결되었을 가능성을 나타낸다. 아래의 표 3은 이 내용을 정리한 것이다.

표 3. 사건들과 고린도 서신의 관계

사건	서신
바울이 고린도 교회를 설립하다.	
바울이 에베소에 머물다.	
바울이 고린도로부터 들은 정보에 응답하다.	고린도에 보낸 첫 번째 편지(고후 6:14-7:1?)
디모데가 고린도에 방문하다.	고린도전서
바울이 고린도로 "고통스러운 방문"을 하다.	고린도에 보낸 세 번째 편지, 소위 눈물 어린 혹은 심각한 편지(고후 10-13장?)
바울이 마게도냐로 가다.	
디도가 위기가 끝났다고 보고하다.	고린도후서

D. 고린도전서 본문의 통일성

위에서 언급한 고린도 교회와의 서신 교환의 재구성과 관련한 몇몇 문제와 함께, 대다수의 학자들은 고린도전서가 사실상 손상되지 않은 채 온전한 형태를 유지한다는 점에 동의한다. 하지만 논의해야 할 본문의 문제가 두 가지 있다. 첫 번째 문제는 예를 들어 존 허드(John Hurd)와 데이비드 트로비쉬(David Trobisch)의 가설로서 고린도전서가 바울이 쓴 다양하고 짧은 글들을 조합한 문서라는 것이고,[21] 두 번째 문제는 여러 단락

---

21   J. C. Hurd Jr., *The Origin of 1 Corinthians* (New York: Seabury, 1965), 43-47과 45의 표

이 원래 서신의 일부분이 아닐 수도 있다는 것이다.

고린도전서 본문의 통일성과 관련한 과거의 견해에서 주된 근거는 기본적으로 제한적인 단락과 좀 더 관대한 단락 간의 어조의 차이를 인지한 데 있었다. 예를 들어 우상에게 바친 음식에 관한 고린도전서 10:1-22, 부도덕함을 피하라는 6:12-20, 그리고 여성이 머리를 가리는 것과 성만찬 시행에 대한 11:2-34 등의 단락은 고린도전서의 다른 단락들보다 좀 더 제한적인 어조를 취하면서 각각 한곳에 모여 있다. 일부 학자들은 믿지 않는 자들과 멍에를 메는 문제에 대한 고린도후서 6:14-7:1 및 상을 받도록 경주하라는 고린도전서 9:24-27과 함께 이 단락들이 고린도 사람들에게 보낸 바울의 첫 번째 편지를 구성한다고 생각했다. 고린도전서 1-4장을 제외하고 고린도전서의 나머지 부분은 두 번째 편지로, 고린도전서 1-4장은 종종 세 번째 편지로 여겨졌다. 두 번째와 세 번째 편지는 짧은 시간적 간격이 있지만, 어쨌든 각각 분리되어 발송되었다고 생각되었다. 그러나 심지어 허드조차도 다음과 같이 주장한다. "위의 사항들을 인정하지만, 대부분의 학자들과 나는 이 증거가 이런 종류의 이론이 항상 져야 하는 입증 책임을 지지할 만큼 충분히 강하다고 생각하지는 않는다."[22] 이전 세대의 학자들은 이 가설들을 논의하는 데 종종 시간을 소모했다. 그러나 최근에 나오는 주석들은 그들의 논의를 유의미하게 다루지 않는다. 우상에게 드려진 음식에 대한 고린도전서 8장과 10장의 단락과 같은 이런 다양한 본문 간의 긴장은 교회의 여러 난제에 답변한다는 고린도전서의 특성을 고려할 때 해결될 수 있다는 것이 일반적인

를 보라. D. Trobisch, *Paul's Letter Collection: Tracing the Origins* (Minneapolis: Fortress, 1994), 76-80도 보라.

22   Hurd, *1 Corinthians*, 47.

의견이다.[23] 이 편지의 구조를 연구하면, 논증의 경향이 우리가 가지고 있는 이 편지의 형태를 잘 설명해줄 수 있다는 것을 알 수 있다.[24]

두 번째 문제는 바울의 것이 아니라 삽입된 것으로 종종 간주되는 몇 가지 선택된 구절들에 대한 것이다. 첫 번째는 1:2로서, 고린도에 있는 하나님의 교회뿐만 아니라 "각처에서 우리의 주 곧 그들과 우리의 주 되신 예수 그리스도의 이름을 부르는 모든 자들에게"라고 언급된다. 이에 대해 고린도에 있는 교회가 겪는 일련의 특정 문제들을 언급하는 편지치고는 지나치게 포괄적이라는 주장이 있다. 그러나 바울이 자신을 단지 고린도 교회의 문제를 다루는 그 교회의 사도로서가 아니라 이방인을 위한 사도로서 여겼던 방식을 고려해볼 때, 이것은 자신들이 특정한 개인들을 따랐기 때문에 다른 이들에 대해 확실한 우월감을 느끼고 있었던 일부 고린도 사람들의 자만심에서 기인했을 것이며, 이 편지의 서두가 완전히 부적절한 것은 아니다. 사실 이것은 그런 문제들이 있는 교회에 보내는 편지로서는 꼭 필요한 서두라고 주장할 수도 있다. 이런 점에서 바울은 골로새서와 같이 이 편지가 널리 읽히기를 바랐을 것이다. 그리고 이 서두가 그런 가능성을 포함했을 것이다. 더욱이 이 절을 제외할 만한 실질적인 본문상의 증거는 전혀 없다.[25]

본문상의 두 번째 문제는 고린도전서 14:33b-35에서 발견된다. 피는 이 구절들이 바울의 것이 아니라고 믿는 이들의 입장을 다음과 같이

---

23 Gooch, *Dangerous Food*, 57-58을 보라.

24 예. A. C. Wire, *The Corinthian Women Prophets: A Reconstruction through Paul's Rhetoric* (Minneapolis: Fortress, 1990)을 보라. R. E. Ciampa and B. S. Rosner, *The First Letter to the Corinthians* (PNTC; Grand Rapids: Eerdmans, 2010), 21-25도 보라. 여기서는 성적 부도덕, 탐욕, 우상숭배의 세 가지 범주가 바울이 고린도 사람들에게 전하는 주요 문제라고 주장한다.

25 Fee, *First Corinthians*, 33 (1st ed.), 29 (2nd ed.)을 보라.

요약한다. "이 두 절이 알려진 모든 사본에서 발견된다고 할지라도, 사본상의 그리고 본질적인 개연성에 대한 두 본문비평적 기준은 신빙성에 대해 상당한 의구심을 던지는 것으로 수렴된다."[26] 14:33b과 14:36을 바울의 것으로 포함하고자 했던 한스 콘첼만(Hans Conzelmann)의 바람을 피가 무시한 것은 아이러니하다. 피는 자신의 견해에서도 본문의 근거가 없음을 인정하면서도 콘첼만의 이 이론을 "본문의 근거가 없다"라는 이유로 반박한다. 가장 논쟁이 되는 부분은 이 구절들을 삭제해야 하느냐의 여부가 아니라, 이 구절들이 전통적인 자리에 있는가 아니면 14:40 뒤에 위치해야 하는가에 있다.[27]

이런 논의들에 비춰볼 때 고린도전서의 통일성은 잘 확립된다.

E. 고린도전서의 저술 동기 및 목적

일련의 서신 교환을 초래한 고린도에서의 논쟁의 본질에 대해 최근 중요한 논의가 이루어졌다. 전통적인 관점이 꽤 잘 확립되었지만, 피는 여기에 의문을 제기한다.

(1) 분열

고린도에 있었던 문제에 대한 전통적인 관점은 연합과 분열에 관한 것이

---

26 Fee, *First Corinthians*, 699(인용)을 보라. 그리고 증거는 n4(논의는 699-708, 1st ed.)를 보라. 그러나 2판에서는 위치가 바뀌었고 설명이 덜 자세하다(780-81). 참조. Conzelmann, *1 Corinthians*, 246.

27 선택사항들에 대해서는 B. M. Metzger, ed., *A Textual Commentary on the Greek New Testament* (2nd ed.; Stuttgart: Deutsche Bibelgesellschaft, 1994), 499-500을 보라. 그리고 이 구절을 삭제하는 것에 반대하는 주장에 대해서는 J. Shack, "A Text without 1 Corinthians 14:34-35? Not according to the Manuscript Evidence," *Journal of Greco-Roman Christianity and Judaism* 10 (2014): 90-112을 보라.

다.[28] 교회가 아마도 여러 파벌로 분열되었을 것이라는 표시가 있다. 논쟁이 될 만한 다양한 문제나 관습이 있었으며, 이로 인해 사도 바울은 일련의 의견을 말해야 했을 것이다.

a. 문제에 대한 조사

문학적 통일성을 가정하면 나는 고린도전서가 바울이 고린도에 있는 교회에 쓴 첫 번째 편지가 아니라는 점이 분명하다고 생각한다(5:9). 첫 번째 편지 이래로 바울은 고린도 교회로부터 두 가지 형태의 정보를 전달받았던 것 같다. 글로에의 집 구성원들이(1:11) 그와 구두로 의사소통을 했는데, 이는 아마도 교회 내에서 벌어지고 있었던 불화와 분열에 관한 내용이었을 것이다(1:10-17). 그는 기록된 정보도 받는데(7:1; 아마도 5:1), 이는 스데바나, 브드나도, 아가이고에 의해 전달되었으며(16:16) 교회를 여러 파벌로 분열시킨 특정 문제에 관한 내용이었을 것이다.

많은 학자가 고린도 교회의 주요 문제에 대한 분석을 7:1로 시작한다. 하지만 5:1이 더 좋은 시작점인 것 같다. 이 지점에서 아래의 개요가 보여주는 대로 바울은 교회의 연합 문제에 대해 편지의 간략한 본론에서 긴 권면 단락으로 넘어간다. 여기서 그는 고린도 교회 안에서 일어난 문제를 구체적으로 다룬다. 그는 이 문제들을 연속으로 다루면서 "~에 대하여는"(περὶ δέ)이라는 구를 사용하여 주제를 전환하고 있음을 표시한다(7:1, 25; 8:1; 12:1; 16:1). 그러나 그가 이 연결어만을 사용하는 것은 아니

---

28 최근 학자 중에서 예를 들면 다음을 보라. R. E. Brown, *An Introduction to the New Testament* (New York: Doubleday, 1996), 526-28; D. E. Garland, *1 Corinthians* (BECNT; Grand Rapids: Baker, 2003), 13-14; D. A. Hagner, *The New Testament: A Historical and Theological Introduction* (Grand Rapids: Baker, 2012), 480-82. 일부 주석가들은 이 지점에서 의견을 말하지 않는다.

다.[29] 이어지는 문제들이 중요해 보인다. 첫째, 성적 순결에 대한 의문이 있었던 것 같다. 고린도 교회는 한 그리스도인 남성이 그의 새어머니와 비윤리적인 관계를 갖는 것을 묵인해왔다(고전 5장). 고린도 교회가 그런 행동을 묵인해온 근본적인 이유는 언급되지 않는다. 다만 주변 도시의 성 윤리나, 인간의 몸이 중요하게 여겨지지 않기 때문에 자신의 욕망을 합리화시키는 인간의 육체에 대한 관점(아마도 후기 영지주의 사상과 유사한)의 영향을 받은 것으로 보인다. 매춘과 관련된 문제들도 있었다(6:12-20). 고린도 교회의 어떤 이들은 그리스도인의 자유를 그들의 성적 취향을 충족시키는 방종으로 사용하기도 했다. 이렇게 행동한 이유 역시 언급되지 않는다. 바울은 이런 것들을 금지하는데, 이것들은 다른 죄들과 달리 자신의 몸에 대해 죄를 짓는 것이기 때문이라고 말한다. 고린도에 있었던 성적인 문제의 세 번째 측면은 금욕주의와 관련된 문제였던 것 같다(7:1, 28).[30] 바울은 그리스도인의 맥락에서 결혼 문제를 다룰 기회를 찾는다. 그는 고린도 교회 내에서 결혼을 죄라고 생각하는 이들에게 직접 답한다. 임박한 종말론을 바탕으로(7:29-31), 바울은 현재 독신인 사람은 그대로 있는 편이 더 좋다고 말한다(7:24). 하지만 그는 금욕주의의 견해를 취하지는 않는다.

두 번째로 주된 어려움은 특히 우상에게 바쳤던 음식 등 이교 풍습과 관련된 것으로 보인다. 이교 제사에 사용했던 동물의 아주 작은 부분

---

29   M. M. Mitchell, "Concerning περὶ δέ in 1 Corinthians," *NovT* 31 (1989): 229-56을
      보라. 바울은 조건적 구조(7:17; 13:1; 15:12), 지식 관용어구(10:1), 강한 반의적 표현
      (15:35), 강조를 위한 후속 어구 대응 명사사(11:17; 15:50) 등도 함께 사용한다.

30   V. L. Wimbush, *Paul, the Worldly Ascetic Response to the World and Self-Understanding
      according to 1 Corinthians 7* (Macon, GA: Mercer University Press, 1987)을 보라. 참조. W.
      Deming, *Paul on Marriage and Celibacy: The Hellenistic Background of 1 Corinthians 7* (2nd
      ed.; Grand Rapids: Eerdmans, 2004 [1995]).

만 불에 태워졌고, 나머지 부분은 보통 내다 팔았다. 이것은 사람들이 신선한 고기를 살 수 있는 가장 크고 저렴한 공급원이었다. 이런 고기를 살수 있는 대다수 사람은 어느 정도의 재산을 가진 이들이었고, 이는 교회 안에 다양한 사회적·경제적 계층의 사람들이 있었다는 것을 의미한다.[31] 우상에게 드려졌던 음식을 먹으면 안 된다는 양심적인 이들과 어디에서 사용된 것인지를 아는 이런 고기를 먹는 것에 양심의 가책이 없는 이들 간의 논쟁이 교회 안에서 있었던 것 같다(8:10; 10:27-28). 바울은 이교의 신들이 존재하지 않는다는 주장과 악한 영의 세계가 존재한다는 자신의 생각 사이에서 균형을 잘 잡아야 했다. 그리고 그런 행동을 봄으로써 걸려 넘어질 수도 있는 신자들을 배려해야 했다. 주변 문화의 기관들과 이러한 접촉을 지속적으로 가지고 있었다는 사실 역시 고린도의 그리스도인들이 서로 간에 법정 소송에 연루된 것을 설명해줄 수 있다(6:1-11). 바울은 그런 행태를 비판하면서 차라리 교회의 가장 낮은 자에게 판결을 맡기는 것이 낫다고 말한다. 같은 종류의 사회적 분열이 성만찬 거행에도 스며들었던 것 같다. 더 부유한 교인들이 자신들의 이점을 이용하여 공동 식사여야 할 상황을 자신들만의 과식으로 바꾸어버린 것이다. 이 때문에 가난한 교인들은 식사에 참여할 수가 없었다(11:17-34). 바울은 이런 의식의 남용을 매우 심각한 문제로 다룬다. 즉 이는 주의 몸과 피에 대해 죄를 짓는 것이다.

예배 시행에서도 교회 내에 어려움이 있었던 것으로 보인다. 이는 일반적인 무질서가 팽배했기 때문일 것이다. 예를 들어 예배 도중 소리

---

31   W. A. Meeks, *The First Urban Christians: The Social World of the Apostle Paul* (New Haven: Yale University Press, 1983), 98을 보라. 최근 논의로는 S. J. Friesen, D. N. Schowalter, and J. C. Walters, eds., *Corinth in Context: Comparative Studies on Religion and Society* (NovTSup 134; Leiden: Brill, 2010), 151-323을 보라.

를 내어 시끄럽게 하는 여성들이 많았고, 성령의 은사 특히 신성한 언어 혹은 하늘의 언어로 말하는 것을 지나치게 강조했던 것 같다. 바울은 여성들에게 예배 때 들은 것에 대해 질문이 있으면 집에서 자기 남편에게 물어 적절한 존중을 보이라고 말한다. 그리고 바울은 방언과 예언을 비교하면서(고전 12-14장), 질서에 대한 일반적인 권고를 한다.

바울이 관심을 가졌던 마지막 문제는 부활에 대한 것이다(고전 15장). 고린도 교회가 그리스도의 부활이 일어나지 않았다는 관점을 견지하는지, 혹은 신자의 부활이 있을지의 여부에 관해 논란을 경험했는지에 대해 논쟁이 있다. 특히 고린도의 교인 중 일부가 자신들은 이미 세대의 끝(종말)에 이르렀다고 믿었는가도 논란이다. 어쨌든 바울은 그리스도의 부활이 미래에 있을 인간의 부활을 보증하는 것으로서 중요하다고 재확인한다. 하지만 이것은 그리스도께서 죽음을 정복하고 세상을 다스리신다는 더 큰 계획의 일부에 불과하다.

고린도 교회의 다양한 문제에 대한 이런 간단한 논의는 다음과 같은 질문을 불러일으킨다. 무엇이 이 공동체 내에 이런 긴장의 기초를 제공했을까? 다시 말해 공동체 내의 이런 분열을 무엇으로 가장 잘 설명할 수 있을까? 이에 대한 관점에는 여러 가지가 있다.[32] 바우어는 그의 고전적 글에서(아직 영어로 번역되지 않음) 바울의 대적자들이 교회 내 베드로파이면서 유대 기독교를 대표하는 자들이었다는 자신의 믿음을 표현한다.[33] 이것은 교회의 최초 시기에 유대인과 이방인 분파 사이에 근본적인 충돌이 있었다는 바우어의 생각에 기초한 것이다. 고린도에서 베드로파

---

32   이에 대한 좋은 개관으로 J. D. G. Dunn, *1 Corinthians* (NTG; Sheffield: Sheffield Academic, 1995), 27-89을 보라.

33   F. C. Baur, "Die Christuspartei in der korinthischen Gemeinde, der Gegensatz des petrinischen und paulinischen Christentums in der ältesten Kirche, der Apostel Petrus

의 반대에 대한 증거는 마이클 굴더(Michael Goulder)에 의해 더 연구되었다. 굴더는 많은 사람이 고린도전서에서 무작위 언급이라고 생각했던 부분이 베드로의 율법주의적 입장에 대한 구조적인 반대의 일부일 수 있다는 점을 보여준다(3:4-5, 22; 4:6).[34] 고린도 교회와 예루살렘 간에는 연락이 있었을 것으로 보이지만(1:12; 3:22), 최소한 고린도전서에서는(참조. 아래의 고린도후서) 반대가 외부로부터 온 것으로 보이는 징후는 나타나지 않는 것 같다.[35]

b. 영지주의자

고린도전서에 대한 논의 중 가장 중심이 되는 두 번째 가설은 고린도 교회 안에 유대-그리스도인 영지주의자들이 있었다는 것이다.[36] 영지주의 사상을 대표하는 이원론을 반영하여 그들은 세속적이고 육체적인 것을 경시하고, 은밀한 지식(1:18-2:16; 3:18-23에서 언급한 "지식"을 보라)과 영적 세계를 높이 평가한다. 그 결과는 당연히 지나친 방종이었을 것이다(예. 고전 5-6장; 11:17-34을 보라). 이런 유대-그리스도인 영지주의자들은

---

in Rom," *Tübinger Zeitschrift für Theologie* 4 (1831): 61-206; repr. in Baur, *Historisch-kritische Untersuchungen zum Neuen Testament* (Stuttgart: Frommann, 1963), 1-146. F. C. Baur, *The Church History of the First Three Centuries* (trans. A. Menzies; 2 vols.; London: Williams & Norgate, 1878-79), 특히 1.44-52도 보라. 고린도전서에 대한 Baur의 이론의 최근 지지자로는 M. D. Goulder, *Paul and the Competing Mission in Corinth* (Library of Pauline Studies; Peabody, MA: Hendrickson, 2001)를 보라.

34 B. J. Malina and M. Goulder, *Early Christian Conflict in Corinth: Paul and the Followers of Peter* (Peabody, MA: Hendrickson, 2001); Goulder, *Paul and the Competing Mission in Corinth*, 특히 16-32도 보라.

35 J. Painter, "Paul and the Πνευματικοί at Corinth," in *Paul and Paulinism: Essays in Honour of C. K. Barrett* (ed. M. D. Hooker and S. G. Wilson; London: SPCK, 1985), 237-50, 특히 239-40을 보라.

36 예. W. Schmithals, *Gnosticism in Corinth: An Investigation of the Letters to the Corinthians* (trans. J. E. Steely; Nashville: Abingdon, 1971)를 보라.

내세를 현세와 연결하는 데 관심이 있었다. 하지만 고린도전서 15장에 있는 바울의 응답에서 가장 확실하게 보여주듯이, 이는 그들의 기독론과 관련하여 단도직입적인 몇몇 질문을 낳았다. 만약 그리스도가 하나님이라면, 그가 어떻게 인간도 될 수 있었는가? 그들의 입장은 가현설로 알려진 의견을 수용하게 되었다. 여기서 그리스도의 인성은 단지 인간의 외모를 취하는 수준으로만 받아들여진다.

영지주의 가설에 대한 응답에는 여러 가지가 있다. 하나는 원시영지주의 경향과 2-3세기에 천상의 구원자 신화와 함께 발달하여 모든 종류의 발산과 표현을 포함하는 본격적인 영지주의 간에는 차이가 있다는 인식이다. 우리가 입증할 수 있는 최대치는 고린도에 천상의 지식을 세속적인 것보다 중시하는 일부 원시영지주의적인 경향이 있었다는 점이다. 영지주의 기독론이나 세계관에 대한 증거는 발견할 수 없다.[37] 영지주의 가설에 대한 두 번째 응답은 종종 영지주의로 언급된 것이 영지주의보다는 유대교의 지혜 사상과 같은 다른 영향을 드러낼 수 있다는 것이다. 왜냐하면 영지주의나 2-3세기 이전의 원시영지주의 운동에 대한 증거가 전혀 없기 때문이다.[38]

c. 지나치게 과장된 종말론

다소 연관된 견해는 고린도의 주요 문제들이 과장된 종말론에서 비롯되

---

37   R. M. Wilson, "Gnosis at Corinth," in Hooker, ed., *Paul and Paulinism*, 102-14; 참조. Painter, "Paul," 240-46.

38   B. A. Pearson, *The Pneumatikos-Psychikos Terminology* (SBLDS 12; Missoula, MT: Scholars Press, 1973); S. J. Chester, *Conversion at Corinth: Perspectives on Conversion in Paul's Theology and the Corinthian Church* (Studies of the New Testament and Its World; London: A&C Black, 2005), 222-25을 보라.

었다는 것이다.[39] 세례나 성만찬과 같이 교회에서 시행하는 모든 관습은 고린도 사람들의 생각에 신비주의적이거나 마술적인 것처럼 보였다. 이 것들을 행하는 사람들은 자신의 영적 상태가 꽤 좋다고 생각했으며, 세 속적인 것들을 하찮은 것으로 여겼다. 그들은 자신들이 이미 종말에 들 어갔다고 믿고 그렇게 살아갔다. 이런 생각은 아마도 지혜 사색을 포함 한 헬레니즘 사상의 일부 형태에서 비롯되었을 것이다. 많은 이들은 헬 레니즘 유대교가 이런 영향의 원인이라고 생각하지만, 헬레니즘 사고 전 반에 초점을 맞춰야 한다. 여기에 유대교 사상이 더해진 것이기 때문이 다. 강조점은 플라톤 사상의 영향을 받은 철학 사조인 헬레니즘의 제2소 피스트의 일부분인 수사적 가르침과 함께 은밀한 지식에 대한 일반적인 칭송에 있었다.[40] 영지주의의 영향과 관련하여 제기된 비판 외에도 고린 도 교회가 제2소피스트와 연계된 수사학의 일반 범주의 영향을 많이 받 아서 이것이 교회의 배경이 되었다고 주장할 수 있는지도 의문이다.[41] 헬 레니즘 유대교와 헬레니즘을 구분하려는 시도 역시 그 근거가 불충분하 다. 왜냐하면 유대교는 헬레니즘 문화와 사상 속에 완전히 함몰되어 있 었기 때문이다.

d. 분열을 초래한 단체들

고린도 교회에 분열을 초래하는 다양한 단체가 널리 퍼져 있었다고 주 장하는 이들도 있다. 그들 중 일부는 스스로 탁월하다고 생각했을 수 있

---

39   A. C. Thiselton, "Realized Eschatology at Corinth," *NTS* 24 (1977-78): 510-26을 보라. 그리고 이 문제에 대한 기준이 되는 논의로는 Thiselton, *First Corinthians*, 40-41을 보라.

40   G. W. Bowersock, ed., *Approaches to the Second Sophistic* (University Park, PA: American Philological Association, 1974)을 보라.

41   참조. D. Litfin, *St. Paul's Theology of Proclamation: 1 Corinthians 1-4 and Greco-Roman Rhetoric* (SNTSMS 79; Cambridge: Cambridge University Press, 1994), 특히 109-34.

겠지만, 딱히 두드러지는 단체는 없었다. 예를 들어 그리스도인의 자유를 올바름에 대한 무관심으로 오해하거나, 그리스도인의 자유에 대해 일반적인 그리스도인과 같지 않은 이상한 견해를 가진 방종자들이 있었다(고전 5장; 6:12-20). 그들에게는 이런 생각이 지나친 방종의 핑계가 되었다. 금욕주의자들도 있었는데, 그들은 그리스도인의 행동에 대해 정반대로 매우 엄격한 방향으로의 접근을 선택했다. 그들은 그리스도인들이 결혼과 같은 일에 연루되어서는 안 된다고 생각했는데, 이는 그런 일을 악한 것으로 보았기 때문이다(7:1-28). 게다가 교회 내의 무질서를 조장하는 영적 경험을 허용하는 신비주의자들도 있었다(고전 14장). 그들 중 일부는 실현된 종말론을 신봉했을 수 있다. 그들은 자신들이 이미 종말을 성취했다고 생각했고 그에 따라 자신들의 행동을 정당화했다고 볼 수 있기 때문이다. 이런 각각의 단체들은 고린도의 특정 개인이나 인식 가능한 단체와 연관되었을 수도 있다. 혹은 위에 열거한 단체들 외에도 바울파, 아볼로파, 게바파, 그리스도파를 포함한 다양한 개인에게 편을 든 사람들도 많이 있었다(1:12).[42]

(2) 바울의 사도권

고린도의 대적자들의 특징에 대한 전통적인 묘사는 고린도 교회 내의 다양한 내부적 분쟁을 강조하는 경향이 있다. 그러나 피는 고린도의 주요 문제는 "교회와 설립자(바울) 간의 분쟁"이었다고 주장한다.[43] 이 혼란은

---

42 C. K. Barrett, "Christianity at Corinth," in *Essays on Paul* (Philadelphia: Westminster, 1981), 1-27, 특히 3-6.

43 Fee, *First Corinthians*, 6 (1st/2nd ed.). 이 관점은 좀 더 최근에 J. L. Sumney, *"Servants of Satan," "False Brothers," and Other Opponents of Paul* (JSNTSup 188; Sheffield: Sheffield Academic, 1999), 33-78에 의해 지지된다.

바울의 권위와 복음의 본질에 대한 것이기도 했다. 고린도전서 9:1-14에서 바울은 자신에 대한 고린도 사람들의 판단과 자신의 편에 일어난 동요를 거부하면서 자기 자신을 철저히 변호한다. 그들은 바울이 그들에게 보낸 이전의 편지에서 언급한 견해 중 몇 가지를 예외로 두겠다는 편지를 바울에게 보냈는데(5:9), 그는 이에 대해 자신의 권위를 다시 한번 주장한다(3:5-9; 4:1-5). 바울은 세 가지 주요 본문(1:10-12; 3:4-5; 11:18-19)을 통해 다양한 문제에 대한 해답을 제시하면서 전체 교회를 향하는 차원에서 2인칭을 사용한다. 이 상황에 대한 대부분의 재구성에 반대하여 피는 외부적인 반대가 교회 안으로 유입되었다는 증거가 없다고 생각한다(따라서 "대적자"까지도 잘못된 용어가 된다). 대신 그는 교회 내의 바울에 대한 반대 정서가 문제의 원인이며, 이것이 일부 사람들로부터 시작되어 전체 교회로 퍼지게 되었을 것이라고 본다. 이 사람들은 스스로 현명하다고 여겼으며, 자신들의 원숙한 가르침에 비해 바울의 설교는 "젖"이라고 생각했다(2:8; 3:1). 그의 행동은 우상에게 바쳤던 음식과 같은 문제에 있어서 약하거나 우유부단한 것으로 여겨졌다(8:1-11:1). 바울이 영적인 것들에 대해 기록하는 것이라고 강조했을 때(14:37), 그것은 스스로 "영적"이라고 생각했던 사람들에 대한 응답이었고, 바울 자신에 대한 것은 아니었다. 왜냐하면 그들은 스스로 그렇게 주장했었기 때문이다(고전 12-14장). 그들의 영적 자질은 그들의 지식 및 지혜와 관련된 것이었다(고전 8-10장). 실제로 그들은 더 나아가 자신들이 이미 성령 충만을 경험했다고 주장했다. 그들의 수는 아마도 스스로 새로운 시대에 접어들었다고 믿는 종말론적 경향을 지닌 여성들까지 포함한 것일 텐데(고전 7, 11장), 이는 그들이 보기에 약해서 그렇게 하지 못한 바울과 대조되는 것이었다.

피의 관점은 이 문제에 대한 통일된 묘사를 제공하면서 사도 바울과 그의 사도권 변호에 대해(9:1-14) 올바르게 집중한다는 점에서 받아들일 만하다. 이 견해는 전반적으로는 아니지만, 고린도 서신을 연구하는 일부 학자들로부터 지지를 받았다. 여기서 지배적인 입장은 바울이 주변 헬레니즘 세계의 영향을 받아 생겨난 고린도 교회 내의 괴팍한 생각에 대해 응답하는 것이라고 보는 견해다.

F. 고린도전서의 개요[44]

A. 서두(1:1-3)

  1. 보내는 이(1:1)

  2. 받는 이(1:2)

  3. 인사(1:3)

B. 감사(1:4-9)

C. 본론: 교회의 연합(1:10-4:21)

  1. 분열의 문제(1:10-17)

  2. 인간의 지혜와 모순되는 복음(1:18-2:5)

  3. 성령을 통해 임하는 하나님의 지혜(2:6-16)

  4. 분열(3:1-23)

  5. 그리스도의 종 바울(4:1-21)

D. 권면(5:1-16:12)

  1. 도덕성에 대한 문제(5:1-6:20)

  2. 결혼에 대한 문제(7:1-40)

44　참조. L. L. Belleville, "Continuity and Discontinuity: A Fresh Look at 1 Corinthians in the Light of First-Century Epistolary Forms and Conventions," *Evangelical Quarterly* 59 (1987): 15-37, 특히 23-24.

3. 우상에게 제물로 바친 음식에 대한 문제(8:1-11:1)

4. 예배에 대한 문제(11:2-34)

5. 영적 은사에 대한 문제(12:1-14:40)

6. 부활에 대한 문제(15:1-58)

7. 연보(16:1-12)

E. 맺음말(16:13-24)

1. 훈계(16:13-18)

2. 인사(16:19-20)

3. 바울의 서명(16:21)

4. 불신자들에 대한 저주(16:22)

5. 축복 기도(16:23-24)

G. 고린도전서의 내용

서두(1:1-3)

바울과 소스데네가 이 편지의 공동 발신인이다. 대필자가 아마도 대부분
의 내용을 기록하는 데 도움을 주었을 것인데, 아마도 그는 소스데네 자
신이었을 것이다.[45] 그들은 "고린도에 있는 하나님의 교회"를 대상으로
편지를 쓴다. 이는 하나님께 속한 교회이면서 고린도에 위치한다. 그들
은 주 예수 그리스도를 부르는 다른 모든 이들과 함께 성도라고 불린다.
"하나님 우리 아버지와 주 예수 그리스도로부터 은혜와 평강이 있기를
원하노라"라는 친숙한 문구로 서두가 마무리된다.

---

45 Thiselton, *First Corinthians*, 1346-47.

감사(1:4-9)

바울(1인칭 단수로의 변화에 주목하라)은 고린도의 신자들에 대해 하나님께 감사를 드린다. 왜냐하면 하나님께서 그들을 언변과 지식에 풍족하게 하는 은혜를 그에게 주셨기 때문이다. 그들은 모든 은사(χαρίσματι)[46]에 부족함이 없이 주의 오심을 기다렸다. 바울은 하나님이 신실하시며 자신과 교제할 수 있도록 그들을 이끄시는 분이라고 말함으로써 그들을 격려한다.

본론: 분열의 문제(1:10-17)

"글로에의 집"을 통해 받은, 교회가 연합으로 인해 고심한다는 보고에 대한 응답으로 바울은 그들에게 서로를 용납하고 공동체 내에 분파를 만들지 말라고 간청한다. 분열의 주된 요인은 그들이 하나님보다 인간 전달자를 지나치게 강조한다는 점에 있는 것으로 보인다. 어떤 이들은 바울의 추종자를 자처하고, 다른 이들은 아볼로가 그들의 지도자라고 주장한다. 또 다른 이들은 게바(베드로), 혹은 심지어 그리스도를 거론한다. 바울은 수사학적 질문을 던진다. "그리스도께서 어찌 나뉘었느냐? 바울이 너희를 위하여 십자가에 못 박혔느냐?" 이는 그들이 서로에게 반대되는 것이 아니라 모두가 같은 이유로 함께 일하고 있다는 사실을 암시하는 것이다. 바울은 자신의 임무가 복음을 전하는 것이지만 말의 지혜로 하는 것이 아님을 확증한다. 이는 그리스도의 십자가가 헛되지 않게 하

---

46   참조. H. T. Ong, "Is 'Spiritual Gift(s)' a Linguistically Fallacious Term? A Lexical Study of Χάρισμα, Πνευματικός, and Πνεῦμα,"*Expository Times* 125 (2014): 583-92. Ong은 이 단어가 종종 "영적 은사"로 번역되는 것이 오역이라고 주장한다. 그는 이것이 신약에서 종종 명단이나 목록에서 선택되지만, 사실 이것은 영생을 포함하여 하나님이 주시는 더 넓은 의미의 "선물"을 포괄한다고 주장한다.

기 위함이다.

본론: 인간의 지혜와 모순되는 복음(1:18-2:5)

복음과 십자가에 대한 바울의 언급은 십자가의 메시지에 대한 자세한 설명으로 이어진다. 그는 십자가에 대한 두 가지 반응을 이렇게 대조한다. 십자가는 멸망하는 자들에게는 어리석은 것이지만, 구원받은 자들에게는 하나님의 능력이다. 세상은 아마도 지혜와 힘이 무엇인지에 대해 다른 개념을 가지고 있을 것이다. 그러나 유대인과 이방인들 모두에게 어리석음과 약함의 상징이었던 십자가는 그리스도의 죽음을 통해 지혜와 힘의 상징이 되었다.

이어서 바울은 고린도의 신자들에게 그들의 부르심을 생각해보라고 말한다. 그들은 세상의 기준에 따르면 지혜로운 자들로 여겨지지 않았다. 아마도 고린도 교회의 구성원 중 많은 이들이 도시의 하위 중산층에 해당하는 시민들이었을 것이다.[47] 그러나 하나님은 그들을 선택하셨다. 그들은 세상의 눈에는 어리석고 지혜롭지 못했기 때문에 자랑할 근거가 없는 자들이었다. 같은 맥락에서 그는 자신이 이전에 그들에게 갔을 때 유창한 말과 연설로 다가가지 않았으며, 심히 떨면서 성령의 나타나심과 능력으로 말미암아 그들의 믿음이 인간의 지혜가 아닌 하나님의 능력에 있게 하려 했음을 상기시킨다.

---

47 초기 그리스도인들의 사회경제적 수준은 여전히 논쟁 중인 사안이다(1장 단락 6을 보라). 학자들 대부분이 Meeks, *First Urban Christians*를 따르는데, Meeks는 초기 교회가 넓은 사회경제적 수준을 포괄하고 있었다고 본다. 이것은 T. D. Still and D. G. Horrell, eds., *After the First Urban Christians: The Social-Scientific Study of Pauline Christianity Twenty Five Years Later* (London: T&T Clark, 2009)에 있는 소논문들에 의해 재평가되면서 확증되고 수정되었다.

본론: 성령을 통해 임하는 하나님의 지혜(2:6-16)

바울은 하나님의 영이 하나님의 은밀한 것들을 드러내신다는 것을 언급함으로써 계속해서 인간의 지혜와 하나님의 지혜를 구별한다. 그는 육에 속한 사람과 영적인 사람을 구분하는데, 하나님의 일을 이해하지 못하는 전자는, 영적 분별력이 있어서 이해할 수 있는 후자와 비교된다.

본론: 분열(3:1-23)

육에 속한 사람과 영적인 사람을 구분한 후 바울은 그들 중에 있는 시기와 분쟁 때문에 자신이 그들을 영적인 사람들로서 다룰 수 없다는 사실을 유감으로 여긴다. 바울은 그들이 아직 준비되지 않았기 때문에 그들에게 단단한 음식이나 고상한 가르침 대신에 젖을 주었다고 말하는데, 여기서 젖은 기본적인 가르침에 대한 은유다. 그리고 그는 그들이 여전히 예전에 하던 대로 행하고 있다는 이유로 아직도 준비되지 않았다고 주장한다. 그는 그들이 누구를 따르고 있는지에 대한 의견 차이 때문에 생겨난 분열의 문제를 언급한다. 그리고 그 자신이든 아볼로든 그 밖의 누구든 중요하지 않다고 말한다. 왜냐하면 자라게 하시는 이는 바로 하나님이시기 때문이다. 바울은 농사 은유를 사용하여 바울, 아볼로 그리고 다른 이들은 단지 심고 물을 준 사람일 뿐이라고 말한다. 그들은 모두 같은 목적 곧 예수 그리스도라는 같은 기초 위에 공적을 세우기 위해 함께 일했다.

이런 농사 은유를 바탕으로 바울은 수사학적으로 이렇게 묻는다. "너희(복수)는 너희(복수)가 하나님의 성전이라는 것을 알지 못하느냐?" 여기서 문제는 성적 순결과 관련된 것이 아니다(이 주제는 나중에 6:19에서 다룬다). 중요한 것은 그들 전체가 하나님의 성전이라는 것과 그들이 자신들의 부당한 분열로 인해 사실상 이 성전을 파괴하고 있다는 것이다. 바울, 아볼로, 게바 그리고 그리스도는 모두 한 몸에 속한다.

본론: 그리스도의 종 바울(4:1-21)

그들의 불화와 다른 지도자들보다 특정 지도자를 지지하는 문제를 언급한 후, 바울은 그들이 지도자들 모두를 그리스도의 일꾼이자 하나님의 비밀을 맡은 자로 여겨야 한다고 말한다. 지도자들은 다른 이들이 아니라 하나님으로부터 더 큰 심판을 받을 것이다. 바울은 자신과 아볼로가 이 일을 자신들에게 적용했음을 알린다. 그리고 그들에게 기록된 말씀을 벗어나지 말라고 말한다. 이는 그들이 서로를 구분하여 교만한 마음을 갖게 하지 않기 위함이다.

그다음에 바울은 사도들을 고린도의 신자들과 대조하는 수사학적 반어법을 사용한다. 그들은 부유했으나 사도들은 가난했다. 그들은 왕이었으나 사도들은 가장 비천한 자들이었다. 사도들은 그리스도를 위해 어리석은 자가 되었으나 고린도 사람들은 지혜로웠다. 사도들은 약했으나 고린도 사람들은 강했다. 이어서 바울은 사도들의 약점에 대해 더 자세히 기록한다. 그들이 얼마나 배고프고 목마른지, 얼마나 가난하게 헐벗고 심지어 노숙자와 같은지, 그리고 비천한 노동자처럼 그들의 손으로 어떻게 직접 일해야 했는지를 언급한다. 그는 자신과 사도들을 만물의 찌꺼기라고 부른다. 이 단락은 풍자와 조소로 채워져 있어 고린도 사람들이 겸허하게 잘못을 고치도록 유도한다.[48]

그러나 바울은 자신의 목표가 그들을 부끄럽게 하는 것이 아니라 자신의 사랑하는 자녀에게 하는 것처럼 그들을 훈계하는 것이라는 사실을 재확인한다. 바울은 분열의 문제를 눈감아주지 않지만, 그가 자기 자신

---

48 Ciampa and Rosner, *First Letter to the Corinthians*, 178.

을 믿음 안에 있는 수많은 스승 가운데 그들의 아버지라고 여기고 있음을 밝힌다. 그는 그들에게 자신을 본받으라고 권하면서, 이것이 그들로 하여금 자신의 예를 기억하게 하려고 디모데를 그들에게 보낸 이유임을 상기시킨다. 또한 그는 그들을 빨리 방문하고 싶다는 바람을 표현한다.

권면: 도덕성에 대한 문제(5:1-6:20)

바울은 먼저 교회 내의 성적 부도덕(πορνεία)에 대한 우려로 이 단락을 시작한다. 부도덕이 너무 지나쳐서 심지어 이교도들조차도 이런 식의 행동을 용납하지 않는다. 한 남자가 자신의 새어머니와 성적인 죄를 짓기에 이른 것이다. 그는 그들에게 다음과 같은 수사학적 질문을 던진다. "너희는 이것에 대해 어찌하여 통한히 여기지 않느냐?" 그는 이 두 사람을 공동체에서 쫓아내라고 단호하게 말한다. 그리고 이 상황을 자랑으로 여기는 그들을 책망한다. 누룩 은유를 사용하여 그는 작은 악이 순전함과 진실함을 더럽힘으로써 전체 공동체를 무너뜨리게 될 것이라고 경고한다. 이전의 편지를 언급하면서(위의 단락 2C를 보라), 그는 성적으로 부도덕한 사람들과 연합하지 말라는 자신의 명령을 되풀이한다. 이것은 세상 사람들에게 하는 말이 아니라 그리스도를 따르는 사람임을 자처하는 형제자매이면서도 성적 부도덕을 행하고 심지어는 탐욕, 우상숭배, 모욕, 술 취함, 혹은 사기까지 저지르는 자들에게 하는 말이다. 그들과는 함께 먹지도 말아야 한다. 세상에 있는 자들은 이렇게 행동할 수도 있다. 그러나 교회에서 이렇게 행하는 자들은 내쫓아야 한다.

성적 부도덕 다음에 바울이 언급하는 두 번째 주요 문제는 소송과 관련된 주제다. 또 다른 일련의 수사학적 질문들을 통해 그는 그들이 왜 신자이면서도 자신들의 분쟁을 다루기 위해 세상 법정에 가려고 하는지 의문을 표한다. 그들은 자신들의 문제를 스스로 해결할 정도의 자질이 없는 것인가? 그들은 분쟁을 해결하기 위해 법정에 가는 것보다 차라리 부당한 대우를 받고 사취를 당하는 편이 더 나을 것이다. 그다음에 바울은 불의한 자들은 하나님 나라를 상속받지 못한다는 사실을 그들에게 일깨운다. 아마도 그는 자신들의 분쟁을 그런 식으로 해결하는 자들이 바로 불의한 자라는 점을 알려주려는 것 같다.

다음으로 바울은 모든 것이 가하지만 모든 것이 유익한 것은 아니라는 일반적인 원리를 제시한다. 그는 그 어떤 것에도 매이지 않는다고 말한다. 이것을 성적인 문제에 적용하면서 바울은 고린도 사람들에게 그들의 몸이 주께 속하기 때문에 성적 부도덕에 노출되어서는 안 된다고 훈계한다. 그리스도의 지체로서 자신을 창기(πόρνη)에게 내어주어서는 안 된다. 창세기 2장의 원리에 의하면 그렇게 함으로써 "한 몸"이 되는 것이기 때문이다. 이 점에 비추어 그는 그들에게 음행을 피하라고 명령한다. 다른 모든 죄는 몸 밖에 있는 것이지만, 이 죄는 성령의 전이기도 한 자신의 몸에 죄를 범하는 것이다. 그는 그들에게 그리스도의 구원을 상기시킨다. 그렇게 함으로써 그들의 몸으로 하나님께 영광을 돌리라고 한다.

권면: 결혼에 대한 문제(7:1-40)

"~에 대하여"(περὶ δέ)라는 전환 문구를 사용하면서 바울은 성적인 것과 관련된 정반대의 극단적인 관점을 언급한다. 즉 그것을 완전히 절제하는 것이다. 바울은 성적 타락에 대한 유혹이 워낙 강하기 때문에 각 남성은 자기 아내를 두어야 하고, 모든 여성은 자기 남편을 두어야 한다고 말한다. 그들은 상대방의 성적 욕망을 금하지 말아야 한다. 필요한 경우에는 기도와 헌신을 위한 짧은 기간만을 예외로 하여 시험이 없게 해야 한다. 그는 모든 이들이 자신처럼 독신이기를 바라지만, 모든 사람이 그런 능력을 갖춘 것은 아니라는 점을 인정한다.

이후 바울은 세 가지 절대적인 명령을 전한다. 첫째는 미혼이거나 사별한 자들은 계속해서 혼자 지내거나, 스스로 절제가 안 되면 결혼하라는 것이다. 둘째는 결혼한 자들에 대한 것으로서 계속해서 함께 지내라는 것이다. 그리고 셋째는 불신 배우자와 결혼한 자들에게 계속 함께 지냄으로써 믿지 않는 배우자가 거룩해질 수 있도록 하라는 명령이다. 바울은 일반적인 규칙으로서 각 사람은 부르심을 받은 그대로 살아가야 한다고 말한다.

바울은 이어서 처녀(παρθένος)인 자들을 위한 지침을 자세히 설명한다. 독신인 자들은 독신으로 남는 것이 더 좋고, 결혼한 자들은 결혼한 상태로 남아야 한다. 바울은 현세에서의 삶이 짧다는 종말론적 태도를 반영하면서, 고린도 사람들도 비슷한 사고방식을 갖기를 원한다. 그는 홀로 사는 사람은 주를 기쁘시게 하는 것에 온전히 집중할 수 있지만, 결혼한 사람은 주의가 분산될 수밖에 없다고 말한다. 그러나 그는 독신인 사람이 시험에 들지 않기 위해 결혼하는 것은 죄가 아니라는 점을 밝힌다. 바울은 결혼이 죽을 때까지 적용되는 언약임을 말함으로써 결혼과 독신에 대한 자신의 담론을 마친다. 이어서 현재 독신인 사람은 자유롭게 결혼할 수 있지만, 자기 생각에는 독신으로 남는 것이 더 좋다고 말한다[49]

권면: 우상에게 제물로 바친 음식에 대한 문제(8:1–11:1)

바울은 "~에 대하여는"(περὶ δέ)이라는 전환 어구를 사용하여 우상에게 바친 음식에 관한 새로운 주제를 시작한다. 그는 사랑이 우상에게 바친

---

[49] 고전 7장의 결혼, 독신, 이혼에 대한 학술적 분석으로서 1세기 헬레니즘 상황에 초점을 맞춘 연구로 Deming, *Paul on Marriage and Celibacy*를 보라.

음식까지도 먹게 만드는 동기가 되어야 한다고 말하면서 지식과 사랑을 대조한다. 지식과 관련하여 그는 우상은 아무것도 아니며 음식은 하나님께서 만드신 것임을 인정한다. 그러므로 이 음식을 먹는 사람은 깨끗한 양심을 가지고 먹는다. 그러나 과거에 우상숭배에 참여했던 연약한 신자들이 그 먹는 모습을 보고 걸려 넘어질 수 있다. 이에 바울은 고린도 사람들에게 연약한 신자를 걸려 넘어지게 만들 수 있는 경우에는 우상에게 바친 음식을 먹는 것을 포기해야 한다고 충고한다. 그들의 자유가 이 연약한 신자들에 대한 사랑의 결여를 초래해서는 안 된다는 것이다.[50]

자유에 대해 바울은 일련의 수사학적 질문들을 통해 자신의 사도 됨을 예로 들면서 다른 이들의 유익을 위해 자신의 권리를 포기하기로 선택했다고 말한다. 여기에는 결혼할 권리도 포함되는데(비록 다른 사도들은 그 권리를 행사했지만), 덕분에 그는 복음 한 가지에만 집중할 수 있었다. 또 복음을 통해 생계를 유지할 권리도 있었지만, 그것을 포기함으로써 고린도 사람들이 그를 부양해야 하는 부담을 갖지 않도록 했다. 그는 자신의 자유를 제한하는 것에 대한 적용을 모든 분야로 확장한다. 그러면서 자신은 유대인들에게는 유대인과 같이, 이방인들에게는 이방인과 같이 되었다고 말한다. 이 모두가 복음을 위한 것이다. 그는 운동 경기의 은유를 사용하여 고린도 사람들에게 자신의 본을 따르라고 권한다.

바울 자신뿐만 아니라 구약의 훌륭한 조상들도 그들을 위한 본보기다. 물론 그들 대부분이 실패했기 때문에 반면교사이지만 말이다. 고린도 사람들은 우상숭배자, 성적 타락자, 하나님을 시험하는 자, 혹은 불평

---

50   이 본문에 대한 자세한 분석으로는 C. D. Land, "'We Put No Stumbling Block in Anyone's Path, So That Our Ministry Will Not Be Discredited': Paul's Response to an Idol Food Inquiry in 1 Corinthians 8:1-13," in *Paul and His Social Relations* (ed. S. E. Porter and C. D. Land; PAST 7; Leiden: Brill, 2013), 229-83을 보라.

하는 사람들처럼 되어서는 안 된다. 하나님은 그들이 견딜 수 없는 시험을 주지 않으시고 피할 길을 주신다. 바울은 우상숭배에 대한 주제로 돌아가서 그들에게 우상숭배를 피하라고 명령한다. 그들은 성만찬에 참여하는데, 이는 그리스도의 죽음에 참여하는 것이다. 그러나 반대로 우상의 음식은 아무것도 아니다. 따라서 그들은 그것을 먹는 것에 대해 걱정할 필요가 없다. 다만 그것이 우상 제사에 사용된 음식이라는 사실이 공공연하게 알려지지 않는 한 그렇다. 이 모든 경우에 기본 원리는 먹든지 마시든지 무엇을 하든지 모든 것을 하나님의 영광을 위해 해야 한다는 것이다. 이 점에서 바울은 고린도 사람들이 자신을 본받기를 원한다.

권면: 예배에 대한 문제(11:2-34)

바울이 언급하는 다음 주제는 공동의 예배에 대한 것이다. 앞서 그들을 가르친 것처럼 바울은 모든 남성의 머리는 그리스도이고, 여성의 머리는 남성이며, 그리스도의 머리는 하나님이라고 말한다.[51] 따라서 예언할 때는 남성이 머리에 무엇을 써도 안 되지만, 여성이 머리를 가리지 않아도 안 된다. 이는 머리를 욕되게 하기 때문이다. 바울은 남성과 여성의 근원에 대해, 그리고 연합 모임에서 서로에 대한 의존관계에 대해 말한다.

바울은 고린도 사람들의 특정한 활동으로서의 연합 모임인 성만찬에 대해 칭찬하지 않는다. 그들은 서로 만났을 때 서로에 대한 배려가 없었고, 함께 먹을 때에도 이기적으로 행동했던 것 같다. 어떤 이들은 먹을 것이 풍족했던 반면 그렇지 못한 이들도 있었고, 다른 이들은 취할 정도로 지나치게 많은 음료를 마셨다. 바울이 설명하는 성만찬의 핵심은 십

---

51 "머리"($\kappa\epsilon\phi\alpha\lambda\acute{\eta}$)의 의미에 대해 다양한 해석적 문제가 있다. 다양한 의미에 대한 세부적인 요약으로는 Thiselton, *First Corinthians*, 812-23을 보라.

자가에서의 그리스도의 죽음과 그 일을 기억하는 것의 의미다. 예의 없이 먹는 것은 이기심과 탐욕을 보여준다. 성만찬을 위해 함께 모일 때 그들이 따라야 할 주요 원리는 모두가 먹고 마실 수 있도록 서로를 위해 기다리는 것이다.

권면: 성령의 은사에 대한 문제(12:1-14:40)

접속어 "~에 대하여"(περὶ δέ)와 함께 또 다른 전환이 이루어지면서 바울은 성령의 은사(πνευματικά; 직역하면 "영적인 것들")에 대한 문제를 논의한다. 그는 그들이 이런 은사들에 대해 무지하지 않기를 바란다. 그래서 그는 세 장에 걸쳐 이런 은사의 본질을 설명한다. 다양한 은사가 있지만, 이 은사들의 목적은 자신만을 위한 것이 아니라 모두의 유익을 위한 것이다. 어떤 이들은 지혜, 지식, 믿음, 병 고침, 능력을 행함, 예언함, 영들 분별함, 방언, 방언들을 통역함의 은사를 받는다. 이 모든 것은 성령께서 자신의 의지에 따라 주시는 것들이다. 각 은사는 여러 지체를 지닌 한 몸에서 특별한 기능을 하며, 각각 나름대로 가치가 있어서 공동의 유익을 위해 함께 일하게 된다. 이런 관점에서 하나님은 첫째로 사도, 그리고 예언자, 그다음에 교사를 세우셨고, 능력을 행하고 병을 고치며 서로 돕고 다스리며 각종 방언을 말하도록 하셨다. 그러나 모두가 이런 은사를 다 받는 것은 아니다.

바울은 이 은사들이 드러나고 관리되어야 한다는 점을 보여주기 위해 이 시점에서 잠시 멈춘다. 그는 방언, 예언, 지식의 세 가지 예를 제시한다. 그러나 사랑이 없으면 이 은사들은 아무것도 아니다. 사랑은 오래 참고 온유하며, 시기하거나 자랑하지 않으며, 교만하거나 무례히 행하지 않는다. 사랑은 자기의 유익을 구하지 않고 진리와 함께 기뻐한다. 사랑은 영원히 없어지지 않는다. 반면에 예언, 방언, 지식, 이것들은 "부분적"인 것들(τὸ ἐκ μέρους)이며, 보통 그리스도의 재림으로 해석되는 "온전함"(τὸ τέλειον)이 올 때 끝날 것이다.[52] 믿음, 소망, 사랑은 항상 있을 것인데, 그중에 제일은 사랑이다.

이어서 바울은 고린도 사람들에게 사랑을 추구하라고 격려한다. 그러나 예언과 같은 더 큰 은사도 사모하라고 한다(고린도 사람들은 방언에 이미 치중했던 것 같다). 방언에 비해 예언이 좋은 점은 방언은 오직 하나님께만 직접 연결되지만, 예언은 모든 이들에게 유익이 된다는 사실이다. 이는 방언을 금지해야 한다는 의미가 아니다. 바울은 그들이 방언으로 말하기를 원한다. 그러나 공동체 전체에 유익이 되는 더 큰 은사를 사모해야 한다. 하지만 만일 어떤 사람이 방언을 말한다면, 그들은 어떤 언어로 말하든 그것을 통역할 수 있는 능력을 위해 기도해야 한다. 그래야 다른 이들이 그 말을 알아들을 수 있기 때문이다. 바울이 말하길, 이 모든 은사의 핵심은 그것들을 통해 공동체가 세워져야 한다는 것이다. 이는 이런 은사들을 행함에 있어서 질서가 필요하다는 것을 의미한다. 두 명이나 세 명이 말할 때는 한 사람씩 차례대로 해야 하고, 이런 은사를 행할 때마다 진정성을 보장해야 할 책임이 있다.

권면: 부활에 대한 문제(15:1-58)

바울은 또 다른 주제로 전환한다. 바로 복음과 부활에 대한 것인데, 이는 그가 이미 그들에게 전한 내용이기도 하다. 복음은 성경대로 그리스도께서 그들의 죄를 위해 죽으시고 장사 지낸 바 되셨다가 셋째 날에 부활하

---

52 "온전함"(τὸ τέλειον)과 이런 은사들의 영속성 혹은 비영속성의 의미를 둘러싼 많은 논의가 있다. 특히 다음을 보라. Thiselton, *First Corinthians*, 1060-74; D. A. Carson, *Showing the Spirit: A Theological Exposition of 1 Corinthians 12-14* (Grand Rapids: Baker, 1996).

셨을 뿐만 아니라 제자들에게 보이시고 일시에 오백여 명의 그리스도인들에게 나타나셨다는 것이다. 바울은 자신이 부활한 예수를 목격한 마지막 사람이며, 이전에 그가 행했던 박해 때문에 자신이 사도 중에 가장 작은 자라고 말한다. 따라서 그리스도께서 부활하셨기 때문에 바울은 고린도 사람들이 죽은 자의 부활이 없다고 믿는 것에 대해 의문을 제기한다. 만약에 부활이 없다면 믿음은 의미 없는 것이 되어버린다. 그리고 그들은 자신이 원하는 대로 아무렇게나 살아도 될 것이다. 그러나 실제로 그리스도께서 죽음으로부터 부활하셨고, 그들도 마찬가지로 부활할 것이다. 이는 육체의 부활이며, 지금 입고 있는 이 땅의 육신과는 다른 몸을 갖게 될 것이다. 눈 깜빡할 순간에 죽은 자들이 일어날 것인데, 그들은 모두 불멸의 존재로 살아날 것이다.

권면: 연보(16:1-12)

바울은 또다시 전환 어구인 "~에 관하여는"(περὶ δέ)을 사용하여 그가 갈라디아 교회에도 가르쳤던 연보에 대한 주제로 옮겨간다. 각 사람은 주중에 수입의 얼마를 저축하여 따로 떼어놓았다가 주간의 첫째 날에 그것을 드려야 한다. 그는 그들을 다시 방문하기에 앞서 마게도냐를 통해 여행하려는 자신의 계획을 말한다. 그는 아마도 겨울 한 철 이상 그들과 충분한 시간을 함께 보내고 싶어 한다. 그는 디모데를 보낼 것인데, 그들은 그도 환대해야 한다. 아볼로 역시 바울의 강권으로 방문하게 될 것이다.

맺음말(16:13-24)

바울 서신의 맺음말의 첫 부분은 짧은 훈계들을 몇 가지 포함한다. 깨어 믿음에 굳게 서서 강건하며 모든 일을 사랑으로 해야 한다(참조. 고전 13장). 고린도 사람들은 그 지역의 첫 번째 회심자였던 스데바나 같은 지도

자들(브드나도와 아가이고를 포함한)을 후원하고 인정해야 한다. 바울은 아시아의 교회들뿐만 아니라 아굴라와 브리스가(브리스길라)도 그들에게 문안한다고 말한다. 사실 모든 형제가 그들에게 문안한다. 바울은 인사 부분을 그 자신의 손으로 직접 쓴다고 말하면서 편지를 마무리한다. 이렇게 함으로써 편지의 내용이 진짜임을 증명한다.

3. 고린도후서

고린도후서는 흥미로우면서도 중요하고 해석학적인 특징을 지닌 논의 주제를 계속 양산해낸다는 점에서 고린도전서만큼이나 학자들에게 매력적인 책으로 인식되어왔다. 고린도후서의 저자에 대한 논란은 없지만, 이 편지의 통일성과 고린도전서와의 관계는 계속 분석되고 평가되고 있다. 이런 주제들과는 별개로 고린도후서는 사도 바울이 일종의 논쟁에 계속 휘말렸던 것으로 보이는 교회에 대한 자신의 관점을 어떻게 조정했는지에 대한 통찰을 제공한다. 비록 우리가 그런 논쟁에 관련된 모든 것을 알지는 못하지만 말이다. 이 단락에서 나는 저자에 대한 문제를 먼저 간략히 논의한 후에 고린도후서의 통일성을 좀 더 긴 지면을 활용하여 다룰 것이다. 그러고 나서 저술 동기와 목적을 서술하고 개요와 그 내용을 살펴볼 것이다.

A. 고린도후서의 저자

고린도전서에서처럼 베르너 게오르크 퀌멜은 다음과 같이 단언한다. "고린도후서가 전체적으로 진짜라는 것은 논란의 여지가 없다."[53] 하지만 우리가 이미 살펴보았듯이 이 서신 전체가 동시에 기록된 것인지, 아니면 여러 편지를 후대에 편집한 것인지는 여전히 논의 중이다. 통일된 고린도후서를 강력히 지지하는 이들이 많이 있지만, 많은 학자는 고린도후서가 어떤 면에서 보면 편집을 통해 합성한 편지라고 주장한다. 어쨌든 이 편지가 바울의 저작이라는 점에는 논란의 여지가 없다.

B. 고린도후서의 통일성

저자에 대해서는 논란이 없지만, 고린도후서의 통일성은 계속해서 폭넓게 논의되고 있다. 고린도후서의 통일성에 대한 의문은 몇몇 주요 본문을 중심으로 제기된다.[54] 모든 본문이 균등하게 논의되는 것은 아니지만, 본문을 바탕으로 제기되는 많은 문제가 바울 서신의 특징과 형태에 대해 가장 자주 반복되는 논의에 속하기 때문에 간단하게나마 소개할 필요가 있다.

(1) 고린도후서 6:14-7:1

믿지 않는 자와 멍에를 함께 메지 말라는, 편지의 본론에 속하는 이 짧은 본문(6:14-7:1)과 관련된 문제에는 세 가지가 있다. (1) 많은 이들이 6:13에서 6:14로 넘어갈 때 갑작스러운 어조의 변화를 감지한다. (2) 6:13은

---

53 Kümmel, *Introduction*, 287.

54 여러 의견에 대한 개괄로는 Thrall, *Second Corinthians*, 1.3-49을 보라. 47-49에는 표로 정리되어 있다. Goulder, *Paul and the Competing Mission in Corinth*, 240-48; F. J. Long, *Ancient Rhetoric and Paul's Apology: The Compositional Unity of 2 Corinthians* (SNTSMS 131; Cambridge: Cambridge University Press, 2004); Hagner, *New Testament*, 513-15; Land, *Is There a Text in These Meanings?*, 특히 175-237을 보라.

7:2의 도입부로 잘 어울리는 것 같다. 그리고 6:14-7:1을 제거하면 이 편지가 주장하는 논지의 흐름이 더 명확해진다. (3) 고린도 서신의 나머지 부분과 비교했을 때 주제와 문체의 측면에서 일관성이 없어 보인다.[55] 예를 들어 고린도전서 5:9은 "음행하는 자들을 사귀지 말라"라고 말한다. 그러나 어떤 해석가들에 의하면 고린도후서 6:14-7:1은 신자와 불신자 간의 관계를 다루고 있다. 그리고 고린도후서는 화해의 서신으로 묘사되는 반면(특히 고후 5:18-21을 보라) 6:14-7:1은 배타주의를 주장하는 것 같다. 이 난제에 대해 여러 가지 주요 해결책이 제안되었다.

a. 삽입 가설

첫 번째 해결책은 이 작은 단락이 고린도 사람들에게 보내는 첫 번째 편지의 일부이며(지금은 소실됨), 이것이 고린도후서에 삽입되었다고 보는 것이다.[56] 이 관점에 의하면 6:14-7:1에서 이교도 세상과 단절하라는 바울의 강한 언어는 원래 고린도 사람들에게 보내는 그의 첫 번째 편지의 일부분이었는데, 잘못 이해되어 그 무엇과도 접촉해서는 절대 안 된다는 의미로 해석되었다. 그렇다면 아마도 고린도전서 5:10-11은 바울이 원래 했던 말을 명확하게 하는 것으로 볼 수 있다. 믿는 자들은 "음행하는 자들을 사귀지 말라"는 의도였다고 정정한다는 것이다.

---

55   의견을 개괄한 Thrall(*Second Corinthians*, 1.25-36) 외에도 J. A. Fitzmyer, "Qumran and the Interpolated Paragraph in 2 Cor. 6:14-7:1," *Catholic Biblical Quarterly* 23 (1961): 271-80; P. B. Duff, "The Mind of the Redactor: 2 Cor. 6:14-7:1 in Its Secondary Context," *NovT* 35 (1993): 160-80; W. J. Webb, *Returning Home: New Covenant and Second Exodus as the Context for 2 Corinthians 6.14-7.1* (JSNTSup 85; Sheffield: JSOT Press, 1993); M. D. Goulder, "2 Cor. 6:14-7:1 as an Integral Part of 2 Corinthians," *NovT* 36 (1994): 47-57에서 주장한 견해들을 보라.

56   예. W. O. Walker, *Interpolations in the Pauline Letters* (JSNTSup 213; Sheffield: Sheffield Academic, 2001), 199-209.

그러나 이 삽입 이론에는 몇 가지 문제가 있다. 첫째, 고린도후서 6:13에서 6:14로 넘어가면서 일어나는 어조의 변화는 어떤 이들이 주장하는 것만큼 심하지 않다. 특히 배타주의로부터 시작하여 연합에 이르는 언어의 구성을 보면 더욱 그렇다. 예를 들어 바울은 6:1-13에서 고린도 사람들을 동역자로 여기며 함께 달성할 공동의 목적을 세운다. 그리고 자신은 직분을 믿지 못하게 만드는 어떤 행동도 하지 않았다고 말한다. 수차례의 시험과 승리에 대해 자세히 설명한 후 바울은 자신이 고린도 사람들을 향해 애정의 마음이 열려 있는 것처럼 그들도 마음을 넓혀 관대함을 가지라고 반복해서 말한다. 그러나 바울은 6:14-7:1에서 그리스도인과 비그리스도인의 관계를 다루면서 어울리지 않는 결혼을 하지 말라고 말한다. 그리스어로 "멍에를 함께 메다"(being mismatched, ἑτεροζυγέω)는 쟁기를 끌게 하려고 동물에게 균등하지 않게 멍에를 메우는 것을 뜻하는 용어다. 바울은 구약의 여러 본문을 인용하여 이를 뒷받침한다(레 26:12; 삼하 7:14; 사 52:11; 호 1:10). 그리고 이 모든 것은 하나님의 사람들은 그분의 거룩하심과 어울리지 않는 모든 것으로부터 멀어져야 한다는 개념을 나타낸다. 둘째, 시간 간격을 두고 본문이 구성되었다고 하면 점진적이라고 하더라도 어조의 변화를 잘 설명할 수 있다. 셋째, 잃어버린 첫 번째 편지의 일부가 왜 네 번째 편지인 고린도후서의 이 부분에 추가되었는가? 단순히 다른 부분에 삽입되었을 수도 있고, 현존하는 가장 오래된 사본들에는 그 부재에 대한 본문의 전통이 있다는 증거가 분명히 없다. 많은 학자가 한때 이 본문이 첫 번째 편지의 단편이라는 의견을 견지했지만, 이 견해는 오늘날 폭넓은 지지를 받지 못한다.

b. 쿰란 단편

두 번째로 제시된 주요 해결책은 이 부분에 바울의 것이 아닌 쿰란의 단편이 자리했다고 보는 것이다. 이에 대한 근거들은 다음과 같다. (1) 이 단락에 사용된 아홉 개의 용어가 바울의 다른 글에서는 발견되지 않는다.[57] (2) 극단적인 배타주의는 바울의 특징이 아니다. (3) 이원론이나 성전에 대한 강조 등이 쿰란 공동체와 사상적으로 비슷하다. (4) "육체"와 "영"이라는 단어들이 바울의 것이 아닌 방식으로 사용된다. 이런 여러 가지 이유는 어떤 이들에게 6:14-7:1이 바울의 저작이 아니며 이 단편이 그런 배타주의와 성전에 대한 강조를 반영하는 공동체 곧 쿰란 서약자들로부터 비롯되었다는 주장의 근거가 된다.

그러나 이런 제안에 대한 응답에서 *hapax legomena*(주어진 문헌에서 단 한 번만 사용된 단어들)에 기초한 주장은 정확히 들어맞지 않는다. 특히 이 본문에서는 더욱 그렇다. 왜냐하면 이 "단편"에서 발견되는 용어 중 많은 것들이 바울의 편지에서 동족어들을 가지고 있기 때문이다 (예. "협력"이라는 의미의 μετοχή는 바울 저작의 다른 곳에서는 발견되지 않지만, "공유하다"라는 동사인 μετέχω는 고전 9:10, 12; 10:17, 21, 30 등에서 발견된다. ἐμπεριπατέω["걷다"]와 περιπατέω["걷다"], 혹은 εἰσδέχομαι["환영하다, 받아들이다"]와 δέχομαι["받아들이다"], ἕτερος와 φωνή 같은 단어들도 같은 방법으로 설명될 수 있다). 게다가 고린도후서 6:3-10에도 여러 독특한 단어들이 있지만, 이 본문은 바울의 것이 아니라고 여겨지지 않는다. 둘째, 바울 저작에는 종종 독특한 단어들이 다양한 방식으로 사용되는 경우가 있다 (예. 고전 4:7-13에는 여섯 개의 독특한 단어가 있고, 고후 6:3-10에는 네 개의 독특한 단어가 있다). 그러나 이것들은 자동으로 바울의 것이 아니라고 의

---

57 단 한 번만 사용된 단어들(*hapax legomena*)은 "어울리지 않게 짝짓다, 고르지 않게 멍에를 메다"(ἑτεροζυγέω), "협력, 공유"(μετοχή), "교제, 조화"(συμφώνησις), "벨리알", "동의"(συγκατάθεσις), "걷다"(ἐμπεριπατέω), "환영하다, 받아들이다"(εἰσδέχομαι), "전능한"(παντοκράτωρ) 그리고 "더러움"(μολυσμός)이다.

심되지 않는다. 셋째, 우리는 이 단편에서 무엇이 바울의 글이고 무엇이 구약의 인용인지에 유의해야 한다. 이 견해에 의하면 구약 인용은 이 단락만의 고유한 특징에 크게 기인하며, 바울의 자료와는 상관이 없다. 넷째, 이 가상의 단편은 체계화된 바울의 사상과 충돌하지 않으며, 이 사상의 많은 부분은 쿰란뿐만 아니라 다른 집단들에서도 발견되는 것들이다 (예. 그리스의 이원론).

c. 미리 구성된 자료

세 번째 제안은 이 단락이 바울에 의해 어떤 방식으로 미리 구성되었거나 차용되었으며, 그가 그것을 자신의 설명에 포함했다는 것이다. 이 관점은 어조와 내용의 변화를 인지했다는 사실을 받아들이려고 시도하는 동시에 이 본문이 바울의 구성이라는 신빙성을 고수하려고 한다. 그러나 위에서 언급한 대로 본문의 난제에 대한 외적인 본문 증거는 없으며, 특히 이 본문이 편입되었다는 것도 그렇다. 현존하는 사본들이 광범위하게 복사되어 퍼지기 전인 매우 이른 시기에 이 본문이 편입되어야 하는데, 그런 일이 일어났다는 것을 남아 있는 증거의 도움 없이 증명하기는 어렵다. 이 관점은 이외에도 많은 어려움에 봉착한다. 어조나 내용에서의 변화가 감지될 수 있으나, 텍스트의 흐름은 전체의 문맥과 조화를 이루는 것으로 보일 수 있다. 만약 고린도후서 6-7장의 주제가 그리스도인의 관계에 대한 본질과 범위라면, 6:14-7:1은 세 단락 중 두 번째에 가장 잘 어울린다. 첫 번째 단락은 바울과 고린도 사람들을 동역자로 묘사하면서(6:1-13) 그들의 공동 목적과 상호 개방성을 강조한다. 그러나 이런 개방성이 타협을 암시하는 것은 아니다(6:14-7:1). 오히려 서로를 이용하지 않는다는 전제가 깔려 있다(7:2-16). 만약 바울이 미리 구성했거나 기록해둔 단락을 사용했다면, 그는 그것을 그가 만들어낸 자신만의 방법으로 그의 편지 안에서 활용했을 것이다.

위에서 언급한 증거는 결정적이지 않다. 결과적으로 오늘날 대부분의 학자들은 6:14-7:1을 삽입된 것으로 다루지 않는다.

(2) 고린도후서 10-13장

a. 문제들

고린도후서 10-13장에는 기본적으로 다섯 가지 난제가 있다.[58] (1) 고린도후서 1-9장은 고린도 신자들에 대한 칭찬으로 가득 차 있지만, 고린도후서 10-13장은 정죄의 특징을 나타낸다. 두 부분의 반대되는 특징은 이 편지가 하나의 작품으로서 통일성을 갖지 못하게 만드는 요인이다. (2) 자랑과 바울의 자천에 대한 어휘는 편지의 두 주요 부분에서 다르게 사용된다. 이는 편지가 하나가 아니라 최소한 두 편지의 조합이라는 사실을 암시한다. 일반적으로 자랑을 의미하는 단어(καυχάομαι)가 어떻게 고린도후서 1-9장에서는 긍정적으로 사용되는데 반해 고린도후서 10-13장에서는 부정적으로 사용되는지가 가장 분명한 문제가 된다. 예를 들어 5:12은 바울이 자기 자신을 추천했음을 나타내지만, 10:13에서 바울은 스스로 자랑하지 않겠다고 말한다. (3) 학자들은 고린도후서 10-13장의 여러 단락이 미래를 내다보지만, 고린도후서 1-9장은 과

---

58   의견을 개괄하는 Thrall(*Second Corinthians*, 1.5-20) 외에도 L. L. Welborn, "The Identification of 2 Corinthians 10-13 with the 'Letter of Tears,'" *NovT* 37 (1995): 138-53을 보라. 이 문제들을 분류하는 다양한 방법이 있다. 참조. D. R. Hall, *The Unity of the Corinthian Correspondence* (JSNTSup 251; London: T&T Clark, 2003), 86-112; M. J. Harris, *The Second Epistle to the Corinthians: A Commentary on the Greek Text* (NIGTC; Grand Rapids: Eerdmans, 2005), 29-51; I. Vegge, *2 Corinthians—A Letter about Reconciliation: A Psychogical, Epistolographical, and Rhetorical Analysis* (WUNT 239; Tübingen: Mohr-Siebeck, 2008), 12-22.

거를 돌아보는 것처럼 보인다는 사실에 주목한다. 몇 가지 예를 들면 담대함에 대한 10:2과 8:2, 순종에 대한 10:6과 2:9, 속임에 대한 12:16과 4:2, 사기에 대한 12:17과 7:2, 고린도 사람들을 아낌에 대한 13:2과 1:23 그리고 방문 여행에 대한 13:10과 2:3 등이다. 이런 증거에 기초하면 고린도후서 1-9장은 이제는 해결된 문제의 상황을 되돌아보고 있지만, 고린도후서 10-13장은 해결을 기대하고 있는 것으로 보인다. (4) 고린도후서 1-9장과 고린도후서 10-13장 사이에는 일련의 모순이 있는 것 같다. 예를 들어 1:24에서 바울은 고린도 사람들을 "믿음에 선" 자들로 보지만, 13:5에서는 "믿음 안에" 있는가 자신을 시험하라고 그들에게 권고한다. 게다가 7:16에서 바울은 그들에 대한 신뢰를 표현하지만, 12:20-21에서는 그들에 대한 두려움을 드러낸다. 이런 태도들은 고린도 내에 다양한 상황이 발생하고 있었음을 반영하는 것 같다. (5) 어떤 학자들에 따르면 고린도후서 10-13장이 고린도로 보내는 세 번째 편지로서 에베소에서 기록되었다고 전제했을 때, 고린도 지역을 "넘어" 복음을 전하고 싶다(10:16)는 바울의 언급은 로마와 스페인을 의미한다(왜냐하면 로마와 스페인은 에베소와 고린도의 서쪽이기 때문이다). 그러나 이것이 마게도냐에서 기록된 네 번째 편지의 일부라면 이런 추정이 불가능하다. 왜냐하면 마게도냐로부터 고린도로 이어지는 남쪽으로의 지리적 경로는 지중해를 건너 아프리카로 향하게 되기 때문이다.

b. 해결책

고린도후서 1-9장과 10-13장의 관계에 대한 여러 해결책이 제안되었다. 이 해결책들은 본질적으로 두 가지 가능성으로 구분될 수 있다. 즉 두 본문이 각각 두 개의 다른 문서를 대표하거나 함께 하나의 같은 문서를 구성한다는 것이다.

i. 고린도후서 10-13장은 고린도후서 1-9장과 별개로 기록되고 발송되었다.   두 본문의 명백한 불일치에 기초해서 이 증거는 두 부분이 각각 다른 편지의 일부임을 가리킨다고 주장된다. 구별된 편지라고 주장하는 많은 이들은 고린도후서 10-13장이 바울이 고린도 교회에 대한 끔찍한 방문을 마친 지 얼마 안 되어 그들에게 세 번째로 보낸 "심각한 편지"를 구성한다고 주장한다. 이것은 아마도 위에서 언급한 차이점의 일반적인 논지를 의미할 것이다. 즉 고린도후서 10-13장은 해결을 고대하지만, 고린도후서 1-9장은 최근에 해결된 것을 반영한다. 고린도후서 10-13장은 자랑을 부정적인 자질로 다루는데, 이는 바울이 고린도에서 직면했던 것에 대한 반작용을 반영하는 듯하다. 그러나 고린도후서 1-9장에서 난제들에 대한 해결책을 제시한 후에, 바울은 그 자신이 고린도 사람들을 자랑하도록 허용한다. 바울은 고린도후서 10-13장에서 고린도 사람들의 믿음에 대해 의문을 제기하면서 그들을 향해 가지고 있는 자신의 두려움을 나타낸다. 하지만 고린도후서 1-9장에서 그는 그들이 이제 믿음을 가지고 있다는 사실을 알고 있으며, 그들을 신뢰하고 있다. 이것의 변형된 의견으로 소수의 학자들은 고린도후서 1-9장과 10-13장이 다른 편지로 기록되고 발송되었는데, 1-9장 이후에 아마도 거의 곧바로 10-13장이 보내졌다고 여긴다. 이 두 번째 시각은 두 본문의 차이점에 대한 설명(비록 두 본문이 내용에서 불가피하게 비슷하더라도), 혹은 고린도 교회가 처한 일련의 새로운(현재 알려지지 않은) 상황(눈에 보이는 어려움이 해결된 이후)에 대한 가정에 의지하는 것으로 보인다. 이런 구분을 하는 데 있어서의 명백한 어려움 때문에 이 변형된 시각을 지지하는 이들은 훨씬 드물다.

이런 대안들을 대할 때 우리는 위에서 언급한 명백한 난제 중 몇 가지는 종종 주장되는 것만큼 심하게 긴급한 것은 아니라는 점에 주목해야 한다. 예를 들어 어조의 분명한 전환은 생각만큼 크거나 심각하지 않은 것일 수 있다.[59] 이 해결책은 종종 고린도후서 1-9장은 아마도 안정된 상황을, 10-13장은 불확실한 상황을 반영하고 있다는 것으로 도식화된다. 그러나 고린도후서 1-9장도 계속되는 반대를 언급하고 있다는 점에 유의해야 한다(예. 2:6, 17; 4:2-5; 5:11-13). 비록 전체적인 어조가 좀 더 회유하는 것이지만 말이다. 이것은 비록 고린도 교회의 대다수 사람이 바울의 주장에 설득되었다고 해도, 여전히 설득해야 할 소수가 남아 있었다는 점을 잘 가리킨다. 이와 비슷하게 고린도후서 10-13장도 바울에 대한 반대를 절대적으로 반영하지 않으며 그의 권위에 대한 일부 반대만을 나타낸다(예. 10:2, 7, 11-12; 11:5, 12-13, 18, 20; 12:11, 21; 13:2). 더욱이 이 두 본문 내에서 언급하는 내용이 반드시 편지의 이 두 부분의 관계만을 반영하는 것도 아니다. 다른 가능성도 몇 가지 있다. 예를 들어 고린도후서 1-9장에서 과거를 돌아보는 언급은 고린도후서 10-13장이 아니라 우리의 정경 고린도전서, 즉 두 번째 편지를 가리키는 것일 수 있다. 또 다른 그럴듯한 시나리오로, 바울이 자신의 직무에 대한 긍정적인 반응이 고린도 교회 내에 널리 퍼졌다는 소식을 디도에게 들었지만, 그것이 완전한 것이 아니었을 수도 있다. 특히 외부로부터 새로운 그룹이 유입되었다면 말이다(아래를 보라). 따라서 그는 이후 더 좋아질 필요가 있는 희망의 근거를 여전히 가지고 있었다. 결과적으로 고린도후서 10-13장의 바울의 발언은 이미 이루어진 일들에 대한 감사를 반영하며(고후 1-9장), 이는 이후의 긍정적인 반응에 대한 소망을(고후 10-13장) 함께 담고 있다고 볼 수 있다.

사실 가정된 모순은 대부분 사실상 제대로 된 모순이 아니라 비교

---

59   Harris, *Second Epistle to the Corinthians*, 29-31.

적 쉽게 설명될 수 있는 불일치에 불과하다고 말하는 것이 타당하다. 예를 들어 10:16의 "넘어"는 바울의 시각을 주목하면 그리 큰 난제가 아니다. 그에게 "넘어"는 그것이 어떤 방향을 의미하는지에 관계없이 지중해 동부 변경 너머, 즉 로마와 스페인이었다. 3:1과 5:12의 자천에 대해 말하면, 바울은 추천 편지를 사용한다고 언급하고 있으며, 고린도 교회가 자신의 추천 편지의 내용대로 행한 것에 대해 칭찬하고 있다. 고린도후서 10-13장에서 바울이 자랑을 부정적으로 언급하는 것은 사실이다. 그러나 그는 고린도 사람들 전체가 아니라 그의 대적자에 대해 말하고 있다. 그는 고린도 사람들을 자랑스럽게 생각한다(10:13-14; 11:16-21; 참조. 1:12-14).

고린도후서 10-13장을 "심각한 편지"로 본다면, 실질적인 모순점은 더 있다. 12:18에는 디도에 대한 언급이 있는데, 그가 이 "심각한 편지"를 전달했고, 이번에는 고린도후서를 전달한다(7:6-8; 8:6, 16-18). 만약 이것이 그 편지라면, 이 언급은 "심각한 편지"를 전달한 사람으로서의 디도에 대한 것일 수 없다. 그리고 이 본문의 의문 형태의 언어가 사실은 "심각한 편지"를 의미하는 것 같다. 따라서 고린도후서 10-13장은, 설령 그것이 1-9장과 다른 시점에 기록되었다고 할지라도, 심각한 편지는 아닐 것이다. 이 언급들이 설명할 수 없는 어떤 이유로 인해 나중에 삽입되지 않는 한 말이다.

끝으로 이 편지를 두 부분으로 나눌 만한 사본상의 근거가 없다. 이 점에 대해서는 논의할 만한 가치가 없어 보이지만, 좀 더 큰 틀에서 보자면 다소 의미가 있다. 만약 두 개 혹은 그 이상의 편지가 하나의 편지 안에 포함된 것이라면(11장 단락 2C의 빌립보서에 대한 논의를 보라), 이는 진짜 편지의 원래 서두와 맺음말뿐만 아니라 다른 여러 부분이 삭제되었다는 사실을 내포한다. 우리가 모든 상황을 이해할 수는 없다. 하지만 이것은 전체가 소실되어 존재하지 않는 라오디게아에 보낸 편지와는 다른 경우다(에베소서는 그럴 수 있지만 말이다. 11장 단락 5D4를 보라). 편지의 한 부분은 소중히 여겨져 잘 보관되었지만 같은 편지의 다른 부분은 삭제되고 보관되지 않았다는 것은 꽤 이상한 말이다. 바울의 글이 가치 있고 교육적인 것으로 보존되었다는 것과 어떤 부분이 삭제되었다는 것은 내적인 모순처럼 보인다. 오늘날의 기준으로 볼 때 편지의 서두와 맺음말(과 우리에게 알려지지 않은 다른 부분들?)은 그만큼 중요하지 않다고 생각할 수 있다. 하지만 이것은 단지 질문만 요구할 뿐이다. 우리가 그것들이 초기 교회에는 중요하지 않은 것이었다고 말할 수 있을까? 특히 바울의 독창적인 서두, 발신자와 수신자에 대해 신학적으로 이루어진 묘사, 그리고 축복 기도와 은혜 어구가 중요하지 않았다고 말할 수 있을까? 이는 의심스럽다.

ii. 고린도후서의 일부인 고린도후서 10-13장   두 번째 해결책은 위에서 언급한 난제들과 상관없이 고린도후서 10-13장을 원래 편지의 일부로 보는 것이다. 이미 언급한 대로 사본의 증거와 함께 어조의 변화 및 그 외의 가정된 모순들은 두 개 혹은 그 이상의 편지임을 명확히 주장하는 데 도움이 되지 않는다. 사실 위와 같은 주장들에 대한 응답은 하나의 온전한 편지에 대한 좋은 근거가 된다. 여러 다른 차원의 증거들도 분리된 편지 가설이 아니라 본문의 통일성을 지지하는 가설을 뒷받침한다. 첫째, 만약 고린도후서 10-13장이 분리된 편지라면, 이 장들은 고린도에서 직면했던 문제들을 언급하지 않는 것으로 보인다. 2:1-4과 7:12에 의하면 어떤 방식으로든 바울을 공격했던 개인이 심각한 편지를 쓰게 만든 요인이었다. 이것이 사실이라면, 고린도후서 10-13장이 이 점에 대해서는 언급하지 않고 교회로서의 고린도 사람들을 언급한다는 점에 주목해야 한다. 고린도후서에 기록된 바울의 자기변호(예. 12:1, 11-15)는 개인적인 어려움이 아니라 교회의 상황에 초점이 맞추어져 있다. 그러나 이것은 고린도후서의 나머지 부분과 일관되는 내용이다(고전 9:1-14이 교회의 어려움과 관련하여 사도적 권위에 초점을 두는 예에서 알 수 있듯이 고린도전서도 마찬가지다). 둘째로, 고린도후서 10:1의 권면 어구(παρακαλέω를 사용한 어구)는 편지 속 권면 단락의 권고하는 자세와 일관된다. 굳이 과장하여 비교하지 않더라도 권면 단락은 그 의미상 편지의 본론과는 다른 어조를 수반하게 된다. 그렇지만 로마서 14장과 로마서의 나머지 부분 사이의 관계에서 발견되는 것과 어느 정도 비슷한 전환이 여기서 이루어지고 있다. 교회와의 개인적인 관계에 신경을 썼음에도 불구하고 바울은 강한 어조의 가르침을 소개하기에 주저하지 않는 것 같다. 만약 바울에 대한 새로운 대적자들이 고린도의 상황 속에 유입되었다면, 이런 방식의 가르침은 특히 적절하다고 할 수 있을 것이다(아래를 보라).

고린도후서 1-9장과 10-13장 사이에서 추정되는 어조의 변화에 대한 또 다른 해결 방법이 있다. 예를 들어 어떤 이들은 바울이 이런 어조의 변화라는 문학적 장치를 신중하게 사용하고 있으며, 화해에 대한 주요 주제가 하나의 작품으로서의 편지 전체에 걸쳐 나타난다고 주장한다.[60] 게다가 고대 세계에서 문학 저술의 과정은 요즘과는 꽤 달랐다. 오늘날에는 속도와 내용 및 표현의 일관성을 (이상적으로) 보증해주는 워드프로세서를 사용할 수 있다. 그러나 주요 바울 서신들만큼 긴 편지를 쓰는 것은 꽤 큰 작업이었고, 서기가 동원되었으며, 문구류를 사용해야 했

---

60   R. Bieringer, "Plädoyer für die Einheitlichkeit des 2. Korintherbriefes: Literarkritische und inhaltliche Argumente," in *Studies on 2 Corinthians* (ed. R. Bieringer and J. Lambrecht; Bibliotheca Ephemeridum Theologicarum Lovaniensium 112; Leuven: Leuven University Press, 1994), 131-79, 특히 133-42; Vegge, *2 Corinthians*, 34-37.

을 뿐만 아니라 일정 시간이 소요되는 일이었다. 아마도 편지 혹은 최소한 편지의 단락을 밀랍 서판에 초고로 기록한 후에 양피지에 복사하여 발송했을 것이다. 그리스-로마 세계에서 이런 식의 기록 목적으로 이용했던 재사용이 가능한 밀랍 서판이 발견되었다. 이렇게 기록되고 편집되고 복사되는 동안 얼마든지 개정할 기회가 많았을 것이다. 여기에는 바울 자신이 표현하고 싶었던 것에 대한 심경의 변화나 표현 방식의 변화도 포함될 수 있고, 고린도 교회에 대한 새로운 정보도 있었을 수 있다. 또 바울이 일정 기간 편지 쓰는 일을 멈춘 후 달라진 마음의 상태로 돌아오게 만든 상황, 혹은 심지어 (지금은 유명한 Hans Lietzmann의 생각인) 고린도후서 10장과 그 이후 장들에서 발견되는 바울의 까칠한 태도를 유발하기에 충분했던, 고린도후서 9장 집필 직후 생겨난 불면증도 고려해 볼 수 있다.[61] 따라서 그럴듯한(때로는 그럴듯하지 않은) 여러 해결책이 알려진 어조의 변화를 설명할 수 있는데, 그중 일부는 분리된 편지를 가정하고 다른 일부는 그렇지 않다.

(3) 고린도후서 8-9장

이 두 장과 관련된 의문들은[62] 두 장이 고린도후서 1-7장과 관계없는 독립된 부분인가의 여부, 혹은 하나 혹은 그 이상의 부분이 분리되었는가

---

61   H. Lietzmann, *An die Korinther I-II* (3rd ed.; Handbuch zum Neuen Testament 9; Tübingen: Mohr-Siebeck, 1931), 139. R. P. Martin, *New Testament Foundations: A Guide for Christian Students* (2 vols.; end ed.; Grand Rapids: Eerdmans, 1986), 2. 182에도 인용되었다.

62   의견을 개괄했던 Thrall, *Second Corinthians*, 2.36-43 외에도 H. D. Betz, *2 Corinthians 8 and 9* (Hermeneia; Philadelphia: Fortress, 1988), 3-36; J. M. Gilchrist, "Paul and the Corinthians-The Sequence of Letters and Visits," *JSNT* 34 (1988): 47-69, 특히 50-51; V. D. Verbrugge, *Paul's Style of Church Leadership Illustrated by His Instructions to the Corinthians on the Collection* (San Francisco: Mellen Research University Press, 1992), 특

의 여부, 그리고 만약에 그렇다면 그것이 바로 발송된 순서 그대로인가에 대한 것이다. 고린도후서 8-9장의 독립성에 관한 주장은 기본적으로 다음의 다섯 가지다. (1) 9:1에는 고린도후서 8장과 구별해주는 연결구가 있고, 이것은 새로운 편지일 가능성을 나타낸다. (2) 고린도후서 8-9장은 수집, 밀사 등에 관한 정보를 재현한다. (3) 8:1-5과 9:1-2은 각각 다른 그룹에 말하는 것으로 보이며, 두 본문의 수신자 모두 고린도후서 7장의 청자들과는 다른 특징을 지닌다. (4) 고린도후서 8장과 9장은 각각 바울이 편지를 보내는 다른 목적을 말하고 있다. 그리고 놀랍게도 이런 언급이 고린도후서 7장에는 빠져 있다. (5) 세부사항을 살펴보면 고린도후서 8장과 9장 사이에 모순이 존재한다. 예를 들어 바울은 이미 논의한 적이 있어서(8:1-5) 쓸 필요가 없는 연보에 대해 9:1에서 소개한다. 가끔 여섯 번째 근거가 제시된다. 즉 수사학적인 구조가 각 장에서 발견되는데, 이것이 아마도 통일성과 독립성을 가리킬 수 있다는 것이다. 이 주장을 너무 신뢰하지 말아야 할 이유가 몇 가지 있다. 첫 번째로 수사비평은 다양한 방법으로 사용될 수 있는데, 해석자에 따라 가끔은 편지의 통일성을 증명하기 위해, 때로는 소단락의 통일성을 입증하기 위해 사용된다. 따라서 이는 그 자체가 그것이 어떻게 사용될 수 있는지를 증명하기 어렵게 만든다. 두 번째 이유는 (반대되는 여러 강력한 주장이 있음에도 불구하고) 말을 만들어내기 위해 고안된 고대 수사학의 범주들이 고대의 편지를 분석하는 데 적합한지가 논증되지 않았기 때문이다. 사실 모든

히 100-104; S. K. Stowers, "Περὶ μὲν γάρ and the Integrity of 2 Cor. 8 and 9," *NovT* 32 (1990): 340-48; D. A. deSilva, "Measuring Penultimate against Ultimate Reality: An Investigation of the Integrity and Argumentation of 2 Corinthians," *JSNT* 52 (1993): 41-70; Hall, *Unity of the Corinthian Correspondence*, 100-102; M. M. Mitchell, "The Corinthian Correspondence and the Birth of Pauline Hermeneutics," in *Paul and the Corinthians: Studies on a Community in Conflict; Essays in Honour of Margaret Thrall* (ed. T. J. Burke and J. K. Elliott; NovTSup 109; Leiden: Brill, 2003), 17-53, 특히 20-36을 보라.

징후는 이런 범주들이 적합하지 않다는 것이다.[63] 그럼에도 불구하고 위에서 언급한 다섯 가지 고찰과 같은 추론을 바탕으로 몇몇 제안이 이루어진다. 어떤 이들은 고린도후서 1-8장이, 혹은 고린도후서 1-7장과 9장을 합친 것이 다른 장과 분리되어 보내진 한 단위였다고 주장한다. 다른 이들은 고린도후서 8장과 고린도후서 9장이 1-7장과, 그리고 피차간에도 독립되었다고 말하며, 어떤 이들은 고린도후서 8장이 먼저 발송되었다고(아마도 고린도로), 그리고 또 다른 이들은 고린도후서 9장이 첫 번째(아마도 아가야의 더 넓은 지역의 순환 편지로서) 것이라고 주장한다.

하나 혹은 그 이상의 삽입이 고린도후서 8-9장을 구성한다고 가정한 이유는 고린도후서의 구성에 관한 중요한 질문을 유발한다. 하지만 이것은 이 장들이 한때 독립된 장을 구성했다는 결정적인 증거가 되지는 못한다. 그것이 결정적이지 못한 첫 번째 이유는 이 편지가 다름 아닌 하나의 형태로 알려졌거나 순환되었다는 것을 알려주는 외적인 본문비평적 지침이 없는 고린도후서 10-13장과 비슷하기 때문이다. 이런 본문의 변경이 있었을 수도 있다. 그러나 이것이 사실이려면, 변경이 우리가 갖고 있는 본문비평적 증거가 지지할 수 있는 시점보다 일찍 일어났어야 한다. 둘째, 9:1의 연결구 περὶ μὲν γάρ(종종 번역되지 않거나 NASB에서처럼 "위하여"[for]로 번역된다)의 사용은 장의 구분이 아니라, 연결과 연속성을 나타낸다(참조. 행 28:22). 이것은 바울이 고린도전서에서 사용하는 전환 표식(περὶ δέ)과 동등한 것도 아니고, 새로운 자료를 소개하는 전형적

---

63 S. E. Porter, "The Theoretical Justification for Application of Rhetorical Categories to Pauline Epistolary Literature," in *Rhetoric and the New Testament: Essays from the 1992 Heidelberg Conference* (ed. S. E. Porter and T. H. Olbricht; JSNTSup 90; Sheffield: JSOT Press, 1993), 100-122을 보라. 이것은 단지 고린도후서만이 아니라 바울 서신 전체에 적용된다.

인 어구도 아니다. 셋째, 우리는 두 장 간의 반복되는 분량을 지나치게 강조하고 싶지 않다. 비슷한 주제들이 제기되지만, 이 주제들은 고린도후서 8장에 없는 정보를 고린도후서 9장에서 덧붙이는 등의 다른 방식으로 다뤄진다. 넷째, 8:1-5이 마게도냐 사람들을 고린도 사람들에 대한 본보기로 언급하지만 9:2은 고린도 사람들을 마게도냐 사람들에 대한 본보기로 언급한다는 주장은 처음에 보이는 것처럼 모순되지는 않는다. 고린도후서 8장에서 바울은 마게도냐 사람들을 고린도 사람들에게 추천한다. 하지만 그는 마게도냐 사람들을 고린도후서 9장에서 고린도 사람들이 분명히 행하고 있었던 일에 대한 증인으로 사용한다. 다섯째, 9:3, 5에서 바울이 편지를 쓰고 있는 대상이 8:16-24에서 소개되는데, 한쪽이 다른 쪽을 명확하게 해준다. 여섯째, 9:1에 기록된, 쓸 필요가 없어 보이는 연보에 대한 언급은 아마도 가장 설명하기 힘든 문제일 것이다. 그러나 단순히 별개의 편지로 보는 것 외에 여러 가지 가능한 설명이 있다. 그중 하나는 이 구절이 아마도 바울이 지금 쓰고 있는 글을 계속해서 쓸 필요가 없다는 사실을 말할 수 있다는 것이다(그렇게 본다면 그리스어 관사와 현재 시제 부정사인 "쓰다"[τὸ γράφειν]는 이미 언급된 것을 가리키는 것이 된다).

고린도후서 8장 혹은 9장 혹은 두 장 모두를 고린도후서 1-7장으로부터 분리하려는 경향이 존재해왔다. 그러나 이런 분리가 이 장들을 이해하는 데 꼭 필요한 작업은 아니다. 고린도후서 8장과 1-7장 사이의 연관성은 강하며, 9장에 있는 "형제들"(9:3, 5)의 정체와 같은 일부 정보는 8장이 있어야 이해할 수 있는 것으로 보인다. 본문의 증거가 부족하다는 점과 함께 이 모든 것은 이 장들이 고린도후서의 나머지 부분과 통일성이 있음을 확실하게 보여준다.

C. 고린도후서의 저술 동기 및 목적

고린도전서에 언급된 문제들은 고린도 교회 내에 산재한 다양한 불화의 요인이었던 것으로 보인다. 그러나 바울과 고린도 교회의 대면 과정에서 상황이 달라져서 새로운 반대자가 유입되었던 것 같다. 만약 고린도 사람들에게 보내는 처음의 두 편지를 쓰게 만들었던 원인이 교회의 분열 가능성이었다면, 고린도후서에서는 이런 분열이 주로 극복된 것으로 보이지만, 적어도 그 시점까지는 소수의 사람이 바울을 개인적으로 공격하고 있었을 수 있다. 그들은 아마도 외부로부터(예루살렘으로부터? 고후 11:5, 13, 23; 12:11) 들어온 새로운 그룹으로서, 꽤 설득력 있는 방법으로 바울의 사도권에 의문을 제기했을 것이다. 결과적으로 고린도후서를 집필하게 만든 반대자들은 그들이 가했던 공격의 본질에 의해 특징지어질 수 있다. 바울은 그들을 필사적으로 반대한다. 그리고 고린도 사람들에게 보낸 네 번째 편지(우리가 가진 고린도후서 안에 얼마나 많은 편지가 발견되는지와 관계없이)에서 그 문제를 충분히 다룸으로써 바울은 그 위협을 극복할 수 있다고 생각했을 수 있다. 이것은 이 반대자들이 고린도 교회가 결국 거부했던 소수를 나타낸다는 관점에 힘을 실어준다. 그럼에도 불구하고 고린도후서가 다루는 상황에 대한 여러 관점이 있다.

(1) 바울에 대한 개인적인 공격

바울에 대한 공격의 본질은 이 외부인들이 제기한 광범위하고 전적으로 불공정한 여러 비난으로 구성되었던 것으로 보인다. 여기에는 계획 변경과 우유부단함(1:15-18)을 근거로 트집 잡힌 그의 변덕스러움, 그가 말하고자 하는 바가 명확하지 못함(1:13-14), 효과적이지 못함(10:10), 독선적인 언어(10:8), 고린도 사람들을 버려둠(2:1; 13:2), 복음을 분명하게 전하지 못함(4:3), 초라한 말(10:10; 11:6) 등이 포함된다. 그리고 이는 아마도 바울이 그들 중 일부가 받았을 수 있는 수사학 훈련을 받지 못했음을 보여주는 것 같다.[64] 바울은 자신이 그리스도의 대리자 혹은 사도라는 주장에 대해 여러 이유로 비판을 받았던 것으로 보인다. 그에게는 다른 순회 설교자들과 교사들이 가지고 있었을 것으로 추정되는 공식적인 추천 편지가 없었다(3:1; 4:2). 그리스도에게 속한다는 그의 주장은 아마도 그가 실제로 그리스도를 보지 못했다는 비난으로 인해 입증되지 못했던 것 같다(10:7; 본다는 것에 강조점이 있음). 그는 확실한 명령을 받지 않고 고린도에 도착했다(10:13-14). 그는 "지극히 크다는 사도들"보다 부족하다는 말을 듣는다. 그들은 아마도 예루살렘에 있는 교회로부터의 권위를 주장했던 자들일 것이다(11:5; 12:11). 바울은 회중의 재정적 지원을 거부함으로써 간접적으로 그들의 우월한 지위를 인정하고 상대적으로 낮은 자리를 스스로 취한 셈이다(11:7-9). 이 모든 것은 어떤 이들로 하여금 심지어 바울은 사도가 아니라고 생각하게 했고(12:12, 14), 그리스도께서 그를 통해 말씀하지 않으신다고 여기게 했을 것이다(13:3). 무엇보다도 바울은 회중에 나쁜 영향을 끼친다는 공격을 받았는데, 이는 아마도 그의 자화자찬을 포함하여 그의 행동이 불쾌하게 여겨졌기 때문인 것 같다(3:1, 5; 4:5; 5:11-15; 6:3-5; 10:2, 8; 11:16-18; 12:1, 11). 아마도 그는 이득을 위해 표리부동하게 행동했고(7:1; 12:17-18) 심지어 연보까지 유용했으며(8:20-21) 겁쟁이일 뿐만 아니라(1:23; 8:2; 10:1, 10; 11:32-33), 고린도 사람들을 버려둠으로써 그리스도인 공동체에 위해를 가했고(2:1;

---

64   참조. S. E. Porter and A. W. Pitts, "Paul's Bible, His Education, and His Access to the Scriptures of Israel," *Journal of Greco-Roman Christianity and Judaism* 5 (2008): 9-41. 바울은 문법 학교 교육을 받는 동안에 기본적인 수사학을 접했을 수 있다(1장 단락 4를 보라). 그러나 그는 어떤 이들이 주장하는 것처럼 숙련된 웅변가는 아니었을 것이다.

13:2) 자신의 이익 때문에 상황을 이용했다(7:2; 12:16)는 말을 들었던 것으로 보인다.

(2) 소수의 비난

최소한 고린도후서에 반영된 바울의 생각에는 그에 대한 공격이 고린도의 그리스도인 공동체와 연관된 소수의 사람으로부터 시작된 것으로 여겨졌던 것 같다. 이미 언급한 대로 그들은 예루살렘에서 온 유대인 그리스도인들일 가능성이 꽤 크다. 바울은 편지를 쓰면서 자기 생각을 명확하게 드러낼 수 있는 적절한 어조를 잘 찾아내야 했다. 예를 들어 그는 그들이 돈을 받은 소수였다고 말한다(고후 2:6; 10:2). 이는 바울을 대적했던 사람들이 자발적으로 금전적 보상을 받았음을 의미한다(2:17; 11:20). 이런 보상은 바울 자신이 받을 만한 자격이 있다고 생각했지만 구하지 않았던 것이다(고전 9:3-11). 그리고 그들은 추천과 자천의 편지를 이용하여 교회에 들어간 자들이다(고후 3:1; 10:12, 18). 그들은 자신들의 탁월함을 주저하지 않고 자랑했고(5:12; 11:12, 18), 바울이 자신의 황홀한 경험을 최대한 감추었던 것과 반대로 그것을 거침없이 강조했다(5:13; 12:1-6). 또한 그들은 자신들의 사도직(11:5, 13; 12:11)과 자신들이 모세보다 뛰어나다는 사실(3:4-11)을 공공연하게 주장했지만, 자신들의 유대교 유산을 증명하지는 못했다(11:22). 이런 주장들에 대한 응답으로 바울은 그들이 사실은 다른 복음을 전파하고 있고(11:4), 다른 이들의 선교 현장을 부당하게 침해하고 있으며(10:15-16), 부도덕하고(12:21; 13:2) 자랑하기를 좋아할 뿐만 아니라(10:12-13), 특정한 사람에게 이끌리고 있다고(2:5; 7:12; 11:4) 말한다. 적어도 바울의 생각에 그들은 결국 사탄의 종이었다(11:13-15). 반대로 바울은 자신을 사도(1:1)로 여겼고, 이에 대한 증거는 고린도 사람들에게 있다고 말한다(3:2-3). 또 자신이 그들 가운데서 여러 가지 큰일을 행했는데(12:12), 이는 하나님으로부터 비롯된 것이라고 한다(3:5-6; 4:7; *그가 그리스도를 본 것 외에도* 5:16; 참조. 고전 9:1).

이 거짓 설교자들을 좀 더 확실하게 특징짓는 것이 가능할까?[65] 학자들의 추정은 끊임이 없는데, 주로 고린도후서 11장, 특히 11:4에 집중한다. 바우어나 바레트(C. K. Barrett), 존 건서(John Gunther) 등 일부 학자들은 그들을 유대주의자로 간주하는데(갈 1:6-9), 이는 그들이 유대교의 유산을 강조하는 데 기초한 것이다(고후 3:4-7; 11:22).[66] 그러나 고린도의 문제가 심각하다고 해도 바울의 반응은 갈라디아서에서 발견되는 반응과 같아 보이지 않는다. 따라서 이는 가장 좋은 설명이 아니다. 두 번째는 루돌프 불트만(Rudolf Bultmann)과 발터 슈미탈스가 제안한 것으로, 반대자들이 "영지주의자들"이었다는 주장이다.[67] 이 학자들은 황홀한 경험을 이용하고자 하는 의도에 주목한다. 하지만 이 입장은 영지주의가 1세기의 것보다 훨씬 더 충분한 발전을 이루어야 설명할 수 있다. 이것은 영지주의적 경향이 당시에 없었다는 말이 아니다. 특히 "참된 지식"을 소유하는 것에 대한 자부심이 그 경향의 일환일 수 있다. 그러나 정형화된

---

65 아래에 언급한 여러 입장에 대한 요약은 J. L. Sumney, *Identifying Paul's Opponents: The Question of Method in 2 Corinthians* (JSNTSup 40; Sheffield: JSOT Press, 1990), 특히 13-73을 보라. 참조. Sumney, "*Servants of Satan*," 79-133. 그러나 Sumney는 편지를 고후 1-9장과 10-13장으로 나눈다. S. E. Porter, ed., *Paul and His Opponents* (PAST 2; Leiden: Brill, 2005)에는 다양한 소논문이 수록되어 있다. 특히 N. H. Taylor, "Apostolic Identity and the Conflicts in Corinth and Galatia," 99-128을 보라.

66 Baur, "Die Christuspartei"; C. K. Barrett, *Essays on Paul*, 60-86과 87-107에 있는 "Paul's Opponents in 2 Corinthians"와 "Ψευδαποστολοι (2 Cor. 11.13)"; J. J. Gunther, *St. Paul's Opponents and Their Background: A Study of Apocalyptic and Jewish Sectarian Teaching* (NovTSup 35; Leiden: Brill, 1973), 1-94을 보라.

67 R. Bultmann, *The Second Letter to the Corinthians* (ed. E. Dinkler; trans. R. A. Harrisville; Minneapolis: Augsburg, 1985); Schmithals, *Gnosticism in Corinth*.

영지주의는 아직 없었던 것으로 보인다. 세 번째는 디터 게오르기(Dieter Georgi)가 제안한 것으로, 이 반대자들은 자신들이 기적을 행하는 능력이 있다고 주장했던 헬레니즘적인 유대인들이었다는 관점이다.[68] 이것은 "신적 인간"(θεῖος ἀνήρ) 이론으로서 하나님의 사람은 일종의 기적을 행하는 자라는 내용인데, 이에 대해서는 기독교 이전에 확실한 뿌리가 있었다는 명확한 증거가 없다. 가장 유사한 것은 3세기 혹은 그 이후에나 찾을 수 있다. 이 거짓 설교자들이 아볼로의 추종자들이었고 알렉산드리아의 헬레니즘 유대교를 반영하는 자들이었을 가능성이 있다.[69] 따라서 그들은 교육을 잘 받아 언변이 좋은 연설가들로서 바울의 강력한 대적자들이었다. 고린도전서(예. 1:12, 18-31; 2:1-5)에 비춰보면 이 제안은 일리가 있다. 그러나 바울이 두 상황을 다루는 방식은 꽤 다르다. 그는 고린도전서에서는 더 회유적이지만, 고린도후서에서는 더 직설적이다. 이것은 아마도 상황이 호전되었기 때문일 것이다. 비록 양자 사이를 연결하는 명확한 선을 긋기가 어렵지만 말이다.

바울의 대적자들에 대한 가장 가능성이 큰 설명은 이 거짓 설교자들의 그룹이 팔레스타인에서 기원했다는 것이다. 그들은 아마도 예루살렘 지도자들 혹은 "지극히 크다는 사도들"의 사절(정당한 자들이거나 배교자들)이거나, 예수와 함께 있었다고 주장하면서 고린도에서 자신들이 받

---

68   D. Georgi, *The Opponents of Paul in Second Corinthians* (Philadelphia: Fortress, 1986). 이에 반대되는 의견은 다음과 같다. C. Holladay, *Theios Aner in Hellenistic-Judaism: A Critique of the Use of This Category in New Testament Christology* (SBLDS 40; Missoula, MT: Scholars Press, 1977).

69   의견에 대한 개괄로 R. Pickett, *The Cross of Christ: The Social Significance of the Death of Jesus* (JSNTSup 143; Sheffield: Sheffield Academic, 1997), 39-74을 보라. 참조. F. Watson, *Paul, Judaism, and the Gentiles: Beyond the New Perspective* (rev. and exp. ed.; Grand Rapids: Eerdmans, 2007), 152-55. Watson은 아볼로 자신도 이 그룹에 속해 있었다고 주장한다.

아 마땅한 것보다 더 많이 받았다는 순회 설교자들이었을 것으로 보인다. 이는 예루살렘의 지도자들이 고린도에서 바울을 직접 반대했다고 말하는 것이 아니라, 예루살렘과 안디옥에서의 선교적 노력 와중에 있었던 것으로 보이는 의혹의 정도를 무시해서는 안 된다는 것이다(행 15:1-5; 21:20-21을 보라). "지극히 크다는 사도들"은 예루살렘의 지도자들이었을 것이고, 고린도에 있는 바울의 대적자들은 예루살렘 교회의 권위를 주장했을 것이다. 그들이 그 권위를 실제로 가지고 있었는지 아닌지와 상관없이 말이다.[70] 이에 대한 응답으로 바울은 고린도 사람들이 "지극히 크다는 사도들"의 권위와 보증을 지니고 있다는 거짓 설교자들의 주장을 너무 쉽게 받아들였다고 말한다. 그렇지만 그는 자신이 예루살렘에 있는 이들을 포함하여 어떤 사도와도 동등한 지위와 권위를 지니고 있다고 주장한다. 다른 말을 하는 사람은 누구든지 거짓 사도다(고후 11:5, 12-15).

D. 고린도후서의 개요

  A. 서두(1:1-2)

   1. 보내는 이(1:1a)

   2. 받는 이(1:1b)

   3. 인사(1:2)

  B. 감사(1:3-7)

  C. 본론: 고린도 사람들에 대한 바울의 직분(1:8-9:15)

---

70 참조. R. P. Martin, "The Opponents of Paul in 2 Corinthians: An Old Issue Revisited," in *Tradition and Interpretation in the New Testament: Essays in Honor of E. Earle Ellis* (ed. G. F. Hawthorne with O. Betz; Grand Rapids: Eerdmans, 1987), 279-87.

1. 공식적인 서두(1:8-11)

2. 자신이 최근 수행한 일에 대한 바울의 설명(1:12-2:13)

3. 바울의 사도적 직분(2:14-7:16)

4. 예루살렘을 위한 연보(8:1-9:15)

D. 권면(10:1-13:10)

1. 자신의 사도적 권위에 대한 바울의 개인적 호소(10:1-12:10)

2. 바울 여행기(12:11-13:4)

3. 마지막 권면(13:5-10)

E. 맺음말(13:11-14)

1. 연합에 대한 명령(13:11)

2. 인사(13:12-13)

3. 축복 기도(13:14)

E. 고린도후서의 내용

서두(1:1-2)

바울은 자신과 디모데가 이 편지의 공동 발신자라고 밝힌다. 그리고 자신은 하나님의 뜻에 따라 그리스도 예수의 사도가 된 자라고 말한다. 그는 고린도에서 하나님께 속한 교회에 글(고린도전서와 같은)을 쓰며, 인사의 범주를 넓혀 아가야에 있는 모든 성도에게 안부를 전한다.

감사(1:3-7)

바울은 고린도전서에서 그랬던 것처럼 고린도 사람들에 대해 하나님께 직접 감사하지는 않는다. 하지만 이 단락은 하나님께 대한 찬송 (εὐλογητὸς ὁ θεός)을 포함하여 감사하는 태도로 가득하다. 여기서 그는 고난받는 자신의 사람들을 위로한다. 위로받은 사람들은 고통을 겪고 있는 다른 이들에게 자신들이 하나님으로부터 받은 위로를 전해줄 수 있다. "위로"(παράκλησις/παρακαλέω)라는 단어는 이 짧은 단락에서 열 번이나 반복된다. 이는 바울이 여기서 위로의 개념을 강조하고자 하기 때문일 것이다.

본론: 공식적인 서두(1:8-11)

그들의 고난을 언급하는 데 있어서 바울은 자신이 당한 고난을 그들이 알기를 원한다. 그는 자신과 동역자들이 아시아에서 죽음에 이르기까지 엄청난 고난을 받았다고 말한다. 그는 이런 고난이 죽은 자를 살리시는 능력의 하나님께 의지하도록 만든다고 말한다. 그러면서 그는 그들에게 계속 기도해달라고 부탁한다. 이는 많은 이들이 그들을 위해 감사하게 하기 위함이다.

본론: 자신이 최근 수행한 일에 대한 바울의 설명(1:12-2:13)

바울은 자신이 고린도 사람들을 자랑스럽게 여긴다는 점을 말하면서 그들도 그에 대해 자부심을 느끼기를 소원한다. 바울은 그들을 다시 한번 방문하고 싶었다. 그러나 방문하지 않기로 한 결정은 우유부단함이나 망설임에 기초한 것이 아니라, 그들에게 가장 유익이 되도록 어렵게 내린 결론이었다. 그는 그들을 근심하게 했던, 이전에 보낸 편지를 회상한다. 그리고 그 편지가 자기 자신도 근심하게 했다는 점을 인정한다. 그들의 기쁨이 자신의 기쁨이라는 점도 밝힌다. 바울은 이전의 편지를 쓰기가 어려웠는데, 이는 그가 그들을 근심시키고 싶지 않았기 때문이다. 그러나 어쨌든 그는 자신이 그들을 얼마나 사랑하는지 그들이 알기를 바란다.

　　바울은 고린도 교회에 내분을 일으킨 범죄자의 이름을 밝히지 않는다. 그리고 그를 용서하고 위로하라고 간청한다. 그 사람은 자신이 불화를 초래한 것을 회개했을 것이며, 바울 자신도 그를 용서했다. 그래서 바울은 최소한 자신을 후원하는 고린도 사람들도 그 범죄자를 용서할 것을 기대하며, 연합을 위해 힘쓸 것을 권한다. 이어서 바울은 자신이 드로아에 갔을 때 디도가 그곳에 없었기 때문에 평안을 느낄 수 없었고, 그래서 마게도냐로 갔다고 그들에게 말한다.

본론: 바울의 사도적 직분(2:14–7:16)

바울에 대한 비난 중 하나는 그가 진짜 사도가 아니라는 것이다. 그래서 이 편지의 대부분은 이 비난에 대한 변호로 이루어져 있다. 바울은 자신과 동역자들이 구원받는 자들 사이에서 그리스도의 향기라고 말하면서 글을 시작한다. 그들은 다른 사람들처럼 하나님의 말씀을 혼잡하게 하는 자들이 아니라 하나님으로부터 인정받은 신실한 자들이다. 그러나 바울은 다른 사람들이 받았을 것으로 추정되는 종류의 추천을 받지 못했다. 그에게는 추천의 편지가 없었다. 왜냐하면 그들 자신이 바로 모든 사람이 볼 수 있는 그의 추천 편지였기 때문이다. 이것은 바울과 그의 동료들이 그리스도를 통해 가질 수 있었던 자신감이다. 비록 그들 스스로는 역량이 부족하다 할지라도 하나님으로부터 그들의 능력이 나온다.

바울은 자신들에게 맡겨진 직분을 구약의 "죽음의 직분"과 대조하여 논한다. 죽음의 직분도 모세가 바라보았던 영광에 이르게 하였지만, "영의 직분"은 훨씬 더 위대하다. 그들에게 맡겨진 그 직분은 얼마나 더 영광스러운가? 이 점을 염두에 두고 그들은 모세가 썼던 수건이 벗겨져 하나님의 영광을 목격하고 변화된다는 사실로 인해 담대할 수 있다. 이 직분의 영광스러움을 아는 바울은 부당하거나 속임수를 쓰는 방법으로 이 복음을 선포할 필요가 없다고 주장한다. 오히려 그는 복음이 얼마나 위대한지 그대로 드러나게 되기를 원한다. 그는 자기 자신이 아니라, 주 되신 예수를 선포하고 드러내기를 원한다. 그러나 복음을 선포하는 자들은 사방으로 우겨쌈을 당해도 싸이지 않고, 답답한 일을 당해도 낙심하지 않으며, 박해를 받아도 버림받지 않으며, 거꾸러뜨림을 당해도 망하지 않음으로써 능력이 그들 자신이 아닌 하나님께 속한 것임을 보여줄 것이다. 비록 환난을 겪을지라도 그들이 낙심하지 않을 수 있는 것은 그들을 위해 영원한 영광이 예비되어 있음을 알기 때문이다.

바울은 계속해서 앞으로 나타날 영광에 관해 설명하면서 장막과 집의 건축 은유를 사용한다. 이 땅의 육신은 장막이며 쇠약해진다. 하지만 바울은 영원한 집인 하늘로부터 오는 처소를 고대한다. 그는 육신의 집에 거하는 대신에 주와 함께 처소에 거하는 것을 상상하라고 격려한다. 이를 위한 바울의 동기는 고린도 사람들을 향한 그의 사랑이다. 그리스도의 사랑이 그를 그렇게 하도록 만들고, 그리스도가 다른 이들을 위해 죽게 만든 같은 사랑이 그들을 살게 만드는 것이다. 이를 기반으로 바울은 그 누구도 육신에 따라 판단하지 않는다(그가 그리스도를 알게 된 이후로). 왜냐하면 그리스도 안에 있는 자들은 새로운 피조물이기 때문이다. 하나님은 그리스도를 통해 자신과 우리를 화목하게 하셨고, 우리에게 화목의 직분을 주셨다. 우리는 사신으로서 다른 이들도 하나님과 화목하기를 간청해야 한다.

바울은 고린도 사람들에게 하나님의 은혜를 헛되이 받지 말고 지금 받으라고 경고한다. 그는 아무에게도 거리끼지 않게 하고, 하나님의 일꾼으로서 자신의 직분에 따르는 모든 종류의 장애물에 맞선다. 그렇게 함으로써 그 자신에게서 아무런 잘못도 찾을 수 없도록 한다. 그는 그들에게 믿지 않는 자들과 멍에를 함께 메지 말라고 명령한다. 왜냐하면 빛과 어두움, 그리스도와 우상 사이에는 공통점이 아무것도 없기 때문이다. 그들은 세상과 구별되어야 하고, 온갖 더러운 것에서 자신을 깨끗하게 해야 한다.

그는 자신과 동역자들이 아무에게도 어떤 식으로든 불의를 행하지 않았으며 그들에 대해 큰 자부심을 느끼고 있다고 반복하여 말한다. 바울은 마게도냐에 있는 동안에도 고난이 있었고, 매 순간 분투했으며, 밖으로는 다툼이 있었고 안으로는 두려움이 있었다. 바울은 디도가 자신에게 와서 어떻게 위로했는지와, 그들의 사모함과 애통함과 바울을 위한 열심에 대해 어떻게 보고했는지를 회상한다. 그는 이전 편지에서 그들로 인해 비통해했다. 그러나 그것은 경건한 비통함이었다. 왜냐하면 그것이 그들을 회개로 인도했기 때문이다. 바울은 그들이 그 편지에 반응한 방식에 대해 자랑스러워하고 안심한다. 그 편지에 대한 그들의 반응뿐만 아니라 그들이 디도를 회복시켜준 것에 대해서도 기뻐한다. 바울뿐만 아니라 디도 역시 고린도 사람들에게서 용기를 얻었다. 바울은 범사에 그들을 신뢰하게 되었다고 고백함으로써 이 단락을 마무리한다.

본론: 예루살렘을 위한 연보(8:1-9:15)

마게도냐의 교회들이 경험한 고난에도 불구하고 바울은 공개 어구(즉 "나/우리는 너희가 알기를 원한다")를 사용하여[71] 마게도냐 사람들이 그들의 힘대로 할 뿐 아니라 그 힘에 지나도록 자원하여 풍성한 연보를 넘치도록 했음을 고린도 사람들에게 알린다. 그는 그들의 연보가 성도들의 부족한 것을 보충하는 데 참여하고자 하는 갈망에서 비롯되었고, 그래서

---

71   S. E. Porter and A. W. Pitts, "The Disclosure Formula in the Epistolary Papyri and in the New Testament: Development, Form, Function, and Syntax," in *The Language of the New Testament: Context, History, and Development* (ed. S. E. Porter and A. W. Pitts; ECHC 3/LBS 6; Leiden: Brill, 2013), 421-38.

이 일에 있어 그들을 격려하기 위해 디도를 보냈다고 보고한다. 그리스도께서 가난하게 되어 그들을 부요하게 하신 것처럼, 그들도 그분의 본을 따라야 한다. 바울은 그들이 풍성한 가운데 모든 것을 나누었고, 모든 성도가 이를 경험할 필요가 있다고 주장한다.

바울은 고린도 사람들에게 마게도냐(고린도 바로 북쪽 지역) 사람들이 자신들에 대한 바울의 자랑으로 인해 힘을 얻었다는 점을 알려주면서 그들을 격려한다. 이어서 그는 마게도냐 사람들이 바울과 함께 고린도로 내려올 때 고린도 사람들이 준비되어 있기를 원한다. 그러나 그는 그들이 무엇을 심든지 심은 그대로 거두게 될 것이라는 점도 알기를 원한다. 적게 심는 자는 적게 거두지만, 많이 심는 자는 많이 거둘 것이다. 그러나 그들은 억지로 하지 말고 진심 어린 관용으로 해야 한다. 왜냐하면 하나님은 즐겨 내는 자를 사랑하시기 때문이다.

권면: 자신의 사도적 권위에 대한 바울의 개인적 호소(10:1–12:10)

이 시점에서 이 편지의 통일성을 전제했을 때(위의 단락 3B를 보라), 바울은 자신의 직분이 신뢰할 만하다는 말을 반복한다. 그리고 바울은 그들이 그가 실제로는 소심하면서 글에서만 담대하다고 생각하지만, 자신은 소심한 것이 아니라고 고백한다. 어떤 이들은 그가 육신으로 행한다고 비난하는데, 그것이 어떤 면에서는 사실일지도 모른다. 하지만 그는 육신에 따라 싸우지 않는다. 왜냐하면 그의 무기는 육신에 속한 것이 아니라 영적인 것이기 때문이다. 이 무기들은 하나님에 대한 지식을 대적하는 모든 이론과 거만한 생각을 무너뜨리며, 모든 생각을 사로잡아 그리스도께 복종하게 한다. 대적자들은 바울이 자신의 글에서만 호전적이고 실제로는 약하고 무르다고 비난한다. 그러나 그는 자신이 떠나 있을 때 편지로 말하는 것이 함께 있을 때 행하는 것과 같다고 설명한다. 바울의 자랑은 선을 넘지 않고, 하나님께서 그에게 허락하신 영향력의 영역 안에서 하는 것이다. 그는 자신이 그들에게 가서 복음을 선포한 첫 번째 사람이라는 사실을 상기시킨다. 그리고 그는 이 복음이 그들을 넘어 여러 지역으로 확산되기를 소망한다.

바울은 자신이 약간 어리석은 것을 용납해달라고 요청한다. 그리고 그는 하나님의 열심으로 그들을 위해 열심을 낸다고 말한다. 뱀에게 속았던 하와를 그들과 비교하면서, 그는 그들이 그리스도에 대한 신실하고 순전한 헌신으로부터 쉽게 벗어난다고 말한다. 그들은 다른 사람들에 의해 쉽게 흔들리는 것 같다. 그러나 바울은 자신이 지극히 크다는 사도들보다 열등하지 않다고 주장한다. 사실 그가 말하는 데에는 능숙하지 않을지 몰라도, 그는 그들에게 이미 증명한 바와 같이 분명히 박식하다. 그들은 약자에 대한 그의 겸손을 오해했으며 그의 경제적 독립을 당연하게 생각했던 것 같다. 이 모든 것은 그들을 향한 그의 사랑 덕분에 가능했다. 그는 이 일을 계속함으로써 이런 잘못된 거짓 사도들을 약화시킬 것이다.

바울은 계속해서 자랑함으로써 자신의 "어리석음"을 강조한다. 왜냐하면 그들이 그런 행동을 잘 용납하기 때문이다. 그의 자랑은 자신도 히브리인이고, 이스라엘인이며, 아브라함의 후손이고, 그리스도의 종이라는 내용이다. 바울은 수고를 넘치도록 했고 옥에 갇히기도 했다. 여기에는 맞은 것과 많은 이들이 그를 거의 죽이려고 했던 것도 포함된다. 육체적 고난에 더하여 그는 모든 교회를 위한 정신적이고 정서적인 염려에도 직면해야 했다. 그러나 만약 그가 자랑해야 한다면, 그는 자신의 약한 것을 자랑할 것이다.

그는 이 편지를 쓰기 십사 년 전에 셋째 하늘로 들려 올라가서 말로 표현할 수 없는 것들을 환상으로 본 한 남자에 대해 말하면서 계속 자랑한다.[72] 그러나 이런 엄청난 계시와 그것들로 인해 자랑하는 성향 때문에, 바울은 사탄의 사자가 준 육체의 가시로 인해 고통받았다.[73] 바울은 이것을 없애달라고 주님께 간청했지만, 주님은 "내 은혜가 네게 족하도다. 이는 내 능력이 약한 데서 온전하여짐이라"라는 말씀으로 응답하셨다. 그래서 바울은 자신의 약함에 대해 더욱 자랑할 것이라고 결론 내린다. 왜냐하면 그의 약함이 하나님의 강하심을 드러내기 때문이다.

권면: 바울의 여행기(12:11-13:4)

바울은 여기서 자신에 대한 자랑을 멈추고 자신의 어리석음을 고백한다. 그러나 그는 동시에 고린도 사람들이 자신의 과거 사역을 후원하지 않고 오히려 자신을 버렸기 때문에 현재 방식의 사역이 불가피하다고 말한다. 그는 다른 사도들보다 조금도 부족하지 않은 진정한 사도로서의 자신의 위상을 확증한다. 그는 세 번째로 그들을 방문하려는 계획을 말한다. 이는 부모가 자기 자녀를 위하는 것처럼, 그들에게 짐을 지우려는 것이 아니라 오히려 그가 그들을 위해 짐을 지려는 것이다. 그는 그들을 향한 자신의 사랑으로 인해 자신까지도 기꺼이 내어줄 것이다. 그러나 그는 여전히 분쟁, 질투, 분노, 비방, 험담 등의 악이 있을 것과, 자신의 죄를 회

---

72 대부분의 주석가들은 이 본문을 바울이 그 자신을 3인칭으로 표현하는 것으로 본다. 예. Barrett, *Second Epistle to the Corinthians*, 307-8; Harris, *Second Epistle to the Corinthians*, 835; F. J. Matera, *II Corinthians* (NTL; Louisville: Westminster John Knox, 2003), 279-80. 소수의 관점은 바울이 다른 누군가를 말하는 것이라고 주장한다. 참조. Land, *Is There a Text in These Meanings?*

73 대부분의 주석가들은 이 본문을 좋지 않은 시력이나 일종의 안질 같은 신체적 질환을 언급하는 것으로 본다. 참조. 여러 제안에 대한 개괄뿐만 아니라 이 가시가 사실은 영적인 괴로움이었다는 주장에 대해서는 다음을 보라. D. I. Yoon, "Paul's Thorn and His Gnosis: Epistemic Considerations," in *Paul and Gnosis* (ed. S. E. Porter and D. I. Yoon; PAST 9; Leiden: Brill, 2016).

개하지 않은 자들 때문에 슬퍼하게 될 것을 두려워한다. 이 세 번째 방문에서 바울은 회개하지 않는 자들을 용서하지 않을 것이라고 그들에게 경고한다. 이것이 그리스도께서 그 자신에게 말씀하시는 것에 대한 증거가 될 것이다. 왜냐하면 그리스도께서 약하심으로 십자가에 못 박히셨으나 하나님의 능력으로 살아 계시기 때문이다.

권면: 마지막 권면(13:5-10)

편지의 끝이 가까워지면서, 바울은 고린도 사람들에게 그들이 믿음 안에 있는지, 그들 안에 예수 그리스도가 있는지 그들 자신을 시험하고 확증하라고 말한다. 또한 바울은 이를 진짜 사도로서의 자신을 시험하는 내용으로 삼는다. 다시 말하면 그리스도께서 그들 안에 계실 때, 그것이 바울의 진정성에 대한 증거가 되는 것이다. 바울은 그들 모두가 단순히 겉으로만이 아니라 실질적으로 시험을 통과하기를 원한다. 그는 자신이 왔을 때 그들을 세우는 것 외에 자신의 사도적 권위를 사용할 필요가 없기를 바란다.

맺음말(13:11-14)

바울의 편지는 기뻐하고 연합을 위해 애쓰라는, 일련의 짧은 권면으로 마무리된다. 그는 그들에게 거룩한 입맞춤으로 서로 문안하라고 요청한다. 그리고 주 예수 그리스도의 은혜와 하나님의 사랑과 성령의 교통하심이 그들과 함께 있기를 원한다는 축복 기도로 마친다.

추가 학습을 위한 자료

주석

Barnett, P. *The Second Epistle to the Corinthians*. NICNT. Grand Rapids: Eerdmans, 1997.

Barrett, C. K. *The First Epistle to the Corinthians*. BNTC. 2nd ed. London: A&C Black, 1971.

———. *The Second Epistle to the Corinthians*. 2nd ed. BNTC. London: A&C Black, 1990.

Betz, H. D. *2 Corinthians 8 and 9*. Hermeneia. Philadelphia: Fortress, 1988.

Bultmann, R. *The Second Letter to the Corinthians*. Edited by E. Dinkler. Translated by R. A. Harrisville. Minneapolis. Augsburg, 1985.

Conzelmann, H. *1 Corinthians: A Commentary on the First Epistle to the Corinthians*. Hermeneia. Philadelphia: Fortress, 1975.

Fee, G. D. *The First Epistle to the Corinthians*. 2nd ed. NICNT. Grand Rapids: Eerdmans, 2014 (1987).

Furnish, V. P. *II Corinthians*. AB 32A. Garden City, NY: Doubleday, 1984.

Garland, D. E. *1 Corinthians*. BECNT. Grand Rapids: Baker, 2003.

Harris, M. J. *The Second Epistle to the Corinthians: A Commentary on the Greek Text*. NIGTC. Grand Rapids: Eerdmans, 2005.

Hughes, P. E. *Paul's Second Epistle to the Corinthians*. NICNT. Grand Rapids: Eerdmans, 1962.

Martin, R. P. *2 Corinthians*. 2nd ed. WBC 40. Grand Rapids: Zondervan, 2014.

Plummer, A. *A Critical and Exegetical Commentary on the Second Epistle of St. Paul to the Corinthians*. ICC. Edinburgh: T&T Clark, 1915.

Quast, K. *Reading the Corinthian Correspondence*. New York: Paulist, 1994.

Robertson, A., and A. Plummer. *A Critical and Exegetical Commentary on the First Epistle of St. Paul to the Corinthians*. 2nd ed. ICC. Edinburgh: T&T Clark, 1911.

Seifrid, M. A. *The Second Letter to the Corinthians*. PNTC. Grand Rapids: Eerdmans, 2014.

Thiselton, A. C. *The First Epistle to the Corinthians: A Commentary on the Greek Text*. NIGTC. Grand Rapids: Eerdmans, 2000.

Thrall, M. E. *A Critical and Exegetical Commentary on the Second Epistle to the Corinthians*. 2 vols. ICC. Edinburgh: T&T Clark, 1994.

논문 및 단행본

Bieringer, R., and J. Lambrecht, eds. *Studies on 2 Corinthians*. Bibliotheca Ephemeridum Theologicarum Lovaniensium 112. Leuven: Leuven University Press, 1994.

Burke, T. J., and J. K. Elliott, eds. *Paul and the Corinthians Studies on a Community in Conflict; Essays in Honour of Magaret Thrall*. NovTSup 109. Leiden: Brill, 2003.

Chester, S. J. *Conversion at Corinth: Perspectives on Conversion in Paul's Theology and the Corinthian Church*. Studies of the New Testament and Its World. London: A&C Black, 2005.

Chow, J. K. *Patronage and Power: A Study of Social Networks in Corinth*. JSNTSup 75. Sheffield: JSOT Press, 1992.

Clarke, A. D. *Secular and Christian Leadership in Corinth: A Socio-Historical and Exegetical Study of 1 Corinthians 1-6*. Arbeiten zur Geschichte des antiken Judentums und des Urchristentums 18. Leiden: Brill, 1993.

Deming, W. *Paul on Marriage and Celibacy: The Hellenistic Background of 1 Corinthians 7*. 2nd ed. Grand Rapids: Eerdmans, 2004 (1995).

Dunn, J. D. G. *1 Corinthians*. NTG. Sheffield: Sheffield Academic, 1995.

Friesen, S. J., D. N. Schowalter, and J. C. Walters, eds. *Corinth in Context: Comparative Studies on Religion and Society*. NovTSup 134. Leiden: Brill, 2010.

Georgi, D. *The Opponents of Paul in Second Corinthians: Study of Religious Propaganda in Late Antiquity*. Philadelphia: Fortress, 1986.

Gooch, P. D. *Dangerous Food: 1 Corinthians 8-10 in Its Context*. Waterloo, ON: Wilfrid Laurier University Press, 1993.

Goulder, M. D. *Paul and the Competing Mission in Corinth*. Library of Pauline Studies. Peabody, MA: Hendrickson, 2001.

Hall, D. R. *The Unity of the Corinthian Correspondence*. JSNTSup 251. London: T&T Clark, 2003.

Hay, D. M., ed. *1 and 2 Corinthians*. Vol. 2 of *Pauline Theology*. Minneapolis: Fortress, 1993.

Land, C. D. *Is There a Text in These Meanings? The Integrity of 2 Corinthians from a Linguistic Perspective*. NTM 36. Sheffield: Sheffield Phoenix, 2015.

Litfin, D. *St. Paul's Theology of Proclamation: 1 Corinthians 1-4 and Greco-Roman Rhetoric*. SNTSMS 79. Cambridge: Cambridge University Press, 1994.

Long, F. J. *Ancient Rhetoric and Paul's Apology: The Compositional Unity of 2 Corinthians*. SNTSMS 131. Cambridge: Cambridge University Press, 2004.

Malina, B. J., and M. Goulder. *Early Christian Conflict in Corinth: Paul and the Followers of Peter*. Peabody, MA: Hendrickson, 2001.

Marshall, P. *Enmity in Corinth: Social Conventions in Paul's Relations with the Corinthians*. WUNT 2/23. Tübingen: Mohr-Siebeck, 1987.

Murphy-O'Connor, J. *St. Paul's Corinth: Texts and Archaeology*. 3rd ed. Wilmington, DE: Glazier, 2002.

Porter, S. E., ed. *Paul and His Opponents*. PAST 2. Leiden, Brill, 2005.

Schmithals, W. *Gnosticism in Corinth: An Investigation of the Letters to the Corinthians*. Translated by J. E. Steely. Nashville: Abingdon, 1971.

Sumney, J. L. *Identifying Paul's Opponents: The Question of Method in 2 Corinthians*. JSNTSup 40. Sheffield: JSOT Press, 1990.

―――. *"Servants of Satan," "False Brothers," and Other Opponents of Paul*. JSNTSup 188. Sheffield: Sheffield Academic, 1999.

Vegge, I. *2 Corinthians—A Letter about Reconciliation: A Psychological, Epistolographical, and Rhetorical Analysis*. WUNT 239. Tübingen: Mohr-Siebeck, 2008.

Webb, W. J. *Returning Home: New Covenant and Second Exodus as the Context for 2 Corinthians 6.14-7.1*. JSNTSup 85. Sheffield: JSOT Press, 1993.

Willis, W. L. *Idol Meat in Corinth: The Pauline Argument in 1 Corinthians 8 and 10*. SBLDS 68. Chico, CA: Scholars Press, 1985.

Wimbush, V. L. *Paul, the Worldly Ascetic: Response to the World and Self-Understanding according to 1 Corinthians 7*. Macon, GA: Mercer University Press, 1987.

제10장

로마서

1. 서론

"[이 서신은] 신약성경의 가장 중요하고 탁월한 부분인 만큼…그것은 성경 전체로 인도하는 빛이자 길이다.…진실로 로마서를 지나치게 자주 읽거나 완전하게 연구할 수 있는 사람은 아무도 없다. 그것은 더 많이 공부할수록 더 쉬워지고, 더 많이 묵상할수록 더 좋아지며, 더 깊이 연구할수록 더 귀중한 것들을 더 발견하게 된다. 영적으로 참으로 귀한 것들이 그 안에 감추어져 있다." 고풍스러운 언어의 형식은 차치하고, 마르틴 루터, 존 웨슬리(John Wesley), 아우구스티누스(Augustine), 혹은 심지어 칼 바르트(Karl Barth)가 썼을 것으로 보이는 이 문구는 사실 1534년에 윌리엄 틴데일(William Tyndale)이 자신의 로마서 번역 서론에 쓴 글이다.[1] 로마서의 의의는 방금 언급한 교회의 거장들뿐만 아니라 기독교 전체에 걸쳐 이어지는데, 브루스(F. F. Bruce)가 더 자세히 언급한 바 있듯이 기독교의 중요한 부흥 운동 때마다 로마서가 연루되어왔다.[2] 사실 로마서는 여기서 내가 갖는 관심 이상으로 훨씬 더 주목받을 가치가 있다. 이 장에서는 저작권 문제, 구성 연대, 수신자, 저술 동기와 목적, 본문의 문제 등을 먼저 다루고 개요와 내용을 제시할 것이다.

---

1   W. Tyndale, *Tyndale's New Testament* (1534 ed.; ed. D. Daniell; New Haven: Yale University Press, 1989), 207의 "A Prologue to the Epistle of Paul to the Romans" 부분이다. F. F. Bruce, *Romans* (rev. ed.; TNTC; Grand Rapids: Eerdmans, 1985), 9에도 인용됨. 참조. 56-58. 다음도 보라. J. R. Greenman and T. Larson, *Reading Romans through the Centuries: From the Early Church to Karl Barth* (Grand Rapids: Baker, 2005). 이 서론에 대한 쟁점은 S. E. Porter, *The Letter to the Romans: A Linguistic and Literary Commentary* (NTM 37; Sheffield: Sheffield Phoenix, 2015), 특히 1-23에서 더 자세히 다뤄진다.

2   Bruce, *Romans*, 9. 로마서를 이런 식으로 사용하는 것에 대한 문제 제기는 S. K. Stowers, *A Reading of Romans: Justice, Jews, and Gentiles* (New Haven: Yale University Press, 1994)를 보라.

2. 로마서와 관련된 해석학적 문제

A. 로마서의 저자

페르디난트 크리스티안 바우어가 주장한 네 개의 주요 서신 중 하나인 로마서에 대해(최소한 로마서의 대부분에 대해) 베르너 게오르크 큄멜은 절대적인 신뢰를 표현한다. "로마서 1-15장이 진본이고 동질성을 갖고 있다는 것은 심각한 의문을 품을 만한 주제가 전혀 아니다."[3] 나는 아래에서 로마서 16장에 대한 의문을 다룰 것이다. 하지만 이 진술은 최소한 이 편지의 처음 열다섯 장을 바울이 저작한 것에 대해서는 심각하게 의심할 만한 결정적인 근거가 없다는 합의를 간략하고 정확하게 표현한다. 최근에 주목할 만한 관련 논의가 두 가지 있었으나, 이것들은 예외적이거나 일반적이지 않은 특성이 있는 것들이다. 첫 번째는 존 오닐(John O'Neill)의 로마서 주석에 나온 비평이다. 그는 특정 단락의 저자에 대해 의문을 제기하면서 가장 중요한 몇몇 본문과 바울의 가장 독특한 표현 중 일부가 진짜가 아닐 수도 있다고 제안한다.[4] 그럼에도 불구하고 그는 이 편지의 바울 저작을 부인하지는 않으며, 단지 소수 학자만이 그의 본문비평

---

3   W. G. Kümmel, *Introduction to the New Testament* (trans. H. C. Kee; 17th ed.; Nashville: Abingdon, 1975), 314. 그러나 Kümmel은 더 나아가 30번 각주에서 13:1-7과 같은 "개별적으로 삽입된 단락"이 있다는 주장은(그는 P. N. Harrison, C. H. Talbert, E. Barnikol, J. Kallas를 인용한다. 다른 학자들도 인용되었을 수 있다) 증명되지 않았다고 말한다(이에 대해서는 아래에서 부분적으로 논의된다). 참조. F. C. Baur, *Paul the Apostle of Jesus Christ: His Life and Work, His Epistles and His Doctrine* (2 vols.; London: Williams & Norgate, 1873-75; repr. Peabody, MA: Hendrickson, 2003), 1.321-81.

4   재구성된 편지라는 주장에 대해서는 J. C. O'Neill, *Paul's Letter to the Romans* (Harmondsworth, England: Penguin, 1975), 264-71을 보라.

적 추론 방식을 따른다.[5] 두 번째 논의는 발터 슈미탈스의 것으로, 그는 이 편지를 두 개의 주요 편지와 몇 개의 단편으로 나눈다. 이 편지를 둘로 나누는 그의 주장은 설득력이 없다. 그렇다고 해도 그는 자신이 이 책의 구성 요소로 편입된 것으로 추정하는 두 편지와 단편들의 바울 저작을 부인하지 않는다.[6]

초기 교회와 관련된 증거 중에 외적인 증거들은 모두 일치한다. 로마서를 입증해주는 저작과 저자는 다음과 같다.「클레멘스1서」 32.2(롬 9:4-5), 33.1(롬 6:1), 35.4-6(롬 1:29-32), 36.2(롬 1:21), 47.7(롬 2:24), 61.1(롬 13:1), 이그나티오스의 *To the Ephesians* 9, 19.3, *To the Magnesians* 6.2, 9.1, *To the Trallians* 9.2, 마르키온, 오리게네스, 무라토리 단편.[7] 갈라디아서와 평행을 이루는 여러 부분도 확실한 증거가 된다.[8]

B. 로마서의 구성 연대

로마서의 정확한 연대는 로마서 16장을 어떻게 보느냐에 달려 있다(아래의 단락 E를 보라). 로마서 16장을 진본 편지로 보면, 꽤 정확한 연대를 산정할 수 있다. 만약 로마서 16장을 진본 편지로 보지 않으면 일 년 이내

---

5   두 가지 예로 W. O. Walker Jr., *Interpolations in the Pauline Letters* (JSNTSup 213;
    London: Sheffield Academic, 2001), 166-89과 H. C. Waetjen, *The Letter to the Romans:
    Salvation as Justice and the Deconstruction of Law* (NTM 32; Sheffield: Sheffield Pnoenix,
    2011)가 있다.

6   W. Schmithals, *Der Römerbrief als historisches Problem* (Studien zum Neuen Testament 9;
    Gütersloh: Mohn, 1975), 특히 180-211.

7   J. Moffatt, *An Introduction to the Literature of the New Testament* (3rd ed.; Edinburgh:
    T&T Clark, 1918), 148-49을 보라.

8   로마서의 통일성(integrity)에 대한 더 많은 논의는 R. N. Longenecker, *Introducing
    Romans: Critical Issues in Paul's Most Famous Letter* (Grand Rapids: Eerdmans, 2011),
    15-42을 보라.

의 기간에 편지가 기록된 것으로 추정하게 된다.

세 번째 선교 여행 중 에베소에서 이 년 삼 개월 동안의 사역이 끝나갈 무렵, 바울은 자신이 모은 연보를 가지고 예루살렘으로 가기 전에 마게도냐에 이어 그리스를 방문하기로 결정했다(행 18:23-21:17, 특히 20:1-3과 19:21; 연보를 다 모았다는 언급에 대한 롬 15:22-26). 만약 로마서 16장이 원래 편지의 일부였다면, 바울이 세 번째 선교 여행 중 고린도에 있는 동안 로마에 있는 그리스도인들에게 로마서를 쓴 것이 거의 확실해진다(행 20:3). 증거가 압도적으로 이 사실을 뒷받침한다. 사도행전의 본문은 고린도를 특정하여 언급하지는 않는다. 그러나 로마서 16:1에는 고린도의 동쪽 항구 도시인 겐그레아 교회의 집사 뵈뵈를 로마 교회에 추천하는 내용이 나오는데, 아마도 그녀가 이 편지를 로마에 있는 교회에 전달하는 것으로 추정할 수 있다.[9] 로마서 16:23은 가이오와 에라스도를 언급한다. 로마서에서 문안하는 이 가이오는 고린도전서 1:14에서 바울에게 세례를 받았다고 알려지며, 함께 문안하는 에라스도는 디모데후서 4:20에 의하면 고린도에 남아 있는 자다.[10] 로마서 16장이 원래 편지의 일부가 아니라고 하더라도, 바울이 마게도냐 지방을 여행하는 동안(행 20:1-2), 혹은 더 가능성이 큰 것으로서 고린도에 머무는 동안 이 편지를 썼다는 점은 여전히 확실하다.[11] 이 점은 이 편지의 내용을 통해 확

---

9 참조. A. Chapple, "Getting *Romans* to the Right Romans: Phoebe and the Delivery of Paul's Letter," *Tyndale Bulletin* 62 (2011): 197-214. 이에 반대되는 의견으로 그녀가 이 편지의 전달자가 아니라는 소수의 의견을 반영하는 S. Légasse, *L'Epître de Paul aux Romains* (Lectio divina commentaires; Paris: Cerf, 2002), 940이 있다.

10 디모데후서가 진짜 바울의 저작이 아니라고 할지라도, 여기에 언급된 에라스도는 같은 인물이며, 초기 교회는 그가 어디에 살고 있었는지를 기억했을 것이다.

11 고린도 교회를 이 편지와 연결해보면 바울의 고난은 확연히 줄어들었던 것 같고, 그는 로마서를 집필하는 동안 거기서 평화로운 시간을 보냈던 것으로 보인다. 참조. G. R. Osborne, *Romans* (IVP New Testament Commentary Series; Downers Grove, IL:

인할 수 있다. 이 편지에서 바울은 자신이 마게도냐와 그리스에서 모은 연보를 예루살렘 교회에 전달한 후 로마를 방문할 계획이라고 말한다(롬 15:24-26). 이것은 사도행전 20장에 기록된 그의 여행 일정과 정확히 일치한다.

세 번째 선교 여행 시기를 기준으로 보면 로마서의 구성 연대는 55년에서 59년 사이인 것으로 추정되며, 그중에서도 56년 혹은 57년 어간이 가장 가능성이 있어 보인다.

C. 로마서의 수신자

바울이 로마서의 저자이고 그가 세 번째 선교 여행 중에 이 편지를 썼다는 사실을 확증하더라도, 로마서의 수신자에 대한 문제는 해결되지 않는다. 바울은 "로마에서 하나님의 사랑하심을 받는 모든 자에게"(롬 1:7)라는 말로 편지의 대상을 특정한다. 이것은 아마도 그가 그 도시 안에 있는 모든 신자를 염두에 두었다는 것을 가리킬 것이다. 하지만 그 신자들은 도대체 누구란 말인가?

(1) 바울 시대의 로마

1세기 당시의 로마는 약 백만 명의 인구를 거느린 거대 도시였을 것으로 추정된다.[12] 그중 4만에서 5만 명이 유대인이었는데, 이것은 꽤 높은 비율이었다.[13] 유대인들이 로마에 처음 오게 된 계기는 로마 장군 폼페이우스

InterVarsity, 2004), 14-15.

12   J. S. Jeffers, *Conflict at Rome: Social Order and Hierarchy in Early Christianity* (Minneapolis: Fortress, 1991)를 보라. 참조. J. F. Hall, "Rome," *ABD* 5.830-34.

13   D. Georgi, *The Opponents of Paul in Second Corinthians* (Philadelphia: Fortress, 1986), 83

(Pompey)가 기원전 63년에 팔레스타인을 정복한 후 그들을 노예로 삼아 로마에 데려온 사건인 것으로 보인다. 회당들도 조직되었는데, 1세기 로마의 무덤 비문을 통해 알려진 유대교 회당은 열한 개에서 열다섯 개 정도 된다. 유대인들이 예배를 드릴 때 사용했던 언어가 아람어였음에도 불구하고(그리고 일상생활에서는 그리스어를 사용했다), 한 회당은 감람나무의 회당으로(참조. 롬 11:17), 또 다른 곳은 히브리인들의 회당으로 불렸다.[14]

기원후 41년에 글라우디오 황제(41-54년)가 왕위에 올랐다. 의지가 강하지 못했던 그는 자신의 아내들을 비롯한 다른 이들의 통제를 받았다. 그는 여러 아내 중 하나인 아그리피나(Agrippina)에게 독살된 것으로 보인다. 그녀는 글라우디오에게 자신의 아들 네로(54-68년)를 후계자로 지목하도록 설득했다(Suetonius, *Claudius* 44-45, 누가 독살한 것인지는 정확하게 알려지지 않는다). 글라우디오의 통치 동안에 유대인들은 로마에서 축출당했다. 이 사건에 대해 그 원인, 정확한 추방 날짜, 추방 명령이 내려진 날짜 이 세 가지 이슈에 대해 논란이 제기된다. 로마의 역사학자 수에토니우스(Suetonius)는 다음과 같이 말한다. "크레스투스(Chrestus)의 선동으로 인해 유대인들이 계속해서 소요를 일으켰다는 이유로, 그는 그들을 로마에서 축출했다"(*Claudius* 25.4 LCL). 신약학자들 대다수는 이것을 다음과 같이 해석한다. 즉 유대인 사이에 수많은 논쟁이 있었는데, 이는 아마도 그리스도인 유대인들과 비그리스도인 유대인들 사이

을 보라. Georgi는 로마 세계에 4백만 명에서 6백만 명의 유대인이 널리 퍼져 있었고, 이는 전체 제국 인구의 약 7분의 1에 해당하는 수였다고 말한다. 팔레스타인 지방에 살았던 사람들에 비해 디아스포라로 흩어져 살던 유대인의 숫자가 세 배 더 많았다.

14 H. J. Leon, *The Jews of Ancient Rome* (rev.ed.; Peabody, MA: Hendrickson, 1995), 특히 135-66을 보라. 참조. W. Wiefel, "The Jewish Community in Ancient Rome and the Origins of Roman Christianity," in *The Romans Debate* (ed. K. P. Donfried; 2nd ed.; Peabody, MA: Hendrickson, 1991), 85-101.

에 벌어진 것으로서 예수 그리스도의 본성과 정체에 대한 논쟁이었을 것이다.[15] 이에 따르면 "크레스투스"(Chrestus)는 수에토니우스에 의해 변형되어 사용되었거나 철자가 잘못 표기된 "그리스도"다. 수에토니우스는 이 크레스투스가 로마의 유대인들을 선동했던 당시의 인물이라고 생각했던 것 같다. 만약 이 각본이 맞다면, 부활 문제가 그곳의 유대인들 사이에 소동을 가져왔을 가능성이 크다. 그러나 수에토니우스가 그런 각본을 말하고 있는 것인지에 대해서는 일부 신약학자들과 고전학자들 사이에 논란이 있다. 이런 관점에 의하면 유대인들이 폭동을 일으키게 했던 크레스투스라는 이름을 가진 사람이 실질적으로 있었다고 말하는 것이 더 설득력이 있다. 당시 로마 전체 인구의 절반 정도가 노예였기 때문에 로마 사람들은 항상 폭동을 두려워했다. 플리니우스(Pliny)가 밝히듯이, 한 노예가 주인을 공격할 때 "자신이 친절하고 사려 깊게 행동해왔기 때문에 안전하다고 느끼는 주인은 아무도 없다. 주인들이 얼마나 합리적이었는지가 아니라 그들의 무자비함 때문에 결국 노예들이 주인들을 죽인다"(*Epistle* 3.14 LCL).[16] 시칠리아(Sicily)에서 기원전 139-133년 사이에 노예들이 매우 난폭한 유혈 반란을 일으켰고, 그래서 이런 일이 다시 일어나기를 원하는 사람은 아무도 없었다. 이 때문에 글라우디오가 칙령을 내려 유대인들이 로마를 떠나도록 했을 수 있다. 비록 그 와중에도 그들의 재산에 대한 몰수는 이루어지지 않은 것으로 보이지만 말이다(행 18:1-3을 보라).

---

15   예. C. S. Keener, *Romans: A New Covenant Commentary* (New Covenant Commentary; Eugene, OR: Cascade, 2009), 11-12.

16   K. R. Bradley, *Slaves and Masters in the Roman Empire: A Study in Social Control* (New York: Oxford University Press, 1987), 113n1을 보라. Bradley는 다음의 다른 증거들도 인용한다. Tacitus, *Annals* 14.42-45; Pliny, *Epistle* 8.14.

두 번째 논쟁은 글라우디오 칙령의 연대에 대한 것이다. 학자들은 대부분 49년으로 보는데, 이는 기독교 저술가인 파울루스 오로시우스 (Paulus Orosius, 5세기)의 글에 기초한 것이다. 오로시우스는 이 일이 글라우디오가 통치한 지 9년이 되던 해에 있었다고 말한다(*History against the Pagans* 7.6.15).[17] 그러나 어떤 학자들은 디오 카시우스(Dio Cassius)가 연구한 글라우디오의 유대인 회합 금지 칙령을 근거로 하여 41년(혹은 43년)이라고 주장한다(*Roman History* 60.6.6).[18] 글라우디오는 자신의 통치 초창기부터 유대인들에 대해 반감을 품고 있었던 것 같다(특히 이집트에서 유대인들에 대해 내린 그의 칙령은 여러 가지가 있다. P. Lond. 1912 [*Select Papyri* 2.212을 보라]). 그리고 이런 반감은 결국 유대인들이 함께 모이는 것을 금하기에 이르렀다. 그럼에도 불구하고 추방 연대는 여전히 후대로 보는 것이 타당하다.

마지막으로 세 번째 문제는 그 칙령이 언제 어떻게 소멸되었느냐는 것이다. 그와 같은 칙령은 황제에 의해 영속적인 효력을 갖도록 발효되었을 것이다. 하지만 사실상 그런 칙령은 황제가 그것을 원하는 경우에만 유효했을 것이다. 따라서 새로운 황제가 권력을 잡으면 그에게 그 칙령을 계속 유지할지 철회할지를 결정할 선택권이 있었을 것이다.[19] 네로

---

17 예. R. Riesner, *Paul's Early Period: Chronology, Mission Strategy, Theology* (Grand Rapids: Eerdmans, 1998), 127-34; P. Lampe, *From Paul to Valentinus: Christians at Rome in the First Two Centuries* (Minneapolis: Fortress, 2003), 11-16을 보라.

18 다른 여러 자료 중에서도 G. Lüdemann, *Paul, Apostle, to the Gentiles: Studies in Chronology* (trans. F. S. Jones; Philadelphia: Fortress, 1984), 164-71을 보라.

19 Bruce, *Romans*, 17. 참조. 그러나 H. Förster, "Die Aufenthalt von Priska und Aquila in Ephesus und die juristischen Rahmenbedingungen ihrer Rückkehr nach Rom," *Zeitschrift für die neutestamentliche Wissenschaft* 105.2 (2014): 189-227은 귀환자들이 글라우디오의 죽음을 기다릴 필요가 없었을 것이라고 주장한다. Förster는 로마 교회의 구조도 분석한다.

는 칙령을 강요하지는 않았기에(글라우디오는 사실상 꽤 오랫동안 강제했다) 유대인들이 로마로 돌아올 수 있었던 것으로 보인다.

처음에 네로는 정의롭고 적법한 절차를 따르는 황제인 것처럼 보였다. 최소한 세네카의 영향을 받을 때까지는 그랬다. 그러나 65년에 결국 로마의 그리스도인들은 네로에 의해 순교를 당하게 되었다.[20] 네로는 로마에서 일어난 여러 재난과 어려움에 대한 책임을 쉽게 전가할 대상으로 그리스도인들을 선택했는데, 여기에는 64년에 일어난 대화재도 포함된다. 전해지는 바에 의하면 네로는 자신의 "오락"의 일부로서 그리스도인들을 자신의 편에 속한 인간 횃불로 사용하기도 했다. 이 모든 것은 결국 그리스도인들에 대한 대중의 동정심을 유발하게 되었다(Tacitus, *Annals* 15.44.2-5, 특히 4).[21] 바울과 아마도 베드로가 로마에서 순교를 당한 것도 64/65년에 있었던 네로의 박해 동안이었던 것으로 추정된다(*1 Clement* 5.4). 네로의 통치는 그가 실성하여 비통하게도 자살을 시도하여 죽게 되면서 불명예스럽게 끝나고 말았다. 로마 종교를 연구한 학자인 글로버(T. R. Glover)는 네로 황제가 바울을 비난하면서 "사람들이 자신의 개의 이름을 네로로 짓고 자기 아들의 이름을 바울로 짓는 때가 올 것이다"라는 것을 거의 의심하지 않았다고 말했다고 한다.[22]

---

20   A. N. Sherwin-White, *Roman Society and Roman Law in the New Testament* (Oxford: Clarendon, 1963), 110-12; 네로에 대한 장의 일부로 E. T. Salmon, *A History of the Roman World from 30 B.C. to A.D. 138* (6th ed.; London: Routledge, 1968), 175-82; Jeffers, *Conflict at Rome*, 16-17을 보라.

21   B. Reicke, *The New Testament Era: The World of the Bible from 500 B.C. to A.D. 100* (Philadelphia: Fortress, 1968), 245-51을 보라.

22   F. F. Bruce, *Paul: Apostle of the Heart Set Free* (Grand Rapids: Eerdmans, 1977)의 헌정사에서 바꾸어 표현된 것과 같다.

(2) 로마의 그리스도인들

로마에 그리스도인 공동체를 세운 사람은 알려지지 않는다. 그러나 유대인들이 로마에서 축출되었던 49년에는 강제로 떠나야 하는 사람들 가운데 유대인 그리스도인들이 있었던 것으로 추정된다(행 18:2을 보라). 이 초기 그리스도인들이 어떻게 로마에 가게 되었을까? 베드로와 바울을 비롯한 어떤 사도도 로마를 방문했다는 기록이 없다. 로마 내 그리스도인의 존재에 대한 기록은 그보다 훨씬 이후의 것이다. 에우세비오스 (Eusebius, *Ecclesiastical History* 2.14.6)는 베드로가 로마에 최초로 복음을 전했다고 생각하는 것으로 보인다. 그러나 이것은 하나의 주장에 불과하며, 바울이나 누가도 자신의 기록에서 이에 대해 언급하고 있지 않다.[23] 로마 내 그리스도인 그룹의 기원에 대한 이런 정보 부족은 기독교의 초기 전파에 대한 광범위한 추측을 낳았는데, 그중 몇 가지 시나리오는 고려해볼 만한 가치가 있다. 한편으로 로마는 로마 제국의 중심지였다. 문자적·비유적 의미에서 모든 길은 로마로 통했다. 따라서 한 명 혹은 소수의 그리스도인이 여행 중에 로마를 방문하여 정착하거나, 최소한 자신의 사업을 했을 것이라는 추정이 충분히 가능하다. 이런 과정 중에 그리스도인 공동체가 형성되었을 수 있다. 다른 한편으로 오순절 사건 이후 얼마 지나지 않아 기독교가 로마에 진출했다는 주장도 가능하다. 사도행전 2:10은 로마에서 온 방문자들이 그날 예루살렘에 있었다고 말한다. 아마도 회심자 중 일부는 로마에서 온 자들로서, 자신들이 새롭게 발견

---

23 참조. Longenecker, *Introducing Romans*, 60-75. 다음도 보라. F. Watson, *Paul, Judaism, and the Gentiles: Beyond the New Perspective* (rev. and exp. ed.; Grand Rapids: Eerdmans, 2007), 167-74(원래 F. Watson, *Paul, Judaism, and the Gentiles: A Sociological Approach* [SNTSMS 56; Cambridge: Cambridge University Press, 1986]로 출판된 바 있으며, 그의 원래 결론에는 약간의 변화가 있다).

한 그리스도를 믿는 믿음을 지닌 채 로마의 주요 항구인 보디올(Puteoli)을 통과하여 돌아갔을 것이다(Seneca, *Epistle* 77.1을 보라).[24] 어쨌든 바울이 로마의 그리스도인들에게 편지를 썼던 시점에 기독교는 이미 십 년이 넘는 시간 동안 자리를 잘 잡은 상태였을 것이다.[25]

그러나 로마에 교회가 잘 세워져 있었다고 해도 이것이 교회 안에 문제와 긴장이 없었다는 것을 의미하지는 않는다. 바울이 로마서에서 자신의 대적자들에 대해 직접 언급하지는 않지만, 바울에 대해 혹은 최소한 그의 가르침에 대해 여전히 반대하는 사람이 일부 그곳에 있었다는 점을 추측할 만한 근거가 있다.[26] 그러나 반대의 가능성 외에도 글라우디오의 칙령으로 인해 그리고 네로 시대에 칙령이 취소된 이후 이루어진 유대인들의 복귀로 인해 일어난 또 다른 중요한 문제들이 있었을 것이다.

로마에서 그리스도인 공동체의 구성이 어떠했는지에 대해 광범위한 논쟁이 있다. 네 가지 주요 관점에는 교회의 구성원이 주로 유대인 그리스도인이라는 주장, 이방인 그리스도인이라는 주장, 양측이 거의 반씩 섞여 있었다는 주장, 각각의 집단이 독립적인 교회를 이루고 있었다는 주장이 있다. 폴 미니어(Paul Minear)와 프랜시스 왓슨(Francis Watson, 다른 근거로 그리고 다른 방법으로) 그리고 페터 람페(Peter Lampe, 더욱 다른 근거로)는 마지막 입장을 지지하는데, 즉 로마에서 그리스도인 공동체는 여러 독립된 교회, 혹은 람페의 표현에 의하면 분할된 교회로 구성되어 있

---

24   Lampe, *From Paul to Valentinus*, 7-10을 보라.

25   Martin, *Foundations*, 2.34-35, 138-41.

26   더 상세한 주장은 S. E. Porter, "Did Paul Have Opponents in Rome and What Were They Opposing?" in *Paul and His Opponents* (ed. S. E. Porter; PAST 2; Leiden: Brill, 2005), 149-68을 보라.

었다는 것이다. 미니어가 재구성한 로마의 상황에 의하면 로마에는 다섯 개의 주요 교회 공동체가 있었는데, 각각은 바울에 의해 언급되었고 따라서 고유의 방식으로 특징지어질 수 있다.[27] 왓슨은 로마서에 대한 자신의 평가에서 14:1-15:13에 사용된 "연약한 자"와 "강한 자"에 대한 언급을 이용하여 로마에 두 개의 주요 교회 공동체가 있었다고 주장한다.[28] 람페는 철저한 고고학 및 본문 연구를 통해 고대 로마의 다양한 중심 인구의 구성과 바울이 결코 로마에 있는 "교회"라고 말하지 않는(심지어 1:7에서도) 사회적인 상황을 바라본다. 그리고 이 교회가 "분할되어" 있었으며, 각 교회가 대단한 다양성과 독립성을 지니고 있었다고 결론 내린다.[29] 이런 관점들은 로마의 그리스도인 공동체 내에 있었던 잠재적인 사회적 분쟁들을 강조하지만, 아직까지 광범위한 동의를 얻지는 못했다. 미니어와 왓슨의 재구성과 같은 방식의 큰 문제는 그것이 지나치게 문자주의적인 동시에 지나치게 해석적으로 보인다는 점이다. 미니어는 이런 여러 공동체를 구분하기 위해 수많은 부수적인 설명들을 동원해야만 한다. 하지만 그렇게 하려면 그는 꽤 많은 추측을 해야 한다. 왜 이 숫자만큼의 공동체이고, 그 이상 혹은 이하는 안 되는가? 로마 교회(들)에 일종의 어려움이 있었다는 왓슨의 말은 14:1-15:13에서 입증되듯이 거의 확실하다. 그러나 아무리 좋게 봐도 해석학적으로 명확하지 않은 언급을 두 개의 구분된 교회라는 명확한 숫자로 나타내는 것은 지나치게 문자주의적이며 본문을 통해 타당성이 입증되는 것 이상의 부연 설명이 필요할 수밖에 없다. 람페는 로마서의 몇몇 언급(예.1:7; 16:4, 5, 10, 11, 15)에 놀

---

27   P. S. Minear, *The Obedience of Faith: The Purpose of Paul in the Epistle to the Romans* (London: SCM, 1971).

28   Watson, *Paul, Judaism, and the Gentiles*, 175-82(이전 판에서는 94-98).

29   Lampe, *From Paul to Valentinus*, 359-408.

라운 강조점을 두고 5세기로부터 1세기에 이르는 기간을 거슬러 역사적
으로 재구성한다. 람페는 분열된 교회 혹은 일련의 교회들을 정당화하기
위해 바울이 로마에 있는 그리스도인들에게 단 하나의 편지를 썼다는 것
을 여전히 충분히 설명하지 못한다.

로마 교회는 유대인 그리스도인과 이방인 그리스도인 모두로 구성
되었을 가능성이 크다(위의 첫 세 관점 중 하나). 물론 어떤 비율로 섞였는
지, 혹은 얼마나 많은 교회가 있었는지까지 알기는 어렵지만 말이다.[30]
다수의 학자가 로마 교회는 대부분 유대인 그리스도인들로 구성되어 있
었다고 주장한다. 이 관점을 뒷받침하는 데 자주 사용되는 증거는 유대
인을 직접 언급하거나 유대교 기관이나 집회를 암시하는 것으로 보이는
본문들로 구성된다. 예를 들어 바울은 2:17에서 "유대인"이라고 불리는
이들을 직접 언급한다. 그리고 3:1-2에서 바울은 유대인이 이방인에 비
해 나은 것이 무엇인지를 질문하며, 16:3, 7, 11에서는 유대인 동역자인
브리스길라와 아굴라 그리고 그의 "친척"들에게 인사한다. 로마서 4장

---

30 C. E. B. Cranfield, *A Critical and Exegetical Commentary on the Epistle to the Romans* (2
vols.; ICC; Edinburgh: T&T Clark, 1975-79), 1.17-22를 보라. Cranfield에 의하면 유
대인 그리스도인이 대다수라는 관점을 지지하는 학자는 Baur, Zahn, W. Manson이며,
이방인 그리스도인이 주류였다는 관점을 지지하는 학자는 Sanday, Headlam, J. Denney,
Barrett, Kümmel이다. A. J. Guerra, *Romans and the Apologetic Tradition: The Purpose,
Genre, and Audience of Paul's Letter* (SNTSMS 81; Cambridge: Cambridge University
Press, 1995), 22-42도 보라. Guerra는 유대인 그리스도인이 교회 구성원의 대다수였
다고 주장한다. 그러나 이는 권고라는 문학 장르 때문이다(아래의 단락 D2e를 보라). J.
C. Walters, *Ethnic Issues in Paul's Letter to the Romans: Changing Self-Definitions in Earliest
Roman Christianity* (Valley Forge, PA: Trinity, 1993), 56-66; M. D. Nanos, *The Mystery of
Romans: The Jewish Context of Paul's Letter* (Minneapolis: Fortress, 1996). 이방인 그리스
도인이 대다수인 교회에 대해서는 Lampe, *From Paul to Valentinus*, 69-76을 보라. Lampe
는 유대인과 그리스도인들이 모두 가난하고 과밀했던 로마의 트라스테베레(Trastevere)
지역에 살았다고 말한다. 명백한 이방인 교회였다는 강력한 주장에 대해서는 A. Das,
Solving the Romans Debate (Minneapolis: Fortress, 2007)를 보라.

에서 "우리 조상인 아브라함"(4:1)이 행위가 아닌 믿음으로 구원받은 사람의 예로 등장한다. 바울은 여기서 할례를 받기(창 17장) 전에 의롭다고 간주하는 선언(창 15:6)이 나오는 구약성경의 암시적인 시간적 순서 논리에 의지한다. 로마서 9-11장에는 구약성경 인용이 자주 나타나는데, 이는 종종 구약의 이미지와 연결된다(예. 토기장이 하나님과 진흙인 인간; 롬 9:20-23, 사 29:16과 45:9 인용). 로마서 15:7-12은 이방인이 아닌 유대인을 구체적으로 언급한 구약의 인용구에 의존하는 것으로 보인다. 이런 재구성에서 가장 중요한 증거 중 하나는 "율법"의 언어를 광범위하게 사용했다는 사실이다(특히 롬 3-4장). 이런 경우는 대부분 유대교 율법, 혹은 토라를 언급한다.

그럼에도 불구하고 과거에 얼마나 인기 있었는지와는 상관없이 이 관점은 두 가지 이유에서 가장 그럴듯하지 않은 시나리오다. 첫 번째는 역사적인 이유 때문이다. 만약 유대인들이 49년에 로마에서 쫓겨난 이후 54년에 글라우디오가 죽을 때까지 혹은 그 이전의 어느 시점까지 돌아오지 않았다면, 그리고 로마서가 56년 혹은 57년경에 기록되었다면(이는 학계의 공통된 의견이다),[31] 교회에서 주류를 이룰 수 있을 만큼 충분한 수의 유대인 그리스도인들이 돌아올 수 있었다고 가정하기는 힘들다. 이방인 그리스도인들은 로마로부터 추방되지 않았을 것이라는 점을 기억해야 한다(만일 유대인의 율법과 관습을 따랐던 사람이 있었다면, 그들은 함께 추방되었을 수도 있지만 말이다). 따라서 그들은 그 사이에 있었던 기간에 교회를 유지하는 책임을 졌을 것이다. 그러므로 바울이 로마서를 쓴 시점에는 그들이 계속해서 주류를 이루었을 가능성이 농후하다.

---

31 이와 반대되는 의견으로 Lüdemann, *Paul*, 262이 있다. 여기서는 로마서의 연대를 51/52년으로 본다. 합의된 의견에 대해서는 J. D. G. Dunn, *Romans* (WBC 38A-B; Waco, TX: Word, 1988), 1.xliii-xliv을 보라.

유대인 그리스도인 가설을 반박하는 두 번째 근거는 그것을 지지하는 데 자주 인용되는 본문들의 해석이다. 예를 들어 로마서 2:17은 유대인뿐만 아니라 모든 인간이 죄인임을 묘사하는 단락의 중간에 위치한다. 2:17과 그 이후의 구절들을 보더라도 유대인들이 여기서 특정하게 언급되는 공동체에 속하는지는 명확하지 않다. 여기에는 위에서 언급한 대부분의 본문, 특히 로마서 9-11장이 포함된다. 구약 인용 때문에 이 장들에서 그들에 대해 유대교의 느낌을 받을 수는 있다. 하지만 이 단락에 언급된 내용을 보면 그것은 이방인들을 염두에 둔 설명임이 확실하다. 예를 들어 9:3-4에서는 바울이 유대인에 대해 말하는데, 이는 자신의 일차 독자가 아닌 다른 공동체에 말하는 것처럼 보인다. 10:1-3과 심지어 11:1-2 그리고 바울이 유대인들에 대한 자신의 걱정을 표현하는 다른 구절들에서도 같은 현상이 발견된다. 아마도 가장 확실한 구절은 11:13일 것이다. 여기서 바울은 자신이 이방인을 위한 사도이기 때문에 이방인인 자들에게 말하고 있다고 명확하게 말한다. 그리고 바울이 인용한 아브라함 이야기는 유대인만이 이해할 수 있는 것은 아니다. 사실상 그것은 이방인에게 말한 것일 수 있다.

이런 이유로 두 번째 그룹은 로마 교회가 주로 이방인들로 이루어져 있었다고 주장한다. 이 주장은 위에서 언급한 로마로부터의 유대인 축출 및 복귀에 관한 역사적 시나리오뿐만 아니라 이방인 청자들을 대상으로 하는 로마서 본문에도 의존한다. 예를 들면 바울은 11:13-32에서 이방인들에 대해 직접 언급할 뿐만 아니라(11:13) 이 단락의 끝에서는 감람나무에 접붙임을 받는 유대인들에 대해서도 말하고 있으며, 자신의 주장을 하면서 이방인들을 지칭할 때 "너희"라는 말을 사용한다. 바울은 로마서 전체를 통해 자신이 이방인을 위한 사도임을 천명한다. 1:5-6, 9-11장, 15:15-16에서 그 예를 찾을 수 있다. 만약 로마서 16장이 원래 편지의 일부이고 그래서 로마 교회를 대상으로 쓴 것이라면(이 관점에 대한 변호로 단락 2E1을 보라), 16:3-25의 문안 인사에 등장하는 대부분의 이름이 유대인이 아니라 그리스인의 것이라는 점에 주목할 필요가 있다.[32] 만일 로마에 많은 유대인이 있었다면 바울은 분명히 (이 증거에 따르면) 그들을 알지 못했다.

그러나 이 관점 역시 다음의 중요한 증거를 간과하고 있다. 즉 로마 교회의 주류가 유대인이 아니었다고 할지라도 바울이 주장하는 것의 구조는 유대인의 이해에 입각한 것이라는 사실이다. 단순히 바울이 이렇게 생각하고 썼다고 가정할 수도 있다. 하지만 최소한 바울은 자신의 주장을 이런 식의 구조로 계속해서 이어가는데, 이는 그가 로마 교회에 상당수의 유대인이 있다는 것을 알고 있었기 때문이다. 그리고 그는 자신의 다른 편지에서는 같은 구조를 사용하지 않는다(또한 당시 많은 유대인이 그리스식 이름을 가지고 있었다는 사실은 롬 16장을 기반으로 한 주장을 의심하게 한다는 점을 주목해야 한다). 첫째, 율법 문제는 편지 전체에 걸쳐 중요한 부분이다. 이 문제가 중대하게 다루어지는 바울의 또 다른 편지로는 바울이 유대주의자들에 맞서는 것으로 보이는 갈라디아서가 유일하다. 이 유대주의자들은 이방인이 그리스도인이 되기 위해서는 유대인도 되어야 한다고 주장하던 자들이다. 바울이 로마의 유대주의자들에 대항했던 것 같지는 않지만, 최소한 그는 유대인들이 이해할 수 있는 구조를 기반으로 자신의 주장을 펼치고 있다. 둘째, 바울은 구약성경에 많이 의존한다. 바울 서신에 있는 팔십 개 혹은 그 이상의 구약 인용 중에 오십 개 이상이 로마서에 있다. 바울이 유대인으로서 구약에 심하게 의존한다

---

32 P. Lampe, "The Roman Christians of Romans 16," in *The Romans Debate* (ed. K. P. Donfried; 2nd ed.; Peabody, MA: Hendrickson, 1991), 216-30; Lampe, *From Paul to Valentinus*, 153-83을 보라.

는 것은 그리 놀랄 만한 일이 아닐 것이다. 만일 바울이 자신이 사용하는 유대교 성경을 이해할 수 있는 청중이 있음을 알았다면 더욱 그렇다.

　　결론적으로 로마 교회는 유대인과 이방인 모두를 포함한 혼합 공동체였다고 보는 것이 가장 적합할 것이다.[33] 이는 로마서 주석자들의 대다수가 지지하는 관점이기도 하다. 만일 누군가가 한쪽이 다른 한쪽을 능가하는 교회였다고 추측하는 모험을 한다면, 그때는 아마도 유대인보다는 이방인이 교회 안에 더 많았다는 주장이 설득력이 있을 것이다. 바울이 로마서 15:1에서 확인해주는 것에 따르면, 이방인들이 지배적인 영향력을 갖고 있었던 것이 확실해 보인다. 위의 증거에 기초한 가장 그럴듯한 시나리오는 유대인들이 로마의 교회로 돌아온 이후 그동안 이방인들이 차지하고 있던 자리를 되찾으려고 했다는 것이다. 그리고 이것은 확실한 분쟁이 아니더라도 두 그룹 간의 역할과 관계에 대한 일종의 긴장을 유발했을 것이다(14:1-15:13을 보라). 유대인들은 자신들이 특권을 가진 위치에 있으며, 최소한 현재 행사하고 있는 것보다는 더 중요한 역할을 해야 한다고 믿었을 것이다(2:17-24). 그리고 이방인들은 유대인들, 다시 말해 교회 내에서 이제는 우위를 점하지 못하는데도 불구하고 존중받을 필요가 있었던 무리들의 특징적인 관습들을 경시했을 수 있다(3:1; 14:13-23). 이것이 아마도 바울이 편지를 써야 했던 교회의 상황이었을 것이다.

33　참조. Longenecker, *Introducing Romans*, 76-78은 이 논의에 대한 Baur의 영향력을 확인하면서 비슷한 결론을 내린다.

D. 로마서의 저술 동기 및 목적

바울이 그들에게 편지를 쓸 당시 아직 로마를 방문한 적이 없었기 때문에, 이 편지의 집필 동기와 목적은 더 중요하고 복잡한 의미를 지닌다[34] 다시 말해 동기와 목적은 여러 면에서 덜 밀접한 관계를 갖는다. 이것은 로마서의 목적과 관련하여 광범위한 의견이 생겨나게 하는 요인이다.

(1) 동기

로마서를 쓰도록 만든 상황은 편지의 처음과 끝에 있는 여러 중요한 본문들 속에 요약되어 있다. 바울은 1:13-15에서 그들에게 가려고 하는 일이 막혀 있지만, 자신이 로마를 방문할 계획을 세웠으며 그들에게 복음을 선포하고자 하는 열망을 품고 있다고 말한다. 15:22에서 그는 자신이 왜 그렇게 하지 못하는지를 밝힌다. 그는 지중해 동쪽 지역에서 복음을 전했다. 이제 그는 예루살렘으로부터 일루리곤에 이르는 모든 지역에 복음을 전했기에(15:19) 동쪽으로는 더 갈 곳이 없어서(15:23), 스페인으로 눈을 돌린다(15:24, 28). 마게도냐와 그리스의 교회에서 모은 연보를 전달하기 위해 예루살렘에 먼저 가야 했지만(15:26), 그는 이 여행과 맞물려서 로마의 교회를 방문하려고 한다(15:23, 28-29). 바울이 스페인에 갔는지는 확실하지 않다. 「클레멘스1서」 5.7은 그가 스페인을 방문했다는 것을 암시한다고 해석되지만, 이것은 특히 목회 서신에서 그의 여행이 어떠했는지를 표현한 것에 비추어보면 확실한 것은 아니다(12장 단락 4D3을 보라). 바울이 라틴어를 알았는지에 대한 추가적인 질문도 생겨난

---

34   주해와 관련된 맥락에서 이 문제를 다룬 것으로는 S. E. Porter, "Exegesis of the Pauline Letters, Including the Deutero-Pauline Letters," in *Handbook to Exegesis of the New Testament* (ed. S. E. Porter; NTTS 25; Leiden: Brill, 1997), 503-54, 특히 524-31을 보라.

다. 왜냐하면 로마 제국의 서쪽 지역은 기원전 1세기에 라틴어를 말하기 시작했고, 기원후 1세기 동안에는 이 과정이 거의 완결된 것으로 보이기 때문이다. 바울은 자신이 일루리곤까지 복음을 전파했다고 말하는데(발칸 지역 서쪽), 일루리곤 역시 라틴어를 말하는 지역이었다. 따라서 바울이 라틴어를 알고 있었으며, 그가 그곳에 갔든지 가지 않았든지 간에, 스페인에 복음을 전할 준비가 확실히 되어 있었을 가능성이 크다.[35]

(2) 목적

바울이 로마를 방문하려고 했던 동기는 자신의 설교 사역을 서쪽으로 확장하려는 계획의 일환이었다. 그러나 그가 로마서를 기록한 목적 혹은 동기는 확실하지 않아서 엄청난 논란이 유발되었다.[36]

최근 논의에서 바울 서신의 우발성을 다루는 부분이 중요해졌다. 바울은 각 편지에서 특정한 상황에 알맞게 응답하는 일련의 독특한 상황들을 언급하는 필자다. J. 크리스티안 베커(J. Christiaan Beker)는 이런 우발

---

35   라틴어의 확산에 대해서는 M. Cary, *A History of Rome down to the Reign of Constantine* (2nd ed.; London: Macmillan, 1967), 463, 587을 보라. 참조. S. E. Porter, "Latin Language," in *Dictionary of New Testament Background* (ed. C. A. Evans and S. E. Porter; Downers Grove, IL: InterVarsity, 2000, 630-31. W. M. Ramsay, *St. Paul the Traveller and the Roman Citizen* (London: Hodder & Stoughton, 1896), 225에서 주장한 바울이 라틴어를 말할 줄 알았다는 가설은 많은 학자의 지지를 받는다. 예. S. E. Porter, "Did Paul Speak Latin?" in *Paul: Jew, Greek, and Roman* (ed. S. E. Porter; PAST 5; Leiden: Brill, 2008), 289-308; H. T. Ong, "Can Linguistic Analysis in Historical Jesus Research Stand on Its Own? A Sociolinguistic Analysis of Matthew 26:36-27:26," *Biblical and Ancient Greek Linguistics* 2 (2013): 109-38, 특히 131.

36   다양한 입장을 요약한 것으로 A. J. M. Wedderburn, *The Reasons for Romans* (Edinburgh: T&T Clark, 1988); L. A. Jervis, *The Purpose of Romans: A Comparative Letter Structure Investigation* (JSNTSup 55; Sheffield: JSOT Press, 1991); R. Morgan, *Romans* (NTG; Sheffield: Sheffield Academic, 1995), 60-77을 보라.

성을 강조하는데,[37] 이는 부인할 수 없다. 그러나 바울의 편지들을 분석해보면 그 이면에 일관된 특성이 있다는 점도 확실하다(이것은 이 문헌들이 정의된 일관성의 기준에 의해 어떤 문헌이 진짜로 받아들여지든지 마찬가지다). 바울의 편지를 분석할 때에는 초의존적인 혹은 좀 더 보편적인 일련의 믿음도 고려되어야 한다. 어떤 이들은 바울이 심지어 제시된 하나의 편지 안에서조차 절망적일 정도로 모순된다고 말하고 싶어 한다(그리고 많은 경우에 이런 논평은 로마서를 가리킨다). 하지만 이런 파괴적인 비평은 건전한 해석적 모델을 형성하지 못할 뿐만 아니라 가까이 있는 증거도 제대로 반영하지 못한다. 이는 바울이 다루는 복잡한 주제들을 건성으로 받아들이려고 하는 노력을 일반적으로 반영한 것이다. 그러나 로마서와 관련된 지속적인 논의를 고려할 때 로마서의 목적에 대해 최소한 여덟 가지 제안은 언급할 만한 가치가 있다.[38]

a. 기독교 종교의 요약

로마서가 기독교 종교의 요약이라는 필립 멜란히톤(Philip Melanchthon)의 말로 요약된 로마서에 대한 전통적인 관점은 이 편지가 바울의 글에서 찾을 수 있는 가장 조직신학적인 글이라는 것이다. 이런 관점은 바울이 아직 방문하지는 않았지만 향후 여행 계획의 중요한 부분을 차지하는 교회에 편지를 쓰면서 기독교 신앙에서 중요한 교리를 정리하고 있으며, 그것을 매우 조직적이고 잘 정리된 방식이면서도 편지의 형식으로 쓰고

---

37 J. C. Beker, *Paul the Apostle: The Triumph of God in Life and Thought* (Philadelphia: Fortress, 1980), 23-36; "Paul's Theology: Consistent or Inconsistent?" *NTS* 34 (1988): 364-77.

38 참조. Longenecker, *Introducing Romans*, 94-128은 대략 열네 개의 선택지를 제시한다. 그러나 그중 일부는 통합될 수 있다.

있다는 주장이다. 이런 입장은 바울의 글에서 임기응변의 요소를 최소화하려는 경향이 있는데, 여기에는 특정한 배경적 요인과의 관련성도 포함된다. 그리고 이 입장은 이신칭의, 인간의 악함, 아담과 그리스도의 역할, 성화, 화목, 유대인과 이방인의 관계, 국가의 역할 등을 포함하여 바울의 복음을 구성하는 주요 교리들을 강조한다. 이 견해는 19세기 초반 바우어의 저술[39] 이전까지 사실상 독보적이었고, 지금도 여전히 주류를 이룬다. 이는 더 최근에 더글라스 무의 로마서 주석과 N. T. 라이트의 저서 등에 반영되었다.[40] 라이트는 바울의 선교가 그의 신학의 토대 위에 세워졌다는 의미에서 이 견해를 바울의 선교 동기와 결합한다. 여기서 두 가지 요소는 분리될 수 없다.

이 입장에 대해 다음 두 가지 주요한 반대가 있다. (1) 이 입장은 이 편지가 실제로 언제 어디에 있는 어느 기독교 공동체를 대상으로 기록되었는지를 나타내는 맥락이나 상황을 축소하려고 한다. (2) 일부 학자들이 생각하는 주요 기독교 교리 중 다수가 로마서에 누락되었으며, 따라서 이는 아무리 양보해도 불완전한(그리고 결국 결함이 있는?) 요약이라는 것이다. 누락된 것으로 종종 언급되는 주제 중에는 종말론, 기독론, 교회론, 성만찬, 결혼 등이 있다. 그러나 이 두 가지 반대는 그 근거가 미약하다. 로마서는 다른 바울 서신이나 심지어는 신약성경의 다른 책들보다

---

39   F. C. Baur, "Über Zweck und Veranlassung des Römerbriefs und die damit zusammenhängenden Verhältnisse der römischen Gemeinde," *Tübinger Zeitschrift für Theologie* 3 (1836): 59-178; repr. in Baur, *Historisch-kritische Untersuchungen zum Neuen Testament* (Stuttgart: Frommann, 1963), 147-266, 특히 153-66. Baur, *Paul the Apostle of Jesus Christ: His Life and Work, His Epistles and His Doctrine* (2 vols.; London: Williams & Norgate, 1873-75; repr. Peabody, MA: Hendrickson, 2003), 1.331-65도 보라.

40   D. J. Moo, *The Epistle to the Romans* (NICNT; Grand Rapids: Eerdmans, 1996), 특히 22-24; N. T. Wright, *The Climax of the Covenant: Christ and the Law in Pauline Theology* (Edinburgh: T&T Clark, 1991), 234.

더, 지난 이천 년 혹은 그 이상에 걸친 더욱 광범위하고 다양한 기독교 공동체에게 말하는 글이다. 게다가 특정한 상황을 충분히 고려하는 동시에 더 큰 신학적 동기를 염두에 두고 글을 썼다고 말하는 것은 본질적으로 모순이 아니다. 두 번째 반대는 지나치게 심각하게 받아들일 수 없다. 위에서 제시한 목록만 보면 그에 대한 두 가지 큰 반대가 있다. 첫 번째는 그것이 로마서에 대한 정확한 묘사가 아니라는 것이다. 어떤 면에서 기독론이 이 책의 주요 관심사가 아니라고 말할 수 있는 것인가?[41] 기독교의 모든 실존—칭의, 화목, 성화—을 그리스도의 사역에 기초하여 열거한 것(예. 1:3-4)과 그리스도께서 성령을 통해 자신의 사역을 지속한다(8:36-39)고 말한 바울의 주장을 보면 확실하다. 예를 들어 로마서 5장에서 바울은 화목에 대해 말하면서 그것이 "우리 주 예수 그리스도를 통해"(혹은 비슷한 언어로) 성취되었다고 명확하게 세 번 말한다(5:1, 11, 21). 이런 진술들이 전체 장의 윤곽을 이룬다. 두 번째 반대는 여기서 누락된 여러 교리가 중요하다는 것이 논란이 있는 문제라는 것이다. 로마서에 어떤 특정 교리가 빠져 있는 것이 중요한 점일 수 있다. 하지만 그것이 로마서의 결함을 드러낸다고 볼 필요는 없다. 위에서 언급한 교리 중 몇 가지는 단지 바울의 다른 편지들과 제한된 연관성을 지니고 있을 뿐이다(예. 성만찬은 고린도전서에서만 논의된다).[42]

---

41 예를 들어 J. A. Fitzmyer, "The Christology of the Epistle to the Romans," in *The Future of Christology* (ed. A. J. Malherbe and W. A. Meeks; Minneapolis: Fortress, 1993), 81-90은 그것이 분명히 주요 관심사임을 밝힌다.

42 A. J. B. Higgins, *The Lord's Supper in the New Testament* (Studies in Biblical Theology 6; London: SCM, 1952), 64-73을 보라.

b. 바울의 가장 깊은 확신의 선언

1948년에 T. W. 맨슨(T. W. Manson)은 로마서가 기독교 종교의 요약이라는 첫 번째 입장에 대한 주요 반대 중 하나인 관점을 주장했다. 그는 로마서가 원래 로마(1:1-15:23 혹은 1:1-15:33)와 에베소(롬 1-16장) 교회 모두를 대상으로 기록되었으며, 주요 기독교 교리 전체의 완전한 요약이 아니라 바울의 사상에서 가장 깊은 개념들을 반영한다고 주장한다.[43] 바울은 우선 예루살렘으로 가야 했다. 하지만 그는 더 서쪽인 로마를 향해서도 가고 있었다. 에베소를 방문하는 것은 불가능했기 때문에 그는 로마와 에베소 두 곳에 편지를 보내면서 에베소 사람들에게는 종결부가 좀 더 추가된 형태로 보낸 것이다. 이것이 에베소와 연관된 것으로 보이는 로마서 16장에 나오는 이름들과 일부 사본에는 빠져 있는 로마서의 목적지에 대한 설명이 될 수 있다(단락 2E를 보라). 따라서 이 편지의 범주는 하나의 교회를 대상으로 한 편지에서 순환 편지 양식으로 확장된다.

그러나 이 입장에 대한 반대가 몇 가지 있다. 첫째는 현존하는 본문의 외적 증거에 입각한 것으로서 로마서 1-15장만을 포함하는 순환 편지의 형태는 강력한 논지를 지니지 못한다는 것이다. 게다가 이것은 약간 갑작스럽고 이상한 결말과 부자연스러운 바울의 마무리를 만들어낸다. 두 번째 반대 의견은 바울이 자신과 더 가까운 관계에 있었던 다른 교회들 대신 왜 로마에 있는 교회에 자신의 뿌리 깊은 확신을 말했는지에 대한 의문이다. 개정된 형태의 편지가 에베소에 있는 교회에 보내졌

---

43   T. W. Manson, "St. Paul's Letter to the Romans—and Others," in *The Romans Debate* (ed. K. P. Donfried; 2nd ed.; Peabody, MA: Hendrickson, 1991), 3-15. D. Trobisch, *Paul's Letter Collection: Tracing the Origins* (Minneapolis: Fortress, 1994), 72-73도 이를 지지한다. H. Koester, "Ephesos in Early Christian Literature," in *Ephesos: Metropolis of Asia: An Interdisciplinary Approach to Its Archaeology, Religion, and Culture* (ed. H. Koester; Valley Forge, PA: Trinity, 1995), 119-40, 특히 122-24도 보라.

다는 점은 이해할 수 있다(하지만 여전히 본문의 난제는 남는다). 그러나 왜 고린도나 안디옥 혹은 그와 가깝게 연결되어 있던 다른 교회가 아니라 로마였을까? 바울은 왜 자신이 직접 세운 교회가 아닌, 한 번도 가본 적이 없는 로마 교회에 자신의 깊은 확신에 대한 묵상을 보냈을까? 오히려 자신의 뿌리 깊은 확신에 대한 설명이 아니라 기독교 신앙의 개요를 방문 예정인 교회에 보냈다고 한다면 더 이해할 수 있을 것이다.

c. 마지막 소원과 유언

귄터 보른캄(Günther Bornkamm)은 바울이 그리스와 마게도냐의 교회에서 모은 연보를 가지고 예루살렘으로 가는 여행 계획과 관련하여 불확실한 미래에 직면하고 있었다고 주장한다.[44] 이 시점에서 사도행전 21:17-26의 기록이 믿을 만한 것이라면(그리고 그럴 가능성이 커 보인다. 왜냐하면 그것이 바울의 체포에 예루살렘 교회가 연루된 일련의 사건에 대한 그럴듯한 설명을 만들어내기 때문이다), 바울은 예루살렘 교회가 그를 기다릴 포용력을 지녔는지에 대해 궁금해할 만한 충분한 이유가 있었다(롬 15:31). 그의 선교 여행은 면밀하게 감시당했고, 그의 복음 전파는 의심을 불러일으켰다. 그 이유가 무엇이든 바울은 아마도 예루살렘 교회와 관련하여 일종의 눈치를 보거나 직접적인 경고를 받았고, 결국 논란의 중심에 서게 되었다(행 15:1-5; 갈 2:1-10). 자신에게 다가올지도 모르는 어려움을 예감한 바울은 이번 기회를 통해 로마에 있는 그리스도인 공동체에 자신이 선포한 메시지의 영구적인 기록을 제공했다. 그리고 이것이 그가 앞으로 계속하기를 원했던 설교와 선교 사역의 내용이었다. 결과적으로 이

---

44   G. Bornkamm, "The Letter to the Romans as Paul's Last Will and Testament," in *The Romans Debate* (ed. K. P. Donfried; 2nd ed.; Peabody, MA: Hendrickson, 1991), 16-28.

편지 속에서 유지하려고 애쓴 균형은 그 자신이 계속해서 싸우는 부분이자 예루살렘에서 직면할 수도 있는 문제 중 하나이기도 한 율법주의와 반율법주의(율법에 반대하는 입장)를 반영한다. 그는 반율법주의자라고 비난을 받았다. 하지만 그는 자신이나 그리스도인의 신앙이 모두 반율법주의도 율법주의도 아니라는 점을 보여주고 싶었다. 특히 바울에게 닥친 상황에 비추어 이 관점을 고찰하면 얻을 수 있는 통찰이 있다.

그러나 몇 가지 반대는 고려되어야 한다. 첫째, 위의 b에 대한 반대와 비슷하게 왜 바울이 이런 종류의 편지를 자신이 한 번도 방문한 적이 없는 로마에 보내려고 했는가? 보른캄은 이 편지가 자신의 사역 동안 전달될 수 없을 것을 예상하면서 한 개인이 기록한 마지막 소원이자 유언이 아니라는 점을 분명히 하려고 노력한다. 만약에 그것이 맞다면, 이것은 어떤 면에서 마지막 소원이며 유언일까? 더욱이 만약 이것이 그의 마지막 소원이라면, 바울은 자신의 신학적인 핵심을 그의 동역자들, 특히 자신의 임무를 잘 유지할 수 있을 것으로 기대할 수 있는 여러 교회 중 하나로 보냈을 것이다. 둘째, 보른캄이 상정하는 상황이 이 편지 속에서 발견되는가? 이런 관점이 서술될 만한 불안정한 상황이 나타나는가? 분명히 예루살렘 교회와 관련하여 불확실성에 대한 언급이 있기는 하다(15:31). 하지만 이것은 예루살렘을 방문한 후 스페인으로 가는 길에 로마로 향하겠다는 결정에 대한 바울의 확신(15:24)으로 상쇄된다. 비교해 보면 로마서에는 고린도후서 10-13장이나 특히 디모데후서 4:6-7(보른캄은 이것을 제2 바울 서신으로 간주한다) 등과 같은 곳에서 발견되는, 바울이 매우 지쳐 보이고 미래에 대해 걱정하는 듯한 어두운 분위기의 본문이 없다.

d. 예루살렘을 향한 변명

연보에 대한 언급(예. 고전 16:1-4; 고후 8-9장)이 바울 서신의 진위를 구분하는 근거라는 주장이 있다(부정확할 수도 있지만 말이다).[45] 이는 어떤 편지가 진짜인지에 대한 추측에 근거하는 것으로 보인다. 요점은 여전히 연보가 바울의 사상에서 중요한 부분을 차지한다는 사실이다. 결과적으로 로마 교회에 말하고 있고 외견상 공식적으로 그들을 직접 향하고 있음에도 불구하고, 로마서는 사실 "예루살렘을 향한" 편지다.[46] 즉 로마서는 마치 예루살렘 교회가 엿듣고 있는 것처럼 그 교회를 염두에 두고 썼다는 것이다. 그렇게 함으로써 바울은 연보와 함께 자신의 사역이 받아들여지고, 그에 따라 선교 여행 중 자신이 가르친 것들에 대해 생겨날 수도 있는 반대 의견들을 극복할 수 있기를 바랐다는 것이다. 바울이 예루살렘 교회의 지도자들에게 전할 연설의 예행연습으로서 이 편지를 쓰고 있었다는 설명도 가능하다.

위에서 살펴본 바와 같이 바울이 예루살렘에서의 자신의 평판에 대해 걱정한 것은 타당하다. 그렇지만 로마서를 예루살렘을 향한 변명으로 보는 것이 최선인지는 의문이다. 이에 대한 세 가지 반대 의견이 있다. 첫째, 이 편지는 자신의 믿음과 행동에 대해 예루살렘 교회에 제공하는 변명의 간접적인 방식에 불과하다는 것이다. 왜냐하면 이 편지는 예루살렘과는 정반대 방향인 로마를 향해 발송되었기 때문이다. 예루살렘이라는 도시는 바울이 그가 로마로 보내는 편지가 예루살렘에 있는 사람들에게까지 미치게 될지에 관심을 가지고 있음을 보여주는 어떤 방식

---

45   M. Kiley, *Colossians as Pseudepigraphy* (BS 4; Sheffield: JSOT Press, 1986), 46.

46   J. Jervell, "The Letter to Jerusalem," in *The Romans Debate* (ed. K. P. Donfried; 2nd ed.; Peabody, MA: Hendrickson, 1991), 53-64.

으로도 언급되지 않는다(15:31의 이 언급은 이 점을 뒷받침하기에 전적으로 불충분하다). 더욱이 이 편지의 몇몇 요소는 유대인들에게 거의 와닿지 않는 것들인데, 특히 바울이 기쁘게 하려고 하는 대상이 그렇다(예. 롬 4, 11장). 둘째, 연보가 이 편지를 쓰도록 만든 적당한 이유이기는 하지만, 이렇게 길고 복잡한 편지를 쓰도록 한 충분한 목적이 되지는 못한다는 것이다. 연보에 대한 언급이 얼마 없다는 점을 보면 이 점이 더욱 분명하다. 셋째, 이 편지가 아무리 그 자신을 추천하도록 사용되었다고 하더라도, 바울이 예루살렘에 대한 해명의 목적을 달성하는 데 그것이 얼마나 도움이 될지는 불분명하다는 것이다.

e. 자기소개서

아마도 좀 더 현실적인 선택은 바울이 로마서를 자기소개서로서 자신을 변호하는 것에 가깝게 썼다는 주장일 것이다.[47] 이 이론에 따르면 바울은 이 편지를 로마의 그리스도인들에게 씀으로써 그들이 자신을 환영하고 스페인으로 서둘러 떠날 수 있게 해줄 것을 기대했다(1:11-15; 15:24, 28). 그 교회의 구성원들이 바울과 그의 복음을 받아들이도록 그들과 어느 정도의 소통 관계가 필요했다. 이는 그가 재정적인 지원이 필요했기 때문이었을 것이다(이는 예루살렘 교회를 대신하여 그가 연보와 자신의 사역에 대해 언급함으로써 준비되었다). 바울은 편지에서 교사 혹은 변증가에게 기대할 수 있는 많은 특징을 선보인다. 예를 들면 그는 디아트리베를 사

---

47   F. F. Bruce, "The Romans Debate—Continued"; A. J. M. Wedderburn, "Purpose and Occasion of Romans Again"; P. Stuhlmacher, "The Purpose of Romans"—이 글들은 모두 *The Romans Debate* (ed. K. P. Donfried; 2nd ed.; Peabody, MA: Hendrickson, 1991), 175-93, 195-202, 231-42에 있다. 자기변호 혹은 권고 편지에 대해서는 *Romans Debate*, 278-96에 있는 Guerra, *Romans and the Apologetic Tradition*과 D. E. Aune, "Romans as a *Logos Protreptikos*"를 보라.

용하는데, 이는 헬레니즘 세계에서 철학자-교사들이 사용했던 설득의 대화 형식이다(3장 단락 2B를 보라). 서신의 관습에 있어서 바울은 당연히 대화를 나누는 양측의 말을 모두 기록한다. 하지만 그는 문제를 제기하고, 개념을 설명하며, 반대 의견을 제시할 뿐만 아니라 그것들에 대답한다. 이 모든 것은 자신의 주장을 통해 독자들을 인도하는 방식으로 이루어진다. 이것이 바울의 복음의 핵심을 가르치는 특징으로 규정되든지, 아니면 기독교 신앙에 대한 변증을 제시하려는 시도인지와 상관없이, 바울은 서쪽에서 자신의 선교 사역을 지속할 수 있는 유용한 무대를 마련하고 있는 것으로 보인다. 고린도, 에베소, 안디옥이 지중해 동부에서의 그의 사역을 위한 바탕을 제공했듯이, 그는 로마가 자신이 서쪽으로 더 멀리 뻗어 나갈 수 있는 기반이 되어주기를 기대했다.

바울의 문학적·철학적 기교에 대한 평가는 그가 복음을 전하는 방식을 이해하는 데 필수적이다. 하지만 이 입장에 대한 논리적인 비판이 몇 가지 있다. 첫째, 바울이 너무 심각한 신학을 설명하고 있어서 간단한 인사와 함께 로마 사람들에게 자신을 소개하는 것으로 보기에는 무리가 있다는 것이다. 그가 논쟁이 될 만한 문제를 언급했거나 외부인으로서 유대인과 이방인의 관계에 대한 문제를 파고들었다면 로마의 그리스도인들이 부정적인 반응을 보일 위험이 있지 않았겠는가? 이에 대해 자신의 접근 방식을 바꾸거나 수신자들을 공격하는 부분을 지나치게 걱정하는 것은 바울답지 않다는 반론이 있다. 이것은 그의 일관성을 잘 보여주기에 좋은 부분 중 하나다. 둘째, 이런 식의 접근은 다른 곳에서의 바울의 접근과 일치하지 않는다는 비판이다. 즉 그는 다른 사람들이 승인을 위해 검토할 수 있도록 자신의 복음을 전시하듯 제시하지 않는다는 것이다. 그러나 바울의 경험에 의하면 로마 교회는 독특했다. 그는 골로새 교회를 방문하지 않았다고 해도 최소한 그 지역의 복음화에 도움을 주었다. 그리고 다른 교회들을 기반으로 삼았다고 해도 그는 그들로부터 파송을 받았거나 그들에게 기독교 메시지를 전달하는 데 책임이 있었다 (예. 고린도와 에베소). 이제 바울은 자신의 사역에서 새로운 단계에 접어들고 있었다. 그리고 그가 새로운 상황에 적응할 수 있었다는 것이 그의 능력을 입증해준다. 셋째, 바울이 로마 교회에 알려지지 않았기 때문에 이렇게 긴 소개가 필요했다고 보기는 어렵다. 만일 그가 다른 사람들에 의해 로마 사람들에게 오해를 받고 있었고, 그래서 자신의 복음을 명확하게 해야 할 필요가 있다고 느꼈던 경우를 제외하면 말이다. 만일 그가 알려지지 않았다면, 그는 단지 로마에 있는 사람들에게 자기소개서의 편지를 보내는 것 이상의 더 많은 것이 필요했을 것이다. 넷째, 로마에 방문하겠다는 그의 언급은 기껏해야 막연하다(1:11-13; 15:24, 28). 사실 그의 계획은 로마보다는 스페인에 좀 더 초점이 맞추어져 있는 것 같다. 로마는 그가 서쪽으로 가는 동안 지나면서 잠시 들르는 부수적인 장소에 불과한 것으로 보인다.

f. 로마 교회에 사도적 근거 제공

귄터 클라인(Günter Klein)은 바울이 교회를 다시 세우는 데 있어 주목할 만한 사도적 근거를 갖기 위한 편지로서 로마서를 썼다고 주장한다.[48] 이 입장에 따르면 바울은 어떤 교회를 온전하고 완성된 교회로, 또 다른 교회를 그렇지 않은 것으로 간주한다. 바울은 15:20에서 자신은 다른 사람의 터 위에 세우지 않는다고 말한다. 그러나 이것은 1:15 및 로마에서 설교하고자 하는 그의 열망과 조화될 수 있다. 교회가 사실상 그가 사도적

---

48   G. Klein, "Paul's Purpose in Writing the Epistle to the Romans," in *The Romans Debate* (ed. K. P. Donfried; 2nd ed.; Peabody, MA: Hendrickson, 1991), 29-43.

교회에 필요하다고 생각하는 종류의 기초를 갖지 못한다면 말이다.

그러나 이 관점에 대한 몇 가지 부수적인 이견이 있다. 첫째, 클라인이 제시한 것과 같은 사도적 근거가 로마 교회에 정확하게 얼마나 결여되어 있는지 그 정도를 정하기가 어렵다. 예를 들면 바울은 편지에서 그들이 지식으로 충만하고 능력 있는 믿음의 선포자들이라고 말한다(1:6-16; 15:14-23). 사실 바울은 1:6에서 로마 사람들을 믿음에 순종하는 이방인 "중에" 있는 것으로 특징짓는데, 어떤 의미 있는 방식으로 그들을 구별하고 있는 것 같지는 않다. 둘째, 바울이 자신의 사도적 권위를(그는 이것을 강조하는 것 같지는 않다. 1:12을 보라) 힘있게 주장한다는 점이 로마서를 통해 증명된다고 하더라도, 그가 그곳에 교회를 세우거나 다시 세우려고 그렇게 한다고 볼 필요는 없다. 이런 재설립에 대한 증거는 없다. 셋째, 클라인이 제시한 재설립—여기서 교회는 사도의 기반이 없어서 그 결과로 어떤 책임을 지거나 손해를 보는 것 같다—과 비슷한 또 다른 상황은 신약 내에서 발견되지 않는다.

g. 이방인과 유대인의 관계

로마서의 목적이 이방인과 유대인의 관계와 관련이 있다고 주장하는 주요 이론에는 두 가지가 있다.

> i. 첫 번째 이론은 초기 기독교가 베드로 혹은 유대교, 헬레니즘 혹은 바울의 요소로 분열되어 있었다는 바우어의 시나리오에 의존한다.[49] 이 입장은 이 편지가 로마의 유대인 그리스도인을 반대하

---

[49] R. Jewett, "Following the Argument of Romans," in *The Romans Debate* (ed. K. P. Donfried; 2nd ed.; Peabody, MA: Hendrickson, 1991), 265-77; W. S. Campbell, "Romans III as a Key to the Structure and Thought of Romans," in *Romans Debate*,

면서 로마에 있는 거대한 이방인 교회를 지지했던 가장 초기의 기록이라고 주장한다. 이 이론에 따르면 바울은 자신이 예루살렘에 연보를 전할 때 연합된 이방인 기독교의 모습을 전해줄 수 있기를 원했다. 따라서 이 편지는 로마 자체와 아무런 관련이 없지만, 바울이 헬레니즘의 입장을 대표하는 자신의 위치를 지지하는 데 있어 주목할 만하고 의미 있는 성공으로 지적할 수 있는 이방인의 교회로서의 로마와는 관련이 있다.

초기 교회에서 유대교와 헬레니즘적 요소 사이의 갈등에 대해 많은 사실이 있을 수 있지만, 이 입장에는 한계가 있다. 첫째, 로마에 있는 교회와 관계가 없는 구체적인 언급들이 편지 안에 너무 많이 있다(예. 1:8-15; 13:1-7; 14:1-15:33을 보라). 둘째, 이방인의 기독교에 대한 통일된 그림을 제시하려고 계획된 편지치고는 로마서 9-11장의 긴 논의를 포함하여 유대인에 대한 언급이 너무 많다. 셋째, 다른 편지는 이런 전략을 보여주지 않기 때문에, 로마서가 이런 전략에 대한 유일한 증거를 제시한다고 상정하기는 어렵다. 넷째, 초기 교회의 논쟁이 주로 민족에 관한 것이었다면, 왜 이 문제는 이런 방식으로 다루어지지 않는가? 이 편지가 헬레니즘 편의 주장만을 고려한다고 주장하기에는 유대인과 이방인에 대한 묘사를 종교적 언어로 표현한 것을 포함하여 그 범위가 지나치게 포괄적이다.

ii. 로마서가 이방인과 유대인의 관계에 대한 것이라는 두 번째 이론

251-64, repr. in his *Paul's Gospel in an Intercultural Context* (Studies in the Intercultural History of Christianity 69; Frankfurt: Peter Lang, 1992), 25-42; K. P. Donfried, "False Presuppositions in the Study of Romans," in *Romans Debate*, 102-24에 이 관점이 여러 형태로 소개된다.

은 미니어와 왓슨으로 대표되는 주장으로 위의 단락 2C2에서 논의되었다. 이 입장은 편지에 다양한 공동체가 언급되고 있다고 주장하는데, 왓슨에 의하면 약한 자(유대인)와 강한 자(이방인), 미니어에 의하면 다양한 계층의 그룹이 언급된다. 이 이론은 바울 저작의 조건적이고 불확정적인 특성과 특히 권면 단락에 있는 구체적인 언급들을 심도 있게 다룬다. 이 입장에 의하면 바울은 논쟁하는 양쪽 편에 무엇인가를 주고 있는 것 같다. 예를 들면 유대인들은 아브라함 안에서 자랑하는 것이 허용되는 반면, 이방인들은 자신들을 이스라엘이 독차지했던 나무에 접붙임을 받은 자들로 볼 수 있다. 목표는 비록 모든 사람이 죄인이지만 같은 복음을 나누어 가진 자들로서 "그리스도 안에서" 연합하는 것이다.

이 재구성에 대한 두 가지 반대 의견이 있다(단락 2C2에서 언급한 것 외에도). 첫째, 이 이론은 로마서 14-15장에 이르기까지 로마서를 이해하는 데 도움이 되지 않는 것으로 보인다. 유대인들과 이방인들을 가리키는 약한 자와 강한 자에 대한 해석은 편지의 많은 부분을 설명하지 않은 채 남겨둔다. 둘째, 약한 자와 강한 자가 다양한 공동체로서 언급되고 있는지 명확하지 않다는 점이다. "그리스도 안에" 있는 것이 어떤 의미인지에 대한 문제는 언급된다. 하지만 특정 그룹과의 확고한 등식을 만들기 위한 교회 구성원에 대해서는 충분히 알려지지 않는다.

h. 반제국적 수사학

로마서에 대한 많은 접근법은 분석 수단으로서 고대 수사학을 이용한다.[50] 그러나 최근의 몇몇 학자는 로마서가 반로마 수사학의 일부였다고 주장한다. 즉 로마서는 로마의 제국주의적 악에 대해 로마 독자들을 설득하려고 의도적으로 기록되었다는 것이다. N. T. 라이트는 현대 바울 연구에서 "가장 흥미로운 발견"으로 떠오른 것으로서, 바울의 메시지 속에서 제국주의 세계에 대한 논의를 다룬다.[51] 로마의 규칙은 권력과 상징 모두에 대한 것이었다. 그 권력은 잔인한 군대에 의해 명백하게 증명되었지만, 로마라는 도시와 황제로도 상징되었다. 황제는 국가의 정치적·영적 지도자였다. 기원전 9년에 소아시아의 많은 도시가 황제 아우구스투스의 탄생을 기념하는 비문을 세웠다. 그들은 그의 상서로운 탄생을 찬양했고, 그를 주라고 불렀으며, 그의 탄생을 알린 좋은 소식에 대해 감사를 표했다. 바울은 로마서에서 주 예수 그리스도에 대해 기록한다(1:4). 그는 인간이자(1:3) 신성을 지닌 하나님의 아들이다(1:4, 7). 이것은 바울이 로마의 그리스도인들에게 전하고자 했던 하나님의 "복음"(1:1)이다. 이 입장에 의하면 바울은 진짜 하나님의 아들과 황제의 왕권이 직접 충돌을 일으키는 로마 제국의 심장부에 편지를 쓴 것이다.[52]

로마서를 기록한 우선적인 정치적 목적을 밝혀내기 위한 최근의 시도들과 관련한 많은 논의가 있는데, 학자들 간의 의견이 분분하다. 이것은 신약성경의 모든 기록과 반제국주의의 관계에 대한 훨씬 더 광범위한

---

50 예. B. Witherington, *Paul's Letter to the Romans: A Socio-Rhetorical Commentary* (with D. Hyatt; Grand Rapids: Eerdmans, 2004); R. Jewett, *Romans: A Commentary* (Hermeneia: Minneapolis: Fortress, 2007).

51 N. T. Wright, "Paul's Gospel and Caesar's Empire," in *Paul and Politics: Ekklesia, Israel, Imperium, Interpretation* (ed. R. A. Horsley; Harrisburh, PA: Trinity, 2000): 160-83, 인용은 160.

52 S. E. Porter, "Paul Confronts Caesar with the Good News," in *Empire in the New Testament* (ed. S. E. Porter and C. L. Westfall; McMaster New Testament Studies; Eugene, OR: Pickwick, 2011), 164-96을 보라.

논의 중 일부분이다. 로마서에 대한 구체적인 반론은 세 가지다. 첫 번째는 바울이 로마서의 서두에서(그리고 위에서 언급한 주요 개념은 1:1-7에서 모두 찾을 수 있다) 자신의 청자들에게 들릴 만한 용어를 사용하여 로마의 심장부에 보내는 자신의 편지를 언급하지만, 편지의 나머지 부분은 다른 것, 분명한 기독교 문제에 초점을 둔다는 것이다. 그러나 이 문제들을 특징짓기를 원한다면, 그것들이 로마 제국이 아니라 칭의, 화목, 성령 안에서의 삶 등과 관련한 바울 복음의 메시지와 연관된 것임을 기억해야 한다. 두 번째 반대는 바울이 로마의 그리스도인들에 대한 그의 관심으로 보이는 일들을 언급할 때, 그가 집중하는 대상은 로마가 아니라 유대인과 이방인의 관계(14:1-15:13)를 비롯하여 그와 관련된 다른 문제들이라는 것이다. 이 문제들은 당시 로마의 상황과 관련된 것이지만, 로마의 권력에 맞서는 것과 직접 연관된 일은 아니었다. 세 번째 반대 의견은 만약 바울이 로마의 제국주의와 로마의 그리스도인들에게 큰 관심을 가졌다면, 그가 왜 로마를 방문하는 것보다 예루살렘으로 가는 것에 더 큰 우선순위를 부여했는지가 불분명하다는 것이다. 게다가 그가 왜 대적의 자리인 로마를 지지 기반으로 삼으려 했는지, 왜 로마와 맞서지 않고 오히려 그곳을 스페인을 향한 자신의 차후 선교 여행의 출발점으로 여겼는지를 분명히 밝힐 수 없다는 점도 문제다.

바울이 로마서를 쓴 목적에 대한 합의된 의견은 없다. 그렇지만 몇 가지 중요한 사항을 염두에 두어야 한다. 첫째, 로마서가 편지라는 사실을 기억해야 한다. 즉 로마서는 진짜 그리스도인 공동체를 대상으로 기록된 실제 편지다. 이것은 어떤 서신을 공부하든 중요하게 여겨야 하는 부분이지만, 로마서의 경우는 특히 그렇다. 왜냐하면 로마 교회와 바울의 관계에 대해 알려진 것이 너무 적기 때문이다. 둘째, 이 편지에서 주요 신학 범주와 직면하지 않을 수 없다. 바울 신학의 모든 요소가 이 편지에서 논의되는 것은 아니다. 하지만 매우 중요한 신학이 로마서에 담겨 있다. 겉으로 보기에 이 편지는 그가 매우 중요하다고 생각하는 신념을 반영하기 때문에, 그는 그의 다른 편지들과 다르게 자신의 주장을 체계화한다. 그렇게 함으로써 그는 자신의 신학을 체계적으로 제시하는 데 한 걸음 더 가까이 다가간다. 그렇지만 바울이 편지를 쓴 것은 단 하나의 목적이 아니라 다방면의 목적이 있기 때문이라고 말하는 것에는 아무런 문제가 없다. 아마도 바울이 이 편지를 그들에게 써야 한다고 느끼게 된 이유에는 여러 가지가 있을 것이다. 이것은 왜 해석가들이 논쟁 중에 여러 선택사항을 가지는지를 설명해줄 수 있다. 이 목적들 중의 많은 것이 다양한 수준에서 사실이다.[53]

E. 로마서 본문의 문제

위의 논의에서도 밝혔던 것처럼, 몇 가지 주요 본문비평의 문제가 로마서 이해와 관련하여 직접 제기된다. 이것들은 편지의 목적과 직접 연관이 있으므로 최소한 간단하게라도 언급할 만한 가치가 있다.

(1) 로마서 15-16장

로마서 15-16장은 로마서의 거의 모든 사본에 포함되어 있다. 그러나 이 장들이 진짜 로마서에 속하는지는 여전히 의문으로 남는다(예. Codex Amiatinus의 라틴어 요약은 15:1-16:24을 다루지 않는다. 테르툴리아누스의 *Against Marcion*은 마르키온이 롬 15-16장을 알지 못했다고 암시하는 것으로 보

---

53 참조. Longenecker, *Introducing Romans*, 157-60. Longenecker는 바울이 로마서를 집필한 다섯 가지 목적을 제시한다.

인다. 그리고 다른 몇몇 사본의 설명은 롬 16장이 빠져 있다는 것을 암시하는 듯하다).[54] 송영의 배치로 인해 어려움이 가중되는데, 이것은 일반적으로 16:25-27에 있지만 다양한 사본에서 다른 위치에 있는 경우도 가끔 있다(예. 롬 16장 이후에만; 롬 14장 이후와 롬 16장; 롬 14장 이후에만; 롬 16장과 함께 그리고 롬 16장 없이; 그리고 롬 15장 이후에만). 이런 유동적인 배열은 이 편지의 다른 버전들이 있었음을 추정하게 하는데, 여기에는 각각 다른 장들이 포함되었을 수 있다. 본문에 대한 논쟁은 만약에 여러 버전이 실제로 존재했다면 로마서 1-14장 혹은 로마서 1-15장만 포함했던 버전을 어떻게 설명할 것인가다.[55] (어떤 이들은 이 본문 문제를 신약 전체를 통틀어 가장 복잡한 것으로 생각한다.) 어려움을 가중시키는 문제는 놀라울 정도로 많은 사람에게 인사하는 내용이 나오는 로마서 16장의 내용인데, 이는 특별히 바울이 로마에 있는 교회에 가본 적이 없기 때문이다. 바울은 이 사람들을 어떻게 알았을까? 그는 일반적으로 자신이 모르는 사람들에게는 문안하지 않는다. 이 사람들은 누구인가? 그들 중 일부에 대해서는 추측할 수 있지만, 그들 대부분은 알려지지 않았다. 심지어 그들 중 몇몇은 헬레니즘 세계에서 흔한 이름의 소유자였다.[56] 바울은 로마에 간 적이 없지만, 에베소에서 오랜 시간을 보냈다(행 19장에 따르면 이년 이상). 사실 로마서 16:3에 언급된 브리스길라와 아굴라는 사도행전 18:19의 에베소에서 마지막으로 등장했다. 그리고 바울은 로마서 16:5에서 에배네도를 "아시아에서 처음 맺은 열매"라고 말한다(에베소는 로마

---

54 Moo, *Romans*, 6에 제시된 주요 사본을 정리한 표를 보라. 참조. Bruce, *Romans*, 26-27 에서는 Codex Amiatinus의 끝부분을 인용한다.

55 D. C. Parker, *An Introduction to the New Testament Manuscripts and Their Texts* (Cambridge: Cambridge University Press, 2008), 270-74; Longenecker, *Introducing Romans*, 19-30.

56 Lampe, "Roman Christians," 222-29; *From Paul to Valentinus*, 153-83을 보라.

의 아시아 권역의 수도였다). 이런 연결점들은 로마서 16장과 에베소와의 관계를 추측할 수 있게 해준다(단락 2D2b에 소개된 맨슨과 다른 이들의 관점을 보라).

로마서 본문의 증거는 원래 편지의 형태가 어떠했는지에 대한 많은 가능성을 제시해준다.[57]

a. **전체 편지로서의 로마서 1-16장.** 이 문제에 대한 방대하고 정보가 많은 논의에서 해리 갬블(Harry Gamble)은 로마서 1-16장이 로마서를 구성한다는 합의가 이루어졌다고 주장한다.[58] 그러나 어떤 학자들은 16:25-27의 송영이 자연스러운 마무리를 위해 후대에 더해졌는데, 아마도 마르키온에 의해 삽입되었을 것이라고 말한다. 이것이 가장 설득력이 있으며 내 분석도 이를 통해 이루어진다(송영이 원래 본문에 포함된 것이라고 믿는다).

b. **로마서 1-16장은 로마서 1-14장 혹은 로마서 1-15장의 회람 서신으로 축약되었다.** 이 관점은 위의 첫 번째 입장과 같이 원래 편지(롬 1-16장)의 완전성을 주장하지만, 로마서 1-14장 혹은 로마서 1-15장으로 구성된 후대 회람 서신이 만들어졌다고 본다.[59] 이것은 1:7과 1:15에 "로마"가 빠져 있는 일부 후대 사본들에 대한

---

57   H. Gamble Jr., *The Textual History of the Letter to the Romans* (Studies and Documents 42; Grand Rapids: Eerdmans, 1977), 127-42, 특히 141에서 요약하고 있는 다양한 관점과 그에 대한 변호의 내용을 보라.

58   한 예가 참고문헌 목록을 포함하여 J. A. Fitzmyer, *Romans* (Ab 33; New York: Doubleday, 1993), 55-67에 있다.

59   J. B. Lightfoot, "The Structure and Destination of the Epistle to the Romans," in *Biblical Essays* (London: Macmillan, 1893), 285-374, 특히 287-320(315-20), 352-74; 더 최근의 것으로는 Gamble, *Textual History*, 115-24.

문제를 설명해준다. 이 입장의 문제는 14:23에서 편지가 끝나는 것으로 볼 수 있다는 것이다. 이 지점은 15:13까지 이어지는 논의의 중간 부분에 해당한다.[60] 또 다른 문제는 1:8-15이 로마서 15장의 마지막 부분 근처에서 선택되어 특별히 인용된 사실을 간과하게 된다는 점이다. 로마서 15:33이 편지의 결론으로 보기에 어느 정도 더 좋은 지점이기는 하다. 하지만 그렇게 되면 편지에 걸맞은 결말이 사라지게 되면서 삽입이 필요하게 되고, 이를 뒷받침하는 본문의 외적 근거가 없다는 문제에 직면하게 된다.

c. **회람 서신으로서의 로마서 1-14장.** 이는 로마서 1-14장이 원래는 회람 서신으로 기록되었고, 나중에 이 편지가 로마로 발송될 때 로마서 15장이 추가되었다는 주장이다.[61] 이 입장에 대한 근거는 로마서 1장과 15-16장을 제외한 편지의 전반적인 특성에서 비롯되는 것으로 보인다. 그러나 이 편지가 왜 로마서 1-14장으로 구성되어 있는지에 대한 의문이 제기된다. 왜냐하면 위의 두 번째 입장에서 언급했듯이 15:13까지 이르는 논의가 중간에서 단절되어 버리기 때문이다. 게다가 또 다른 수신자가 있었는지에 대해 대안이 될 수 있는 언급이 없다. 그리고 로마서 16장과 그것이 어디에서 비롯되었는지에 대한 문제도 있다. 그것은 에베소로 보내진 편지인가?(아래의 입장 d를 보라)

d. **회람 서신으로서의 로마서 1-15장.** 이 이론은 로마서 1-15장이 원래 회람 서신으로 기록된 편지이고 로마서 16장은 에베소에 보

---

60   Keener, *Romans*, 170n1에서는 바울이 롬 14장의 견해 피력을 최소한 15:7까지는 마무리하지 않는다고 말한다.

61   K. Lake, *The Earlier Epistles of St. Paul: Their Motive and Origin* (London: Rivingtons, 1911), 350-70을 보라. 대체 가설들에 대한 자세한 논의가 포함되어 있다.

낸 편지로 나중에 첨가된 것으로 본다. 이 입장에 의하면 두 가지 선택 가능한 시나리오가 있다. 첫 번째는 로마서 16장이 에베소로 보내는 한 통의 편지였고, 더 긴 편지인 로마서 1-15장에 첨부된 짧은 편지로서 동봉되었다는 것이다.[62] 하지만 바울의 편지 전체가 본질적으로 문안 인사와 다른 사람들의 목록으로 구성되었을 가능성이 있는가? 지난 세기 초반에 광범위한 동의를 얻었던 두 번째 시나리오는 로마서 16장이 에베소에 보내는 더 큰 편지의 일부였는데 나중에 로마서에 더해졌다는 것이다.[63] 이 이론의 문제는 다른 편지에 대한 언급이 없다는 점과(골 4:16에는 라오디게아 사람들에게 보내는 편지에 관한 언급이 있다), 에베소에 보낸 편지 중 이 부분만 여기에 들어가 있는 것이 극단적으로 이상해 보인다는 점이다. 이 입장은 에베소와의 연결점을 만들기 위해 명백하게 빈약한 증거를 기반으로 지나치게 노력하는 것 같다(그리고 아마도 에베소서에 관한 회람 서신 가설을 로마서에 적용하려는 것 같다). 바울은 아는 사람이 많았고, 그들이 에베소에 있는 사람들로 한정될 필요는 없었다(특히 로마에 비슷한 이름들이 많았기 때문이다). 브리스길라와 아굴라도 여행을 많이 했기 때문에(행 18:18) 에베소에서 로마로 돌아왔을 가능성이 크다. 게다가 에베소 사람들에게 보내기로 작정한 편지에 바울이 이미 알고 있는 개인들에 대한 설명을 장황하게 했겠는가? 이 장의 꼼꼼한 특성은 편지가 에베소를 향한 것이었을 가능성을 배제하는 것 같다. 그리고 다시

---

62 Manson, "St. Paul's Letter to the Romans," 5-14. 이 의견에 대해서는 Martin, *Foundation*, 2.194-96 등과 같은 좀 더 최근의 지지자들이 있다.

63 예. Moffatt, *Introduction*, 135-39.

한번 로마서 15:33은 바울 서신의 가장 자연스러운 결말이 아니라는 문제가 있다(위의 입장 b를 보라).

e. **마르키온의 편지로서의 로마서 1-14장.** 윌리엄 샌데이(William Sanday)와 아서 케일리 헤들럼(Arthur Cayley Headlam)은 144년에 파문당한 2세기 로마의 이단이자 믿음과 율법의 극단적인 이분법으로 급진적인 형태의 기독교를 표방했던 마르키온이 로마서를 편집했을 수 있다고 주장한다.[64] 그리고 F. F. 브루스와 여러 학자가 이를 지지한다. 마르키온의 편집 결과는 구약을 강조한 신약의 상당 부분을 배제한 것으로 보인다. 그 결과로 편집된 형태의 누가복음과 열 개의 바울 서신이 한 권의 책을 이루게 되었고, 목회 서신과 히브리서는 제외되었다. 아마도 로마서 15장은 그 안에 구약의 내용과 받아들일 수 없는 본문이 많아서 마르키온이 잘라낸 것 같다(예. 15:4, 8이 구약과 유대인을 언급한다). 오리게네스가 마르키온이 로마서를 14:23로 요약했다고 말하지만(*Commentary on Romans* 14:23[Patrologia Graeca 14.1290]), 이 이론이 유혹하는 것처럼 그것을 철저히 입증하기에는 그 상황에 대한 지식이 너무 적다. 마르키온의 영향을 받지 않은, 짧은 길이의 다른 본문들도 있다. 그렇지만 테르툴리아누스와 같은 많은 초기 교회 교부들이 로마서 15장과 16장을 언급하지 않기 때문에, 이 이론은 한동안 아주 매력적인 설명으로 받아들여졌다.[65]

---

64 W. Sanday and A. C. Headlam, *A Critical and Exegetical Commentary on the Epistle to the Romans* (5th ed.; ICC; Edinburgh: T&T Clark, 1902), lxxxv-xcviii, 특히 xcvi-xcviii; Bruce, *Romans*, 29; Moo, *Romans*, 8.

65 Cranfield, *Romans*, 1.6-7을 보라. 여기에 교부들이 언급된다. 테르툴리아누스는 그의 어떤 저작을 보더라도 이 두 장을 알지 못했던 것 같다.

f. **보편적 일반화로서의 로마서 1-15장.** 이 이론은 이 편지의 요약된 형태가 보편적 혹은 전반적인 가르침이라는 합당한 목적하에 의도적으로 이루어진 개정이라고 주장한다.[66] 이 관점은, 마지막 장인 로마서 16장에 있는 더 구체적인 로마에 관한 내용이 문제가 되어, 이 편지에 담긴 귀중한 자료를 잃어버리지 않고 이 편지를 교회에서 더 광범위하게 사용하려고 교육적인 목적을 위해 더 짧은 형태가 만들어졌다고 주장한다. 이 이론에는 두 가지 중요한 문제가 있다. 첫 번째 문제는 이 편지가 이런 방식으로 실제로 사용되었는지를 증명할 실질적인 증거가 거의 없다는 것이다. 두 번째 문제는 청자들을 염두에 둔 구체적인 자료를 가진 다른 바울 서신들은 요약되지 않았다는 것이다.

(2) 송영

로마서에 대한 본문비평에 있어 송영(롬 16:25-27)의 위치는 매우 중요하다. 송영이 여러 다른 사본에서 다양한 위치에 있다는 사실은 전체 편지의 본래적 통일성과 관련한 추측을 낳았다.[67] 가장 믿을 만한 초기의 많은 사본(P[61]과 시내 사본, 바티칸 사본, 에브라임 재생 사본 그리고 다른 여러 사본)에서 송영은 로마서 16장의 끝에 자리한다. 거의 모든 영어 성경에서도 바로 그 자리에 인쇄되어 있고, 나머지 일부 영어 성경에는 로마서 14장의 끝에 있다. 14장에 위치하는 송영의 본문비평적 증거는 매우 빈약하다. 그것의 대부분이 후대의 사본들이기 때문이다(Y 사본과 다수 본

---

66   Bruce, *Romans*, 29-30.
67   다양한 사본 및 송영의 위치에 대한 도표는 Gamble, *Textual History*, 131; Longenecker, *Introducing Romans*, 34-38을 보라.

제10장 로마서   **535**

문). 어떤 사본은 로마서 14장과 16장 모두의 끝부분에 송영이 있다(알렉산드리아 사본과 P 사본 등). 송영의 세 번째 위치는 로마서 15장의 끝부분인데, 중요한 초기 알렉산드리아 파피루스인 P⁴⁶(200년경)의 지지를 받는다. 이것이 송영에 관한 가장 초기의 사본이지만, 이 사본은 송영 다음에 16:1-23도 포함하며, 이것이 무엇을 가리키는지가 불명확하다. 송영에 대한 네 번째 대안은 모든 곳에서 빠져 있는 것인데, 이것은 몇몇 후기 사본(F, G 사본 및 629)과 오리게네스가 자신의 로마서 주석에서 16:25-27에 대한 논평을 통해 밝힌, 마르키온의 본문이라고 했던 것 외에는 근거가 없다.

F. 로마서의 개요

A. 서두(1:1-7)

　　1. 보내는 이(1:1-6)

　　2. 받는 이(1:7a)

　　3. 인사(1:7b)

B. 감사(1:8-17)

　　1. 로마 교회에 대한 바울의 생각(1:8-15)

　　2. 감사의 근거에 대한 요약적 설명: 칭의와 성화(삶)는 화목과 동등하다(1:16-17)

C. 본론(1:18-11:36)

　　1. 인간의 곤경이 드러나다(1:18-3:20)

　　2. 인간의 죄악된(법적) 상태에 대한 해결책으로서의 칭의(3:21-4:25)

　　3. 칭의의 성취와 성화에 대한 기대로서의 화목(5:1-21)

4. 그리스도를 믿는 자를 위한 성화(6:1-8:39)

5. 이스라엘의 거부와 변함없는 하나님의 신실하심(9:1-11:36)

D. 권면(12:1-15:33)

1. 개인의 행위(12:1-13:14)

2. 공동체의 행위(14:1-15:13)

3. 사도의 방문(15:14-33)

E. 맺음말(16:1-27)

1. 추천과 문안(16:1-16)

2. 마지막 경고(16:17-20)

3. 개인적 문안(16:21-23)

4. 송영(16:[24]-27)

G. 로마서의 내용

서두(1:1-7)

로마서 서두는 바울 서신에서 가장 긴 축에 속한다. 바울은 자신을 그리스도 예수의 종, 부르심을 받은 사도, 복음을 위해 구별된 사람이라고 밝힌다. 이 서두의 나머지 부분에서는 성경에 미리 약속하신 복음을 소개하는데, 이 복음은 다윗의 혈통으로 나신 하나님의 아들에 관한 것이며, 그는 부활을 통해 능력을 드러내신 분이다. 그들은 그리스도를 통해 믿음으로 순종하게 하는 은혜와 사도의 직분을 받았다. 바울은 로마에 있는, 하나님의 사랑하심을 받고 성도로 부르심을 받은 모든 자에게 편지를 쓴다.

감사(1:8-17)

바울은 로마 사람들이 전 세계에 걸쳐 믿음으로 명성을 얻게 된 것에 대해 그들에게 감사를 표한다. 그는 자신의 기도에서 끊임없이 그들을 말하며, 언젠가 그들을 방문할 수 있게 되기를 희망한다. 그들을 만나고자 하는 그의 바람은 그들에게 일종의 영적인 선물을 나누어 줌으로써 그들을 강하게 하기 위함이다. 그렇게 해서 그들은 상호 간에 위안을 얻을 수 있을 것이다. 그는 이전에 그들을 방문하려 했으나 그 뜻을 이루지 못했다. 그 이유는 그가 그들에게서뿐만 아니라 이방인의 나머지로부터도 이익을 얻고자 했기 때문이다. 이것은 그가 최소한 로마에 있는 상당수 이방인들에게 편지를 쓰고 있음을 나타내는 것일 수 있다. 그러나 그는 그들에게도 복음을 선포하기를 갈망한다. 이는 그가 복음을 부끄러워하지 않기 때문이다. 그리고 이 복음은 모든 믿는 자에게 구원을 주시는 하나님의 능력이 되기 때문이다. 먼저는 유대인에게요 그러나 또한 헬라인에게다. 편지의 주제 문구에서 바울은 감사의 근거를 요약하여 제시하면서 구약의 인용을 사용한다. 즉 믿는 자들에게 하나님의 의가 믿음에 의해 나타나고, 의인은 믿음으로 말미암아 살게 될 것이다. 이것은 하나님과의 관계에 있어 바울이 의미하는 화목이다. 바울은 편지의 본론에서 이 엄청난 사상을 더더욱 깊이 계속해서 설명한다.

본론: 인간의 곤경이 드러나다(1:18-3:20)

바울은 인간의 곤경을 설명하면서 편지의 본론을 시작한다. 즉 하나님의 진노가 진리를 막는 인간의 경건하지 않음과 불의에 대해 드러났다는 것이다. 하나님은 모든 창조물을 통해 그들에게 자신을 명백히 드러내셨다. 하지만 인간은 생각이 허망해졌고 창조주의 영광을 피조물의 낮은 영광으로 바꾸어버렸다. 이것 때문에 하나님은 인간이 자신들의 악함

속에 빠지도록 내버려두셨는데, 이 악함에는 성적 부도덕과 모든 종류의 불의가 포함된다. 그들은 이것들을 행할 뿐만 아니라 다른 이들도 함께 행하도록 부추긴다.

이 진리를 생각하면서 바울은 그들이 다른 이들을 판단하는 데 있어서 평계를 대지 못한다고 말한다. 왜냐하면 그들은 스스로 이전부터 그렇게 살아왔기 때문이다. 하나님은 모든 이들을 그들의 행위에 따라 심판하실 것이다. (하나님의) 영광, 존귀, 썩지 아니함을 구하는 자들은 영생을 상속받을 것이고, 자화자찬하며 불의에 순종하는 자들은 진노와 분노를 받을 것이다. 그들이 율법을 가지고 있든지 그렇지 않든지, 혹은 그들이 자신들에게 율법이 되든지 그렇지 않든지 상관없이, 그들은 자신이 행하는 것에 대해 심판을 받을 것이다. 그는 유대인을 그룹으로 언급하면서 율법에 순종하도록 다른 이들을 가르치는 자로 표현한다. 그리고 그들에게 스스로 율법에 순종하는지를 묻는다. 그는 그들이 율법을 행하면 할례가 가치 있는 것이라고 말한다. 하지만 만약 율법을 범하면 그들의 할례는 아무런 의미도 없다.

인간의 곤경에 대한 자신의 주장을 더 발전시키면서 바울은 디아트리베 요소를 사용한다(3장 단락 2B를 보라. 그러나 디아트리베는 이 편지 전체에 걸친 특징이다). 그리고 유대인의 나음이 무엇이며 할례의 유익이 무엇인지를 묻는다. 그는 유대인들이 하나님의 말씀을 먼저 받았기 때문에 실질적으로 큰 가치가 있다고 대답한다. 그러나 그들의 이점이 자신들의 불의함을 없애주는 것은 아니다. 왜냐하면 유대인이든 이방인이든 모든 사람이 죄 아래 있기 때문이다. 시편 14편과 53편을 인용하면서 바울은 의인은 아무도 없으며, 선을 행하는 자도 없고, 하나님을 찾는 자도 없다고 선언한다. 율법으로 자신을 정당화하려고 해도 그런 일은 일어나지 않는다. 왜냐하면 율법을 통해서는 단지 죄에 대한 지식을 얻을 뿐, 그 율법을 성취하지는 못하기 때문이다.

본론: 인간의 죄악된(법적) 상태에 대한 해결책으로서의 칭의(3:21-4:25)

인간의 곤경에 대한 해결책은 예수 그리스도를 믿는 믿음을 통해 얻은 하나님의 의다.[68] 율법에 순종함으로써 인간이 의롭게 될 수는 없다. 왜냐하면 모든 사람이 죄를 범했고 하나님의 영광에 이르지 못했기 때문이다.[69] 그들은 그리스도를 믿는 믿음으로 은혜에 의해 의롭게 되는데, 이 은혜는 그리스도 안에서 구원을 통해 그들에게 주어지는 것이다. 이것은 의로움 그 자체이며 의롭게 하시는 하나님의 의를 보여준다. 따라서 그 누구도 자랑할 근거가 없다. 왜냐하면 율법이 아니라 믿음으로 의롭게 되었기 때문이다. 이것은 율법을 완전히 배제한다는 의미가 아니다. 오히려 율법은 굳게 세워진다.

디아트리베를 계속 사용하면서 바울은 아브라함이 무엇을 얻었는지 묻는다. 바울은 독자들에게 아브라함이 하나님을 믿었고 그 믿음이 그에게 의로 여겨졌다는 성경 말씀을 일깨워준다. 바울은 아브라함의 믿음에

---

68   "예수 그리스도의 믿음을 통해"(διὰ πίστεως Ἰησοῦ Χριστοῦ)라는 그리스어 구절의 의미가 최근 몇십 년 동안 광범위하게 논의되어왔다. 논쟁의 핵심은 소유격 구조의 기능과 그것의 후속 영어 번역이다. 즉 소위 주격 소유격(예수가 믿음의 주체다. 곧 "예수 그리스도의 믿음" 혹은 "예수 그리스도의 신실함")으로 봐야 할 것인지, 아니면 소위 목적격 소유격(예수가 믿음의 대상이다. 곧 "예수 그리스도를 믿음")으로 봐야 할 것인지에 대한 문제. 문헌이 풍부하고 많아지고 있지만, 이 문제에 대한 개론으로는 4장 단락 2E, 그리고 S. E. Porter and A. W. Pitts, "Πίστις with a Preposition and Genitive Modifier," in *The Faith of Jesus Christ: Exegetical, Biblical, and Theological Studies* (ed. M. F. Bird and P. M. Sprinkle; Peabody, MA: Hendrickson, 2009), 33-53을 보라. 여기서 우리는 이 문제를 언어학적으로 해결했다고 믿는다. 이것과 평행을 이루는 예로, 중간의 관사가 없는 전치사 + "믿음" + "그리스도"(물론 그리스어로) 구조를 들 수 있는데, 이것은 신약에서 항상 "그리스도"가 목적격으로 나타난다.

69   참조. W. V. Cirafesi, "'To Fall Short' or 'To Lack'? Reconsidering the Meaning and Translation of Ὑστερέω' in Romans 3:23," *Expository Times* 123 (2012): 429-34.

서 할례가 얼마나 관련이 있는지를 조사하여 그의 할례 이전에 믿음이 존재했음을 밝혀낸다. 할례는 그의 믿음에 의해 성취된 것에 대한 이후의 표지에 불과한 것이었다. 그는 겉으로 할례를 받은 자들뿐만 아니라, 자신이 믿음 안에서 살았던 것과 같이 믿음으로 살아가는 모든 자의 아버지가 될 것이다. 아브라함이 세상의 상속자가 될 것이라는 그에 대한 약속은 율법이 아니라 믿음을 통해 그와 그의 후손들에게 주어졌다. 아브라함은 믿음으로 하나님께 순종한 최초의 본보기다. 그는 율법을 의지하는 자들뿐만 아니라 믿음을 가진 모든 사람의 조상이다.

본론: 칭의의 성취와 성화에 대한 기대로서의 화목(5:1-21)

믿음으로 의롭다 하심을 받은 결과로써 그들은 예수 그리스도를 통해 하나님과 화평을 누린다.[70] 이 칭의는 믿음으로 은혜에 들어간 결과이며, 그들은 하나님의 영광을 즐거워해야 한다. 그뿐 아니라 그들이 즐거워해야 할 것은 그들의 환난인데, 환난은 인내를, 인내는 연단을, 연단은 소망을 이룬다. 그리고 소망은 그들을 실망하게 하거나 부끄럽게 하지 않는다. 왜냐하면 하나님의 사랑이 차고 넘치기 때문이다. 이 사랑은 그들이 연약하고 죄 가운데 있을 때 그리스도가 경건하지 않은 자들을 위해 죽음으로써 드러났다. 그들은 그것을 받을 자격이 없는 자들이다. 그리스도의 죽음 덕분에 그들은 하나님의 진노로부터 구원받았고(로마서 1장에서 언급했듯이) 하나님과 화목하게 되었다.

---

70 이 구절에 대한 주요 논의는 원래의 기록이 직설법 ἔχομεν("우리가 가지고 있다")인지 아니면 가정법 ἔχωμεν("우리가 갖자")인지에 대한 것이다. 강력한 외적인 사본상의 증거와 바울의 주장을 이해할 수 있게 해주는 선택은 가정법을 더 지지한다. S. E. Porter, "The Argument of Romans 5: Can a Rhetorical Question Make a Difference?" *JBL* 110 (1991): 655-77, 특히 662-65을 보라. 이것은 최근에 Jewett, *Romans*, 344에서 지지받았다.

그리스도의 화목에 대한 해석에서 더 나아가 바울은 죄와 그 결과 인 죽음이 아담 한 사람을 통해 어떻게 세상에 들어오게 되었는지, 그리고 한 사람 예수 그리스도를 통해 어떻게 생명을 받게 되었는지를 설명한다. 죄는 심판과 정죄를 가져왔지만, 의로운 한 행동은 칭의를 가져왔다. 한 사람의 불순종이 많은 이들을 죄인으로 만들었지만, 한 사람의 순종은 많은 사람을 의롭게 만들었다. 율법으로 인해 죄가 넘치는 곳에 은혜가 더욱 넘치게 된다.[71]

본론: 그리스도를 믿는 자를 위한 성화(6:1-8:39)

그러나 이것은 로마의 그리스도인들이 계속 죄를 지어야 은혜가 더욱 넘친다는 의미는 아니다. 바울은 수사학적으로 묻는다. 죄에 대해 죽은 자가 어떻게 죄 가운데 살 수 있겠는가? 사망 안에서 그와 연합한 자는 또한 생명 안에서 그와 연합한 것이며, 이는 그리스도 안에 있는 자들은 죄로부터 해방되었기 때문에 더 이상 죄 가운데 살아가지 않는다는 의미다. 그래서 바울은 자신의 독자들에게 죄가 그들을 지배하지 못하게 하고 그 욕망에 복종하지 말라고 말한다. 그들은 은혜 아래 있으며 더 이상 율법 아래 있지 않기 때문에, 죄는 그들을 어떤 식으로도 지배하지 못한다. 디아트리베를 계속 이어가면서 바울은 그들이 더 이상 율법 아래 있지 않고 은혜 아래에 있으므로 죄를 지어야 하는지를 묻는다. 그는 당연히 아니라고 답한다. 왜냐하면 그들은 자신들이 순종하는 대상이 무엇이든지 간에 그것의 종이 되기 때문이다. 그리고 죄가 아닌 의의 종으로서 그들은 더 이상 죄를 따르는 자가 되어서는 안 된다. 그들은 이전에는 죄

---

71 롬 5장이 롬 1-8장에 나타난 바울의 주장에서 "절정" 혹은 중심부에 해당한다는 주장이 있다. 참조. J. H. Lee, *Paul's Gospel in Romans: A Discourse Analysis of Rom 1:16-8:39* (LBS 3; Leiden: Brill, 2010), 431-44.

의 종이었고 율법의 의무를 지지 않았다. 그러나 지금 그들은 의의 종이며, 따라서 더 이상 죄에 순종하지 말아야 한다.

결혼의 유비를 사용하여 자신의 논지를 이어나가면서 바울은 법이 배우자가 죽을 때까지만 결혼 관계를 강제한다고 말한다. 이 경우에 살아 있는 배우자는 더 이상 결혼의 법 아래에 있지 않고 재혼할 자유를 갖게 된다. 이와 비슷하게 율법에 대해 죽은 자들은 이제 다른 대상에 속하게 되는데, 그가 바로 예수이며, 그가 사망을 이기심으로써 그들은 의 가운데 살아갈 수 있다. 그러나 율법은 죄가 아니다. 하지만 율법을 통해 그들은 죄를 알게 된다. 왜냐하면 율법이 죄가 무엇인지를 특정하기 때문이다. 율법은 무엇이 거룩하고 의로우며 선한지를 보여주었다. 그러나 그 결과는 그들이 그것에 반대되는 것을 열망하게 하는 것이었다. 율법은 사망을 만들어내지 않지만, 죄는 그것을 만들어낸다. 바울은 이 단락에서 1인칭을 사용하여 자신이 원하는 선과 원하지 않는 죄가 분쟁하며, 죄를 짓는 것이 선을 행하는 것을 능가하는 것 같다고 말한다.[72] 그는 "내가 원하는 바 선은 행하지 아니하고 도리어 원하지 아니하는 바 악을 행하는도다"(7:19)라고 말한다. 이 본문에서는 "원함"과 "행함" 사이의 갈등이 명백하게 나타난다.

그러나 바울은 그리스도 안에 있는 자들에게는 결코 정죄가 없다고 설명한다. 왜냐하면 생명의 성령의 법이 죄와 사망의 법으로부터 그들을 해방했기 때문이다. 하나님께서 율법이 할 수 없었던 것을 성취하셨다.

---

72   바울이 여기서 말하는 분쟁의 본질과 관련하여 이 본문의 의미를 둘러싼 많은 논의가 있다. 이는 그가 현재 자신의 상태를 말하는 것인지, 과거의 갈등을 말하는 것인지, 자신을 대표적인 예로 내세우는 것인지, 아니면 또 다른 설명이 가능한지 등에 관한 것들이다. 참조. Moo, *Romans*, 455-67. 나는 바울이 그리스도를 따르는 자의 대표로서 자신을 언급하고 있다고 이해한다.

그는 그들에게 요구된 율법을 충족하기 위해 자기 아들을 보내셨고 그 필요가 그들 안에서 충족되었다. 바울은 육신을 따르는 자는 육신의 일을 마음에 두지만, 성령을 따르는 자는 성령의 일을 마음에 둔다고 말하면서 육신과 성령을 대조한다. 육신을 마음에 두면 죽음에 이르지만, 성령을 마음에 두면 생명과 평안을 얻는다. 육신을 마음에 두는 이들은 하나님과 원수가 되고 하나님을 기쁘시게 할 수 없다. 그러나 바울은 자신의 독자들에게 그들은 육신이 아니며, 성령이 그 안에 거하시는 성령의 사람들이라는 사실을 상기시킨다. 그리고 만약 예수를 죽은 자 가운데서 일으키신 성령이 그들 속에도 계신다면, 같은 성령께서 그들에게도 생명을 주실 것이다.

결과적으로 그들은 육신에 대해 아무런 빚을 지고 있지 않으며, 하나님의 자녀로 부름을 받았다. 그들은 종의 영을 내려놓는 대신 아버지를 "아바 아버지"라고 부르는 양자의 영을 받았다. 입양된 자녀로서 그들은 하나님의 상속자들이며 그리스도와 함께 영광을 받기 위해 그와 함께 고난을 받는 자들이다. 바울은 이 고난이 앞으로 그들에게 드러날 영광과 비교할 수 없다고 말한다. 피조물은 탄식하는 가운데 하나님의 자녀들이 나타나기를 열망하며 기다린다. 그리고 그들은 피조물과 함께 온전히 구원받기를 갈망하는데, 여기에 그들의 소망이 있다. 성령도 그들의 약함을 도우신다. 때로 신자들이 무엇을 기도해야 할지를 알지 못할 때 성령께서 말할 수 없는 탄식으로 그들을 위해 간구하신다. 바울은 하나님을 사랑하며 하나님의 뜻대로 부르심을 받은 자들에게는 모든 것이 합력하여 선을 이룬다고 확신한다. 그분은 미리 아신 자들을 예정하셨고, 예정하신 자들을 부르셨다. 부르신 자들을 의롭다고 하셨고, 의롭다고 하신 자들을 또한 영화롭게 하셨다.

바울은 이것을 염두에 두고 송영으로 접어들면서, 만약에 하나님이 그들을 위하신다면 누가 그들을 대적할 수 있는지 디아트리베 형태로 묻는다. 만약 하나님이 자기 아들을 그들을 위해 내어주셨다면, 다른 것들도 아끼지 않고 모든 것을 그들에게 주시지 않겠는가? 아무도 그들을 고발할 수 없다. 아무도 그들을 비난할 수 없다. 그리고 아무것도 그들을 그리스도의 사랑에서 끊을 수 없다. 심지어 시련, 고난, 박해, 기근, 혹은 그 어떤 것도 불가능하다. 그들은 그들을 사랑하신 그리스도를 통한 정복자 그 이상이다. 아무것도 그들을 그리스도 예수 안에 있는 하나님의 사랑에서 결코 끊을 수 없다.

본론: 이스라엘의 거부에도 불구한 하나님의 신실하심(9:1–11:36)

바울은 그리스도 안에 있는 유익을 즐거워하지만, 여기서 잠시 멈추고 자신의 친구들인 유대인을 걱정하며 그들을 위한 큰 슬픔과 끊임없는 고뇌를 이어간다. 왜냐하면 그들은 양자로 입양되었고, 영광, 언약, 율법, 예배, 약속을 받은 자들이기 때문이다. 그는 그들이 단순히 아브라함의 자손이라는 점이 아브라함의 참 자녀라는 사실을 입증해주지는 못한다는 것을 그들에게 상기시킨다. 하나님께서 아브라함에게 자손을 약속하셨을 때, 그 약속은 인간의 행위가 아니라 하나님이 세우신 것이다. 하나님은 자신이 원하는 이에게 자비와 긍휼을 베푸실 것이다. 그것은 인간의 노력이 아니라 하나님의 자비에 달려 있다. 바울은 토기의 은유를 사용하여 하나님은 토기장이이고 인간은 진흙이라고 말한다. 진흙을 빚는 목적은 이 영광의 풍성함을 드러내기 위함이다. 유대인이든 헬라인이든 의는 율법이 아닌 믿음을 좇음으로써 얻어진다.

그러나 바울의 열망과 기도는 그의 동료 유대인들이 구원을 받는 것이다. 그는 그들 안의 열심을 보지만, 이 열심은 지식에 기초한 것이 아니다. 왜냐하면 그들은 하나님의 의를 의지하는 것이 아니라 자신들의 방법으로 의를 얻으려고 하기 때문이다. 율법을 통해 의를 얻으려는 노력이 아니라 믿음에 의한 의가 구원에 이르는 결과를 낳는다. 그리고 이 것은 예수를 주로 고백하며 그가 죽은 자 가운데서 일어났다는 사실을 믿을 때 얻게 되는 것이다. 유대인과 헬라인 사이에는 아무런 구분이 없다. 누구든지 주의 이름을 부르는 자는 구원을 받을 것이다. 그리고 사람이 믿음을 갖게 되는 방법은 누군가가 와서 좋은 소식 곧 복음을 선포하는 것이다. 이 믿음은 그리스도의 말씀을 들음에서 나는 것이다. 불행하게도 이스라엘은 이 복음을 들었지만, 여전히 불순종의 사람들로 남아있다.

그렇지만 바울은 하나님께서 자신의 사람들을 거부하지 않으셨다고 말하면서 자기 자신을 예로 든다. 그는 아브라함의 후손이며 베냐민 지파다. 그는 자신이 편지를 쓰던 시점에 은혜로 택하심을 받아 남은 자가 있다고 말한다. 하나님이 이 시간 동안 이스라엘이 불순종하도록 허용하심으로써 이방인을 구원하려고 하셨다. 그렇게 함으로써 이스라엘이 질투하도록 하신 것이다. 바울은 수사학적으로 묻는다. 만약에 이스라엘의 죄와 실패가 나머지 세상 사람들의 풍성함을 의미한다면, 그들은 얼마나 더 포함될 것인가?

이번에 바울은 청중 가운데 이방인들에게 말하면서 자신을 이방인의 사도로 여기지만 그의 임무에는 자신의 친구인 유대인들이 믿을 것이라는 희망도 포함된다는 점을 인정한다. 바울은 이번에 또 다른 식물의 은유를 사용하면서 이스라엘은 그 일부가 떨어져 나간 가지이고(그들의 불신앙 때문에), 이방인은 원래 돌감람나무인데 참감람나무에 접붙임을 받았다고 말한다. 그들은 접붙임을 받아 그 뿌리 위에 세워져 있으므로 자랑할 만한 근거가 아무것도 없다. 그러나 떨어져 나간 가지가 다시 접붙임을 받는다고 할지라도,[73] 돌감람나무 싹이 자랑하면 그 역시 재차 떨어져 나가게 될 것이다. 왜냐하면 그들을 다시 접붙인 것은 하나님의 능력이기 때문이다. 이방인 청자들이 그들의 부르심에 대해 교만해지는 것을 경고하기 위해 바울은 이방인의 충만한 수가 들어오기까지 이스라엘을 부분적으로 우둔하게 하셨다는 이 신비를 밝힌다. 이런 방식으로 이스라엘 전체가 구원받을 것이다. 하나님이 한번 결정하신 것은 돌이킬 수 없기 때문에, 이 부분적인 우둔함이 하나님의 약속을 배제하는 것을 의미하지는 않는다. 바울은 송영을 통해 이 하나님의 신비에 관한 담론을 마무리한다. 이 송영은 하나님의 지혜와 지식이 풍성하고, 그의 판단은 헤아리지 못하며, 그의 길은 찾지 못할 것이라고 선포한다.

권면: 개인의 행위(12:1-13:14)

이 모든 것을 고려하면서 바울은 독자들에게 그들의 몸을 살아 있고 거룩하며 받을 만한 제물로 하나님께 드리라고 명령한다. 이것이 합당한 (λογικός) 예배다. 다시 말해 지금까지 논의한 모든 것을 고려할 때 유일하게 합당한 응답은 자신이 산 제물이 됨으로써 하나님을 예배하는 것이다(예전에 드렸던 제물과 반대되는 개념으로). 그들은 더 이상 세상을 본받지 말고 마음을 새롭게 함으로써 변화를 받아야 한다. 마땅히 생각할 그 이상의 생각을 품지 말고 있는 그대로 판단해야 한다. 육신의 몸에 서로 연결되어 활동하는 다른 많은 지체가 있는 것처럼, 영적인 몸도 각자 동등한 가치를 가지고 연합하여 함께 일해야 하는 많은 지체로 구성된다. 어떤 이들은 믿음을 따라 행하고, 어떤 이들은 봉사를, 어떤 이들은 권면

73 　이것은 제3 조건절로서(ἐάν[만약] + 가정법) 더 가능성 있는 일반적인 조건을 나타낸다. 참조. S. E. Porter, *Idioms of the Greek New Testament* (2nd ed.; Biblical Languages: Greek 2; Sheffield: Sheffield Academic, 1994), 261-63.

을, 어떤 이들은 가르침을, 어떤 이들은 다른 일들을 행한다. 그들은 서로를 대함에 있어 진실한 사랑을 가져야 한다. 이것은 특히 그들이 부당한 대우를 받을 때 그것에 반응하는 모습을 통해 나타난다. 그들은 자신들을 박해하는 자들을 저주하지 말고 축복해야 한다. 스스로 복수하려고 하지 말고 박해하는 자들에게 복수하시는 그분을 믿어야 한다. 오히려 자신을 학대하는 이들에게 선을 행해야 한다.

바울은 위에 있는 권세들에 복종하라고 로마의 그리스도인들을 독려한다. 왜냐하면 하나님께서 그들의 자리를 정하셨기 때문이다(1장 단락 5를 보라).[74] 이 권세들은 하나님의 대리자들이기 때문에 그들에게 복종해야 하며 선을 행해야 한다. 여기에는 조세와 관세를 바치고, 이것들을 행하는 자들을 두려워하며 존경하는 것이 포함된다. 그러나 그들은 서로 사랑하는 일 이외의 것을 다른 이에게 빚져서는 안 된다. 이것이 율법의 요약이다. 깨어 일어나 빛 가운데 살아갈 때가 되었다. 방탕함, 술에 취함, 성적 부도덕, 음란함, 혹은 불화 및 질투와 같은 이교도의 행위를 더 이상 행하지 말고, 그 대신에 주 예수로 옷 입어야 한다.

권면: 공동체의 행위(14:1–15:13)

여기서 바울은 개인의 행위로부터 공동체의 행위로 전환하여, 로마 그리스도인들에게 믿음이 약한 자를 받아들이고 음식과 예식 문제에 대한 그의 의견을 비판하지 말라고 권면한다.[75] 만약 연약한 신자가 채소만 먹겠

---

74 위에 있는 권세들에 대한 이런 이해를 변호하는 견해에 대해서는 S. E. Porter, "Romans 13:1-7 as Pauline Political Rhetoric," *Filología Neotestamentaria* 3 (1990): 115-37을 보라. 또한 나는 13:1-7이 후대의 삽입이 아니라고 주장한다. 후대의 삽입으로 보는 입장은 아마도 해석자들이 이 본문을 잘못 이해하여 그 잘못된 해석(절대복종에 대한 요구)을 받아들이기를 꺼리기 때문에 생겨난 결과일 것이다.

75 이 본문에 대한 논의와 여러 관점에 대해서는 M. Reasoner, *The Strong and the Weak:*

다고 선택하거나 특정한 날을 지키겠다고 고집하면, 그들을 비판하지 말고 그들이 이런 방식으로 그들의 주인을 섬기는 것을 인정해주어야 한다. 먹지 않는 사람은 주님을 위해 먹지 않는 것이고, 먹는 사람은 주님을 위해 먹는 것이며, 이것이 하나님 앞에서 고려되는 것이다. 이런 일들로 판단하는 것이야말로 약한 신자에게 걸림돌이 된다. 만약 그것이 주님의 것이라면 아무것도 부정하지 않다는 것을 바울은 알고 있다. 하지만 만약 동료 신자가 소위 부정한 음식을 먹는 그들의 자유로 인해 근심한다면 먹지 말아야 한다. 이는 연약한 신자를 사랑하기 위함이다. 하나님 나라는 먹는 것과 마시는 것이 아니라, 오직 성령 안에 있는 의와 평강과 희락이다. 이런 문제들은 더 큰 일들을 추구하는 데 방해가 되어서는 안된다.

따라서 바울은 더 강한 신자들이 더 약한 신자들을 세우기 위해 참아야 할 의무를 지닌다고 말한다. 더 큰 목적은 연합과 조화를 이루는 것이다. 이는 그렇게 함으로써 한목소리로 함께 하나님께 영광을 돌리기 위함이다. 바울은 또 유대교 경전을 인용하면서 예수를 예로 제시한다. 예수는 할례의 추종자가 되셨는데, 이는 조상에게 주신 약속들을 견고하게 하시고 이방인들도 하나님께 영광을 돌리게 하기 위함이다.

권면: 사도의 방문(15:14-33)

이런 명령에 덧붙여서 바울은 그들에 대해 그리고 그들이 선과 지식이 충만하여 서로 가르칠 능력이 있다는 사실에 대해 만족하고 있다고 말하며 독자들을 격려한다. 그는 그리스도의 복음의 대리자로서 자신의 임무

Romans 14.1-15.13 in Context (SNTSMS 103; Cambridge: Cambridge University Press, 1999)를 보라.

를 그들에게 상기시키기 위한 단순한 목적으로 편지에서 몇 가지 일에 대한 자신의 담대함을 설명한다. 그는 단지 예루살렘으로부터 일루리곤에 이르기까지 이방인들을 순종으로 이끌기 위해 그리스도께서 자신을 통해 이루신 일만을 말한다. 그의 목표는 그리스도를 전파하는 것으로, 이미 선포된 곳이 아니라 한 번도 들어본 적이 없는 이들에게 전하고자 한다.

바울은 이것이 그가 로마를 방문하지 못하도록 만든 이유라고 설명한다. 그러나 이 지역에서 사역할 여유가 더 이상 없기 때문에 그는 스페인으로 가는 길에 그들을 보고자 하는 자신의 소원을 이룰 수 있다. 그는 로마로 가려는 자신의 여행에 그들이 도움을 주기를 원한다. 그러나 그는 예루살렘에 먼저 방문하여 그곳의 성도들을 도울 것이다. 왜냐하면 마게도냐와 아가야의 교회들이 그들의 필요를 위해 기부한 것이 있기 때문이다(이는 그가 갈라디아와 고린도에 보내는 편지에서 언급한 연보를 전달하는 일을 가리킨다). 이 필요를 충족시킨 후 그는 로마를 거쳐 스페인으로 갈 것이다. 그는 이 시점에서 유대와 예루살렘에 있는 동안 불신자들의 방해를 받지 않고 예루살렘에서의 자신의 사역이 큰 문제 없이 받아들여질 수 있도록 기도를 부탁한다.

맺음말(16:1-27)

이 맺음말은 바울의 다른 편지의 맺음말들보다 길다(위의 단락 E1을 보라). 그리고 바울은 겐그레아 교회의 집사(διάκονος)이자 아마도 이 편지를 로마로 전달했을 것으로 보이는 뵈뵈를 추천하면서 이 단락을 시작한다. 그들은 브리스가(브리스길라)와 아굴라를 포함한 다른 많은 이들에게도 문안을 전한다. 이 사람들은 바울의 동료 사역자로서 바울뿐만 아니라 자신의 고향 교회를 위해 목숨이 위험에 처하는 것도 마다하지 않았

　　　　　　　　　　　　　　　　제2부 바울 서신

다. 에배네도(아시아의 첫 회심자), 마리아(그들을 위하여 많이 수고한 사람), 안드로니고와 유니아에게도 문안하며,[76] 바울의 친척과 그와 함께 감옥에 갇혔던 자들에게도 인사한다. 바울이 로마에 있는 이들 모두를 어떻게 알았는지는 수수께끼다. 하지만 고대 로마 세계에서 얼마나 많은 사람이 얼마나 자주 여행했는지 그리고 바울과 그의 사역이 얼마나 널리 알려져 있었는지가 그 근거가 될 수 있다.

바울은 한때 가르침을 받았던 것을 거슬러 분열을 조장하고 교리를 방해하는 자들에게 경고하면서 글을 마무리한다. 이 사람들은 그리스도가 아닌 자신의 이기적인 동기를 섬긴다. 로마 사람들의 순종은 잘 알려져 있었지만, 그는 여전히 그들이 선에 대해 지혜롭고 악에 대해 미련하기를 원한다. 그는 하나님께서 사탄을 그들의 발아래에서 속히 파쇄하실 것이라고 확신한다.

그는 디모데와 함께 누기오, 야손, 소시바더가 그들에게 문안한다고 알린다. 여기서 더디오가 자신을 바울의 대필자로 밝히면서 그들에게 문안한다. 가이오, 에라스도, 구아도도 그들에게 인사한다. 바울은 다음의 축복 기도로 이 편지를 끝맺는다. 이제는 나타나신 바 되었으며 예언자들의 글로 말미암아 모든 민족이 믿어 순종하게 하시려고 알게 하신 그 신비의 계시를 따라, 복음으로 그들을 능히 견고하게 하실 하나님께 영광이 세세무궁하도록 있을지어다.

---

76 여기서 유니아/유니아스가 정말 누구였는지에 대한 본문비평적 이슈를 거론할 수 있다. 참조. E. J. Epp, *Junia: The First Woman Apostle* (Minneapolis: Fortress, 2005). 일부 반론이 있지만, 그녀는 거의 틀림없이 여성이었을 것이다.

추가 학습을 위한 자료

주석

Barrett, C. K. *A Commentary on the Epistle to the Romans*. BNTC. London: A&C Black, 1957.

Black, M. *Romans*. NCB. Grand Rapids: Eerdmans, 1973.

Bruce, F. F. *Romans*. Rev. ed. TNTC. Grand Rapids: Eerdmans, 1985.

Cranfield, C. E. B. *A Critical and Exegetical Commentary on the Epistle to the Romans*. 2 vols. ICC. Edinburgh: T&T Clark, 1975-79.

Dodd, C. H. *The Epistle of Paul to the Romans*. Moffatt New Testament Commentary. London: Hodder & Stoughton, 1932.

Dunn, J. D. G. *Romans*. 2 vols. WBC 38A-B. Dallas: Word, 1988. WBC 성경주석 『로마서 상, 하』(솔로몬 역간).

Fitzmyer, J. A. *Romans*. AB 33. New York: Doubleday, 1993.

Jewett, R. *Romans: A Commentary*. Hermeneia. Minneapolis: Fortress, 2007.

Käsemann, E. *Commentary on Romans*. Translated by G. W. Bromiley. Grand Rapids: Eerdmans, 1980.

Keener, C. S. *Romans: A New Covenant Commentary*. New Covenant Commentary. Eugene, OR: Cascade, 2009.

Kruse, C. G. *Paul's Letter to the Romans*. PNTC. Grand Rapids: Eerdmans, 2012.

Leenhardt, F. J. *The Epistle to the Romans: A Commentary*. Translated by H. Knight. London: Lutterworth, 1961.

Moo, D. J. *The Epistle to the Romans*. NICNT. Grand Rapids: Eerdmans, 1996. 『NICNT 로마서』(솔로몬 역간).

Morris, L. *The Epistle to the Romans*. PNTC. Grand Rapids: Eerdmands, 1988.

Murray, J. *The Epistle to the Romans*. 2 vols. in 1. NICNT. Grand Rapids: Eerdmans, 1968. 『로마서 주석』(아바서원 역간).

O'Neill, J. C. *Paul's Letter to the Romans*. Harmondsworth, England: Penguin, 1975.

Osborne, G. R. *Romans*. IVP New Testament Commentary Series. Downers Grove, IL: InterVarsity, 2004.

Porter, S. E. *The Letter to the Romans: A Linguistic and Literary Commentary*. NTM 37.

Sheffield: Sheffield Phoenix, 2015.

Sanday W., and A. C. Headlam. *A Critical and Exegetical Commentary on the Epistle to the Romans*. 5th ed. ICC. Edinburgh: T&T Clark, 1902.

Schlatter, A. *Romans: The Righteousness of God*. Translated by S. S. Schatzmann, Peabody, MA: Hendrickson, 1995.

Stuhlmacher, P. *Paul's Letter to the Romans: A Commentary*. Louisville: Westminster John Knox, 1994.

Waetjen, H. C. *The Letter to the Romans: Salvation as Justice and the Deconstruction of Law*. NTM 32. Sheffield: Sheffield Phoenix, 2011.

Witherington, B., with D. Hyatt. *Paul's Letter to the Romans: A Socio-Rhetorical Commentary*. Grand Rapids: Eerdmans, 2004.

Ziesler, J. *Paul's Letter to the Romans*. London: SCM, 1989.

논문 및 단행본

Donfried, K. P., ed. *The Romans Debate*. Rev. ed. Peabody, MA: Hendrickson, 1991.

Gamble, H., Jr. *The Textual History of the Letter to the Romans*. Studies and Documents 42. Grand Rapids: Eerdmans, 1977.

Guerra, A. J. *Romans and the Apologetic Tradition: The Purpose, Genre, and Audience of Paul's Letter*. SNTSMS 81. Cambridge: Cambridge University Press, 1995.

Haacker, K. *The Theology of Paul's Letter to the Romans*. NTT. Cambridge: Cambridge University Press, 1995.

Jeffers, J. S. *Conflict at Rome: Social Order and Hierarchy in Early Christianity*. Minneapolis: Fortress, 1991.

Jervis, L. A. *The Purpose of Romans: A Comparative Letter Structure Investigation*. JSNTSup 55. Sheffield: JSOT Press, 1991.

Lampe, P. *From Paul to Valentinus: Christians at Rome in the First Two Centuries*. Minneapolis: Fortress, 2003.

Lee, J. H. *Paul's Gospel in Romans: A Discourse Analysis of Rom 1:16-8:39*. LBS 3. Leiden: Brill, 2010.

Leon, H. J. *The Jews of Ancient Rome*. Rev. ed. Peabody, MA: Hendrickson, 1995.

Longenecker, R. N. *Introducing Romans: Critical Issues in Paul's Most Famous Letter*. Grand Rapids: Eerdmans, 2011.

Minear, P. S. *The Obedience of Faith: The Purpose of Paul in the Epistle to the Romans*. London: SCM, 1971.

Morgan, R. *Romans*. NTG. Sheffield: Sheffield Academic, 1995.

Nanos, M. D. *The Mystery of Romans: The Jewish Context of Paul's Letter*. Minneapolis: Fortress, 1996.

Reasoner, M. *The Strong and the Weak: Romans 14.1-15.13 in Context*. SNTSMS 103. Cambridge: Cambridge University Press, 1999.

Song, C. *Reading Romans as a Diatribe*. Studies in Biblical Literature 59. New York: Peter Lang, 2004.

Stowers, S. K. *A Reading of Romans: Justice, Jews, and Gentiles*. New Haven: Yale University Press, 1994.

Walters, J. C. *Ethnic Issues in Paul's Letter to the Romans: Changing Self-Definitions in Earliest Roman Christianity*. Valley Forge, PA: Trinity, 1993.

Watson, F. *Paul, Judaism, and the Gentiles: Beyond the New Perspective*. Rev. and exp. ed. Grand Rapids: Eerdmans, 2007.

Wedderburn, A. J. M. *The Reasons for Romans*. Edinburgh: T&T Clark, 1988.

제11장

옥중 서신:

빌립보서, 골로새서, 빌레몬서, 에베소서

1. 서론

이 장은 옥중 서신으로 불리는 모든 편지(디모데후서 제외)에 대해 논의한다. 즉 빌립보서, 골로새서, 빌레몬서, 에베소서를 다룬다. 옥중 서신(2장 단락 3에서 논의했듯이)은 모두 바울이 감옥에 있을 동안에 기록된 것으로 가정하여 함께 배치된 편지들이다. 이전 논의에서와 같이(예. 2장 단락 2와 6장 단락 2) 아래 논의에서도 밝히겠지만, 많은 학자들은 이 편지들 모두가 진짜 바울의 것이라고 생각하지는 않는다. 에베소서와 골로새서는 종종 제2 바울 서신으로 간주된다. 특히 옥중 서신 간의 차이점들을 고려해볼 때(빌립보서는 일반적으로 다른 편지들과 구별되는 것으로 본다), 바울의 투옥이 단 한 번이었는지의 여부가 또 다른 문제다. 아래에 논의된 주요 문제들은 옥중 서신 모두를 한 번의 투옥 기간에(아마도 로마에서) 기록된 진정한 바울 서신의 묶음으로 전제한다. 나는 이 서신들을 빌립보서, 골로새서, 빌레몬서, 에베소서의 순서로 다룬다.

2. 빌립보서

빌립보서는 그리스도 찬가(2:6-11) 때문에 많은 이들이 사랑하는 바울 서신이다. 그러나 학자들은 바울이 사랑하는 교회에 보낸 긍정적이고 격려가 되는 면모를 음미하기보다는 빌립보서와 관련된 많은 주요 문제들에 종종 관심을 더 보인다. 나는 먼저 빌립보시에 대해 논의한 후 저자, 문학적 통일성, 반대자들, 저술 동기와 목적, 저작 연대와 장소를 다룰 것이다. 그다음에 개요와 내용으로 글을 마무리하고자 한다.

A. 빌립보시

빌립보시는 마게도냐의 로마 권역의 동쪽 지역에 위치했다.[1] 이곳은 정확히 말하면 그리스 도시가 아니었지만(그리스는 아가야의 로마 권역에 있었기 때문이다), 알렉산드로스 대왕의 아버지인 필리포스(Philip II of Macedon) 시대 이후로 마게도냐와 그리스가 식민지 상태였기 때문에 그리스로 간주되었다.

이 도시의 이름은 아들의 대규모 정복으로 이어진 군사 행동을 시작했던 알렉산드로스 대왕의 아버지의 이름을 따라 지어졌다. 이곳은 "우물" 혹은 "샘물"을 의미하는 크레니데스(Krenides)라는 작은 시장 도시 지역에 건설되었다. 기원전 356년에 필리포스가 크레니데스를 정복했고, 자신의 이름을 따라 개명했다. 이후 에그나티아 가도(Via Egnatia; 아드리아해에서 시작하여 빌립보를 거쳐 종국에는 비잔티움까지 이어지는 도로) 위에 자리하게 되면서 엄청난 성장을 구가하는 도시가 되었다. 이 도시에는 경제적 성장의 기반이 된 금광이 있었다(Strabo, *Geography* 7, fragment 34). 기원전 42년에는 안토니우스와 옥타비아누스(기원전 27년에 아우구스투스 황제가 된 인물)가 빌립보에서 브루투스와 카시우스를 이겼고, 이때부터 로마의 퇴역 군인들이 일상적으로 그곳에 정착했다(Strabo, *Geography* 7 fragment 41).[2]

---

1   D. W. J. Gill, "Macedonia," in *The Book of Acts in Its Graeco-Roman Setting* (ed. D. W. J. Gill and C. Gempf; BAFCS 2; Grand Rapids: Eerdmans, 1994), 397-417, 특히 411-13; R. P. Martin, *Philippians* (NCB; Grand Rapids: Eerdmans, 1976), 2-9; H. I. Hendrix, "Philippi," *ABD* 5.313-17을 보라. 매우 중요하고 면밀한 연구, 특히 비문의 증거에 대해서는 다음을 보라. P. Pilhfer, *Philippi*, vol. 1: *Die erste christliche Gemeinde Europas* (WUNT 87; Tübingen: Mohr-Siebeck, 1995)와 *Philipi*, vol. 2: *Katalog der Inschrifen von Philippi* (WUNT 119; Tübingen: Mohr-Siebeck, 2000).

2   군대에 대해서는 J. B. Campbell, *The Emperor and the Roman Army, 31 B.C.-A.D. 235*

이 정착은 기원전 31년에 옥타비아누스가 안토니우스와 클레오파트라를 악티움 전투에서 이긴 이후 계속되었다. 도시의 인구는 빌립보로 이주한 마게도냐, 그리스, 로마 원주민이 혼합된 구성이었다. 아우구스투스 시대의 식민지로서(행 16:12) 빌립보는 네 개의 가장 중요한 지역 중 하나였고, 3세기까지 식민지에도 이탈리아와 같은 권리를 부여하는 법인 *jus italicum*(이탈리아 법)의 영향력 아래에 있었다. 로마의 강한 존재감은 빌립보에서 발견된 1세기경의 비문 중 85퍼센트가 라틴어로 기록되었고 그리스어로 된 것은 15퍼센트에 불과하다는 사실을 통해 알 수 있다. 이것은 당시 그리스-로마의 도시로서는 드문 일이었다. 왜냐하면 최소한 제국의 동쪽 대부분 지역을 포함한 다른 곳처럼 빌립보에서도 그리스어가 공용어였기 때문이다(그리스어 비문은 빌립보에서보다 예루살렘에서 더 잘 나타난다!). 이것은 바울이 로마 제국에서 라틴어를 사용하는 주요 지역(롬 15:19을 보라)인 일루리곤(발칸 서쪽 지역)으로 여행하기 전에 이미 어느 정도의 라틴어[3] 실력을 지니고 있었다는 점을 보여준다. 그렇지만 바울은 빌립보의 그리스도인들에게 편지를 쓸 때 그리스어를 사용했다.

빌립보의 종교적인 상황은 혼합주의였다. 로마 세계를 둘러싼 넓은 지역의 다양한 사람이 인구로 흡수되었기 때문이다. 다양한 종교 의식에 대한 비문 및 역사적 증거가 있다. 여기에는 전통적인 그리스의 신들

(Oxford: Clarendon, 1984)를 보라.

3 라틴어에 대해서는 S. E. Porter, "Latin Language," in *Dictionary of New Testament Background* (ed. C. A. Evans and S. E. Porter; Downers Grove, IL: InterVarsity, 2000), 630-31을 보라. 바울이 갖고 있었을 법한 라틴어 능력에 대해서는 S. E. Porter, "Did Paul Speak Latin?" in *Paul: Jew, Greek, and Roman* (ed. S. E. Porter; PAST 5; Leiden: Brill, 2008), 289-308; H. T. Ong, "Can Linguistic Analysis in Historical Jesus Research Stand on Its Own? A Sociolinguistic Analysis of Matthew 26:36-27:26," *Biblical and Ancient Greek Linguistics* 2 (2013): 109-38, 특히 131을 보라.

을 섬기는 것, 세라피스와 이시스와 같은 다양한 동양적 제의 및 황제 숭배가 포함된다.[4] 바울이 빌립보 도시를 방문한 데 대한 사도행전의 설명에는 바울이 회당을 방문함으로써 자신의 선교적 노력을 시작한다는 언급이 없다. 비록 16:13이 여성이 모였던 "기도할 곳"(προσευχή)을 언급하지만 말이다. 이 "기도할 곳"을 회당으로 이해해야 하는지에 대한 광범위한 논쟁이 있다. 어떤 학자들은 "기도할 곳"이 디아스포라 유대교가 공식적인 모임을 언급하는 방식이었다고 주장하지만, 다른 학자들은 그곳이 단순히 기도하는 장소였다고 주장한다. 이는 아마도 회당에 들어갈 자격이 없는 사람도 있었을 것이기 때문이다.[5] 빌립보에 상당수의 단일신교가 존재했다는 다른 증거도 있는데,[6] 이는 그 도시의 거주자 중 일부에게 바울의 메시지를 더 매력적으로 만들었을 것이다.[7] 사도행전에서 점치는 여종에 대한 사건(16:16-24)은 이 도시에 있었던 미신의 종류를 일면 보여준다.

빌립보 교회는 바울의 두 번째 선교 여행(행 16:11-40) 중에 마게도냐 사람 하나가 그에게 마게도냐로 와서 그곳 주민들을 도와달라고 청했던 환상(행 16:9)의 결과로 세워졌다. 바울의 마게도냐 입성은 우리가 지

---

4   예. 빌립보의 항구인 네압볼리의 비문(IGR 3.137)을 보라. 이것은 편리하게 다른 문서들과 함께 L. R. Taylor, *The Divinity of the Roman Emperor* (Middletown, CT: American Philological Association, 1931; repr. Atlanta: Scholars Press, n.d.), 272으로 재출판되었다.

5   J. Gutmann, "Synagogue Origins: Theories and Facts," in *Ancient Synagogues: The State of Research* (Brown Judaic Studies 22; Atlanta: Scholars Press, 1981), 3; I. Levinskaya, *The Book of Acts in Its Diaspora Setting* (BAFCS 5; Grand Rapids: Eerdmans, 1996), 207-25을 보라. 일부 관련된 비문들은 W. Horbury and D. Noy, eds., *Jewish Inscriptions of Graeco-Roman Egypt* (Cambridge: Cambridge University Press, 1992)에서 소개된다.

6   단일신교(Henotheism)는 존재하는 여러 신 가운데 하나의 신에 대한 숭배다. 이와 반대로 유일신교(monotheism)는 오직 하나의 신만이 존재한다는 믿음이다.

7   C. J. Hemer, *The Book of Acts in Its Hellenistic Setting* (ed. C. Gempf; WUNT 49; Tübingen: Mohr-Siebeck, 1989; repr. Winona Lake, IN: Eisenbrauns, 1990), 231을 보라.

금 유럽이라고 부르는 곳에서의 선교사역의 시작을 알리는 사건이었다. 바울과 그의 동역자들이 유럽에서 첫 번째 선교사들이었는지 여부를 결정하기는 어렵지만, 아마도 그랬을 가능성이 농후하다(10장 단락 2C2를 보라). 어쨌든 이것은 소아시아 밖에서 이루어진 바울의 노력의 시작이며, 기독교 운동이 세계적인 종교로 발돋움하게 된 주요 전환점이었다. 첫 번째 빌립보 방문에서 바울은 자신의 설교의 결과물, 특히 소아시아의 두아디라에서 온 루디아의 회심을 보았다(행 16:11-15; 참조. 계 2:18-29). 그녀는 자색 옷감 장사로 묘사된다. 자주색 염료는 성공과 신분을 나타내는 색으로 엄청난 수요가 있었고, 따라서 그녀는 성공한 사업가였던 것 같다. 바울의 선교적 노력이 이런 사업과 사회의 전문적인 요소에 호소력을 행사했다고 볼 수 있다(9장 단락 2E를 보라).[8]

증거가 확실한 것은 아니지만, 바울은 아마도 세 번째 선교 여행 중에 빌립보를 두 번 더 방문했을 것이다. 세 번 중 두 번째는 그가 여행을 떠나는 길에서의 방문이었는데, 이 여행은 그리스 지역, 아마도 고린도에서 끝났던 것 같다. 사도행전 20:1-2은 바울이 실제로 빌립보에 방문했다고 말하지는 않지만, 마게도냐를 통과하여 여행했다고 말한다. 바울이 이전에 방문했던 이 지역의 주요 도시가 빌립보였기 때문에, 그가 이번 여행에서 짧게나마 빌립보에 다시 갔다는 것은 납득할 만하다. 바울이 빌립보에 마지막으로 방문한 것은 그가 세 번째 선교 여행에서 돌아오는 길이었다. 사도행전 20:3은 바울이 마게도냐를 통해 돌아가기로 결정했다고 말한다. 그리고 20:6은 그가 빌립보에 잠시 들렀다고 표현한

---

8   W. A. Meeks, *The First Urban Christians: The Social World of the Apostle Paul* (New Haven: Yale University Press, 1983); T. D. Still and D. G. Horrell, eds., *After the First Urban Christians: The Social-Scientific Study of Pauline Christianity Twenty-Five Years later* (London: T&T Clark, 2009)를 보라.

다.[9] 바울의 두 번째와 세 번째 빌립보 방문에 대한 언급은 더 이상 없다. 하지만 빌립보서에서 알 수 있는 것은 바울과 빌립보 교회의 관계가 계속 친밀하고 가까웠다는 점과 빌립보 교회가 그의 사역에 대해 적극적인 관심을 두고 있었다는 사실이다(바울에게 준 그들의 선물에 대한 빌 4:10-20을 보라).

B. 빌립보서의 저자

19세기에 페르디난트 크리스티안 바우어가 의문을 제기했지만,[10] 빌립보서의 저자에 대한 광범위한 논란은 더 이상 없다. 빌립보서는 현재 소위 논란의 여지가 없는 일곱 권의 바울 서신 중 하나다. 빌립보서가 바울의 진짜 서신이라는 것은 사도가 자신을 묘사하는 방식(빌 3:5-6), 편지의 내용이 우리가 알고 있는 바울의 연대기와 일치한다는 점(행 16:11-40; 20:1-2, 6), 바울의 문체, 서신 형식, 편지의 내용이 바울의 사상과 일치한다는 점을 통해 확립될 수 있다.

그렇지만 바울의 저작을 인정하는 이들조차도 바울이 빌립보 사람들에게 편지 전체를 동시에 썼다고는 생각하지 않는다.[11] 결론적으로 이 서신과 관련된 다양한 삽입 및 다수-편지 가설이 종종 제시된다(아래의 단락 2C를 보라).

---

9   무교절에 대한 언급은 이때가 일 년 중 언제였는지를 보여준다. 빌립보의 유대인에 대한 증거를 제시하는 것은 너무 모호하다.

10   F. C. Baur, *Paul the Apostle of Jesus Christ: His Life and Work, His Epistles and His Doctrine* (2 vols.; London: Williams & Norgate, 1873-75; repr. Peabody, MA: Hendrickson, 2003), 2.45-79.

11   W. G. Kümmel, *Introduction to the New Testament* (trans. H. C. Kee; 17th ed.; Nashville: Abingdon, 1975), 332.

그러나 이런 이론들에 더하여 빌립보서 2:6-11에 있는 소위 빌립보 찬가 혹은 그리스도 찬가가 진짜 바울의 것인지 아니면 바울이 차용한 초기 기독교 전승인지에 대한 많은 논란이 있다.[12] 신약에서 가장 많이 논의된 본문 중 하나인 이 찬가에는 바울 서신 혹은 신약 전체를 통틀어 독특한 단어가 많이 나오며, 명백한 구조와 양식이 전형적인 바울의 것과 다르다. 어떤 이론들은 바울이 원래 있었던 찬가에 십자가의 죽음에 대한 언급(빌 2:8) 등 몇몇 부분을 더하여 자신의 신학과 조화시키는 방식으로 만들어낸 것으로 본다.[13] 현재 논쟁은 결론이 나지 않았다. 안타깝게도 찬가의 기원에 대한 논의는 "바울이 빌립보서에서 찬가를 어떻게 이용하는가?"라는 주요 문제로부터 주의를 분산시킨다.[14] 아름답게 구성된 이 본문에는 삼부로 이루어진 혹은 뒤집힌 피라미드 형태의 어구가 포함되어 있다(James Dunn이 제안한 것과 같은 두 부분으로 이루어진 구조가 아니다).[15] 이 본문은 그리스도가 하나님의 형상이심에도 불구하고 하나님과 동등됨을 취할 것으로 여기지 않으신다는 선언으로 시작된다. 이 표현은 그리스도를 하늘의 영역 안에서 하나님과 동등하게 위치시킨

---

12 참조. J. T. Sanders, *The New Testament Christological Hymns: Their Historical Religious Background* (SNTSMS 15; Cambridge: Cambridge University Press, 1971), 58-74; M. E. Gordley, *Teaching through Song in Antiquity: Didactic Hymnody among Greeks, Romans, Jews, and Christians* (WUNT 2/302; Tübingen: Mohr-Siebeck, 2011), 280-87.

13 이 부분에 대한 개관과 논의는 D. K. Williams, *Enemies of the Cross of Christ: The Terminology of the Cross and Conflict in Philippians* (JSNTup 223; Sheffield: Sheffield Academic, 2002), 60-71을 보라.

14 연구에 대한 개관으로 R. P. Martin, *Carmen Christi: Philippians 2:5-11 in Recent Interpretation and in the Setting of Early Christian Worship* (rev ed.; Grand Rapids: Eerdmans, 1983)을 보라. 여기서는 바울 이전 기원설을 주장한다. G. D. Fee, "Philippians 2:5-11: Hymn or Exalted Pauline Prose?" *BBR* 2 (1992): 29-46은 바울 구성설을 지지한다.

15 J. D. G. Dunn, *Christology in the Making: A New Testament Inquiry into the Origins of the Doctrine of the Incarnation* (2nd ed.; Grand Rapids: Eerdmans, 1989), 114-21.

다. 그다음은 인간적인 모습을 취하는 비하의 단계다. 이것은 종의 형태를 취하여 인간과 같이 되어 십자가에서 죽는 겸손함에 이르렀다는 표현으로 언급된다. 십자가에서의 죽음에 대한 언급이 원래 찬가에 있었든지 그렇지 않은지 간에, 하늘의 존재와 대비되는 그에 대한 표현은 극명하고 극적이다. 세 번째 전개에서는 하나님이 그리스도를 높이고 그에게 모든 다른 피조물들이 무릎을 꿇게 만드는 이름을 주시는데, 이것은 그의 처음 상태가 회복되었음을 나타낸다. 이 본문의 세 단계로 이루어진 구조에 동의하는 이들조차도(그리고 대부분의 학자들도) 이 본문이 주로 신학적 기능(대략 정의하여 때로는 구원론적인 혹은 기독론적인)을 지니는지 아니면 윤리적 기능을 지니는지에 대한 의견 차이를 보인다. 즉 빌립보서에 있는 바울의 진술 속에서 이 본문은 진지한 "구원론적 드라마"를 제공하는가, 아니면 바울이 빌립보 신자들에게 보여주는 윤리적인 예를 제공하는가?[16] 이 본문의 중요성은 아래에 제시된 빌립보서의 내용 요약에서 강조될 것이다.

C. 빌립보서의 문학적 통일성

빌립보서에 대해 지속적으로 논의되는 문제는 문학적 통일성이다. 비교적 짧은 한 통의 편지임에도 불구하고 현재 우리에게 있는 이 편지가 원래부터 하나의 편지였는지를 의심하게 만드는 단절이 몇 군데 발견된다.

---

16 다양한 관점에 대한 요약으로 S. Fowl, *The Story of Christ in the Ethics of Paul: An Analysis of the Function of the Hymnic Material in the Pauline Corpus* (JSNTSup 36; Sheffield: JSOT Press, 1990), 83을 보라. 참조. 49-76은 빌립보서의 구성 역사에 나타난 윤리적 기능에 대한 강조를 포함하여 주해 및 연구 역사를 다룬다. 참조. M. Bockmuehl, *The Epistle to the Philippians* (BCNT; Peabody, MA: Hendrickson, 1998), 125-48은 기독론적인 입장을 취한다.

결과적으로 현재의 빌립보서를 구성하고 있는 편지 혹은 편지들을 재구성하려는 시도가 많이 있으며,[17] 그중 일부가 아래에 소개된다(한 명의 저자가 다수-편지 가설에 관한 20개가 넘는 제안들을 분석한다).[18] 여러 주석과 개론서가 오래전부터 계속되어온(일찍이 1803년부터 시작된) 통일성에 대한 논쟁을 종종 언급하지만, 이것은 오해다. 왜냐하면 19세기 초에는 현대 학자들이 하는 것만큼 본문의 분열을 찾을 정도로 예리하지 못했기 때문이다. 논의는 1950년 이후로 급격하게 증가했고 지금까지도 계속되고 있다.[19]

(1) 불일치의 증거

불일치의 가능성을 고려해볼 수 있는 증거로 최소한 아홉 가지 항목이 있다. 각각 간단하게 검토해볼 필요가 있다.

　　a. 빌립보서 1:27-28 - "오직 너희는 그리스도의 복음에 합당하게 생활하라. 이는 내가 너희에게 가 보나 떠나 있으나 너희가 한마음으로 서서 한뜻으로 복음의 신앙을 위하여 협력하는 것과 무슨 일에든지 대적하는 자들 때문에 두려워하지 아니하는 이 일을 듣고자 함이라. 이것이 그들에게는 멸망의 증거요, 너희에게는 구원

17　1:1-4:9의 통일성 문제와 주장에 대한 짧은 요약으로는 J. T. Reed, "Philippians 3:1 and the Epistolary Hesitation Formulas: The Literary Integrity of Philippians, Again," *JBL* 115 (1996): 63-90을 보라. 참조. Reed, *A Discourse Analysis of Philippians: Method and Rhetoric in the Debate over Literary Integrity* (JSNTSup 136; Sheffield: Sheffield Academic, 1997), 124-52. 그의 증거가 이 논의에도 포함된다.

18　D. E. Garland, "The Composition and Unity of Philippians: Some Neglected Literary Factors," *NovT* 37 (1985): 141, 73, 특히 155n50.

19　예. 참고문헌과 세 편지 가설에 대해서는 J. Reumann, *Philippians* (Anchor Yale Bible 33B; New Haven: Yale University Press, 2008), 8-13을 보라.

의 증거니, 이는 하나님께로부터 난 것이라." 이 구절은 특정한 위협에 대한 확실한 지식이 없는 상태에서 맞이하는 임박한 위험을 가리키는 것으로 보인다. 그러나 3:2, "개들을 삼가고 행악하는 자들을 삼가고 몸을 상해하는 일을 삼가라"라는 말씀은 특정 공동체를 염두에 두고 더 강하게 경고하는 어조다.

그러나 아래에서 언급했듯이 빌립보 교회의 소위 대적자들의 관심과 구성을 결정하는 것은 쉬운 일이 아니다. 증거가 다양해서 특징을 간단히 묘사하기는 어렵다. 따라서 많은 이들은 바울이 자신의 사도권에 대한 위협에 반응하는 것이 아니라 교회 내의 통일성을 위협하는 다양한 이해관계에 대응하고 있다고 보는데, 이것이 옳은 것 같다. 이 사실에 비춰볼 때 편지의 문학적 불일치를 단순히 위험한 현실을 다양하게 암시하고 있는 진술에만 근거하여 찾아낼 수는 없을 것이다. 이 두 구절에서 더 이상의 내용을 끌어낼 수는 없다.

b. 빌립보서 4:10-19/20에서 바울은 빌립보 사람들에게 돈에 관해 감사하는데, 이 구절은 진실하고 진심 어린 감사의 표현으로 보기에는 편지에서 너무 늦게 말한 것으로 생각된다. 바울은 자신이 세운 교회인 빌립보 교회로부터 상당량의 금전적인 선물을 받았던 것 같다. 여기서 그가 직접 "고맙다"라고 말하는 대신 절제된 표현으로 빌립보 사람들을 언급한 점은 적절하지 않다.

이 주장에 대한 몇 가지 대답이 있다. 첫째, 이 감사의 말에는 이것이 바울이 처음으로 혹은 유일하게 전한 감사가 아니라는 점이 암시되어 있다. 바울은 편지를 전달했던 에바브로디도를 통해 구두로 감사를 표현했을 수 있고, 혹은 앞서 의사소통을 했을 수도 있다(예. 2:26). 둘째, 바울의 감사 인사는 어떤 이들이 말하는 것처럼 간단한 것이 아니며, 에바브로디도가 아프지 않았다면 전달이 늦춰지지도 않았을 것이다. 그러나 에바브로디도가 아팠기 때문에, 바울은 빌립보 사람들의 선물에 대해 이제야 응답할 수 있었다. 셋째, 바울은 사실 그리스-로마 세계에서 일반적으로 감사를 표현하는 사회적 관습에 맞추어 빌립보 교회에 감사 인사를 하고 있다.[20] 바울을 현대의 기준으로 판단해서는 안 된다. 고대 사람들 사이에서는 공공연하고 과장된 말로 하는 감사에 대해 경멸하는 일관된 경향이 있었다. 감사의 문제에 대해 언급하는 파피루스 편지에 의하면, 친구 사이의 감사는 단순히 말로만 표현할 것이 아니라 은혜를 은혜로 갚는 것이어야 한다. 이 증거를 통해 바울이 빌립보 교회에 감사해야 하는 자신의 의무에 소홀하지 않았다는 것을 알 수 있다. 그리고 양자의 관계가 매우 친밀했을 뿐만 아니라 바울이 자신의 사도적 기초를 통해 그들에게 기꺼이 큰 도움을 주면서 사도적 가르침과 권면을 지속했으리라는 추측도 충분히 가능하다.

c. 3:1과 4:8에 사용된 "끝으로"(τὸ λοιπόν)는 편지를 나누는 명백한 표식으로 생각된다. 이는 이어서 나오는 내용이 "마지막"으로 하는 말이라는 사실을 암시한다. 이 마지막 말의 간격, 특히 3:1에서

20　G. W. Peterman, "'Thankless Thanks': The Epistolary Social Convention in Philippians 4:10-20," *Tyndale Bulletin* 42.2 (1991): 261-70; Peterman, *Paul's Gift from Philippi: Conventions of Gift Exchange and Christian Giving* (SNTSMS 92; Cambridge: Cambridge University Press, 1997), 특히 212-61을 보라. 참조. B. J. Capper, "Paul's Dispute with Philippi: Understanding Paul's Argument in Phil 1-2 from His Thanks in 4.10-20," *Theologische Zeitschrift* 49 (1993): 193-214; K. L. Berry, "The Function of Friendship Language in Philippians 4:10-20," in *Friendship, Flattery, and Frankness of Speech: Studies on Friendship in the New Testament World* (ed. J. T. Fitzgerald; NovTSup 82; Leiden: Brill, 1996), 107-24.

"기뻐하라"는 말이 함께 쓰인 것은 어떤 이들에게는 이것이 두 편지 각각에 대한 결론이라는 점을 알려준다(아래의 도식을 보라).

그러나 바울 혹은 다른 고대의 작가들이 편지의 마지막 부분에 항상 "끝으로"라는 말을 썼는지는 확실하지 않다(파피루스는 빌립보서와 비슷한 사용법을 보여준다).[21] 예를 들면 "끝으로"가 "다음으로" 정도의 의미에 지나지 않는 경우가 종종 있고, 때로는 "이 관점 혹은 주제에 관해서는 끝으로"를 의미하기도 하는데(예. 살전 4:1; 살후 3:1), 종종 편지의 결론보다 훨씬 앞서서 이 표현이 사용된다. 그리고 어떤 곳에서는 단순히 "지금부터"를 뜻한다.[22]

d. 빌립보서 3:2에서 어조가 갑작스럽게 변한다. 이 절을 얼마나 효과적으로 해석하는지에 따라 번역이 다양하다. 하지만 대부분은 교회 내에 일반적으로 있을 수 있는 대적자들에 대한 경고와 같은 강한 언어를 사용한다. 3:2은 다음과 같이 번역된다. "개들을 삼가고 행악하는 자들을 삼가고 몸을 상해하는 일을 삼가라." 이 경고의 말은 3:1의 온화한 어조에 비하면 특히 더 강하다.

3:2의 강한 전환에 대한 몇 가지 설명이 있다. 첫째, 어떤 이들은 언어 자체가 강하게 해석되어서는 안 된다고 주장한다. G. D. 킬패트릭(G. D. Kilpatrick)은 여기서 사용된 동사가 "consider"(고려하라)로 해석되어야 한다고 주장한다.[23] 이것이 맞

---

21 예. P.Oxy. 2149.5(기원후 2-3세기) 그리고 1480.13(기원후 32년)을 보라. Reed, "Philippians 3:1," 83n82에 인용되었다.

22 참조. M. E. Thrall, *Greek Particles in the New Testament: Linguistic and Exegetical Studies* (NTTS 3; Leiden: Brill, 1962), 25-30. 그러나 Thrall의 문법 분석은 그녀 자신의 서신 분석의 영향을 받았다. H. Gamble Jr., *The Textual History of the Letter to the Romans* (Studies and Documents 42; Grand Rapids: Eerdmans, 1977), 146.

23 G. D. Kilpatrick, "Βλέπετε Philippians 3:2," in *In Memoriam Paul Kahle* (ed. M. Black

을 수도 있지만, 개들, 행악하는 자들, 상해하는 자들로 표현된 반대자들을 어떻게 특징지어야 할 것인지에 대한 문제가 여전히 남게 된다. 거의 모든 설명에 의하면, 이것들은 노골적으로 비난하는 용어들인데, 아마도 유대인 대적자들을 특징짓는 데 사용되었을 것이다. 둘째, J. B. 라이트푸트는 이 전환에 관한 가능한 설명으로 3:1과 3:2 사이에 일종의 단절이 있었다고 생각한다.[24] 그러나 우리가 가진 일반적인 장절 구분은 종종 오해의 소지가 있고 도움이 되지 않는다. 만약에 장 구분이 3:1과 3:2 사이에서 일어났다고 한다면, 이 전환은 이만큼 큰 흥미를 끄는 주제로 떠오르지 않았을 것이다. 하지만 라이트푸트의 초점은 바울이 새로운 전달자에게서 들은 무엇인가가 빌립보의 상황에 대해 그가 처음에 생각했던 것보다 더 긴급하게 그의 주의를 끌었을 것이라는 사실이다. 아마도 이것이 빌립보 사람들의 상황에 대해 어떻게 반응할지에 대한 생각을 바꾸는 계기가 되었을 것이다. 셋째, 다른 서신에도 비슷한 갑작스러운 전환이 있지만, 그것들을 설명하는 데 다수-편지 가설이 제시되지는 않는다(예. 롬 16:17; 고전 15:58; 갈 3:1; 4:21; 5:12). 더욱이 가정된 어조의 변화는 어떤 이들이 생각하는 것만큼 길게 지속되지도 않는다. 빌립보서 3:4 이하에서는 편지의 이전 부분에 나타났던 것보다 훨씬 누그러진 어조로 돌아오는 것 같다. 이것은 다음과 같은 다른 질문도 유발한다. 만약 그것이 종종 추측하는 것처럼 갑작스럽다면, 편집자가 어떻게 그와 같이 거친 이

---

and G. Fohrer; Berlin: Töpelmann, 1968), 146-48.

24 J. B. Lightfoot, *St. Paul's Epistle to the Philippians* (London: Macmillan, 1891), 69-70, 143.

음새를 그냥 둘 수 있었겠는가? 마지막으로 3:1b은 바울이 1:12-2:18이나 심지어 그가 예전에 그들에게 개인적으로 말했던 것을 반복할 것이라고 말하고 있다는 주장이 있다. 이것은 편지에서 이미 언급한 내용 중 빌립보서 3장의 중복된 내용을 설명해준다.[25]

e. 빌립보서 2:19-24은 바울의 여행 계획과 관련된다. 여행 계획은 일반적으로 바울 서신의 끝에 위치한다고 때때로 주장된다. 2:19-24에 여행 계획이 나오기 때문에, 이것은 이 부분이 사실상 편지의 끝에 가깝다는 것을 나타낸다.

이런 가정에서 간과되는 것은 바울이 자신의 여행 계획을 그의 편지의 다양한 곳에 배치하고 있다는 사실이다. 2:19-24에서 언급되듯이 여행 계획의 대부분은 편지의 본론에 나타난다(아래의 개요를 보라). 하지만 항상 그런 것은 아니다. 예를 들어 로마서에서 바울은 자신의 여행 계획을 예외적으로 편지의 감사 부분(1:11-15)에 두고 있으며, 더구나 끝에서도 한 번 더 언급한다(15:23-29).

f. "기뻐하라"(χαίρετε, 빌 3:1; 4:4)로 번역된 단어는 파피루스에서는 종종 시작 부분에서 사용되지만, "작별"이라는 뜻으로 결론 부분에 쓰이기도 한다. 3:1과 4:4에 "끝으로"와 함께 이 단어가 등장한 것은 고린도후서 13:11에서의 쓰임과 비슷하다고 주장될 수 있으며, 이것은 두 편지의 결론 부분이 맞닿아 있다는 생각을 지지한다.

이 단어의 형태는 파피루스 서신의 도입 부분에 사용된다. 그

---

25   T. Engberg-Pedersen, "Stoicism in Philippians," in *Paul in His Hellenistic Context* (ed. T. Engberg-Pedersen; Edinburgh: T&T Clark, 1994), 258n5.

러나 편지의 끝부분에 이런 식으로 사용된다는 증거는 상대적으로 거의 없다. 이 단어는 다른 방식으로도 다양하게 사용될 수 있다. 아래에서 살펴보겠지만, 빌립보서의 동기 중 하나는 기쁨과 환희다. 이 단어의 사용은 이런 사상을 표현하는 한 방식이며, 따라서 편지 전체에 걸쳐 다양한 곳에서 발견되는 것은 놀랍지 않다. 빌립보서에서 이 단어의 사용은 이런 동기와 관련하여 전적으로 관용적이면서 일관된다. 고린도후서 13:11 역시 "기뻐하라"는 좀 더 일반적인 의미로 이 단어를 사용하는 것으로서 더 잘 설명된다.

g. 라오디게아에 보낸 편지가 바울이 빌립보 교회로 발송했던 독립적인 서신들이 한때 존재했음을 확인해준다고 주장하는 학자가 있다.[26] 우리가 가지고 있는 "라오디게아에 보낸 편지"가 실제로 바울 서신이라고 주장하는 학자는 없지만, 그것이 초기 본문의 전통에 대한 지식을 반영하는 것은 사실이다. 라오디게아에 보내는 서신은 4세기의 라틴어로 된 편지이며, 특히 빌립보서뿐만 아니라 갈라디아서로부터도 파생된 것이 꽤 확실해 보이는 편지다. 이 편지는 인용의 순서에 있어서는 정경 빌립보서를 따르지만, 다수-편지 가설의 재구성 중 하나에 의하면, 실제 인용에 있어서는 다수의 편지 중 단 한 군데서만 인용한다. 따라서 이 하나의 편지 외의 것으로부터의 인용이 없다는 점은 아마도 우리가 가진 본문의 증거를 앞서는 단계의 독립된 편지가 있었다는 사실을 보여준다.

신약학에서 일반적으로 사용되는 본문비평에 의하면 다수의

---

26 P. Sellew, "Laodiceans and the Philippians Fragments Hypothesis," *Harvard Theological Review* 87 (1994): 17-28.

빌립보 서신이 있었다는 증거를 찾을 수 없다. 왜냐하면 이 서신에 해당하는 모든 사본은 하나의 빌립보서만을 포함하고 있기 때문이다. 가장 초기의 것으로 단편화되지 않은 사본인 P^{46}(200년경)이 단 하나의 빌립보서만을 포함하고 있다는 사실에 주목하는 것도 중요하다. 이 시점 이전에 중요한 본문의 변화가 일어났다고 가정할 수 있지만, 우리가 가진 이 시기 이전 시대의 외적인 본문의 증거가 한정되어 있기 때문에 이를 증명하기는 힘들다. 여기서 한 걸음 더 나아가 만약 원본 편지의 내용에 대한 다른 가설을 따른다면, 라오디게아에 보낸 편지는 셋은 아니더라도 최소한 두 통의 편지로 보였을 것이다. 따라서 이 이론은 그것이 주장하는 바를 증명할 수 없을 뿐만 아니라, 빌립보서 대부분이 초창기부터 알려져 있었다는 점을 입증함으로써 통일성 가설을 지지한다.

h. 2:25-30에서 에바브로디도가 떠난 후 긴 시간이 흐른 것으로 보인다. 하지만 4:18에 의하면 그는 최근에 도착한 것 같다. 이것은 4:10-20이 첫 번째 편지의 일부이며 2:25-30은 두 번째 편지의 일부라는 관점과 부합할 것이다(그러나 이것은 두 편지 가설과 잘 들어맞지 않는다).

이 이론은 세 통 혹은 그 이상의 편지로 보는 관점과만 부합한다. 더 나아가 에바브로디도가 최근에 도착했음을 가정하게 하는 4:18이 그런 가설을 지지하지 않기 때문에, 이것은 이 관점을 명확히 지지하는 주장이 될 수 없다.

i. 폴리카르포스(70-156년)가 바울의 "서신들"을 언급한다(*To the Philippians* 3.2). 이 가설에 의하면 초기 저술가인 폴리카르포스는 빌립보로 발송된 여러 편지에 대한 확실한 지식을 갖고 있었고 그 정보를 전달한다.

그러나 폴리카르포스의 또 다른 글을 보면 이것이 폴리카르포스가 말한 것인지 명확하지 않다. 이 말이 과연 폴리카르포스가 빌립보로 보내는 여러 통의 편지를 의미한 것인지,[27] 아니면 다른 교회들로 보낸 편지와 함께 우리의 정경에 포함된 서신을 가리킨 것인지, 아니면 복수 형태를 사용하여 그 중요성을 강조한 단 하나의 편지를 뜻한 것인지,[28] 아니면 하나의 편지에 담긴 풍성한 내용을 말한 것인지 꽤 모호하다. 폴리카르포스는 이 편지들의 내용을 밝히지 않는다. 그는 단지 빌립보에 보내는 편지들만이 아니라 모든 바울 서신을 가리킨 것일 수 있다. 왜냐하면 이 시대에는 바울의 편지들이 서신 모음집으로 잘 취합되어서 바울과 관계된 다양한 교회에서 사용할 수 있었을 것이기 때문이다.[29]

(2) 구성에 관한 가설들

위에서 다룬 여러 주장 때문에 신약성경의 빌립보서라는 하나의 책의 배경이 되는 많은 편지에 대한 여러 가설을 미리 다루었다. 다수-편지 가설에는 여러 가지가 있다. 어떤 이들은 다섯 통의 편지까지도 주장한다. 하지만 둘 혹은 세 개의 서신이 일반적인 숫자다. 좀 더 탁월한 가설 중 몇 가지가 표 4에 요약되었다.

문학적 구조와 수사학 영역의 최근 글들이 빌립보서가 여러 편지라는 가설을 증명하거나 반증하려고 시도한다. 문학적·수사학적 분석의 원리를 활용하는 이들은 빌립보서가 문학적·수사학적 통일성의 본보기라

---

27 F. W. Beare, *A Commentary on the Epistles to the Philippians* (BNTC; London: A&C Black, 1959), 4.

28 Lightfoot, *Philippians*, 138-40; Williams, *Enemies of the Cross of Christ*, 44.

29 바울 서신의 수집에 대한 내 이론은 6장 단락 4를 보라.

고 주장한다(예. 지속적으로 언급되는 주제 혹은 분명한 수사학적 구조). 즉 우리가 가지고 있는 서신이 통일되고 완전한 전체로 구성되었다는 것이다.

예를 들어 두에인 왓슨(Duane Watson)의 연구는 빌립보서의 특정 구절에 대한 우리의 이해를 도울 수 있다.[30] 하지만 그의 연구는 빌립보서가 원래부터 단독으로 기록되었다는 것을 증명하지는 못한다. 이런 방법에는 두 가지 주요 문제가 있다. 첫째, 이 연구에 사용된 주요 도구들은 이 작업에 사용되기에 적합하지 않을 수 있다. 문학비평의 원칙이 현대 문학에 적용되는 것처럼 서신서에 적용될 수 있는지 또 그렇게 해야 하는지 확실하지 않다. 그리고 고대의 수사비평 원리를 서신 장르에 적용하는 것에 대해 계속 반복되는 비판이 있다. 왜냐하면 수사학은 (기록된 편지가 아니라) 설득을 목적으로 하는 **구두** 담화를 염두에 두고 만들어진 것이기 때문이다.[31] 사실 고대 세계의 다른 편지들과 비교할 때 그것들은 문학 및 수사비평의 원리에 입각하면 그 형태와 구조에 있어서 종종 꽤 통일성이 없어 보인다. 둘째, 문학적 혹은 수사학적 통일성을 찾아내려는 시도는 원저자가 아니라 편지의 편집자 혹은 편집자들의 문학적·수사학적 능력을 입증하려는 노력에 불과한 것일 수 있다. 따라서 이런 도구들은 빌립보서에 대해 통일된 해석을 부여할 수는 있지만, 통일성을 확립하는 데 사용될 수는 없다.

최근의 비평인 담화 분석은 신약성경 연구에 지대한 공헌을 하는데, 담화 분석의 원리가 빌립보서 분석에도 사용된다. 그러나 그 결과는 모호하다. 한편으로 볼프강 쉥크(Wolfgang Schenk)가 자신의 주석에서 그

---

30   D. Watson, "A Rhetorical Analysis of Philippians and Its Implications for the Unity Question," *NovT* 30 (1988): 57-88을 보라.

31   S. E. Porter, "Paul of Tarsus and His Letters," in *Handbook of Classical Rhetoric in the Hellenistic Period, 330 B.C.-A.D. 400* (ed. S. E. Porter; Leiden: Brill, 1997), 533-85.

원리를 활용하면서 빌립보서가 합성된 것이라는 자신의 분석을 입증한
다.[32] 다른 한편으로 데이비드 앨런 블랙(David Alan Black)은 이 원리들을
활용하면서 이 편지가 단일체임을 발견한다.[33] 이 분열된 의견이 모든 담
화 분석에 적용되는 것은 아니다. 대부분의 담화 분석은 담화가 결속을
이룬다는 전제로부터 시작하고, 담화 분석가의 일은 본문이 어떻게 논리
를 이루며 어떻게 구체화하여 특정 개념을 중요한 것으로 만들어가는지
를 보여주는 것이다. 문학적 조화 혹은 부조화의 개념을 미리 전제하고
출발해놓고서 우리가 이것을 증명했다고 주장할 수는 없다. 우리가 주장
할 수 있는 것은 기껏해야 분석 도구가 통일성을 판단하는 기준을 제공
한다는 점뿐이다. 그러나 기준 자체가 통일성을 부여하는 것은 아니며,
이것은 반드시 다른 근거 위에 세워져야 한다.[34]

바울이 기록한 많은 편지가 빌립보로 보내졌다는 본문 외적인 증거
가 없기 때문에, 편지들을 함께 묶을 만한 동기에 대한 의문이 있다. 빌립
보에 교회가 있었고, 바울의 편지를 간직하고 싶은 강한 열망이 있었으
며, 그것을 하나의 편지로 합치는 것을 목격했다고 상상하는 것은 그리
어렵지 않다. 그러나 그 이유가 무엇인가? 첫째, 이 병합은 극도로 일찍
이루어졌어야 한다. 어느 정도까지는 병합 시기가 바울의 편지 모음이
만들어진 시기에 따라 달라진다. 만약 모음집이 1세기가 저물어갈 때쯤
에 만들어졌다면 병합은 바울의 사망 시점과 기원후 100년경 사이의 기
간에 일어나야 하는데, 이는 가능성이 꽤 희박하다. 그러나 만약 바울 자

---

32   W Schenk, *Die Philipperbriefe des Paulus: Ein Kommentar* (Stuttgart: Kohlhammer, 1984).

33   D. A. Black, "The Discourse Structure of Philippians: A Study in Textlinguistics," *NovT*
     37 (1995): 16-49.

34   이 문제에 대한 평가로 Reed, *Discourse Analysis of Philippians*, 특히 방법론에 대한 34-
     112을 보라.

신이 자신의 편지 모음집과 관련이 있다면(6장 단락 4를 보라), 병합의 기회가 있었을 가능성이 거의 없다(바울 자신이 편지들을 이런 방식으로 보존하고 싶어서 스스로 그렇게 하지 않았다면 말이다. 그리고 이럴 경우에 빌립보서는 다시 하나의 편지인 셈이 된다).

둘째, 어떤 충동이 편지를 하나로 묶어 정리하도록 했는지를 질문해야 한다. 우리에게 주어진 바울 저작 중에는 고린도, 데살로니가, 골로새(빌레몬도 함께) 등의 다양한 교회에 그리고 디모데에게 보낸 여러 통의 편지의 몇몇 예가 있다. 그중 몇몇 편지의 저자는 의심스러우며, 고린도후서에 대해서도 다수-저자 가설이 있다. 하지만 언뜻 보기에는 편지들이 왜 결합되어야 하는지에 대한 설득력 있는 이유가 없다. 그러나 빌립보 교회는 다른 교회들로 보내진 이런 여러 편지를 몰랐을 것이다. 그럼에도 불구하고 빌립보 교회의 구성원들은 자신들에게 보낸 여러 통의 편지가 있었다는 사실을 분명히 알았을 것이다. 하지만 그들이 이것을 알았다고 하더라도 그들이 왜 편지를 병합했는지는 여전히 불분명하다. 셋째, 몇몇 대립하는 요인이 왜 이 편지들이 하나가 되었는지를 설명하려는 것 같다. 한편으로는 빌립보 교회가 바울의 글을 존중하는 차원에서 편지들을 합쳤을 것이라는 주장이 있다. 이것은 초기 교회가 바울의 저작들을 존중했고(벧후 3:16)[35] 바울 저작을 모았다고 알려진 것에 따르면 완벽하게 맞아 떨어진다. 다른 한편으로는 편지들을 병합하기 위해 빌립보 교회가 사도의 글 중 특정 부분을 삭제해야 했을 것이다. 우리는 어떤 원본 편지가 포함되어 있었는지 모른다. 하지만 사실상 우리가 둘 혹은 세 통의 편지를 모두 가지고 있지 않은 것은 확실하다(삭제된 서두와 결

---

35 베드로후서의 연대와 관계없이 초기 교회가 갖고 있었던 바울 서신에 대한 존경심이 증언된다. 이는 아마도 매우 이른 시기에 시작되었고 많은 교회를 통해 증명될 것이다.

제2부 바울 서신

론을 제외하더라도). 각각의 가정된 편지들의 길이를 조사해보면, 바울이 교회들에게 보낸 다른 편지들보다 길이 면에서 짧음을 알 수 있다. 만약 4:10-19/20이 하나의 편지를 구성한다면, 그 유일한 경쟁 상대는 개인적인 편지인 빌레몬서다(그렇다 해도 이 편지가 훨씬 더 짧다). 이것은 최소한 재구성된 상태의 개별 편지들은 다른 바울 서신들의 특징을 갖고 있지 않을 것이라는 사실을 의미한다. 이것은 다수의 편지에 반대하는 주장이거나 혹은 이 편지들의 일부분이 삭제되어 현재는 소실되었다는 주장이다. 최소한 한 부분을 제외하고 편지의 서두와 결론은 삭제되었을 것이다. 게다가 편집자 자신이 다양한 의도를 가지고 작업을 했음이 틀림없다는 주장도 가능하다. 한편으로 다양한 개별적인 편지들을 하나의 편지로 편집하는 작업이 중요하게 여겨졌지만 편집자가 이 일을 비교적 잘못해서 편집의 흔적을 몇 군데 남겨두었다는 주장도 가능하다(예. 3:1과 3:2 그리고 4:10-20의 위치 선정).

결론적으로 빌립보서를 하나의 문서로 읽을 만한 좋은 이유가 있다. 특히 다수-편지 가설에 관한 주장은 그것이 흥미롭고 자극적인 만큼 증명되지 않은 채 남겨져 있다.

표 4. 빌립보서의 다수-편지 가설들

두 편지 가설		
	자료	**내용**
가설 1	3:2-4:23(혹은 4:20)	선물에 대한 감사
가설 2	1:1-3:1(그리고 4:21-23)	에바브로디도와 함께 편지를 보냄
세 편지 가설		
	자료	**내용**
	4:10-20	선물에 대한 감사
가설 1	1:1-3:1; 4:2-9, 21-23	에바브로디도와 함께 편지를 보냄
	3:2-4:1	독자들에 대한 경고 삽입

가설 2	4:10-20	선물에 대한 감사
	1:1-2:30; 4:21-23	에바브로디도에 대한 칭찬과 함께 편지를 보냄
	3:1-4:9	바울이 죽음을 직면하다
가설 3	1:1-2; 4:10-20	선물에 대한 감사
	1:3-3:1; 4:4-9; 21-23	에바브로디도와 함께 편지를 보냄
	3:2-4:3	유대주의자들에 대한 경고

D. 빌립보서의 대적자들, 저술 동기 및 목적

이번 단락에서는 중요하면서 서로 관계있는 세 가지 주제를 함께 다룬
다. 즉 바울이 직면하고 있는 대적자들, 빌립보서를 쓰게 된 동기와 목적
이다.

　빌립보서의 대적자들과 집필 동기를 밝히는 일은 극도로 어려운 작
업이다.[36] 그 이유는 서신 자체의 증거가 워낙 다양하고, 집필 당시의 상
황에 대한 정보도 부족하기 때문이다. 최종적인 정답은 확실히 결론 내
릴 수 없다는 것이다. 다음은 몇몇 해결 방안에 대한 개관이다.

(1) 대적자들에 대한 증거

대적자들의 특성 혹은 빌립보에 있었던 문제를 밝혀내려는 시도가 가능
한 주요 본문은 네 가지가 있다.[37]

36　Williams, *Enemies of the Cross of Christ*, 59-60에 의하면 J. J. Gunther, *St. Paul's Opponents and Their Background: A Study of Apocalyptic and Jewish Sectarian Teaching* (NovTSup 35; Leiden: Brill, 1973), 2에서 이 대적자들의 정체를 밝힐 수 있는 최소한 열여덟 가지의 해결책을 제시한다.

37　이 본문들에 대한 간략한 논의는 G. F. Hawthorne, *Philippians* (rev. R. P. Martin; WBC 43; N.P.: Nelson, 2004, WBC 성경주석 『빌립보서』, 솔로몬 역간), l-lv을 보라. 참조. V. Koperski, *The Knowledge of Christ Jesus My Lord: The High Christology of Philippians 3:7-11* (Kampen, Netherlands: Kok Pharos, 1996), 특히 113-32.

a. **빌립보서 1:15-18.** 이 본문에서 바울은 복음이 항상 똑같은 선한 동기로 전파되는 것은 아니라고 말한다. 이것은 아마도 바울과 다른 그리스도인 공동체 간의 대립을 가리키는 것으로 보인다. 그러나 여기서 중요한 질문은 그것이 빌립보 내의 문제를 가리키느냐의 여부다. 어떤 이들은 바울이 "신적 인간" 신학을 가진 그리스도인 선교 공동체에 반대하는 것일 수 있다고 생각한다. 앞서 언급했듯이 이 신학은 하나님의 사람이 일종의 기적을 행하는 자일 것이라고 기대하는 내용인데, 바울은 감옥에 있었기 때문에 이 이미지에 부합하지 않았다.[38] 모든 설명에 따르면, 바울은 하나님의 사람에 대한 이런 특징짓기에 반대했다. 왜냐하면 그는 겸허함, 온화함, 고난을 지지했기 때문이다(예. 1:13-14, 20-24; 3:12-13). 아마도 이 반대자들은 바울이 정식 사도인지에 대해 의문을 품었을 것이다. 이 입장에는 세 가지 문제가 있다. 첫째, 이것이 빌립보에 있었던 문제인지 그 언어가 명확하지 않다. 둘째, 이 관점과 빌립보에 있었던 대적자들에 대한 다른 증거들을 조화시키기가 어렵다. 왜냐하면 1:15-18의 문제는 외부의 반대자가 아니라 교회 내부의 문제를 가리키는 것으로 보이기 때문이다. 셋째, "신적 인간" 신학은 아마도 1세기가 아니라 후대에 발전된 것 같다(9장 단락 3C2를 보라). 나쁜 동기를 가진 복음 전파자들이 반대자 그룹 중 하나에 속한 사람들이었을 가능성이 있다(다른 가능성은 아래를 보라). 하지만 이것은 가설에 지나지 않는다. 바울은 이 전도자들을 자신의 편지 서두에서 언급하면서, 자신이 감옥에 있는 상황

---

38   R. Jewett, "Conflicting Movements in the Early Church as Reflected in Philippians," *NovT* 12 (1970): 362-90을 보라.

임에도 복음의 일반적인 진보가 있다고 말한다(1:12-18). 따라서 1:15-18은 그가 빌립보의 특정 대적자들을 언급하는 것이 아닐 수 있다. 그리고 그곳의 교회를 위협하는 상황은 확실히 아니다.

b. **빌립보서 1:27-30.** 이 단락에서 바울은 빌립보 사람들에게 믿음 안에 굳게 서서 그들을 반대하는 사람들을 두려워하지 말라고 권고한다. 계속해서 바울은 대적자들의 임박한 멸망과 빌립보 사람들의 구원을 대조한다. 그러나 그들의 부르심에는 고난도 포함된다는 점을 분명히 한다. 이 표현들은 모호해서 신학적으로 대립하던 자들에게 한 말인지 아니면 빌립보에 있었던 일반적인 어려움을 지칭한 것인지 알기 힘들다. 그들이 겪고 있었거나 겪을 예정이었던 고난은 종교적인 분쟁으로 인한 것이 아니라 일반적인 사회생활 속에서의 역경을 의미하는데, 이는 그들이 바울 자신이 겪었던 것과 같은 노력을 하고 있다는 그의 말에 기인한다(1:30). 이것은 바울이 로마의 권력 때문에 투옥되었고, 이 로마의 권력자들이 빌립보 사람들을 괴롭히고 있다는 생각에서 비롯된 것이다. 이 경우 바울의 응답이 자신의 신학적인 입장을 반영한다고 하더라도, 이 본문은 어떤 형태의 종교적 대적자들을 가리키지 않는 것이 된다.

c. **빌립보서 3:2-4.** 여기서 바울은 빌립보 사람들에게 "개들을 삼가고 행악하는 자들을 삼가고 몸을 상해하는 일을 삼가라"고 명령한다. 처음 두 개의 묘사는 일반적인 것일 수 있다. 그러나 3:3-6에 비춰보면, 바울이 할례("상해"[κατατομή]와 "할례"[περιτομή]의 언어유희가 있는 것으로 보인다)에 대한 언급을 지속하면서 자신의 유대교 배경을 강조할 때 3:2-4은 유대인 혹은 유대인 그리스도인 대적자들에 대한 묘사일 수 있다. 유대인들이 이방인들에게 강제

로 할례를 받게 하거나 그들의 율법을 강요하지는 않았다는 것이 일반적인 견해다. 따라서 유대인 그리스도인이 여기서 가시권에 들어온다. 다시 말해 바울은 갈라디아 사람들을 위협했던 자들과 비슷한 대적자들을 염두에 두고 있다. 그는 아마도 유대주의자였을 대상들을 거친 언어로 특징짓지만, 이것은 그가 갈라디아서에서 사용했던 것(갈 2:11-3:5, 특히 2:21-3:1)보다는 훨씬 절제되어 있다. 이는 어떤 이들에게는 같은 대적자들임을 의심하는 근거가 되기도 한다.[39] 그러나 이에 대한 적절한 대답이 몇 가지 있다. 하나는 바울 자신의 경험과 나이 덕분에 이런 문제들에 접근하는 방식이 원숙해졌다는 것이다. 둘째는 대적자들은 비슷했지만, 위협은 그렇게 강하지 않았을 수 있다는 것이다. 왜냐하면 빌립보 내의 유대인 인구는 기껏해야 꽤 적은 수였을 것이기 때문이다. 이 유대주의자들은 빌립보 외부에서 온 사람들이었을 수 있다. 하지만 어쨌든 빌립보에서 많은 이들을 믿지 못하게 만들었던 의미심장한 유대인의 존재는 발견된 바 없다.

d. **빌립보서 3:18-19.** 이 구절에서(참조. 3:11-16) 바울은 십자가의 대적으로서의 삶을 사는 사람들에게 주목한다. 그들의 신은 배이고 그들의 영광은 그들의 부끄러움에 있다. 그들은 땅의 일을 생각한다. 바울은 자신의 욕구를 불건전한 방식으로 탐닉하는 방탕

---

39 그러나 Ian Elmer는 이 두 공동체를 하나의 실체로 확인하기에 충분히 비슷한 언어(반향)가 사용되었다고 주장한다. *Paul, Jerusalem, and the Judaizers: The Galatian Crisis in Its Broadest Historical Context* (WUNT 2/258; Tübingen: Mohr-Siebeck, 2009), 191-95. 다음도 보라. W. Marxen, *Introduction to the New Testament: An Approach to Its Problems* (trans. G. Buswell; Oxford: Blackwell, 1968), 63-64; W. Schmithals, *Paul and the Gnostics* (trans. J. E. Steely; Nashville: Abingdon, 1972), 82-83. 이 학자들 역시 빌립보와 갈라디아의 대적자들이 같은 자들이었다고 생각한다.

한 성향을 지닌 사람들을 언급하는 것으로 보인다. 강조점은 아마도 폭음과 폭식과 노출에 있는 것 같다. 어떤 이들은 이것이 빌립보의 대적자들이 일종의 원시영지주의자들이거나 극단적 종말론자들(종말이 이미 시작되었다고 믿는 사람들)이라는 점을 시사한다고 제안한다. 이런 자들은 고린도에도 있었다. 영지주의적 성향을 지닌 일부 사람들은 금욕주의자가 되었지만, 다른 사람들은 정반대로 지나친 방종주의자가 되었다.[40] 가능성 있는 추론은 지상의 물질은 허상이며 따라서 결국 중요하지 않기 때문에 방종이야말로 결과가 오래 계속되지 않는 실질적인 선택이었다는 것이다. 이와 비슷하게 만약 바울이 말하는 이들이 극단적인 종말론을 가지고 있었다면, 그들은 자신들이 이미 종말에 접어들었으며 그러므로 자신들의 영적 상태는 안전하고 결과적으로 벌을 받지 않고 방종할 수 있다고 믿었을 수 있다. 그러나 고든 피는 이 공동체가 편지 안에서 이렇게 비참하게 묘사된 것 외에는 또 언급된 부분이 없으며, 이것은 바울이 예전에 언급했던 이들에 대한 일반적인 묘사로 보는 것이 낫다고 지적한다. 즉 현재의 대적자들이 아니라는 것이다.[41]

이 정도의 증거로 빌립보서에 나온 바울의 대적자들의 정확한 특징을 결론짓기는 힘들다. 심지어 그런 공동체가 있었는지 아닌지도 확인하

---

40 예. F. Thielman, *Paul and the Law: A Contextual Approach* (Downers Grove, IL: InterVarsity, 1995), 150-51. Thielman은 빌립보의 대적자들이 아마도 영지주의자와 반율법주의자였을 것이라고 주장한다.

41 G. D. Fee, *Paul's Letter to the Philippians* (NICNT; Grand Rapids; Eerdmans, 1995), 9, 366-75.

기가 쉽지 않다. 식별 가능한 특정 그룹이 바울을 대적하기 위해 강력하고도 일치된 노력을 기울였다는 증거는 확실히 부족하다. 기껏해야 빌립보의 그리스도인들은 아마도 그들이 좀 더 "유대인"스럽기를 바라는 사람들의 반대에 부딪혔을 것이다. 하지만 바울이 빌립보 사람들에게 주의와 인식을 요구했던 것과는 별개로, 이 대적자들은 이 시점에 중대한 위협으로 다가오지는 않았던 것 같다.

(2) 동기와 목적

빌립보서의 집필 동기와 목적은 대적자들과 밀접하게 연관된다. 위에서 언급한 제안들에 비춰보면, 집필 동기와 목적을 묘사하는 것은 다음과 같은 요인들과 관련이 있을 것이다.

a. **바울의 평가.** 바울은 자신의 현재 상태에 대한 평가를 빌립보 교회에 전해주고 싶었다. 빌립보 교회는 최근에 유용한 선물을 줌으로써 그의 사역에 대한 지속적인 관심을 보이며 지원해왔다(4:10-19/20). 이 선물에 대해 바울은 가까운 개인적인 친구에게 어울리는 방식으로 응답한 것 같다(단락 2C1b를 보라). 게다가 그는 왜 디모데가 아닌 에바브로디도가 그들에게 돌아가는지를 설명하려고 한다. 이것은 가까운 친구 관계 때문이며, 바울이 언급하는 여러 다른 문제들에 대한 걱정 때문이기도 하다. 바울은 자신의 고난에도 불구하고 기쁜 태도를 지니고 있으며(1:12-26; 2:24), 석방을 바라지만 하늘 상급을 더 갈망한다는 사실을 빌립보 교회에 알림으로써 역경 속에서조차도 즐거워하는 것의 중요성을 그들에게 가르칠 수 있다. 그는 자신과 그리스도를 본보기로 추천한다. 그는 자신의 사역에 대해 다양한 부분에서 반대가 일고 있다는 점

을 알리는데, 그중 일부는 자신들의 이기적인 목적을 위해 바울이 투옥된 상황을 이용한다. 그러나 바울은 복음이 선포되는 한 이런 일을 기꺼이 수용하고자 한다.[42]

b. **바울의 대적자들.** 바울은 대개 빌립보 사람들의 연합과 그들의 선한 생각 그리고 그들이 그에게 기쁨의 근원이 된다는 점을 칭찬하는 데 관심이 있다(빌 1:5; 1:19; 2:2 등). 그러나 그는 다른 영향력이 교회에 스며들어 그들의 연합과 그리스도의 마음을 갖는 것을 방해했다는 것도 알고 있다(4:2-3). 여기서 그는 대적자들에 관한 경고의 말을 전한다. 어떤 연구는 빌립보의 상황이 몇몇 경쟁적 이익을 포함하는 복잡한 상황이었을 가능성과 심지어 개연성을 강조한다.[43] 그중 하나가 유대주의자들의 영향력이었던 것으로 보인다. 그들은 아마도 빌립보의 작은 그룹이었을 뿐이거나, 아니면 빌립보의 그리스도인들도 유대교의 의식에 참여해야 한다고 주장하고 있었던 외부 그룹에 불과했을 것이다. 이 그룹의 영향은 단언할 수 없으며, 갈라디아에서만큼 발전된 것도 아니었다. 그래서 바울은 힘을 주어 응답하지 않은 것이다. 이런 유대주의자 그룹의 영향력은 빌립보의 상황에 도움을 받았을 것이다. 위에서 언급했듯이 빌립보는 로마의 식민지였고, 그 안에서는 로마

---

42 L. G. Bloomquist, *The Function of Suffering in Philippians* (JSNTSup 78; Sheffield: JSOT Press, 1993)를 보라.

43 M. Tellbe, "The Sociological Factors behind Philippians 3.1-11 and the Conflict at Philippi," *JSNT* 55 (1994): 97-121; B. W. Winter, *Seek the Welfare of the City: Christians as Benefactors and Citizens* (Grand Rapids: Eerdmans, 1994), 81-104을 보라. B. J. Oropeza, *Jews, Gentiles, and the Opponents of Paul: The Pauline Letters* (Apostasy in the New Testament Communities 2; Eugene, OR: Wipf & Stock, 2012), 205은 빌립보의 박해자들을 빌 1:15-18이나 3장에 나오는 바울의 박해자들과 같은 이들로 간주해서는 안 된다고 말한다.

의 법이 명백하게 시행되고 있었다. 그리고 황제 숭배가 성장하고 있었을 수도 있다.[44] 비록 유대인들이 로마 제국 내에서 "공인된 종교"(*religio licita*)로서의 특권을 누리지는 못했다고 할지라도, 유대인이라는 사실 자체는 그들이 종교적으로 가장 혼탁한 축에 속하는 로마 세계 속에서 로마 종교의 특정한 의식에 참여하는 것에 대해 어느 정도의 자유를 누리게 해주었다. 그러나 그리스도를 따르기로 결정한 이방인들은 그만큼의 자유를 누리지 못했으며, 이교의 압력에 어떻게 대처해야 할지를 결정해야 하는 상황에 놓이지 않을 수 없었다. 이것은 빌립보에서 또는 천국에서 "좋은 시민"이 된다는 것이 무엇을 의미하는지에 대한 질문으로 이어지게 되었다. 유대주의자들은 계속해서 그리스도인이면서도 이교 숭배의 압력에 대항할 방법을 제시하고 있었을 것이다. 바울은 이것에 대해 두 가지 대답을 한다. 첫째, 바울은 그들이 신자가 된 것은 외적인 표식이 아니라 영적 혹은 내적 변화에 의한 것이라는 점을 그들에게 알려준다. 둘째, 그는 그들을 좋은 시민으로 만들어주는 시민권과 의무는 그리스도를 따르는 자로서 그들에게 요구되는 것에 의해 결정된다는 점을 그들에게 상기시킨다. 그의 대답은 올바른 행동에 대해 스토아 학파가 사용하는 것과 비슷한 언어로 구성된다.

---

44   L. M. McDonald and S. E. Porter, *Early Christianity and Its Sacred Literature* (Peabody, MA: Hendrickson, 2000), 80-88, 특히 84을 보라.

E. 빌립보서의 기록 연대 및 장소

이 장의 시작 부분에서 언급했듯이 바울은 수감 중에 빌립보서를 기록했다. 이것은 이 편지가 언제 어디서 기록되었는지에 직접 영향을 끼친다. 바울이 감옥에 갇힌 것에 대한 문제를 더 자세히 다룬 내용은 2장 단락 3에서 찾을 수 있다. 이 단락에서는 구체적으로 빌립보서와 관련된 문제에 집중한다.

만약 바울이 에베소의 감옥에 있는 동안 빌립보서를 기록했다면, 기록 시기는 그가 에베소를 처음 방문했던 52/53년, 혹은 더 그럴듯하게는 그가 이 년 동안 길게 머물렀던 53년에서 55년 사이로 볼 수 있다.[45] 만약 바울이 빌립보서를 기록한 때가 가이사랴의 감옥에 있는 동안이었다면, 저작 연대는 57-60년이 될 것이다. 만일 그가 로마의 감옥에서 빌립보서를 썼다면, 61-62년에 쓴 것이 된다.

2장 단락 3의 투옥에 대한 논의에 의하면, 바울은 로마의 감옥에서 옥중 서신을 기록했을 가능성이 가장 크다. 그리고 빌립보서 안에 있는 몇 가지 다른 요소들도 같은 방향을 가리킨다.

(1) 시위대

바울은 빌립보서 1:13에서 시위대를 언급한다. 시위대는 황제에게 배정된 특별 파견 군대였다. 로마 제국의 황제는 위험한 자리였기 때문에(1세기의 황제 중 절반이 살해당하거나 의문사했다), 그리고 부분적으로는 황제가 자신의 지위를 유지하기 위해 반드시 벌여야 했던 정치적 음모 때문에, 황제들은 자신의 안전을 보장하기 위해 특수부대를 보유해야 했다.

---

45   Reumann, *Philippians*, 3을 보라.

다른 도시들, 특히 황제가 자주 방문했던 도시들에는 시위대가 파견되었을 것이다(그리고 빌립보에 그런 파견대가 있었던 것으로 보인다). 하지만 시위대에 대한 언급은 아마도 "로마"의 시위대를 의미할 것이다. 왜냐하면 그곳에 그들이 있었다고 확실히 알려지기 때문이다.[46]

(2) 가이사의 집 사람들

빌립보서 4:22에 언급된 가이사의 집 사람들은 종종 잘못 해석된다. 이것은 아마도 가이사와 가까운 몇몇 사람이 그리스도를 믿는 신자가 되었다는 것이 아니라, 무수히 많았던 가이사의 집 사람들 중 몇 사람이 믿게 되었다는 의미일 것이다. 그들 중에는 비천한 종과 노예도 있었을 것이고 그보다 높은 개인들도 있었을 수 있다. 가이사의 집 사람들은 가이사 집안의 일상 업무와 행정 업무를 위해 고용된 모든 사람을 가리킨다. 그의 집 사람들 중 일부는 가이사가 머물렀던 다른 도시들에도 있었을 수 있지만, 대부분은 로마에 있었을 것이다.

(3) 역사적·개인적 상황

바울은 감옥에 있었지만 아마 석방이 다가왔을 것이다(빌 1:7, 19-27; 2:24). 석방 가능성에 대한 그의 언급은 그가 갇혔던 곳이 로마의 감옥일 가능성을 가장 크게 만들어준다. 바울은 석방 절차가 곧 마무리될 것이며 자신을 대항해 항소할 수 있는 더 높은 권력이 없다고 확신하고 있기 때문이다.

비록 제한적이기는 하지만, 이 증거에 의해 바울이 빌립보서를 쓴

---

46 S. Bingham, *The Praetorian Guard: A History of Rome's Elite Special Forces* (Waco, TX: Baylor University Press, 2013)를 보라.

곳이 로마의 감옥이었다는 사실이 더욱 확실해진다.

F. 빌립보서의 개요[47]

A. 서두(1:1-2)

  1. 보내는 이(1:1a)

  2. 받는 이(1:1b)

  3. 인사(1:2)

B. 감사(1:3-11)

  1. 감사 어구(1:3-8)

  2. 기도/중보(1:9-11)

C. 본론: 그리스도를 좇아 사는 삶(1:12-2:30)

  1. 공식적인 서두: 복음의 진보(1:12-18)

  2. 바울의 상황(1:19-26)

  3. 그리스도의 복음에 합당한 그리스도인의 삶을 사는 것(1:27-
    2:18)

  4. 바울의 여행기(2:19-30)

D. 권면(3:1-4:19)

  1. 서론: 안전을 위한 반복(3:1)

  2. 따르지 말아야 할 대적자들(3:2-6)

  3. 바울 신학의 요약(3:7-11)

  4. 온전함을 위한 분투(3:12-4:1)

---

47 참조. L. Alexander, "Hellenistic Letter-Forms and the Structure of Philippians," *JSNT* 37 (1989): 87-101; R. Russell, "Pauline Letter Structure in Philippians," *Journal of the Evangelical Theological Society* 25 (1982): 295-306.

5. 개인적 관계에서의 화합, 기쁨, 화평에 대한 권면(4:2-9)

6. 빌립보 사람들의 선물에 대한 감사의 말(4:10-19)

E. 맺음말(4:20-23)

1. 송영(4:20)

2. 인사(4:21-22)

3. 은혜 축복 기도(4:23)

G. 빌립보서의 내용

서두(1:1-2)

바울은 자신과 디모데를 그리스도 예수의 종으로 소개하는 짧고 평범한 인사로 편지를 시작한다. 그는 "빌립보에 사는 모든 성도"에게 쓰면서 감독들과 집사들도 포함한다(이들은 아마도 초기 교회의 직분일 것이다. 하지만 이것은 많은 학자 사이에서 논쟁이 되고 있다).[48]

감사(1:3-11)

바울은 기도할 때마다 빌립보의 신자들이 첫날부터 복음을 위한 일에 참여하고 있는 것에 대해 감사한다. 그는 하나님께서 그들 속에서 시작하신 일을 완료하실 것을 확신한다. 그는 그들을 마음에 품고 있는데, 이는 그들이 그의 투옥과 복음을 변론하는 데 함께 참여했기 때문이다.[49] 그래서 그는 그리스도의 사랑으로 그들을 그리워하고 있다고 말한다. 그리고

---

48 최근의 논의로는 Reumann, *Philippians*, 36-39을 보라.

49 Mark Keown은 복음 전파에 대한 회중의 지지를 빌립보서의 중심으로 본다. M. J. Keown, *Congregational Evangelism in Philippians: The Centrality of an Appeal for Gospel Proclamation to the Fabric of Philippians* (Milton Keynes: Paternoster, 2008)를 보라.

그들의 사랑이 지식과 모든 총명으로 점점 풍성해져서 그리스도의 날을 맞을 준비가 되어 있기를 바란다고 말한다.

본론: 공식적인 서두—복음의 진보(1:12-18)

바울은 자신의 투옥이 복음의 진보를 위해, 시위대 안에 있는 이들과 함께 간힌 모든 사람과 복음을 나눌 수 있도록 일어난 것임을 자신의 독자들에게 재확인한다. 그뿐 아니라 다른 신자들 대부분도 바울의 투옥 때문에 복음을 더 담대하게 전하게 된다. 심지어 불순한 동기로 그리스도를 전파하는 사람들도 있다. 예를 들면 바울의 투옥 기간에 그를 괴롭히기 위해 전도하는 것이다. 그러나 바울은 겉치레로 하든 진심으로 하든 그리스도가 단순히 선포된다는 것을 알고는 만족해한다.

본론: 바울의 상황(1:19-26)

바울은 빌립보 사람들이 자신을 위해 기도한다는 것과 그들의 기도가 예수 그리스도의 성령의 도우심을 구하는 내용이라는 것을 알고, 자신이 결국 구원받게 될 것이라는 사실을 확신하고 있음을 전한다. 그는 이것을 몹시 기대하고 있으며, 그리스도께서 자신이 살든지 죽든지 자신의 몸으로 인해 영광을 받으실 것이라는 사실을 알고 있다. 그는 자신에게 사는 것이 그리스도시니 죽음도 유익하다고 말한다. 그는 세상을 떠나 그리스도와 함께 있는 것이 더 좋지만, 그들에 대한 자신의 사역을 계속할 수 있도록 살아남을 것이다. 이것을 고려하여 그는 자신이 감옥으로부터 구해지는 순간이 올 것이며, 그들의 믿음의 진보와 기쁨으로 인해 그들과 함께 즐거워할 수 있으리라고 믿는다.

본론: 그리스도의 복음에 합당한 그리스도인의 삶을 사는 것(1:27-2:18)

바울은 계속해서 그들이 그리스도의 복음에 합당하게 살아야 한다고 말한다. 그럼으로써 바울은 자신이 그들을 보거나 그들에 대해 들을 때 그들이 한마음으로 서서 복음을 위하여 함께 애쓰면서 그들을 반대하는 자들을 두려워하지 않는다는 것을 알고자 한다. 사실 여기서 전제되어야할 것은 그리스도를 믿는 사람들은 그를 위해 고난도 감수해야 한다는것이다.

따라서 바울은 말하길, 만약 그들이 그리스도 안에서 권면이나 사랑의 위로나 성령의 교제나 긍휼이나 자비를 경험한다면, 서로 같은 마음을 품고 같은 사랑을 하며 서로 연합함으로써 자신의 기쁨을 충만하게해달라고 그들에게 부탁한다. 그들은 아무 일에든지 다툼이나 허영으로해서는 안 되며, 겸손한 마음으로 자신보다 다른 이들을 더 중요하게 여기고 자신의 이익을 생각하는 것만큼 다른 이들의 이익도 챙겨주어야 한다. 이것이 그들이 가져야 할 마음이며, 그리스도께서 가졌던 마음이다. 그는 하나님의 본체시나 하나님과 동등한 위치를 취하지 않으셨다. 오히려 인간과 같은 종의 형태를 취하심으로써 자신을 아무것도 아닌 것으로만드셨다. 그는 인간과 같은 모습으로 자신을 낮추어 죽기까지 복종하셨는데, 곧 십자가에서 죽으셨다. 그의 겸손 때문에 하나님께서 그를 높이셨고 그에게 모든 이름 위에 뛰어난 이름을 주셨다. 그리하여 모든 이가예배하고 그의 이름 곧 예수 그리스도 주를 선포하게 되었다.

그래서 바울은 계속해서 자신이 그곳에 있든지 없든지 그들의 구원을 두렵고 떨림으로 이루라고 격려한다. 왜냐하면 하나님께서 그들 가운데 일하심으로써 그들이 하나님을 기쁘시게 하는 일을 할 수 있기 때문이다. 그들은 원망 없이, 하나님의 자녀같이 흠 없고 순전하게, 이 어그러진 세상 속에서 빛을 발하면서 모든 일을 해야 한다. 이것을 행하면 바울은 기쁠 것이고, 복음 전파를 위해 자신이 경험한 고난이 겪을 가치가 있는 것이었다는 사실을 알게 될 것이다.

본론: 바울의 여행기(2:19-30)

바울은 디모데를 그들에게 보냄으로써 그들이 잘 지내고 있다는 사실을 그에게서 듣고 싶다는 자신의 소원을 전달한다. 디모데는 그들의 안위를 진실히 생각하는, 그들에게 가장 적합한 사람이다. 그들은 디모데가 바울에게 있어 복음으로 낳은 영적인 아들과 같음을 알아야 한다. 그리고 바울은 최대한 빨리 디모데를 보내고 나서 언젠가 그를 따라 빌립보로 갈 것이다. 바울은 그의 동역자인 동시에 그들이 바울에게 보낸 메신저요 대리인인 에바브로디도도 보낼 것이다. 에바브로디도 역시 그들을 방문하기를 원했는데, 이는 특히 그가 병들었다는 사실을 알고서 그들이 걱정했다는 소식을 듣고 그도 근심했기 때문이다. 그는 사실 죽음에 이를 정도로 심각하게 병이 들었었지만, 하나님께서 그에게 자비를 베푸셔서 그를 치료해주셨다. 하나님의 자비는 바울 자신에게도 나타났는데, 이는 에바브로디도의 죽음이 바울에게 "근심 위에 근심"을 의미했을 것이기 때문이다. 그래서 바울은 그를 빌립보로 보내기를 원한다. 그렇게 함으로써 그들은 그를 보고 기뻐하고 모든 즐거움으로 주 안에서 그를 맞이할 수 있을 것이다. 또한 그들은 그를 섬겨야 한다. 왜냐하면 그는 사역에 봉사하는 데 있어 자신의 목숨을 돌보지 않았기 때문이다.

권면: 서론—안전을 위한 반복(3:1)

전환의 차원에서 바울은 "끝으로"(τὸ λοιπόν)[50]라는 말을 사용하면서 그

---

50 전환의 의미로 사용되는 이 두 단어로 이루어진 그리스어 구절의 의미에 대해서는 단락

들에게 주 안에서 기뻐하라고 말한다. 그는 같은 말 반복하기를 주저하지 않는다. 왜냐하면 그것이 그들의 안전을 위한 것이기도 하기 때문이다. 이것은 그가 이미 말해온 것들에 비추어 일련의 명령들을 나열하는 권면 단락을 연다.

권면: 따르지 말아야 할 대적자들(3:2-6)

바울은 빌립보 신자들에게 개들, 행악자들, 몸을 상해하는 자들을 조심하라고 경고한다. 바울은 이 대적자들이 복음에 대항하여 행하는 일들의 심각성을 강조하기 위해 격한 말을 사용한다. 그러나 그는 하나님의 성령으로 예배하며 육체를 신뢰하지 않는 자들인 "우리가 곧 할례파라"라고 말한다(여기서 "육체"는 다소 미묘하게 할례를 가리킨다고 볼 수 있다). 하지만 바울은 자신이 육체를 신뢰할 만한 여러 이유가 있다고 단언하면서 그 내용을 열거한다. 즉 그는 율법에 따라 팔 일 만에 할례를 받았고, 이스라엘 족속이요, 베냐민 지파이며, 히브리어를 말하는 자다. 그는 율법에 대하여는 바리새인이었고, 열심에 관해서는 교회를 박해하는 데 열정적이었다. 그는 의에 대해서는 흠이 없는 자였다.

권면: 바울 신학의 요약(3:7-11)

그러나 이 모든 것이 그에게 이익이 되었지만, 바울은 자신이 주 그리스도 예수를 알기 위해 그것을 해로 여긴다고 말한다. 그가 유익해 보이는 것을 잃어버릴 뿐만 아니라 배설물로 여기는 것은 그리스도를 얻고 율법이 아닌 그리스도를 믿는 믿음으로 의를 얻기 위함이다. 가장 유익한 것은 그리스도와 그의 부활의 권능을 아는 것과 그의 고난에 참여하는

2C1c를 보라.

것이며, 바울은 어떻게 해서든지 죽은 자 가운데서 부활에 이르려 한다.

권면: 온전함을 위한 분투(3:12-4:1)

바울은 이 모든 것을 아직 이루지 못했지만, 그리스도 예수께서 자신을 그분의 것으로 만드셨기 때문에 이 모든 것을 그분의 것으로 만드실 것이라고 말한다. 그는 그것이 아직 자신의 것이 아니지만, 그가 행하는 한 가지는 과거를 그대로 뒤에 두고 앞에 있는 것을 향해 분투하는 것이라고 고백한다. 그는 앞에 있는 그리스도 예수의 부르심의 상을 향해 나아간다. 성숙한 자들 역시 이런 생각을 가져야 한다. 바울은 그들이 어떤 일에 대해 다른 생각을 하면 하나님께서 그들에게 그것을 보여주실 것이라고 말한다.

바울은 그들에게 자신을 본받고 이런 본보기를 따르는 자를 본받으라고 요청한다. 왜냐하면 많은 이들이 그리스도의 십자가의 원수로 살아가기 때문이다. 이 사람들은 멸망으로 끝나게 될 것인데, 그들은 배를 숭배하며, 그들의 영광은 그들의 부끄러움에 있고, 그들의 마음은 땅의 일에 맞춰져 있다. 이와 반대로 바울은 자신과 빌립보 사람들이 자신들을 변화시키실 구원자를 기다리는 하늘의 시민임을 인정한다. 이 모든 것을 염두에 둔 채 바울은 그들에게 주 안에 굳게 서라고 권면한다.

권면: 개인적 관계에서의 화합, 기쁨, 화평에 대한 권면(4:2-9)

빌립보 회중 중 두 명의 주요 여성, 유오디아와 순두게 사이에 중대한 불화가 생겼다는 소식이 바울의 귀에까지 들렸다. 바울은 그들을 언급하면서 "주 안에서 같은 마음을 품으라"라고 말한 후 그의 진실한 동역자를 도와주라고 호소한다.[51] 그들은 바울, 글레멘드 그리고 그 외의 바울의 동역자들과 함께 복음에 힘쓰던 여성들을 도와야 한다.

이 단락의 나머지 부분은 빌립보 사람들에 대한 다양한 권면을 담고 있다. 그는 그들에게 주 안에서 항상 기뻐하고, 그들의 관용을 모든 사람이 알게 하라고 말한다. 주께서 가까이 계시기 때문에 그들은 아무것도 염려하지 말고, 오직 기도를 통해 그들의 필요를 하나님께 알려야 한다. 그렇게 하면 인간의 이해를 초월하는 하나님의 평강이 그리스도 예수 안에서 그들의 마음과 생각을 지켜줄 것이다. 마지막으로 그들은 무엇이든지 참되고 경건하며 정의롭고 정결하며 사랑스럽고 인정할 만할 뿐만 아니라 탁월하여 칭찬받을 만한 것들을 생각해야 한다. 그들은 그를 통해 배우거나 본 것은 무엇이든지 행해야 한다. 그리하면 하나님의 평강이 그들과 함께 있을 것이다.

권면: 빌립보 사람들의 선물에 대한 감사의 말(4:10-19)

기쁨에 대해 말하면서 바울은 그들이 그를 생각한 것에 대해 비록 현재는 아무것도 할 수 없지만, 그것에 대한 자신의 즐거움을 표현한다. 그러나 그는 자신의 필요가 정말로 필요한 것이 아님을 그들이 알기를 원한다. 이는 그가 어떤 상황에 처하든지, 가난하든지 부요하든지 만족할 수 있는 비결을 배웠기 때문이다. 그는 자신에게 능력을 주시는 그리스도 안에서 모든 것을 할 수 있다.

---

51 이 진실한 동역자의 정체에 대해 해석가들 사이에 논쟁이 있다. 이는 아마도 디모데, 에바브로디도, 혹은 심지어 바울의 알려지지 않은 아내일 것이라는 이론들이 제시되었다. 여러 선택지에 대한 논의로 G. W. Hansen, *The Letter to the Philippians* (PNTC; Grand Rapids: Eerdmans, 2009), 284-85을 보라. 그러나 이것은 바울이 의도적으로 빌립보 사람들을 단수의 동역자로 언급하여 그들의 연합을 묘사함으로써 그들의 분쟁을 해결하려고 한 것일 수 있다.

하지만 비록 바울이 만족한다고 할지라도 그들은 그가 겪은 고난을 알 수 있었다. 그는 그들이 이미 알고 있는 것을 상기시킨다. 바울이 그의 복음 사역을 시작했을 때 그들은 그의 첫 번째 동료였다. 그들은 심지어 바울이 데살로니가에 있을 때도 그가 무엇이 필요하든지 간에 그것을 제공해주었다(그리고 받기도 했다. 그들도 바울로부터 다른 방식으로 받은 것이 있기 때문이다). 바울은 자신에게 중요한 것은 선물 자체가 아니라 빌립보 사람들이 그들의 관대한 행위로 인해 받을 복이라는 점을 강조한다. 그들이 에바브로디도를 통해 공급해준 덕분에 바울은 자신이 필요한 모든 것을 가지고 있다. 그리고 그는 하나님께서 당신의 풍성함에 따라 그들의 필요를 되갚아주실 것이라고 말한다.

맺음말(4:20-23)

이 모든 것에 있어서 바울은 아버지 하나님께 영광을 올려드린다. 바울은 마지막 부분에서 그들에게 그리스도 예수 안에 있는 모든 성도에게 문안하라고 부탁하고, 자신과 함께 있는 자들이 그들에게 인사한다고 말한다. 그리고 모든 성도가 그들에게 문안하는데, 그중에는 가이사의 집 사람들도 포함된다.[52] 그는 주 예수 그리스도의 은혜가 그들과 함께 있기를 바란다는 축복 기도로 편지를 마친다.

---

52 이것이 반드시 가이사의 직계 가족을 의미할 필요는 없으며, 그의 종이나 그와 관계된 사람 중 일부를 의미할 수도 있다. Hansen, *Philippians*, 331을 보라.

3. 골로새서

바울은 자신의 두 번째 선교 여행에서 더베와 루스드라의 도시 근방에 있었으며(행 16:1-6), 그 지방의 여러 성을 여행했다(16:4). 이 기간에 그는 골로새로 특사를 보냈거나 사도행전에는 기록되지 않은 도시에 짧게 방문한 것으로 보인다. 바울이 골로새를 방문한 적이 있는지 우리는 알지 못한다. 그러나 그곳의 그리스도인들에게 발송된 이 편지는 바울의 사상을 이해하는 데 있어 중대한 역할을 한다. 이 편지는 종종 빌레몬서와 연결되기도 하는데, 이는 잠시 후에 논의될 것이다. 이 단락에서는 먼저 골로새시에 대해 언급한 후에 저자, 투옥과 연대, 대적자들, 저술 동기와 목적을 논의할 것이다. 그 후에 개요와 내용이 제시된다.

A. 골로새시

골로새는 바울이 서신을 보낸 도시 중 가장 덜 중요한 도시였다.[53] 이 도시는 아시아의 로마 권역 서쪽 지역에 있는 리쿠스 계곡(Lycus Valley)에 위치하고 있었으며, 근처의 고대 브루기아 지역에는 더 중요한 도시인 라오디게아와 히에라볼리가 있었다(골 2:1; 4:3, 15-16). 이는 주변의 여러 도시를 책임지는 냉수 공급원으로 알려진 도시였다. 그리고 리쿠스 강을 지류로 갖고 있는 메안데르 강(Meander River)에서 가까웠는데, 에베소에서 동쪽으로 약 160km 정도 떨어진 거리였다.

---

53 C. J. Hemer, *The Letters to the Seven Churches of Asia in Their Local Setting* (JSNTSup 11; Sheffield: JSOT Press, 1986), 178-86; 고대 자료들에 대한 언급이 포함된 J. B. Lightfoot, *St. Paul's Epistles to the Colossians and to Philemon* (London: Macmillan, 1875), 1-72; C. Arnold, "Colossae," *ABD* 1.1089-90을 보라.

헤로도토스(Herodotus)는 골로새를 "브루기아의 대도시"라고 말한다(*Histories* 7.30.1 LCL). 그러나 이 도시의 위치에 대한 그의 묘사는 정확하지 않다. 이 언급은 이 도시가 오래되었으며 고대에는 큰 도시였다는 사실을 입증한다. 크세노폰(Xenophon) 역시 이 도시가 번화하고 풍요로우며 큰 도시였다고 말한다(*Anabasis* 1.21.6). 그러나 이 도시는 기원전 133년에 로마가 전 지역을 그들에게 넘겨주기 전까지 셀레우코스 왕조의 통치하에서 다양한 정치적 운명으로 고통을 받았다. 기원전 1세기에 골로새가 쇠락의 길을 걸었다는 내용이 주석에 빈번하게 포함되며, 스트라보는 이 도시를 작은 마을로 표현한다(*Geography* 12.8.13). 이 쇠락이 사실이기는 하지만 전체적인 이야기는 아닐 것이다. 피터 오브라이언(Peter O'Brien)에 의하면, 비문 증거를 바탕으로 볼 때 골로새는 1세기에 이르기까지 계속 건재했다. 이 도시는 중앙 지역이 양모 생산의 중심지였는데, 특히 양질의 검붉은 색의 염색 양모로 잘 알려져 있었으며 골로새 혹은 라틴어로 *colossinus*라고 불렸다(Strabo, *Geography* 12.8.16; Pliny, *Natural History* 21.51).[54] 골로새에 대한 정보를 얻는 데 있어서 큰 어려움은 그 지역이 한 번도 발굴되지 않았다는 점이다. 비록 그런 발굴이 임박했다는 소문은 무성하지만 말이다.

더 나중에 건설된 도시인 라오디게아가 골로새 근처에 있었다. 라오디게아는 셀레우코스 왕 안티오코스 2세(Antiochus II)에 의해 기원전 261년에 건설되었고, 그의 아내 라오디케(Laodice)의 이름을 따라 명명되었다. 이곳은 관할 구역의 중심부였고, 로마의 군단이 주둔하는 곳이었으며, 재정과 금융 산업의 중심지였다. 골로새의 그리 크지 않은 재정적 부와 대조적으로 라오디게아는 60/61년에 일어난 매우 심각한 지진

---

54   P. T. O'Brien, *Colossians, Philemon* (WBC 44; Waco, TX: Word, 1982), xxvi-xxvii.

(Pliny, *Natural History* 5.105; 스트라보에 의하면 라오디게아와 그 근교는 지진이 자주 일어나는 것으로 알려져 있었다) 이후에도 자체 재정으로 도시를 재건할 수 있을 정도로 충분한 부를 소유하고 있었다(이 지진으로 골로새에 영향이 있었는지, 만일 있었다면 어떤 영향이 있었는지는 알려지지 않는다). 히에라볼리 혹은 "거룩한 도시"는 골로새 북쪽으로 몇 마일 떨어진 곳에 있었으며, 기원전 281-261년 혹은 기원전 197-160년에 세워진 셀레우코스 왕조의 도시였다. 이곳은 미네랄 온천으로 유명했다.

골로새의 유대인 정착민들은 기원전 2세기 초반쯤 바빌로니아의 유대인들이 이주하면서 유입된 것으로 보인다(요세푸스, *Jewish Antiquities* 12.147-53). 물론 일부 유대인들은 그보다 조금 더 일찍 정착하기도 했지만 말이다. 이 바빌로니아 유대인 정착민들은 원래 군인으로 파병된 것이어서 십 년의 복무 기간 동안 세금을 면제받고 자신들만의 율법을 지키며 살아갈 수 있는 권리를 부여받은 사람들이었을 수 있다. 디아스포라 유대인들은 특별히 잘 싸우는 사람들이었다는 전통이 있었다(2 Macc 8:20). 학자들은 기원전 62/61년에 있었던 성전세 관련 분쟁(로마 행정관 플라쿠스[Flaccus]는 성전세를 보내는 것을 막으려 했지만, 그는 이 일로 해고되었다. 키케로, *Pro Flacco* 28.68을 보라)과 돈을 한 지역에서 다른 지역으로 보낼 수 있었는지를 기록한 설명에 기초하여, 이 지역에 얼마나 많은 유대인이 있었는지를 추정한다. 성전세에 대한 논란은 그곳에 많은 수의 유대인이 있었다는 사실을 보여주는데, 아마도 최대 11,000명 정도가 라오디게아와 히에라볼리 지역에 살고 있었을 것이다.

골로새에 그리스도인의 인구가 원래 어느 정도였는지는 알기 힘들다. 선택 가능한 두 가지 주요 입장이 있다. 첫 번째는 주변 지역으로부터 온 사람들이 골로새에 복음을 전했다는 것이다. 사도행전 2:10은 브루기아 사람들이 오순절에 예루살렘에 있었다고 말한다. 그들이 자신들의 집으로 돌아가면서 기독교를 그 지역에 전파했을 수 있다. 두 번째 대안은 이 도시가 바울에 의해 복음화되었다는 것이다. 하지만 아마도 직접적으로는 아니었을 것이다. 바울이 브루기아-갈라디아(골 2:1)의 다른 지역에 복음을 전하여 그곳들을 방문했다고 하더라도, 복음 전파는 그가 두 번째 선교 여행 중 에베소에 머무는 동안(행 19:10) 에바브라(골 1:7; 4:12-13)와 같은 그의 동료 선교사 중 한 명에 의해 이루어졌을 것이다. 어떤 경우이든지 이 지역은 그리스도의 죽음 이후 이십오 년 이내에 그리스도인들에 의해 복음화되었던 것으로 보인다. 이 교회는 한동안 기독교를 외면했던 것 같은데, 이는 편지에서 언급한 문제 때문이었을 가능성이 꽤 크다(딤후 1:15도 보라). 그러나 이 교회는 이 편지가 기록된 후 최소한 몇 년 동안은 신실하게 남아 있었던 것으로 보인다.[55]

B. 골로새서의 저자

많은 비판적인 학자들은 현재 골로새서의 바울 저작을 부인한다. 하지만 저울추가 바울 저작을 부인하는 쪽으로 기운 것은 아니다. 이 서신의 바울 저작에 대한 첫 번째 심각한 의심은 독일 학자인 테오도르 마이어호프(Theodor Mayerhoff)에 의해 1838년에 제기되었고, 이후 페르디난트 크리스티안 바우어와 그의 추종자들에 의해 더 엄밀히 추구되었다.[56] 저자와 관련된 논쟁은 그 이후로 활발하게 계속 진행 중인데, 이 논쟁은 골로새의 대적자들에 대한 논의와 함께 골로새서에 관한 두 가지 주요 이슈

---

55   골로새 교회에 대해서는 Lightfoot, *Colossians*, 41-72을 보라.

56   논의에 대해서는 D. Guthrie, *New Testament Introduction* (4th ed.; Downers Grove, IL: InterVarsity, 1990), 572-77을 보라. 에베소서도 고려하여 논의하는 것은 Baur, *Paul the Apostle of Jesus Christ*, 2.1-44을 보라.

중 하나이기도 하다.[57] 나는 바울 저작을 부인하는 주장들을 먼저 제시한 후에 바울 저작을 지지하는 주장을 소개할 것이다. 나는 후자가 훨씬 더 설득력을 지닌다고 본다.

(1) 바울 저작에 반대하는 주장들

바울의 저작권을 반대하는 주요 주장들은 어휘, 문체, 신학의 문제들을 중심으로 이루어진다.[58] 이것들은 바울 서신의 저자에 대한 일반적인 고려 사항들이다.

    a. **어휘.** 바울 저작을 부인하는 학자들은 바울이 자주 사용하는 단어와 표현 중 "구원", "의", "칭의" 등이 빠져 있는 점에 자주 주목한다. 골로새서에는 "보이는 것들"(τὸ ὁρατόν 1:16)과 "증서"(τὸ χειρόγραφον; 2:14)로 번역되는 단어들과 같이 신약의 다른 곳에서는 찾을 수 없는 서른네 개의 단어(소위 *hapax legomena*)가 있다. 더욱이 골로새서는 바울이 다른 곳에서는 사용하지 않는 독특한 표

---

57   저자에 관한 논의의 요약으로는 R. DeMaris, *The Colossian Controversy: Wisdom in Dispute at Colossae* (JSNTSup 96; Sheffield: JSOT Press, 1994), 11-12을 보라. 진짜 바울 저작이라는 것에 반대하는 주장을 하는 두 가지 주요 연구는 지금은 상대적으로 조야해 보이는 방법론이기는 하지만 W. Bujard, *Stilanalytische Untersuchungen zum Kolosserbrief: Als Beitrag zur Methodik von Sprachvergleichen* (Studien zur Umwelt des Neuen Testaments 11; Göttingen: Vandenhoeck & Ruprecht, 1973)과 G. E. Cannon, *The Use of Traditional Materials in Colossians* (Macon, GA: Mercer University Press, 1983)가 있다. 표준이 되는 주석서들이 이 문제들을 논의한다. 예. E. Lohse, *Colossians and Philemon* (Hermeneia; Philadelphia: Fortress, 1971), 84-91; M Barth and H. Blanke, *Colossians* (AB 34B; New York: Doubleday, 1994), 114-26; J. L. Sumney, *Colossians: A Commentary* (NTL; Louisville: Westminster John Knox, 2008), 1-21; D. J. Moo, *The Letters to the Colossians and to Philemon* (PNTC; Grand Rapids: Eerdmans, 2008), 25-59을 보라.

58   각각의 관점을 견지하는 해석가들의 참고문헌은 Moo, *Colossians and Philemon*, 29n5에서 볼 수 있다.

현도 많이 포함하는데, 여기에는 "그의 십자가의 피"(τὸ αἷμα τοῦ σταυροῦ αὐτοῦ; 1:20), "악한 행실"(τὰ ἔργα τὰ πονηρά; 1:21), "죄 사함"(ἡ ἄφεσις τῶν ἁμαρτιῶν; 1:14), "신성의 모든 충만"(τὸ πλήρωμα τῆς θεότητος; 2:9) 등이 있다.

b. **문체.** 많은 학자들은 골로새서의 거친 그리스어 문체에 주목한다. 이는 바울의 주요 서신에 사용된 문장들에 비해 평소답지 않게 덜 정제되고 덜 다듬어진 표현들이 있기 때문이다. 예를 들면 1:9-12과 1:24-27은 그리스어로 각각 한 문장씩으로 구성되어 있다. 이에 대해 어떤 이들은 과도하게 길고 복잡한 문장이라고 주장한다. 이 편지에서 종종 호기심을 유발하는 문체의 또 다른 요소는 "기도하기를…구하노니"(1:9), "지혜와 총명"(1:9), "견딤과 오래 참음"(1:11), "굳게 서서 흔들리지 아니하면"(1:23), "가르치며 권면하고"(3:16), "시와 찬송과 신령한 노래"(3:16) 등과 같이 한 구절 내에서 일어나는 쓸데없는 반복이다. 골로새서 문체의 또 다른 특징은 수식어구가 여러 개 연결된다는 점이다(그리스어 명사의 소유격으로 수식관계를 표현하는 구절들). 이런 구의 일부는 이해하기 힘든 표현의 연속으로 끝난다. 여기에는 "지식의 충만함의 모든 풍성함"(2:2)과 "하나님의 역사의 믿음"(2:12)이 포함된다(저자 번역).

c. **신학.** 바울 저작에 반대하는 주요 주장은 신학과 관련된다. 이런 주장들의 일반적인 취지는 골로새서의 신학이 바울 저작이 아니라는 점을 나타내기에 충분할 만큼 발전되었다는 데 있다. 그중 한 예는 다른 바울 서신에서 찾아볼 수 없는 신학적 주장이 골로새서에 다수 들어 있다는 점이다. 예를 들어 1:24에서 바울은 자신을 그리스도를 대신하여 고난받는 사람으로 묘사하는데, 이는

그리스도의 고난에서 부족한 부분을 채우는 것을 의미하기도 한다. 로마서와 갈라디아서로 대표되는 주요 바울 서신에서 행위와 상관없는 칭의를 강조한다는 사실을 고려할 때, 그리스도가 완료하지 못한 것을 바울이 어떤 방식으로든 성취할 수 있는 무엇인가가 있다는 것은 꽤 급진적인 일탈이다. 더욱이 주요 서신들은 그리스도인의 삶의 성취를 현재 진행형 혹은 아직 완료하지 못한 것으로 묘사하지만, 골로새서에서는 긴박성 혹은 긴장이 빠져 있다는 주장이 있다. 골로새서에서는 종말을 이미 현존하는 것으로 (1:28), 곧 실현된 종말의 형태로 본다. 따라서 묵시적 재난 혹은 인간 행위에 관한 낙담을 포함하고 있는 초기의 진짜 바울 서신의 묵시적 긴박함이 표현되어 있지 않다. 대신 하나님은 신자들을 이미 어둠의 왕국에서 구원하셨고(1:13), 따라서 그들은 장사된 후에 그리스도와 함께 일으키심을 받을 뿐만 아니라(2:12-13), 멀어진 사이가 이제는 화목해졌다(1:22). 소망은 (롬 8:24-25에서와 같이) 바라는 무엇인가가 아니라, 보증과 신뢰의 상징(골 1:5)으로서 하늘 왕국에 이미 쌓여 있는 것이다. 마지막으로 교회에 관한 수사적 표현이 더 발전된다. 고린도전서 12:12-27에서는 그리스도가 신자의 몸과 동일시되며, 교회의 몸 안에서의 연합이 강조된다. 반면에 골로새서에서는 교회가 그리스도의 몸이고, 그 안에서 그는 보편적 우주의 머리다(1:15-20, 24). 교회는 신자들의 지역적 몸으로부터 우주적으로 영적 전체로 확장되었으며, 이것이 그리스도의 우주적 화목의 일부분이다. 교회의 질서는 이런 몸의 이미지로 발전되었다. 종종 "일꾼" 혹은 "종"(διάκονος; 1:7, 23, 25; 4:7; 다른 곳에서는 가끔 "집사")으로 번역되는 단어의 사용이 주요 서신에서의 사용과 다르다. 골로새서에서 이 단어는 교회 내에서의 특정 소명에 더 가까운 것으로 보인다. 이는 디모데전서 3:8, 12과 4:6의 용법과 같다(그러나 참조. 롬 16:1과 빌 1:1에서는 이 단어가 소명을 가리킬 수 있다).

이런 증거에 기초하여 골로새서의 바울 저작을 반박하는 사람들은 일반적으로 위명(pseudonymous) 저자를 주장한다.[59] 1:1의 인사는 바울과 디모데의 공동 저작의 가능성을 보여준다. 바울이 몇몇 경우에 서기를 사용했다고 알려지지만(롬 16:22; 갈 6:11), 이 해법은 바울이 저자임을 반박하는 이들의 마음에 들지 못한다. 대부분의 바울 서신, 특히 (갈라디아서와 같이) 바울과 디모데가 함께 쓴 것으로 간주되는 다른 편지에는 공동 작업의 흔적이 있다. 하지만 골로새서의 문체와 주제는 저자 논쟁이 없는 편지들과는 충분히 다른 것으로 여전히 생각된다. 고대 세계에서 서기를 고용한 것은 전혀 다른 문제다. 바울이 갈라디아서와 로마서를 위해 서기를 두었던 것이 골로새서를 위해 서기를 두었던 것과 아마 다르다고 할지라도, 바울만의 독특한 어투는 주요 편지들 속에서는 충분히 잘 들린다. 하지만 골로새서의 바울 저작을 의심하는 이들은 이런 동일한 어투가 골로새서에서 발견되지 않는다고 주장한다. 이런 분석의 결과는 자신을 필명으로 바울이라고 표현하는 어떤 작가가 아마도 1세기의 4/4분기 중 어느 시점으로 추정되는 후대에 이 편지를 구성한 것으로 단정한다.

---

59 예. M. C. Kiley, *Colossians as Pseudepigraphy* (BS 4; Sheffield: JSOT Press, 1984); O. Leppiiä, *The Making of Colossians: A Study on the Formation and Purpose of a Deutero-Pauline Letter* (Publications of the Finnish Exegetical Society 86; Göttingen: Vandenhoeck & Ruprecht, 2003)를 보라.

(2) 바울 저작을 지지하는 주장들

그러나 이런 회의적인 언급에도 불구하고 바울 저작에 대한 타당한 주장이 많이 있다. 저자 문제를 판단하는 데 있어서 일부 증거와 논증에 의해 잘못된 방향으로 이끌리지 않도록 주의해야 한다. 예를 들면 에드윈 프리드(Edwin Freed)는 세례에 대한 관점 곧 골로새서 2:11-12에서 세례와 할례가 동등하게 취급되는 것(혹은 최소한 동등해 보이는 것)이 로마서 6장과 같은 바울 서신의 다른 곳과 다르다고 주장한다.[60] 프리드에 의하면 바울에게 할례는 "의미 없는 유대교 의식"이다! 그러나 무엇보다도 바울은 할례에 대해 그렇게 부정적이지 않다. 틀림없이 바울에게 할례는 구원의 가치를 지니지 못했다. 하지만 언어 자체는 여러 다른 방식으로 사용되었다. 어떤 때는 마음의 할례가 긍정적이라고 말한 로마서 2:28-29에서처럼 은유적 의미로 사용된다. 둘째, 프리드는 손으로 하지 않은 할례에 대한 골로새서 2:11과 로마서 2:29, 그리고 새로운 삶의 시작으로서의 세례에 대해 언급하는 골로새서 2:13-14과 로마서 6:3-5 사이에 일종의 상관관계가 있음을 인정해야 한다. 이런 식의 논증은 저자 문제를 확실하게 밝히지 못한다.

더 본질적인 주장을 고려할수록 골로새서의 바울 저작을 부인하는 것이 덜 명확해진다. 사실 이 서신의 진정성을 옹호하는 아주 그럴듯하고 설득력 있는 주장이 가능하다. 고려해볼 만한 네 가지 증거가 있다. 즉 외적 증거, 단어 통계, 사전학 및 문법, 그리고 신학이다(특히 소위 골로새서 찬가).

---

60   E. D. Freed, *The New Testament: A Critical Introduction* (Belmont, CA: Wadsworth, 1991), 305-6.

a. **외적 증거.** 바울 저작에 관한 주장은 다양한 종류의 외적 증거로 뒷받침된다.[61] 이그나티오스(*To the Ephesians* 2; *To the Magnesians* 2; *To the Philadelphians* 4; *To the Smyrnaeans* 1.2; 12; *To the Trallians* 5.2), 이레나이우스(*Against Heresies* 3.14.1), 테르툴리아누스(*Prescription against Heretics* 7), 알렉산드리아의 클레멘스(*Stromata* 1.1) 등과 같은 몇몇 주요 교부들과 무라토리 단편은 골로새서의 바울 저작을 지지한다. 그리고 그들 중 아무도 이 주장에 대해 의문을 품지 않는다. 골로새서와 빌레몬서의 관계도 고려되어야 한다. 왜냐하면 양자가 매우 강하게 연결되어 있기 때문이다. 둘 다 바울의 인사말 속에 디모데의 이름이 포함되고(골 1:1; 몬 1절), 두 편지 모두에서 일부 같은 사람들로부터의 문안 인사가 전해진다. 여기에는 아리스다고, 마가, 에바브라, 누가, 데마가 포함된다(골 4:10-14; 몬 23-24절; 빌레몬서에는 예수/유스도만이 제외된다). 빌레몬서 2절에서 아킵보는 "함께 병사 된 군인"으로 불리는 반면, 골로새서 4:17에서는 자신의 직분을 이루라는 명령을 받는다. 골로새서 4:9에서는 빌레몬의 노예인 오네시모를 두기고와 함께 보낸다고 언급된다. 골로새서와 빌레몬서의 연결은 매우 강해서, 만일 골로새서가 진짜 바울의 것이 아니라면, 그것을 바울의 것으로 받아들이도록 초기 교회를 속이려는 확실한 노력이 있었던 셈이다(6장 단락 3을 보라).

b. **단어 통계.** 단어 통계가 항상 명확한 것은 아니므로 그것으로부터 결론을 내릴 때는 주의해야 한다. 예를 들면 갈라디아서에는

---

61 J. Moffatt, *An Introduction to the Literature of the New Testament* (3rd ed.; Edinburgh: T&T Clark, 1918), 154을 보라.

서른한 개의 독특한 단어가 있는데, 이는 골로새서와 대략 비슷한 숫자다. 하지만 이것을 근거로 갈라디아서가 바울의 저작인지 여부에 의문을 제기하는 사람은 없다. 이에 대한 확실한 이유는 바우어와 그의 뒤를 따르는 많은 사람이 전체 저작을 비교 대상으로 사용해야 할 때 갈라디아서와 로마서를(고린도전후서와 함께) 다른 서신들과의 비교 기준으로 삼기 때문이다. 더 중요한 것은 독특한 단어의 개수를 세는 일도 어렵다는 점이다. 예를 들어 골로새서 1:24의 ἀνταναπληρόω("채우다")는 골로새서에서 사용된 독특한 어휘로 종종 언급되지만, 다른 접두사를 지닌 같은 기본 동사인 προσαναπληρόω가 고린도후서 9:12에 나온다(두 단어는 어원이 같다). 이와 비슷하게 골로새서 1:20과 1:22의 ἀποκαταλλάσσω("화목하다")도 독특한 사용이라고 언급된다. 하지만 고린도후서 5:18-20에서 세 번 사용되고 로마서 5:10에서도 사용된 καταλλάσσω도 접두사가 빠진 같은 동사다(이 두 단어도 어원이 같다). 가장 최근에 이루어진 단어 통계 연구가 나타내듯이, 이것은 저자 논쟁에 사용될 만한 확실한 기준이 되지 못한다.[62]

c. **사전학 및 문법.** 골로새서의 저자가 "화목하다"(ἀποκαταλλάσσω)라는 단어를 바울이 로마서 5:10과 고린도후서 5:19에서 사용하는 것(καταλλάσσω)과 다르게 사용하고 있다는 주장이 종종 제기된다.

---

62   언어학적으로 더 깊이 있는 저자 연구로는 M. B. O'Donnell, "Linguistic Fingerprints or Style by Numbers? The Use of Statistics in the Discussion of Authorship of New Testament Documents," in *Linguistics and the New Testament: Critical Junctures* (ed. S. E. Porter and D. A. Carson; JSNTSup 163; Sheffield: Sheffield Academic, 1999), 206-62 을 보라. A. W. Pitts, "Style and Pseudonymity in Pauline Scholarship: A Register Based Configuration," in *Paul and Pseudepigraphy* (ed. S. E. Porter and G. P. Fewster; PAST 8; Leiden: Brill, 2013), 113-52도 보라.

프리드는 여기서 더 나아가 이것이 "화목 개념에서의 약간의 차이"를 만들어낸다고 주장하지만, 그 차이가 무엇인지를 말하지는 않는다.[63] 로마서와 고린도후서 본문에서의 형태는 골로새서의 것처럼 전치사를 접두어로 사용하지 않는다. 이 단어들은 표준 사전에서 분리된 표제어로 나온다. 그러나 그것들은 형태와 의미가 분명히 겹친다.[64] 이런 차이점이 지나치게 강조되어서는 안 된다. 주제에 맞게 문체가 달라진 것일 수 있다. 골로새서의 서른네 개의 새로운 어휘 중 열두 개가 대적자들을 묘사하고 그들에게 대응하기 위해 사용되었거나(예. 골 1:10-20; 2:16-23), 혹은 예전적인 문맥에 나타난다(예. 골 1:15-20).

d. **신학.** 골로새서 1:15-20의 소위 찬가는 저작권에 대한 흥미로운 질문을 제기한다. 이 본문은 세 가지 영역의 논의를 유발한다. 즉 저자, 기원, 사용이다.[65] 많은 학자들은 이 찬가가 골로새서의 저자가 아닌 다른 누군가에 의해 기록되어 초기 교회의 예전의 일부가 되었으며, 골로새서 저자가 그것을 자기 서신에 포함시키는 것을 적절하게 여겨 그리했던 것이라고 믿는다. 그러나 다른 학자들은 이것이 사실이라고 믿지 않는다. 어떤 이들은 바울이라고

---

63 Freed, *New Testament*, 306.

64 S. E. Porter, *Καταλλάσσω in Ancient Greek Literature, with Reference to the Pauline Writings* (Estudios de Filología Neotestamentaria 5; Córdoba: Ediciones El Almendro, 1994), 172-85을 보라.

65 Sanders, *New Testament Christological Hymns*, 75-87; Fowl, *Story of Christ*, 103-54; Porter, *Καταλλάσσω*, 163-69; C. E. Arnold, *The Colossian Syncretism: The Interface between Christianity and Folk Belief at Colossae* (WUNT 2/77; Tübingen: Mohr-Siebeck, 1995), 246-51; M. E. Gordley, *The Colossian Hymn in Context: An Exegesis in Light of Jewish and Greco-Roman Hymnic and Epistolary Conventions* (WUNT 2/228; Tübingen: Mohr-Siebeck, 2007), 특히 170-269을 보라.

거의 확실하게 추론할 수 있는 저자가 편지를 기록하기 위해서가 아니라 다른 목적으로 이 찬가를 썼을 것으로 보는데, 그들은 고린도전서 13장과 같은 본문의 저자가 이 본문도 썼을 것으로 보지 말아야 할 이유가 없다는 점을 지적한다. 이 찬가를 이 편지와는 관계없이 기록된 것으로 보는 사람들은 그것이 본래 셈어 형태를 띠었을 것이라고, 다른 이들은 그리스어 원형이라고 주장한다. 그러나 이 찬가를 특징지으려는 이런 모든 시도에는 같은 문제가 있다. 즉 골로새서에 나타난 것과 같은 가상의 찬가가 셈족어나 그리스어 시의 알려진 형태를 반영한다는 사실을 확실히 보여줄 수 없다는 것이다. 사실 1:15과 1:18의 두 관계대명사("누구")가 찬가 구조의 표식으로 사용된다고 해도(그러나 참조. 1:13도 마찬가지다),[66] 이 본문을 찬가로 규정하기는 매우 어렵다. 게다가 이 찬가는 리듬이나 운율의 유형이 빠져 있는데, 이는 그 당시 찬가들의 특징이었다.[67] 여러 재구성에 의하면 이 본문을 둘, 셋, 혹은 네 개의 연으로 나눌 수 있는데, 주요 지점마다 삽입구가 있다. 어떤 이들은 셈족의 지혜 기독론 혹은 그리스어 기반의 원시 영지주의 신학이 이 찬가의 바탕에 깔려 있다고 주장한다(최근에는 영지주의 이론이 곤란에 처했다. 아래를 보라). 두 경우 모두 세 개의 다른 전치사들(in[ἐν], through[διά], to/for[εἰς])을 사용하여 그리스도의 창조적 기능을 묘사하면서 그를 만물의 창조자로 본다(골 1:16). 찬가는 그리스도를 모든 피조물보다 먼저 나신 이(1:15)

---

66   E. Schweizer, *The Letter to the Colossians* (trans. A. Chester; Minneapolis: Augsburg, 1976), 55-60을 보라. Schweizer의 분석은 매우 영향력 있다.

67   Sumney, *Colossians*, 60-61.

로 묘사하는데, 이는 시간 순서에서 첫 번째로(예. 지혜에 관한 잠 8:22), 혹은 서열이나 우선순위에서 첫 번째로(시 89:27) 다양하게 해석된다. 이것은 명백한 고기독론(high Christology)이지만, 지혜 신학이나 원시영지주의 사상에 그 기원이 있는 것으로 보아서는 안 된다.[68] 영지주의에서 하늘에서 온 구원자 개념이 발달한 것은 아마도 기독교의 영향을 받은 후대의 일이었을 것이다. 여기서 그리스도가 갖는 의미는 지혜 문학에서 지혜에게 주어지는 종속적인 역할을 훨씬 초월한다. 이것은 그리스도가 다른 곳에서는 우주의 창조자이자 통치자의 역할을 하는 하나님께만 사용되던 명칭으로 알려진다는 사실을 통해 드러난다. 더욱이 이 찬가는 그리스도를 그의 부활에 기초하여 교회의 머리로서 묘사한다(골 1:18). 하나님의 모든 충만하심이 예수 안에 거한다고 묘사하는데, 만일 이것이 원시영지주의의 언어라면, 저자가 자신의 목적을 위해 그것을 도용한 것뿐이다. 왜냐하면 저자는 만물과의 완전한 화목이 그리스도를 통해 일어났으며, 그것이 곧 그의 죽으심을 의미한다고 말하기 때문이다(참조. 1:23). 이 본문은 바울 저작에 반대하는 사람들을 궁지에 빠뜨린다. 만약 이 본문이 바울의 것이 아니거나 최소한 이 책의 저자가 기록한 것이 아니라면, 이 본문에 나오는 바울의 것이 아닌 특징들은 이 책의 바울 저작을 부인하는 증거로 사용될 수 없다. 만약 이것이 교회가 사용한 더 초기의 예전 혹

---

68   Sanders, *New Testament Christological Hymns*, 79-80. 태양 숭배에 기초한 혼합 종교인 미트라교가 그 기원일 가능성도 있다. 미트라교는 개념 및 신학 면에서 기독교와 유사성이 있으며(예. 하늘의 중보자), 로마 제국 내에서 번성했다. 그러나 미트라교는 소아시아에서는 특별히 두드러지지 않았다. 비교를 위해서는 A. S. Geden, ed., *Select Passages Illustrating Mithraism* (London: SPCK, 1925)을 보라. 3장 단락 2도 보라.

은 신조 선언문의 일부분이라면, 지나치게 발전된 신학에 대한 주장은 소멸된다. 만약 이 본문이 더 이른 시기부터 존재했던 것이라고 한다면(얼마나 많이 이른 시기인지를 말하기는 어렵다), 틀림없이 형식을 갖추어 전해져 내려올 만큼 충분히 이른 시기였을 것이다.

그리스-로마 세계의 철학자들은 육체의 유비를 통해 다양한 조직을 묘사했다(예. Maximus of Tyre, *Orations* 15.4-5).[69] 그리스도의 몸으로서의 교회와 관련하여, 바울의 것으로 널리 인정되는 다른 서신들에 비해 골로새서가 더 발전된 은유 혹은 유비를 제시한다는 점에는 의심의 여지가 없다. 여기서 던질 수 있는 한 가지 질문은 바울이 사용한 것으로 확실하게 인정되는 수사적 표현과 골로새서의 수사적 표현 간에 그럴듯한 연결의 끈을 설정할 수 있느냐의 여부다. 만약 수사적 표현의 발전이 너무 동떨어져 있거나 이 기초 위에서 설명될 수 없다면, 우리는 초기 교회가 어떻게 그렇게 과장되고 부자연스러운 은유를 바울에게서 비롯된 것으로 믿게 되었는지를 질문해야 한다. 그리스도의 몸으로서의 교회에 대한 묘사는 일반적인 바울의 은유다(롬 12:4-5; 고전 12:12-30; 갈 3:28). 이 은유는 본질상 골로새서의 것과 같다. 새로운 점은 몸의 유비에서 그리스도가 교회의 머리라는 사실이다(골 1:18, 24). 이것은 매우 그럴듯한 개념적 흐름 위에 놓여 있다(반드시 시간적일 필요는 없다). 그것은 몸으로 묘사되는 교회로 시작하는데(롬 12:4-5), 이 몸은 그리스도의 몸과 동일시되고(고전 12:12-27) 결국 그

---

69   이 본문을 비롯한 여러 본문의 예에 대해서는 A. J. Malherbe, *Moral Exhortation: A Greco-Roman Sourcebook* (LEC; Philadelphia: Westminster, 1986)을 보라.

리스도이신 머리로 귀결된다(골 1:15-20). 사실상 만일 이 유비가 이렇게 발전되지 않았다면 그것이 더 놀라운 일이었을 것이다. 첫 두 단계가 바울 저작이 확실시되는 글에서 발견되기 때문에, 세 번째 것도 진짜 바울의 것으로 보는 것이 타당하다.[70]

e. **결론.** 골로새서의 저자는 바울이거나 바울이 아니거나 둘 중 하나다. 편지 자체가 바울에 의한 것임을 주장하기 때문에, 바울 저작이 아니라고 하는 것은 이 편지가 위작이라는 의미가 된다(6장 단락 2를 보라). 바울 저작을 주장하는 것은 공동 저자 즉 이 경우에는 디모데의 역할과, 가능성이 있는 서기의 역할에 대한 문제를 제기한다. 사실 디모데가 이 편지의 실질적인 저자로서 바울의 관여 없이 어느 정도 혼자서 썼을 가능성이 다시 제시된다.[71] 이 이론 중 어느 것도 의미 있는 방식으로 정량화될 수 없기 때문에, 서기 혹은 공동 저자 가설에 비중을 두기는 매우 어렵다. 그러나 위에서 언급한 다른 근거에 기초하면, 다른 바울 서신과 골로새서 사이에 아무리 큰 차이가 있다고 할지라도, 바울 저작을 지지하는 것이 저작권 논쟁에서 가장 좋은 설명일 것이다.

---

70 참조. S. Grindheim, "A Deutero-Pauline Mystery? Ecclesiology in Colossians and Ephesians," in *Paul and Pseudepigraphy* (ed. S. E. Porter and G. P. Fewster; PAST 8; Leiden: Brill, 2013), 173-95. Grindheim은 골로새서와 에베소서 두 책에 담겨 있는 신학은 확실한 바울 서신에서 발견되는 바울의 "초기" 모티프의 발전에 대한 기대를 반영하는 것으로 볼 수 있다고 주장한다. 이는 "사도들의 풍부하고 창의적인 생각의 지속적인 발현"으로 나타난다(195). 참조. G. P. Fewster, "Hermeneutical Issues in Canonical Pseudepigrapha: The Head/Body Motif in the Pauline Corpus as a Test Case," in *Paul and Pseudepigraphy*, 89-112.

71 J. D. G. Dunn, *The Epistles to the Colossians and to Philemon* (NIGTC; Grand Rapids: Eerdmans, 1996), 35-39. 그러나 Dunn은 자신의 관점이 서기 혹은 바울 저작의 형태와 매우 가깝다는 점을 인정한다.

C. 바울의 투옥과 골로새서의 연대

골로새서는 종종 옥중 서신이라고 부르는 네 개의 편지 중 하나다(빌립보서, 빌레몬서, 에베소서와 함께). 에베소, 가이사랴, 고린도가 가능성 있는 저작 장소로 제시된다. 그러나 이 편지가 로마에 기원을 두고 있다는 전통적인 관점은 여전히 가장 가능성이 큰 것으로서 학계의 지지를 받는다.[72] 이것은 골로새서가 바울이 로마 감옥에 있었던 61-62년경에 기록되었음을 의미한다(2장 단락 2E3을 보라).

D. 골로새서의 대적자들, 저술 동기 및 목적

골로새서로부터 저술 동기를 찾아내려는 노력은 저작권에 이어 두 번째로 중요한 결정적인 문제로서 주요 논의를 불러일으켰으나 학계의 합의를 도출하지는 못했다. 난제 중 하나는 저작권 문제다. 만약 이 편지가 바울의 것이 아니고 따라서 1세기 말에 기록되었으며 그보다 늦은 시기가 아니라면, 누구에게 쓴 편지인지에 대한 상황을 설정하기가 더욱 어려워진다. 왜냐하면 실제 저자, 상황, 혹은 수신자에 대해 알려진 바가 거의 없기 때문이다.[73] 결론적으로 아래의 논의는 바울 저작이라는 것을 전제로 한다. 바울이 아닌 위작을 주장하는 사람들은 선택의 폭이 넓은 대신 합의나 증명을 위한 근거가 거의 없다.

---

72 Moo, *Colossians and Philemon*, 41-46의 논의를 보라.

73 그러나 이것이 학자들의 추론을 멈추도록 하지는 못했다. H. Koester, *Introduction to the New Testament* (2 vols.; FFNT; Philadelphia: Fortress, 1982), 2.261-67을 보라. 하지만 이 주장의 많은 부분은 저작권에 관심을 두지 않는다.

(1) 대적자들

바울이 골로새서에서 언급하는 대적자들에 대한 학계의 주요 관점에는 여섯 가지가 있다.

a. 모나 후커(Morna Hooker)는 대적자들에 대한 대부분의 논의에서 사용된 전통적인 기준에 반대하면서 골로새서 저자가 비판하는 이단에 대한 어떤 공식적인 설명도 찾을 수 없다고 주장한다.[74] 그녀의 견해에 따르면 이 편지에서 이루어진 유일한 논평은 독자들이 그들의 유대교와 이교도 이웃들의 신앙과 관습에 순응하는 일에 반대하는 것이었다. 후커는 바울의 표현 중 부정적인 것보다는 긍정적인 진술들을 강조하기로 선택한다. 신약성경 배후의 상황을 역사적으로 재구성하는 대부분의 시도에 대한 그녀의 불만 중 하나는 이단을 가정한 후에 이 이단을 증거에서 제거하는 식의 순환 논법이 적용된다는 점이다.

후커의 접근은 여러 면에서 받아들일 만한데, 이는 특히 그 것이 역사적 재구성의 많은 함정과 암시된 전제를 생각나게 하기 때문이다. 그러나 학자들은 대부분 그녀의 연구가 제시하는 도전에 대해 긍정적으로 반응하지 않는다. 골로새서가 다루는 대적자들에 대한 친숙한 증거에는 다음의 사항들이 포함된다. (i) 골로새서는 전통에 기초하고(2:8) 지식 혹은 지혜를 전하기 위해 고안된(2:23) 철학의 어떤 형태에 직면하는 것으로 보인다. (ii) 이 반대자들이 가진 독특한 신앙의 일부는 더 많은 지식 혹은 이해의 영역

---

74   M. D. Hooker, "Were There False Teachers in Colossae?" in *Christ and Spirit in the New Testament* (ed. B. Lindars and S. S. Smalley; Cambridge: Cambridge University Press, 1973), 315-31.

으로 들어갈 수 있는 보증이며(2:18), 이런 영역에 들어가기 위해서는 비하와 육체에 대한 가혹한 취급을 수반한 예배의 형태 혹은 절차가 필요하다(2:23). 근본적이거나 기본적인 우주의 원리로 받아들여진 것들, 혹은 천사와 같은 존재들과 어떻게든 연결된 것들이 숭배의 대상이다(2:8, 20). (iii) 바울이 인용하는 것들, 혹은 최소한 반대자들의 언어를 패러프레이즈하는 내용에는 "모든 충만"(1:19; 2:9), "꾸며낸 겸손과 천사 숭배"(2:18), "붙잡지도 말고 맛보지도 말고 만지지도 말라"(2:21)와 같은 어구들이 포함된다.

b. 이 증거에 비춰보면,[75] 골로새의 대적자들과 관련된 가장 보편적이면서도 오랫동안 지속되는 입장 중 하나는 이것이 영지주의의 한 형태라는 것이다. 예를 들어 라이트푸트는 바울이 유대교 영지주의의 한 형태에 대응하고 있다고 제안한다.[76] 라이트푸트에 의하면, 바울이 반대했던 유대주의의 요소가 있었다(예를 들면 안식일 규정과 음식 규례 등). 하지만 그것들은 지혜에 대한 자부심을 지닌 지적 엘리트층에 대한 강조, 우주론적 고찰("충만함"의 언어에 대한 설명), 금욕주의, 불가사의, 절기에 따른 다양한 규칙 등을 포함하여 본질상 영지주의적인 것들이었다. 귄터 보른캄은 이교적 요소를 지닌 혼합주의적이고 영지주의적인 유대교를 제안함으로써 이것을 개선하는데, 이는 에세네파 유대교와 결부되었다.[77] 이

---

75 DeMaris, *Colossian Controversy*, 18-40을 보라.

76 Lightfoot, *Colossians*, 73-113. R. Yates, "Colossians and Gnosis," *JSNT* 27 (1986): 49-68; M. Goulder, "Colossians and Barbelo," *NTS* 41 (1995): 601-19을 보라. Goulder는 유대 기독교 영지주의를 주장한다.

77 G. Bornkamm, "The Heresy of Colossians," in *Conflict at Colossae: A Problem in the Interpretation of Early Christianity Illustrated by Selected Modern Studies* (ed. F. O. Francis and W. A. Meeks; rev. ed.; SBLSBS 4; Missoula, MT: Scholars Press, 1975), 123-45.

이론은 유대교의 요소들을 영지주의 및 기타 동양의 여러 이교 제의들과 결합한다. 라이트푸트의 입장은 그것이 발의된 이후 칠십오 년간 지배적인 사상이 되었지만, 두 가지 주요 문제를 지니고 있다. 첫째, 에세네파 유대교가 사실상 영지주의였는지 불분명하고, 1세기에 영지주의가 얼마나 많이 발견되는지에 대한 상당한 의심이 존재한다. 이런 이의는 골로새에 있었던 문제들에 대한 모든 영지주의적 이해를 무색하게 한다. 둘째, 정화 의식과 같은 에세네파 유대교의 독특한 특징 중 일부는 골로새서에서 전혀 언급되지 않는다.

마르틴 디벨리우스는 밀교와 관련된 영지주의적 요소를 더 강조하면서 "[신비한 일]에 가담하다"(ἐμβατεύω, 2:18)라는 단어가 의식이 끝나고 신탁을 받기 위해 신입 회원들이 성소로 들어가는 것을 나타내는 의미로 사용되었고, "기본 원리"(basic principles; στοιχεῖα, 2:20; NRSV-"elemental spirits"; 개역개정-"초등학문")는 예배자들이 헌신했던 권력자들을 의미하는 데 사용되었다고 말한다.[78] 디벨리우스의 분석은 어느 정도 중요한 용어에 주목한다. 하지만 이교의 신비주의적 제의의 문제 중 하나는 그것이 매우 비밀스럽다는 것이다. 미트라교를 포함하여 다양한 형태의 혼합주의적 밀교가 로마 제국 내에서 번성했지만, 이 밀교에 입회한 자만이 신비를 경험할 수 있도록 허용되었다(3장 단락 2C를 보라). 이런 비밀주의는 그들의 신앙 혹은 관습에 대한 조직적인 이해를 매우

---

78 M. Dibelius, "The Isis Initiation in Apuleius and Related Initiatory Rites," in *Conflict at Colossae: A Problem in the Interpretation of Early Christianity Illustrated by Selected Modern Studies* (ed. F. O. Francis and W. A. Meeks; rev. ed.; SBLSBS 4; Missoula, MT: Scholars Press, 1975), 61-121.

어렵게 만들며, 심지어 바울이 그들을 반대하는 주장을 할 만큼 충분한 지식을 얻는 데에도 틀림없이 걸림돌이 되었을 것이다.

c. 사해 사본의 발견에 비추어 스타니슬라브 리오네(Stanislav Lyonnet)는 아마도 쿰란에서 나타난 에세네파의 신앙과 다양한 다른 유대교의 신앙을 결합한 혼합주의 유대교의 존재를 제안한다.[79] 이 이론은 다른 그리스적 사고와 평행하는 영지주의의 특징을 발견하며, "근본적인 영들"(elemental spirits), "천사 숭배", 신비의 세계로의 입문과 같은 중요한 개념들이 모두 재해석된다고 본다. 이 해결책의 문제는 골로새 사람들의 상황에 대한 재구성과는 별도로 이런 식의 혼합주의 유대교 신앙이 어디에 존재했는지를 찾아내야 하는 도전에 직면한다는 것이다.

d. 유대교 신비주의도 골로새 사람들의 문제의 근원인 것으로 보인다. 프레드 프란시스(Fred Francis)는 금욕적이고 신비적인 유대교를 제안하는데, 이는 묵시적 유대교와 비슷하다. 이 입장에 따르면, 대적자들은 여러 관습의 준수를 주장했는데(음식 규례, 절기 준수, 할례 등[2:11]), 이는 신비한 환상을 보고 천사와 함께 하나님을 예배하는 여행을 준비하기 위함이었다. 이것은 매우 보편적인 입장이 되었고, 현대 유대교의 묵시적 차원에 관한 최근 연구의 적극적인 지지를 받는다.[80] 이 입장의 주요 문제는 그리스어 어법의

---

79 S. Lyonnet, "Paul's Adversaries in Colossae," in *Conflict at Colossae: A Problem in the Interpretation of Early Christianity Illustrated by Selected Modern Studies* (ed. F. O. Francis and W. A. Meeks; rev. ed.; SBLSBS 4; Missoula, MT: Scholars Press, 1975), 147-61.

80 F. O. Francis, "Humility and Angelic Worship in Col. 2:18," in *Conflict at Colossae: A Problem in the Interpretation of Early Christianity Illustrated by Selected Modern Studies* (ed. F. O. Francis and W. A. Meeks; rev. ed.; SBLSBS 4; Missoula, MT: Scholars Press, 1975), 163-95; T. J. Sappington, *Revelation and Redemption at Colossae* (JSNTSup 53; Sheffield: JSOT Press, 1991); C. Stettler, "The Opponents at Colossae," in *Paul and His Opponents*

해석에 있다. 예를 들면 "천사 숭배"라는 말은 천사와 함께 드리는 예배를 의미하는 것으로 받아들여지는데, 이는 이 어구의 일반적인 해석이 아니며, 특히 성경 외의 문헌 연구를 고려하면 더욱 그렇다.[81]

e. 최근의 보다 많은 학자들은 헬레니즘 철학의 몇몇 형태가 골로새의 반대파에 대한 가장 그럴듯한 설명이라고 말한다. 예를 들면 에두아르트 슈바이처(Eduard Schweizer)는 음식, 금욕주의, "기본적" 혹은 "근본적인 원리" 문제와 관련된 표현들은 유대교의 요소를 나타내는 것이 아니라 오히려 그리스-로마의 철학 학파와 관련된다고 주장한다. 신피타고라스 학파의 가르침이 이런 종류의 문제를 다루었는데, 그에 의하면 인류는 저급한 존재의 세계를 벗어나기 위한 노력으로 다양한 금욕적 관습을 행한다. 더 최근에 트로이 마틴(Troy Martin)은 골로새의 그리스도인들이 주변 이웃들의 신앙과 관습에 대해 반응하고 있었는데, 여기에 견유 학파 철학의 요소가 포함되었다고 본 후커가 옳았다고 주장한다. 중요한 특징은 금욕주의, 육체 경시, 다른 이들에 대한 비판, 자신을 우주의 거주민으로 보는 것, 인간의 의지 등이다.[82] 헬레니즘 요소에 대한 강조는 유대교 요소를 강조했던 과거 학계의 불균형을 바로잡는 유익한 경향이다. 하지만 이것이 과연 관련 요인들을 가장 잘 해석한 것인지는 반드시 의심해봐야 한다. 초기 기독교가 다양

(ed. S. E. Porter; PAST 2; Leiden: Brill, 2005), 169-200.

81   참고문헌으로는 C. Rowland, "Apocalyptic Visions and the Exaltation of Christ in the Letter to the Colossians," *JSNT* 19 (1983): 73-83을 보라.

82   Schweizer, *Letter to the Colossians*, 127-33; T. W. Martin, *By Philosophy and Empty Deceit: Colossians as Response to a Cynic Critique* (JSNTSup 118; Sheffield: Sheffield Academic, 1996), 특히 106-13.

한 헬레니즘 철학과 접촉한 것은 의심할 여지가 없는 사실이지만, 위에서 제시한 두 가지 요소가 골로새의 그리스도인들에게도 강력한 영향력을 행사했는지는 증명되지 않았다.

f. 골로새의 대적자들이 혼합주의자들이었다는 마지막 제안에는 여러 형태가 있다. 예를 들면 로저 드마리스(Roger DeMaris)는 골로새서 2:8과 2:16-23, 특히 2:16-19을 해석이 필요한 필수 본문에서의 논쟁의 중심으로 강조하면서, "지혜를 추구하는 데 있어 일반적인 중기 플라톤주의, 유대교, 기독교 요소들이 한데 모여 독특한 혼합물을 이룬다"고 주장한다.[83] 드마리스 본인은 자신의 분석이 다양한 증거를 다룬다고 주장하지만, 이 본문들에 대한 그의 강조점을 보면 그의 연구는 위에서 언급한 다른 학자들의 것과 비슷하다. 중기 플라톤주의는 플라톤 사상이 후대에 신비적으로 발전한 것이고, 그 요소에는 우주 원소의 질서(2:8, 20), 탐구정신을 해방시키는 금욕주의(2:18, 23), 중재자(2:18) 등이 있다. 이 가설이 지닌 것으로서 인식할 수 있는 약점은 골로새 사람들과 별개로 그런 믿음을 실제로 갖고 있었던 공동체를 찾아낼 수 없다는 데 있다. 클린턴 아널드(Clinton Arnold)는 철학을 특징짓는 지역적 증거를 밝혀냄으로써 비슷한 혼합주의에 대한 해결책을 주장한다. 논쟁(2:4-8, 16-23)과 신학(1:15-20; 2:9-15)을 구분하고 금석문과 파피루스로부터 많은 증거를 도출하면서 아널드는 "골로새 대적자들의 신앙과 관습은 막연히 민속 종교라고 부를 만한 범주로 가장 잘 모인다"라고 결론 내린다.[84] 이 이론은 포괄성이라는 장점을

---

83   DeMaris, *Colossian Controversy*, 17.

84   Arnold, *Colossian Syncretism*, 5. Arnold는 DeMaris가 철학적 입장을 취하는 것으로 오해

갖고 있지만, 그것이 사실인지 거짓인지를 증명할 수 없다는 단점이 있다. 이 혼합주의 신앙의 거의 모든 특징은 일종의 병행 본문에서 발견될 수 있고, 의미상으로는 혼합주의 신앙의 일련의 구조 안에 포함될 수 있다.

이런 여러 제안에도 불구하고 광범위한 합의를 이룬 이론은 없다. 이 증거의 범위는 다양하고 매우 함축적이지만 결정적이지는 않다. 그렇지만 여전히 우리는 바울이 자신의 대적자들에게 어떻게 응답하는지에 대한 일부 정보를 얻을 수 있다.

(2) 바울의 응답

대적자들이 누구이며 어떤 자들이었는지와 관계없이, 골로새에 있었던 대적자들에 대한 바울의 응답은 세 방면의 접근법을 취한다. 즉 기독론, 사도적 가르침과 전통, 그리스도인의 자유의 중요성이다.[85]

a. **기독론.** 바울은 골로새서에서 발전된 고기독론에 의존한다(이것이 제기하는 저작권 문제에 대해서는 위에서 논의했다). 대적자들은 교회의 머리(2:19)이신 그리스도의 우월성을 위협하는 자들이었다. 그러나 골로새서에서 그리스도는 창조자(1:15-17), 하늘과 땅의 화목자(1:19-23)로서 우주적이고 보편적인 역할을 하는 것으로 묘사된다. 반면 대적자들의 일부는 중재자의 역할을 만들어내고 싶

했을 수 있다. 그러나 그들의 신앙과 관습은 혼합주의적이라고 묘사하는 것이 나을 것이다. 참조. Moo, *Colossians and Philemon*, 58-59.

85   R. P. Martin, *New Testament Foundations: A Guide for Christian Students* (2 vols.; 2nd ed.; Grand Rapids: Eerdmans, 1986), 2.214-16을 보라.

지어 그리스도를 그 역할에 위치시켰을 수 있다. 왜냐하면 바울에게는 중재자에 대한 역할이 없으며, 심지어 그리스도도 이 위치에 있는 것으로 보이지 않기 때문이다. 신성의 충만은 그리스도 안에, 오직 그 안에만 거한다(1:19; 2:9). 그리스도의 탁월성의 결과는 우주적 세력을 포함한 모든 피조물을 통치하는 권세자의 위치에 그를 위치시킨다(1:18; 2:10). 그렇지만 바울은 승귀하신 그리스도에 대한 관점과 함께 이 최고의 위치를 그리스도의 인성에 기초하여 바라본다. 이것은 성육신(1:22; 2:9; 11-12)과 십자가에 기초한 구원의 진실성을 포함한다. 십자가에서 그리스도는 피를 흘리셨고(1:20) 고난을 받으셨다(1:24).

b. **사도적 전통과 가르침.** 골로새서에서 바울은 사도적 전통을 바탕으로 대적자들의 전통과 가르침에 반대한다. 갈라디아서에서도 강조하는 주제(갈 1:16-17)를 반복하면서, 바울은 자신이 전하는 전통은 인간의 전통과 대립하는 것임을 분명히 한다(골 2:8, 22). 골로새 사람들은 에바브라를 통해 하나님의 은혜에 대해 배웠고(1:7) 선포된 복음을 들었다(1:5). 그리고 그리스도 예수를 믿음으로 받아들였다(1:4). 바울은 이 전통 안에서 계속 살아가라고 그들을 권면한다. 이 전통은 그들이 받은 것이며(2:6), 그들은 열매를 맺고 그 안에서 자라가야 한다(1:6).

c. **그리스도인의 자유.** 좀 더 실용적인 차원에서 바울은 그리스도인의 자유를 침해하는 골로새 대적자들의 가르침을 비판한다. 반대자들이 내세운 규칙에 그리스도인의 자유를 위협하는 요소들이 포함되어 있었지만(2:8), 골로새 사람들은 이런 거짓 규칙과 제한 없이 그리스도인의 삶을 살도록 부르심을 받았다(2:22). 대적자들의 거짓 규례는 그들에게 깨달음을 주는 것이 아니라 오히려 어두

움을 가져다주었다(2:17). 깨달음은 오직 그리스도의 권능으로만 가능하며(1:12; 3:1-3), 이 능력 안에서 골로새 신자들은 악한 세력을 정복하는 그리스도의 일에 동참한다(2:20). 그들의 옛 본성은 죽었고, 그들은 이제 그리스도로부터 새로운 본성을 갖게 되었다(2:11-13; 3:9-12). 교회의 머리이신 그리스도는 그들의 이전의 관계와 행동 기준을 모두 바꾸어버리셨다(세속적인 열정에 대해서는 3:5-11, 그리스도인 가정의 사회적 관계에 대해서는 3:18-4:1). 그들은 이제 하나의 몸으로서(3:15) 그리스도인의 사랑과 화평으로 함께한다(3:14-15).

골로새의 상황이 정확히 어떠했는지를 말하기는 어렵다. 이는 몇몇 종교 신념과의 경쟁과 관련이 있는 것으로 보인다. 아마도 유대교 혹은 신비적인 성향이 있거나 그것에 관심이 있는 단체들이었을 가능성이 크다. 이런 요소들이 그리스도를 믿고 예배하는 종교적 관습을 대체하려고 위협했을 것이다. 바울은 승귀하신 그리스도의 지위에만 관심이 있었던 것이 아니라, 그리스도의 올바른 역할을 대체하는 방식의 그 어떤 믿음이나 관습도 골로새 교회 안에 없음을 확실히 하고자 했다.

E. 골로새서의 개요

  A. 서두(1:1-2)
　　1. 보내는 이(1:1)
　　2. 받는 이(1:2a)
　　3. 인사(1:2b)
  B. 감사(1:3-12)

1. 감사 어구(1:3-8)

2. 중보 기도(1:9-12)

C. 본론: 그리스도의 우월성(1:13-2:15)

1. 공식적인 서두: 그리스도를 통한 구원과 구속(1:13-14)

2. 그리스도, 우월한 존재(1:15-23)

3. 그리스도를 위한 바울의 사역(1:24-2:5)

4. 주님이신 그리스도 예수(2:6-15)

D. 권면(2:16-4:9)

1. 거짓 규칙을 따르지 말라(2:16-23)

2. 거룩한 삶을 살기 위한 규칙(3:1-17)

3. 그리스도인의 가정(3:18-4:1)

4. 다른 이들에게 보이는 그리스도인의 행동(4:2-6)

5. 두기고의 여행기(4:7-9)

E. 맺음말(4:10-18)

1. 인사(4:10-17)

2. 축복 기도(4:18)

F. 골로새서의 내용

서두(1:1-2)

바울은 자신과 함께 디모데를 하나님의 뜻에 따라 그리스도 예수의 사도 된 자라고 소개하면서 편지를 시작한다. 그는 골로새에 있는 성도들 곧 그리스도 안에서 신실한 형제자매들에게 쓴다. 그는 "우리 아버지 하나님으로부터 은혜와 평강이 너희에게 있을지어다"라는 말로 서두를 마무리한다.

감사(1:3-12)

바울은 자신이 그들을 위해 기도할 때마다 항상 하나님께 감사한다고 말한다. 왜냐하면 그는 그리스도 예수 안에 있는 그들의 믿음과 모든 성도에 대한 그들의 사랑을 듣기 때문이다. 그리고 이 감사는 그들을 위해 하늘에 쌓아둔 소망 때문이기도 하다(참조. 고전 13:13; 살전 1:3). 그들은 이것을 복음 즉 진리의 말씀을 통해 이미 들었고, 이는 전 세계로 퍼져 나가고 있다. 그것은 복음 안에서 바울의 동역자이자 그리스도의 신실한 일꾼인 에바브라를 통해 그들이 배운 것이다. 바울은 성령 안에서 행하는 그들의 사랑을 에바브라로부터 들었기 때문에 그들을 위한 기도를 멈추지 않았다. 그 기도의 내용은 그들이 모든 영적인 지혜와 이해를 통해 하나님의 뜻을 알게 하시고, 그럼으로써 그들이 모든 면에서 주님을 기쁘시게 하고 열매를 맺으며 그에 대한 지식이 더해져 주 앞에 합당한 삶을 살게 해달라는 것이다. 또 바울은 그들이 하나님의 영광의 모든 힘으로 강해짐으로써 기쁨 속에 인내하며 오래 참을 수 있기를 기도한다. 그리고 그들이 성도의 상속권을 나누어 가질 수 있도록 해주신 아버지께 감사하게 해달라고 기도한다.

본론: 그리스도를 통한 구원과 구속(1:13-14)

바울은 감사로부터 그리스도 안에 있음으로써 누리는 유익에 대한 논의로 자연스럽게 넘어가면서 그들이 어두움의 권세로부터 구원받았고 하나님의 사랑하는 아들의 왕국으로 옮겨졌다고 말한다. 그 안에서 그들은 속량 곧 죄 사함을 얻었다.

본론: 그리스도, 우월한 존재(1:15-23)

그리스도에 대해 말하면서 바울은 그가 보이지 않는 하나님의 형상

(εἰκών)이며 모든 피조물보다 먼저 나신 이(πρωτότοκος)라고 말한다. 바울이 말하고자 하는 것은 그리스도가 단순히 하나님의 형상이라는 의미가 아니라 보이지 않는 하나님의 보이는 현현이라는 것이다. 또 바울은 그리스도가 시간적인 순서로 먼저 나신 이임을 말하고자 하는 것이 아니다. 그는 모든 피조물을 뛰어넘는 그리스도의 탁월함을 나타내기 위해 πρωτότοκος라는 단어를 사용한다.[86] 그는 이것을 설명하기 위해 그리스도를 통해 만물이 창조되었다고 말한다. 하늘에 있는 것과 하늘 아래 있는 보이는 것들이나 보이지 않는 것들, 나라들, 권세들, 통치자들, 혹은 그 외의 어떤 것이든지 모든 것이 다 그에 의해 또 그를 위해 창조되었다. 그는 만물에 앞서 계시며, 그분 안에 만물이 함께 서 있다. 그는 몸인 교회의 머리다. 그는 근본이시고, 죽은 자 중에 먼저 나신 이(πρωτότοκος)시며, 모든 것의 으뜸이시다. 하나님이 그리스도 안에 충만하게 거하시며 그를 통해 만물을 자신과 화목하게 하셨는데, 이는 십자가에서 흘린 그의 피를 통해 화평을 이루신 것이다.

화목에 대해 바울은 자신의 독자들이 한때 하나님에게서 떨어져서 적대적인 마음과 악한 행실을 가졌었지만, 그리스도께서 육체로 죽으심을 통해 화목하게 되었다고 말한다. 그럼으로써 그리스도는 그들을 하나님 앞에 거룩하고 책망할 것이 없는 자로 세우고자 하셨다. 그들은 계속해서 믿음에 거하며 헌신하고 바울을 일꾼 되게 한 복음의 소망 안에서 흔들리지 말아야 한다.

---

86   참조. N. Turner, *Grammatical Insights into the New Testament* (Edinburgh: T&T Clark, 1965), 122-25; F. J. Matera, *New Testament Christology* (Louisville: Westminster John Knox, 1999), 141-42.

본론: 그리스도를 위한 바울의 사역(1:24-2:5)

바울은 직접 언급하지는 않았지만 자신이 그들의 유익을 위한 고난(자신의 투옥을 은연중에 말하고 있다) 중에도 기뻐하고 있으며, 그리스도의 남은 고난을 그분의 몸인 교회를 위해 자신의 육체에 채운다고 말한다. 이 교회는 바울이 그에게 주신 하나님의 직분에 따라 일꾼이 된 곳이며, 따라서 하나님의 말씀을 온전히 알리게 될 곳이다. 하나님의 말씀은 오랫동안 신비였지만, 이제는 그의 성도들에게 그리스도의 큰 신비로 나타나게 되었다. 바울은 그리스도를 선포한다. 이는 경고와 가르침을 통해 모든 사람을 그리스도 안에서 성숙하게 하려는 것이다. 이는 바울이 하나님께서 그에게 주신 힘으로 열심히 노력하며 일하는 이유다.

바울은 자신이 라오디게아 사람들과 심지어 아직 개인적으로 만나보지 못한 사람들을 위해 해온 노력이 얼마나 대단한지를 골로새 사람들이 알기를 원한다. 그의 노력은 그들을 깊이 격려하기 위함이며, 사랑 안에서 연합함으로써 그리스도로 나타난 하나님의 비밀을 확실히 알게 하기 위함이다. 바울이 이 사실을 말하는 것은 그들이 다른 사람의 그럴듯한 주장에 현혹되지 않도록 하기 위함이다. 그가 육신으로는 그곳에 있지 않지만, 그의 마음은 그곳에 있다. 그리고 그는 굳건한 믿음을 가진 그들을 보기 원한다.

본론: 주님이신 그리스도 예수(2:6-15)

그리스도 안에서 세워진 그들을 보고자 하는 열망을 바탕으로 바울은 그의 골로새 독자들에게 그리스도를 받아들인 것과 같이 그 안에서 행하되 그 안에 뿌리를 박고 세움을 받아 가르침을 받은 대로 믿음 안에 서라고 말한다. 그들은 그리스도가 아닌 인간의 전통과 세상의 원리에 기초한 다양한 철학 및 공허한 거짓말에 사로잡히지 않도록 조심해야 한다. 육체 안에 신성의 충만함을 갖고 계신 분이 그리스도이시며, 그들은 모든 권세를 가지신 그분으로 채워졌다. 그뿐 아니라 그들은 그분 안에서 할례를 받았는데, 이는 육체의 할례가 아닌 영적인 할례다. 그들은 그와 함께 세례를 받아 장사되었고 하나님의 능력을 통해 그와 함께 일어났다. 그들은 죄로 인해 죽었지만, 하나님께서 그들의 죄를 용서하고 죄의 기록을 삭제하며 그것들을 십자가에 못 박으심으로써 그들을 그리스도와 함께 살리셨다.

권면: 거짓 규칙을 따르지 말라(2:16-23)

하나님이 그들 가운데서 일하심에 비추어 바울은 그들에게 음식과 음료, 절기, 혹은 안식일과 관련하여 아무도 그들을 판단하지 못하게 하라고 명령한다. 이것들은 앞으로 일어날 일의 그림자이지만, 그 실체는 그리스도이시기 때문이다. 그들은 금욕주의, 천사 숭배, 환상에의 집중, 혹은 이유 없는 교만으로 정죄를 받지 말아야 한다. 이런 일에 참여하는 사람들은 머리이신 그리스도로부터 끊어진 자들이다. 몸 전체가 머리이신 그리스도로부터 양분을 공급받아 자라난다. 따라서 바울은 그들에게 묻는다. 만약 그들이 이 초보적인 일들에 대해 죽었다면, 왜 "하지 말라", "먹지 말라", 혹은 "만지지 말라"와 같은 인간적인 규례에 아직도 순종하고 있느냐는 것이다. 이 일들은 가치 있는 것처럼 보이지만 실제로는 자의적 종교와 금욕주의를 조장하는 지혜의 모습만 있을 따름이다.

권면: 거룩한 삶을 살기 위한 규칙(3:1-17)

그다음에 바울은 골로새 사람들을 격려한다. 만약 그들이 그리스도와 함께 다시 살리심을 받았으면(제1 조건문; 주장을 위해 조건절을 사실로 가정한다),[87] 그들은 그리스도가 계시는 하늘의 것을 추구해야 한다. 그들은 땅의 것이 아니라 하늘의 것을 생각해야 한다. 왜냐하면 그들은 죽었고, 그들의 생명은 그리스도 안에 감추어졌으며, 그리스도께서 나타나실 때 그들도 함께 나타날 것이기 때문이다.

그들은 하늘의 것들을 열망하면서 자신 안에 있는 땅의 것들 곧 음란, 부정, 사욕, 악한 정욕, 탐심, 우상숭배 등을 죽여야 한다. 왜냐하면 이것들로 인해 하나님의 진노가 임하기 때문이다. 그들의 과거의 삶은 이런 것들로 특징지어졌지만, 이제 그들은 분함, 노여움, 악의, 비방, 그들의 입에서 나오는 불경스러운 말 등을 버려야 한다. 그들은 서로 거짓말해서는 안 된다. 그것은 옛 자아이며, 그들은 그리스도의 형상으로 새로운 자아를 입어야 한다. 사람들 사이에는 구분이 없으나, 그리스도는 모든 것이시며 모든 것 안에 계신다.

그들은 위에서 언급한 특징들을 보이지 말고, 하나님의 선택을 받아 거룩하고 사랑받는 자와 같이 긍휼, 자비, 겸손, 온유, 오래 참음과 같은 것으로 옷 입어야 한다. 설사 어떤 불만이 있을지라도 사랑 안에서 서로 용납하고 서로를 용서해야 한다. 용서의 본보기로서 하나님께서 그들을 용서해주셨으므로 그들도 서로를 용서해야 한다. 또 이 모든 것을 아우르는 특징으로서 사랑을 더해야 한다. 사랑은 모든 것을 서로 조화롭게 묶어준다. 그들은 그리스도의 평강이 마음을 지배하도록 해야 하며, 그리스도의 말씀이 그들 안에 풍성히 거하게 해야 한다. 그리하여 그들은 지혜롭게 서로 가르치고 권면하되, 시, 찬송, 신령한 노래를 통해 감사하는 마음으로 하나님을 찬양해야 한다. 무엇을 하든지 그들은 주 예수

87　참조. S. E. Porter, *Idioms of the Greek New Testament* (2nd ed.; Biblical Languages: Greek 2; Sheffield: Sheffield Academic, 1994), 255-59.

의 이름으로 하며 하나님께 감사하는 자세를 지녀야 한다.

권면: 그리스도인의 가정(3:18-4:1)

바울은 신약에 나오는 여러 *Haustafeln*(행동에 대한 가정 규약, 문자적으로는 "집 탁자"[house table]; 참조. 엡 5:22-6:4; 벧전 2:18-3:7) 중 하나로서 가족의 다양한 구성원이 어떻게 행동해야 하는지를 안내한다. 그는 아내들에게 주님께 하듯이 자기 남편에게 순종하라고 말한다. 남편들도 마찬가지로 자기 아내를 사랑해야 하며, 괴롭게 해서는 안 된다. 자녀들은 그들의 부모에게 순종해야 하는데, 이것이 주님을 기쁘시게 하기 때문이다. 부모는 자기 자녀를 노엽게 하지 말아야 한다. 그들이 낙심할 수 있기 때문이다. 노예들은 모든 일에 있어서 자신의 주인에게 순종해야 하는데, 보이는 곳에서만 하지 말고 마치 하나님께서 그들을 지켜보고 계신 것처럼 성실한 마음으로 일해야 한다. 그들은 무슨 일을 하든지 마음을 다하여 주께 하듯 하고 사람에게 하듯 하지 말아야 한다. 이는 그들이 자신들의 상이 하나님에게서 나오며, 행악자들은 그들의 행위로 인해 심판에 직면하게 될 것을 알기 때문이다. 끝으로 주인들은 자신들도 궁극적으로 그들의 주인 앞에 서게 될 것이라는 사실을 알고 자신의 종들을 공평하고 정의롭게 다루어야 한다.

권면: 다른 이들에게 보이는 그리스도인의 행동(4:2-6)

바울은 골로새 신자들에게 일반적인 차원에서 신실하게 기도하기를 계속하라고 말하고, 그를 위해 기도할 뿐만 아니라 하나님께서 복음의 신비를 선포할 수 있는 더 많은 기회를 주시도록 기도해달라고 부탁한다. 이것은 바울이 그들에게 편지를 쓰던 시점에 감옥에 갇혀 있었던 이유다. 그는 자신이 어떻게 말해야 할지를 분명하게 해달라는 기도를 부탁한다. 또한 그는 그들에게 외인에 대해 지혜로 행하고 시간을 최대한 잘 활용하라고 명령한다. 그들의 말은 소금으로 맛을 내듯 해야 한다. 그렇게 해야 그들은 모든 사람에게 어떻게 대답해야 할지를 알 것이다.

권면: 두기고의 여행기(4:7-9)

바울은 그의 행동에 대한 모든 것을 두기고가 올 때 알려줄 것이라고 그들에게 말한다. 바울은 두기고가 신실한 형제이며 주님의 종인 동료라는 점을 그들에게 보증한다. 바울은 자신 및 자신과 함께한 자들에 대해 그들을 격려하기 위해 두기고를 보내면서, 그들 중 한 명으로 신실하고 사랑받는 형제인 오네시모도 함께 보낼 것이라고 말한다. 그들은 그곳에서 일어난 모든 일을 골로새 사람들에게 말할 것이다.

맺음말(4:10-18)

바울은 자신의 동역자들이 나누는 다양한 인사를 그들에게 전함으로써 편지를 마무리한다. 아리스다고는 바울과 함께 감옥에 있던 자이며, 마가는 바나바의 사촌이다. 만일 마가가 오면 그들은 그를 영접해야 한다. 유스도라고도 불리는 예수도 그들에게 문안한다. 이 사람들은 바울에게 위로가 되었던 할례파이며, 다른 사람들도 인사를 전한다. 그중의 한 명이면서 그리스도 예수의 종인 에바브라가 그들에게 인사한다. 에바브라는 그들이 하나님의 뜻 안에 성숙하고 확신 있게 서 있기를 의무감을 가지고 기도한다. 그리고 바울은 에바브라가 그들 및 라오디게아와 히에라볼리에 있는 자들을 위해 열심히 수고했다고 증언한다. 의사 누가와 데마도 그들에게 인사한다. 그다음에 바울은 라오디게아에 있는 형제들과 눔바 자매와 그녀의 집 교회에 있는 자들에게 문안을 전해달라고 부탁한다.

바울은 모임에서 그들의 편지를 읽은 후에 라오디게아―그들에게 쓰인 편지도 있었다―와도 편지를 교환하라고 지시한다. 이 지시는 아마도 바울의 편지가 당시에 공개적으로 읽혔을 것이라는 점을 나타낸다(참조. 벧후 3:15-16). 마지막 가르침은 그들이 아킵보에게 주님으로부터 받은 직분을 성취하라고 말해야 한다는 것이다. 바울은 자신이 본인의 손으로 (결론을) 쓰고 있다는 말로 편지를 마무리한다. 그는 그들에게 자신이 매인 것을 기억하라고, 또 은혜가 그들에게 있을 것이라고 말한다.

4. 빌레몬서

빌레몬서는 바울 서신 중에서 단연코 가장 짧다. 아래에서 밝히겠지만, 빌레몬서는 여러 면에서 바울 저작의 특징을 지니지 않는다. 그러나 이것은 문제를 일으키지 않으며, 오히려 독자들이 이 편지를 사랑하도록 만들 뿐만 아니라 다른 바울 서신이 수반하는 일부 논쟁을 극복하고 심지어 피할 수 있도록 해준다. 그렇지만 이 서신은 스물다섯 절밖에 안 되는 한정된 분량 안에서 매우 자극적인 문제들을 동시다발적으로 다룬다. 나는 저자, 연대, 구성 장소를 살펴본 후 저술 동기와 목적을 밝힐 것이다. 그다음에 개요와 내용을 제시하려고 한다.

A. 빌레몬서의 저자

아래에서 밝힌 몇 가지 특징에도 불구하고 빌레몬서는 바울 저작에서뿐만 아니라 신약성경 전체에서도 드문 개인적인 편지다. 목회 서신(12장을 보라)과는 다르게, 신약에서 빌레몬서와 요한3서만 개인적인 편지로 기록된 것으로 보인다. 이것은 빌레몬서가 바울 정경 내에서 교회 서신에 이어 나오는 개인적인 편지 묶음의 끝에 자리한 사실로 확인된다(6장 단락 4를 보라). 이 편지의 형태를 보면, 사도가 지역 교회와 관련된 문제에 대해서가 아니라 개인적인 문제에 대해 한 개인 혹은 여러 개인에게 보내는 편지인 것 같다. 그렇다고 해서 이 편지에서 제기하는 문제들이 교회와 관계가 없거나 관련된 함의가 없다는 의미는 아니며, 특히 권위와 노예 문제에 관해서는 더욱 그렇다. 그러나 이 편지는 추천 혹은 탄원 편지의 형태와 매우 유사한데, 이는 고대 세계에서 널리 사용되었다.

추천의 편지에서 저자는 종종 일종의 탄원이나 요청을 하면서 다른 사람을 추천했다. 바울은 이 편지에서 바로 이런 작업을 하고 있다.[88] 그의 추천은 탈출했거나 도망친 노예인 오네시모와 관계가 있다. 바울은 오네시모의 주인인 빌레몬에게 간접적인 방식으로 꽤 구체적인 탄원을 한다. 베르너 게오르크 큄멜은 빌레몬서의 저작권과 관련하여 다음과 같이 말한다. "오직 의도비평(tendenz-criticism)만이 마르키온의 권위 있는 저작에 이미 포함되어 있었던 이 서신이 진짜라는 것을 의심할 수 있다. 바울의 모든 편지 중에서 고대의 개인 편지와 가장 유사한 이 편지는 개인적인 특징을 통해 진짜 실물과 같은 품질의 표지들을 보여준다."[89]

빌레몬서가 겉으로 보기에 개인적인 편지이고 그 내용도 개인적인 문제를 논의하긴 하지만, 편지의 형식은 이런 분석을 전적으로 지지하지 않는다. 이것은 두 가지로 나타난다. 첫째, 이 편지는 바울과 디모데로부터 비롯되었다고 한다. 이것은 에베소서(공동 저작이 아님)를 제외한 다른

---

88 N. Petersen, *Rediscovering Paul: Philemon and the Sociology of Paul's Narrative World* (Philadelphia: Fortress, 1985)를 보라.

89 Kümmel, *Introduction*, 349-50. 그렇지만 Baur는 이것을 의심했다. *Paul the Apostle of Jesus Christ*, 2.80-84을 보라.

모든 옥중 서신의 형식을 따르는 것이며, 바울과 공동 발신자, 주로 여행 동반자이자 동료 선교사인 디모데가 함께 쓴 바울의 일반적인 서신 관습을 반영하는 것이다. 둘째, 이 편지는 단지 빌레몬에게만이 아니라 빌레몬, 압비아, 아킵보, "너의"(단수) 집에서 모이는 교회에 보낸 것이다. 이 편지는 다수의 수신자에게 보내는 것으로 시작하지만, 편지의 나머지 부분에서는 계속해서 2인칭 단수 "너"가 사용된다. 이것은 아래에서 빌레몬서의 재구성에 대한 대안을 소개할 때 더 논의할 것이다. 하지만 이 글이 취할 관점은 이 편지가 빌레몬에게 우선적으로 보내졌지만, 골로새 교회의 다른 이들 특히 압비아와 아킵보를 염두에 두면서, 사도의 편지에 대해 빌레몬이 어떻게 응답할지에 대한 관심을 표현하고 있다는 것이다.

5장 단락 1에서 말했듯이 고대 그리스-로마 세계의 일반적인 파피루스 편지는 이집트의 것이 대표적인데, 약 275개의 단어로 이루어진다. 그러나 빌레몬서는 약 335개의 단어로 이루어져 있어 보통의 개인 편지보다는 약간 길다. 그리고 이 편지는 형식에 있어서 고대 그리스-로마 편지와 놀라울 만큼 비슷하다. 5장 단락 3에서 논의한 것처럼, 전형적인 바울 서신은 서두, 감사, 본론, 권면, 맺음말의 다섯 부분의 구조로 이루어진다. 이는 그리스-로마 편지의 일반적인 세 부분 구조를 확장한 형태다. 그러나 빌레몬서는 이런 구조로 시작하지만 권면 단락이 없다. 오네시모를 받아달라고 빌레몬에게 요청하는 부분을 권면으로 보는 일부 시각도 있기는 하지만, 편지 전체의 목적이 이 요청이기 때문에 이 내용은 권면 단락이 아니라 본론 부분으로 보는 것이 더 합당하다. 바울 서신의 독특한 점 중 하나가 권면이기 때문에, 최소한 그가 자신의 편지에서 이것을 주요 단락으로 발전시킨 것을 고려해보면, 아마도 개인적인 편지에서의 누락이 놀랄 만한 일은 아닐 것이다. 더구나 고대 그리스-로마의 형식에 최대한 일치시키려고 한 점에서 더욱 그렇다. 이 편지들은 인사를 마무리하거나 본론을 시작하는 지점에 신들에 대한 감사 기도를 포함하는 경우가 종종 있었다(편지 형식을 어떻게 분석하느냐에 따라 조금씩 다르다). 다른 바울 서신 중 빌레몬서의 형식을 따르는 편지는 디모데후서가 유일하다.

B. 빌레몬서의 구성 연대와 장소

빌레몬서는 골로새서와 밀접하게 연관되며, 이에 따라 연대는 이 관계에 어느 정도 의존한다. 위의 골로새서에 대한 논의에서 밝혔듯이, 골로새서에서 문안했던 바울의 여섯 동료(골 4:10-14) 중 다섯 명(예수/유스도가 빠진다)이 빌레몬서의 인사말에도 등장한다(몬 23-24절). 오네시모는 골로새서 4:9에서 골로새 사람 중 한 명으로 언급된다.

　이 편지는 바울이 감옥에 있는 동안(몬 23절) 로마, 에베소, 가이사랴, 고린도 중 한 곳에서 기록되었는데, 로마가 가장 가능성이 높다(2장 단락 2, 3을 보라. 나는 바울의 투옥 상황에서 이 편지를 논한다). 이 편지는 아마도 두기고를 통해 전달되었던 것 같다(골 4:7). 두기고는 빌레몬에게 돌아가는 오네시모와 함께 이 편지를 골로새로 가져갔을 것이다.[90] 만약 바울이 이 편지를 쓸 때 로마 감옥에 있었다는 가정이 맞다면, 이 편지는 아마도 61-62년에 쓰였을 것이다. 바울의 태도를 보면 이 시기의 말에 썼을 것으로 보인다.

90　Moo, *Colossians and Philemon*, 363.

C. 빌레몬서의 저술 동기 및 목적

빌레몬서의 저술 동기와 목적은 보통 서로 밀접하게 묶여 있지만, 여기서는 확실한 논의를 위해 양자를 분리할 것이다.

(1) 동기

빌레몬서의 저술 동기와 관련하여 두 가지 주요 견해가 있다(그리고 몇 가지 관점이 더 있지만, 여기서 언급할 필요는 없어 보인다).

> a. **전통적인 견해.** 전통적인 견해는 빌레몬이 골로새 교회의 구성원이었다는 것이다.[91] 언제 어떻게 이 일이 일어났는지는 알려지지 않았지만, 그는 분명히 바울에 의해 회심했다(몬 9절). 빌레몬에게는 오네시모라는 이름을 가진 노예가 있었는데, 그는 아마도 돈이나 값비싼 물건들을 가지고 자신의 주인으로부터 도망했거나, 주인의 업무를 처리한 후 단순히 복귀하지 않았거나, 혹은 어떤 견

---

91 전통적인 견해의 대표적인 좋은 예로 F. F. Bruce, *Paul: Apostle of the Heart Set Free* (Grand Rapids: Eerdmans, 1977), 393-406을 보라. 참조. B. M. Rapske, "The Prisoner Paul in the Eyes of Onesimus," *NTS* 37 (1991): 187-203; C. S. Wansink, *Chained in Christ: The Experience and Rhetoric of Paul's Imprisonments* (JSNTSup 130; Sheffield: Sheffield Academic, 1996), 175-99; J. A. Fitzmyer, *The Letter to Philemon* (AB 34C; New York: Doubleday, 2000), 17-23; Moo, *Colossians and Philemon*, 364-69 외에 다른 것들이 많이 있다. 노예제 및 신약성경 내에서의 그 활용에 대해서는 다음을 보라. D. B. Martin, *Slavery as Salvation: The Metaphor of Slavery in Pauline Christianity* (New Haven: Yale University Press, 1990); M. J. Harris, *Slave of Christ: A New Testament Metaphor for Total Devotion to Christ* (Downers Grove, IL: InterVarsity, 1999); J. Byron, *Slavery Metaphors in Early Judaism and Pauline Christianity* (WUNT 162; Tübingen: Mohr-Siebeck, 2003); Byron, *Recent Research on Paul and Slavery* (Recent Research in Biblical Studies 3; Sheffield: Sheffield Phoenix, 2008), 특히 116-37; J. A. Harrill, *Slaves in the New Testament: Literary, Social, and Moral Dimensions* (Minneapolis: Fortress, 2006).

해에 따르면 자신과 빌레몬 사이의 분쟁을 중재해달라고 부탁하기 위해 바울을 찾아간 자였다. 오네시모는 의도적으로든 비의도적으로든 바울과 연락하게 되었는데, 아마도 로마에서였던 것 같다. 만약 오네시모가 자신의 주인을 위해 출타 중이었거나 바울을 찾기 위해 특별히 떠난 것이었다면, 그는 아마도 바울이 있는 곳으로 직접 갔을 것이다. 이것은 골로새와 바울이 갇힌 감옥이 있는 장소 간의 거리에 대한 난제를 해결해준다. 사실 만약 오네시모가 특별히 신뢰할 만한 노예였다면, 주인은 아마도 그를 로마로 직접 보냈을 것이고 심지어 바울을 돕도록 했을 수도 있다(물론 그가 스스로 바울을 찾았을 가능성은 그리 크지 않다). 그럼에도 불구하고 그가 로마로부터 천 마일 떨어진 골로새에서 도망쳤다고 하더라도 다섯 주 안에 이동할 수 있었을 것이다. 따라서 이것은 로마 투옥 가설을 지지하는 데 해결 불가능한 어려움이 되지는 않는다. 우리는 오네시모가 구체적으로 어떻게 바울에게 연락을 해왔는지는 알지 못한다. 그는 아마도 우연히 바울을 만나게 되었거나, 전에 알거나 만난 적이 있는 누군가를 통해 바울이 있는 곳을 알게 되었거나, 아니면 이미 바울이 있는 곳을 알고 의도적으로 찾아냈을 수도 있다. 바울과 오네시모가 모두 아시아에 있었을 때 오네시모가 바울을 알고 있었는지도 모른다. 어쨌든 오네시모는 분명히 바울을 통해 그리스도인이 되었고(몬 10절), 잠시 그를 섬겼다. 이제 그는 이 편지 즉 빌레몬서를 가지고 자신의 주인인 빌레몬에게 돌아가고 있다.

b. **녹스 가설.** 존 녹스(John Knox)는 빌레몬서의 역사적 근거와 그 결

과에 대해 다른 관점을 가진다.[92] 그의 이론은 빌레몬이 골로새와 라오디게아 지역의 교회 감독이었다는 것이다. 빌레몬이 아니라 아킵보가 골로새에 살았고 그의 집에서 교회가 모였으며 바울에게 보낸 오네시모라는 노예를 소유했다는 것이다. 바울은 오네시모를 다시 돌려보내고 있었지만, 빌레몬을 통해 그를 돌려보냄으로써 이 편지를 다시 라오디게아로 보내고자 했다(녹스에게 이것은 잃어버린 라오디게아 편지다). 바울은 주인을 알지 못했으나(골 4:16) 오네시모가 교회를 섬길 수 있도록 그가 풀려나게 해달라고 요청했다. 두 편지, 곧 골로새서와 우리가 빌레몬서라고 부르는 편지는 모두 빌레몬과 오네시모가 도착했을 때 골로새에서 낭독되어야 할 것들이었다. 아킵보의 직분(골 4:17)은 그의 노예를 다시 돌려받는 것이었다. 2세기 초반에 이그나티오스의 편지(*To the Ephesians* 1.3; 참조. 2.2)는 오네시모를 주교(bishop)라고 말한다. 그리고 녹스에 의하면 이 오네시모는 바울의 편지들을 모으는 책임을 맡고 있었다. 이것은 이 편지가 왜 보관되었는지를 설명해준다.

녹스 가설은 몇 가지 흥미로운 쟁점을 불러일으키고 그것들을 해결하고자 한다. 하지만 학자들은 대부분 몇 가지 합당한 이유로 이 가설을 거부한다.[93] 첫째, 아킵보는 편지에서 세 번째로 언급되기 때문에 우선적인 수신자로 의도되었다고 보기 힘들다. 둘째, "네 집에 있는 교회"는 빌레몬의 집을 가리키는 것일 가능성이 가장 크다. 아킵보가 아닌 빌레몬이 처음으로 언급되기 때문이

---

92 J. Knox, *Philemon among the Letters of Paul* (rev. ed.; London: Collins, 1960). 초판은 1935년에 출판되었다.

93 이 문제에 대한 전체적인 논의로는 B. W. R. Pearson, *Corresponding Sense: Paul Dialectic, and Gadamer* (Biblical Interpretation Series 58; Leiden: Brill, 2001), 46-92을 보라.

다. 셋째, 골로새서 4:17의 아킵보의 "직분"은 아마도 단순히 그의 노예를 받아들이는 것 이상의 일이었을 것이다. 왜냐하면 이는 매우 애매한 언급이기 때문이다. 또한 그것은 바울이 아킵보가 노예의 주인임을 알았다는 것을 암시한다. 넷째, 바울은 빌레몬서 19절이 분명히 말하듯이 노예의 주인을 알았던 것 같다. 다섯째, 본문이 오네시모가 도망친 노예라는 것을 명백하게 밝히고 있지는 않지만, 이것은 아마도 가능성이 좀 더 큰 시나리오일 것이다.[94] 여섯째, 이 편지가 라오디게아에 보낸 편지라는 것(골 4:16)과 낭독을 목적으로 쓰인 것이라는 점을 믿기는 힘들다. 골로새서의 진술은 같은 유형의 편지 교환을 암시하는 것처럼 보이지만, 빌레몬서는 거의 모든 면에서 골로새서와 균형이 맞지 않는다.

(2) 빌레몬서의 목적

빌레몬서의 목적은 비교적 직설적인 것 같다.[95] 바울은 자신이 회심시킨 친구에게 노예 오네시모를 다시 받아달라고 부탁한다. 그러나 빌레몬은 상황이 바뀌었음을 깨달아야 한다. 오네시모는 이제 노예로 취급당해서는 안 되며, 오히려 함께 그리스도의 종 된 자, 복음 전파에 있어서 빌레몬의 동료로서 대접을 받아야 한다.[96]

---

94 J. G. Nordling, "Onesimus Fugitivus: A Defense of the Runaway Slave Hypothesis in Philemon," *JSNT* 41 (1991): 97-119을 보라. 이와 반대되는 의견으로는 S. C. Winter, "Paul's Letter to Philemon," *NTS* 33 (1987): 1-15; Wansink, *Chained in Christ*, 174-99을 보라.

95 그러나 이 편지에 대한 다양한 해석을 개관한 것으로는 D. F. Tolmie, "Tendencies in the Research on the letter to Philemon since 1980," in *Philemon in Perspective: Interpreting a Pauline Letter* (ed. D. F. Tolmie; Berlin: de Gruyter, 2010), 1-28; Moo, *Colossians and Philemon*, 366-69을 보라.

96 한 해석가는 빌레몬과 오네시모의 관계가 주인과 종이 아니라 형제라고 주장한다. A. D.

몇몇 중요한 특징은 바울이 이 관계 변화에 어떻게 영향을 미치려고 시도하는지를 보여준다.[97] 예를 들어 바울은 빌레몬과 관련된 두 단계의 신분을 유지하려고 노력한다. 한편으로 그는 자신을 죄수(1, 10절)와 나이 많은 자(9절; "나이 많은 자"라는 단어는 단순히 "연장자"를 의미하는 것일 수 있다)로 묘사하면서 자신의 고난을 이용한다. 다른 한편으로 그는 자신이 최소한 빌레몬과 동등하며(17절) 사도(22절; 이것을 자신이 보냄을 받아 그들 가운데 머물게 해달라는 기원으로 이해한다)의 위치에 있음을 주장한다. 빌레몬과 오네시모를 묘사하면서 바울은 가족과 사회관계의 언어를 사용한다. 예를 들어 오네시모는 바울의 아들(10절)이자 심복이고(12절), 빌레몬의 형제다(16절). 두 번째 특징은 바울이 간접적인 방법을 통해 빌레몬이 오네시모도 동등하게 대우할 것이라고 기대한다는 점이다. 바울은 오네시모가 빌레몬의 것을 훔쳤을 뿐만 아니라 도망했을 것으로 보이는 그의 잘못을 알고 있다. 하지만 바울은 오네시모가 용서받을 수 있는 수단을 제공한다. 바울은 "쓸모 있는"이라는 뜻을 가진 오네시모의 이름으로 언어유희를 하는데, 그리스도의 추종자가 된 오네시모의 새로운 상태에 대해 말하면서 그가 전에는 "쓸모없는"(akrēston) 자였으나 이제는 바울과 빌레몬 모두에게 "쓸모 있는"(eukrēston) 사람이 되었다고 말한다. 바울은 편지의 첫 부분에서 빌레몬을 칭찬하는데, 이는 그의 믿음과 모든 성도에 대한 사랑을 들었기 때문이다(5, 7절). 바울은 빌레몬의 사랑을 구하면서 오네시모를 그리스도 안에서 동등하게 대우해야 한다고 호소한다. 그는 자신이 감옥에 있는 동안 빌레몬을 대신하여 오네시모가 섬

Callahan, *Embassy of Onesimus: The Letter of Paul to Philemon* (New Testament in Context; Valley Forge, PA: Trinity, 1997)을 보라. 그러나 노예 제도와 관계된 것이 확실하므로 이 의견은 설득력이 약하다.

97   Petersen, *Rediscovering Paul*, 89-199을 보라.

겼던 사실을 지적한다. 그는 빌레몬이 무엇을 하면 좋겠는지에 대한 자신의 기대를 묘사하지는 않는다. 하지만 그는 최소한 빌레몬이 바울을 환대했던 것처럼 오네시모를 반갑게 맞이해주기를 기대한다(17절). 그리고 만약 빚진 것이 있으면—여기서 우리는 바울이 나사를 단단하게 조이는 것을 본다—자신에게 그것을 청구하라고 말한다. 하지만 바울은 빌레몬이 그리스도인의 생명 자체를 자신에게 빚지고 있음을 기억한다(18절). 바울은 협력을 확실하게 하기 위한 마지막 표현으로 빌레몬에게 자신을 위한 숙소를 마련하라고 지시한다(22절).

한편 바울은 노예를 돌려보내라고 요구했던 율법에 순응한다. 노예를 숨겨주는 것은 그 노예의 노동으로 주인이 하루에 얻을 수 있는 소득을 손해 본 것에 상응하는 벌을 초래했을 것이다.[98] 다른 한편으로 바울은 사회 체계에 있어서 미묘하지만 중요한 변화를 일으키고 있는 것으로 보인다. 그것은 최소한 그리스도인이 노예를 어떻게 다룰 것인지와 관련된다. F. F. 브루스는 다음과 같이 말한다. "이 편지는 [노예] 제도가 쇠퇴하여 소멸될 수 있는 환경으로 우리를 인도한다. 오네시모가 '더 이상 노예가 아닌 사랑하는 형제로서' 그의 주인에게 보내질 때, 공식적인 해방은 새로운 관계가 이미 이루어졌다는 것을 기술적으로 확인해주는 편의상의 문제에 불과했을 것이다."[99] 그러나 바울의 광범위한 노예 해방에 관한 주장은 로마 정부의 분노를 일으켰을 것이고, 결국 이 운동에 결정적인 영향을 미친 것으로 밝혀질 그리스도인에 대한 탄압을 초래했을 것

---

98   C. F. D. Moule, *The Epistles to the Colossians and to Philemon* (Cambridge Greek Testament Commentary; Cambridge: Cambridge University Press, 1957), 34-37을 보라. Moule은 매우 교훈적인 파피루스(P.Par. 10)를 인용하는데, 이는 노예를 돌려받는 것에 관한 도움을 요청한다.

99   Bruce, *Paul*, 401. 참조. J. M. G. Barclay, "Paul, Philemon, and the Dilemma of Christian Slave-Ownership," *NTS* 37 (1991): 161-86.

이다. 랄프 마틴은 다음과 같이 옳게 지적한다. "신약성경이 노예 제도를 결코 명시적으로 정죄하지 않기 때문에 결정적인 부분에 결함이 있다는 주장이 가끔 제기된다. 그러나 이에 대한 대답의 일부는 바울은 변혁과 폭력을 지지하는 사회 철학을 옹호하지 않았다는 것이다. 바울 시대 로마 제국의 사회 구조를 고려해보면, 노예 제도는 폭력적인 수단을 통해서만 전복될 수 있었다. 사도 바울은 증오 혹은 폭력적 방법을 채택하는 편에 속하지 않았을 것이다(참조. 롬 12:17-21)."[100]

D. 빌레몬서의 개요

A. 서두(1-3절)

1. 보내는 이(1a절)

2. 받는 이(1b-2절)

3. 인사(3절)

B. 감사(4-7절)

C. 본론: 추천 혹은 탄원 편지(8-22절)

1. 공식적인 서두: 바울의 부탁(8-14절)

2. 부탁의 근거(15-21절)

3. 바울의 도래(22절)

D. (권면—없음)

E. 맺음말(23-25절)

1. 인사(23-24절)

2. 축복 기도(25절)

---

100   Martin, *Foundations*, 2.313.

E. 빌레몬서의 내용

서두(1-3절)

바울은 자신을 그리스도 예수를 위해 갇힌 자로 소개하고 자신의 동료이자 그들의 형제인 디모데를 소개한다. 그는 그들의 사랑을 받는 동역자인 빌레몬과, 압비아, 아킵보 그리고 빌레몬의 집에 있는 교회에 쓴다. 바울은 자신의 관용구인 "하나님 우리 아버지와 주 예수 그리스도로부터 은혜와 평강이 너희에게 있을지어다"라는 말로 서두를 마무리한다.

감사(4-7절)

바울은 기도 속에서 빌레몬이 기억날 때 그에 대해 하나님께 감사한다. 이는 바울이 주 예수와 모든 성도를 향한 빌레몬의 사랑과 믿음을 듣기 때문이다. 바울은 빌레몬을 위해 기도하기를, 빌레몬의 믿음의 교제가 그리스도를 위해 그들 안에 있는 모든 좋은 일에 대한 충만한 지식을 얻는 데 효과적이기를 구한다. 바울은 빌레몬의 사랑의 증거가 자신에게 격려가 되었다는 사실을 반복한다. 이는 성도들의 마음이 빌레몬으로 말미암아 평안함을 얻었기 때문이다.

본론: 바울의 부탁(8-14절)

이런 명령을 할 수 있을 정도로 충분히 담대하지만, 바울은 노인(혹은 연장자)이자 그리스도를 위해 갇힌 자로서 오네시모를 위해 빌레몬에게 사랑을 호소한다. 그는 자신이 투옥된 동안 오네시모의 아버지가 되었고, 오네시모가 예전에는 빌레몬에게 "무익"했지만(오네시모의 이름과 관련된 언어유희), 이제는 자신에게 유익하다고 말한다. 그는 자신의 심복인 오네시모를 빌레몬에게 돌려보낸다. 바울은 투옥된 동안 오네시모를 데리고 있으면서 자신을 위해 봉사하게 할 수도 있었지만 그렇게 하지 않는다. 바울은 빌레몬의 동의 없이 이런 결정을 내리고 싶어 하지 않는다. 이처럼 바울은 자신의 요청을 빌레몬에게 강제하지 않는다.

본론: 부탁의 근거(15-21절)

오네시모는 아마도 잘못된 동기로 빌레몬을 떠났던 것 같다. 하지만 하나님은 환경을 사용하여 오네시모를 바울에게 보내셨고, 그 결과 오네시모는 회개하고 형제로서 다시 돌아갈 수 있게 되었다. 이에 따라 바울이 빌레몬에게 묻는다. 만약 빌레몬이 바울을 복음의 동역자로 생각한다면 오네시모를 다시 받아줄 것인가를 말이다. 그리고 만약 빚이나 변상받아야 할 것이 있으면 바울 자신이 갚을 것이라고 말한다.[101] 바울은 이후 이 요청에 대한 진정성을 확증하기 위해 자신이 직접 편지를 쓰고 있음을 밝히면서 지불을 약속한다. 바울은 빚을 갚을 것을 보증하지만, 이어서 빌레몬이 바울에게 생명 자체를 빚지고 있음을 상기시킨다. 바울은 빌레몬으로부터 기쁨을 얻기를 간절히 바라며, 그리스도 안에서 자신의 마음이 평안함을 얻게 해달라고 부탁한다.

본론: 바울의 도래(22절)

바울은 자신이 감옥에서 풀려나면 빌레몬을 직접 방문할 계획이 있으므로 자신을 위한 숙소를 마련해달라고 덧붙인다. 그는 빌레몬이 자신의 석방을 위해 기도하고 있음을 알고 있다.

---

101 이것은 아마도 빌레몬에게 오네시모를 노예 상태로부터 풀어주어 주 안에서 참된 형제로 대접해주기를 부탁하는 바울의 방식일 것이다. G. F. Wessels, "The Letter to Philemon in the Context of Slavery in Early Christianity," in *Philemon in Perspective: Interpreting a Pauline Letter* (ed. D. F. Tolmie; Berlin: de Gruyter, 2010), 149-68을 보라.

맺음말(23-25절)

맺음말에서 바울은 자신의 동료 죄수인 에바브라의 인사와 함께 마가, 아리스다고, 데마, 누가의 안부도 전한다. 그는 주 예수 그리스도의 은혜가 빌레몬과 함께 있기를 구한다.

5. 에베소서

F. F. 브루스에 의하면, 에베소서는 "바울 사상의 진수"다.[102] 브루스는 에베소서가 원래 바울의 가르침을 압축한 본질을 담고 있다는 의미로 이 표현을 썼다. 다른 학자들은 에베소서가 바울의 특징을 잘 보여주기는 하지만, 이러한 특징이 위대한 사도의 측근 추종자와 제자에 의해 후대에 기록되었다는 관점을 견지한다. 이것은 이 책에 대해 계속 광범위한 비판적 흥미를 유발하는 몇 가지 주요 의문 중 하나에 지나지 않는다. 이 단락에서 나는 먼저 도시 에베소에 대해 논의할 것이다. 그다음에 저자, 구성 연대, 골로새서와 에베소서의 관계, 기원, 목적, 동기, 목적지를 살펴본 후 개요와 내용을 제시하면서 글을 마무리하겠다.

A. 에베소시

사도행전에 의하면, 바울은 이 편지의 목적지이자 한때 아름답고 중요한 도시였던 에베소를 최소한 두 번 방문했다. 한 번은 두 번째 선교 여행의

---

102 Bruce, *Paul*, 424. 이는 A. S. Peake, "The Quintessence of Paulinism: A Lecture," *Bulletin of the John Rylands University Library* 4 (1917-18): 5-31을 따른다.

말(행 18:19-21)에 짧게 방문한 것이었고, 다른 한 번은 세 번째 선교 여
행을 시작하면서 이 년 삼 개월 동안 머문 것이었다(행 19장). 에베소는
이 시점에 이미 중요하고 인상적인 그리스-로마의 도시로서, 높은 경제·
정치적 수준을 자랑하면서 종교적으로도 번영하는 도시였다.[103] 이 지역
에 사람이 살기 시작한 시기는 기원전 제2천년기로 거슬러 올라가며, 이
도시의 역사는 크게 네 시기로 구분된다. 즉 이오니아, 그리스, 그리스-
로마, 비잔틴과 후기 비잔틴 시기다. 바울이 이 도시를 복음화한 때인 세
번째 시기에, 그리스 통치자 뤼시마코스(Lysimachus, 기원전 280년경)가 이
도시를 낮은 땅으로부터 두 개의 고원 사이 지역으로 옮기고 도시 주변
으로 거대한 벽을 건설했다. 비록 주요 항구가 퇴적물 유입이라는 꾸준
한 위기와 싸워야 했지만, 에베소시는 이후 대략 5백 년 동안 전반적으
로 번영하고 영향력 있는 도시였다. 오늘날 고대 그리스-로마의 에베소
유적은 지중해로부터 몇 마일 떨어져 있는데, 이는 퇴적물의 축적으로
결국 에베소의 영향력이 종말을 맞이한 것과도 관련이 있다.

에베소는 자이스테르강(Cayster River)이 지중해로 유입되는 지점에

---

103 에베소시에 대한 많은 자료 중에서 다음을 보라. Hemer, *Letters to the Seven Churches*,
35-36; C. E. Arnold, *Ephesians: Power and Magic. The Concept of Power in Ephesians in
Light of Its Historical Setting* (SNTSMS 63; Cambridge: Cambridge University Press,
1989), 13-29; G. H. R. Horsley, "The Inscriptions of Ephesos and the New Testament,"
NovT 34 (1992): 105-68; R. E. Oster Jr., "Ephesus," *ABD* 2.542-49; H. Koester,
ed., *Ephesos: Metropolis of Asia: An Interdisciplinary Approach to Its Archaeology, Religion,
and Culture* (Valley Forge, PA: Trinity, 1995); P. Trebilco, "Asia," in *The Book of Acts in
Its Graeco-Roman Setting* (ed. D. W. J. Gill and C. Gempf; BAFCS 2; Grand Rapids:
Eerdmans, 1994), 291-362, 특히 302-57; Trebilco, *The Early Christians in Ephesus from
Paul to Ignatius* (WUNT 166; Tübingen: Mohr-Siebeck, 2004), 특히 11-51. 참조. P.
Scherrer, *Ephesus: The New Guide* (trans. L. Bier and G. M. Luxon; Turkey: Zero, 2000); E.
Akurgal, *Ancient Civilizations and Ruins of Turkey* (trans. J. Whybrow; 10th ed.; Istanbul:
NET, 2007), 142-71, 354-60; J. Murphy-O'Connor, *St. Paul's Ephesus: Texts and
Archaeology* (Wilmington, DE: Glazier, 2008).

전략적으로 위치하여 영향력과 중요성 면에서 중심을 점하게 되었다. 에베소는 기원전 133년 아탈로스 3세(Attalos III)가 자신의 왕국을 로마에 넘겨주었을 때 로마의 지배하에 들어가게 되었다. 로마 치하의 에베소는 첫 백 년간 혼란의 중심지였다. 로마에 대한 반란이 일어났으며, 안토니우스와 클레오파트라가 이곳을 방문하기도 했다. 카이사르 아우구스투스(Caesar Augustus)는 로마 사람들에게 에베소가 중요함을 인식했다. 그는 에베소에 자유를 허용하고 그곳을 아시아의 수도로 세웠다. 이것은 논리적인 결정이었는데, 에베소가 해상 및 지상의 주요 무역 통로에서 중심에 있었기 때문이다. 훌륭한 항구 덕분에(준설 작업으로 퇴적물을 처리할 수 있었을 때), 에베소는 모든 방향으로 여행하는 배들을 불러모으는 주요 항구가 되었다. 이 도시는 에게해는 물론이고 북으로 보스포루스(Bosporus) 해협, 동쪽으로 팔레스타인, 남쪽으로 이집트, 그리고 서쪽으로 드나드는 선박들을 위한 매력적인 위치에 있었다. 또 에베소는 유프라테스 계곡과 페르시아로 연결되는 주요 무역로 두 곳의 끝부분에 있었다. 하나는 북쪽으로, 다른 하나는 남쪽으로 소아시아를 가로지르는 경로였다(에베소의 중요도는 이 두 경로상의 이정표들이 에베소를 기준으로 거리를 표시했다는 사실로 확인할 수 있다). 결과적으로 에베소는 로마 시대에 성장하여 제국에서 세 번째로 큰 도시가 되었고, 대략 20만에서 25만 명의 인구를 갖게 되었다(이보다 인구가 더 많은 도시는 로마와 알렉산드리아뿐이었다). 직접적인 증거는 부족하지만, 이 인구는 아마도 (약간의) 유대인 거주집단을 포함했을 것이다. 에베소의 전략적인 위치와 자원(특히 항구)의 결과는 막대한 부를 창출하게 해준 주요 무역과 상업이었다. 그리고 이것은 수많은 주요 건축 사업의 번창으로 이어졌다.

바울이 에베소를 방문했던 로마 제국 시대에 에베소는 중요한 종교적 중심지이기도 했다. 아마도 그 기간에 바울은 고린도전서를 썼을 것이고(다른 편지들을 썼을 가능성도 있다), 감옥에 있었을 수도(그렇지 않았을 수도) 있다(2장 단락 2E3을 보라). 그곳에는 다양한 종교 제의가 있었고 그것과 관련된 신전들이 있었는데(예. 헤스티아, 세라피스, 제우스와 그 지모신 그리고 다른 많은 신들에 대한 숭배 관련 문서), 그중에는 아르테미스 신전도 있었다. 다른 곳에서도 숭배가 있었겠지만, 그리스-로마 시대에 에베소의 아르테미스 신전(에베소에는 최소한 네 개의 아르테미스 신전이 있었다)은 고대 세계의 7대 불가사의 중 하나이자 고대 시대에 세워진 가장 큰 그리스 신전이기도 하다. 아르테미스는 건강과 행복의 여신이었지만, 그녀를 숭배하는 것은 도시와 문화 및 여러 면에서 다양하고 광범위한 영향력을 행사했다. 결과적으로는 돈벌이가 되는 헌신과 상거래가 그녀에 대한 숭배 의식을 둘러싸고 성장하게 되었다. 이것은 에베소 사람들이 아르테미스 숭배를 열렬히 옹호하게 되는 결과를 낳았고, 그와 함께 산업 보호도 수반되었다. 에베소의 종교에는 소위 에베소의 일곱 편지를 포함하여 여러 미신적 요소가 추가되었는데, 이는 악을 막고 다른 여러 재주를 부리는 데 사용되었다. 극장은 시민과 오락 모두를 위해 설계된 경기장에 약 2만에서 2만 5천 명의 사람을 수용할 수 있는 또 다른 놀라운 건축물이었다. 원래의 극장은 기원전 3세기 초반에 세워졌고, 그다음 1세기 동안에 다양한 보수작업이 이루어졌다. 게다가 장터(아고라), 목욕탕, 체육관, 몇몇 아름다운 개인 가옥(그 잔해가 현재 전시되고 있다) 등 로마의 주요 도시에서만 볼 수 있는 다른 여러 건축물도 에베소에 있었다.

B. 에베소서의 저자 및 구성 연대

에베소서의 저자와 연대 문제는 상당히 복잡해서 비판적인 학자들을 분열시킨다.[104] 골로새서의 저작에 대한 견해와 마찬가지로 에베소서의 진위와 관련해서도 학자들의 의견은 대략 절반으로 나뉜다. 해롤드 훼너 (Harold Hoehner)는 에베소서에 대한 자신의 비판적인 의견을 담은 방대한 연구를 통해 이를 밝힌다.[105] 최근의 논쟁에서는 다음과 같은 세 가지 주요 논점이 제시된다. (1) 바울 저작을 지지하는 전통적인 관점. (2) 바울이 에베소서를 쓰지 않았다고 주장하는 위작의 관점. (3) 누가와 같은 동료의 영향을 염두에 두는 다양한 중재적인 입장들. 저자에 대한 논쟁은 함께 논의할 만한 다른 중요한 문제와 관련하여 다루어질 것이다. 나는 이전 논의와 다르게 여기서는 바울 저작을 지지한 후 그에 대한 반대 의견과 중재적인 관점을 고려할 것이다. 그렇지만 나는 여전히 전통적인 관점이 가장 설득력이 있다고 본다.

(1) 바울 저작설

전통적인 시각은 사도 바울이 에베소서의 저자라는 것이다. 많은 학자들은 여전히 원래 바울이 에베소서를 에베소 교회로 보냈다고 주장한다.[106] 그러나 편지의 목적지가 반드시 저자 문제와 연관되어야 하는 것은 아니다. 도널드 거스리와 마이클 굴더와 같이 다양한 노선을 가진 학자들이 이 서신의 바울 저작을 주장한다. 바울 저작을 지지할 수 있는 근거에는

---

104 Baur 시대 이전에는 회의론자가 많았다. Baur, *Paul the Apostle of Jesus Christ*, 2.1-44을 보라. 그는 골로새서도 논의한다. Kümmel, *Introduction*, 357-58도 보라. 그는 에베소서의 형식에 대해 에라스무스가 제기한 문제를 포함하여 18세기 이후 논의의 역사를 보여준다.

105 H. W. Hoehner, *Ephesians: An Exegetical Commentary* (Grand Rapids: Baker, 2002), 2-61, 특히 6-20.

106 Hoehner, *Ephesians*, 2-6.

적어도 다섯 가지가 있다.[107]

    a. **서신 자체의 근거.** 이 서신의 저자는 분명하게 자신이 바울임을 자신의 사도적 권위와 함께 주장한다(엡 1:1; 3:1). 다른 옥중 서신은 디모데와 함께 쓴 것이라고 말하지만, 에베소서(로마서처럼 서기가 연루되어 있기는 하지만 말이다. 롬 16:22)는 단지 바울 한 사람에 의해서만 기록되었다. 저자에 대한 이 주장은 편지 전체를 통틀어 1인칭 단수("내가", "나를")가 일반적으로 사용된 점 때문에 더욱 설득력을 얻는다(엡 1:15-16; 3:3-4, 7, 13-15; 4:1, 17-18; 6:19, 21-22). 만일 이 편지를 바울이 썼다면 우리는 이것을 사실로 받아들일 수 있다. 그러나 만약 바울이 아니라면, 직접적으로나 간접적으로 위작의 문제가 등장하게 된다(6장 단락 2를 보라).

    b. **외적 증거.** 에베소서는 1세기가 지나기 전에 기록되어 2세기 중반에는 널리 읽히는 회람 서신이 되었던 것으로 보인다. 클레멘스가 96년경에 쓴 문헌에서 이 서신을 분명히 언급할 뿐만 아니라(*1 Clement* 64[엡 1:3-4 인용]; 46.6[4:4-6]; 36.2[4:18]; 59.3[1:18]), *Didache*(4.10-11), 이그나티오스(*To Polycarp* 1.2; 5.1; *To the Smyrnaeans* 1.1; *To the Ephesians* 1.1; 10.3), 폴리카르포스(*To the Philippians* 1.3; 12.1), *Shepherd of Hermas*(*Mandate* 3.1.4; *Similitude* 9.13.17)에서도 인용된다.[108] 무라토리 단편의 51째 줄에도 이 서

---

107 Guthrie, *New Testament Introduction*, 509-28; M. D. Goulder, "The Visionaries of Laodicea," *JSNT* 43 (1991): 15-39을 보라. 이에 대한 유익한 반대는 다음의 두 소논문에서 볼 수 있다. J. N. Sanders, "The Case for the Pauline Authorship" and D. E. Nineham, "The Case against the Pauline Authorship," both in *Studies in Ephesians* (ed. F. L. Cross; London: Mowbray, 1956), 9-20과 21-35.

108 Moffatt, *Introduction*, 394을 보라. 참조. T. K. Abbott, *A Critical and Exegetical*

신이 실려 있다. 이 외적 증거에 기초하여 에베소서의 연대를 80-95년으로 추정할 수 있지만, 여전히 바울 저작을 필요로 하는 것은 아니다. 고려해야 할 또 다른 사항은 예루살렘 성전이 여전히 건재하다는 것이 서신에서 분명히 전제되고 있다는 점이다(이는 70년 이전임을 의미한다). 저자가 그리스도의 화평하게 하는 행위를 막힌 담을 허무는 것으로 표현할 때(2:14), 그는 아마도 성전의 지성소와 그 외의 지역을 나누는 벽을 가리키는 것으로 보인다. 이 유비를 이해하기 쉽게 표현하자면 여전히 이 담이 서 있음을 전제하는 것이다.[109] 막힌 담을 유대인과 이방인 사이의 분리를 은유적으로 표현한 것으로 볼 수 있지만, 문맥에 비춰보면 그렇지 않다. 이는 예수의 죽음을 둘러싼 예루살렘 내에서의 어떤 현상을 가리키는 것으로 보아야 하며, 따라서 바울의 생애 동안에 일어난 것이어야 한다.

c. **편지 형식.** 이 편지 자체는 다섯 개의 주요 단락으로 구성되는 바울 서신의 전형적인 개요를 따른다. 즉 서두(1:1-2), 감사(1:3-23), 본론(2:1-3:21), 권면(4:1-6:20), 맺음말(6:21-24)이다. 이는 사실상 어떤 면에서 바울 서신의 전형적인 형식을 구성하며, 다른 곳에서는 찾아볼 수 없는 비율의 균형을 보여준다.

d. **언어.** 에라스무스 시대 이후로 에베소서에서 나타나는 문체의 차이가 주목을 받아왔지만, 에베소서의 언어에도 바울의 전형적인

Commentary on the Epistles to the Ephesians and to the Colossians (ICC; Edinburgh: T&T Clark, 1897), x-xiii; S. E. Fowl, *Ephesians: A Commentary* (NTL; Louisville: Westminster John Knox, 2012), 9. Hoehner, *Ephesians*, 2-6도 보라.

109 M. Barth, *Ephesians* (AB 34; 2 vols.; Garden City, NY: Doubleday, 1974), 1.283-87을 보라.

특징이 몇 가지 나타난다. 여기에는 어휘가 포함되는데, 이는 대부분 이렇게 늦은 시기에 기록된 것으로 추정되는 다른 편지들보다도 바울의 초기 서신들에 사용된 언어와 좀 더 조화를 이룬다(아래를 보라). 저자는 주요 바울 서신에서 주로 사용되는 역설적 대조법을 사용하며(6:15, 복음으로 신을 신는 것에 대해; 6:20, 쇠사슬에 매인 사신에 대해), 특히 로마서를 비롯한 주요 바울 서신에만 전형적으로 등장하는 구약 인용에 의존한다.[110] 저자는 구약을 인용할 뿐만 아니라(4:8-11에서 시 68:18 인용) 구약의 수사학적 표현도 사용한다(엡 1:22; 2:13, 17; 4:25; 5:2; 6:1-3). 에베소서에 등장하는 언어의 다른 특징들에 대해 많은 반대가 제기된다. 그중 가장 중요한 것은 수식하는 구를 연달아 사용하는 것이다. 바울 저작을 반대하는 사람들은 에베소서에서 종종 소유격으로 표현되는 수식구가 서로 연결된 많은 경우를 자주 언급하면서 꾸며주는 대상이 명확하지 않다고 주장한다(예. 1:18, 직역하면 "그의 기업의 영광의 풍성함"). 이는 위의 골로새서에서도 살펴본 부분이다. 굴더는 에베소서(그는 이것이 라오디게아로 보낸 편지라고 주장한다)의 대적자들에 대한 예리한 글에서 두 가지를 지적한다. 첫째, 주요 서신들을 포함한 바울 서신에서 바울이 주로 사용하는 기교 중 하나는 반대자들의 주장들을 인용하는 것이지만, 그는 그것들을 자신만의 반박으로 꾸민다(예. 고전 2:6-7; 고후 3:1-3, 7; 4:4). 둘째, 바울이 응답할 때 그는 종종 그리스도 안에서 완성되었다고 자신이 믿는 것을 언급하면서 응답한다. 따라서 에베소서 1:3-14

---

110   구약 사용에 대해서는 T. Moritz, *A Profound Mystery: The Use of the Old Testament in Ephesians* (NovTSup 85; Leiden: Brill, 1996)를 보라.

과 같은 거대한 하나의 문장은 그리스도에 대한 부수적인 관점을 지닌 반대자들과 관련되었을 때 "그리스도 안에"라는 표현이 반복적으로 사용된 것에 대한 좋은 이유가 된다(3:16-17도 보라). 굴더는 다음과 같이 말한다. "이런 경향을 인식한다면, 모호한 후행절과 소유격 구는 고린도후서 4:4보다 에베소서에 있는 것이 좀 더 바울의 것으로 보인다. 바울 저작을 부인하는 것은 논증을 숫자 세기로 대체하려는 보편적인 유혹의 결과다."[111]

e. **신학.** 에베소서와 다른 바울 서신 사이에는 수많은 신학적 공통점이 있다. 여기에는 하나님을 영광스럽고(1:17) 강하며(1:10-20) 자비롭고(2:4-10) 예정하시는(1:5-14) 분으로 언급하는 내용이 포함된다. 그리스도는 높고 고귀한 위치에 있는 것으로 보이는데, 이는 4장 단락 2B에서 언급한 "그리스도 안에"라는 언어의 반복적 사용(예. 1:3, 10, 11)에서뿐만 아니라 십자가를 통해 인간과 하나님 그리고 인간들 사이의 화평을 이루는 역할(2:13-16)에서도 나타난다. 그리스도는 모든 다른 권세를 이기신 분이다(1:21-22). 성령은 계시의 전달자(2:18; 3:5)이자 그리스도인 공동체를 하나 되게 하는 힘(4:3; 5:18)으로서의 역할을 한다. 교회는 그리스도에 의해 함께하도록 혹은 화목하도록 부르심을 받았기에 유대인과 이방인이 하나의 새로운 피조물을 형성한다(2:13-16). 남자와 여자는 서로 복종해야 한다(5:21).

이 주장들은 에베소서가 바울의 저작이라는 사실을 확실하게 해주는 매우 설득력 있는 근거들이다. 이 편지 안에 개별적인 요소들이 많이

---

111   Goulder, "Visionaries of Laodicea," 21.

있지만, 전체적인 주장은 이 서신이 진짜 바울의 저작임을 가리킨다.

(2) 바울의 저작이 아니라는 가설

그러나 상당수의 학자가 사실 바울이 에베소서를 썼다는 것을 부인한다. 지난 백 년 혹은 그 이상 바울의 저작을 인정하는 학자와 그렇지 않은 학자들의 숫자는 거의 같았다.[112] 이 관점에 의하면 글쓴이가 바울이라고 말하는 언급은 가명으로서 역사적으로 정확하지 않은 것으로 받아들여야 한다. 저자가 가명이라는 입장에는 다음에 나오는 세 가지 주요 근거가 있다.[113]

a. **관점.** 에베소서의 관점은 바울의 생애와 사역 이후의 시기를 반영하는 것으로 보인다. 이것은 두 가지 면에서 나타난다. 첫째, 자신에 관해 썼다고 하기에는 어울리지 않을 정도로 바울이 고도로 존엄하게 다루어진다(3:1-13). 바울의 후대 추종자나 제자가 이방인을 위한 이전 사도를 우러러보는 마음과 존경심을 가지고, 마치 바울이 아직도 그리스도인 공동체를 향해 말하고 있는 것처럼 썼을 가능성이 더 커 보인다. 둘째는 첫 번째 이유와 조화를 이루는데, 이 편지는 마치 사도들이 폐쇄적인 집단인 것처럼 언급한다(2:20; 3:5). 만약 바울이 그 사도들 가운데 한 사람이었다면, 그가 그 그룹을 현재 세워진 교회의 토대가 되는 구별되고 분리된 근본 집단이라고 언급하지는 않을 것이다(참조. 고전 12:28에서 교회 내에서의 사도들과 다른 이들의 더 가까운 조화는 고린도전서의 어조를

112　광범위한 논의로는 Hoehner, *Ephesians*, 6-20을 보라.

113　A. T. Lincoln, *Ephesians* (WBC 42; Dallas: Word, 1990), lix-lxxiii을 보라.

반영한다).

b. **언어와 문체.** 에베소서에는 신약성경의 다른 곳에서 발견되지 않는 단어, 다시 말해 *hapax legomena*가 40개 있다(51개의 단어는 논란의 여지가 없는 바울 서신에서 발견되지 않는다). 여기에는 "요동하다"(κλυδωνίζομαι; 4:14)와 "감각 없는 자"(ἀπαλγέω; 4:19)로 번역된 단어들이 포함된다. "비밀"(μυστήριον; 5:32), "경륜"(οἰκονομία; 예. 1:9; 3:2, 9), "충만함"(πλήρωμα; 1:23) 등과 같이 다른 서신에서 발견되는 단어들은 새로운 의미로 사용된다. 많은 이들이 에베소서의 언어를 초기 바울 서신의 것이 아니라 속사도 교부들의 언어로 보면서 연대를 2세기 후반으로 설정한다.[114] 에베소서에서 바울의 언어가 발견되었을 때, 그것은 일반적으로 섞여 있거나 긴 어구나 표현으로 한데 묶여 있다(1:3-14, 15-23; 2:1-10). "우리를 사랑하신 그 큰 사랑"(2:4) 혹은 "거룩하고 흠이 없게"(1:4)처럼 종종 말을 반복하는 경우가 등장한다. 골로새서와 에베소서는 배열과 주제에 있어 꽤 비슷하며(아래를 보라), 전통적인 연대와 저자에 대한 관점을 보면 거의 동시에 비슷하게 구성되었음이 틀림없다. 그러나 언어와 문체에서는 의문이 제기될 정도로 매우 다르다. 어떤 이들은 서기나 비서가 구성에 더 깊이 개입했을 것으로 보기도 한다. 그러나 이것은 비서가 바울의 언어를 희생시키고 다른 것으로 바꾸었다는 것을 의미할 것이다.

c. **신학.** 에베소서에는 특정한 교리가 눈에 띄는 위치에서 사라졌거나 다른 교리로 대체된 것처럼 보인다. 예를 들면 어떤 이들이 보

---

114 C. L. Mitton, *The Epistle to the Ephesians: Its Authorship, Origin, and Purpose* (Oxford: Clarendon, 1951), 111-58을 보라. 참조. 279-315. 여기서 Mitton은 에베소서가 어법에 있어서 베드로전서뿐만 아니라 다른 바울 서신에 많이 의존하고 있다고 밝힌다.

기에 그리스도의 죽음과 십자가의 신학에 대한 강조가 에베소서의 관점에서는 희미해진다. 십자가가 직접 언급된 곳은 에베소서 2:16뿐이고, 그리스도의 죽음은 1:7과 5:2, 25에서만 언급된다. 초기 바울 서신은 미래적 종말론(살전 4:13-17; 살후 2장)을 반영한 것으로 보이지만, 에베소서는 그리스도와 함께 하늘에 이미 좌정한 신자들을 표현하는 실현된 종말론을 반영하는 것으로 보인다(2:6). 그러나 여전히 악의 세력과의 싸움은 진행 중이다(2:2; 6:12). 결혼과 관련하여 확고하면서도 평등주의적 태도를 지닌 고린도전서 7장에서 예시된 강력한 입장에 대해 에베소서의 저자는 양보하는 모습을 보이는 것 같다. 그러나 에베소서 5:22-33은 여성의 종속적인 위치를 제시하고 논의를 실생활에서의 남편과 아내의 관계에서 영적인 면에서 그리스도와 교회의 관계에 대한 생각으로 옮기면서 태도의 변화를 보인다. 교회는 예수 그리스도 위에 세워지는 것이 아니라(참조. 고전 3:11), 이제 "사도들과 선지자들"(엡 2:20) 위에 세워지며 이스라엘을 대체하는 것으로 보인다. 이는 주요 바울 서신에서 아마도 유일하게 갈라디아서 6:16에서만 암시된 개념이다.

이렇게 확실히 강한 증거에도 불구하고 에베소서가 바울의 것이 아니라는 관점에는 두 가지 중대한 문제가 있다. 첫째, 증거가 부정적인 방향으로 흘러간다(예. 언어 및 문체와 관련하여). 이 관점은 전통적인 관점의 문제점을 찾지만, 결정적인 근거를 설명하지 못한다. 예를 들면 학자들은 대부분 만일 이 서신이 바울의 것이 아닐 경우 80-90년의 연대를 제시한다. 하지만 바울 저작을 부인하는 데 사용된 몇몇 증거는 그 언어의 연대를 2세기 후반으로 주장한다. 모순되는 부정적 주장들을 결합하는 것은 위작과 관련된 긍정적인 주장을 형성하지 못한다. 둘째, 모든 가명-편지(pseudonymous-letter) 이론에서처럼 역사적이고 신학적인 문제가 있다. 이 편지는 스스로 바울에게서 비롯되었다고 명시적으로 밝히기 때문에, 그것은 곧 바울이 아닌 후대의 작가가 사도 바울의 이름을 사용했다는 것을 의미한다. 이것은 바울 저작의 본질에 대한 중요한 문제를 제기한다(6장 단락 3을 보라).[115] 이 편지의 또 다른 문제는 서신이 독자들에게 참된 것을 말하라(예. 4:25)고 권면하는 내용을 담고 있지만, 도덕적 정당화 없이 바울을 저자로 인정하는 거짓말을 한다는 사실에 있다.[116] 그렇지만 많은 학자들은 에베소서가 사도 바울의 죽음 이후 소아시아에 있는 바울의 교회를 위한 편지로서 기록되었다고 여전히 주장한다. 즉 바울이 그의 추종자들, 아마도 학파를 떠난 이후로 그들이 기록된 편지를 사용하여 그의 전통을 지속시켰다는 것이다.

(3) 중도적 견해

일부 학자들은 바울 저작을 찬성하거나 반대하는 이들 간의 대립 속에서 제3의 관점을 요구한다. 랄프 마틴으로 대표되는 중도적 견해는 바울 저작을 지지하는 증거의 중요성을 인정한다.[117] 그는 위에서 언급한 언어 및 사상의 유사성과 함께 외적인 증거에 주목한다. 그러나 그는 이 편지를 바울의 것으로 인정하는 데 있어 어려움과 문제가 계속 나타난다는 사실도 인정한다. 이것은 빌립보서처럼 바울의 것으로 받아들여지는 다

---

115 나는 다음 글에서 그 함의를 탐구한다. S. E. Porter, "The Implications of New Testament Pseudonymy for a Doctrine of Scripture," in *Interdisciplinary Perspectives on the Authority of Scripture: Historical, Biblical, and Theoretical Perspectives* (ed. C. R. Bovell; Eugene, OR: Pickwick, 2011), 236-56.

116 F. Thielman, *Ephesians* (BECNT; Grand Rapids: Baker, 2010), 5.

117 Martin, *Foundations*, 2.230-33.

른 서신들의 경우와 같다. 그가 제시하는 해결책은 이 편지의 가르침이 확실하게 사도 바울의 것이고 그에게서 비롯된 것이지만, 신실한 추종자에 의해 편집되고 출판되었다는 것이다. 이 사람은 바울의 사상에 친숙한 인물이었음이 틀림없다. 그는 바울이 말해야 했던 것을 대신 말할 정도로 신뢰를 받으면서 관련되는 상황에 그것을 적용할 수 있었다. 마틴에게 저자에 대한 논리적인 선택은 누가다. 이런 가설을 뒷받침하는 근거로 에베소서에는 있지만 주요 바울 서신에는 없는 단어가 사용될 수 있다. 그중 스물다섯 개는 누가-행전에 나오며, 열 개는 신약성경 어디에서도 사용되지 않는다. 게다가 일부 어법은 누가의 것으로 보인다. 사도행전 20:17-38에 기록된 바울과 에베소 장로들의 만남과 에베소서 사이의 평행구에서 추가 증거가 발견된다. 성령에 관한 논의가 그것의 한 예다(행 20:23, 28; 엡 3:5; 4:3-4).

만약 마틴이 옳고 누가가 에베소서의 실제 "저자"였다면, 누가가 바울의 생각을 차용하여 에베소의 상황에 적용하고 이 편지를 기록한 것으로 보면 여러 난제가 해결된다. 첫째, 이것은 에베소서와 주요 바울 서신의 문체상의 차이를 설명해준다. 심지어 에베소서가 종종 개인적인 편지가 아니라고 여겨지는 것도 설명할 수 있다. 왜냐하면 편지의 끝부분에 개인적으로 인사한 사람은 두기고가 유일하기 때문이다(6:21). 둘째, 편지의 작가 혹은 편집자가 사도 바울의 오랜 여행 동반자이자 추종자였던 누가와 같은 인물이었다면, 그가 바울의 사도 신분을 독특하고 권위적인 것으로 묘사한 것(3:1-13)을 이해할 수 있게 된다. 셋째로, 저작권에 대한 이런 견해는 다른 바울 서신의 사상에 가한 수정, 예컨대 재림에 대한 기대의 약화(3:20-21), 교회를 새로운 피조물로 보는 관점, 혹은 인종적인 경계의 폐지와 같은 요인들을 설명할 수 있게 된다(특히 작가가 누가처럼 이방인이었다면 말이다).

마틴의 의견은 칭찬할 만한 요소가 많지만 두 가지 난제에 직면한다. 하나는 그가 비교한 특정 항목과 관련된다. 예를 들면 C. L. 미튼(C. L. Mitton)은 사도행전이 바울의 편지들을 모르는 것처럼 보이는데 누가가 기록한 것으로 가정된 에베소서는 사도행전 20장을 알고 있다는 모순을 지적한다.[118] 두 번째 어려움은 무엇이 증거를 구성하는지와, 이 가설이 어떻게 진실 혹은 거짓으로 증명될 수 있는지와 관련된다. 한편으로 에베소서와 누가의 글의 유사성이 누가의 개입에 대한 증거가 된다. 에베소서는 이미 누가의 영향 아래 있는 것으로 보이기 때문이다. 다른 한편으로 바울의 문체나 사상과 일치하지 않는 것은 누가의 것으로 여겨질 수도 있다. 누가 혹은 다른 작가가 집필 과정에 연루되었는지(혹은 연루되지 않았는지)에 대한 증거를 구성하는 것이 무엇인지를 알기는 어렵다. 더욱이 누가를 포함하여 바울의 여행 동반자에 대해 알려진 것이 거의 없기 때문에, 그런 집필 활동을 그들이 행한 것으로 보거나, 그들이 개입한 특성을 알아내기가 쉽지 않다.

결과적으로, 누가 저작 가설이나 비 바울 저작권에 관한 부정적 증거(긍정적 증거보다는)와 같은 핵심적인 이슈들은 난해하며 증명하기 어려운 것들이다. 위에서 밝혔듯이 그들은 에베소서가 진정한 바울 서신이라는 것에 의문을 제기하지만, 긍정적인 대안을 제시하지는 않는다. 바울 저작설의 주장들이 최소한 주요 문제들을 다루고 있으므로, 나는 이 편지가 바울의 저작이라는 주장이 여러 대안 중에서도 가장 합리적이고 설득력 있는 선택이라고 생각한다.

---

118 C. L. Mitton, *Ephesians* (NCB; Grand Rapids: Eerdmans, 1973), 17. Mitton이 사도행전에서 바울 서신에 대한 지식이 부족하다고 한 것은 반론의 여지가 있다. S. E. Porter, *How We Got the New Testament: Text, Transmission, Translation* (ASBT; Grand Rapids: Baker, 2013), 113-14을 보라.

C. 골로새서와 에베소서의 관계

위에서 이미 언급한 골로새서와 에베소서의 복잡한 관계는 저자에 대해 어떤 관점을 취하는지와 관계없이 중요하다.[119] 바울 저작설을 지지하는 사람들에게(이 책에서 취하는 관점이기도 함) 이 관계는 바울의 사역에서 비슷한 시점에, 아마도 그가 감옥에 갇혔던 동안에 두 편지가 구성되었다는 것을 나타낸다. 그것은 바울이 여러 편지 중 하나, 아마도 골로새서를 먼저 썼으며, 이어서 에베소서를 쓸 때 동일한 개념을 사용하면서 때로는 심지어 같은 표현을 쓰기도 했음을 제시한다. 골로새서와 에베소서의 비교는 바울 저작설에 대해 중도적 견해를 고수하는 사람들에게 비슷한 양상을 제시할 수 있는데, 그에 따르면 에베소서 작가는 골로새서를 어떤 방식으로든지 저작의 기초로 사용했을 가능성이 크다. 물론이 단계에서 작가가 누가였는지 아니면 다른 사람이었는지는 중요하지 않다. 에베소서를 바울이 쓰지 않았다고 주장하는 사람들에게 있어서도 양상은 비슷할 수 있다. 다만 이 편지를 바울이 썼다고 가정하면, 바울이 골로새서를 쓴 시기와 누군가가 아시아의 동료 교회를 위한(또는 적어도 그 교회에 보내졌다고 알려진) 편지를 쓰려고 골로새서를 사용한 시기 사이의 간격이 있다는 점에 차이가 있다. 이 단락의 목적은 에베소서와 골로새서의 관계에 대한 특정한 관점을 주장하려는 것이 아니라, 유사성을 제시함으로써 두 서신을 공부할 때 제대로 이해할 수 있게 하려는 것이다.[120]

---

119 Hoehner, *Ephesians*, 20-25.

120 그러나 나는 이전에 쓴 소논문에서 두 편지 모두에 있는 화목 언어에 대한 바울의 용법이 바울 저작을 뒷받침한다고 주장했다. 참조. S. E. Porter and K. D. Clarke, "Canonical Critical Perspective and the Relationship of Colossians and Ephesians," *Biblica* 78 (1997):

골로새서의 단어들 중 34퍼센트가 에베소서에 다시 등장하는 것으로 추정된다. 혹은 반대의 경우를 생각해보면, 에베소서의 26.5퍼센트가 골로새서에 나온다.[121] 이렇게 겹치는 부분이 상당히 많음에도 불구하고 평행을 이루는 긴 구절은 거의 없다. 한 가지 중요한 예외는 골로새서 4:7-8과 에베소서 6:21-22인데, 이는 스물아홉 개의 단어로 이루어진 긴 언어적 일치를 보인다. 다른 모든 평행 구절에서는 두 편지 사이에 최대 다섯 개에서 일곱 개의 단어가 같다. 하지만 언어적 평행보다 더 눈에 띄는 것은 아마도 서신의 형식뿐만 아니라 주제에서도 유사점이 있다는 사실일 것이다. 이것이 표 5에 정리되어 있다. 그러나 이런 표를 사용할 때에는 주의를 기울여야 한다. 앤드루 링컨이 지적하듯이, 내용에 있어서 여러 차이점도 존재한다. 그리고 일정한 구성적 요소들(예. 서두)이 바울 서신의 곳곳에 규칙적으로 나타나면서 이 두 편지의 유사성을 감소시킨다.[122]

표 5. 골로새서와 에베소서: 개요와 내용의 평행

	골로새서	에베소서
서두	1:1-2	1:1-2
감사, 중보 기도	1:3-14	1:3-14, 15-23
독자들의 소외, 그러나 현재의 화목	1:21-23	2:11-22
고통받는 사도이자 비밀의 직분을 지닌 바울	1:24-29	3:1-13
머리-몸 관계	2:19	4:15-16
옛사람과 새사람	3:5-17	4:17-5:20
가정 규칙	3:18-4:1	5:21-6:9

57-86.

121 Lincoln, *Ephesians*, xlviii을 보라. 이 두 서신에 대한 훌륭한 대조표가 Moffatt, *Introduction*, 375-81에서 제공된다.

122 Lincoln, *Ephesians*, xlix을 보라.

기도에 대한 권면	4:2–4	6:18–20
두기고 추천	4:7–9	6:21–22
축복 기도	4:18	6:23–24

D. 에베소서의 기원, 목적, 동기, 목적지

에베소서의 기원을 결정하는 것은 저자에 대한 관점에 직접 의존한다. 만약 에베소서가 바울의 것이라면, 혹은 누가와 같이 바울과 가까운 동료의 편지라면, 바울이 로마, 에베소, 가이사랴, 혹은 고린도 중 한 곳에서 감옥에 갇힌 동안에 기록된 것인데, 특히 로마가 가장 가능성이 높다 (2장 단락 2E3을 보라). 만약 저자가 바울이나 그의 동료가 아니라면, 이 편지의 기원 혹은 목적지를 결정하는 것은 불가능하다.

이 편지의 목적지, 목적, 동기는 서로 밀접하게 연관되어 있다. 이것들은 이 편지의 서두와 관련된 어려움을 고려하여 함께 다뤄질 것이다. 에베소서 1:1에는 편지의 목적지와 관련한 심각한 논쟁이 있다. 왜냐하면 가장 믿을 만한 모든 초기 사본(그중에서도 P^{46}, 시내산 사본[ℵ 01], 바티칸 사본[B 03])에 "에베소에 있는"이라는 말이 없기 때문이다. 만약 "에베소에 있는"이라는 말이 거의 확실히 그래야 하는 것처럼 제거된다면, 그리스어 어법이 어색할 뿐만 아니라 평행을 이룰 대상이 없어지게 된다.[123] 이는 사본에 어떤 도시나 목적지가 한때 분명히 있었다는 것을 나타낸다. 안타깝게도 사본 전통은 에베소 외에는 어떤 도시도 없다. 교부 오리게네스는 목적지 없는 서두를 설명하려고 시도하면서 추측하기를,

---

123 F. Blass and A. Debrunner, *A Greek Grammar of the New Testament and Other Early Christian Literature* (trans. R. W. Funk; Chicago: University of Chicago Press, 1961), 단락 413(3)을 보라.

서두의 "~에 있는 성도들"은 스스로 계시는 분인 하나님의 존재 안에 부르심을 받은 자들을 의미한다고 본다. 다른 학자들은 "~에 있는 성도들"과 "신실한 자들"을 각각 유대인과 이방인 그리스도인들로 해석하려고 한다. 이 제안 중 어떤 것도 만족스러운 증명을 해내지 못한다. 다른 해결책들이 좀 더 깨달음을 준다.[124]

(1) 에베소인들에게 보내는 편지

서신의 바울 저작을 주장하는 이들 중 일부는 설사 이 편지를 다른 교회에도 함께 보냈다고 하더라도, 원래는 에베소에 있는 교회로 보낸 것이라고 여전히 주장한다. 이 입장은 편지의 목적지에 대한 논쟁이 존재함에도 불구하고, 교부들을 포함하여 사본 전승에 유일하게 기록된 목적지가 에베소임을 인정한다.[125] 예를 들어 피터 오브라이언은 사본 증거가 원본에는 "에베소에 있는"이라는 말이 없었다는 것을 가리키지만, 수많은 후대 사본이 이 단어를 포함하기 때문에 이 편지가 에베소에 어떻게든 전달되었음을 의미할 수 있다고 말한다.[126]

　에베소를 목적지로 보는 이 관점은 특히 바울이 편지의 저자인 경우에 여전히 여러 반대에 직면한다. 이 편지는 저자가 회중을 모른다는 느낌을 준다(1:15; 3:2-3; 4:21). 바울이 에베소에서 사역하며 여러 해를 보

124　E. Best, "Recipients and Title of the Letter to the Ephesians: Why and When the Designation 'Ephesians'?" *Aufstieg und Niedergang der römischen Welt* 2.25.4 (1987): 3247-79; Lincoln, *Ephesians*, 1-4; D. A. Carson and D. J. Moo, *An Introduction to the New Testament* (2nd ed.; Grand Rapids: Zondervan, 2005 [1992]), 488-91을 보라.

125　F. J. A. Hort, *Prolegomena to St. Paul's Epistles to the Romans and the Ephesians* (London: Macmillan, 1895), 86-98을 보라.

126　P. T. O'Brien, *The Letter to the Ephesians* (PNTC; Grand Rapids: Eerdmans, 1999), 48-49.

냈는데 말이다(행 19장을 보라). 게다가 앞서 언급했듯이 이 편지에는 두기고에 대한 언급(이것은 추천이다)을 제외하고는 개인적인 언급이 없고, 에베소의 상황에 대한 명확하고 직접적인 지식이 없다. 이 편지는 이방인들에게 보낸 것으로 보이지만, 에베소에는 유대인 그리스도인들도 있었을 것으로 추정된다. 이 증거는 바울이 회중 중 단지 한 분파에만 이 편지를 보냈거나, 아니면 전통적으로 받아들여진 목적지가 부정확해서 다시 조사되어야 함을 나타내는 것 같다.

(2) 회람 서신

글에 명백한 목적지가 없다는 것은 회람 서신이라는 견해에 힘을 실어준다. 이 편지가 회람 서신이라는 관점은 최소한 두 가지 형태를 취한다.[127] 어떤 이들은 이 편지가 바울의 것이 확실하지만 한 교회에만 보내진 것은 아니라고 주장한다. 다시 말하면 이는 회람 서신으로서, 두기고가 골로새서와 빌레몬서를 전하러 골로새를 방문할 때 이 편지도 함께 가져갔을 가능성이 크다는 것이다. 이것은 초기 사본에 있는 빈칸을 설명할수 있다. 왜냐하면 편지의 독자들에게 그 도시의 이름을 채워 넣도록 빈칸을 남겨두었다고 할 수 있기 때문이다. 게다가 공식적인 인사의 누락과 더 거리감 있는 어조도 설명이 가능해지며, 특정 학자들의 관점에 따르면 바울 사상의 본질을 모아둔 편지 모음도 확인할 수 있게 된다. 아마도 이 편지의 사본이 에베소에 남아 있었기 때문에, 후대에 이 편지가 이 도시와 밀접한 관계를 갖게 되었을 가능성이 있다. 회람 서신 가설의 한 가지 문제는 "에베소"라는 목적지로서의 장소뿐만 아니라 "에 있는"(in)

---

127 예, D. A. Hagner, *The New Testament: A Historical and Theological Introduction* (Grand Rapids: Baker, 2012), 588-89을 보라. 참조. 600.

이라는 단어가 초기 사본에 빠져 있다는 점이다. 혹자는 목적지를 삽입하는 곳을 알려주는 이 단어(즉 "~에 있는")가 포함되어 있었을 것이라고 기대할 수 있다.

다른 이들은 이 편지가 바울의 것이 아닌 회람 서신이었다고 주장한다. 진정한 바울 서신의 정신으로 기록된 이 편지는 그의 메시지를 아시아의 많은 교회에 퍼뜨리기 위해 고안되었다. 이 견해는 바울 편지 저작의 기원에 대한 에드거 굿스피드의 가설과 유사하다(아래의 단락 5D5와 6장 단락 4를 보라).

(3) 골로새의 이단에 대항하는 보호 편지

에베소서가 골로새의 이단에 대항하여 기록되었다는 것으로서, 회람 서신 가설에 의존하는 이 견해는 이 편지가 에베소 사람들만을 위해 쓰인 것이 아니라고 주장한다. 이 견해는 아시아에 있는 그리스도인의 더 큰 주변 공동체에 이단의 확산에 대항하는 보호 수단을 제공하기 위해 이 편지가 기록되었다고 주장한다(위의 단락 3D1을 보라). 이 이론은 이 편지가 왜 골로새서에 대한 의존을 이용하거나 드러내는지를 설명해준다. 이는 이 편지가 대다수 교회가 읽고 유익을 얻을 수 있도록 좀 더 일반적인 내용을 제공하기 위해 만들어졌기 때문이다. 이 관점에 따르면, 두기고는 아마도 이 편지를 가지고 그 지역에 도착하여 회람시킬 준비를 했을 것이다.

(4) 라오디게아로 보내는 편지

골로새서 4:16은 골로새서를 읽은 후에는 라오디게아에 보내는 편지와 교환함으로써 골로새 교회가 후자도 읽을 수 있게 하라고 말한다. 라오디게아에 보내는 편지를 특정하기 위한 많은 시도가 있었지만, 몇 가지 가설이 있었다는 것을 제외하고 아무런 편지도 발견되지 않았다(위의 단락 2C1g에서 언급된 4세기 라틴어 편지는 확실히 그 편지가 아니다).[128] 굴더는 이 편지가 바울의 편지라는 전제하에(그는 그렇다고 믿는다), 다음 몇 가지 이유를 들어 에베소서가 라오디게아로 보낸 편지가 틀림없다고 주장한다. 즉 골로새 사람들과 라오디게아 사람들의 연관성(골 2:1), 두 편지 사이의 연결, 수신자의 확인에 대한 어려움, 에베소서를 라오디게아에서 비롯된 것으로 보는 마르키온의 주장이다(테르툴리아누스, *Against Marcion* 5.17.1; 라오디게아로 보내는 편지에는 마르키온의 서문이 있지만, 에베소서에는 없다는 점에도 주목해야 한다).[129]

언급된 증거가 에베소서가 라오디게아에 보낸 편지일 가능성을 지지하는 것처럼 보이지만 그렇게 명시적으로 기록한 사본 전통은 존재하지 않는다. 굴더는 라오디게아 공동체가 바울을 반대하게 되었을 때(계 3:14-22) 편지의 원본이 파기되고 사본이 에베소에 남게 되었다고 주장한다. 그는 고대의 증거가 이 관점을 지지한다고 믿는다.

(5) 에베소서와 바울 서신

마지막 관점은 에베소서의 저술 동기와 바울 서신 모음집의 형성을 연결한다. 굿스피드는 1세기 중반 무렵 사도 바울이 죽고 그의 중요성이 약해지던 때에 그의 편지들이 한데 수집되었다고 제안한다. 바울의 저술에 대한 관심이 되살아났고, 현재 우리에게 에베소서로 알려진 이 편지가 이 모음집의 소개 편지(cover letter)로 기록되었다는 것이다.[130] 굿스피드

---

128 J. K. Elliott, *The Apocryphal New Testament* (Oxford: Clarendon, 1993), 543-46을 보라.

129 Goulder, "Visionaries of Laodicea," 16n1.

130 E. J. Goodspeed, *New Solutions of New Testament Problems* (Chicago: University of Chicago Press, 1927), 1-2장. 위의 6장 단락 3을 보라.

의 관점에서 보면, 바울의 충실한 제자가 바울의 저작과 친숙하지 않은 사람들을 위해 기록하면서 바울의 사상 가운데 중요하면서도 지속될 가치가 있다고 생각하는 것을 요약할 기회를 사용한 것이다. 바울의 편지 모음집은 다양한 교회에 배포되었고, 수신자는 아마도 그것을 받는 교회에 따라 계속 바뀌었다는 것이다.

이 견해에는 몇 가지 문제가 있다. 바울 서신 모음집의 형성에 대한 최근의 연구는 바울의 편지들이 잊힐 위험에 처한 때가 있었다는 점을 인정하지 않기 때문에, 이 이론은 그 어느 때보다도 설득력이 없다. 에베소서가 바울 서신 모음집의 앞부분에 있었던 흔적이 없다는 점은 심각한 문제다. 이 순서가 반영된 모음집이 발견될 것을 기대할 수도 있겠지만, 이를 포함하는 일련의 사본이나 사본 목록은 없다. 이와 관련된 난제가 더 있다. 만약 두기고가 이 편지의 유포와 관련이 없다면, 그에 대한 언급을 어떻게 설명할 것인가? 그리고 특히 로마서가 전통적으로 바울의 주요 가르침을 소개하는 기능을 하는 것으로 여겨졌음에도 어째서 에베소서가 모방할 편지로 많은 편지 가운데 골로새서가 선택되었을까?

(6) 요약

에베소서의 집필 동기는 위에서 언급한 몇 가지 다양한 요인 때문에 여러 면에서 가장 어려운 문제 중 하나다. 이것이 이방인 교회에 보내진 편지인 것은 분명하며(2:11; 3:1), 이 교회는 율법을 계속 실천해야 한다고 주장하던 유대주의자들 곧 유대인 그리스도인 집단의 위협을 받고 있었을 가능성이 꽤 크다(2:11). 바울의 응답은 유대교 관습은 폐지되었고 (2:15) 유대인과 이방인 모두 동등하게 하나님과 친밀해졌다는 주장이다(2:13-16). 믿음을 통해 은혜로 구원을 받았기 때문에(2:8), 연합된 하나의 교회를 형성해야 한다(5:18-21). 굴더는 유대인 신비주의자들이 그리스도의 위치와 탁월함을 깎아내리는 유대인 그리스도인의 묵시적 신학을 조장하는 문제가 있었다고 주장한다.[131] 그러나 굴더처럼 너무 멀리 나갈 필요는 없다. 즉 이 편지가 언급하는 상황의 원인을 바울이 선교를 위해 노력하는 데 있어서 다른 곳에서 경험했던 것에 돌릴 필요는 없다 (예, 갈라디아서).

E. 에베소서의 개요[132]

A. 서두(1:1-2)

   1. 보내는 이(1:1a)

   2. 받는 이(1:1b)

   3. 인사(1:2)

B. 감사(1:3-23)

   1. 감사 어구(1:3-14)

   2. 중보(1:15-23)

C. 본론: 그리스도 안에서의 연합(2:1-3:21)

   1. 선한 일을 하게 하는 은혜에 의한 구원(2:1-10)

   2. 하나의 그리스도인 신앙으로 묶인 이방인의 편입(2:11-22)

   3. 비밀의 직분을 맡은 바울(3:1-13)

   4. 마지막 기도와 송영(3:14-21)

D. 권면(4:1-6:20)

   1. 가치 있는 삶을 삶(4:1-6)

---

131   Goulder, "Visionaries of Laodicea," 특히 37-39.

132   Lincoln, *Ephesians*, xliii을 보라.

2. 하나님의 은혜에 반응함(4:7-16)

3. 그리스도인의 삶을 삶(4:17-5:20)

4. 가족 관계에서의 복종(5:21-6:9)

5. 주 안에서 강하게 됨(6:10-17)

6. 성령 안에서의 기도(6:18-20)

E. 맺음말(6:21-24)

1. 두기고(6:21-22)

2. 축복 기도(6:23-24)

F. 에베소서의 내용

서두(1:1-2)

바울은 이 편지의 서두에서 자신을 하나님의 뜻으로 말미암아 그리스도 예수의 사도 된 자로 소개한다. 로마서에서처럼 그는 여기서 공동 저자로 다른 사람을 열거하지 않는다. 그는 성도들과 그리스도 예수 안에 있는 신실한 자들에게 쓴다(가장 초기의 사본은 "에베소에 있는"을 포함하지 않는다. 따라서 이것은 원래의 형태가 아닌 것으로 보인다. 위의 논의를 보라). 이 편지에서 바울의 독자들의 정확한 정체는 학계의 논쟁거리이며, 에베소서는 지역의 다양한 교회에 보내진 일반적인 편지일 가능성이 크다. 어쨌든 그는 자신의 표준 어구인 "하나님 우리 아버지와 주 예수 그리스도로부터 은혜와 평강이 너희에게 있을지어다"로 서두를 마무리한다.

감사(1:3-23)

바울은 하늘의 모든 영적인 복을 그들에게 은혜로 허락하신 하나님께 드리는 축복의 말로 이 단락을 시작한다. 그들은 세상이 창조되기 이전에 거룩하고 흠이 없도록, 하나님의 자녀로 입양되도록, 그리스도의 피로 구원받도록 선택되고 예정되었다. 이 구원은 그의 은혜의 풍성함에 의한 죄 사함이다. 하나님은 자신의 뜻의 비밀을 그들에게 알려주셨고, 그것은 그리스도 안에서 시작되었다. 그들은 그리스도 안에서 기업을 받았고, 그분의 목적과 의지에 따라 예정되었다. 이것은 그리스도 안에서의 첫 소망으로서 그들이 그분의 영광을 위해 존재하게 하기 위함이다. 그들은 성령의 인치심도 받았는데, 이는 그들이 진리의 말씀인 복음을 들었을 때 일어난 일이다. 이 인치심은 그들이 기업을 받을 때까지 그것을 보증해준다.

이런 이유로 바울은 자신의 기도 속에서 예수를 믿는 믿음과 성도들을 향한 사랑이 그들 안에 있음에 대한 감사를 멈추지 않는다고 말한다. 그는 그들이 그리스도의 지식 안에서 지혜와 계시의 영을 받고 그들을 부르신 소망이 무엇인지를 알도록 기도한다. 또 그들이 그의 영광스러운 기업의 풍성함과 신자들을 향한 그의 능력의 무한한 위대함, 그리고 죽음으로부터 그리스도를 일으킨 그 능력을 알도록 기도한다. 이 능력은 그리스도를 일으켰을 뿐만 아니라 그를 만물의 머리로 두었고 그를 자신의 몸인 교회의 머리로 세웠다.

본론: 선한 일을 하게 하는 은혜에 의한 구원(2:1-10)

에베소의 그리스도인들은 그들의 죄로 죽었고, 세상의 방법에 따라 살면서 불순종하게 만드는 영을 따랐었다. 그들은 육신의 욕심을 따라 살면서 진노의 자녀로서 자신들이 원하는 것들을 행했었다. 그러나 긍휼이 풍성하신 하나님이 그들을 향한 자신의 헤아릴 수 없는 사랑으로 그들을 그리스도와 함께 살리시고 그리스도와 함께 일으키셨다. 그들의 구원은 하나님으로부터 온 선물로서 믿음을 통해 은혜로 주어진 것이며 행위에 의한 것이 아니다. 따라서 누구도 자랑할 이유가 없다. 그들은 하나님이 손으로 만드신 작품이며, 선한 일을 위해 창조된 자들이다. 이것은 하나님께서 그들보다 앞서 준비하신 것이다.

본론: 하나의 그리스도 신앙으로 묶인 이방인의 편입(2:11-22)

바울은 에베소 사람들이 자신들은 스스로를 "할례 받은 무리"라고 부르는 자들로부터 "할례 받지 않은 무리"라고 불리던 이방인으로서, 한때 그리스도로부터 분리되어 언약에 대하여는 외인이고 이스라엘 밖에 있었다는 사실을 기억하기를 원한다. 그러나 그리스도 예수 덕분에 한때 멀리 떨어져 있었던 자들이 그리스도의 피를 통해 가까워지게 되었고, 그분이 그들의 화평이 되심으로써 유대인과 이방인 사이의 막힌 담을 허무셨다. 따라서 이제는 대립이 아니라 화목이 있다. 그들은 그리스도를 통해 한 성령께 나아갈 수 있고, 이제는 외인과 나그네가 아니며, 하나님의 가족의 동료 시민이다. 이 집의 기초는 사도와 선지자에 의해 세워졌고, 그리스도를 모퉁잇돌로 삼아 그 위에 건물의 전체 구조가 주 안에서 거룩한 성전으로 함께 세워진다.

본론: 비밀의 직분을 맡은 바울(3:1-13)

따라서 유대인과 이방인 사이에는 화평이 있다. 바울은 그들 때문에 그리스도를 위해 갇힌 자가 되었다. 이는 하나님으로부터 받은 복음의 비밀을 선포하는 책무 때문이다. 이 비밀은 이방인들이 그리스도 예수 안에서 함께 약속의 상속자가 되었고, 그래서 그들이 같은 몸의 구성원으로서 참여하게 된다는 내용이다.

바울은 하나님의 능력으로 그에게 주신 하나님의 은혜에 의해 자신이 일꾼이 되었다고 말한다. 그는 자신이 성도 중 가장 작은 자이지만(아마도 그리스도인들을 박해했던 자신의 예전의 삶을 염두에 둔 표현일 것이다. 참조. 고전 15:9), 그리스도의 이해할 수 없는 풍성함을 이방인들에게 선포하는 일을 맡게 되었다고 고백한다. 이 모든 것은 하나님의 목적에 의한 것인데, 그 목적은 그리스도 안에서 실현되었으며, 그분 안에서 그들은 담대함과 확신을 갖게 된다. 그러므로 그들은 자신의 고난으로 인해 낙심하지 말아야 한다. 그것이 오히려 그들의 영광이기 때문이다.

본론: 마지막 기도와 송영(3:14-21)

바울은 하나님께 기도한다. 이는 하나님의 영광의 풍성함을 따라 그분의 성령을 통해 그들의 속사람을 강건하게 하시고, 그리스도께서 그들 안에 거하심으로써 사랑을 그들의 근본으로 지니게 하시며, 그리스도의 사랑의 깊이를 이해하게 하시고, 그들이 하나님의 충만하심으로 채워지기를 구하는 기도다. 그다음에 바울은 갑자기 송영을 시작한다. 그들이 상상할 수 있는 것보다 훨씬 더 능력이 있으신 분에게 교회와 그리스도 예수 안에서 영광이 모든 세대에 걸쳐 영원히 있기를 구한다.

권면: 가치 있는 삶을 삶(4:1-6)

권면 단락의 시작 부분에서 바울은 에베소 사람들에게 자신이 갇힌 것을 다시 상기시킨다. 그리고 그들에게, 받은 부르심에 합당하게 행하여 모든 겸손과 온유로 하고 오래 참음으로 사랑 가운데서 서로 용납하고 성령이 하나 되게 하신 것을 평화롭게 힘써 지키라고 권고한다. 이런 화합이 필요한 이유는 그들이 한 소망으로 부르심을 받았듯이 몸이 하나이고 성령도 한 분이시기 때문이다. 주님도 한 분, 믿음도 하나, 세례도 하나, 하나님과 아버지도 한 분이시다.

권면: 하나님의 은혜에 반응함(4:7-16)

그러나 그가 말하길 그리스도의 선물의 분량에 따라 은혜가 그들 각자에게 주어졌다. 바울은 그리스도의 선물을 논하기 위해 그리스도께서 무덤으로 강하하시고 승귀하신 것을 암시하는 시편 68:18을 인용한다. 이 선물에는 사도, 예언자, 복음 전하는 자, 목사, 교사가 포함되며, 이들은 봉사의 직무를 위해 성도들을 준비시키고, 충분히 성숙할 때까지 그들을 그리스도의 몸으로 세우기 위해 존재하는데, 이 성숙은 그리스도를 믿는 믿음과 지식의 하나 됨이다. 이 성숙은 그들이 파도에 휩쓸리고 교활한 가르침과 간사한 사람에 흔들리는 것을 방지하는 역할을 한다. 그들은 쉽게 흔들리는 대신 그리스도를 머리로 모시면서 사랑 안에서 참된 것을 말하는 성숙함에 이르러야 한다. 몸의 나머지 부분이 머리에 연결되어 그 역할을 잘할 때 성장하여 사랑 안에서 스스로 세운다.

권면: 그리스도인으로 살아감(4:17-5:20)

성숙을 위해 열심히 노력하라고 하면서 바울은 에베소 사람들에게 이제부터 이방인들이 행하는 것처럼 살지 말라고 말한다. 그들의 마음은 허망하고, 그들의 이해는 어두워졌으며, 하나님의 생명으로부터 멀어졌는데, 이는 그들의 무지 때문이다. 그들은 무감각하고 완고해서 음란, 탐욕, 부도덕에 빠졌다. 하지만 바울은 그들이 그리스도에 대해 이미 배웠다고 간주하면서 그리스도에 대해 배운 것은 그런 것이 아니라고 말한다. 대신에 그들은 옛 자아를 내려놓음으로 부정과 거짓으로부터 떠나서 심령을 다시 새롭게 함으로 새로운 자아를 입고 하나님을 따라 의와 진리의 거룩함으로 지어져야 한다.

바울은 그들에게 거짓을 치우고 진실을 말하라고 한다. 왜냐하면 그들이 서로 지체이기 때문이다. 화를 내는 것은 허용될 수 있다. 그러나 죄를 짓지 말아야 하고 너무 오래 화를 내면 안 된다. 그렇게 해야 마귀가 그들의 분노 속에서 그들이 죄를 짓도록 유혹할 기회를 얻지 못하게 된다. 도둑질하는 자는 이제 훔치지 말고 정직하게 일해서 자신이 번 것을 나눌 수 있어야 한다. 그들은 더러운 말을 삼가야 하며 오직 세우는 말과 상황에 맞는 말을 하도록 장려되어야 한다. 또 그들은 성령을 근심하게 하지 말아야 한다. 그분 안에서 구원의 날까지 그들의 기업이 인치심을 받았기 때문이다. 모든 악함, 분노, 노여움, 소란, 비방, 악의를 버려야 하고, 그 대신 하나님께서 그리스도 안에서 그들을 용서하신 것처럼 서로에게 친절하고 온순하게 대하며 서로를 용서해야 한다.

그들은 하나님의 용서를 염두에 두고 하나님의 사랑을 받는 자녀들로서 하나님의 모방자가 되어야 한다. 그리스도께서 그들을 위해 자신을 희생하면서 사랑하신 것처럼, 그들은 사랑 가운데 행해야 한다. 성적 부도덕, 불결, 탐욕을 멀리함으로써 이것을 행해야 한다. 심지어 이런 것 중 그 무엇과도 관계되어서는 안 된다. 신성모독의 말이나 유치한 농담도 해서는 안 된다. 이것들은 부르심을 받은 그들과 같은 사람들에게 어울리지 않는다. 대신 감사로 채워야 한다. 바울은 그들에게 성적으로 부도덕하거나 불결하거나 욕망을 가진 사람(우상숭배자)은 그리스도의 나라에서 기업을 받지 못할 것이 확실하다고 경고한다. 허망한 말과 같은 것들은 하나님의 진노를 불러일으키기 때문에 조심해야 한다. 그들은 어두움에 참여하지 말고 무엇이 하나님을 기쁘시게 하는 것인지를 고민해야 한다. 또 무엇이든 빛에 노출되면 드러나기 때문에, 어두움을 폭로해야 한다. 바울은 출처를 알 수 없는 말을 인용한다.[133] "잠자는 자여! 깨어서

---

133 Hoehner, *Ephesians*, 686-88을 보라. 여기에는 사 26:19; 60:1 혹은 욥 1:6 등의 구약 본문과 유사점이 있지만, 그리스어가 이 구절과 많이 비슷한 것은 아니다.

죽은 자들 가운데서 일어나라. 그리스도께서 너에게 비추이시리라."

따라서 그들은 자신들이 어떻게 행하고 있는지 주의해야 한다. 어리석음을 피하고 주의 뜻을 이해해야 한다. 술에 취해서는 안 된다(디오니소스에 대한 숭배를 의미하는 것으로 보인다).[134] 그것은 방탕이기 때문이다. 대신 성령으로 충만해야 한다. 성령 충만은 서로가 서로에게 시, 찬송, 영적인 노래로 화답할 때 가능하며, 주님께 노래하고 찬송하며 모든 것에 대해 하나님께 감사할 때 받을 수 있다.

권면: 가족 관계에서의 복종(5:21-6:9)

그들이 성령으로 충만해질 수 있는 또 다른 방법은 서로에게 복종하는 것이다. 바울은 이것을 다음 단락에서 더 자세히 말한다. 신약 내의 여러 *Haustafeln*(행동에 대한 가정 규약, 그러나 문자적으로는 "집 탁자"; 참조. 골 3:18-4:1; 벧전 2:18-3:7) 중 하나로서, 바울은 가정의 기능을 위한 기본 지침을 전한다. 그 출발점은 그리스도에 대한 공경으로 다른 사람에게 복종하라는 권고다. 남편들은 자기 아내를 사랑해야 하는데, 이는 결국 그리스도께서 교회를 사랑하심과 같은 것이다. 그들은 마치 자기 자신을 사랑하는 것처럼 아내를 사랑해야 한다. 바울은 창세기의 설명을 인용하면서 남자가 그의 부모를 떠나 아내와 연합하는 것을 묘사한다. 그리고 이 비밀이 그리스도 및 교회와 관련되며 남편과 아내의 관계에 상응한다고 말한다.

---

134 참조. S. E. Porter, "Ephesians 5.18-19 and Dionysian Background," in *Testimony and Interpretation: Early Christology in Its Judeo-Hellenistic Milieu: Studies in Honour of Petr Pokorný* (ed. J. Mrázek and J. Roskovec; JSNTSup 272; London: T&T Clark, 2004), 68-80; C. A. Evans, "Ephesians 5:18-19 and Religious Intoxication in the World of Paul," in *Paul's World* (ed. S. E. Porter; PAST 4; Leiden: Brill, 2008), 181-200.

자녀들은 부모에게 모든 일에 순종해야 한다. 바울은 십계명을 언급하면서 자녀들이 아버지와 어머니를 공경하는 것이 약속 있는 첫 계명이라고 말한다. 한편 부모들은 자기 자녀들의 분노를 자극해서는 안 되며, 대신에 그들을 주의 교훈과 훈계로 양육해야 한다.

종들은 자신들의 주인에게 신실한 마음을 갖고 두려움과 떨림으로 순종해야 한다. 보이는 곳에서만 행동을 잘하는 것이 아니라, 하나님 앞에서 하듯 일해야 한다. 바울은 주인들에게 종들을 잘 대접하되, 자신들에게도 하늘에 주인이 있다는 사실을 기억하며 종들을 위협하지 말라고 명령한다.

권면: 주 안에서 강하게 됨(6:10-17)

명령의 마지막 나열로 바울은 에베소 사람들에게 주 안에서 강해지라고 말하면서 전신 갑주의 유비를 사용한다. 그들은 이 전신 갑주를 입음으로써 마귀의 간계에 대항하여 싸울 수 있다. 그들의 싸움은 육체의 싸움이 아니라 영적인 것이므로, 그들은 스스로 잘 준비해야 한다. 전신 갑주는 진리의 허리띠, 의의 호심경, 평안의 복음의 신발, 믿음의 방패, 구원의 투구, 성령의 말씀의 검 즉 하나님의 말씀으로 구성된다. 전신 갑주에 대한 여러 다른 해석이 있다. 하지만 개별적인 요소에 지나치게 제한적인 해석을 배제하고 바울이 여기서 말하고자 하는 바는 신자들이 영적 싸움을 잘 준비하고 대비하라는 것이다.

권면: 성령 안에서의 기도(6:18-20)

이 전신 갑주를 입고 그들은 성령 안에서 계속 기도해야 한다. 바울은 자신이 말과 관련하여 복음의 비밀을 담대하게 선포할 수 있게 해달라는 기도를 부탁한다. 그가 쇠사슬에 매인 대사가 된 것은 이 복음을 위한 것이다.

맺음말(6:21-24)

바울은 독자들이 자신에 대해 염려하고 있다고 확신한다. 그래서 그는
이 편지를 전달하는 두기고가 그들에게 바울이 하는 일들을 알려줄 것이
라고 말한다. 그리고 아버지 하나님으로부터의 평안과 사랑이 그들에게
있기를 바란다. 그는 변함없는 사랑으로 주를 사랑하는 모든 이들에게
은혜가 있기를 바란다는 축복 기도로 편지를 끝마친다.

추가 학습을 위한 자료

주석

빌립보서

Beare, F. W. *A Commentary on the Epistle to the Philippians*. BNTC. London: A&C Black, 1959.

Bockmuehl, M. *The Epistle to the Philippians*. BCNT. Peabody, MA: Hendrickson, 1998.

Collange, J.-F. *The Epistle of Saint Paul to the Philippians*. Translated by A. W. Heathcote. London: Epworth, 1979.

Fee, G. D. *Paul's Letter to the Philippians*. NICNT. Grand Rapids: Eerdmans, 1995.

Hansen, G. W. *The Letter to the Philippians*. PNTC. Grand Rapids: Eerdmans, 2009.

Hawthorne, G. F. *Philippians*. Revised by R. P. Martin. WBC 43. N.P.: Nelson, 2004. WBC 성경주석 『빌립보서』(솔로몬 역간).

Lightfoot, J. B. *St. Paul's Epistle to the Philippians*. London: Macmillan, 1891.

Martin, R. P. *Philippians*. NCB. Grand Rapids: Eerdmans, 1976.

O'Brien, P. T. *The Epistle to the Philippians*. NIGTC. Grand Rapids: Eerdmans, 1991.

Reumann, J. *Philippians*. Anchor Yale Bible 33B. New Haven: Yale University Press, 2008.

Silva, M. *Philippians*. BECNT. 2nd ed. Grand Rapids: Baker, 2005.

골로새서, 빌레몬서

Abbott, T. K. *A Critical and Exegetical Commentary on the Epistles to the Ephesians and to the Colossians*. ICC. Edinburgh: T&T Clark, 1897.

Barth, M., and H. Blanke. *Colossians*. AB 34B. New York: Doubleday, 1994.

Bruce, F. F. *The Epistles to the Colossians, to Philemon, and to the Ephesians*. NICNT. Grand Rapids: Eerdmans, 1984.

Callahan, A. D. *Embassy of Onesimus: The Letter of Paul to Philemon*. Valley Forge, PA: Trinity, 1997.

Dunn, J. D. G. *The Epistles to the Colossians and to Philemon*. NIGTC. Grand Rapids: Eerdmans, 1996.

Fitzmyer, J. A. *The Letter to Philemon*. AB 34C. New York: Doubleday, 2000.

Harris, M. J. *Colossians and Philemon*. Exegetical Guide to the Greek New Testament. Grand Rapids: Eerdmans, 1991.

Lightfoot, J. B. *St. Paul's Epistles to the Colossians and to Philemon*. London: Macmillan, 1875.

Lohse, E. *Colossians and Philemon*. Hermeneia. Philadelphia: Fortress, 1971.

Moo, D. J. *The Letters to the Colossians and to Philemon*. PNTC. Grand Rapids: Eerdmans, 2008.

Moule, C. F. D. *The Epistles to the Colossians and to Philemon*. Cambridge Greek Testament Commentary. Cambridge: Cambridge University Press, 1957.

O'Brien, P. T. *Colossians, Philemon*. WBC 44. Waco, TX: Word, 1982.

Pokorný, P. *Colossians: A Commentary*. Translated by S. S. Schatzmann. Peabody, MA: Hendrickson, 1991.

Schweizer, E. *The Letter to the Colossians: A Commentary*. Translated by A. Chester. Minneapolis: Augsburg, 1976.

Sumney, J. L. *Colossians: A Commentary*. NTL. Louisville: Westminster John Knox, 2008.

Wright, N. T. *Colossians and Philemon*. TNTC. Grand Rapids: Eerdmans, 1986.

에베소서

Abbott, T. K. *A Critical and Exegetical Commentary on the Epistles to the Ephesians and to the Colossians*. ICC. Edinburgh: T&T Clark, 1897.

Barth, M. *Ephesians*. 2 vols. AB 34-34A. Garden City, NY: Doubleday, 1974.

Bruce, F. F. *The Epistles to the Colossians, to Philemon, and to the Ephesians*. NICNT. Grand Rapids: Eerdmans, 1984.

Fowl, S. E. *Ephesians: A Commentary*. NTL. Louisville: Westminster John Knox, 2012.

Hoehner, H. W. *Ephesians: An Exegetical Commentary*. Grand Rapids: Baker, 2002.

Kitchen, M. *Ephesians*. London: Routledge, 1994.

Lincoln, A. T. *Ephesians*. WBC 42. Dallas: Word, 1990. WBC 성경주석 『에베소서』(솔로몬 역간).

Mitton, C. L. *Ephesians*. NCB. Grand Rapids: Eerdmans, 1973.

O'Brien, P. T. *The Letter to the Ephesians*. PNTC. Grand Rapids: Eerdmans, 1999.

Robinson, J. A. *St. Paul's Epistle to the Ephesians*. 2nd ed. London: Macmillan, 1904.

Schnackenburg, R. *The Epistle to the Ephesians: A Commentary*. Translated by H. Heron. Edinburgh: T&T Clark, 1991.

Thielman, F. *Ephesians*. BECNT. Grand Rapids: Baker, 2010.

논문 및 단행본

Arnold, C. E. *The Colossian Syncretism: The Interface between Christianity and Folk Belief at Colossae*. WUNT 2/77. Tübingen: Mohr-Siebeck, 1995.

————. *Ephesians: Power and Magic. The Concept of Power in Ephesians in Light of Its Historical Setting*. SNTSMS 63. Cambridge: Cambridge University Press, 1989.

Bloomquist, L. G. *The Function of Suffering in Philippians*. JSNTSup 78. Sheffield: JSOT Press, 1993.

Byron, J. *Recent Research on Paul and Slavery*. RRPS 3. Sheffield: Sheffield Phoenix, 2008.

————. *Slavery Metaphors in Early Judaism and Pauline Christianity*. WUNT 162. Tübingen: Mohr-Siebeck, 2003.

Cross, F. L., ed. *Studies in Ephesians*. London: Mowbray, 1956.

DeMaris, R. *The Colossian Controversy: Wisdom in Dispute at Colossae*. JSNTSup 96. Sheffield: JSOT Press, 1994.

Elmer, I. J. *Paul, Jerusalem, and the Judaizers: The Galatian Crisis in Its Broadest Historical Context*. WUNT 2/258. Tübingen: Mohr-Siebeck, 2009.

Fowl, S. *The Story of Christ in the Ethics of Paul: An Analysis of the Function of the Hymnic Material in the Pauline Corpus*. JSNTSup 36. Sheffield: JSOT Press, 1990.

Francis, F. O., and W. A. Meeks, eds. *Conflict at Colossae: A Problem in the Interpretation of Early Christianity Illustrated by Selected Modern Studies*. Rev. ed. SBLSBS 4. Missoula, MT: Scholars Press, 1975.

Gordley, M. E. *The Colossian Hymn in Context: An Exegesis in Light of Jewish and Greco-Roman Hymnic and Epistolary Conventions*. WUNT 2/228. Tübingen: Mohr-Siebeck, 2007.

————. *Teaching through Song in Antiquity: Didactic Hymnody among Greeks, Romans, Jews, and Christians*. WUNT 2/302. Tübingen: Mohr-Siebeck, 2011.

Harrill, J. A. *Slaves in the New Testament: Literary, Social, and Moral Dimensions*. Minneapolis: Fortress, 2006.

Harris, M. J. *Slave of Christ: A New Testament Metaphor for Total Devotion to Christ*. Downers Grove, IL: InterVarsity, 1999.

Hemer, C. J. *The Letters to the Seven Churches of Asia in Their Local Setting*. JSNTSup 11. Sheffield: JSOT Press, 1986.

Hort, F. J. A. *Prolegomena to St. Paul's Epistles to the Romans and the Ephesians*. London: Macmillan, 1895.

Keown, M. J. *Congregational Evangelism in Philippians: The Centrality of an Appeal for Gospel Proclamation to the Fabric of Philippians*. Milton Keynes: Paternoster, 2008.

Kiley, M. *Colossians and Pseudepigraphy*. BS 4. Sheffield: JSOT Press, 1986.

Knox, J. *Philemon among the Letters of Paul*. Rev. ed. London: Collins, 1960 (1935).

Koester, H., ed. *Ephesos: Metropolis of Asia: An Interdisciplinary Approach to Its Archaeology, Religion, and Culture*. Valley Forge, PA: Trinity, 1995.

Koperski, V. *The Knowledge of Christ Jesus My Lord: The High Christology of Philippians 3:7-11*. Kampen, Netherlands: Kok Pharos, 1996.

Leppä, O. *The Making of Colossians: A Study on the Formation and Purpose of a Deutero-Pauline Letter*. Publications of the Finnish Exegetical Society 86. Göttingen: Vandenhoeck & Ruprecht, 2003.

Martin, D. B. *Slavery as Salvation: The Metaphor of Slavery in Pauline Christianity*. New Haven: Yale University Press, 1990.

Martin, R. P. *Carmen Christi: Philippians 2:5-11 in Recent Interpretation and in the Setting of Early Christian Worship*. Rev. ed. Grand Rapids: Eerdmans, 1983.

Martin, T. W. *By Philosophy and Empty Deceit: Colossians as Response to a Cynic Critique*. JSNTSup 118. Sheffield: Sheffield Academic, 1996.

Mitton, C. L. *The Epistle to the Ephesians: Its Authorship, Origin, and Purpose*. Oxford: Clarendon, 1951.

Moritz, T. *A Profound Mystery: The Use of the Old Testament in Ephesians*. NovTSup 85. Leiden: Brill, 1996.

Pearson, B. W. R. *Corresponding Sense: Paul, Dialectic, and Gadamer*. Biblical Interpretation Series 58. Leiden: Brill, 2001.

Peterman, G. W. *Paul's Gift from Philippi: Conventions of Gift Exchange and Christian Giving*. SNTSMS 92. Cambridge: Cambridge University Press, 1997.

Petersen, N. *Rediscovering Paul: Philemon and the Sociology of Paul's Narrative World*. Philadelphia: Fortress, 1985.

Porter, S. E., and G. P. Fewster, eds. *Paul and Pseudepigraphy*. PAST 8. Leiden: Brill, 2013.

Reed, J. T. *A Discourse Analysis of Philippians: Method and Rhetoric in the Debate over Literary Integrity*. JSNTSup 136. Sheffield: Sheffield Academic, 1997.

Sanders, J. T. *The New Testament Christological Hymns: Their Historical Religious Background*. SNTSMS 15. Cambridge: Cambridge University Press, 1971.

Sappington, T. J. *Revelation and Redemption at Colossae*. JSNTSup 53. Sheffield: JSOT Press, 1991.

Thielman, F. *Paul and the Law: A Contextual Approach*. Downers Grove, IL: InterVarsity, 1995.

Tolmie, D. F., ed. *Philemon in Perspective: Interpreting a Pauline Letter*. Berlin: de Gruyter, 2010.

Trebilco, P. *The Early Christians in Ephesus from Paul to Ignatius*. WUNT 166. Tübingen: Mohr-Siebeck, 2004.

Wansink, C. S. *Chained in Christ: The Experience and Rhetoric of Paul's Imprisonments*. JSNTSup 130. Sheffield: Sheffield Academic, 1996.

Williams, D. K. *Enemies of the Cross of Christ: The Terminology of the Cross and Conflict in Philippians*. JSNTSup 223. Sheffield: Sheffield Academic, 2002.

제12장

목회 서신:

디모데전후서, 디도서

1. 서론

"이 편지들을 바울이 기록했다고 되어 있지만…대부분의 학자들은 이 편지들이 바울 사후에 기록되었고 심지어 골로새서, 에베소서, 데살로니가후서보다 더 후대에 기록되었다고 믿는다."[1] 목회 서신이 바울에게서 유래했다는 것은 18세기 후반까지 그 서신들에 대한 가장 초기의 증언에서 논란의 여지가 없었던 것으로 보이지만,[2] 오늘날 비평적 학자들 가운데 전부는 아니더라도 다수의 학자가 내린 광범위한 합의는 바울이 목회 서신을 기록하지 않았고 후대에 바울의 추종자들이 그의 이름을 사용하여 기록했다는 것이다. 실제로 몇몇 비평적 분파들에서 바울이 목회 서신을 기록했는지에 대한 질문은 논의의 주제조차 되지 않는데, 이는 결론이 의문의 여지가 없다고 보기 때문이다(즉 바울이 기록하지 않았다는 것이다).[3] 더구나 이들은 목회 서신이 위작(pseudonymous)이라고 주장한다. 이 시나리오는 흥미로우면서도 까다로운 수많은 질문을 만들어내는데, 그 이유는 고려되어야 할 요소들이 많기 때문이다(6장 단락 2, 3을 보라). 이번 장에서 나는 우선 디모데와 디도에게 보낸 개인 편지로서의 목회 서신의 본질을 논의할 것이다. 그다음에 서신의 형태와 관련된 비평

---

1   E. D. Freed, *The New Testament: A Critical Introduction* (Belmont, CA: Wadsworth, 1991), 440.

2   J. van Nes, "The Problem of the Pastoral Epistles: An Important Hypothesis Reconsidered," in *Paul and Pseudepigraphy* (ed. S. E. Porter and G. P. Fewster; PAST 8; Leiden: Brill, 2013), 153-69, 특히 153과 n. 1. 다음도 보라. L. T. Johnson, *The First and Second Letters to Timothy* (AB 35A; New York: Doubleday, 2001), 20-54; P. H. Towner, *The Letters to Timothy and Titus* (NICNT; Grand Rapids: Eerdmans, 2006), 4-6.

3   잘 알려진 독일 학자는 독일의 경우가 그렇다고 내게 말했다. 한 예로 O. Wischmeyer, ed., *Paul: Life, Setting, Work, Letters* (trans. H. S. Heron with rev. by D. T. Roth; London: T&T Clark, 2012), 309, 321-28에서는 목회 서신을 제3 바울 서신이라고 부른다.

적 문제들, 문체, 내용, 신학, 바울의 연대기와 목회 서신이 어떻게 연결되는가의 문제, 목회 서신이 초기 교회에서 어떻게 사용되었는지에 대한 문제, 그리고 저작권 문제에 대한 다양한 해결책이 무엇인지를 다루고 나서 이 편지들의 개요와 개별 내용을 제시하고자 한다.

2. 디모데와 디도

목회 서신에 관한 분명한 사실 하나는 이 편지들이 한 사람에게 전달된 개인적인 편지인 것처럼 기록되었다는 것이다.[4] 그러나 이 편지들의 개인적 성격에 관해서는 광범위한 논쟁이 이뤄지는데, 대부분의 학자들은 목회 서신을 교회 또는 공동체 문서로 간주한다(이는 교회의 규율에 관한 가르침에 대해 빌레몬서와 함께 목회 서신을 추천하는 무라토리 단편의 언급과 맥락을 같이한다). 그러나 공동체 혹은 교회적 차원은 이 편지들 자체가 제시하는 방식을 통해서는 쉽게 드러나지 않는다. 결과적으로 디모데전후서와 디도서가 목회 서신이나 목자 서신(교회의 기능을 담고 있는 서신)으로 처음 불리게 된 시기는 18세기 초 이후다.[5] 비록 이 서신들이 좀 더 큰 교회 혹은 목회적인 상황의 흥미로운 이슈들을 언급하지만, 이 시기까지(그리고 훨씬 이후에도) 그것들은 대부분 개인 서신이 확실한 것으로

---

4 그러나 어떤 이들은 목회 서신이 개인적인 편지가 아니라고 주장하는데, 그 이유는 편지의 끝에 다른 사람들의 이름이 나오고 건강을 기원하는 내용이 없기 때문이다. 예. R. F. Collins, *I & II Timothy and Titus* (NTL; Louisville: Westminster John Knox, 2002), 7. 그러나 이 편지들이 다른 문제들을 다룬다는 사실이 그것들을 개인 서신으로 축소해야 함을 의미하는 것은 아니다. 이것은 지나치게 제한된 관점을 취한 것으로 볼 수 있다.

5 W. G. Kümmel, *Introduction to the New Testament* (trans. H. C. Kee; 17th ed.; Nashville: Abingdon, 1975), 367.

여겨졌다. 최근에 몇몇 소수 학자는 결정적인 증거가 부족한 것을 인정하면서도 이 용어가 포기되어야 한다고 주장한다.[6]

여기서 언급할 만한 가치가 있는 개인적인 특징들이 많이 있다. 예를 들면 신약성경에서 디모데는 아주 중요한 몇 가지 특징을 가지고 있다. 그는 유니게라는 이름을 가진 유대인 어머니와 이름이 알려지지 않은 그리스인 아버지(행 16:1-2)의 아들로서, 바울의 측근이었으며(행 17:14-15; 18:5; 19:22) 신약성경에서 여러 바울 서신의 인사말에 포함되어 공동 저자로 등장한다(데살로니가전후서, 고린도후서, 빌립보서, 빌레몬서, 골로새서). 실제로 그는 세 개의 전통적인 바울 서신(갈라디아서, 에베소서, 디도서)을 제외한 모든 편지에서 언급된다. 그는 목회 서신에서 바울이 투옥(딤전 1:2-3)으로부터 풀려날 때(첫번째 로마?) 에베소에 남아 있었던 것으로 묘사되며 디모데후서 1:18에서 바울이 다시 투옥될 때에도 그곳에 있었다. 디모데는 고린도와 에베소에 있는 다른 사람들 때문에 쉽게 두려움에 사로잡혔던 것과 같이 소심한 성격의 소유자인 것처럼 보이지만, 데살로니가(살전 3:2)와 고린도(고전 4:17)에서 중요한 선교 활동을 했다.[7]

디도는 디모데보다는 덜 알려졌으며 신약성경에서 열두 번 언급된다. 그는 그리스인이며 할례를 받지 않았다(갈 2:3). 그는 디모데보다는 확실히 더 담대한 성격을 가졌고 결국 바울을 위해 몇 가지 어려운 업무를 맡게 되는데, 특별히 고린도에서의 임무가 그렇다(고후 7:6-7, 13-15; 8:6; 12:18). 이 임무에는 "심각한 편지"와 고린도후서를 고린도 교회에

---

6   예. Towner, *Letters to Timothy and Titus*, 88-89. 이와 반대되는 의견으로 D. A. Hagner, *The New Testament: A Historical and Theological Introduction* (Grand Rapids: Baker, 2012), 634-35을 보라.

7   디모데에 대해서는 F. F. Bruce, *The Pauline Circle* (Grand Rapids: Eerdmans, 1985), 29-34을 보라.

전달하고 언제 그 위기가 명백히 마무리될 것인지를 바울에게 보고하는 일이 포함된다. 그의 이름을 따른 책에 따르면, 디도는 바울에 의해 그레데에 남겨지게 되고(딛 1:5), 니고볼리에서 바울과 다시 만난다(딛 3:12). 그리고 그는 바울의 생애 말기에 로마의 바로 맞은편에 있는 달마디아에 머문다(딤후 4:10).[8]

바울의 저작 여부와 관계 없이(아래에서 논의되겠지만), 목회 서신이 개인 서신으로 불릴 수 있다는 것과 역사적 바울의 사역과 선교에 다양한 방식으로 관여한 역사적 인물들을 그려내고 있다는 것은 전적으로 적절하다.

3. 비평적 문제들

목회 서신은 명시된 수취인 때문에 개인 서신이라고 불리는 것이 옳지만, 많은 비평적 문제들을 제기하는데, 이 문제들은 이 편지들이 진짜 바울의 편지인지의 여부를 넘어선다. 네 가지 주요한 비평적 문제는 서신 형태, 문체와 내용과 신학, 바울의 연대기, 초기 교회에서 이 서신들의 사용과 관련된다.[9]

---

8   디도에 대해서는 Bruce, *The Pauline Circle*, 58-65을 보라.

9   이와 관련된 문제들에 대해서는 S. E. Porter, "Pauline Authorship and the Pastoral Epistles: Implications for Canon," *BBR* 5 (1995): 107-13; M. Davies, *The Pastoral Epistles* (NTG; Sheffield: Sheffield Academic, 1996); W. D. Mounce, *Pastoral Epistles* (WBC 46; Dallas: Word, 2000, WBC 성경주석 『목회서신』, 솔로몬 역간), lxxxiii-cxxx; Johnson, *First and Second Letters*, 55-90; Hagner, *New Testament*, 615-22를 보라. 참조. 6장 단락 2.

A. 목회 서신의 형태

목회 서신은 외견상 개인에게 보낸 편지로 분류된다. 하지만 이 편지들이 모든 다른 바울 서신처럼 실제로 공동체나 교회에 보낸 편지라는 주장도 있다(빌레몬서는 분명히 예외다). 이렇게 주장하는 한 가지 이유는 신앙 혹은 그리스도인의 믿음, 교회의 행정―직분을 맡은 자들과 내부에서 섬기는 자들을 포함하여―그리고 과부를 위한 책임과 같은 초기 교회가 직면한 사회적 문제와 관련된 편지의 분량 때문이다. 또 다른 이유는 교회의 관심사가 부상함으로써 바울의 개인 편지의 전형인 개인적인 요소들이 배후로 물러나게 되었기 때문이다. 하지만 어느 개인 서신들이 비교할 만한 적합한 예를 제공하는가? 빌레몬, 압비아, 아킵보 그리고 교회에 보낸 편지인 빌레몬서가 그 예가 될 수 있을까? 어떤 이들은 빌레몬서가 바울 서신 가운데 유일한 개인 편지라고 말하겠지만, 다른 이들은 심지어 빌레몬서가 진정한 개인 서신인지에 대해서도 의문을 제기할 것이다. 그렇다면 비정상적인 서신 형태를 기초로 목회 서신이 개인 서신이라는 것을 범주상 부정하기가 어렵게 되는데, 그 이유는 진정으로 비교할 만한 바울의 개인 서신은 오직 하나뿐이거나 아예 없기 때문이다.

마르틴 디벨리우스와 한스 콘첼만에 따르면, 디모데후서는 바울의 개인 서신의 모습에 가장 잘 들어맞는데, 그 이유는 개인적 요소가 "강하게 강조되고" 있기 때문이다. 디도서는 중간에 위치하는데, 그 이유는 교회 질서가 아직 확립되지 않은 곳에서 개인에게 지침을 전달하는 것이 최소한 이해할 만한 것이기 때문이다. 그러나 디모데전서의 경우는 "가장 많은 어려움을 가지고 있다. 왜냐하면 여기서 개인적 요소들은 배경

속으로 사라지기 때문이다."[10] 그러나 디모데전서에서 개인적 요소가 이처럼 사라진다는 것을 어떻게 결정할 수 있는가? 주제만으로는 충분한 기준이 될 수 없다. 왜냐하면 일차적으로 관련된 인물(들) 외의 사람들에게 영향을 미치는 문제를 논의하는 것이 개인 서신의 온전성을 위태롭게 하지는 않기 때문이다(비문학적 파피루스들이 충분히 입증하는 바와 같다. 제3자 혹은 누군가의 당나귀와 같은 외부의 주제에 대해 다른 이에게 글을 쓰는 경우를 예로 들 수 있다). 이렇게 개인적인 특징이 사라져버린다는 것을 확립하려면 이 편지의 언어에 존재하는 공식적인 특징이 필요할 것이다. 그러나 예를 들어 디모데전서에서는 2인칭 복수 동사의 형태가 나타나지 않고 2인칭 단수만 등장한다. 그리고 6:21의 맺음말 공식을 제외하고는 2인칭 복수 대명사의 경우가 없고 단지 2인칭 단수만 등장한다.[11] 따라서 공식적인 기준에 관한 한, 디모데전서가 가지는 개인적인 특징을 어떻게 하면 이보다 분명하게 보여줄 수 있을지 의문이다.

이와 같은 서신 형태의 준거는 이 편지들이 개인적인 서신이라는 것 외에는 달리 어떤 설명도 불가능한 것으로 보이며, 바울 저작에 의문을 제기할 만한 것은 아무것도 없는 것 같다.

B. 목회 서신의 문체, 내용, 신학

목회 서신의 문체, 내용, 신학에 관한 질문은 곧 다른 바울 서신들과의 내

---

10   M. Dibelius and H. Conzelmann, *The Pastoral Epistles* (Hermeneia; Philadelphia: Fortress, 1972), 11.

11   J. T. Reed, "To Timothy or Not: A Discourse Analysis of 1 Timothy," in *Biblical Greek Language and Linguistics: Open Questions in Current Research* (ed. S. E. Porter and D. A. Carson; JSNTSup 80; Sheffield: JSOT Press, 1993), 90-118 at 106.

용상의 차이점들이 이 편지들 자체의 특징으로 설명될 수 있는지와 이 차이들이 바울 저작에 반하는지의 문제다. 문체와 관련된 논쟁은 본질상 두 영역으로 나뉘는데, 곧 어휘와 문체가 적절하냐는 것이다. 많은 통계 연구는 특정한 용어가 단 한 번 나타나는 경우(*hapax legomena*)가 다수 등장하는지의 문제, 단어의 다양성 또는 품사의 빈출도, 보다 규칙적이고 다양성이 적은 문장 구조에 관한 결과를 토대로 어떻게 목회 서신의 어휘와 문체가 바울 서신의 그것과 다른지를 보여준다. 그러나 다른 많은 연구들은 다음과 같은 사실을 통해 이 주장에 반대한다. 즉 어휘와 배열에 관한 계산에 결함이 있음을 보여주고, 다른 바울 서신과 신약성경 내의 다른 책들, 나아가 다른 문학 작품들과 관련하여 기존과 다른 방식들로 계산된 단어 목록을 구성하며, 문맥과 주제의 차이가 변경된 단어 선택과 문장 구조를 필요로 한다고 주장함으로써 앞선 주장에 반박한다.[12] 그러나 이런 힘겨운 연구 노력에도 불구하고 풀리지 않는 두 가지 문제가 남아 있다.

첫 번째 문제는 해당 연구에 적절한 표본의 양이다. 이 논의와 관련하여 케네스 뉴만(Kenneth Neumann)은 학자들이 비교 연구를 위해 사용하는 수치를 조사해서 제시했다. 최근 연구들에서는 해당 범위가 85에서

---

12 해당 연구에 대한 개관과 참고문헌에 대해서는 K. J. Neumann, *The Authenticity of the Pauline Epistles in the Light of Stylostatistical Analysis* (SBLDS 120; Atlanta: Scholars Press, 1990), 특히 23-114을 보라. A. Kenny, *A Stylometric Study of the New Testament* (Oxford: Clarendon, 1986), 특히 80-100도 보라. 방법론적인 문제에 대해서는 M. B. O'Donnell, "Linguistic Fingerprints or Style by Numbers? The Use of Statistics in the Discussion of Authorship of New Testament Documents," in *Linguistics and the New Testament: Critical Junctures* (ed. S. E. Porter and D. A. Carson; JSNTSup 163; Sheffield: Sheffield Academic, 1999), 206-62; Mounce, *Pastoral Epistles*, xcix-cxviii; A. W. Pitts, "Style and Pseudonymity in Pauline Scholarship: A Register Based Configuration," in *Paul and Pseudepigraphy* (ed. S. E. Porter and G. P. Fewster; PAST 8; Leiden: Brill, 2013), 113-52 을 보라.

3,500단어에 이르기까지 다양했으며, 이른 시기의 연구에서는 10,000단어에 이르기까지 했다. 분명한 사실은 표본을 위한 단어의 수에 대해 아직 합의된 분량이 없다는 것이다. 따라서 뉴만은 명백하게, 하지만 거의 임의로, 750단어를 자신의 표본으로 정했다. 그리고 그 이유에 대한 아무런 정당한 논의 없이 오직 바울 서신만 포함될 수 있도록 정하고 이를 기초로 연구를 진행했다. 그러나 그가 정한 수치를 따른다고 해도 659단어를 가진 디도서는 여전히 이 기준에 따라 그의 연구에 포함시키기에는 단어 수가 조금 부족하다.

두 번째는 문체에 관한 연구다. 이와 관련하여 해당 편지가 바울의 것인지 아닌지를 결정하기 전에 반드시 고려되어야 하는 것은 정확히 무엇이 결정되어야 하는지와 그 결과가 얼마나 중요한지다. 저작권을 결정하기 위해 사용되는 방법론들은 거의 이를 실행하는 학자들의 수만큼 다양한데, 어떤 기준이 사용되고 있는지와 자신의 방법론을 테스트하기 위해 무엇을 계산할지에 대한 통제가 거의 없다. 더구나 우리는 여전히 과학적 정확성의 문제를 떠나서 결과를 "해석"할 필요가 있다. 초기 교회 교부들의 저작 중 하나는 통계 테스트를 만족시켜서 진정한 바울 서신에 근접한 것으로 평가되는 반면 저작권 논쟁이 있는 서신 중 하나는 통계상으로 그보다 못하게 평가된다는 것이 무엇을 의미할까? 저작권 논쟁이 없는 서신 가운데 하나가, 논쟁이 있는 서신보다 통계 수치상 진정성 확률이 더 낮게 평가된다는 것은 또 무슨 의미일까? 다시 말해 저작권에 대해 질문하기 전에 통계적 산출에서 얼마만큼의 다양성이 용인될 수 있는가? 이런 문제들은 여전히 결정되지 않았다.[13]

이런 두 가지 중요한 난제는 목회 서신의 바울 저작 여부를 결정하

---

13   B. M. Metzger, "A Reconsideration of Certain Arguments against the Pauline Authorship

는 데 있어서 통계를 사용하는 것을 극단적으로 어렵게 만든다.

교회 질서의 형식화는 저작권 문제를 판가름하는 기준으로 자주 언급된다.[14] 많은 학자들은 목회 서신이 확립된 교회 구조를 언급하고 있다고 본다. 이 교회 구조는 공식적인 직분들을 갖추고 있는데(장로, 감독/주교, 집사), 이 지위를 점유한 사람들이 공동체의 다른 구성원들에 대한 권위를 지닌다. 이 관점에 따르면, 성령의 카리스마는 안수를 통한 질서의 승계로 축소되고 대체되었다. 더욱이 교회는 이것을 실현된 종말론(딤후 2:17-18)의 상황에서 금욕주의나 율법주의를 옹호하는(딤전 1:7; 4:3, 8; 딛 3:9) 사고에 응답하는 것으로 보았다(딤전 6:20). 이 모든 것은 특히 영지주의의 영향을 받은 2세기나 그 이후의 저작들에서 전형적으로 발견되는 "초기 가톨릭주의"(early catholicism)가 반영된 것으로 보인다.[15] 그러나 이 이론이 지지를 받기 위해서는 몇 가지 관련 문제에 대해 설득력 있게 답해야 한다. 첫 번째는 디모데전서 3장에 등장하는 바로 그 교회 질서에서 선출된 "주교/감독"과 "집사"라는 용어를 빌립보서 1:1에서도 사용하고 있다는 점을 어떻게 설명할 것인가라는 문제다.[16] 빌립보서에서 정확히 설명되지는 않지만, 이 직분들은 바울이 세운 교회들에 이미 존

---

of the Pastoral Epistles," *Expository Times* 70 (1957-58): 94을 보라.

14 예. J. D. G. Dunn, *Unity and Diversity in the New Testament* (Philadelphia: Westminster, 1977), 341-45; Kümmel, *Introduction*, 378-82을 보라.

15 "초기 가톨릭주의"는 그리스도의 재림에 대한 희망이 희미해지고 있다는 관점에서 교회가 점점 제도화된 것이다. 이는 결과적으로 믿음이 확립된 형태를 취한 것이다. Dunn, *Unity and Diversity*, 341-66과 그 모태가 되는 E. Käsemann, "An Apologia for Primitive Christian Eschatology," in *Essays on New Testament Themes* (trans. W. J. Montague; Philadelphia: Fortress, 1964), 169-95; Hagner, *New Testament*, 605-13을 보라. 하지만 반대 의견에 대해서는 다음을 참조하라. I. H. Marshall, "'Early Catholicism' in the New Testament," in *New Dimensions in New Testament Study* (ed. R. N. Longenecker and M. C. Tenney; Grand Rapids: Zondervan, 1974), 217-31.

16 F. Young, *The Theology of the Pastoral Letters* (NTT; Cambridge: Cambridge University

재했던 초기 형태의 조직 체계가 반영되었을 것이다. (부수적으로 말하자면, 누가-행전의 저자도 이 조직 체계에 대해 뭔가 알고 있었을 것이다. 행 14:23은 바울이 세운 교회에서 세워진 장로를 언급한다.) 두 번째 문제는 목회 서신에서 직면하고 있는 대립 형태에 관한 것이다. 학계의 경향은 교회의 적대자들이 2세기에 출현했다는 것이지만, 여전히 약간의 의문이 존재한다. 바로 목회 서신에 언급된 어떤 관습이나 명백한 믿음이 진짜 바울 서신에서는 과연 전적으로 생소한 개념인가다(예. 고전 7:1; 8:1-3; 15:17-19; 갈 4:8-10; 참조. 골 2:20-22).[17] 교회 질서에 대한 문제는 바울의 저작이 아님을 가리킨다기보다는 초기 기독교 내에서의 발전과 맥락을 같이 하는 것으로 보인다.

목회 서신의 신학과 관련하여 저자 논란이 없는 바울 서신들에 등장하는 몇 가지 용어는 목회 서신과 다르고 서로 양립할 수 없는 방식으로 사용되는 것으로 보인다. 저자 논란이 없는 바울 서신에서 믿음이라는 개념은 하나님께 대한 주관적인 혹은 순종적인 응답으로 나타나는데, 목회 서신에서는 믿음이나 덕에 대한 공동체적 차원, 혹은 기독교 자체에 대한 좀 더 객관적인 의미를 취한다(딤전 1:2, 5, 14, 19; 2:7, 15; 3:9; 4:1, 6, 12; 5:8, 12; 6:10, 11, 12, 21; 딤후 1:5; 2:22; 3:8, 10; 딛 1:4, 13; 2:2; 3:15). 이 전통은 수용되고, 보호되며, 전달되어야 한다.[18] 논란이 없는 바울 서신에서 하나님과 올바른 관계에 있는 상태를 나타내는 개념인 의는 목회 서신에서는 정의라는 좀 더 중립적이고 객관적인 의미를 취하는 것으로 보

Press, 1994), 107. 참조. W. Schenk, *Die Philipperbriefe des Paulus: Ein Kommentar* (Stuttgart: Kohlhammer, 1984), 78-82. Schenk는 이 언급들을 후대에 삽입된 것으로 본다. 그러나 본문의 증거는 이를 보여주는 데 사용될 수 없다.

17　L. T. Johnson, *The Writings of the New Testament: An Interpretation* (Philadelphia: Fortress, 1986), 384.

18　이것 역시 종종 "초기 가톨릭주의"를 반영하는 것으로 보인다.

인다(딤전 6:11; 딤후 2:22; 4:8; 딛 1:8). 논란이 없는 바울 서신에서 핵심 덕목으로 등장하는 사랑은 목회 서신에서는 다른 덕목 가운데 하나로 등장하며 종종 믿음과 나란히 나온다(딤전 1:14; 2:15; 4:12; 6:11; 딤후 1:7, 13; 2:22; 3:10; 딛 2:2). 바울이 사용하는 "그리스도 안에"(ἐν Χριστῷ)라는 구절도 다양하게 해석되지만, 논란이 없는 바울 서신에서는 신자들이 그리스도가 지배하는 영역 내에 있는 관계를 가리키는 것으로 보인다. 그러나 목회 서신에서는 더 기술적인 의미인 "그리스도인 공동체 내에 존재하는 것"을 의미하는 것으로 보인다(딤전 1:14; 딤후 1:2, 9, 13; 2:1, 10; 3:12, 15). 목회 서신에서 하나님은 구주라고 불리는데, 신약성경에 이런 구문은 여덟 번 등장하며 그중 여섯 번이 목회 서신에서다(딤전 1:1; 2:3; 4:10; 딛 1:3; 2:10; 3:4; 참조. 빌 3:20; 엡 5:23). 목회 서신에서 공동체 구성원의 양심은 강함과 약함으로 대조되기보다는 "선하고 순결한" 상태와 "더럽혀지고 메마른" 상태로 대조된다(예. 딤전 1:5, 19; 3:9; 4:2; 딤후 1:3; 딛 1:15). 마찬가지로 목회 서신에서 가르침은 거룩하거나 거룩하지 않은 것이라기보다는 건강하거나 병든 것으로 묘사된다(딤전 1:10; 4:6; 딤후 4:3; 딛 1:9; 2:1, 7). 목회 서신에만 유일하게 등장하는 몇몇 개념이 있는데, 이는 종종 독특한 단어들이나 구문들의 사용과 관련된다. 예를 들면 "미쁘다 이 말이여"(예. 딤전 1:15; 3:1; 4:9; 딤후 2:11; 딛 3:8)라는 구문은 논란이 없는 바울 서신에는 병행하는 구절이 없다.[19] 그리고 바울이 자신의 무지와 불신 때문에 하나님께서 자비를 베푸셨다고 말하는 디모데전서 1:13은 바울의 것이 아닌 사상을 반영할 수도 있다. 위와 같은 것들이 목회 서신에서만 유일하게 발견되는 몇 안 되는 개념들이다.

---

19   G. W. Knight III가 인정하는 것과 같다. *The Faithful Sayings in the Pastoral Letters* (Amsterdam: Kok, 1968; repr. Grand Rapids: Baker, 1979), 1.

그렇지만 논란이 없는 바울 서신과 비교했을 때 목회 서신 내에는 적어도 그것이 사용되는 문맥에 따라 해명될 수 있는 신학적 차이점들이 몇 가지 있다. 다시 말하면 논란이 없는 바울 서신에 있는 몇몇 개념이 목회 서신에서 발전되었다는 것이다. 그러나 이 발전의 성격이 모두 분명한 것은 아니다. 이것은 과연 보완적인 발전이며 따라서 여전히 바울의 것일 가능성이 있을까, 아니면 상충하는 발전으로 바울의 것이 아닐 가능성이 있을까?[20] 보완적 발전이 반드시 바울 저작이 아님을 말하는 것은 아니며 이전과 이후의 사고 사이에서 가능성 있는 개념적 연결을 보여주는 것일 수 있고 그런 것들이 발견될 수도 있다. 그리고 심지어 이런 연결고리가 몇십 년에 걸쳐 쓰는 한 저자의 글에서 발견될 것으로 기대할 수도 있다. 둘째로, 상충하는 발전의 존재는 불가피하게 어느 정도는 목회 서신의 불연속성을 지지하는 증거가 되겠지만, 만약 그것들이 이미 정립된 바울의 믿음 및 사상과 상충한다면 어떻게 그리고 왜 이 저작들이 정경으로 들어왔는지에 대한 추가 질문이 제기될 것이다. 바울의 저작이 아니라는 것을 증명하기 위해 명백히 상충하는 분명한 예가 필요할 수 있지만, 그와 같이 상충하는 신학적 입장이 제대로 파악되었는지는 질문의 여지가 있다.

문체, 내용, 신학이라는 이 세 가지 기준 가운데 목회 서신이 진정한 바울 서신이라는 점에 의문을 제기할 만큼 확고하고 논쟁의 여지가 없는 근거를 제공하는 것은 아무것도 없다.

---

20 참조. P. Pokorný, *Colossians: A Commentary* (trans. S. S. Schatzmann; Peabody, MA: Hendrickson, 1991), 6-7과 도표 2. 이 저자는 목회 서신의 신학이 진짜 바울 저작으로부터 나온 비교적 논리적인 발전이며, 골로새서 및 에베소서와 같이 제2 바울 서신으로 여겨지는 것과 비교할 때 일치하지 않는 것으로 보인다고 언급한다.

C. 바울의 연대기

세 번째 중요한 문제는 이 편지들이 사도행전과 다른 바울 서신에서 확립된 바울의 연대기와 어떻게 들어맞는가와 관련된다. 만약 사도행전 28:29-31에 기록된 것과 같이 로마 투옥 기간에 기록된 소위 옥중 서신이 존재했다면, 목회 서신은 과연 어디에 들어맞는 것일까? 이 질문은 디모데후서 1:17이 로마에서 기록되었다는 것을 명백히 나타내면서 보다 신랄해진다. 대부분의 학자들은 디모데후서가 같은 투옥 기간에 로마에서 기록되었을 가능성은 거의 없다고 본다. 이는 자연스럽게 두 번째 로마 투옥이 있었다는 사실을 시사하지만 이에 대해서는 입증된 것이 없다. 더 까다로운 난제는 로마서 15:24, 28에서 바울이 스페인으로 가는 동안 로마를 방문할 것이라는 그의 의도를 언급하고 있음에도, 목회 서신은 그가 동쪽 지중해 연안을 여행한다고 말한다는 점이다. 디모데전서는 분명히 마게도냐에서(딤전 1:3), 디도서는 바울이 세운 교회가 있었던 그레데를 향해(딛 1:5), 그리고 디모데후서는 바울이 투옥된 로마에서(딤후 1:16-17) 기록되었다. 이들이 어떻게 서로 들어맞는지는 분명하지 않다. 그럼에도 불구하고 저작권 논쟁이 없는 바울 서신에서 언급되는 것처럼, 바울은 여행 도중 마게도냐에 몇 번 머물렀거나, 마게도냐로 가려는 의도를 가지고 있었다(고전 16:5; 고후 1:16; 2:13; 7:5; 빌 4:15).

바울이 로마로 가는 동안 미항(Fair Havens)에서 잠시 멈춘 것을 제외하고(행 27장) 그레데를 방문했다는 다른 기록은 없다. 하지만 디도서 1:5은 바울이 실제로 디도와 함께 그레데에 가서 그를 그곳에 남겨두었다고 말하는 것이 아닐 수 있다. 단지 바울은 디도에게 임무를 맡겼을 뿐이고 그 자신은 다른 곳에 있었을 수 있다.[21] 그리고 바울은 몇 번 투옥당했는데, 이 부분은 저작권 논란이 없는 바울 서신에서 나타난다(고후 6:5; 11:23; 몬 1, 9절). 결과적으로 디모데전서와 디도서는 바울 서신의 연대기 내에 위치시킬 수 있다. 그렇다면 "처음" 혹은 "이전의" 변명에 대해 언급하는 디모데후서 4:16은 몇몇이 주장하는 것처럼 이전의 투옥을 의미하는가, 아니면 해당 단어가 잘 표현할 수 있는 이전의 변명 자체만을 의미하는가? 우리가 바울의 선교 여행 전부를 이 편지들로부터 알 수는 없기 때문에(이 부분에 대한 핵심 사건은 바울이 서신 왕래 중간에 에베소에서 고린도로 방문한 소위 눈물의 방문이라고 할 수 있다. 9장 단락 2C를 보라), 그가 마게도냐로 중요한 선교 여행을 했을 가능성은 여전히 존재한다.[22]

바울의 편지들뿐 아니라 사도행전도 바울의 생애와 선교 여행에 대한 완벽한 연대기를 제공하지는 않는다. 따라서 목회 서신의 연대기 문제를 해결하는 것은 불가능하다. 그러나 이 연대기 문제 자체의 어떤 요소가 목회 서신이 바울의 서신이라는 것에 의문을 제기하지는 않는다(아래의 단락 4에 있는 다양한 연대기 재구성의 결과를 보라).

D. 초기 교회에서 목회 서신의 사용

대부분의 학자들은 초기 교회에서 목회 서신을 사용했다는 외적 증거가

---

21 바울이 그곳에 없었다는 것은 왜 바울이 디도에게 임무를 맡겨 그곳에 보냈는지를 후에 글로 설명해야 했던 이유를 명확히 보여주는 것일 수 있다. 왜냐하면 만약 바울이 실제로 "그곳에서" 디도를 남겨두었다면, 바로 그 자리에서 구두로 설명했으리라고 추측하는 것은 충분히 가능하기 때문이다. Johnson, *Writings of the New Testament*, 383을 보라.

22 이런 문제들은 S. E. Porter, "Pauline Chronology and the Question of Pseudonymity of the Pastoral Epistles," in *Paul and Pseudepigraphy* (ed. S. E. Porter and G. P. Fewster; PAST 8; Leiden: Brill, 2013), 65-88에서 논의된다.

약하기 때문에 이 서신들을 후대의 것으로 생각하며 따라서 바울 저작이 아니라고 여긴다. 가장 일반적인 주장은 이그나티오스(35-107년경)와 폴리카르포스(80-155년)가 목회 서신을 사용했다는 증거가 결정적인 것은 아니며, 오히려 목회 서신이 교회 교부들의 저작을 사용하고, 마르키온(2세기 중반)이 그의 정경에 목회 서신을 포함하지 않으며, 초기의 중요한 바울 서신의 파피루스 사본인 P^{46}(200년경)도 목회 서신을 포함하지 않는다는 것이다.[23] 이 증거들은 저작권 문제를 평가하는 데 있어서 자세한 고찰이 요구된다. 그러나 대부분 부정적인 증거라고 주창되는 것들은 기껏해야 모호하며, 다른 중요한 증거들은 경시된다.[24] 예를 들면 목회 서신에 대한 이그나티오스와 폴리카르포스의 문학적 의존도의 증거는 흔히 예상하는 것보다 강력하다. 뉴포트 화이트(Newport White)에 따르면, 이그나티오스의 저술에 적어도 다섯 군데, 폴리카르포스의 저술에 세 군데 목회 서신에 대한 문학적 의존이 있는 것으로 보인다.[25] 마르키온은 목회 서신을 포함하지 않지만 테르툴리아누스는 *Against Marcion* 5.21에서 "그[마르키온]가 디모데에게 보낸 두 개의 서신과 디도에게 보낸 하나의 서신을 거부했다는 점"이 놀랍다고 언급한다(*Ante-Nicene Fathers* 3.473). 테르툴리아누스의 말은 변증적인 진술일 수 있고 마르키온이 그 서신들을 정말로 거절했음을 증명하는 것은 아닐 수 있다. 큄멜이 지적

---

23 이런 주장은 Dibelius and Conzelmann, *Pastoral Epistles*, 1-2을 보라.

24 참조. B. Weiss, *A Manual of Introduction to the New Testament* (trans. A. J. K. Davidson; 2 vols.; London: Hodder & Stoughton, 1887), 1.201-6.

25 Ignatius, *To the Margnesians* 8 (딛 1:14; 3:9), 2 (딤후 1:5, 12; 1:10; 2:5; 4:5), 3 (딤후 2:12), 4 (딤전 6:1, 2), 그리고 6 (딤후 2:4)과 다른 가능성 있는 자료들을 보라. Polycarp, *To the Philippians* 4 (딤전 6:7, 10), 9 (딤후 4:10), 그리고 12 (딤전 2:2; 4:15), 그 외 다른 언급들을 보라. 이 부분은 N. J. D. White, "The First and Second Epistles to Timothy and the Epistle to Titus," in *Expositor's Greek Testament* (ed. W. R. Nicoll; 5 vols.; London: Hodder & Stoughton, 1897), 4.56-202 at 77-79에서 인용되었다.

하는 것처럼, 마르키온이 그 편지들을 포함하지 않았다는 것이 곧 편지들이 존재하지 않았다는 것을 의미하지는 않는다.[26] P^{46}에서 목회 서신이 빠진 것은 주목할 만한 중요한 점이지만, 그것이 목회 서신이 존재하지 않았음을 증명하지는 못한다. 왜냐하면 이 누락에 대한 몇 가지 가능한 설명이 있기 때문이다. 우선 서기가 파피루스 코덱스에 얼마나 많은 페이지가 남았는지를 계산하는 데 어려움이 있었을 수 있다(이는 시작과 끝 모두 불완전하다). 서기가 분량을 맞추고 싶어 공간이 부족하다는 사실을 깨달았을 때 편지를 쓰면서 추가 조정을 했을 수도 있다(서기는 이미 각 페이지마다 26라인부터 32라인까지 분량을 추가했음을 보여준다. 서기는 필요한 경우 코덱스에 페이지를 추가할 수 있었을 것이다). 또 우리는 P^{46}이라는 특정한 파피루스 모음집의 목적에 대한 지식이 부족하다. P^{46}은 목회 서신을 누락했을 뿐만 아니라 데살로니가전서 중간에서 멈추며, 따라서 이 편지의 나머지와 데살로니가후서 및 빌레몬서도 빠뜨렸다. 그러나 P^{46}과 거의 같은 연대에 기록된 다른 두 개의 파피루스 파편이 존재하는데, 하나는 P^{32}로 디도서의 파편(1:11-15; 2:3-8)이며, 다른 하나는 P^{87}로 빌레몬서의 파편(13-15, 24-25절)이다.[27] 그리고 목회 서신과 「클레멘스1서」(96년경) 사이에도 문학적인 관련성이 있는 것으로 보인다.[28] 어떤 이들은 목회 서신이 「클레멘스1서」에 의존한다고 보지만, 그 반대의 경우도 가능

---

26 Kümmel, *Introduction*, 370.

27 P^{46} 및 위의 내용에 대한 정보는 D. Trobisch, *Paul's Letter Collection: Tracing the Origins* (Minneapolis: Fortress, 1994), 16을 보라.

28 그중에서 *1 Clement* 2 (딛 3:1; 참조. *1 Clement* 34와 딤후 2:21; 3:17), 7 (딤전 2:3, 4), 29 (딤전 2:8), 32 (딛 3:5-7), 37 (딤전 1:18; 참조. 딤후 2:3, 4; 고후 10:3), 45 (딤후 1:3; 참조. 딤전 3:9), 55 (딤후 2:1)를 보라. White, "First and Second Epistles," 4.76-77을 보라. 참조. J. B. Lightfoot, *The Apostolic Fathers* (2 vols.; 1889-90; repr. Peabody, MA: Hendrickson, 1989), 1/2.19, 104, 113, 138, 180.

하다. 비록 가능성은 부족하지만 말이다.

목회 서신의 외적 확증이 약하다는 가정은 결정적이지 않다. 사실 목회 서신이 이른 시기에 존재했다는 증거가 있다.

이 간략한 개괄은 목회 서신의 저작권에 관한 논의에서 다뤄지는 주요 논지를 요약한 것이다. 목회 서신의 바울 저작을 부인하는 분위기가 널리 조장되고 있지만, 지금까지 제시된 증거들은 전통적인 관점에 반하는 설득력 있는 주장을 제시하는 데 실패했다. 그럼에도 불구하고 이 증거들은 목회 서신이 진짜라는 결론에 도달할 수 있도록 고찰되어야 하며, 앞으로 다양한 해결책을 제시하는 과정에서 다뤄질 것이다.

4. 목회 서신의 문제들에 대해 제안된 해결 방안들

목회 서신이 수많은 문제를 일으켰으므로 이에 대한 해결책도 많다는 것은 당연하다. 나는 그중 네 가지를 자세히 설명하면서 각 해결 방안을 핵심 지지자들과 함께 소개할 것이다.

A. 위작성과 목회 서신

앞서 제기된 명백한 난제들을 다루면서 살펴본 것처럼, 많은 학자들은 목회 서신이 위작이라고 제안하거나 주장한다.[29] 이런 입장은 목회 서신이 바울의 사망 이후에 기록되었으며, 그가 세운 교회에 닥친 몇몇 위협

---

29   주석 외에 L. R. Donelson, *Pseudepigraphy and Ethical Argument in the Pastoral Epistles* (HUT 22; Tübingen: Mohr-Siebeck, 1986)와 R. F. Collins, *Letters That Paul Did Not Write: The Epistle to the Hebrews and the Pauline Pseudepigrapha* (Wilmington, DE:

에 대한 응답으로 2세기에 기록되었을 가능성이 크다고 주장한다. 그리고 이 입장은 목회 서신이 만약 바울이 이와 같은 문제에 답변해야 했다면 이렇게 말했을 것이라고 생각되는 내용을 기록한 것이라고 여긴다. 이 견해에 반드시 뒤따라오는 논지나 주장은 목회 서신을 바울이 보낸 편지로서 받아들이도록 그 가능성을 높이기 위해 편지의 저자나 저자들이 편지에 등장하는 사건이나 개인에 대한 언급을 인위적으로 만들어 냈다는 것이다. 디모데후서 4장(특히 4:6-14과 4:19-21)에 등장하는 바로 그 개인적인 언급과 로마에 대한 언급이 여기에 속한다고 할 수 있다. 만약 이 가정이 사실이라면, 이런 일을 행한 자는 누가 되었건 문학적인 속임수를 쓴 것이다.[30] 다른 한편으로 만약 위작이 초기 교회의 일반적인 관행이었다면(앞서 주장한 것처럼 나는 이것이 맞지 않다고 믿는다) 그와 같은 언급은 필요하지 않았을 것이며 목표로 했던 역할을 수행하지도 못했을 것이다. 이 문제는 왜 위작을 기록하는 일이 필요했는지에 대한 질문을 불러일으킨다. 목회 서신이 위작이라는 입장은 행동과 교회 질서에 관한 조언이 바울과 매우 가까운 동료였던 디모데에게 제공되었다는 명백한 모순을 설명하는 데 도움이 된다. 디모데는 바울의 여행 동지였고 많은 편지의 공동 저자였기 때문에 그와 같은 문제들에 대한 바울의 생각을 명백히 알고 있었을 텐데 말이다. 만약 목회 서신이 위작이라면, 저자들은 당대의 교회 상황에 대해 분명하게 말하기 위해 디모데의 이름을

Glazier, 1988), 88-131을 보라.

30 Davies, *Pastoral Epistles*, 105-18, 특히 113-17을 보라. 이 저자는 위작의 윤리적 딜레마와 그것이 정경에 대해 어떤 함의가 있을 수 있는지에 대한 질문을 제기한다. 좀 더 자세한 사항은 S. E. Porter, "The Implications of New Testament Pseudonymy for a Doctrine of Scripture," in *Interdisciplinary Perspectives on the Authority of Scripture: Historical, Biblical, and Theoretical Perspectives* (ed. C. R. Bovell; Eugene, OR: Pickwick, 2011), 236-56을 보라.

빌려와서 이런 장황한 정보가 마치 처음인 것처럼 디모데에게 전달되도록 해야 했다. 그들은 바울의 이름으로 편지를 보내면서 그 편지가 받아들여져서 순종하도록 만들 수 있기를 소망했을 것이다.

B. 목회 서신의 단편 가설

지난 세기 전반기에 P. N. 해리슨(P. N. Harrison)이 제안하여 다른 이들에게 받아들여진 단편 가설은 목회 서신 내에 특정한 부분만이 진짜라고 주장한다.[31] 해리슨은 목회 서신을 다양한 방식으로 분석했는데, 나중에 첫 연구 결과를 수정했다. 해리슨이 식별한 주요 진짜 단락은 다음과 같다. 디도서 3:12-15, 디모데후서 1:16-18, 3:10-11, 4:1, 2a, 5b-8, 9-15, 20, 21a, 22b 그리고 "바울"이 작성했다고 말하는 부분들이다. 이 가설의 다른 변형은 바울이 세운 교회에 있었던 다른 사람이 이 편지를 만들었는데, 바울에게 무슨 일이 일어났는지를 독자들과 공유하기 위해 작성했다는 것이다. 즉 아시아에 있는 사람들은 바울을 대적했고, 다른 이들은 바울이 감옥에 있을 때 그를 버리고 떠났으며, 바울은 온전한 믿음 가운데 로마에서 죽음을 맞이했다는 것이다. 다시 말하면 목회 서

---

31 P. N. Harrison, *The Problem of the Pastoral Epistles* (Oxford: Oxford University Press, 1921). 참조. R. Falconer, *The Pastoral Epistles* (Oxford: Clarendon, 1937), 1-30. 이 관점과 몇몇 유사성이 J. D. Miller, *The Pastoral Letters as Composite Documents* (SNTSMS 93; Cambridge: Cambridge University Press, 1997)에서 발견된다. I. H. Marshall with P. H. Towner, *A Critical and Exegetical Commentary on the Pastoral Epistles* (ICC; Edinburgh: T&T Clark, 1999), 85-92에서 저자는 디모데후서 배후에 있는 진짜 서신에 관해 주장하는데, 아마도 디모데나 디도와 같은 후대 저자들이 진짜 자료를 사용했을 것이라고 주장한다. Marshall은 이를 "가명의 사용"(allonymity)이라고 부른다. 속임수의 문제를 벗어나고자 하는 그의 노력에도 불구하고 Marshall은 그것을 소개하지 않을 수 없다. Towner, *Timothy and Titus*, 86-88도 보라. 이 저자는 불가지론의 입장이다.

다시 말하면 목회 서

신에서 바울의 실제 흔적은 바울이 반드시 그 서신들을 기록했다는 것을 의미하지 않을 수 있다. 그 서신들이 사실을 이야기하고 있다면, 여기서 바울이 진짜로 기록한 세부사항을 서신에 굳이 넣을 이유는 없다는 것이다. 이 가설의 결론은 목회 서신이 엄격히 제한된 의미에서 바울의 저작이라는 것이며, 이 가설의 후대 형태는 사실상 위작 가설과 거의 구분할 수 없다(위를 보라).

전통적인 단편 가설이 지니고 있는 한 가지 주목할 만한 단점은 디모데전서의 기원을 여전히 제대로 설명하지 못한다는 점인데, 그 이유는 디모데전서에서 진정으로 바울의 것이라고 주장할 수 있을 만한 단편을 찾지 못했고, 왜 단 하나의 편지가 아니라 세 개의 편지가 필요했는지에 대한 이유도 설명하지 못했기 때문이다. 이 특정한 단편들은 개인적인 문제에 관심을 두는 경향이 있다는 것 외에 어떻게 그리고 왜 진짜인 것으로 결정되었을까? 혹자는 이 단편들이 진짜 바울의 것이 아니라면, 그것들을 전해야 할 이유도 조작해야 할 이유도 없다고 주장할 것이다. 왜냐하면 이 단편들은 책의 메시지에 어떤 중대한 다른 의미를 추가하지 않았기 때문이다. 정확하게 말하면 이것들은 일반적인 일련의 정보이며, 그것들이 나중 세대의 교회를 위해 만들어졌을 수 있는 동기를 아무도 찾지 못했기 때문이다.

그러나 이 모든 주장은 이 편지들이 진짜가 아니라는 전제에서 시작하는 것으로 보인다. 이런 주장들은 편지에서 시작하여 단편을 판단하는 방향으로 가는 대신 단편 가설을 지지하는 근거를 찾으려고 노력한다. 어쨌든 저작권에 대한 이런 관점은 만약 이 편지들이 바울의 것이 아니라면 개인적인 요소들의 문제가 발생한다는 점을 의식하지만, 편지들의 나머지 부분에 대해서는 충분히 설명하지 못한다. 많은 문제에 대해 공들여 쓴 편지들이 그와 같은 개인적인 문제들로 구성되었다는 것은 가능성이 매우 낮아 보이는데, 특히 개인적인 문제들이 편지들의 나머지 부분의 주제를 제시하지 않을 때 그렇다. 그러나 개인적 정보를 담은 이런 특정한 단편들이 좀 더 자세히 검토되었을 때, 학자들이 몇 가지의 일상적인 부분 정보에 대해 이처럼 긍정적인 판단을 내린다는 것은 사실 놀랍다. 이런 경우에 진짜 바울의 기록을 담은 보존된 단편들을 토대로 그럴듯한 편지들을 만들어내는 잘못된 일들이 행해진 셈이다. 편지의 저자가 전통을 명확히 하기 위해 그의 편지에 진짜 바울 전통을 통합시켰다는 주장은 보존된 자료가 왜 그렇게 적은지에 대한 좀 더 그럴듯한 설명이다. 하지만 이것은 그 편지들이 왜 이른 시기에 기록되었는지에 대한 질문에는 답할 수 없는데, 그 이유는 편지들의 메시지가, 알려진 것에 따르면, 진짜 바울 서신과 사도행전의 상황보다는 교회의 발전에서 후기 단계에 더 적합하기 때문이다. 이 편지들이 직접 다루는 내용은 그리스도의 재림이 없어 믿음이 약해지고 교회를 떠나게 만드는 유혹이 점점 커질 때인 이후의 세대에 좀 더 적합하다.

2세기 저자들의 어휘에 대한 통계를 이용한 것은 해리슨의 주장에서 토대가 되는 것 중 하나인데, 이 역시 의문의 여지가 있다.[32] 해리슨의 주장과는 반대로, 목회 서신 내에서 사용된 단어들은 알려진 역사적 상황에 정말로 잘 들어맞는다고 주장된다.[33] 더구나 편지의 언어학적 분석을 통해 각각의 편지들에는 문학적 통일성을 보증하기에 충분한 일관성이 있다고 주장되는데, 여기에는 다양한 결합 장치, 경계 표시, 의미론적 연결이 포함된다.[34] 만일 단편 가설의 유일한 근거가 이 단편들과 진짜

---

32   D. Guthrie, *The Pastoral Epistles* (2nd ed.; TNTC; Grand Rapids: Eerdmans, 1990), 224-36을 보라. 참조. van Nes, "Problem."

33   Mounce, *Pastoral Epistles*, civ-cix.

34   R. Van Neste, *Cohesion and Structure in the Pastoral Epistles* (JSNTSup 280; London: T&T

바울 자료의 유사성이라면, 혹자는 단편 가설의 타당성에 대해 여전히 의심할 것이다.

C. 목회 서신의 대필자

랜돌프 리처즈(Randolph Richards)가 분명히 보여주는 것처럼, 서기의 이용이 고대 세계에 널리 퍼져 있었다는 것은 부인할 수 없는 사실이다.[35] 5장 단락 4에서 논의한 것처럼, 이 서기 또는 대필자는 직접 받아 쓰는 것에서부터 오늘날 상사의 이름으로 편지를 작성하여 보내는 데 책임을 지는 개인 비서와 유사한 창의적인 역할을 하는 것에 이르기까지 상당히 광범위한 기능을 수행했다. 로마서 16:22(더디오 언급), 고린도전서 16:21(바울은 자신이 친필로 기록한다는 점을 언급함), 갈라디아서 6:11-16(바울은 분명히 자신만의 기록 도구를 취함) 그리고 데살로니가후서 3:17(바울은 친필로 문안함) 등에서 볼 수 있는 것과 같이, 바울도 서기를 두고 있었다고 알려진다. 바울 연구에서 되풀이되는 문제는 바울의 서기가 그의 편지를 구성하는 데 어떤 역할을 했는가다. 학자들의 관점은 대부분 바울이 아마도 서기의 창의성을 단지 제한적으로 허용했으리라는 것인데, 그 이유는 그의 주요 편지들의 내용과 문체 모두에서 압도적인 일관성을 보여주고 있기 때문이다. 바울이 같은 서기를 이용했을 가능성이 있다(아마도 디모데의 역할이 좀 더 인정되어야 하는가?). 하지만 바울이 다른 서기들을 이용했지만, 그의 수사학적 기술이 편지를 압도했다는 것

Clark, 2004).

35   E. R. Richards, *The Secretary in the Letters of Paul* (WUNT 2/42; Tübingen: Mohr-Siebeck, 1991)을 보라.

이 좀 더 그럴듯하다고 생각된다. 그와 같은 시나리오는 또 다른 경우에 서기가 이전에 주어지지 않았던 어느 정도의 자유를 사용하여 바울을 위해 편지를 기록했을 가능성을 허용한다.[36] 그와 같은 저자는 누가일 것이라고 제안되는데, 그는 누가-행전을 쓴 평판이 있는 저자이며 아마도 바울의 여행 동료였을 것이다.[37] 누가는 디모데후서 4:11에서 바울과 함께 남아 있는 유일한 사람으로 언급되는데, 바울과 가장 오래 함께한 동료 가운데 하나였다고 볼 수 있다. 이 가설을 지지해주는 것은 누가-행전과 목회 서신에 나오는 어휘가 확실히 유사하다는 점이다.

그러나 이 입장에도 몇 가지 어려움이 있는데, 이는 목회 서신이 사실 누가의 저작들보다는 다른 바울 서신들과 더 많은 단어를 공유하기 때문이다. 게다가 만일 누가 가설이 목회 서신과 에베소서의 저작권을 설명하는 것이라면, 우리는 이 둘이 매우 유사할 것으로 기대할 것이다. 그러나 목회 서신은 에베소 장로들에게 행한 바울의 설교(행 20:17-38)와[38] 중요한 유사성을 지닌다고 주장되며, 이 구절은 종종 에베소서의 문체를 닮았다고 생각되지만, 이 증거가 목회 서신과 에베소에 보내는 편

---

36 Mounce, *Pastoral Epistles*, cxxix; Towner, *Timothy and Titus*, 86-88.

37 J. N. D. Kelly, *A Commentary on the Pastoral Epistles* (BNTC; London: A&C Black, 1963), 21-27을 보라. 이 저자는 가능성이 있는 서기를 언급한다. C. F. D. Moule, "The Problem of the Pastoral Epistles: A Reappraisal," *Bulletin of the John Rylands University Library* 47 (1965): 430-52. Moule은 누가가 바울의 생애 동안 이 편지들을 작성했다고 주장한다. F. J. Badcock, *The Pauline Epistles and the Epistle to the Hebrews in Their Historical Setting* (London: SPCK, 1937), 특별히 114-33을 보라. Badcock은 바울이 죽은 이후 그의 언급을 누가가 사용했을 가능성을 제안하며, 따라서 이 편지들이 진짜 바울의 것이라고 주장한다(또한 그는 디모데후서가 두 개의 편지로 구성되었다고 주장한다). S. G. Wilson, *Luke and the Pastoral Epistles* (London: SPCK, 1979)에서 저자는 누가-행전을 쓴 "누가"가 목회 서신을 기록했지만, 바울의 동료는 아니었다고 주장한다(그는 Badcock의 책을 알지 못한 것으로 보인다).

38 W. Lock, *A Critical and Exegetical Commentary on the Pastoral Epistles (I & II Timothy and Titus)* (ICC; Edinburgh: T&T Clark, 1924), xxiv-xxv를 보라.

지의 공동 저작권을 분명하게 가리키는 것은 아니다. 마지막으로 고려해야 할 사항은 바울이 다른 서신들에서 대필자를 이용한 것이 분명하다는 점이다. 이는 대필자의 이름이 직접 거론되거나 바울이 친필로 글을 쓴다는 진술의 암시를 통해 드러난다. 그러나 각각의 목회 서신에는 그와 같은 진술이나 암시가 존재하지 않는다.

D. 목회 서신이 진짜 바울의 저작이라는 관점

영어권 학자들의 소수 그룹 가운데 목회 서신이 진짜 바울의 저작임을 계속 지지하는 이들이 있다.[39] 나는 그들이 이런 입장을 고수하는 합당한 근거가 있다고 믿는다. 여기서는 연대기에 관한 질문으로부터 시작하여 본문 증거로 넘어가도록 하겠다.

(1) 연대기

만약 목회 서신이 진짜라면, 이 편지들은 바울의 연대기 내의 어딘가에 위치해야 한다.[40] 만약 목회 서신이 진짜가 아니라면, 앞서 언급한 것처럼 바울의 죽음 이후 얼마 되지 않은 어느 시점에 기록되었을 것인데, 그때가 언제인지는(또는 누구에 의해 또는 어디에서인지는) 명확히 결정할 수 없지만, 2세기 정도가 될 것이다. 두 가지 해결책을 두고 경중을 따져볼 필요가 있다.

---

39 몇몇 학자를 들자면 다음과 같다. G. W. Knight III, *The Pastoral Epistles* (NIGTC; Grand Rapids: Eerdmans, 1992), 21-52; Mounce, *Pastoral Epistles*, xlvi-lxix; Johnson, *First and Second Letters*, 91-99.

40 다양한 입장에 대해서는 Porter, "Pauline Chronology," 67-87을 보라.

a. **사도행전 28:31 이후 바울의 삶.** 저작권 문제에 대한 가장 일반적인 해결책은 목회 서신이 진짜라고 주장하는 자들에 의해 제기된다. 그들은 바울의 생애가 사도행전에서 발견되는 진술에서 끝나는 것이 아니며, 바울이 첫 번째 로마 투옥으로부터 풀려난 후 이 편지들을 작성했다고 제시한다.[41] 이들이 바울의 석방에 대해 낙관적인 견해를 보이는 몇 가지 이유는 사도행전과 바울 서신 자체뿐만 아니라 성경 외의 저작들에서도 발견된다(예. 에우세비오스, *Ecclesiastical History* 2.22.2-8; Muratorian Fragment, lines 38-39). 사도행전은 전반적으로 로마 당국이 바울을 포함한 그리스도인들에 대해 정당한 불만을 품고 있는 것이 아니며, 로마 관리인 갈리오가 인식할 정도로 유대인이 이 박해에 주요한 책임이 있다는 점을 분명히 한다. 빌립보서 1:25-26, 2:24 그리고 빌레몬서 22절에서도 바울은 자신의 석방이 임박했다고 스스로 긍정적인 태도를 보이는 것 같다. 또 빌레몬서 22절은 바울이 로마로부터(내가 제안한 것처럼 만약 그가 로마에서 투옥되었다면 말이다) 골로새까지 동쪽으로 여행할 것이라고 암시한다. 만약 바울이 결국 네로 치하에서 순교를 당했다면, 이 사건은 이르면 64년에 발생했을 수 있다. 만약 바울의 선교 여행에 대한 사도행전의 연대기가 정확하고 사도행전의 투옥이 61-62년경에 발생했다면, 남는 이 년에 대한 설명이 제시되어야 한다. 에우세비오스(*Ecclesiastical History* 2.22.2-8)는 바울이 두 번 투옥되었다고 언급하면서 이 두 번의 투옥 사이에 그가 목회 서신에 기록된 다양한 장소로 여행했다고 말한다. 물론 에우세비오스가 이 정보를 목회 서신으로부터 얻어서 자신의 시

---

41   이 입장에 대한 요약은 Knight, *Pastoral Epistles*, 21-45을 보라.

나리오를 만들어냈을 가능성이 있지만, 만일 그가 다른 시나리오를 알았다면 적어도 그것을 제시했을 것이다. 그러므로 두 번에 걸친 로마 투옥의 가설을 위한 타당한 근거가 있다. 즉 바울에게는 목회 서신, 특히 디모데전서와 디도서가 제시하는 여행을 하고 서신 교환을 수행할 수 있는 대략 이 년의 기간이 있었다.

b. **사도행전 28:31 이전의 바울의 삶.** 또 다른 시나리오는 사도행전에 제시되는 바울의 생애를 기반으로 구성된 것이다.[42] 디모데전서에는 개인적인 언급이 적지만, 디모데전서 1:3은 바울이 마게도냐로 갈 때 디모데에게 권하여 에베소에 머물라고 했다고 말한다. 이 구절에 기초하여 J. A. T. 로빈슨, 루크 티모시 존슨(Luke Timothy Johnson), 보 라이케는 디모데전서가 바울이 에베소를 떠난 후 아마도 고린도로부터 여행을 시작해서 마게도냐를 거쳐 아가야로 이동하는 3차 선교 여행 동안 기록되었다고 상정한다. 그러나 야콥 판 브뤼헨(Jakob van Bruggen)은 사도행전 19:9에 기록된 바울이 에베소에 머물렀던 기간에(이것은 중간에 행해진 여행을 기준으로 두 시기로 나뉘어야 한다) 잠시 에베소로부터 떠났던 동안 디모데에게 기록했다고 주장한다. 판 브뤼헨은 같은 기간 동안 바울이 디도에게도 편지를 썼다고 믿는다. 디도가 고린도를 떠났다는 점(그는 롬 16장의 인사말에 언급되지 않는다)과 그레데로 보내져서 그곳의 교회를 돌보았다는 사실(딛 1:5)을 기초로 로빈슨과 라

---

42 J. A. T. Robinson, *Redating the New Testament* (London: SCM Press, 1976), 특히. 67-85; J. van Bruggen, *Die geschichtliche Einordnung der Pastoralbriefe* (Wuppertal: Brockhaus, 1981); Johnson, *First and Second Letters*, 65-68, 135-37, 319-20; B. Reicke, *Re-examining Paul's Letters: The History of the Pauline Correspondence* (ed. D. P. Moessner and I. Reicke; Harrisburg, PA: Trinity, 2001)를 보라. M. Prior, *Paul the Letter-Writer and the Second Letter to Timothy* (JSNTSup 23; Sheffield: JSOT Press, 1989)도 보라.

이케는 디도서가 바울이 에베소를 떠나고 마게도냐와 아가야를 여행한 후에 기록되었는데(행 20:1-3), 이는 바울이 로마서를 기록한 후이지만 마게도냐를 거쳐 예루살렘을 향해 가기 전이라고 주장한다. 디모데후서와 골로새서 그리고 빌레몬서에 언급된 이름들의 유사성은 로빈슨과 라이케로 하여금 디모데후서가 바울이 가이사랴에 투옥된 동안 기록되었다고 주장하도록 이끌었는데, 그 지역은 예루살렘에서 바울에 대한 암살이 시도된 후 그의 미래가 여전히 불투명한 곳이었다. 판 브뤼헨과 존슨은 디모데후서가 다른 옥중 서신과 더불어(이는 디모데후서 이전에 기록되었다), 바울이 처음으로 그리고 유일하게 갇혔던 로마 투옥 기간에 기록되었다고 주장한다. 2장 단락 2에서 언급된 것처럼, 대부분의 학자들은 이런 형태의 재구성을 받아들이지 않는다. 그러나 바울 서신의 어느 한쪽의 연대기만을 취하려는 지나치게 독단적인 자세는 현명하지도 정당하지도 않다. 왜냐하면 이 해결책은 어떻게 바울 서신이 사도행전의 연대기로 통합될 수 있는지에 대한 설득력 있는 설명을 제공해주기 때문이다.

(2) 내적 증거

여기서는 목회 서신의 저작권에 대한 논의에서 종종 나열되는 증거를 간략히 요약하도록 하겠다. 세 개의 편지 모두를 함께 논의하는 이런 접근은 몇 가지 위험성이 있는데, 그 이유는 각 편지가 가진 독특성을 흐릿하게 만들 여지가 있기 때문이다.[43] 그러나 만일 목회 서신이 위작이라면,

---

43   J. L. Sumney, "Studying Paul's Opponents: Advances and Challenges," in *Paul and His Opponents* (ed. S. E. Porter; PAST 2; Leiden: Brill, 2005), 7-58, 특히. 39-44. 여기서 저자는 대부분의 해석자들이 대적자들이 누구인지를 파악하는 데 있어서 목회 서신을 한

이 편지들은 아마도 같은 사람이 짧은 시간 동안 기록했을 것이고,[44] 이 편지들의 유사성은 적어도 이 논의에서 함께 묶어서 보게 하기에 충분한 것으로 보인다.

a. 대적자들

목회 서신에 나오는 대적자들에 관해서는 두 종류의 증거가 자주 제시되는데, 유대교적 요소들과 영지주의 혹은 원시영지주의적 요소들이다. 유대교적 요소들은 대적자들이 율법 교사들이라는 주장(딤전 1:7), 율법에 대한 논쟁(딛 3:9), 할례받은 자들에 대한 언급(딛 1:10)을 포함한다. 대적자들은 다양한 신화나 계보들과 관련되고(딤전 1:4; 딛 1:14; 3:9), 아마도 창세기와 연결될 수 있으며(딤전 2:13-14), 금욕주의자들이지만(딤전 2:15?; 4:3; 5:23), 적어도 바울이 그의 사역 초기에 상대해야 했던 유대주의자들은 아니었다. 이 그룹의 영지주의 또는 원시영지주의적 요소들은 유대교 요소들에 대한 동일한 증거들 중 일부를 통해 나타난다. 즉 신화와 계보에 대한 관심(딤전 1:4; 딛 1:14; 3:9), 지식에 대한 관심(딤전 6:20), 세상을 악하다고 보는 관점(딤전 4:4)이다. 그러나 바울은 하나님을 "한 분"(딤전 2:5)으로, 창조자로(딤전 4:3-4), 구원자로(딤전 1:1; 2:3; 딛 1:3; 2:10; 3:4) 보는 관점을 제시한다. 하나님과 세상 사이의 유일한 중보자는 그리스도다(딤전 2:5). 이 편지들은 독자들이 그들의 주장처럼 부활을 이미 경험했는지에 대해 부정적이다(딤후 2:17-18).

초기 교회에서 이 두 가지 요소의 혼합이 언제 일어날 수 있었을까?

데 묶어서 생각한다고 주장한다. 그러나 어떤 이들은 세 서신의 저자가 같다고 할지라도 각각의 상황적 맥락이 다르며 다른 대적자들일 수 있다고 주장한다. 예. Kelly, *Pastoral Epistles*, 10-11을 보라.

44   Collins, *I & II Timothy and Titus*, 9.

일반적으로 두 가지 주요 해결책이 제시된다. 하나는 이 대적자들이 2세기의 영지주의자들이며, 유출(emanations)과 금욕적인 관습을 통해 하늘의 영역에 접근한다고 믿었다는 것이다.[45] 이 입장의 중요한 문제는 영지주의에 대한 우리의 지식이 완벽하지 않다는 것이다. 비록 영지주의의 많은 요소가 헬레니즘 및 고전 철학과 유대교의 묵시 사상에 그 뿌리를 둔다고 해도, 완전히 발전된 영지주의는 아무리 빨라도 2세기까지 등장하지 않았다는 것이 현재 일반적으로 받아들여진다. 이것은 원시 영지주의적 영향과 구분된 것으로서 영지주의적 영향의 분명한 시작점을 세우기 어렵게 만든다. 좀 더 어려운 문제는 우리가 아는 선에서 유출(emanations)이 결코 혈통으로 불린 적이 없다는 것인데, 이 혈통은 몇몇 사람이 목회 서신에서 이 중요한 영지주의적 교리를 찾기 위해 필수적이라고 생각했던 연결점이었다. 만일 그것이 목회 서신 배후에 실제로 있었다면, 우리는 그런 운동에 대한 좀 더 날카롭고 명확한 비판을 충분히 예상했을 것이다. 게다가 이 입장은 명백히 존재하는 유대교 요소들을 설명하지 못한다.

두 번째 제안은 목회 서신의 저자가 골로새에서 반대했던 사람들과 매우 비슷한 신념을 가진 운동이 몇몇 교회에서 나타났음을 느꼈다는 것이다.[46] 아마도 이것은 그런 신념에 특화된 금욕적이고 율법적인 요소를 지닌 혼합된 형태의 유대교를 나타낼 것이다. 이와 관련하여 교회 조직─어떤 이들은 초기 가톨릭주의를 반영하는 것으로 본다─에 문제가 생겼을 수 있고 아니면 다양한 여성 그룹을 위한 평등주의(동등한 지위)

---

45   예. Kümmel, *Introduction*, 378-79을 보라.

46   Knight, *Pastoral Epistles*, 12.

에 대한 질문을 포함하여 과부와 관련된 문제가 있었을 수도 있다.[47] 이 운동은 몇몇 다른 부류의 대적자들이 위협한 그런 종류나 정도의 위협은 아니었다. 그래서 저자는 좀 더 일반적인 용어로 대답하여 하나님과 그리스도에 관한 본질적인 믿음을 재확인한다. 이는 상당히 혼합적인 어떤 믿음 체계를 지향할 수 있었던 의견이다.

b. 신학

목회 서신의 신학에서 발견되는 많은 요소가 주요 바울 서신에서 발견되는 신학과 맥을 같이한다는 점은 부정할 수 없다.[48] 이런 신학에는 하나님의 자비가 예수 그리스도 안에서 드러났다는 점을 확언하는 것이 포함된다(딤전 1:12-17; 딛 3:3-7). 또 구원은 그리스도를 믿는 믿음을 통해(딤전 1:16) 하나님의 은혜에 의해 주어지는 것인데(딤후 1:9; 딛 3:5), 그리스도는 구속자이자 상속자이며, 죄인들을 의롭게 하는 분이다(딤전 2:5-6; 딛 3:7). 영원한 생명은 그리스도인의 삶의 목표이지만, 그 속에 존재하는 기쁨을 지금 경험한다는 데 의미가 있다(딤전 6:12; 참조. 딤후 1:1; 딛 1:2; 3:7). 더 공식적인 신학적 요소들 외에 많은 도덕적 문제들도 표현되는데, 예를 들면 "두 번째" 결혼(딤전 3:2, 12; 5:9), 종들(6:1), 그리고 국가다(2:1-4).

그러나 주요 바울 서신들과의 공통점을 지닌 이런 신학적 요소들에

---

47   C. K. Barrett, "Pauline Controversies in the Post-Pauline Period," *NTS* 20 (1973-74): 229-45; E. Käsemann, "Paul and Early Catholicism," in *New Testament Questions of Today* (trans. W. F. Bunge; Philadelphia: Fortress, 1969), 236-51; H. Koester, *Introduction to the New Testament* (2 vols.; Philadelphia: Fortress, 1982), 2,300-305을 보라. 참조. B. Holmberg, *Paul and Power: The Structure of Authority in the Primitive Church as Reflected in the Pauline Epistles* (Philadelphia: Fortress, 1978).

48   포괄적인 논의는 다음을 보라. P. H. Towner, *The Goal of Our Instruction: The Structure of Theology and Ethics in the Pastoral Epistles* (JSNTSup 34; Sheffield: JSOT Press, 1989).

덧붙여서 많은 요소들이 기존의 바울 신학과 차이를 나타낸다는 점은 대부분은 아니지만 많은 학자들을 놀라게 한다. 첫째, 몇 가지 중요한 신학적 개념들은 목회 서신에서 발견되지 않는다. 예를 들면 목회 서신에는 "의롭게 하는 원리"로서의 믿음이라는 개념이 없는 대신에 믿음은 신념(belief)의 본체, 곧 "정통교의"(orthodoxy)라는 개념과 동일시되었다(딤전 3:9; 4:1; 딛 1:13; 딤후 4:7). 그러나 의롭게 하는 원리로서의 믿음은 디모데전서 1:4, 16과 디도서 3:8에 나타난다. 목회 서신에서 발견되는 일종의 의미론적 확장은 한 명의 저자에게서 찾는 것이 확실히 적절하다고 할 수 있는데, 특히 수년에 걸쳐 기록한 한 사람이다. "아들"로서의 예수도 목회 서신에서 발견되지 않는다. 물론 이것이 사실이긴 하지만, 이는 빌립보서와 빌레몬서에서도 발견되지 않으며 고린도후서에는 단 한 번 등장한다. 따라서 이것은 적법한 기준이 아닐 것이다.

둘째, 몇몇 학자는 특정한 용어들이 다른 바울 서신보다 목회 서신에서 급진적으로 다르게 사용된다고 말한다. 그 한 가지 예는 사랑의 개념이다. 예를 들어 로마서 5:5은 하나님의 사랑이 우리의 마음에 부어졌다고 말하지만, 목회 서신에서 사랑이라는 개념은 바울 서신에서만큼 핵심 덕목으로 이야기되지 않는다. 그러나 바울에게 사랑의 중요성은 하나님의 행위에 동기를 부여하는 기본적인 덕목이지만, 몇몇 사람이 주장하는 것처럼 그렇게 핵심적이거나 지속적인 반복이 필요한 것은 아마도 아닐 것이다. 게다가 편지를 시작하는 디모데전서 1:5에서 저자는 순결한 마음으로부터 나온 사랑이 그들의 가르침의 목표라고 말하는데, 이는 진짜 바울 서신에서 완전히 낯선 개념은 아니다. 다른 이들은 "그리스도 안에"(in Christ)라는 구문이 목회 서신에서는 그리스도인이 된다는 것과 같은 의미이지만, 저작권 논쟁이 없는 바울 서신에서 말하는 것처럼 신자와 그리스도의 신비로운 연합을 말하지는 않는다고 주장한다. 그러나 신비로운 연합에 대해 말하는 것은 바울의 "그리스도 안에"라는 언어를 논의하면서 지나치게 많은 의미를 도출하는 것이다(4장 단락 2B를 보라). 더구나 목회 서신에서도 비슷한 언어들이 사용되는데, 예를 들면 디모데후서 1:13은 믿음과 사랑이 "그리스도 예수 안에" 있다고 말한다.

세 번째 신학적 차이는 목회 서신에서 교리와 교의 자체가 보이는 방식에 관한 것이다. 몇몇 학자에 따르면, 목회 서신을 구별되게 만드는 것은 기독교 교리를 다루는 방식인데, 여기서 교리는 신자들에게 부탁한 것이며(딤전 6:20), 전수되어야 하는 것이다(딤후 1:13-14; 2:2; 3:14). 이것은 전통이라는 지위를 취하며 이후에 기록된 저작들과 조화를 이룬다. 이와 같은 분석이 지닌 유일한 문제는(이 분석은 후대의 신자들에게 전수되어야 할 것으로서의 기독교 교리의 의미를 부정하는 것은 아니다) 비슷한 개념이 다른 바울 서신에서도 발견된다는 것이다. 예를 들어 고린도전서 15:1-3에서 바울은 자신이 받은 것을 고린도인들에게 전수한다고 말한다. 따라서 이는 전통적인 개념일 뿐 아니라 체계화를 위한 수단이다. 바울은 기억할 수 있는 교리적 진술로 이미 형성된 초기 교회 전통을 인용한다(고전 15:3-8).

c. 언어와 문체

눈에 띄는 많은 단어와 구절들이 다른 바울 서신에서 발견되지 않지만 목회 서신에서는 발견된다는 주장이 있다. 많은 수의 중요한 용어들이 목회 서신에서만 유일하게 나타나는 것은 사실이다. 예를 들면 "바른"(ὑγιαίνω; 딤전 1:10; 6:3; 딤후 1:13; 4:3; 딛 1:9, 13; 2:1, 2), "절제하는"(ἐγκρατής; 딛 1:8), "경건"(εὐσέβεια; 딤후 3:5; 딛 1:1)으로 번역되는 단어

들이다.[49]

6장 단락 3에서 언급된 것처럼, 이 증거가 제기한 질문들은 다음과 같은 것들이다. 같은 저자가 두 작품을 썼다는 생각에 심각한 의문을 품기 위해서는 문체상의 분석과 사전학적 분석의 결과가 얼마나 달라야 할까? 그리고 진짜 바울의 작품으로 대우받는 것이 개연성이 없는 것이 되기 위해서는 그런 결과가 얼마나 달라야 할까?[50] 결국 가장 중요한 것은 목회 서신에서 해당 결과는 섞여 있다는 것이다. 로마서가 가지고 있는 독특한 단어의 비율은 디모데후서 및 디도서와 같지만, 로마서가 바울 저작이라는 것에는 의심의 여지가 없다.[51] 우리가 접근할 수 있는 작은 문헌들과 그와 같은 테스트의 결과가 갖는 불확실성에 비춰볼 때, 이를 결정적인 요소로 생각하지 않는 편이 아마도 나을 것 같은데, 특히 이런 예외에 대해 이용할 수 있는 다른 설명이 있을 때 그렇다. 여기에는 상황과 독자(즉 해당 편지가 개인적으로 보낸 것인가 아니면 교회에 보낸 것인가의 여부), 대필자의 역할, 또는 (누가와 같은) 신임을 받는 동료가 저자일 가능성 등이 포함된다.

통계적 분석에 관해 다음으로 고려되어야 할 부분은 이 분석을 위해 적절한 구조(framework)가 사용되었는지 여부다. 위작의 저자에 관한 질문을 다룬 논의의 새로운 길을 개척한 훌륭한 연구에서 앤드루 피츠(Andrew Pitts)는 바울 서신에서 위작성에 관한 질문을 살펴보기 위해

---

49   J. D. Quinn and W. C. Wacker, *The First and Second Letters to Timothy: A New Translation with Notes and Commentary* (Eerdmans Critical Commentary; Grand Rapids: Eerdmans, 2000), 4-6에 있는 언어와 문체에 대한 분석을 참조하라.

50   히브리서의 예는 여기서 직접적인 관련이 없다. 왜냐하면 히브리서는 형식상 작자 불명이기 때문이다. 이에 관해서는 초기 교회에서 저작권에 대한 긴 논의의 역사가 있다. 목회 서신에 대한 논의는 발견되지 않는다.

51   Knight, *Pastoral Epistles*, 40-45을 보라. 참조. Guthrie, *Pastoral Epistles*, 224-40.

체계 기능 언어학(systemic functional linguistics)으로부터 레지스터 이론(register theory)을 사용한다.[52] 그는 바울 서신의 소위 레지스터 프로필을 만드는데, 이것은 레지스터 다양성(register variation), 의미적 다발(semantic clustering), 문체와 어휘 그리고 문법을 포함한다. 이 연구는 단순히 개별적 특징(예를 들어 특정 단어들)의 숫자를 세는 수준을 넘어서 맥락의 다양성을 고려하려는 노력이다. 이 연구의 결과는 문맥의 다양성이 레지스터 다양성을 설명할 수 있음을 발견했다는 것이다. 여기서 그는 개별 저자들의 문맥적 다양성을 분석하는 최신 사회언어학적 연구를 사용하여 이를 정의한다. 이는 목회 서신을 포함하여 바울 서신 내에서의 차이의 범위는 비교 연구에 기초하여 한 명의 저자로 국한된 다양성의 범위 내에서 설명된다는 점을 제시한다.

(3) 바울 저작권

목회 서신의 저작권 문제는 의심의 여지 없이 복잡하며, 다양한 비평 학파들 내에서도 종종 무시되거나 의견이 갈리는 주제다. 이 마지막 부분에서 나는 앞서 고찰한 부분을 토대로 이 문제를 논의하고자 한다.

　골로새서 및 에베소서와 마찬가지로 목회 서신의 저작권에 관해서도 단 두 가지의 진짜 결론만이 있다. 즉 위작인가, 아니면 진짜 바울이 기록한 것인가? 위작이라는 설명은 다음과 같은 많은 질문에 답해야 한다. (1) 왜 하나 혹은 두 개의 편지가 아닌 세 개의 편지가 존재하는가? 여기서 핵심은 이 세 편지 사이의 유사점이 대략 같은 시기에 같은 저자가 기록했다는 것을 나타내는가다. 그리고 여기서 질문은 훌륭하게 구성된 하나의 편지가 할 수 있는 일을 수행하는 데 왜 세 개의 다른 편지가

52　Pitts, "Style and Pseudonymity," 특히 130-52.

필요했느냐는 것이다. 몇 명의 위작 작가가 있었는데 한 명의 뒤를 이어 다른 한 명이 다양한 시간 및 장소에서 기록했다는 것은 신빙성이 부족하다. (2) 왜 목회 서신에, 특별히 디모데후서에 그렇게 많은 개인적인 세부사항이 들어가 있는 것일까? 만약 개인적인 세부사항이 바울이 기록했다고 독자들을 확신시키기 위한 노력으로서 포함된 것이라면, 여기에는 직면해야 할 속임수의 문제가 있지 않았을까? 즉 초기 교회는 바울이 이 편지들을 기록한 것처럼 속였고, 위작 작가는 눈에 띄지 않게 그것이 실제로 바울이 기록한 편지로 보이게끔 독자들을 거짓으로 속이려고 했을까? 이것은 개인적인 문체와 특징을 가진 디모데전서를 바울이 기록했을 가능성이 크다고 간주해야 하는지에 대한 질문을 불러일으킨다.[53] 이 마지막 질문에 대한 대답은 긍정적일 수 있는데, 적어도 많은 학자의 마음속에서는 그렇다.

만약 목회 서신의 저자가 바울이었다면, 몇 가지 난제가 해결된다. 첫째, 목회 서신에 등장하는 대적자들이 골로새서와 같은 다른 바울 서신에서 발견되는 자들과 같아진다. 따라서 2세기나 심지어 그 이후의 어느 때 기록되었다고 가설적 시나리오를 추측할 필요가 없다. 바울 저작권은 목회 서신을 소설이 아닌 진짜 서신으로 읽을 수 있게 한다. 길이가 긴 개인적인 단락들은 그것들이 진짜 일련의 상황을 드러내는 것이 아니라면 그것에 관해 설명하는 것이 어렵다. 그렇지 않다면 디모데전서 1:20에 있는 후메내오와 알렉산더에 대한 언급을 설명하기가 매우 어렵다. 만약 사도행전 28:31 이전의 제안이 목회 서신을 사도행전 연대

---

53 반대로 James Aageson은 발전의 궤적에 따르면 디모데전서와 디도서는 바울의 저작이 아니지만, 디모데후서는 빌립보서와의 유사점 때문에 진짜로 바울이 기록했을 것이라고 결론 내린다. *Paul, the Pastoral Epistles, and the Early Church* (Library of Pauline Studies; Peabody, MA: Hendrickson, 2008), 86-89.

기로 통합하는 데 방해가 된다면(혹할 만한 장점이 있음에도 대부분 이를 받아들이지 않는다), 바울이 로마 감옥으로부터 풀려난 시기는 62년경 어느 시점이어야 한다. 디모데전서는 마게도냐에서 기록되어 에베소로 전해졌을 것인데, 이는 빌립보에 있는 교회와 바울을 향한 그들의 원조(딤전 1:3)에 비춰볼 때 이해할 만한 대목이다. 비록 바울이 먼저 스페인으로 가고 그다음에 마게도냐로 가는 것이 가능하지만 말이다. 어쨌든 바울은 니고볼리에서 겨울을 난 후(딛 3:12) 그레데로 갔을 것이지만(딛 1:5에서 그의 언급은 그가 그곳으로 갔다는 것을 요구하지 않는다), 이는 확실히 알려진 것은 아니다. 바울은 그다음에 체포되어 로마로 갔거나, 아니면 로마에서 붙잡혔을 것이다. 이는 바울이 아마도 드로아(딤후 4:13), 밀레도(4:20) 그리고 고린도로 간 후에 일어난 일이었을 것이며, 그는 로마에서 두 번째로 투옥되었을 것이다. 그곳에서 그는 64-65년에 시작된 네로의 탄압으로 죽임을 당했다.

5. 목회 서신의 개요

디모데전서

    A. 서두(1:1-2)

        1. 보내는 이(1:1)

        2. 받는 이(1:2a)

        3. 인사말(1:2b)

    (B. 감사―없음)

    C. 본론: 하나님의 교회에서 지도자로 행동하기(1:3-4:16)

        1. 형식상의 도입부: 거짓 교사들에 대한 반박(1:3-11)

2. 부르심에 대한 바울의 신실함(1:12-20)

3. 질서 있는 행동과 교회를 다스리기 위한 교훈(2:1-3:16)

4. 교회에서 디모데의 역할(4:1-16)

D. 권면(5:1-6:19)

1. 가정에서의 의무(5:1-6:2)

2. 다른 교훈으로부터 돌아서기와 경건(6:3-10)

3. 의로운 것의 추구와 기타 권면(6:11-19)

E. 맺음말(6:20-21)

1. 디모데를 향한 맺음말(6:20-21a)

2. 은혜의 축복(6:21b)

디모데후서

A. 서두(1:1-2)

1. 보내는 이(1:1)

2. 받는 이(1:2a)

3. 인사말(1:2b)

B. 감사(1:3-5)

C. 본론: 그리스도를 섬김(1:6-4:18)

1. 형식상의 도입부: 하나님께서 능력의 영을 부어주심(1:6-14)

2. 신실하지 못한 이들(1:15-18)

3. 고난은 장기적인 헌신(2:1-13)

4. 거짓 가르침에 대한 저항(2:14-26)

5. 종말론적 절정(3:1-9)

6. 사도의 책무(3:10-4:18)

(D. 권면—없음)

6. 목회 서신의 내용

디모데전서

서두(딤전 1:1-2)

바울은 자신이 하나님과 그리스도 예수의 명령을 따라 예수 그리스도의 사도가 되었다고 밝히면서 편지를 시작한다. 그는 디모데에게 편지를 썼는데, 디모데는 바울이 "믿음 안에서 참 아들"이라고 부르는 자다. 이 서두는 바울의 일반적인 서두를 변형하여 "하나님 아버지와 그리스도 예수 우리 주께로부터 은혜와 긍휼과 평강이 네게 있을지어다"라는 말로 마무리된다.

본론: 형식상의 도입부: 거짓교사들에 대한 반박(딤전 1:3-11)

바울은 디모데전서에 감사 단락을 넣지 않았다. 이는 서두 이후의 첫 번째 언급에서 볼 수 있는 것처럼 일종의 긴박성을 말하는 것일 수 있고, 아니면 그의 수신자들과의 친밀함의 정도를 말하는 것일 수도 있다. 바울은 감사 단락 대신 디모데에게 에베소에 남도록 권하면서 본론을 시작한다. 이를 통해 그는 디모데로 하여금 누구든지 다른 교리를 가르치지 않도록 또는 청지기적 믿음과 아무 관계가 없는 어떤 신화나 끝없는 족보를 가르치지 않도록 교훈할 수 있게 만들어준다. 그들의 가르침의 핵심 목표는 순수한 마음에서 나오는 사랑, 선한 양심 그리고 신실한 믿음이다. 바울은 헛된 것에 몰두함으로써 기초적인 원리에서 벗어나는 특정한 사람들에 대해 언급한다. 그는 율법이 선한 것이지만, 불순종하고 경건치 못한 모든 행위를 하는 자들을 위한 것이라고 말한다.

본론: 부르심에 대한 바울의 신실함(딤전 1:12–20)

바울은 자신과 같은 죄인을 구원하신 하나님께 감사하는데, 이는 그가 교회를 핍박했던 자였기 때문이다. 바울이 이전의 삶에도 불구하고 신실하다고 판결을 받은 이유는 하나님의 자비 때문이다. 예수 그리스도가 죄인을 구하기 위해 오셨다는 진리는 실제로 사실이며, 바울은 자신이 죄인 중의 괴수임을 깨닫는다. 그러나 예수 그리스도는 주를 믿는 자들을 위한 본이 되심으로써 완전한 인내를 보여주셨다. 이런 주제에 자극을 받은 바울은 짧은 송영을 고백한다. 영원하신 왕 곧 썩지 아니하고 보이지 아니하고 홀로 하나이신 하나님께 존귀와 영광이 영원무궁하도록 있을지어다!

바울은 디모데에게 계속 주의를 당부하면서 그를 지도한 이전의 예언을 따라 선한 싸움을 지속하라고 명령한다. 불행히도 어떤 이들은 그들의 양심을 버림으로써 믿음을 저버렸는데, 후메내오와 알렉산더와 같은 이들이 이에 속한다. 바울은 그들을 사탄에게 내어주어 그들로 훈계를 받아 신성을 모독하지 못하게 한다.

본론: 질서 있는 행동과 교회를 다스리기 위한 교훈(딤전 2:1–3:16)

무엇보다 바울은 디모데에게 임금들 및 그들과 비슷한 지위에 있는 자들을 포함하여 모든 사람을 위해 기도해야 한다고 가르치는데, 이는 그들이 평화롭고 질서 있으며 모든 면에서 거룩하고 단정한 삶을 살게 하기 위함이다. 이런 기도는 선한 것이며, 하나님은 모든 사람이 구원을 받으며 진리의 지식에 이르기를 원하시는데, 이는 한 분이신 하나님과 자기 자신을 모든 이들을 위한 대속물로 주신 중보자 예수 그리스도에 기초한 것이다.

이런 관점에서 바울은 남자가 모든 장소에서 그들의 손을 들고 기도

해야 하며, 모든 여자는 단정한 의복을 입고 소박함과 정절을 보여야 한다고 언급한다. 여자는 질서 있고 적절한 방식을 배워야 하는데, 남자를 가르치거나 부적절한 권위를 가지지 않고 단정함을 배워야 한다. 바울은 아담과 하와의 창세기 사건을 언급하면서 단정함에 관해 주장하며 여자는 남편과의 성적인 관계(이는 출산을 염두에 둔 표현이다)와 같은 일상의 평범한 행위에 믿음과 사랑과 거룩함으로 참여함으로써 구원을 받는다고 말한다(참조. 딤전 4:3).[54]

이어서 바울은 교회의 지도자라는 주제로 이동하는데, 감독/주교의 지위로부터 시작한다. 이 직분을 얻으려는 자는 숭고한 일을 사모하고, 책망할 것이 없으며, 아내에게 신실하고, 침착하며, 존경할 만하고, 남을 대접하며, 가르칠 수 있고, 술 취하지 않으며, 구타하지 않고, 관용하며, 다투지 않고, 돈을 사랑하지 않으며, 가족을 잘 다스리는 자질을 보여주어야 한다. 새로 입교한 자들은 교만해질 수 있으므로 이 직분을 얻을 수 없고, 공동체에서 좋은 평판을 듣는 사람이어야 한다.

마찬가지로 집사의 직분도 정중하고 일구이언을 하지 않고 지나치게 술에 취하지 말아야 하며 탐욕스럽지 않아야 한다. 그들은 믿음에 있어 깨끗한 양심을 가져야 하며 먼저 시험을 받아야 한다. 여자들도 비슷한 자질을 보여주어야 하며, 모든 집사는 자신의 배우자에게 신실해야 하고 자기 집을 잘 다스려야 한다.

바울은 여기서 이 편지를 쓴 목적을 기록한다. 바울은 디모데를 곧

---

54   참조. S. E. Porter, "What Does It Mean to Be 'Saved by Childbirth' (1 Timothy 2.15)?" *JSNT* 49 (1993): 87-102; "Reframing Social Justice in the Pauline Letters," in *The Bible and Social Justice: Old Testament and New Testament Foundations for the Church's Urgent Call* (ed. C. L. Westfall and B. R. Dyer; McMaster New Testament Studies; Eugene, OR: Wipf & Stock, 2015), 125-51.

방문할 계획이지만, 자신의 방문이 연기될 경우 디모데가 그리스도인 공동체에서 올바른 행위를 하도록 가르치길 원한다. 바울은 육신으로 나타난 바 되시고, 영으로 의롭게 되시며, 천사들에게 보이시고, 열방 중에 선포되시며, 세상에서 믿은 바 되시고, 영광 가운데 승천하신 그리스도를 향한 찬양의 구절로 이 단락을 마무리한다.

본론: 교회에서 디모데의 역할(딤전 4:1-16)

성령이 앞으로 일어날 일에 대해 말하는 것처럼, 바울은 디모데에게 스스로 미혹하는 영과 귀신의 가르침을 따름으로써 믿음에서 떠난 어떤 사람들에 대해 경고한다. 이 가르침은 혼인을 금하는 것과 음식물을 먹지 말라고 종용하는 것을 포함한다. 하나님이 모든 것을 창조하셨으므로 그들은 하나님께 감사함으로 이런 것들에 참여한다.

디모데는 망령되고 허탄한 신화를 멀리하며 경건에 이르도록 자신을 연단함으로써 그리스도의 좋은 일꾼이 되어야 한다. 육체의 훈련이 유익이 있는 것처럼 영적 훈련은 훨씬 더 유익한데, 그 이유는 현 생애에서와 오는 세대에 약속이 있기 때문이다. 그들은 그리스도 예수 안에 있는 소망을 위해 수고하고 노력한다. 디모데는 그의 연소함을 업신여기지 못하게 해야 하며, 말과 행실과 사랑과 믿음과 정절에 본이 되어야 한다. 그는 말씀을 읽는 것과 권하는 것과 가르치는 것에 전념하고 은사를 가볍게 여기지 말며 가르침을 지속해야 한다.

권면: 가정에서의 의무(딤전 5:1-6:2)

바울은 이 단락에서도 디모데에게 교회에서 어떻게 행할 것인지를 계속 가르친다. 디모데는 늙은이를 꾸짖지 말고 아버지에게 하듯 격려해야 하며, 젊은이는 형제처럼, 늙은 여자는 어머니처럼, 젊은 여자는 누이처럼 대해야 한다. 가족이 없는 과부는 존경을 받아야 하고, 자기 가족이 있는 과부는 그들로부터 돌봄을 받아야 한다. 자기 가족을 돌보지 않는 자는 믿음을 배반한 자이며 불신자보다 더 악한 자다. 그렇지만 과부가 육십 세 이상이고 좋은 평판을 지닌 신실한 아내였다면, 그는 명부에 올려질 수 있다(이것은 그 당시 여성의 재정적 필요를 말하고 있다). 그들은 그리스도로부터 떠나 믿음을 버릴 수 있는 젊은 과부를 명부에 올리지 말아야 한다. 바울은 젊은 과부는 차라리 재혼하여 자녀를 낳고 집을 다스리게 하라고 말한다.

장로와 관련하여 바울은 잘 다스리는 자들은 "두 배의 존경"을 받아야 한다고 말하는데, 특히 설교와 가르침으로 수고하는 자들이 그렇다고 말한다. 그는 신명기 25:4을 인용하면서 소의 은유를 사용하여 자신의 주장을 편다. 장로에 대한 고발은 두세 증인이 없는 한 받으면 안 된다. 디모데는 죄가 지배하도록 해서도 안 되고 경솔히 손을 얹어서도 안 된다(누군가를 사역자로 임명하거나 그에게 안수하는 것). 개인적으로 바울은 디모데에게 위장에 도움이 되도록 포도주를 조금씩 마시라고 권한다.

종인 자들은 자기 상전을 공경함으로써 모범이 되어야 한다. 동료 신자를 주인으로 섬기는 자들은 일을 적게 하거나 주인으로부터 이익을 취해서는 안 되며, 그들이 형제이기 때문에 오히려 더욱 열심히 일해야 한다.

권면: 다른 교훈으로부터 돌아서기와 경건(딤전 6:3-10)

바울은 다른 교훈이라는 주제로 돌아와서 디모데에게 예수 그리스도의 말씀을 따르지 않는 자들은 교만하여 우쭐하지만, 아무것도 알지 못한다고 말한다. 이런 사람들은 변론과 언쟁에 대해 건전하지 못한 욕망이 있는데, 이는 모든 종류의 부정적인 영향 곧 투기, 분쟁, 비방, 악한 생각과 같은 것들을 양산한다. 그들은 경건을 이익의 방도로 생각하지만, 경건은 사실 자족하는 마음이 있어야 큰 이익이 된다. 그러나 부를 얻기 원하는 자들은 유혹과 올무에 빠지게 되는데, 이는 결국 많은 사람을 파멸과 멸망에 빠지게 만든다. 바울은 돈을 사랑하는 것이 모든 악의 뿌리라고 말하는데, 그 이유는 이런 탐욕이 어떤 이들을 믿음에서 떠나도록 만들기 때문이다.

권면: 의로운 것의 추구와 기타 권면(딤전 6:11-19)

바울은 디모데를 하나님의 사람이라고 부르면서 그에게 악한 일을 피하라고 훈계한다. 대신에 그는 의, 신앙, 믿음, 사랑, 인내, 온유를 추구해야 한다. 디모데는 믿음의 선한 싸움을 하고, 자신이 선포한 것을 붙잡아 영생을 취해야 한다. 바울은 부유한 자들이 마음을 높이지 않도록 지도받아야 한다고 말한다. 그들은 자신의 재물에 소망을 두지 말고, 필요한 모든 것을 제공하시는 하나님께 소망을 두어야 한다. 그들은 선한 사업을 많이 하고 너그러워야 하며, 이런 방식으로 좋은 터를 쌓아야 한다.

맺음말(딤전 6:20-21)

바울은 편지의 마지막 말에서 망령되고 헛된 말과 거짓된 지식의 반론을 피함으로써 자신이 부탁한 것을 지키라고 디모데에게 말한다. 이는 그것이 어떤 이들을 믿음에서 벗어나게 하기 때문이다. 이 편지는 "은혜가 너희와 함께 있을지어다"라는 짧은 말로 마무리된다.

디모데후서

서두(딤후 1:1-2)

디모데후서에서 바울은 그 자신이 그리스도 안에서 약속을 따라 하나님의 뜻으로 그리스도 예수의 사도 된 자라고 말하면서 시작한다. 바울은 디모데에게 쓰면서 그를 자신의 사랑하는 자녀라고 부른다. 인사말은 디모데전서와 비슷하다.

감사(딤후 1:3-5)

바울은 디모데에게 자신이 기도할 때 쉬지 않고 그를 생각하며 감사한다고 말한다. 바울은 디모데가 겪었을 고뇌를 생각하며 그를 보길 간절히 원하는데, 이는 자신의 기쁨이 가득하게 하기 위함이다. 바울은 디모데의 신실한 믿음을 알고 있는데, 이 믿음은 그의 할머니 로이스와 그의 어머니 유니게로부터 물려받은 것이다. 바울은 디모데에게도 같은 믿음이 살아 있음을 확신한다.

본론: 형식상의 도입부: 하나님은 능력의 영을 주신다(딤후 1:6-14)

이 때문에 바울은 디모데에게 하나님이 그에게 두려워하는 마음이 아니라 능력과 사랑과 절제의 마음을 주신다고 격려한다. 이 능력 때문에 디모데는 주님을 증언하는 일과 갇힌 자가 된 바울을 부끄러워하지 않아야 한다. 대신에 디모데는 하나님의 능력을 의지하여 복음을 위해 고난을 받아야 한다. 이는 하나님께서 그들을 구원하시고 부르신 거룩한 소명 때문이다. 바울이 고난받는 이유는 그리스도 예수께서 사망을 폐하시고 복음으로써 생명과 썩지 아니할 것을 드러내셨기 때문이다. 바울은 그날을 기다리며 자신에게 맡겨진 것을 지켜낼 것이다. 바울은 디모데도 자신과 같기를 원한다.

본론: 신실하지 못한 이들(딤후 1:15-18)

디모데도 이미 아는 사실이지만, 바울은 아시아에 있는 사람들이 자신을 버렸으며 그중에는 부겔로와 허모게네도 있다고 말한다. 좀 더 기쁜 소식으로 오네시보로의 집이 바울을 자주 즐겁게 해주었는데, 오네시보로는 바울이 로마를 방문했을 때에도 그를 찾아와 만났다. 디모데는 오네시보로가 에베소에 있었을 때 어떻게 섬겼는지를 알고 있다.

본론: 고난은 장기적인 헌신(딤후 2:1-13)

바울은 디모데에게 하나님의 은혜 가운데서 강하라고, 또 가르칠 수 있는 다른 신실한 사람들에게 복음을 부탁하라고 명령한다. 연속적인 세 가지 은유를 사용하면서 바울은 디모데에게 그리스도를 위해 좋은 병사, 경기하는 자, 농부가 되라고 말한다. 복음의 핵심은 예수 그리스도이며, 바울은 이 복음 때문에 끝까지 견디고 있다. 이는 택함을 받은 자들이 그리스도 안에 있는 구원을 얻게 하기 위함이다.

본론: 거짓 가르침에 대한 저항(딤후 2:14-26)

디모데전서에 기록한 것처럼 바울은 디모데에게 사람을 망하게 하는 말다툼을 하지 않도록 그들을 가르치라고 말한다. 디모데는 인정받는 일꾼으로서 자신을 하나님 앞에 나타내고 부끄러워하지 말며 진리의 말씀을 옳게 분별해야 한다. 그는 망령된 말을 피해야 하는데, 이는 후메내오와 빌레도가 그랬던 것처럼 사람을 불경건함으로 이끈다. 그들은 진리에서 벗어나 부활이 이미 지나갔다고 함으로써 자신들뿐만 아니라 다른 사람들에게도 영향을 미친다. 귀하게 쓰는 그릇과 천하게 쓰는 그릇이 있는

제2부 바울 서신

집의 은유를 사용하면서 바울은 디모데에게 불명예스러운 것(사람)으로부터 자기 집을 깨끗이 하여 그 집의 주인을 섬길 준비를 하라고 말한다.

디모데는 청년의 정욕을 피하고, 의와 믿음과 사랑과 화평을 추구해야 한다. 그는 논쟁으로 이끄는 무식한 변론에 관여하지 말고, 모두에게 온유하고 인내로 가르치며 온화하게 훈계해야 한다. 바울은 하나님께서 이 반대자들을 회개하게 하시기를 소망한다.

본론: 종말론적 절정(딤후 3:1–9)

바울은 디모데에게 말세의 고통에 대해 경고한다. 사람들은 자기를 사랑하고 돈을 사랑하며 자랑하고 교만하며 비방하고 거역하며 감사하지 아니하고 거룩하지 아니하며 모든 경건하지 않은 특징을 보이게 될 것이다. 이는 경건의 모양만 있고 경건의 능력은 없는 것이다. 디모데는 이런 자들에게서 돌아서야 한다. 그들은 집으로 가만히 들어가 연약한 여성을 이용한다. 바울은 얀네와 얌브레가 모세를 대적했던 것처럼 그들도 같은 방식으로 하나님을 대적한다고 말한다. 그러나 바울은 그들이 반역하는 일에 더 나아가지는 못할 것이라고 디모데를 확신시킨다.

본론: 사도의 책무(딤후 3:10–4:18)

바울이 방금 말한 이 사람들과 디모데는 다르다. 디모데는 가르침, 삶의 목적, 믿음, 인내, 사랑 그리고 끈기에 있어서 바울의 모범을 따랐다. 그는 안디옥, 이고니온, 루스드라에서 바울이 당한 박해에 동행했다. 바울은 그리스도 예수 안에서 경건하게 살고자 하는 자들은 모두 실제로 박해를 받을 것이라고 말한다. 악한 사람들은 그들이 해왔던 일을 계속하겠지만, 디모데는 자신이 배운 것을 계속해야 한다. 그는 어렸을 때부터 거룩한 말씀을 알고 있었는데, 이 말씀이 그가 구원에 이르도록 하는 지혜가 있다. 모든 성경은 하나님의 감동으로 된 것으로 교훈과 책망과 바르게 함과 의로 교육하기에 유익하다. 이는 모든 선한 일을 행할 능력을 갖추게 하기 위함이다.

바울은 디모데에게 때를 얻든지 못 얻든지 말씀을 선포하라는 임무를 부여한다. 때가 이르면 사람들은 자신을 기쁘게 하는 것만 듣기를 원하겠지만, 그는 신중해야 하고 고통을 견뎌야 하며 자신의 직무를 다해야 한다. 바울은 자신의 사역을 바라보며 결국 자신이 떠날 때가 가까이 왔음을 안다. 그는 선한 싸움을 싸우고 달려갈 길을 마쳤다고 말할 수 있다. 바울은 디모데가 따라야 할 모범으로서 자신을 제시한다.

바울은 이제 자신에게 남은 시간을 돌아보며 디모데를 곧 만날 수 있기를 원한다. 많은 이들이 바울을 떠났다. 데마는 세상을 사랑하여 바울을 버렸으며, 그레스게는 갈라디아로, 디도는 달마디아로 갔다. 누가만이 바울 곁에 남아 있다. 바울은 디모데에게 마가를 데리고 오라고 말하는데, 이는 마가가 바울의 일에 유익하기 때문이다. 바울은 두기고를 에베소에 보냈다. 바울은 자신의 겉옷을 드로아에 있는 가보의 집에 둔 것을 기억하고 디모데가 올 때 그것을 함께 가지고 오라고 하며, 가죽 종이에 쓴 책도 가지고 오라고 말한다. 바울은 구리 세공업자 알렉산더가 자신에게 잘못 행동한 일을 회상하며 그 상황에서 하나님께서 그가 행한 대로 그에게 갚으시기를 소망한다. 사실 디모데도 그를 주의해야 하는데, 이는 알렉산더가 그들의 말에 대적했기 때문이다. 바울은 자신이 처음 변명할 때 아무도 도움을 주지 않았음을 기억하면서도 그들에게 허물을 돌리지 않는데, 그 이유는 주께서 그와 함께하셨기 때문이다. 바울은 주께서 그를 모든 악한 일에서 건져내시고 그의 천국에 들어가게 하실 것을 기대한다.

맺음말(딤후 4:19-22)

바울의 마지막 말은 브리스가(브리스길라)와 아굴라 그리고 오네시보로의 집에 인사하는 것을 포함한다. 바울은 디모데에게 에라스도는 고린도에 머무르고 있고 드로비모는 병들어서 밀레도에 남아 있다는 사실을 알린다. 바울은 디모데에게 겨울 전에 자신을 방문하라고 다시 요청한다. 으불로와 부데와 리노와 글라우디아와 모든 형제가 디모데에게 문안한다.

디도서

서두(딛 1:1-4)

바울은 이 편지에서 자신을 하나님의 종이요 그리스도 예수의 사도라고 규정한다. 그리고 하나님께서 약속하셨고 바울의 설교 사역을 통해 분명히 드러난 영생에 대해 추가로 진술한다. 바울은 디도에게 편지를 쓰면서 "같은 믿음을 따라 나의 참 아들 된 디도"라고 기록한다. 그는 "하나님 아버지와 그리스도 예수 우리 구주로부터 은혜와 평강이 네게 있을지어다"라는 일반적인 문구로 서두를 마무리한다.

본론: 교회를 이끌기(딛 1:5-16)

바울은 디도에게 자신이 그를 그레데에 남겨둔 것은 그곳에서 남은 일을 정리하고 각 성에서 장로들을 선출하도록 하기 위함이었다고 말한다. 바울은 디도에게 어떤 장로를 선출해야 할지를 말한다. 장로는 책망할 것이 없고, 자기 아내에게 신실하며, 믿는 자녀를 두고, 무절제나 불순종으로 비난받지 않는 자라야 한다. 감독은 오만하지 않고, 성급하지 않으며, 술을 즐기지 않고, 폭력적이거나 탐욕스럽지 않으며, 환대하고, 선행을 사랑하고, 신중하고, 의로우며, 거룩하고, 절제하는 자라야 한다. 그들은 굳건한 믿음을 가지고 있어야 다른 이들을 가르칠 수 있고 바른 교훈을 거스르는 자들을 책망할 수 있다.

이것이 중요한 이유는 많은 이들이 불순종하기 때문이다. 특히 할 례파에 속한 자들이 그렇다. 그들은 가정들을 온통 무너뜨리므로 그들을 막아야 한다. 그들은 믿음을 온전하게 하고 거짓 가르침에 넘어가지 않 도록 엄한 꾸짖음을 받아야 한다.

권면: 바른 교훈을 가르치기(딛 2:1–15)

다른 한편으로 디도는 바른 교훈에 합당한 것을 가르쳐야 한다. 늙은 남 자들은 절제하고, 경건하며, 신중하고, 믿음과 사랑과 인내에 온전하게 되어야 한다. 늙은 여자들도 비슷한 행실을 보여야 하며 모함하지 않고 술에 중독되지 않아야 한다. 또 그들은 젊은 여성들이 거룩해지도록 그 들을 가르쳐야 한다. 마찬가지로 젊은 여성들도 자제력을 가질 수 있도 록 가르침을 받아야 한다. 디도는 모든 가르침에서 그 자신이 선한 일의 본을 보여야 한다. 바울은 종들도 범사에 자기 상전들에게 순종해야 한 다는 지침을 덧붙인다.

바울은 하나님의 은혜가 나타나 모든 이들에게 구원을 가져왔을 뿐 아니라 그들을 훈련하여 그들이 경건하지 않은 것을 버리고 올바른 삶을 살며 예수 그리스도의 나타나심을 기다리도록 만든다고 선포한다. 디도 는 이 문제들에 대해 권하고 모든 권위로 책망하여 누구도 그를 업신여 기지 않도록 해야 한다.

권면: 지배자와 권세자와 다른 이들 아래 살아가기(딛 3:1–7)

디도는 통치자들과 다른 권세 잡은 자들에게 순종해야 한다고 그레데인들을 일깨우며, 모든 선한 일에 순종하고 준비되어야 하며 아무도 비방하지 말고 다투지 말며 관용하고 모든 사람에 대해 온유함이 있어야 한다고 말한다. 그들은 한때 불순종했으며 여러 정욕의 노예들이었지만, 하나님의 선하심과 진실하심이 나타났을 때 구원을 받았다. 이것은 그들의 어떤 행위에 따른 것도 아니고 그들에게 자격이 있기 때문도 아니며, 오직 하나님의 긍휼하심과 중생의 씻음 그리고 성령의 새롭게 하심 때문이었다. 그들은 하나님의 은혜로 의롭다 함을 받았고 영생의 소망을 따라 상속자가 되었다.

권면: 다툼을 피하라(딛 3:8-11)

바울은 디도에게 이런 일들에 집중하라고 가르치는데, 그렇게 함으로써 하나님을 믿는 자들이 스스로 선한 일 즉 사람들에게 유익한 일에 힘쓰도록 하기 위함이다. 반면에 율법에 대한 어리석은 논쟁은 무익한 것이며 사실상 헛된 것이다. 불화를 일으키는 이들을 두 번 훈계한 후에는 더 이상 용인하지 말아야 한다.

권면: 개인적 언급(딛 3:12-14)

바울은 디도에게 자신이 아데마나 두기고를 그에게 보낸다고 알리면서 그 시기에 니고볼리에 있는 자신을 만나러 오라고 요청하는데, 그곳은 바울이 겨울을 지내기로 작정한 곳이다. 또 바울은 율법 교사인 세나와 아볼로를 급히 보내어 그들로 부족함이 없게 하라고 요청한다. 마지막으로 디도는 선한 일에 힘쓰도록 그리스도인들을 가르침으로써 급박한 상황에 그들이 도움을 줄 수 있게 훈련시켜야 한다.

맺음말(딛 3:15)

바울은 믿음 안에서 디도와 함께하는 자들에게 문안하라는 요청과 함께 바울 자신과 함께 있는 자들의 인사를 전한다(구체적인 이름을 언급하지는 않는다). 바울은 "은혜가 너희 무리에게 있을지어다"라는 기원으로 편지를 마무리한다.

추가 학습을 위한 자료

주석

Collins, R. F. *I & II Timothy and Titus*. NTL. Louisville: Westminster John Knox, 2002.

Dibelius, M., and H. Conzelmann. *The Pastoral Epistles*. Hermeneia. Philadelphia: Fortress, 1972.

Fee, G. D. *1 and 2 Timothy, Titus*. New International Biblical Commentary. Peabody, MA: Hendrickson, 1988.

Guthrie, D. *The Pastoral Epistles*. Rev. ed. TNTC. Grand Rapids: Eerdmans, 1990.

Hanson, A. T. *The Pastoral Epistles*. NCB. Grand Rapids: Eerdmans, 1982.

Johnson, L. T. *The First and Second Letters to Timothy*. AB 35A. New York: Doubleday, 2001.

Kelly, J. N. D. *A Commentary on the Pastoral Epistles*. BNTC. Peabody, MA: Hendrickson, 1963.

Knight, G. W., III. *The Pastoral Epistles*. NIGTC. Grand Rapids: Eerdmans, 1992.

Lock, W. *A Critical and Exegetical Commentary on the Pastoral Epistles (1 and II Timothy and Titus)*. ICC. Edinburgh: T&T Clark, 1924.

Marshall, I. H., with P. H. Towner. *A Critical and Exegetical Commentary on the Pastoral Epistles*. ICC. Edinburgh: T&T Clark, 1999.

Mounce, W. D. *Pastoral Epistles*. WBC 46. Dallas: Word, 2000. WBC 성경주석『목회서신』(솔로몬 역간).

Parry, R. St. *The Pastoral Epistles*. Cambridge: Cambridge University Press, 1920.

Quinn, J. D. *The Letter to Titus*. AB 35. New York: Doubleday, 1990.

Quinn, J. D., and W. C. Wacker. *The First and Second Letters to Timothy: A New Translation with Notes and Commentary*. Eerdmans Critical Commentary. Grand Rapids: Eerdmans, 2000.

Simpson, E. K. *The Pastoral Epistles*. London: Tyndale, 1954.

Towner, P. H. *The Letters to Timothy and Titus*. NICNT. Grand Rapids: Eerdmans, 2006.

논문 및 단행본

Aageson, J. W. *Paul, the Pastoral Epistles, and the Early Church*. Library of Pauline Studies.

Peabody, MA: Hendrickson, 2008.

Bruce, F. F. *The Pauline Circle*. Grand Rapids: Eerdmans, 1985.

Davies, M. *The Pastoral Epistles*. NTG. Sheffield: Sheffield Academic, 1996.

Donelson, L. R. *Pseudepigraphy and Ethical Argument in the Pastoral Epistles*. HUT 22. Tübingen: Mohr-Siebeck, 1986.

Harrison, P. N. *The Problem of the Pastoral Epistles*. Oxford: Oxford University Press, 1921.

Knight, G. W., III. *The Faithful Sayings in the Pastoral Letters*. Amsterdam: Kok, 1968. Reprinted Grand Rapids: Baker, 1979.

Miller, J. D. *The Pastoral Letters as Composite Documents*. SNTSMS 93. Cambridge: Cambridge University Press, 1997.

Porter, S. E., and G. P. Fewster, eds. *Paul and Pseudepigraphy*. PAST 8. Leiden: Brill, 2013.

Prior, M. *Paul the Letter-Writer and the Second Letter to Timothy*. JSNTSup 23. Sheffield: JSOT Press, 1989.

Towner, P. H. *The Goal of Our Instruction: The Structure of Theology and Ethics in the Pastoral Epistles*. JSNTSup 34. Sheffield: JSOT Press, 1989.

Van Neste, R. *Cohesion and Structure in the Pastoral Epistles*. JSNTSup 280. London: T&T Clark, 2004.

Wilson, S. G. *Luke and the Pastoral Epistles*. London: SPCK, 1979.

결론

이제 우리는 사도 바울의 삶과 사상 및 편지를 개괄적으로 다룬 이 책의 결론에 이르게 되었다. 하지만 바울이라는 이 중요한 인물에 관한 연구, 그의 다양한 사상에 대한 윤곽, 신약 정경 내에서 그가 기록한 열세 편의 편지를 빠짐없이 완벽하게 살펴보기에는 한계가 있었다. 내가 이 책 전반에 걸쳐 여러 세부적인 내용에서 전달하려고 했던 것처럼, 이와 같은 연구는 이 책보다 더 많은 분량으로 여러 권을 쓰더라도 모든 것을 빠짐없이 이야기할 수 없을 것이다. 그렇지만 만일 이 책이 바울에 대한 적절한 개론을 독자에게 제공했다면 목적을 충분히 달성한 것이라고 할 수 있다. 내 소망이자 격려의 말을 덧붙이자면, 이 책의 내용이 독자들에게 기초를 제공해서 그들이 자기 생각을 좀 더 넓히기에 충분한 기본적인 지식을 갖추게 되기를 바란다. 이 생각이 그들 자신의 관심에 대한 것이든, 다른 요인들로 장려된 주제든지 간에 말이다.

이 책을 마무리하면서 좀 더 거시적이고 전체적인 맥락 내에 다양한 주제를 위치시킴으로써 몇 가지 요약이 될 만한 내용을 언급하고자 한다. 이 책은 인간 바울에 대한 논의로 시작했다. 그렇게 함으로써 나는 바울이라는 한 인간 위에 그의 사상과 편지에 대한 논의를 세워보려고 노력했다. 이는 그 자체만으로도 어려운 임무다. 증거의 제한된 성격으로 인해 우리는 사도 바울의 몇 가지 신체적 특징과 일부 문서의 특징에 관해서만 추측할 수 있다. 그러나 이런 불충분한 증거에도 불구하고 우리는 기독교 역사 내에서 여전히 중요한 위치를 점하고 있는 이 사람에 관한 몇 가지 사실에 대해 확신하게 되었다. 비록 바울이 신약 저자 가운데 가장 먼저 책을 쓴 인물은 아닐지 모르지만 그는 신약성경에 있는 책을 쓴 가장 이른 시기의 저자들 중 한 사람이었다. 그는 이방인들에게 선교 사역을 했다(비록 바울 자신은 당시 선두에 있던 랍비 중 한 사람에게 가르침을 받은 유대인이었지만 말이다). 또 바울은 초기 교회의 가장 위대한 신학자 중 한 사람이었다. 비록 (우리의 제한된 기록에 기초할 때) 외모 면에서 그의 인상이 그리 호감을 느끼게 하지는 않았을지라도, 그는 먼저 다소에서, 그다음에 예루살렘에서 평균 이상의 교육을 받았다. 바울은 로마 시민으로서의 유익도 누렸는데, 이 사실은 사도행전에는 기록되었으나 그의 편지에서는 언급되지 않는다. 바울은 로마 제국 내에서 시민으로 살았지만, 로마의 제도에 대해서는 온건한 견해를 취했는데, 여기서 그는 신적 제도가 로마의 제도를 대체한다고 인식했다. 바울은 그 세계 안에서 기술자로서 생계를 유지했으며, 이는 기독교의 메시지를 선포하기 위한 방대한 선교 여행을 가능하게 했다. 바울은 신실한 유대인으로 태어나고 성장했지만, 이후에 극적으로 회심했다. "회심"(conversion)은 바울의 편지에서 제시되고 사도행전에서 좀 더 생생하게 묘사된 것으로서, 다메섹 도상에서 바울에게 일어난 일을 묘사하는 적절한 단어일 것이다. 이 회심은 한때 예수가 가르치는 것을 회의적으로 관찰하거나 들었을 이 훈련받은 바리새인을 초기 교회와 그들의 복음 사역 내에서 무시할 수 없는 영향력을 가진 인물로 바꾸어놓았다. 위에서 제시한 간략한 언급조차도(이 책 전체에서는 더욱 그렇다) 바울을 이해하는 데 있어 신뢰할 만한 안내서로서 사도행전을 이용했다. 이는 바울의 생애에 관해 연구하는 사람들에게는 분명한 것이다. 나는 이것이 타당하다고 믿는다. 아무튼 이 책이 담고 있는 내용의 핵심을 구성하는 것은 바울이라는 한 인간이다.

나는 바울이라는 인간과 관련된 이슈들을 정리한 다음에 바울 전승의 다른 중요한 요소들에 대해 고찰했다. 주제의 선정은 철저하기보다는 선택적이어야 했다. 이 책에서 구체적으로 다뤄진 주제들은 1부의 나머지 부분을 구성했다. 이 주제들은 바울의 선교 및 사역의 연대기, 바울 사상의 배경, 바울 서신에서 발견되는 중요한 주제들의 요약, 바울의 서신 형태에 대한 논의, 현대의 비평적 논의에서 특별히 중요하다고 할 수 있는 바울 정경의 형성에 있어 위작성의 역할에 대한 고려 등이다. 나는 바울에 대한 논의의 나머지 부분, 특별히 그의 개별 서신들을 다루는 데 있어 좀 더 편리한 틀을 제공하기 위해 바울의 연대기부터 시작했다. 이 연대기는 바울의 회심, 세 번의 선교 여행, 로마 여행과 로마에서의 투옥에 중점을 두었다. 나는 사도행전과 바울의 편지를 토대로 바울의 사역을 설득력 있게 재구성하려고 노력했다. 흥미로운 통찰을 제시하는 이 재구성의 특징 중 하나는 일반적으로 인정되는 바울 정경(즉 일반적으로 저작권 논쟁이 없는 일곱 편지)을 벗어나거나 바울의 로마 투옥의 횟수를 중심으로 하는 몇몇 서신을 배치한 것이다. 바울의 연대기 내에 목회 서신과 같은 편지들을 위치시키는 것에 관한 많은 문제는 흥미로운 질문들을 제기했다. 이 연대기적 재구성과 함께 바울의 투옥에 관한 문제도 있다. 우리는 바울이 여러 차례 갇힌 자였다는 것을 알고 있다. 비록 우리가 바울이 몇몇 편지를 썼을 때 그 투옥이 어디서 일어났는지를 완전히 확신할 수는 없지만 말이다. 나는 로마 투옥 이론이 우리가 가진 증거에 대한 최선의 설명임을 보여주려고 했다.

유대교와 헬레니즘의 배경을 이해하고 평가하려는 시도와 둘 사이의 상호작용에 관한 신약학계의 지속적인 변동 속에서 나는 바울의 사상이 형성되는 데 미친 영향에 대해 간략하게 논의했다. 바울과 그의 저작의 많은 특징은 그리스-로마의 직접적인 영향을 받았다고 할 수 있는데, 그의 그리스어 사용, 고대 편지 형식의 사용, 몇몇 사상과 철학 등이 있다. 물론 유대교의 요소들도 있다. 여기에는 유대교 경전의 영향, 유대교 사상-형식들의 출현, 회당의 역할이 포함된다. 다른 영향들도 논의될 수 있겠지만, 위에서 말한 것들이 개별 서신의 논의를 위한 배경을 형성하는 가장 중요한 요소들을 구성한다. 이 요소들은 바울의 사상에 대한 논의를 위해 유용한 문화적 발판을 제공한다. 나는 이 논의를 바울 신학으로 명명하는 것을 자제하는 대신에 바울이 가진 생각의 중요한 윤곽을 전달하는 방식을 취했다. 나는 바울의 사상을 둘로 분류했는데, 여기에는 그의 근본적인 신념들과 발전된 신념들이 포함된다. 바울은 하나님, 예수 그리스도, 성령, 은혜 그리고 믿음과 관련하여 근본적이거나 심지어 전제된 신념들을 가지고 있다. 바울의 발전된 신념들은 칭의, 율법, 그리스도 안에서 하나님의 사역과 율법의 관계, 화목, 성화 또는 거룩, 구원, 하나님의 승리, 복음, 교회 그리고 예수의 죽음 및 부활과 같은 주제들과 관련된다. 이 내용을 다룬 장에서도 인정했듯이, 나는 바울의 사상 내에 논의할 가치가 있는 다른 주제들이 많이 있음을 잘 알고 있다. 그리고 이 책의 다른 단락들에서도 좀 더 말할 수 있는 내용이 많이 있을 것이다. 나는 바울의 깊은 사상이 계속해서 학자들에게 도전하고 그들의 상상력을 자극하고 있음을 알고 있다. 이 시대의 바울 사상 연구에 있어서도 앞선 시대와 마찬가지다. 실제로 바울 연구에서는 이런 개념들뿐만 아니라 몇몇 새로운 개념을 좀 더 개발하기 위해 현재 진행 중인 흥미로운 논의가 많이 있다. 나는 이후의 학술적인 자리에서 이런 논의들로 돌아가야 할 것이다. 그렇지만 이 책은 바울의 개별 서신들을 다룰 때 그의 사상 안에서 발견되는 주요 개념들을 담을 수 있는 최소한의 기본적인 개념적 틀을 제시할 수 있도록 고안되었다.

이 개별 서신들의 형태는 그 자체가 논의의 주제를 구성한다. 고대 세계에는 편지 쓰기에 관한 체계 잡힌 전통이 있었고, 바울은 이 전통을 이용했던 가장 중요한 사람 가운데 하나였다. 우리는 고대 헬레니즘의 이집트 지역에 남아 있는 문서들에서 발견된 수많은 예문을 토대로 고대 세계의 편지 쓰기 관습에 대한 풍부한 증거를 갖고 있다. 고대의 편지들은 지정되고 정의된 기능과 인식할 수 있는 형식을 모두 가지고 있다. 바울은 그리스-로마 세계의 편지 형식을 단순히 채택하는 데 만족하지 않고 그것을 의미 있는 방식으로 발전시켜 자신의 편지 기능을 강화했다. 이런 일은 고대의 편지와 관련된 모든 부분에서 일어났다. 바울은 자신의 목적을 위해 표준이 되는 부분을 개작했을 뿐만 아니라 우리가 현재 인식하는 바울의 편지 형식으로 새롭게 발전시켰다. 바울의 편지들을 좀 더 면밀하게 검토해보면 우리는 바울이라는 인물이 단순히 그 자신이 아니라 그 이상의 것을 포함하는 선교적 노력의 일부였음을 알게 된다. 이 사실은 그의 편지에 반영되어 있으며, 그의 편지에서 대필자의 역할에 관한 질문을 제기한다. 우리는 구체적인 언급들을 통해 바울이 대필자를 사용했다는 것을 알고 있다. 하지만 여기서 적절한 질문은 과연 이 대필자들 혹은 공동 저자라고 불렸던 이들이 편지를 기록하는 과정에서 어느 수준까지 개입했는가다. 대필자의 역할에 대한 논의는 위작성 (pseudonymity)과 관련된다. 위작성은 바울의 편지들에 대한 최근 논의에서 가장 중요한 주제 중 하나다. 몇몇 학자는 이런 질문들이 이미 해결되었다고 생각하는데, 그들은 흔히 일곱 개의 서신(로마서, 고린도전후서, 갈라디아서, 빌립보서, 데살로니가전서, 빌레몬서)만을 바울이 썼다는 점이 논쟁의 필요를 넘어 합의의 지점까지 이르렀다고 여긴다. 하지만 나는 해당 내용을 다룬 장에서 밝힌 몇 가지 이유로 인해 이 주장이 설득력이 있다고 생각하지 않는다. 나는 정경에 포함된 열세 개의 편지가 여러 가지 측면에서 진짜 바울의 편지라고 주장하는 다소 어려운 임무를 맡았다. 나는 이 견해가 몇몇 비평적인 문제를 제기한다는 것을 알고 있지만, 동시에 이 견해가 많은 비평적·신학적·정경적 문제를 풀 수 있다고 생각한다. 결론적으로 나는 바울 정경의 형성에 대한 재구성을 제안했다. 여기서 나는 바울의 정경이 하나로 모이게 된 방식이라고 생각되는 다양한 관점에 대해 논의한 다음에, 일반적인 견해와 달리 바울 자신이 직접 자신의 편지들을 모으는 데 핵심적인 역할을 했다는 의견을 밝혔다. 나는 이것이 모험적인 가설이라는 점을 인정한다. 하지만 나는 이 가설이 관련된 많은 문제를 해결하고, 왜 우리가 신약성경에 있는 바울 서신을 갖게 되었는지에 대한 일관성 있는 설명을 제시해준다고 믿는다.

이처럼 중요하지만 어떤 면에서는 부차적인 주제들에 대한 논의를 마무리한 후 나는 바울 서신 자체를 다루었다. 나는 내가 생각하는 바울 서신의 원래 기록 순서에 따라 편지들을 다루는 동시에 자연스럽게 관련 서신을 묶어서(예. 데살로니가전후서, 고린도전후서, 옥중 서신, 목회 서신) 내용을 전개했다. 결과적으로 나는 갈라디아서를 가장 처음에 다루었고(여기서는 로마서와 함께 다루지 않았다. 갈라디아서가 언제 기록되었고 그것이 로마서와 신학적으로 어떻게 연결되는지에 대한 다른 이론들이 있기 때문이다), 그다음 데살로니가전후서(아마도 이와 같은 순서로 기록되었을 것이다), 고린도전후서(비록 이 두 편지가 바울이 고린도로 보낸 모든 편지는 아닐지라도, 아마도 이 순서로 기록되었을 것이다), 로마서를 다루었다. 그다음에 옥중 서신은 빌립보서, 골로새서, 빌레몬서, 에베소서 순서로 다루었고, 마지막으로 목회 서신 전체를 다루었다. 나는 비평적 문제들과 각 책의 내용 사이에서 균형을 찾으려고 노력했다. 결과적으로 나는 각 책에 대해 저작권, 연대, 저술 동기와 목적, 다른 서신들과의 관계, 서신 형식을 따르는 편지의 개요와 같은 주요 핵심 문제들에 대한 논의를 제시한 다음에 그 개요에 따라 각 편지의 내용을 요약했다. 바울 서신을 다룬 주요 주석이나 중요한 비평적 신약 개론을 읽어본 사람들이라면 각 편지에 대해 논의해야 할 다른 문제들이 많다는 것을 알 것이다. 그러나 나는 바울 정경 내에서 편지들의 역할과 위치에 영향을 미치는 핵심 문제들과 편지들이 가르치는 내용 및 그 중요성을 제시하려고 노력했다.

이런 성격의 책을 마무리하는 일은 저자와 독자 모두에게 어쩔 수 없이 복합적인 생각과 감정을 남긴다. 저자와 독자는 모두 사도 바울이라는 한 사람, 그의 사상, 그의 개별 편지들에 대해 모든 면에서 이런 개론서 한 권이 제시할 수 있는 것보다 훨씬 더 많은 의견을 말할 수 있다는 것을 알고 있다. 바울에 관한 연구가 계속 활발히 이뤄지고 있다는 점이 이 사실에 대한 증거이며, 독자들은 이런 주제들에 대해 좀 더 전문적으로 초점을 맞춘 다른 연구를 통해 흥미로운 주제들을 더 깊이 탐구해 나가야 한다. 그러나 나는 이 책이 여기서 다뤄지는 제한적인 주제뿐만 아니라 바울 서신 연구 일반에도 도움이 되는 적절하고도 의미 있는 충분한 양의 이차 자료를 제공했다는 점에 만족한다. 그리고 독자들이 이 책을 통해 여전히 진지한 독자들의 관심을 필요로 하는 자료 전반에 대해 실제적인 개론을 제시해주는 깊이 있는 사상과 분석을 발견할 수 있기를 희망한다. 사도 바울의 삶, 사상, 편지를 고려할 때, 그는 새로운 세대에게 도전하기에 충분한 지적이고 감동적인 내용 이상의 것을 주의 깊은 독자에게 끊임없이 제공해준다. 만약 이 책이 이런 노력에 일익을 담당했다면, 그 목적은 충분히 달성된 것이라고 본다.

인명 색인

A

Aageson, J. 719, 737
Abbott, T. K. 649
Adams, E. 229
Adams, S. A. 50, 189, 243, 251, 253, 257, 260, 265, 267, 274, 329, 353, 390
Akurgal, E. 645
Aland, K. 277
Alexander, L. C. A. 102, 252, 588
Arnold, C. E. (아널드, 클린턴) 597, 608, 619, 645
Arzt, P. 257
Arzt-Grabner, P. 257
Aune, D. E. 70, 143, 145, 227, 245, 251, 286, 521

B

Badcock, F. J. 124, 707
Bagnall, R. S. 244, 255
Bailey, J. L. 259
Baird, W. 320
Baker, D. 160
Balch, D. L. 48
Balz, H. 80, 182
Banks, R. 230
Barclay, J. M. G. (바클레이, 존) 39, 54-58, 188, 215, 324, 348, 640

Barnett, P. 490
Barnikol, E. 496
Barr, J. 191
Barrett, C. K. (바레트) 71, 215, 235, 347, 429, 442, 478, 488, 714
Barrett, D. P. 298
Barth, K. (바르트, 칼) 192, 495
Barth, M. 601, 650
Bauckham, R. 49, 154, 245,
Baur, F. C. (바우어, 페르디난트 크리스티안) 75, 101, 320, 328, 370, 395, 422, 438-439, 478, 496, 515, 562, 600, 648
Beale, G. K. 160
Beard, M. 254
Beare, F. W. 573
Beasley-Murray, G. R. 245
Beker, J. C. (베커, J. 크리스티안) 176, 224, 513-514
Belleville, L. L. 444
Bernstein, M. J. 212
Berrin, S. 161
Berry, K. L. 567
Best, E. 230, 378, 662
Betz, H. D. (베츠, 한스 디터) 193, 332, 339, 471
Betz, O. 480
Beutler, J. 378-379, 381, 417

Bieringer, R. 470

Bingham, S. 587

Bird, M. F. 193-194, 228

Black, D. A. (블랙, 데이비드 앨런) 575

Black, M. 568

Blanke, H. 601

Blass, F. 83, 661

Bloomquist, L. G. 584

Bockmuehl, M. 564

Bollók, J. 33

Bonner, S. F. 39

Bonnet, M. 33

Bonz, M. P. 49

Booth, A. D. 38

Bornkamm, G. (보른캄, 귄터) 518, 615

Bousset, W. 146

Bovell, C. R. 277, 656, 702

Bowen, C. R. 124

Bowersock, G. W. 441

Bradley, K. R. 501

Brauch, M. T. 197

Brehm, H. A. 67

Bremmer, J. 33

Breytenbach, C. 218, 331

Brock, S. P. 140

Brodie, T. L. 157

Brower, K. E. 221

Brown, R. E. 29, 435

Bruce, F. F. (브루스) 13, 17, 53, 78,
    102, 193, 258, 329, 383, 495, 503,
    521, 635, 687

Bujard, W. 292, 601

Bultmann, R. (불트만, 루돌프) 82, 190,
    227, 263, 478

Burke, T. J. 472

Burkert, W. 34

Burton, E. D. W. (버튼, 에드워드 드윗)
    207, 334-335

Byron, J. 635

C

Cadbury, H. J. 43

Caird, G. B. 198

Callahan, A. D. 639

Calvert-Koyzis, N. 164

Campbell, C. R. (캠벨, 콘스탄틴) 184-
    185

Campbell, D. A. 17, 102, 104, 106,
    192, 224, 226, 358

Campbell, J. B. 558

Campbell, W. S. 86, 524

Cannon, G. E. 601

Capes, D. B. 183

Capper, B. J. 567

Carraway, G. (캐러웨이, 조지) 181

Carroll R., M. D. 152

Carson, D. A. 102, 196, 278-279,
    456, 662

Cary, M. 513

Chancey, M. 189

Chapple, A. 498

Charlesworth, J. H. 156

Chester, S. J. 348, 350, 440

Chiat, M. J. S. 167

Childs, B. 407

Chilton, B. D. 44

Chow, J. K. 424

Ciampa, R. E. 433, 449

E

Easter, M. C. 193

Edersheim, A. 155

Ehrman, B. (어만, 바트) 291-292

Eisenman, R. 212

Ellingworth, P. 245

Elliott, J. K. 665

Elliott, M. W. 264

Elliott, S. 361

Ellis, E. E. (엘리스, 얼) 278, 280, 323, 403

Elmer, I. J. 324, 331, 342, 346, 681

Engberg-Pedersen, T. 138, 149, 570

Epp, E. J. 76

Evans, C. A. 147, 166, 213, 674

Ewert, D. 186

Exler, F. X. J. 253, 260

F

Falconer, R. 703

Fallowes, J. P. 196, 347

Farmer, W. R. 102, 262

Fee, G. D. (피, 고든) 180, 185, 371, 422, 563, 582

Fernández, M. P. 163

Fewster, G. P. 612

Finley, M. I. 64

Fitzgerald, J. T. 567

Fitzmyer, J. A. 135, 182, 193, 460, 516, 531, 635

Flint, P. 156, 213

Foakes-Jackson, F. J. 86

Foerster, W. 155

Fohrer, G. 569

Förster, H. 502

Foster, P. 396

Fowl, S. E. 181, 650

Frame, J. E. 417

France, R. T. 160

Francis, F. O. 617

Fraser, J. W. 82

Freed, E. D. (프리드, 에드윈) 149, 605, 685

Friedrich, G. 373

Friesen, S. J. 424, 437

Fuller, R. H. 340

Fung, R. Y. K. 74, 329

Funk, R. W. (펑크, 로버트) 262

Furnish, V. P. 31, 75, 367

G

Gaebelein, F. E. 45

Gaffin, R. B., Jr. 234

Gager, J. G. 164

Gamble, H. Y., Jr. (갬블, 해리) 267, 531, 568

García Martínez, F. 156

Garland, D. E. 435, 565

Garnsey, P. 64

Gaston, L. 207

Gathercole, S. J. 210, 215

Gaventa, B. R. 224

Geden, A. S. 610

Gempf, C. 86, 367, 558, 560, 645

Georgi, D. (게오르기, 디터) 100, 479, 499

Gilchrist, J. M. 471

Gill, D. W. J. 424, 558, 645

Glover, T. R. (글로버) 44, 138, 146, 503

Goguel, M. 405

Gooch, P. D. 426, 433, 491

Goodman, M. 154

Goodspeed, E. J. (굿스피드, 에드거) 300, 665

Goppelt, L. 160

Gordley, M. E. 219, 563, 608

Goulder, M. D. (굴더, 마이클) 101, 439, 459, 460, 615, 649, 665, 667

Grabbe, L. L. 155

Grant, F. C. 138, 146

Grant, M. 138

Grayston, K. 185

Green, P. 136

Green, W. S. 44

Greenman, J. R. 495

Griffith, G. T. 136

Grindheim, S. 612

Gruen, E. S. 138

Guerra, A. J. 507, 521

Gundry, R. H. 384

Gunther, J. J. (건서, 존) 323, 478, 578

Guthrie, D. (거스리, 도널드) 229, 300, 303, 342, 600, 649, 705, 717

Guthrie, W. K. C. 34

Gutmann, J. 55

H

Haacker, K. 45

Hagner, D. A. (해그너, 도널드) 102, 210, 334-335, 345, 347, 435, 459, 663, 687-688, 693

Hahneman, G. M. 280

Hall, D. R. 464, 472

Hall, J. F. 499

Hansen, G. W. 163, 347, 356, 595

Hanson, A. T. 234

Hanson, R. P. C. 162

Hardin, J. 350

Harkins, A. K. 227

Harland, P. A. 232

Harmon, M. S. 208

Harnack, A. (하르나크, 아돌프) 299, 402-403

Harrill, J. A. 13, 635

Harris, M. J. (해리스, 머레이) 83, 102, 181-182, 234, 464, 488, 635

Harris, W. V. 39, 254, 268

Harrison, J. R. (해리슨, 존) 42, 55, 188, 230, 347

Harrison, P. N. (해리슨) 496, 703, 705

Harrisville, R. A. 193, 478

Harrop, G. 35

Harvey, A. E. (하비) 350

Hawthorne, G. F. 480, 578

Hay, D. M. 193

Hayes, M. A. 178, 183

Hays, R. B. (헤이스, 리처드) 56, 157, 159, 163, 192-193

Headlam, A. C. (헤들럼, 아서 케일리) 199, 507, 534

Hedrick, C. W. 71

Helleman, W. E. 138

Hellerman, J. H. 231

Hemer, C. J. 66, 86, 102, 560, 597, 645

Kearsley, R. A. 297

Keener, C. S. 427, 501, 532

Kelly, J. N. D. 244, 707, 712

Kenny, A. 691

Keown, M. J. 589

Kern, P. H. 47

Kiley, M. C. (킬리, 마크) 279, 281, 520, 604

Kilpatrick, G. D. (킬패트릭) 568

Kim, S. 65, 72, 74, 210

Kim, Y. S. 230

King, K. L. 302

Kinneavy, J. L. 190

Kitchen, M. 678

Klauck, H.-J. 45, 138, 244

Klein, G. (클라인, 귄터) 523-524

Knight, G. W., III 695, 708-709, 713, 717

Knox, J. (녹스, 존) 13, 17, 72, 88, 102, 162, 218, 222, 245, 262, 300, 332, 347, 355, 488, 601, 625, 636-637, 650, 686

Koester, H. 126, 396, 517, 613, 645, 714

Koperski, V. 578

Koskenniemi, H. 249

Köstenberger, A. J. 216

Kraabel, A. T. (크라벨, 토마스) 375

Kraft, R. A. 67

Kraus, T. J. 244

Kreinecker, C. 396

Kreitzer, L. J. 224

Kremer, J. 80

Kremmydas, C. 88

Kruse, C. G. 552

Kümmel, W. G. (큄멜, 베르너 게오르크) 82, 319, 328, 332, 422, 458-459, 496, 507, 562, 632, 648, 686, 693, 699-700, 713

L

Lake, K. 43, 532

Lambrecht, J. 378, 380, 470

Lampe, P. (람페, 페터) 111, 502, 505-507, 510, 530

Land, C. D. 19, 113, 168, 429, 453, 459

Larson, T. 495

LaSor, W. S. 156

Law, T. M. 140

Leaney, A. R. C. 155

Lee, J. H. 542

Lee, M. V. 149

Leenhardt, F. J. 552

Légasse, S. 498

Lentz, J. C., Jr. (렌츠, 존) 49

Leon, H. J. 500

Leppä, O. 680

Levinskaya, I. 54, 367, 560

Levison, J. R. 164

Lietzmann, H. 471

Lieu, J. M. 367

Lightfoot, J. B. (라이트푸트) 34, 328, 332, 339, 347, 531, 569, 573, 597, 600, 615, 700

Lincoln, A. T. (링컨, 앤드루) 224, 282-283, 288-290, 653, 660, 662, 667

Lindars, B. 614

Lindsay, D. R. 191

Lipsius, R. A. 33

Litfin, D. 89, 441

Llewelyn, S. 243

Lock, W. 707

Lohmeyer, E. 127

Lohse, E. 13, 601

Long, A. A. 138

Long, F. J. 459

Longenecker, B. W. 63

Longenecker, R. N. (롱네커, 리처드) 45, 161-163, 172, 192, 268, 334-335, 345, 497, 504, 511, 514, 529-530, 535, 693

Louw, J. P. 77, 80

Lüdemann, G. 93, 111, 502, 508

Lührmann, D. 362

Luther, M. (루터, 마르틴) 347

Luxon, G. M. 645

Lyonnet, S. (리오네, 스타니슬라브) 617

Lyons, G. 341

M

MacDonald, D. R. 157

MacGregor, G. H. C. 146

Machiela, D. A. 227

Malherbe, A. J. (말허비, 에이브러햄) 32, 62, 126, 143, 145, 149, 377, 381, 516, 611

Malina, B. J. 439

Manson, T. W. (맨슨) 517, 533

Manson, W. 507

Marcos, N. F. 140

Marguerat, D. 32

Marrou, H. I. 39

Marshall, I. H. 187, 222, 374, 396, 402, 406, 693, 703

Marshall, P. 424

Martens, J. W. 149

Martin, D. B. 127, 635, 680

Martin, L. H. 146

Martin, R. P. (마틴, 랄프) 128, 218, 279, 327, 334-335, 348, 471, 480, 505, 533, 558, 563, 578, 620, 641, 656

Martin, T. W. (마틴, 트로이) 260, 618

Martyn, J. L. (마틴, 루이스) 192, 224, 332

Marxen, W. 581

Mason, E. F. 227

Matera, F. J. (마테라, 프랭크) 177, 192, 222, 334-335, 351, 625

Matlock, R. B. 193, 225

Mayerhoff, T. (마이어호프, 테오도르) 600

McDonald, L. M. (맥도널드, 리 마틴) 18, 46, 85, 178, 278, 279, 289, 585

McKay, H. A. 168

McKnight, S. 28

McLaren, J. S. 29

McLean, B. H. 234

McNamara, M. 155

McRay, J. 37, 71

Meade, D. G. (미드, 데이비드) 283-284, 286, 395

Meeks, W. A. (믹스, 웨인) 61-62, 150, 231, 247, 437, 447, 516, 561, 615-617

598, 662, 678

O'Donnell, M. B. 607, 691

O'Neill, J. C. (오닐, 존) 328, 362, 496, 552

Ogg, G. 102

Olbricht, T. H. 47, 153, 473

Olsson, B. 167

Omerzu, H. 51

Ong, H. 190

Oropeza, B. J. 584

Osborne, G. R. 498, 552

Oster, R. E., Jr. 645

Overman, J. A. 367

P

Paget, J. C. 154

Paige, T. 230, 279

Painter, J. 439-440

Pao, D. W. 257, 353

Parker, D. C. 530

Parry, R. St. 737

Pate, C. M. 225

Patzia, A. G. 298

Peake, A. S. 644

Pearson, B. A. 373, 440

Pearson, B. W. R. 637

Perkins, P. 302

Pervo, R. 49

Peterman, G. W. 567

Peters, R. D. 217

Petersen, N. 632, 639

Phillips, T. E. 17, 84, 376

Pickering, S. R. 297

Pickett, R. 479

Pitts, A. W. (피츠, 앤드루) 39, 135, 138, 168, 172, 194, 246, 254, 261, 265, 283, 476, 485, 540, 607, 691

Plevnik, J. 225, 383

Plummer, A. 490

Pokorný, P. 147, 406

Porter, S. E. 13, 17-18, 32, 37, 39-40, 46-47, 56, 59-60, 63, 71, 75, 83-86, 88, 92, 100, 102-103, 115, 118-119, 121, 135-136, 138, 141-142, 147-148, 151-153, 157, 159-160, 163, 165, 176, 178, 182-185, 187, 189, 194-195, 199, 216-218, 221-222, 224, 227-228, 230, 236, 243, 248, 251-252, 254-256, 261, 277-278, 289, 291, 294, 297-298, 306-307, 310, 326, 353, 365, 373, 378, 387, 389, 390, 427, 430, 473, 476, 485, 495, 505, 512-513, 527, 540-541, 547-548, 559, 574, 585, 607-608, 628, 656, 658-659, 674, 688, 698, 702, 708, 725

Porton, G. 67

Praeder, S. M. 86

Prior, M. 710

Purdy, A. C. 146

Q

Qimron, E. 212

Quarles, C. L. 211

Quast, K. 425

Quinn, J. D. 298, 717

R

Rabens, V. 264

Räisänen, H. (레이제넨) 203-204, 239

Ramsay, W. M. (램지, 윌리엄) 76, 80, 101-102, 331, 335, 368, 513

Rapa, R. K. 207

Rapske, B. M. (랍스케, 브라이언) 49, 52, 119, 635

Rasimus, T. 149, 172

Reasoner, M. 548, 554

Reed, J. T. 47, 257, 353, 565, 568, 575, 690

Reicke, B. (라이케, 보) 120-121, 309, 503, 710

Reicke, I. 121, 309, 710

Reumann, J. 565, 586, 589

Reynolds, J. 54

Richard, E. J. 417

Richards, E. R. (리처즈, 랜돌프) 45, 268-269, 308-309, 329, 706

Richardson, N. 177

Ridderbos, H. 13, 177, 229

Riesner, R. 84, 102, 502

Rigaux, B. 395

Rist, M. 286

Robertson, A. 490

Robinson, J. A. 679

Robinson, J. A. T. (로빈슨) 120-121, 127, 710

Roetzel, C. J. 13

Roskovec, J. 147, 674

Rosner, B. S. 215, 263, 433, 449

Rostovtzeff, M. 64

Roth, D. T. 322, 685

Rowland, C. 618

Runesson, A. 167

Russell, R. 588

S

Saldarini, A. J. 155

Saller, R. 64

Salmon, E. T. 49, 503

Sampley, J. P. 27

Sanday, W. (샌데이, 윌리엄) 199, 507, 534

Sanders, E. P. (샌더스) 155, 189, 197, 202, 211

Sanders, J. A. 159, 279, 313

Sanders, J. N. 649

Sanders, J. T. 219, 563

Sappington, T. J. 617

Satran, D. 138

Saunders, R. 59

Schenk, W. (쉥크, 볼프강) 574-575, 693-694

Scherrer, P. 645

Schlatter, A. 553

Schlueter, C. J. 373, 389

Schmithals, W. (슈미탈스, 발터) 301, 347, 404, 439, 478, 497, 581

Schnabel, E. J. 42

Schnackenburg, R. 679

Schneider, G. 80

Schnelle, U. 37, 45, 51, 53, 156, 222

Schowalter, D. N. 424, 437, 491

Schrader, K. 370

Schreiner, T. R. 13, 193, 210, 222-223

Tolmie, D. F. 638

Tombs, D. 46, 151, 178, 183

Tomson, P. 203

Tov, E. 119, 297

Towner, P. H. 685, 687, 703, 707, 714

Trebilco, P. 232, 645

Treier, D. J. 196

Trilling, W. (트릴링, 볼프강) 395-396

Tripolitis, A. 138

Trobisch, D. (트로비쉬, 데이비드) 298, 304-305, 307-309, 319, 431-432, 517, 700

Tsang, S. 357

Tuckett, C. M. 367, 406

Turner, E. G. 244

Turner, N. 625

Tyndale, W. (틴데일, 윌리엄) 495

U

Udoh, F. E. 189

V

van Bruggen, J. (판 브뤼헨, 야콥) 121, 710

Vander Broek, L. D. 259

van der Horst, P. W. 32, 141, 375

VanderKam, J. 156, 213, 227

van der Woude, A. S. 140

Van Langingham, C. 202

van Manen, W. C. 328

van Nes, J. 685, 705

Van Neste, R. 705

van Voorst, R. E. 258, 353

Vegge, I. 464, 470

Verbrugge, V. D. 471

Vickers, B. 208

Vos, G. 224

W

Wacker, W. C. 717

Waetjen, H. C. 497

Wagner, J. R. 162

Walker, J. 168

Walker, W. O., Jr. 373, 460, 497

Wallace, R. (월리스, 리처드) 27, 50-51, 338

Walters, J. C. 424, 437, 507

Walton, S. 87

Wanamaker, C. A. 408

Wansink, C. S. (완싱크, 크레이그) 119, 635, 638

Waters, G. P. 196, 210

Watson, A. 48

Watson, D. (왓슨, 두에인) 574

Watson, F. (왓슨, 프랜시스) 124, 203, 210, 479, 504

Webb, W. J. 460

Wedderburn, A. J. M. 75, 513, 521

Weima, J. A. D. 204, 243, 251, 261, 267, 269, 329, 360, 365, 379, 380, 388, 396

Weiss, B. 699

Weiss, J. 76, 83

Welborn, L. L. 464

Wells, K. B. 215

Wenham, D. (웬함, 데이비드) 165

Wesley, J. (웨슬리, 존) 495

Wessels, G. F. 643

Westerholm, S. 17, 28, 37, 56, 62, 102, 209-210, 226, 348, 400, 427

Westfall, C. L. 56, 63, 182, 228, 230, 527, 725

Whang, Y. C. 265

White, J. L. 54, 70, 245, 251, 260

White, N. J. D. (화이트, 뉴포트) 699-700

Wiefel, W. 500

Wilamowitz-Moellendorff, U. 243

Wiles, G. P. 257

Wilkins, M. J. 230, 279

Williams, C. S. C. 125

Williams, D. K. 563

Williams, W. (윌리엄스, 윈) 27, 50-51, 338

Willis, W. L. 426

Willitts, J. 85

Wilson, R. M. 440

Wilson, S. G. 215, 439, 707

Wimbush, V. L. 436

Winger, M. 74, 216

Winter, B. W. 49, 223, 416, 584

Winter, S. C. 638

Winter, S. F. 29

Wire, A. C. 24

Wischmeyer, O. 322, 685

Wise, M. 212

Witherington, B., III 151, 224, 527

Wolff, C. 82

Wolter, M. 13

Wood, C. T. 78

Wrede, W. 30, 395

Wright, N. T. (라이트) 31, 55-57, 59, 79, 196, 200, 203, 208, 214, 320, 515, 527

Y

Yamauchi, E. M. 302

Yarbrough, R. W. 216

Yates, R. 615

Yoon, D. I. 20, 35, 160, 354-355, 488

Young, F. 153, 693

Z

Zahn, T. (찬, 테오도르) 299, 507

Zetterholm, M. 167, 203

Ziesler, J. A. 197

Zuntz, G. 298

바울 서신 연구

사도 바울의 생애와 사상

Copyright ⓒ 새물결플러스 2019

1쇄 발행 2019년 11월 22일
4쇄 발행 2023년 4월 25일

지은이   스탠리 E. 포터
옮긴이   임재승, 조명훈
펴낸이   김요한
펴낸곳   새물결플러스

편   집   왕희광 정인철 노재현 이형일 나유영 노동래
디자인   황진주 김은경
마케팅   박성민 이원혁
총   무   김명화 이성순
영   상   최정호 곽상원
아카데미   차상희

홈페이지   www.holywaveplus.com
이메일   hwpbooks@hwpbooks.com
출판등록   2008년 8월 21일 제2008-24호
주   소   (우) 04118 서울시 마포구 마포대로19길 33
전   화   02) 2652-3161
팩   스   02) 2652-3191

ISBN 979-11-6129-129-1 93230

책값은 뒤표지에 있습니다.